普通高等教育“十一五”国家级规划教材

现代管理系列教材

供应链物流管理

SUPPLY CHAIN LOGISTICS MANAGEMENT

第2版

邹辉霞 编著

清华大学出版社
北京

内 容 简 介

本书立足于企业微观层面，将物流放大到供应链范畴，从供应链管理的视角来研究企业供应链物流管理的理论与方法。围绕企业供应链物流运作中的采购、生产、销售三大主体物流，将其涉及的相关内容，如库存、运输、配送、物流需求预测、物流成本管理、供应链合作关系管理、电子商务物流、物流绩效评估、物流信息技术、第三方物流、全球物流等涵括进来，并从总体上将这些内容归纳为四大部分：供应链与物流管理理念、供应链物流运作、供应链物流管理和信息时代的供应链物流。

本书可作为高等学校经济及管理类专业的研究生（含 MBA）、高年级本科生教学用书，并可作为企业管理人员、物流从业人员和高校相关专业教师的参考用书。本书为教师提供教学课件，方便教学。

图书在版编目（CIP）数据

供应链物流管理/邹辉霞编著. —2 版. —北京：清华大学出版社，2009.4（2021.7 重印）
（现代管理系列教材）
ISBN 978-7-302-19994-6

Ⅰ. 供… Ⅱ. 邹… Ⅲ. 物资供应—物资管理—高等学校—教材 Ⅳ. F252

中国版本图书馆 CIP 数据核字（2009）第 060264 号

责任编辑：高晓蔚
责任校对：宋玉莲
责任印制：刘海龙

出版发行：清华大学出版社
网　　址：http://www.tup.com.cn，http://www.wqbook.com
地　　址：北京清华大学学研大厦 A 座　　**邮　　编：**100084
社 总 机：010-62770175　　**邮　　购：**010-62786544
投稿与读者服务：010-62776969，c-service@tup.tsinghua.edu.cn
质 量 反 馈：010-62772015，zhiliang@tup.tsinghua.edu.cn
印 装 者：三河市铭诚印务有限公司
经　　销：全国新华书店
开　　本：185mm×230mm　**印　　张：**30.75　**插　　页：**1　**字　　数：**635 千字
版　　次：2009 年 4 月第 2 版　　**印　　次：**2021 年 7 月第11次印刷
定　　价：69.00 元

产品编号：033411-02

第2版前言

自 2004 年 9 月本书第一版出版以来，物流领域发生了巨大变化，无论是观念的变革还是运作和管理实践的发展。正可谓：变革是 21 世纪的永恒主题。

2005 年 1 月 1 日，美国物流管理协会（Council of Logistics Management，CLM）再一次更名，命名为美国供应链管理专业协会（Council of Supply Chain Management Professionals，CSCMP）。媒体报道称：此次更名具有里程碑意义。它标志着供应链管理成为 21 世纪世界物流发展的主流趋势。回顾这个在世界范围颇具影响的物流领域的权威机构的两次更名：1963 年成立时，协会名称为“全美实物配送协会”，时隔 22 年，狭义的仓储、运输和配送发展成为内容极为丰富、联系更为密切、范围更加广阔的物流领域。1985 年，协会更名为物流管理协会。经历了 20 年的变迁，物流领域发生的变化已经不是三言两语可以概括的，其中一个突出的特点是：物流的疆界已经模糊，物流的运作是在整合更大范围乃至全球资源的基础上实现所有合作者的协同运作。这正是供应链及供应链管理的核心。2005 年，美国物流管理协会再一次更名为美国供应链管理专业协会，表明了从物流到供应链的合乎逻辑的演进，物流进入了全球供应链时代。

2006 年，美国供应链管理专业协会年会的内容，更是明显地体现了全球物流向供应链全面转型、供应链管理框架体系已经成熟的现实。此次年会由来自全球 83 个圆桌分会约 3200 名代表参加。年会设置了专门的分会，讨论美国本土之外的全球范围的物流问题和跨国界的供应链管理，凸显了国际物流发展的全球视角和全球化视角的供应链管理的主流趋势。25 个并行分会的主题，出现了更多的以“全球（global）”、“国际（international）”开头的标题。这不是一种表象，而是真正的内容。比如，运输与以往历届年会主题内容不同的是，从“运输的全球视角分析”，较多涉及国际运输、跨境运输、不同区域、不同国家的运输问题。再如，本届年会的内容之一是对全球物流供应链实践尝试的经验和教训进行总结与交流，这说明一些大型跨国物流企业已经开始了全球物流供应链管理的尝试。年会的另一个亮点就是中国市场得到了更多的关注，涉及中国物流的主题有“中国的第三方物流战略”、“物流协作——中国与各国的联系”、“全球物流外包——链接中国”、“全球供应链协作”等。有更多的中国演讲人登上了美国供应链管理专业协会的讲台，主流的物流企业、专家，对中国的物流发展予以高度重视。

全球物流进入供应链时代之后，物流被放大到供应链的范畴来讨论。前述美国物流管理协会的更名以及美国供应链管理专业协会 2006 年年会内容的“重大改版”，是国际物流向全球物流供应链转型的重要标志，而这正是本书第2版改写的基础背景。本书第1版出版后的四年多来，作者一直不间断地跟踪考察一些优秀的制造企业、3PL企业以及一些合资、外资物流企业的物流实践，第2版的修订中包容了从这些实践中凝练出来的一些先进理念及运作与管理的知识和经验。同时，一些前沿性的物流领域的理论研究成果，也是本书注意吸纳的方面。此外，本书也囊括了作者近年来在该领域的潜心研究成果。本书第2版的一个突出特点就是顺应了把物流放大到供应链范畴来讨论的大势，即从供应链管理的视角来讨论企业物流运作和管理的理论与方法。用供应链管理理念作为物流管理的指导思想，是目前一些先进企业物流运作实践的现实，也是未来物流管理的大趋势。

基于上述背景，本书第2版在保持第1版框架体系基本不变的情况下，结合现实物流运作和管理的实际、理论研究现状以及未来的发展趋势，对研究内容作了较大修改和完善，增加了研究的深度和广度，增添和更新了必要的案例，并从整体上划分为四大部分。

第一部分：供应链与物流管理理念。主要集中在第一章，重点对支撑物流运作的供应链管理思想进行概括讨论，包括供应链管理理念的产生和发展、概念的界定、供应链管理思想对物流的渗透和指导等。基于供应链管理思想，从整体层面上研究物流及其管理的相关概念、特征，供应链物流的基本模式及决策方法，供应链物流管理的战略，供应链物流管理的任务、研究内容和未来的变革及发展趋势等。

第二部分：供应链物流运作。包括第二至五章。主要是从供应链管理的视角来详细研究采购物流、生产物流、销售物流，以及物流需求预测等涉及的具体内容。

第三部分：供应链物流管理。包括第六至九章。主要讨论物流库存管理、成本管理、供应链合作关系管理，以及物流绩效管理等内容。

第四部分：信息时代的供应链物流。包括第十至十三章。这一部分主要研究电子商务与物流、第三方物流、物流信息技术、全球物流等内容。

第2版的修订工作中，研究生余涛协助收集和整理了大量的案例资料，高新艳负责组织和参与了全书的校对工作，莫海军、张小芳、李远等校对了部分章节，作者对此深表感谢。感谢业界朋友为本书修订提供了许多有价值的资料，感谢清华大学出版社对本书出版的支持，感谢高晓蔚编辑在本书的第1版和第2版出版过程中所做的大量工作。第2版的修订参考了不少国内外文献资料，对这些专家学者表示真诚的谢意，对由于疏忽而未能指出资料来源的情况表示万分歉意。

由于作者水平有限，加之物流管理学科发展较快，并且还在进一步的深化发展中，对它的认识和研究还在继续深入，因此，书中难免有不足和错误之处。作者真诚希望读者朋友、专家学者能给予批评指正。

邹辉霞

2009年1月

目录

第一部分　供应链与物流管理理念

第二部分　供应链物流运作

第三部分　供应链物流管理

第四部分 信息时代的供应链物流

第一部分　供应链与物流管理理念

第一部分(第一章)主要阐释供应链与物流管理的相关理论。总述供应链管理理念的产生和发展、概念界定、供应链管理理念对物流运作和管理的指导思想。基于供应链管理思想,从整体层面上研究了物流及其管理的相关概念、特征,供应链物流的基本模式及决策方法,供应链物流管理的战略框架,供应链物流管理的任务、研究内容和未来的变革及发展趋势等。

第一章　供应链物流管理导论

进入新世纪以来，管理理念和管理的技术与方法都发生了巨大变化。尤其是全球经济一体化进程的快速推进，使人们越来越清晰地认识到，21世纪不再是企业与企业之间的竞争，而是供应链与供应链之间的竞争。在制造领域，物流活动占据了其整个经营活动的较大比例，是供应链不可分割的重要组成部分，它与信息流和资金流一起共同形成了供应链生存和发展的纽带。就物流活动自身而言，它又是一个系统，涉及多个参与者，需要立足于跨组织的协同运作、共赢层面，来思考、安排和管理整个物流运作流程，需要整合与物流运作过程相关的行为，来提高运作质量、水平和效率。无论是制造企业或是其他社会组织还是第三方物流企业，有效地管理物流过程，无疑对自身发展及其对社会的经济贡献，都有着极其重要的作用和战略意义。本章首先综述供应链管理的核心理念，它是物流运作管理的指导思想。然后基于供应链管理思想，从整体层面上研究物流及其管理的相关概念，供应链物流运作的基本模式及其管理的战略框架，供应链物流管理的任务、研究内容和未来的变革及发展趋势等。

第一节　供应链管理理念

从18世纪后期至19世纪30年代工场式的制造厂出现后，人类社会的生产率开始出现大幅度的飞跃，人们的管理理念也随之经历了科学管理、管理科学、动态融合、供应链管理的发展过程。20世纪80年代中期，供应链管理(supply chain management，SCM)的概念被明确提出后受到业界的高度关注。人们积极尝试和发展这种管理思想，同时从不同角度给出概念的界定。随着物流实践的快速发展，供应链管理思想在物流管理中得到广泛应用和进一步提升，尤其是进入21世纪之后，在世界范围内颇具影响的美国物流管理协会的再一次更名(由全美实物配送协会更名为美国物流管理协会，再次更名为美国供应链管理专业协会，CSCMP)，表明了从物流到供应链的合乎逻辑的演进，物流进入了全球供应链时代。2006年美国供应链管理专业协会年会，设置了专门的分会来讨论美国本土之外的全球范围物流问题和跨国界的供应链管理，凸显了国际物流发展的全球化视角和全球化视角的供应链管理的主流趋势，充分体现了全球物流向供应链全面转型、供应链管理框架体系已经成熟的现实。

一、供应链管理理念的产生和发展

在人类社会进步的历史长河中，管理理念随着经济的发展、人类生产实践的进步而不断演变和提升。在供给创造需求的经济时代，企业的管理着重于充分利用人力、物力和财力资源，最大限度地提高产品数量。随着需求创造供给的经济时代的到来，市场开始出现竞争，企业的管理从提高产品数量转向提高产品质量，继而向更高层次的水平发展。不同经济时代的生产实践都孕育着一种基于以往理念的新的管理理念。20 世纪四五十年代第三次科技革命的出现，对世界经济生活产生了极为深刻的影响。不仅极大地促进了生产力水平的提高，也为生产要素的国际流动创造了良好条件，为跨国公司的发展提供了前所未有的发展机遇，由此也加速了经济全球化进程。20 世纪 70 年代末，随着信息时代的到来，技术的不断创新，国际间的分工日益细化，合作与协作向纵深发展，经济日趋全球化，同时也引致了市场竞争全球化的加剧。每一个经济环境变革时期都会对以往的企业管理模式带来冲击，从而促使人们不断地探索新的经营与运作模式。供应链管理理念正是基于不断发展的经济大背景，在长期生产实践的积淀中孕育雏形；经济的全球化，进一步加速了供应链管理思想的形成；"第二次世界大战"后快速发展的物流使得供应链管理思想得以充分应用，从而催生了供应链管理的明确概念。这一过程可用图 1-1 表示。

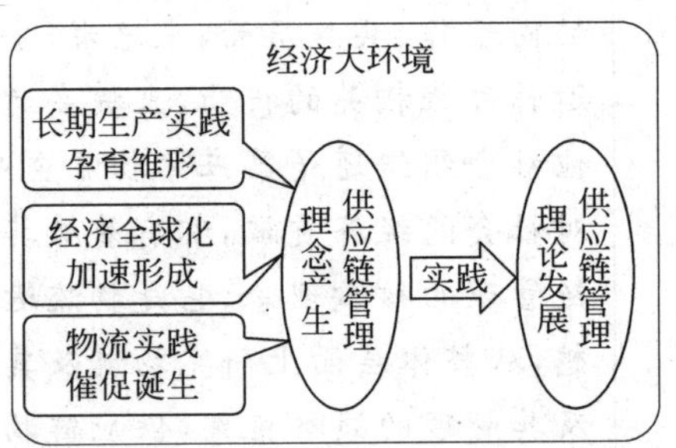

图 1-1 供应链管理理念的产生和发展

（一）供应链管理理念形成和诞生的过程

供应链管理的概念被明确提出是在 20 世纪 80 年代中期左右。这期间，由于国际经济环境的变迁，促进了管理理念的发展和演变，孕育了供应链管理理念的雏形。供应链管理理念的形成和诞生过程可以进一步细化为图 1-2 所示。

（二）供应链管理理念形成和诞生的机理

供应链管理理念形成和诞生的过程，也是其中蕴涵的多种必然性相互作用的过程，可将其形成和诞生机理抽象归纳为图 1-3 所示。

由于竞争环境的变化，市场由卖方转变为买方市场，客户的需求发生了快节奏、多样性、定制化的转变。这使得以往企业"纵向一体化"的管理模式很难快速响应新的市场机会，并意味着企业还要承担丧失市场机会的风险。快速提供高质量、低成本、多种类型的

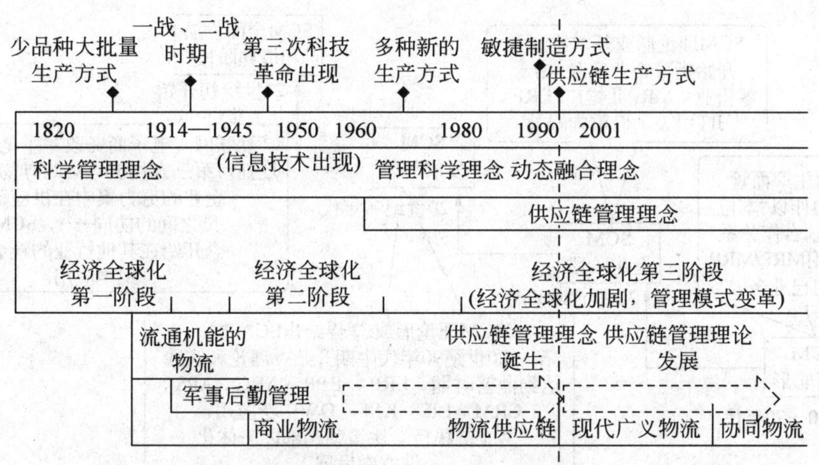

图 1-2　供应链管理理念的形成和诞生过程

客户满意的产品，成了企业首要关注的问题。于是，精明的企业开始把自己不擅长的非核心业务外包出去，利用外部资源提升企业的核心能力，但也带来了大量处理企业间信息与沟通的交易成本，诸如价格比较、谈判、签约、激励、监督、履约等费用。这就需要企业间有效地合作与联盟。这种"有效地合作与联盟"的方式，就是围绕核心企业，通过对信息流、物流和资金流的控制，从采购原料开始，制成中间产品及最终产品，最后由销售网络把产品送到消费者手中的，将供应商、分销商、零售商，直到最终用户连接成一个价值增值网链结构模式，这就是供应链。

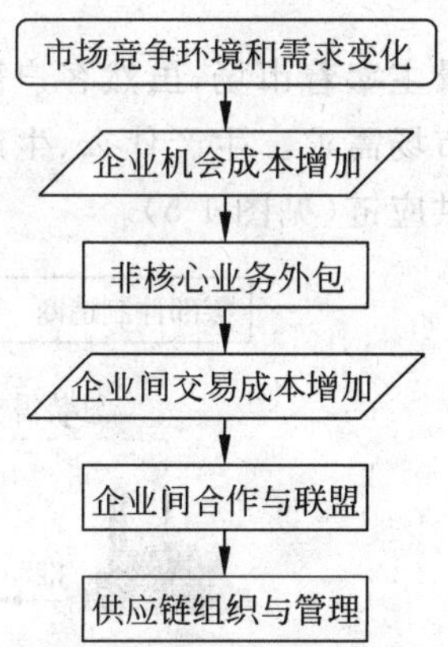

图 1-3　供应链管理理念产生机理

资料来源：马士华，林勇．供应链管理[M]．第 2 版．北京：机械工业出版社，2005：19.

（三）供应链管理理念的发展阶段

以上的分析及图 1-2 的归纳，为我们梳理了供应链管理理念的形成和诞生过程。如果把第三次科技革命出现以前管理理念发展的积淀作为供应链形成的基因结构，那么，在第三次科技革命出现后企业间开始出现的协作，即意味着供应链管理理念雏形得以孕育的开始。直到 20 世纪 80 年代初期，可以认为供应链管理理念形成了雏形，称其为孕育雏形阶段。20 世纪 80 年代，是供应链管理理念诞生阶段，20 世纪 90 年代为其发展阶段，从 21 世纪开始，是其全面发展和成熟阶段（见图 1-4）。此外，在这个发展阶段中，按照供应链市场运作状态，又可分为四个不同的阶段类型。

传统供应链　从供应链思想的早期产生到 20 世纪 80 年代，供给创造需求的经济背

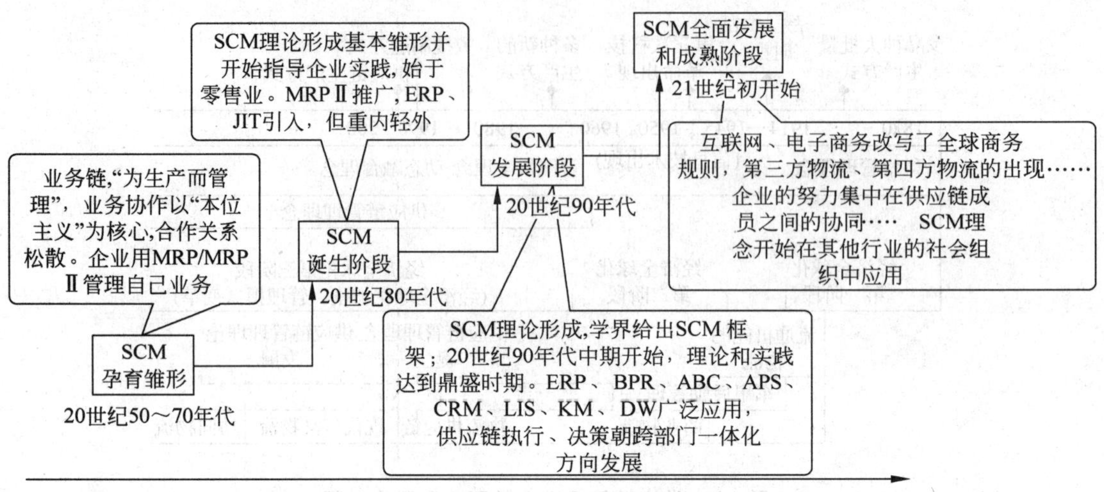

图 1-4　供应链管理理念的发展阶段

景主宰着市场，虽然客户需求拉动着企业生产，但企业主要依据自身状况组织生产，提供市场需求。生产什么、生产多少，由企业自主决定。这个阶段的供应链可以称其为传统的供应链(见图 1-5)。

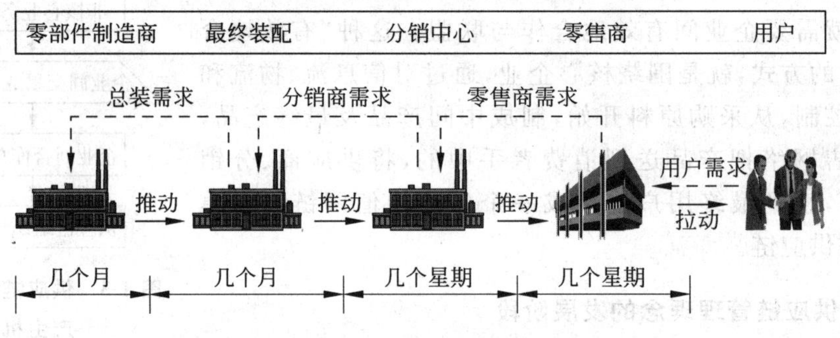

图 1-5　20 世纪 80 年代传统的供应链

精细供应链　20 世纪 90 年代，经济蓬勃发展，市场物资极大丰富，冲击着传统的供应链模式。供应商们清楚地看到，按自己的意志组织生产势必造成产品剩余，生产什么、生产多少，应由消费者需求决定。于是，生产链条上各环节的生产量都由其下游环节决定。各环节的需求量通过看板的方式传递到上游，每一个环节都按照下游看板传递的实际需求量提供商品。因而，这个阶段的供应链可以看成是拉动式的精细供应链(见图 1-6)。

精细供应链按客户需求以看板方式逐级传递需求信息，但这里仍然存在着一些问题，其最主要的问题是在整个供应链上所发生的"牛鞭效应"(bullwhip effect)。所谓牛鞭效

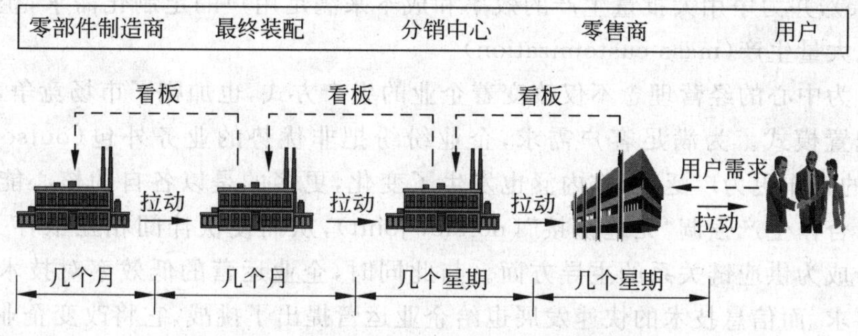

图 1-6　20 世纪 90 年代初的精细供应链

应是指由于信息传递失真，订单在供应链上由下游向上游逐级放大，从而在末梢（制造商）产生剧烈的放大效应。这种放大形如赶牛的“鞭子”，在牛鞭的最末梢产生剧烈震荡，故形象地称之为“牛鞭效应”。这种牛鞭效应最终导致库存重复、产品积压、成本增加，甚至利润为负的结局。图 1-7 是对“牛鞭效应”的抽象表述。

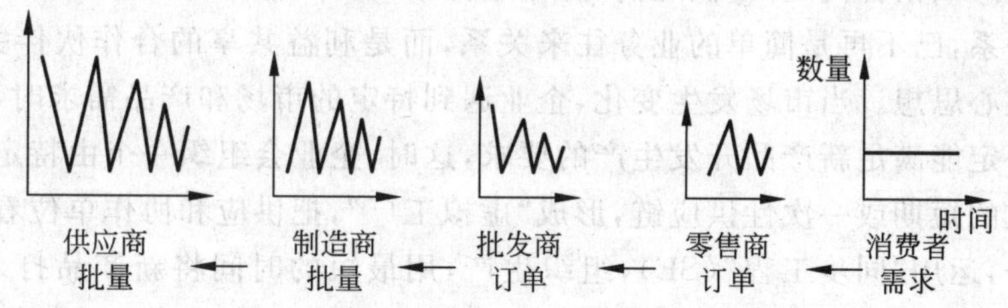

图 1-7　订单逐级放大的牛鞭效应

此外，由于企业运作体系自身的原因，导致从订单交付到产品交付的过程加长。以产品有库存为例：当用户把订单提供给卖方，卖方经过对订单的处理，分配订单到不同仓库，由仓库送达最终消费者手中，全过程所需的时间在 30 天以上。这个过程时间的加长主要源于订单处理的信息化程度低，客户交付订单的手段依次是电话、传真、EDI 和公共邮件，卖方相应的手段是手工和计算机操作。手工操作容易造成订单丢失或订单的错误分配，误导运输等。

从生产创造需求环境下的推动式供应链到按需求生产的拉动式供应链，无论是在管理方法和管理理念上都是一大进步，但由于供应链系统自身的原因，仍然存在着诸多问题，尤其是订单逐级放大的牛鞭效应，严重地影响了整个供应链的绩效。

集成化的敏捷供应链　20 世纪 90 年代中期，随着市场环境的变化，供应链模式也在发生着变革。用户需求的多样化、个性化，如及时交货（just in time delivery）、定制化服务（customized service）等，冲击着企业的生产模式，以客户为中心成了企业新的经营理念。企业的生产方式逐步转向基于订单的生产，又称接单后生产或延迟生产（postponement manufacture),并力争用大批量生产的效率和成本来满足用户的定制化需求,企业将其称之为定制化大量生产(mass customization)。

以客户为中心的经营理念不仅改变着企业的生产方式,也加剧了市场竞争,改变着企业的资源配置模式。为满足客户需求,企业纷纷把非优势的业务外包(outsourcing)出去,企业间的合作更为广泛,合作内涵也发生了变化,更多的是以各自的核心能力为基础进行合作。合作生产强调"无缝链接"(no-slot joint),从而使伙伴间相互依存关系增强,"竞合"逐步成为供应链关系的主导方面。与此同时,企业运营的低效率对技术支持提出了更高的要求,而信息技术的快速发展也给企业运营提出了挑战,它将改变企业的商业模式、组织模式。ERP 系统的出现和应用,将企业经营过程中的有关各方,如供应商、制造工厂、分销网络、客户等纳入一个紧密的供应链中,有效地安排企业的产、供、销活动,利用全社会的市场资源快速高效地进行生产经营活动。

ERP 系统不仅实现了对整个企业供应链的管理,适应了企业在知识经济时代市场竞争的需要,它更体现着精益生产、同步工程和敏捷制造的思想。企业按大批量生产方式组织生产时,把客户、销售代理商、供应商、协作单位纳入生产体系,企业同其销售代理、客户和供应商的关系,已不再是简单的业务往来关系,而是利益共享的合作伙伴关系,这即是精益生产的核心思想。当市场发生变化,企业遇到特定的市场和产品需求时,企业的基本合作伙伴不一定能满足新产品开发生产的要求,这时,企业会组织一个由特定的供应商和销售渠道组成的短期或一次性供应链,形成"虚拟工厂",把供应和协作单位看成是企业的一个组成部分,运用"同步工程"(SE),组织生产,用最短的时间将新产品打入市场,时刻保持产品的高质量、多样化和灵活性,这即是"敏捷制造"的核心思想。同时,企业将主生产计划、物料需求计划、能力计划、采购计划、销售执行计划、利润计划、财务预算和人力资源计划等,集成到整个供应链系统中,体现了事先计划的思想。ERP 实现了对整个供应链的管理,可称其为集成化的敏捷供应链(见图 1-8)。

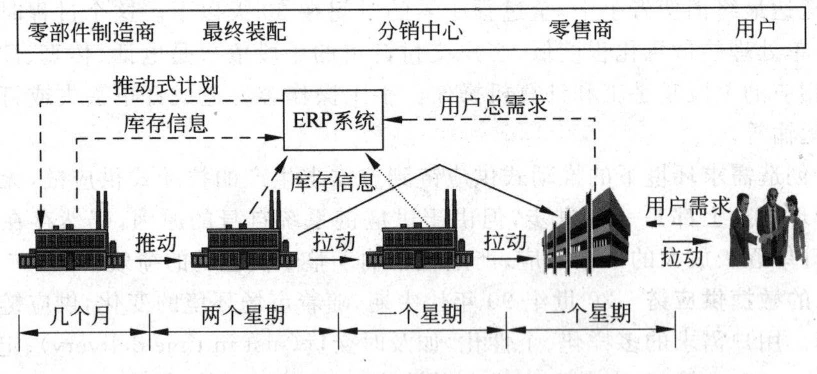

图 1-8 20 世纪 90 年代中期的集成化敏捷供应链

用户化的敏捷供应链　ERP 系统的实施对供应链系统运作效率是一个极大的提升，尽管如此，ERP 系统仍有一些不足之处，尤其是在跟踪客户服务和实现在线客户服务方面，难以实现对客户服务需求的快速响应和高满意度。随着信息技术的快速发展，基于互联网的信息系统的广泛应用，使得任何用户的任何定制化需求都可以通过互联网直接传递给商家。商家在接单后快速组织生产提交产品，延迟生产成为现实。延迟生产是一种基于订单的生产方式，包括三种延迟形式：①成型延迟：指接单后安排最终产品的处理活动，又称最终产品处理活动的延迟；②时间延迟：指接单后安排最终产品所需物料的加工和流动，又称物料延迟；③地点延迟：指接单后安排最终产品成型的地点，又称最终产品成型地点延迟。产生于 20 世纪 90 年代末的这种供应链，可称之为用户化的敏捷供应链（见图 1-9）。

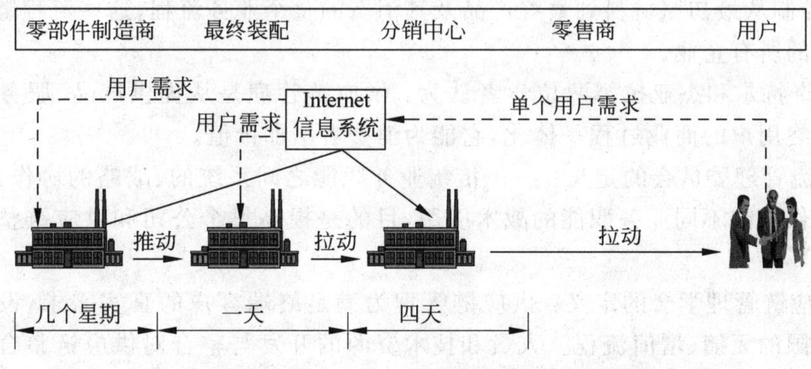

图 1-9　20 世纪 90 年代末的用户化敏捷供应链

供应链管理理念给人们提供了一种新的管理思想。然而，毕竟供应链上的各合作伙伴都是具有独立经济利益的行为主体，他们既要密切合作，协调同步地完成核心企业的全部业务过程，实现供应链的整体赢利，从而实现独立经济主体的赢利，而合作伙伴间又存在着相互竞争态势。这种新的管理思想的实施将会呈现一种新的组织环境。从管理层面看，它既包容了动态融合理论的不同主题，又有其独有的核心理念。在企业管理的历史长河中，人们在实践和理论上仍在继续探索着。

二、供应链及供应链管理的概念界定

自 20 世纪 80 年代供应链管理理念诞生以来，人们对其投入了极大关注，在不同阶段的理论研究中，都从不同的角度给出其定义，阐释其思想内涵。最为典型的是比奇特尔（Bechtel）和杰亚拉姆（Jayaram）两位学者，他们在对供应链管理进行大量研究和广泛回顾的基础上，写出了很多论著，从理论上去研究它的基本原理，并对供应链管理的发展趋势作出预测。

（一）供应链及供应链管理的定义

迄今为止，关于供应链和供应链管理有很多种定义。以下给出来自文献和专业协会的有代表性的相关定义。

（1）美国供应链理事会的定义：供应链，目前国际上广泛使用的一个术语，涉及从供应商的供应商到顾客的顾客最终产品生产与交付的一切努力。供应链管理包括贯穿于整个渠道来管理供应与需求、原材料与零部件采购、制造与装配、仓储与存货跟踪、订单录入与管理、分销以及向顾客交货。

（2）美国生产和库存控制协会（APICS）字典第9版中的定义：供应链包含了由企业内部和外部为顾客制造产品和提供服务的各职能部门所形成的价值链。供应链管理是计划、组织和控制从最初原材料到最终产品及其消费的整个业务流程，这些流程链接了从供应商到顾客的所有企业。

（3）比奇特尔和杰亚拉姆两位学者认为：供应链管理是从提供产品、服务和信息的供应商到最终用户的商业过程一体化，它能为消费者增加价值。

（4）物流管理委员会的定义：……传统业务职能之间系统的、战略的协作，也是跨越一个公司和供应链不同业务职能的战术应用，目的是提高每个公司和供应链整体的长期业绩。

（5）供应链管理学会的定义：供应链管理为满足终端客户的真实需求，设计和管理跨越公司界限的无缝、增值流程。人员和技术资源的开发与整合对供应链整合的成功至关重要。

（6）俄亥俄州立大学的兰伯特（Lambert）教授认为：供应链管理是对从最终用户直到原始供应商的关键业务流程的集成，它为客户和其他有关者提供价值增值的产品、服务和信息。在全球供应链论坛中，他对这个概念作了更详细的阐释：供应链是为从最终用户到最初供应商的所有客户及其他投资人提供价值增值的业务流程，包括了两个相向的流程结合：一是从最终用户到初始供应商的市场需求信息的逆流而上的传导过程；二是从初始供应商向最终用户的顺流而下不断增值的产品和服务的传递过程。供应链管理就是对这两个核心业务流程实施一体化运作，包括统筹安排、协同运行和统一的协调。

对这些不同的定义，美国学者乔尔·D. 威斯纳（Joel D. Wisner）对其进行了归纳综合，他认为：一系列的为消费者提供最终产品和服务的公司，以及使生产、运送、服务和原材料、零部件、成品循环成为可能的各种职能，称为一个供应链。供应链管理的不同定义中，“贯穿始终的思想就是在供应链参与者之间协作或整合与产品相关的行为，来提高运营效率、质量与客户服务，为所有协作的公司获得持续的竞争优势。”[①]

① 乔尔·D. 威斯纳（Joel D. Wisner）. 供应链管理[M]. 朱梓齐，译. 北京：机械工业出版社，2006：5.

上述关于供应链及供应链管理的定义主要关注在制造行业。如果我们对这些概念的核心思想进行抽取，可以勾勒出这样一个概念框架：一系列的为最终用户提供产品(含服务产品)的组织或机构，以及形成最终产品的全过程的各种职能，称为一个供应链。对供应链的管理主要体现在能有效整合供应链"主要合作者"的资源和行为，使之协调同步，高效率运作，提供高质量、高服务水平的产品，并为所有参与协作的组织或机构赢得相应的经济和社会效益。这里对供应链管理提出了整合"主要合作者"(或叫主要参与者)的资源和行为而非所有合作者，这个提法有别于当前诸多类似的概念。作为一个网络链条，可以是所有参与者和全部职能的综合，但从管理的视角，供应链上的核心组织对所有参与者和所有流程都进行直接管理是不恰当的，核心组织的有限精力只能是直接管理供应链上的关键业务流程和主要合作者，并通过主要合作者去集成和管理其他客体合作者。

上述抽取的概念框架更具有一般性意义。事实上，在现代经济生活中，任何一个优秀的组织或机构，都无法单独出色地完成其全部的业务运作流程，必须与其上下游合作者协同运作，才能实现组织目标。"链"，是当今时代任何一个组织或机构生存和发展所必须依赖的"生命链"，包括政府部门的工作，甚至个人职业生涯的发展等，都无一例外遵循着这样一个同理的规律。"链"，不仅仅是各种组织或机构及其所有功能的集成，它还形成了一种新的环境，协同、共赢是供应链管理的实质。可以认为，供应链管理思想源于企业管理，适于制造企业，但它同样也适于其他所有的组织和机构。基于这个观点，本书给出一般意义上的供应链及其链管理定义。

供应链是指由多方合作者共同参与协同完成核心组织的业务流程所形成的网络价值链。它基于互联网等相关信息技术的支持，将核心组织与上下游主要合作者和其他相关服务机构，及其链条上的所有功能(信息、服务、金融、物流等)，有机集成在一起。

供应链管理是指基于信息技术和先进的管理理念，立足于跨组织的协同运作、共赢层面，对供应链上集成的关键业务流程进行动态管理和优化，通过有效整合、管理主要合作者的资源和行为，使各环节协同运作，提高客户满意度，提升供应链整体效率和效能。

(二) 供应链管理的思想内涵和管理内容

供应链管理是一种新型的管理哲学和管理理念，在一般组织中的所有的合作者，在制造企业包括供应商、供应商的供应商，到企业自身，再到分销商、客户，以及最终客户，他们之间的关系是合作、协同、信息共享、全程优化、利益共享、风险共担的赢利伙伴关系。从20世纪80年代中期至今，在制造行业供应链管理的内容发生了很大变化，这个变化首先是理念和关注点的变化。供应链管理突破了传统狭窄的视野，从客户的需求开始关注到储运商、销售商和供应商；而传统管理方法的视野主要集中在自己的企业、部门。供应链管理是对整个供应链系统进行计划、协调、操作、控制和优化的各种活动和过程。

供应链是一个为客户生产和提供产品及服务的过程，它可以存在于一个单独的组织内部,又可以跨越多个组织(如,产业供应链、全球范围的供应链)直到最终用户。在组织内部供应链上,核心业务是内部链上的“核心单元”;在跨越多个组织直到最终用户的供应链上,有一个主导组织是供应链上的“核心组织”。供应链管理就是通过连接上下游合作者,来协同完成核心组织的业务流程,产生远大于单个组织独立完成工作流程的乘数效应和效能。可见,供应链是普遍存在于社会组织的一种价值网链,既有共同属性,在不同的组织中又有其独特的个性。供应链管理的核心思想,就是立足于跨越多个组织的更大环境,把供应链作为一个系统,从系统整体协同、系统共赢的视角,来研究、分析和指导组织的管理工作。

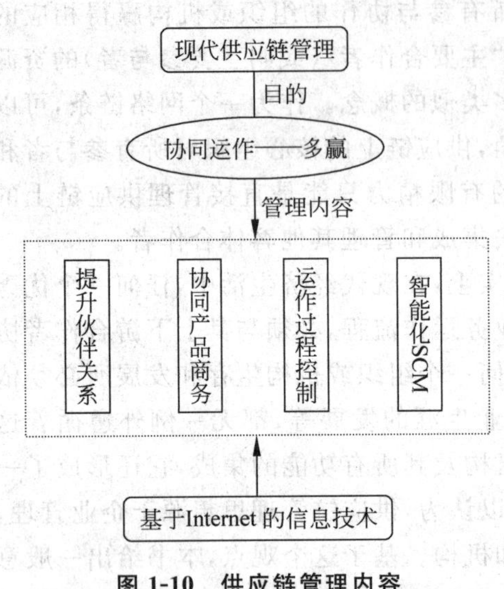

图 1-10　供应链管理内容

我们可以把供应链管理的内容抽象为图 1-10 所示。它体现了以客户为中心,强调伙伴间的合作与共享,强调一体化的精细管理,注重信息技术的集成应用,注重供应链的动态优化管理等特点。未来供应链管理将呈现出一些新的趋势:它将向全球范围内拓展和延伸,并更加强调协同和生态,强调绿色供应链,更关注降低供应链总成本。

三、供应链管理思想对物流的渗透

现代物流的作业流程涉及多个环节、多个合作者共同参与。物流管理的核心是以客观为中心,所有参与的伙伴间密切合作,共享利益,共担风险,同时,时代的发展要求应用先进的信息技术来支持物流管理目标的实现,而这正是供应链管理的优势。供应链管理始终以客户为中心,强调伙伴间的合作与“双赢”,强调一体化的精细管理,注重信息技术的集成应用,注重供应链的动态优化管理。未来供应链管理将呈现出一些新的趋势:它将向全球范围内拓展和延伸,并更加强调协同和生态,强调绿色供应链,更关注降低供应链总成本。作为物流运作管理的指导思想,供应链管理的这些理念将会不断地渗透到物流运作过程中,突出体现在以下方面。

(一)物流管理理念的提升

现代经济活动中的物流运作已经不是单个企业能够独立出色完成的项目,而是要整合社会资源,联合其他合作者来协同完成的一项物流过程。因而,现代物流已经是一种物流供应链的业务流程模式。物流供应链管理就是对整个物流系统进行计划、协调、运作实施和控制,优化整个物流供应链上合作者的资源配置,优化物流运作的活动过程,满足以顾客需求为标志的商业增长的需求。从物流到物流供应链概念的演变，是一种物流管理理念的提升，它包含了以下基本思想。

物流供应链观念 无论是制造企业还是专门的物流公司，物流都不再是任何某一方孤立的单一作业活动或者分离的功能模块。正如前面所述及的，物流活动是一个由多个合作者共同参与，多种资源、行为、具体职能有机集成与整合的网络价值链。因此，整个物流活动过程是一个有机集成与整合的供应链，它强调用供应链管理的思想来指导和实施物流运作与管理，这也是供应链环境下物流管理的新内涵：聚焦于核心能力的资源集成、关系管理、协同运作和共赢。

共赢理念 物流供应链共赢理念强调立足于更高层面，把所有与物流活动有关的内外参与者看作是一个有机联系、优势互补的整体，把满足最终消费者需求的物流产品质量、服务、成本视为所有参与者共同的绩效目标，使所有物流供应链的参与者都获得相对的竞争优势，获得客户满意度最大的商业利润。

新型的商业伙伴 在物流供应链中，合作关系得到了强化，变过去零和博弈关系为紧密合作、协同竞争的新型商业伙伴关系：物流供应链的整体绩效是所有合作者的共同绩效目标，基于信息共享原则，协同解决物流运作过程中的这种问题；协同竞争，优胜劣汰，规范和激励商业伙伴的自觉参与行为。

开发核心竞争能力 在物流供应链中，各合作成员以各自独特的核心竞争优势整合在一起，实现了物流供应链资源的优化配置，同时也促使合作伙伴关系得以长久维持和发展。因此，物流供应链的参与者将会把主要精力放在提升自身核心竞争能力方面，包括够借助其他合作者的核心竞争能力来维护和强化自己的核心竞争力。

（二）物流管理职能的扩大

在供应链管理模式下，物流的目标是在恰当的时间和地点以较低的费用交付正确的产品。在该目标下，物流管理必须满足三个要求：需求的产品或服务等级、费用水平、减少整个供应链的库存。为了满足这些要求，需要在整个供应链上快速、准确地传递信息，使客户需求的物流产品、状态和服务准确无误地传递到供应链上的所有参与方。这样，正确预测和信息的快速传递成为物流系统又一必需的职能。

对于预测职能而言，一个好的预测系统能够面对随机波动因素给出相对稳定的预测，以便对市场物流量的实际变动作出快速反应。物流需求预测必须考虑到销售推动和季节变更因素，使其通过有的放矢的物流安排和相应的运作管理从容应对市场，以最大程度地降低整个供应链的库存。预测是利用历史的数据和先进的预测方法来进行精确评估。科学的预测手段和精确的预测数据，能帮助管理者以最小的代价处理日常项目，并集中精力处理异常情况。

信息的传递是物流系统中货物快速移动的基本保障。如果物流信息缺乏精确性和及时传递性，整个配送渠道集成的效率将会大打折扣，而这直接影响着整个供应链系统的效率。国外研究表明，如果公司仍致力于提高交易系统的效率(尽管交易系统对公司的日常操作十分重要)，它们的快速战略决策将会是低效率的。而快速战略决策是公司良好管理的标志，因为它是以公司生产、物流和订货活动作为一个不可分割的、有机透明、互动的整体为基础的。由此可见物流信息准确及时传递对供应链管理的重要意义。在信息技术高速发展的今天，物流系统信息的集成和快速传递又依赖于企业间的相互协调。

（三）物流运作模式的创新

由于物流供应链运作涉及多个合作者共同参与，整合物流运作过程中相关合作者的资源及行为，成了物流供应链核心组织首要关注的重要问题。由此引致的是物流运作模式的创新。本章的第二节中归纳凝练了四种物流运作模式，事实上，这些现代或者具有前瞻性的物流运作模式，都充分体现了供应链管理的核心思想，可以说是供应链管理思想直接渗透的结果，尤其是物流联盟运作模式，将会随着企业管理水平的不断提升而得到广泛应用。

以往物流渠道的合作者并不感觉到渠道成员之间存在着广泛的相互依存性，可以被看成是一种松散的安排，或纯粹是一种联营关系。厂商以满足需求为宗旨，首要关注的是买卖产品，而不大注意这中间所涉及的物流运作活动的价值。供应链管理思想在生产实践中应用所产生的巨大优势，给物流运作带来了深刻的影响。一方面物流管理者应用供应链管理思想指导物流运作，取得了前所未有的成效；另一方面，供应链管理思想在物流运作中的渗透与不断发展，使物流运作模式得以不断创新。比如，基于供应链管理思想的物流联盟，既是供应链一体化管理中的重要组成部分，也是物流运作模式的创新。在未来的物流管理发展中，物流的运作模式也将会伴随着供应链管理理念的不断提升而不断创新。这将会大大减少物流渠道的冲突，降低渠道成本。

（四）物流技术的进步

供应链系统的高效运作及管理越来越依赖于现代信息技术的支持，由此要求作为供应链不可分割的重要组成部分的物流系统要不断提高信息技术的应用水平。如今，条形码、EDI、RFID、GIS、GPS 等先进技术在物流领域中的应用，促进了现代物流的发展，同时也进一步提高了供应链整体的效率。

条形码技术提供了对物流系统中物品标识和描述的方法，而 RFID(无线射频识别)技术正以其独有的、巨大的自动识别能力逐渐替代条形码，在更广阔的领域得以应用。EDI(电子数据交换)是按照统一规定的通用标准格式，将标准的经济信息，通过通信网络传输，在贸易伙伴的电子计算机系统之间进行数据交换和自动处理。这种有效的信息管理方法对供应链上的信息流动提供了强有力的支持。GIS(地理信息系统)可以对在地球上存在的东西和发生的事件进行成图和分析，把地图视觉化效果和地理分析功能与一般的数据库操作集成在一起。显示范围可从洲际地图到非常详细的街区地图，显示对象包括人口、销售情况、运输线路以及其他内容。GPS(全球定位系统)则利用分布在2万公里高空的多颗人造卫星，对地面或接近地面的目标进行定位(包括移动速度和方向)和导航。具有在海、陆、空进行全方位实时三维导航与定位的能力。在物流领域可用于运输工具的跟踪，提供出行路线的规划和导航，并提供查询和报警功能。地面指挥中心可随时与被跟踪目标通话，实行管理，或紧急援助。

这些技术在物流供应链系统中的综合应用，构成了其高效的、可视化的有效管理工具，是理想的物流系统的信息技术应用方案。

第二节 物流的概念及类型

物流活动伴随着人类社会的发展而发展。在人类的经济活动中，物流首先是生产的保障，并在支持商务活动和方便人类生活方面起着重大作用。早在20世纪60年代，彼得·德鲁克(Peter F. Drucker)就曾预言：物流领域是经济增长的“黑暗大陆”，是“降低成本的最后边界”，是降低资源消耗、提高劳动生产率之后的“第三利润源泉”。正因为如此，人们极为关注在物流领域挖掘利润，也促进了物流管理快速发展。同时，由于物流涉及的产业领域极其广阔，从而决定了物流业态的多样化。

一、物流的概念及物流管理的发展

物流这一术语自问世以来，随着人类经济活动的演变经历了概念和定义上的演变过程。尤其是经济全球化使得物流逐步跨越国界，并要求其能在不同环境国家间发挥业务优势能力的全球市场状态下，一些优秀的物流企业开始尝试整合社会资源，协同多个合作者共同完成物流过程，充分体现了运用供应链管理思想来管理物流运作的现实，可称其为“物流供应链”，伊德(Ihde)在1987年发表的研究文献中称之为“合作物流”。此后，合作物流思想被不断地发展，在20世纪末出现了协同供应链和协同物流的概念。物流管理思想的演进和发展，为我们揭示了供应链环境下物流管理的新理念。

(一) 物流运作的发展过程

对物流活动和物流管理的认识最初始于美国。从美国物流研究和发达国家的物流实践看，按其开始出现明确的新特征和新概念划分，可以把物流运作的发展过程划分为5个阶段(如图1-11所示)。

第一个阶段，把物流视为流通的机能。最早的物流概念出现在1901年，约翰·F.克罗韦尔(John F. Crowell)在美国政府报告《农产品流通产业委员会报告》中，首次论述了

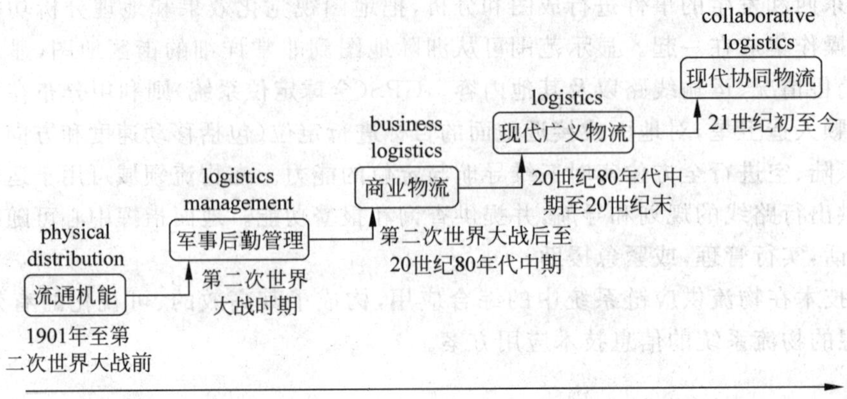

图 1-11　物流运作的发展过程

对农产品流通产生影响的各种因素和费用,揭开了人们对物流活动认识的序幕。此后,不少学者在研究中论述了物流在流通战略中的作用,物流术语也多用 physical distribution 表示。1927 年,拉尔夫·布索迪(Ralph Borsodi)在《流通时代》中,首次使用 logistic 来称呼物流,为物流的概念化奠定了基础。

第二阶段的物流突出体现在军事后勤管理中。第二次世界大战期间,美国军队围绕战时军需物资的供应,建立了军事后勤管理理论,开始使用 logistics management 这一术语,指军事后勤管理:战时物资生产、采购、运输、配给等管理活动。军事后勤管理成功地解决了军需物资的分配和管理问题,为人们对综合物流的认识,以及战后物流用于商业提供了重要的实证参考依据。

第三阶段可谓是商业物流。第二次世界大战以后,由于经济快速复苏的需要,"军事后勤管理"被广泛应用于美国和日本的商业活动中,出现了 business logistic 这一概念,业界和理论界将其看作是合理有效地组织商品的运输、存储、搬运、分拣、包装、加工等过程。大约 20 世纪 70 年代后期到 80 年代前期,随着经济全球化进程的加快,信息技术的快速发展,使信息系统的构筑、企业间横向一体化成为可能。经济全球化使得物流逐步跨越国界,并要求其能在不同环境国家间发挥业务优势能力。于是,一些优秀的物流企业开始尝试整合社会资源,协同多个合作者共同完成物流过程,这事实上是一种"物流供应链"的运作模式。伊德(Ihde)在他的研究文献中,把这一运作模式称为"合作物流"①,认为合作物流发生在无论是长期或短期处于渠道内的不同水平的机构之间。

第四阶段可称为现代广义物流。20 世纪 80 年代中期开始,标志着物流理论和实践进入了新的阶段。有几个突出的特点:其一,1985 年美国物流管理协会的更名,由

① Ihde G B. Stand und Entwicklung der Logistik[J]. Die Betriebswirtschaft,1987,47(6):703-716.

National Council of Physical Distribution Management 更名为 National Council of Logistics Management，它标志着现代物流观念的确立。其二，业界的实践中把物流理念提升到战略高度，昔日"第一利润源"和"第二利润源"已基本达到极限，产业界从"物流冰山"中清晰地看到，企业可通过降低物流成本，来获得巨大的新利润，从而，物流被称之为"第三利润源泉"或"利润黑箱"。其三，信息技术的迅猛发展和广泛应用，如条形码技术、信息系统的普及，EDI、RFID、GIS、GPS 技术的应用等，都标志着现代物流时代的到来。其四，更多的物流企业开始尝试物流供应链的运作方式。

第五阶段为现代协同物流。物流供应链强调的是"协同"，协同物流是现代物流的发展方向。美国学者唐纳德·J. 鲍尔索科斯(Donald J. Bowersox)给出了最有说服力的论证。他把协同物流描述为："In an effort to facilitate logistical operations, supply chain participants must jointly plan and implement operations. Multi-firm operational integration across a supply chain is referred to as logistical synchronization."①(为了促进物流运作，供应链的参与者必须共同制定和实施运作计划。供应链中多个企业物流运作的一体化整合，称为物流的同步性。)唐纳德的这一观点为我们揭示了这样一种思想：21 世纪的物流是一种协同物流；整合、同步运作，是协同物流的实质；协同物流本质上是一种物流供应链思想。

(二) 物流概念和定义的演变过程

物流运作的发展过程同时揭示了物流概念的演变过程，与此同时，关于物流的定义也在随之发生演变。

1. 物流概念的演变

物流的概念最早出现在 1901 年美国政府《行业委员会关于农产品配送的报告》中，该报告首次讨论了影响产品配送的成本和因素。后来，阿切·W. 肖(Arch W. Shaw)在他的《商业问题的解决途径》(1916 年)中讨论了物流战略方面的问题，同年，L. D. H. 魏尔德(L. D. H. Weld)引入了营销效用(时间、地点、占有)和配送渠道的概念。1922 年，弗瑞德·E. 克拉克(Fred E. Clark)在市场营销中确认了物流的作用。物流最初被称为 physical distribution，中文又被译为"实物分配"或"货物配送"。1935 年，美国销售协会阐述了"实物分配"的概念，即，实物分配是包含于销售之中的物质资料和服务在从生产场所的流动过程中所伴随的种种经济活动。

随着第二次世界大战的开始，物流概念得到进一步的发展和提炼。由于物流在战时的军事后勤管理中作出了突出的贡献，它开始受到更多的认可和重视，当时被称为军事

① 唐纳德·J. 鲍尔索科斯(Donald J. Bowersox). 供应链物流管理[M]. 北京：机械工业出版社，2002：55.

"后勤"。第二次世界大战以后，军事"后勤"被引入商业领域，与当时兴起的新的公司哲学——营销理念结合使用，物流开始在更大程度上与客户服务以及企业营销工作的成本因素联系在一起。物流就不单纯是考虑从生产者到消费者的货物配送问题，而且还要考虑从供应商到生产者对原材料的采购，以及生产者本身在产品制造过程中的运输、保管和信息等各个方面，全面地、综合性地提高经济效益和效率的问题。

物流在20世纪60年代经历了较大发展。1961年，爱德华·西密卡(Edward Smykar)、唐纳德·鲍尔索克斯(Donald Bowersox)和弗兰克·莫斯蒙(Frank Mossman)等人写了第一部关于物流管理的著作，该书从系统的和全公司的角度研究物流，并讨论了总成本概念。有些商业专家、学者曾声称，物流对于那些希望改进公司效率的组织而言，是最后几个真正有机会开发的领域之一。20世纪60年代，物流的概念被引入日本，被翻译成"物的流动"，后简称为"物流"。

20世纪80年代，西方国家开始以"logistics"表示"物流"，并定义为：在连接生产和消费之间对物资履行保管、运输、装卸、包装、加工等功能，以及作为控制这些功能后援的信息功能，它在物资销售中起了桥梁作用。在目前的物流管理领域，物流通常被认为是相关的物资从供应者向需求者的移动，涉及运输、仓储等各层次的活动。美国供应链管理专业协会(原物流管理协会)对物流的定义则特别强调它不但涉及运输和仓储，还涉及生产、消费等诸多领域，以及强调信息及管理在物流中的作用、运输可见性(shipment visibility)、库存可见性(inventory visibility)和电子商务在当今物流中的应用，从而把物流纳入系统工程的战略思维层面。

随着人类经济活动的发展，物流被赋予了新的内涵。现代物流是以满足消费者的需求为目标，把制造、运输、销售等市场情况统一起来考虑的一种战略观念和战略措施，这与传统物流把它仅看作是"后勤保障体系"和"销售活动中起桥梁作用"的概念相比，在深度和广度上都给予了更多的含义。

2. 物流定义的演变

物流的定义是随着物流业务的发展而不断演变的。最初CSCMP在1985年把物流(logistics)定义为：以满足客户需求为目的，对原材料、在制品、产成品以及相关信息从供应地到消费地的高效率、低成本流动和储存而进行的计划、实施和控制过程(Logistics is process of planning, implementing and controlling the efficient, cost-effective flow and storage of raw materials, in-process inventory, finished goods and related information from point-of-origin to point-of consumption for the purpose of conforming to customer requirements.)。到了1992年，CSCMP修订了物流定义，将1985年定义中的"原材料、在制品、产成品"修改为"产品，服务"。这实际上大大拓展了物流的内涵与外延，即，所有的"物品"都可以称为"产品"，物流不仅仅包括所有的"物"的流动，也包括附着于"物"的

"服务"的流动。随着供应链管理思想的不断深化和广泛应用。1998 年 10 月,美国供应链管理专业协会(CSCMP)又宣布了对物流的最新定义:物流是供应链流程的一部分,它是为满足客户需求而对商品、服务及相关信息从原产地到消费地的高效率、高效益的正反向流动及存储进行的有效的计划、实施与控制过程(Logistics is that part of the supply chain process that plans,implements,and controls the efficient,effective forward and reverse flow and storage of goods,services,and related information between the point of origin and the point of consumption in order to meet customers requirements)。该定义中明确指出"物流是供应链流程的一部分",澄清了长期以来人们把物流和供应链概念混为一谈的观念。根据该定义可以认为,物流是为供应链服务的,其内容包括为用户服务、需求预测、信息流动、物料搬运、订单处理、物流设施选址、采购、仓库管理、包装、运输、配送装卸、逆向回收和废料处理等业务过程。

(三)物流管理的发展过程

伴随着物流运作实践的不断进步、概念和定义的不断演变,物流管理的内容也随其不断发展,主要表现在范围和功能上的扩展。在范围上,从最初局限于企业内某个单一的工作场所发展到目前囊括全球的更大范围,在功能上从单纯的物料移动发展到全球网络供应链上的综合物流服务。

1. 物流管理范围的扩展

物流管理范围的扩展大致经历了 5 个阶段,这 5 个阶段的发展如图 1-12 所示。

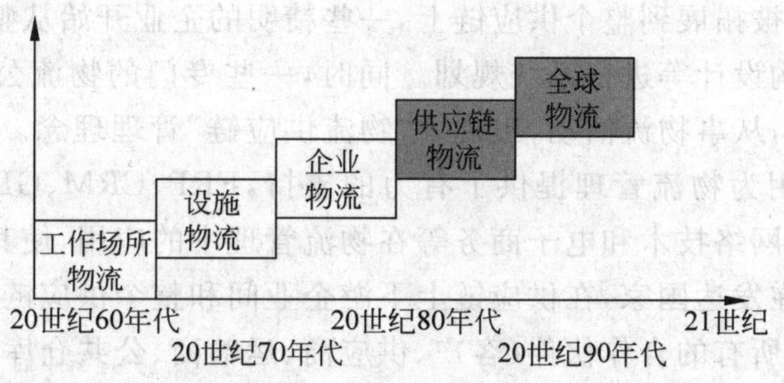

图 1-12　物流管理范围的扩展

(1) 工作场所物流管理(workplace logistics management,WLM)。工作场所物流是物料和零部件局限在企业内部的一个工作场所中的流动,其目标是使物流在一个独自的工作场所(包括机器之间、工艺中心、装配线)范围内实现合理化的移动。它的原理和方法是基于人类工程学(ergonomics)的工厂操作的基础。在当时企业纵向一体化的经营模式下,装卸、仓储和运输等物流业务都是由企业内的职能部门利用自己的设施自行完成的。

工业工程的分工制和成组技术被用来进行提高物流效率的工作场所物流管理。

(2) 设施物流管理(facility logistics management,FLM)。设施物流是物料和零部件在一个设施(厂房、仓库和配送中心)之内的各个工作场所之间的流动。设施物流源于20世纪50～60年代大规模的生产和装配,被普遍称为物料处理。20世纪60年代出现了这样的划分:将采购、市场和客户服务组合在一起称为后勤(llogistics),而物料处理、仓库和运输被组合在一起,称为实物分发(physical distribution)。在20世纪70年代的设施物流管理阶段,分工制、成组技术和其他工业工程技术被广泛应用于工艺流程和物流的优化,生产过程的许多环节(包括物流)实现了机械化,信息技术处于初级阶段。

(3) 企业物流管理(enterprise logistics management,ELM)。企业物流是物料与零部件、信息和资金在一个企业内部的流动。20世纪80年代,管理结构的变革和信息技术的发展,物料处理、仓库管理等部门被综合成一种职能,使企业能够真正将物流管理在一个企业内部应用开来。特别是信息技术对ELM的支持,如MRPⅡ、JIT-Kanban与EDI、数据库等在调度、存量控制和订单处理等一系列活动中的应用,使物流管理有了进一步的发展,加之在自动化水平上实现的新的突破,大大推进了物流活动的一体化过程。同时,物流的作用进一步被社会和企业所确认,人们在管理实践中发现,在企业的制造、市场及物流的三个重要方面,提高利润的最有效的手段是降低物流成本。从而,物流一体化管理成为企业保持持续发展的最有效的途径。为了降低产品成本,企业开始重视每一物流过程中的信息传递,对传统的物料搬运进行变革,以寻求物流合理化的途径。

(4) 供应链物流管理(supply chain logistics management,SCLM)。供应链物流是物料、信息和资金在供应链内的企业之间的流动。20世纪80年代中期,随着供应链概念的出现,物流活动开始被拓展到整个供应链上,一些精明的企业开始从整个供应链的视角对物流运作、管理、结构设计等进行系统规划。同时,一些专门的物流公司运用供应链管理思想,整合社会资源,从事物流活动,出现了"物流供应链"管理理念。20世纪90年代,信息技术的发展和应用为物流管理提供了有力的支持,ERP、CRM、GIS、GPS、RF(射频技术)、条形码、通信与网络技术和电子商务等在物流管理中的应用,使其逐步实现了信息化和自动化。特别是在发达国家,在供应链上下游企业间和整个供应链上,已实现了物流信息的共享,企业能与所有的合作伙伴(客户、供应商、运输商、公共仓库及其他成员)进行快速信息传递,使企业节约了大量物流费用,提高了客户服务水平和竞争能力。

(5) 全球物流管理(globalization logistics management,GLM)。全球物流是物流、信息和资金在国家或地区之间的流动。20世纪90年代后期,全球经济一体化趋势加快,国际贸易快速增长,电子商务采购全球化推进,使得全球化物流应运而生。全球物流连接了国际间的供应商和客户,同时,一些卓越的企业在进行物流决策、物流业务分析和流程优化方面,利用决策方法、人工智能及专家系统等方法来降低成本,优化过程,提高服务水平,使物流更好地为全球网络的供应链服务。

20世纪末21世纪初，出现了一些新的物流管理思想和概念，如协同物流管理(collaborative logistics management)、协同供应链管理(collaborative supply chain management)，第四方物流(fourth party logistics，FPL或4PL)等，尤其是特别强调物流供应链的协同运作和管理思想。有些研究思想认为，应该由第四方物流来整合第三方以及整个社会物流资源，实现客户价值最大化的物流服务。这事实上是对下一代物流管理发展的描绘。

2. 物流管理功能的扩展

迄今为止，物流管理在功能上的扩展大致经过了5个阶段。

(1) 企业内部物料移动管理。这个阶段的制造业基本处于加工车间模式，管理方法较粗放。各企业基本是垂直一体化的经营方式，拥有相应的专业部门和物流设施设备，自行从事物流业务。物流管理的目标主要是物料和零部件、半成品和产成品在企业内部的搬运和移动。

(2) 物流分配管理。这时的制造业已广泛采用成组技术，对物流的需求增多、节奏加快、要求提高。仓库从精致封闭的储存模式变为动态的物流配送中心，需求信息不光来自订单，而主要是从配送中心的装运情况获取。管理方法开始转向集约化，更注重防止生产和物流的延误而造成的经济损失。由于物流服务业务需求增加，出现了有承运人提供的物流服务新模式，为物流成本的降低探索了一条新的途径。

(3) 综合物流管理。随着经济的发展，产品的个性化、多品种和小批量成为市场的新潮流。以往大批量生产和销售的经营体系已难以适应市场的需要，集团企业或大公司内部的物流运作已不能满足其发展的要求，企业开始采用具有竞争机制的分布式横向管理机制，物流体系的管理业务也随之发生了变化，逐渐向多频度、少量化、短时化发展。物流内容逐渐在简单的存储和运输基础上进入了配送、包装、分拣加工等一条龙的综合服务，物流管理进入了集约化阶段，更加注重于软性设施，企业更多地采用信息化技术来管理物流业务。同时ERP、JIT、EDI等技术已日渐成熟，为综合物流管理实现自动化和信息化提供了有力支持。

(4) 供应链协作式物流管理。供应链协作式物流是一种新型的联盟式或合作化的物流新体系，它更强调在商品的流通过程中企业间的合作，通过供应链物流这种合作型的体系来提高物流效率，所创造的成果也由合作者共同分享。在供应链上建立共生的物流系统，其目的是追求物流系统的集成化，实现物流服务的差别化，使上下游间的物流设施、业务和信息衔接更加紧密，正如第六章中讨论的供应商管理库存和联合库存管理等，就是供应链协作式的物流管理方式。借助于EDI、Internet、RF、GIS和GPS等先进技术，物流需求信息可以进行实时获取和交换，物流管理可以实现可视化。同时，第三方物流的方式受到高度重视。

(5) 电子化的需求拉动型物流管理。这个概念的提出基于两个方面。其一,互联网和电子商务的广泛使用,使物流管理电子化成为可能。其二,是客户对物流服务的更高的要求。物流必须适应新的市场模式,是一种需求拉动式物流,电子化是实现这种物流管理模式的技术支撑和保障。需求拉动型物流理念是指,由各子系统组成的物流系统是一个集成系统,系统的运行和管理要不断适应市场环境的变化,应需而动地协调和控制各项物流活动,并不断挖掘和抓住新的市场机遇,使物流系统本身不断优化、科学合理,快速反应和最大限度地满足市场物流需求。电子化物流可实现物流的协同规划、预测和供应,实现高度化的信息集成,支持物流在流程上的需求拉动和快速反应,以及对物流运作的监控、协调、流程优化等。

(四) 供应链物流与物流供应链

物流贯穿于整个供应链的全过程,正如美国供应链管理专业协会(CSCMP)所认为的:物流是供应链流程的一部分。对于制造企业而言,几乎所有供应链的关键流程都包含了物流过程,正是通过物流过程的运作,为供应链各流程价值的实现提供了支持。在企业边界变得日益模糊的今天,物流的运作管理更强调协同性,这正是供应链管理的思想精髓。

1. 供应链物流

在企业运作过程中(尤其是制造企业),物流几乎贯穿于所有流程。以制造企业为例,其物流结构可抽象概括为图 1-13 所示。

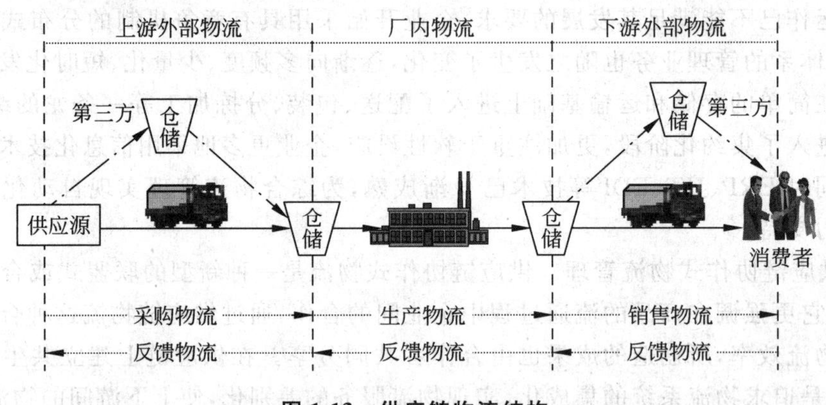

图 1-13 供应链物流结构

企业的供应链管理涉及围绕制造有关的多方面的内容,正如在前面章节中所讨论的,包括采购、制造、销售以及整个供应链中的成本、库存和关系管理,等等,其中也包括对物流的管理。供应链物流强调物流是供应链不可分割的组成部分,是供应链中不可缺少的关键流程,对物流的管理需要立足于具体的供应链,从全局的角度统筹安排物流计划并实施管理。

在图 1-13 中,把企业的物流具体分解为企业外部上游的采购物流、企业内部的生产物流和企业外部下游的销售物流。同时,在强调绿色物流的今天,无论是采购、生产还是销售,都存在反馈物流。反馈物流在企业外部的上下游具体包括不合格的材料和残次品的退货,物品外包装的回收复用；在企业内部包括生产场地、工位的废弃物的清理和处理,物料边角余料的回收等。现代工厂的生产特别强调环境意识,对反馈物流提出了更高的要求。

贯穿在供应链过程中的物流,还涉及一个大的范围概念,即物流包括哪些具体内容(比如涉及运输,还有可能会出现中转仓储),谁来具体承担哪些物流执行过程,这些过程对衔接有什么要求,对具体的执行过程有什么要求,等等。这又可能涉及供需关系之外的为其提供综合性的或者单一功能物流服务的第三方。由此引致的问题又会涉及企业物流的决策、物流的统筹安排,以及如何认识和管理第三方物流伙伴等。

从现代管理理念的视角,供应链物流是供应链系统中的重要流程,它被包容在供应链计划的整体决策中,涉及物流外包还是自营的决策、物流协同管理以及物流的网络设计等。

2. 物流供应链

物流供应链强调的是物流运作和管理过程中的供应链管理思想。把物流流程从具体的供应链系统中抽象出来放在一般意义上,可以更清楚地看到物流的运作已经不是单个企业能够独立出色完成的项目,而可能要整合社会资源,联合其他合作者来协同完成一项物流过程。因为,物流管理者对物流过程的管理也要考虑核心能力问题。

对制造企业而言,涉及从自身供应链的视角统筹安排物流问题(正如前面述及的)。即使制造企业有较大的规模,自营物流,同样涉及更大范围内的资源整合问题。如海尔集团的自营物流管理,就是在基于自身物流管理核心能力的基础上,整合了具有强势物流能力的合作者,以及社会上用有专门职能的物流服务商和设施(如仓库租赁、车辆运输等),来协同完成海尔的物流过程,从而形成了海尔的物流供应链。

对专门从事物流服务的物流企业而言,物流供应链则是一个别无选择的概念。物流企业所从事的“物流生产”,必须从物流企业运作的供应链视角进行总体规划和设计战略目标。同样,关系管理是物流企业物流供应链管理的关键。专门从事物流服务的物流企业,同样需要整合社会资源,如宝供集团,其核心能力是对物流运作的管理和掌控能力,在运输设备上,则大量整合利用社会运输工具。在整合社会资源的过程中,一方面,宝供把物流供应链管理文化传递给合作者,从而产生外部福利效应；另一方面,供应链管理理念的渗透,使得合作双方获得“共赢”的收益。此外,物流企业整合社会资源的另一个特征是与物流需求者进行深度合作,建立长期的合作关系乃至战略合作伙伴关系。如宝供集团与宝洁集团、雀巢、联合利华等多家商业企业的长期合作伙伴关系。再如安泰达物流集团,与小天鹅和科龙公司以股份制的合作形式,完成两家公司的全部物流过程。

可见,物流活动是一个由多个合作者共同参与,多种资源、行为、具体职能有机集成与整合的网络价值链,这就是物流供应链。它是把整个物流活动过程看作是一个有机集成与整合的供应链,强调用供应链管理的思想来指导和实施物流运作与管理。这也是供应链环境下物流管理的新内涵:聚焦于核心能力资源集成、关系管理、协同运作和共赢。

二、物流的类型和作业流程

现代物流是作为一种能力在供应链上进行定位的。正如前面所述,由于物流涉及广阔的领域,从而决定了物流业态的多样化。处于不同领域的物流能力,都是通过物流网络、仓储等设施的协调利用以及物流运输和配送、包装、装卸搬运、流通加工、信息处理与集成等活动来实现的。这些活动从总体上揭示了物流的三要素,并且贯穿在具体的物流作业流程中。

(一) 物流的类型

由于物流涉及的领域极为广阔,就决定了物流业态的多样化,从而,物流类型的划分有多种参照标准。这里仅从两个层面进行划分。

1. 一般意义上的物流类型

从一般意义上,可以把物流划分为宏观物流和微观物流、国际物流和区域物流、一般物流和特殊物流、正向物流和逆向物流四种对应类型。

(1) 宏观物流和微观物流

宏观物流和微观物流是物流活动范围及属性层面的两个相对概念。宏观物流是立足于社会经济发展层面,以整个社会物流活动(包括区域物流和国际物流)作为研究对象,来透视和研究全社会的物流在整个国民经济中的总体构成、结构体系、运行模式、运行环境、与经济发展的关系等。微观物流是立足于单个经济单元发展层面,以具体经济单元的物流活动为研究对象,如图 1-14 展示的制造企业的供应物流、生产物流、销售物流和反馈物流等,来研究这些具体的物流活动的运作模式、规律、环境、绩效等。宏观物流研究的主要特点是综合性和全局性,微观物流则表现为具体性和局部性。微观物流的水平和状况将直接影响到企业和行业上下游供应链的效益与发展,进而影响整个社会物流的宏观状态。

(2) 国际物流和区域物流

简单地说,国际物流是物品在不同国家或地区之间流动的物流活动。这种物流活动是国际贸易的一个必然组成部分,各国之间的相互贸易最终通过国际物流来实现。国际物流是现代物流中重要的物流领域，也是一种新的物流形态。区域物流是相对于国际物流而言的概念，指一个国家范围之内的物流，如一个城市的物流，一个经济区域的物流均属于区域物流范畴。

(3) 一般物流和特殊物流

一般物流是指具有共同点和一般性的物流活动。物流活动的一个重要特点是涉及全社会的广泛性，因此物流系统的建立及物流活动的开展必须有普遍的适用性。特殊物流是指在遵循一般物流规律的基础上，带有制约因素的具有特殊应用领域、特殊管理方式、特殊物品、特殊机械装备特点的物流活动。如，具有物品特殊性的水泥、石油及油品、煤炭、危险品等。又如具有数量和形体特殊性的多品种、小批量、多批次物品的物流，超长超大产品的物流等。再如具有特殊机械装备特点的集装箱物流、托盘物流等。还有按组织方式不同的加工物流、装配物流，等等。

(4) 正向物流与逆向物流

正向物流是供应链上投入产出方向上的物流，是从原材料的开采、加工、存储、运输到产品的采购、生产、加工和装配、产品的存储、运输、配送、销售和售后服务的整个过程。逆向物流是与产品的生产—消费物流方向相反的物流，它包括产品的回收及处置、清理等环节的物流活动。

2. 制造企业的供应链物流类型

对于制造企业，供应链物流包括四个子系统，即供应物流子系统、生产物流子系统、销售物流子系统和反馈物流子系统(见图 1-14)。

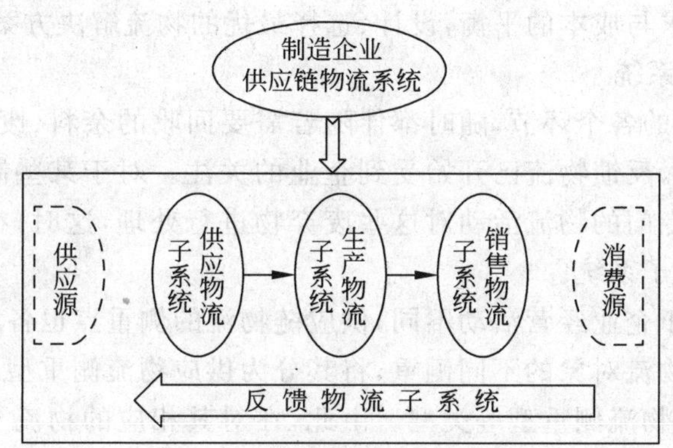

图 1-14 制造企业供应链物流系统

(1) 供应物流子系统

为保证供应链系统的正常生产节奏，核心企业需要有效组织原材料、零部件、燃料、辅助材料等供应的物流活动。供应物流是一个相对复杂的物流过程，它包括对供应商的选择、物流方式选择、物流过程安排和控制等，同时又要以恰当的成本和恰当的消耗，在恰当的时间保证生产程序的正常进行。供应物流系统中管理的关键在于：建立有效的供应网络，选择恰当的供应方式，并有效地控制成本。

(2) 生产物流子系统

生产物流伴随在整个生产工艺过程中，构成了生产工艺过程的一部分。生产过程物流是从企业仓库或厂门开始，将原料、零部件、燃料等辅助材料流入生产线的始端，随着生产工艺流程不断地改变状态和增加价值，同时伴生着一些废料、余料，直到生产工艺流程终结，再流至成品库或直接流至厂门，便完成了生产物流过程。传统的生产活动管理中，管理者最关注的是生产能力的平衡，注重单个的生产加工过程，忽视了每一个生产过程的衔接，因而往往在一个生产周期内，物流活动所用的时间远大于实际生产时间。现代的生产管理活动则更注重生产过程的物流平衡，它将极大缩短生产周期，节约成本。

(3) 销售物流子系统

销售物流是核心企业产品所有权转让过程的物流活动，也是供应链系统最终获得赢利的过程。这一赢利不仅仅是显在的经济利润，更有大量的潜在利润和社会利润，比如销售物流过程中服务品牌在未来引致的经济效应，提升客户满意度带来的社会利润及企业隐性经济利润等。企业是通过分拣、包装、装卸、运输、配送等一系列物流活动，实现产品的所有权转让过程，获得最终赢利的。这就需要精心规划配送货方式、包装水平、运输路线等来实现目标。在一个买方市场的环境中，销售物流活动显现出极强的服务性，消费者快速、便捷和个性化需求，使销售物流在满足需求和降低成本上发生冲突。在物流系统管理中，关键是围绕需求与成本的平衡，设计、选择最优的物流解决方案。

(4) 反馈物流子系统

在整个供应链上的各个环节，随时都伴随着需要回收的余料、废料和包装，在倡导绿色供应链物流的今天，反馈物流已开始受到企业的关注。对于某些制造过程产生大量废弃物的企业，还需要专门的物流活动对这些废弃物进行处理，这时，在供应链物流系统中还应包含废弃物物流子系统。

在制造领域，由于企业经营活动不同，供应链物流的侧重点也各不相同，因此，除了上述分类外，又可根据物流对象的不同侧重，将其分为供应物流侧重型、生产物流侧重型、销售物流侧重型和废弃物流侧重型等类型。由此，在对其相应的物流子系统的设计和管理上也有不同的侧重点。

(二) 物流的三要素

物流业务是由多项具体的业务活动组成，这些物流活动不论以何种形式存在，用何种方式来实现，都必须具备三个最基本的要素，即承载物、载体和流向。

（1）承载物

承载物是物流中的主体，是指物流中的“物”，即流体。由于物流的目的是实现将承载物从供应方向需求方的流动，尽管总会有一部分要存储在仓库中，以存货形式存在，但它也是以流动为前提的，只是在流动过程中的一种暂时储存。物流过程中所有的“物”，最终都要经过运输等形式实现空间上的移动。因此，“物”总是处于不断流动状态中的流体。

（2）载体

载体是使承载物流动的设施和设备，物流载体的状况尤其是物流基础设施的状况，直接决定物流的质量、效率和效益。载体可分为两类：一类指基础设施，如机场、铁路、公路、水路、港口、码头、车站、管道系统等；另一类是直接承载并运送流体的设备，如飞机、车辆、船舶、装卸搬运工具等。

（3）流向

流向是指承载物从起点到终点流动的方向，也即物流的方向。物流的流向大致有三种类型：①自然流向。是根据产销关系所决定的产品的流向，表明了一种客观需要，即商品要从产地流向销地。②市场流向。是根据市场供求规律由市场决定的商品流向。③实际流向。是在物流过程中物品实际发生的流向。

具体到每一种商品，它可能同时存在以上几种流向：如根据市场供求关系确定的商品流向是市场流向，这种流向如果反映了产销之间的必然联系，是自然流向；实际发生物流时还需要根据具体情况来确定运输路线和调运方案，这才是最终确定的流向，如货物从具体的某地运往指定的地点，这种流向又是实际流向。在确定物流流向时，理想的状态是商品的自然流向与商品的实际流向相一致，但生产计划流向与市场流向都有其存在的前提，还由于载体的原因，也可能导致商品的实际流向经常偏离自然流向。

（三）物流的作业流程

根据不同的物流业态，物流作业流程具有不同形式，但它们有许多相似之处。下面列举两种典型的物流作业流程。

1．生产领域的物流作业流程

生产领域的物流主要有三部分组成，其物流流向如图 1-15 所示。

在图 1-15 中包括三个部分的物流作业流程：①供应流程（图 1-15 中的 A 部分）。也称进货物流，是生产企业向供应商订购原材料、零部件、生产辅料、外加工件的采购与接收过程；②生产物流（图 1-15 中的 B、C、D、E 部分）。当“物”被投入生产后，在各车间、各工序、各工艺中心间移动，并在加工过程中改变其物质实体形态，成为半成品入半成品库暂存，或直接进入产品加工流程，生产出成品。其中有进出库、加工制造、搬运、运送、质检、

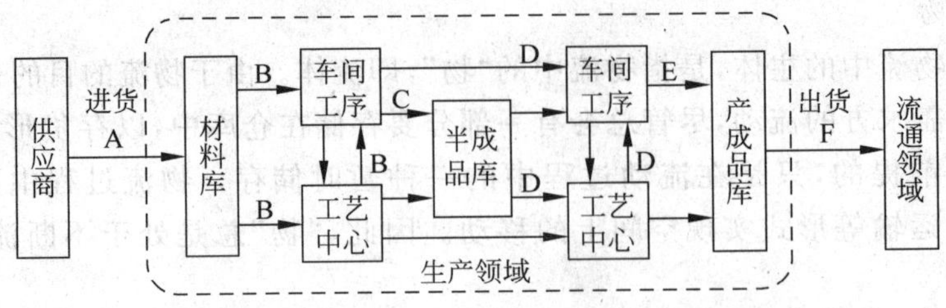

图 1-15　生产领域的物流作业流程

成本控制等过程。③销售物流(图 1-15 中的 F 部分)。也称出货物流。产成品经包装送入产品仓库储存,产品搬运出库,将其移动到流通环节。其中有进出库、包装、搬运、销售、结算(商流)等过程。

这三个部门各自相对应的物流组成了生产领域的物流作业流程。此外,基于生态和环保观念,还有附加在采购、生产和销售过程中的废旧物料回收和废弃过程。从物流功能的角度看,生产领域的物流作业也是以运输、储存、装卸搬运以及相应的信息处理等组成的功能体系。包装和流通加工功能则被弱化并融入生产过程中。生产企业内的物流过程往往与工艺流程结合在一起,即人们常说的流水线。现代化的流水线,不仅仅是技术上的进步,对物流合理化也是一种深刻的变革。合理化厂内物流作业流程可以减少整个生产过程中的混乱和浪费。

2. 流通领域的物流作业流程

流通领域内的物流包括物流体系中的所有功能,这些功能体现在下列物流过程中。

(1) 批发企业的物流过程

批发企业介于生产环节和零售环节之间,通过集中采购、批量出售方法,简化了生产与零售业间的业务转换。传统形态的批发企业,大多只承担采购和调配运输这两个功能,但现代物流中的批发环节则是整个商品物流中的主动脉和枢纽,已发展成为集采购、仓储、分拣、包装、加工、配货、运输等业务为一体的物流功能构架。批发业最根本的职能是将生产企业的产品大量购入,然后批量销售给零售企业或直接的消费者,以化解或削弱市场供需在时间、空间上的矛盾。如图 1-16 所示。

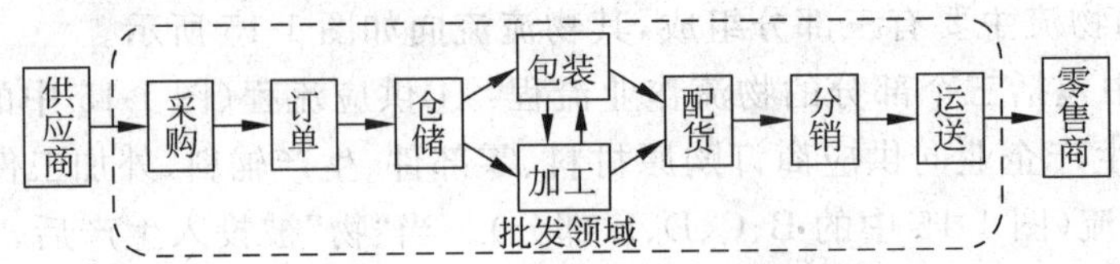

图 1-16　流通领域的物流作业流程

(2) 零售领域的物流过程

零售领域的物流过程是从采购活动开始，并结束于销售(商流)的活动。当签署买卖合同时，商品的所有权发生转移，就形成了商流，但其商品实物并不一定立刻发生移动，而是根据买卖双方的需要、方式、途径和时间实现转移，如图1-17所示。

零售领域的物流主要有四个部分。①进货流程(图1-17中的A和B部分)。它是采购和接收各种商品的过程。供应商根据合同条款为零售企业供货，商品从生产企业或批发企业的储存库移动到零售企业的储存库或货架上。该过程是以运输为主体，包括包装、装卸、搬运等物流功能的组合，它是直接为商流服务的。②存储和售前准备物流(图1-17中的B部分)。它是商品的仓储、保管、分拣、上架，以及不断补充的过程。当商品到达零售业后，一部分直接送至销售柜组或货架上；其余部分为了避免短时间的脱销风险存入仓库。这些商品都需要储存、保管、补充、分拣和上架等过程，从仓库向店面或货架的移动。③商品销售物流(图1-17中的C部分)。它是把商品直接传递到消费者手中的物流，是直接的交易过程。一般有两种形式：一是商品从柜组或货架移动到客户手中，二是由客户订货，由零售店把商品送达客户指定的场所。④逆向物流。它是商品退货、回收和废弃物流。它是在前面三个过程中发生的，如在采购进货中，发现不合格商品需要退回货主；对仓库和货架上或直接销售过程中的残、次、过期商品，需要回收，售出商品的包装物也需要回收等。

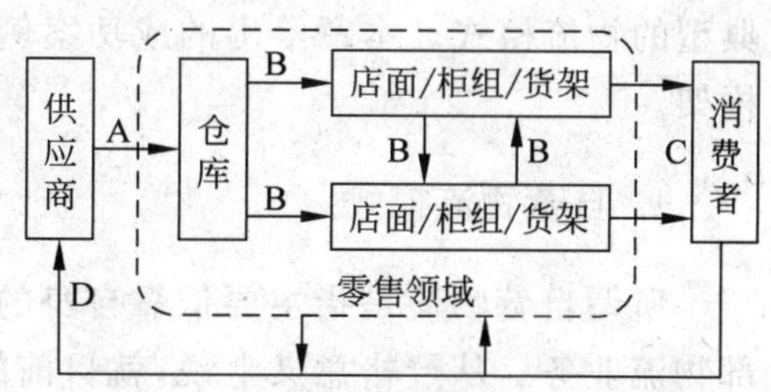

图1-17　零售领域的物流作业流程

在零售领域的物流过程中，运输、配送、储存是主要功能，而装卸搬运、包装、流通加工、信息处理等是辅助功能。但同时，配送、包装和流通加工等服务性功能得到了不断强化，精美的包装起着美化商品和促进销售的作用；送货上门、拆零销售和恰当的分割、组合，则日益成为零售领域的售前或售后服务的主要内容。

第三节　供应链物流运作模式及管理战略

企业在供应链环境下进行物流管理，直接面临的问题是企业的物流业务是否外包，是全部外包还是部分外包。通常，有四种可供选择的物流模式，企业需要将自身能力与市场环境结合起来进行选择。物流管理系统处于复杂多变的环境，物流管理需要立足于供应链层面进行运筹与决策，就物流运作和管理的目标及达成目标的途径和方式而制定的长远性、全局性的规划与谋略。因此，物流战略在供应链管理战略中有重要的意义和作用，它是不断提升供应链竞争力的保证，支持供应链的可持续发展。

一、四种典型的物流模式

企业自营物流还是完全外包物流，还是采用其他方式，没有统一定式，要结合企业实际和外部环境综合考虑决定。在总结了国内外成功的物流运作模式后，这里提炼出四种典型的物流模式。本章给出的成功案例，将进一步透视决策者在选择物流模式时的思维构架。

1. 自营物流模式

所谓自营物流是指主要依靠自身的管理能力和物流设施、设备，来经营自身需求的全部物流业务。从严格意义上说，就目前的经济环境下，绝对完全依靠企业自己的全部设备来完成物流活动是不现实的，尤其是企业经营规模较大、物流活动的空间范围较大时，通常是以自身设施设备为主，以少量租赁设施、设备的“小外包”方式作为补充。如海尔集团的自营物流，就是主要依靠自身的管理能力（专门的物流管理机构协调管理全部的物流活动，包括采购和工厂内外物流）、物流设施设备（本部的立体仓库、各经济区域的物流中心、包括运输车辆在内的各种物流设备），外加“小外包”来完成自身全部的物流业务活动。现代企业自营物流已不是传统企业的物流作业功能的自我服务，它是基于供应链思想的物流经营管理新概念。

2. 外包物流模式

外包物流也是最常见的物流运作模式，通常是将企业工厂外部的所有物流活动全部外包给专业的物流公司，又称第三方物流。目前还有大量的企业依然沿用自身原本的自营物流模式，但随着市场环境和企业经营状况的不断变化，在自营物流逐渐演变为企业核心能力非支持性业务甚至成为影响企业核心竞争力的桎梏时，外包物流将成为企业最佳的物流运作模式。从经济环境的发展和演变趋势看，外包物流模式有着巨大的市场空间。

3. 股份制物流模式

股份制物流模式是物流需求者、供给者，以及其他服务商或者投资公司，以资金、实物资产、管理能力等“资源”为注入股份，合作共建的股份制物流公司，如本章案例中的安泰达股份公司就是很典型的案例。股份制物流公司首要的任务是协同入股的物流需求公司，变革、规划和重构原有物流模式，并完成其全部的物流业务活动，在充分保证满足入股合作者的全部物流需求的基础上，承担并做好外部社会物流。股份制物流模式是一种全新的物流运作模式，其中，不断关注扩大利益分配范围和公平的利益分配机制，以及透明的管理、协调和监管机制是其成功运作的前提。安泰达公司就是成功的范例。

4. 基于ASP的物流联盟模式

基于ASP的物流联盟模式是指与网上物流运作公司(即网上物流应用服务提供商,Application Services Provider,ASP)联盟,由ASP通过专用软件平台协助在线整合储运能力,并实施物流运作管理。其实质是平台式物流供应链管理的实时方式,具体做法是由网上第三方物流服务提供商提供专用软件平台,将物流需求方的需求信息、供应方的物流供给能力信息等集成起来,当物流需求方在线提交需求时,平台系统自动在线进行供需组合匹配,并对供需双方互动沟通,最后为需求方确定其满意的承运商或仓储商,并监管物流运作。ASP与供需方有相应的管理合约机制(如联盟章程等),所有的交易,包括合同、各种单证、报表、支付等,均在网上完成,所有的管理过程都通过网络透明公开,包括物流过程的实时跟踪、突发事件的预警及处理、绩效管理等。当然,物流需求方和供给方作为平台的使用者,需要按服务协议缴纳相应的服务使用费,ASP作为经营者投资高额成本并维护平台正常运作。基于ASP物流联盟模式的最突出的优点是,极大地降低了交易成本,同时,由于可以整合装运同一运输线路的多家同类货物,且能避免返程空载,从而大大降低了运输成本,使三方都获得较高利润。本章的案例中较为详细地描述了这样一个典型例子。尽管目前ASP的范例还不多,但它是很有前景的物流运作模式。

二、物流管理的组成要素及集成

讨论物流管理战略的前提是首先要清晰地认识物流管理的组成要素,这些组成要素构成了供应链环境下的物流系统。物流系统中的所有物流活动既相互联系又相互制约,物流管理战略需要用系统法的思想来认识这些活动的关系,以更好地优化物流运行结构。

1. 物流管理的组成要素

物流管理是供应链流程的一部分,它包含了货物、服务和信息在制造和服务两个领域的流动。制造实体包括所有类别的制造公司,它们为消费者提供的产品同时包含了服务,是一个"大产品"概念。服务领域包括诸如组织、医院、银行、大学、零售商店和批发商等实体,它们提供的产品是服务,是一种"特殊产品"。物流管理与各类运作部门之间都有密切的相关性。图1-18列举了供应链环境下包含在物流管理中的一些活动,可视为物流管理的组成要素。

物流管理的组成要素包括输入、管理行为、管理活动和输出。物流管理是在基本输入的基础上,通过管理行为(对整个物流运行的计划、实施和控制)和实施各种管理活动,实现从供应商到客户的物料价值增值的转化和移动过程,最终完成物流系统的输出。

物流过程的输入包括自然、人、财务和信息资源。这些输入又可细化为原材料(如组装件、部件、包装材料、基本商品)、在制品库存(即部分完工且尚不能销售的产品)、产成品

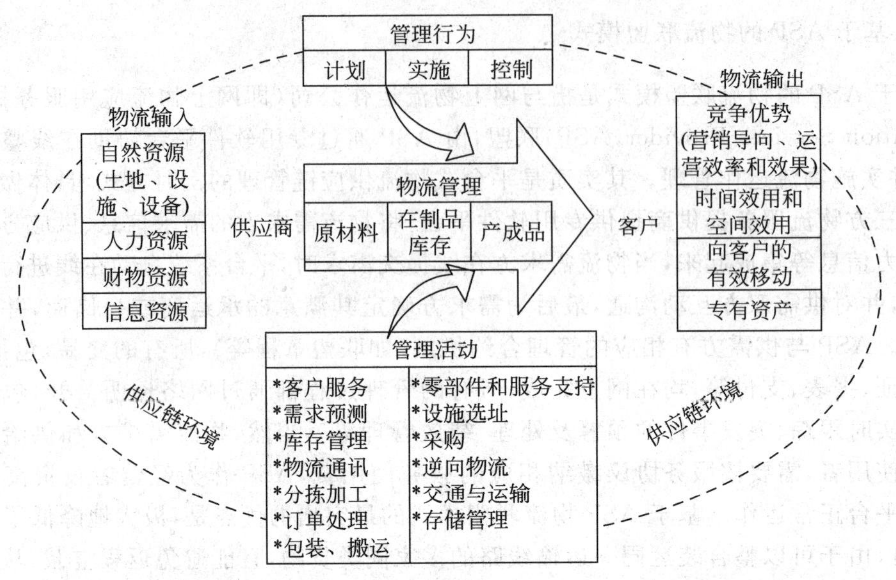

图 1-18　供应链环境下物流管理的组成要素

(即完工准备销售给中间商或者最终客户的产品)。管理者需要对这些不同形态的输入进行计划、实施和控制。物流系统的输出包括营销导向、运营效率和效果导致的组织竞争优势,时间和空间效用以及向客户的有效移动。这样的物流服务组合又产生了另一个输出,即物流成为组织的专有资产。图 1-18 底部所示的物流活动的有效履行,使这些输出成为可能。

2. 物流活动集成的系统法思想

物流就其本身而言就是一个系统,它是由那些为了在物流渠道内实现物料、人员的有序流动而相互联系的活动所组成的网络。物流系统中的所有活动相互联系和影响,任何一个活动都制约和受制于其他与之相互作用的因素和活动。由此,对物流的管理就不能孤立地看待这些活动,否则将无法了解物流活动的全貌,或换句话说,就无法了解这些活动如何影响或受制于其他活动。实质上,物流系统中一系列活动的总和或产出,要大于其单个活动产出的算术和。

系统法是物流管理中的一个关键概念,是理解事物内部联系的简化而有力的方式。系统法要求物流管理中的组成要素必须被视为一个整体(包括物流运行过程中的所有活动),从系统整体的角度来实施物流管理战略。例如,我们的企业很希望拥有较高的库存水平,以提高客户订单满足率,但较高的库存在增加库存成本的同时,还会增加过期报废的风险。在决定库存水平之前,必须从整个供应链的视角将决策的有利方面和那些不利因素进行权衡。如果不考虑决策对更大的系统的影响，就会发生“次优化”。就是说，当系统内的个别活动看似运转良好，其带给整个系统的实际结果却是相对拙劣的绩效。如果不了解旨在提高服务水准的物流决策对整个供应链的影响，多余的库存就会沿着供应链各个环节堆积起来。这些多余的库存将使整个供应链的成本增加。由此，系统在整体上比它原本可以达到的状态要缺乏效率。要解决这个问题（物流管理战略必须解决这个问题），就需要用系统法来管理供应链中的库存。系统法是以下几个需要讨论的主题的核心。

用物流创造竞争优势　近几年来，有效的物流管理已被认为是提高赢利能力和企业竞争绩效的关键因素。以客户为中心的管理理念，加上运营效率和效果，市场营销导向等给组织提供了获取竞争优势的机会。企业的市场营销理念包含三个要素：客户满意度（供应商、中介客户、最终客户）、整体作用力（产品、价格、促销和分销）和公司利润（长期赢利最大化、在给定的可接受的客户服务水平下的最低总成本），物流在每一个要素中都以几种方式起着重要作用。比如，在营销组合的“4P”（产品 product、价格 price、促销 promotion 和渠道 place）中，物流扮演着关键的角色，尤其是支持通过恰当的渠道获得产品。在物流系统中有五个“恰当”，指将恰当的产品在恰当的时间、恰当的地点以恰当的条件和恰当的价格供应给那些消费该产品的客户。这其中涉及增加时间效用和地点效用的成本是极为重要的，因为成本控制是企业高层主管最主要的关注点之一，而物流职能的有效率和高效的控制能给成本控制带来巨大的影响。

用物流来增加时间和空间效用　产成品具有某种价值和效用，使材料成为完工的可用形态的价值或效用称为“形式效用”。对顾客来说，产品不仅应该具有形式效用，而且应该在合适的地点、在适当的时间可以被买到。附加在产品上的超出制造所附加价值（形式效用）的那部分价值可以成为“地点、时间或占用效用”。占用效用是通过允许顾客拥有产品而附加给产品的价值，如提供信贷、数量折扣和延期付款等，它不是物流的结果，但它是物流和营销过程的终结。物流管理战略十分关注物流所附加的价值，因为地点和时间效用的改进最终反映在企业的利润之中。地点效用是通过使产品在合适的地点被购买或消费而为产品创造或增加的价值。因为物流有效地将原材料、在制品库存和产成品从原产地移动到消费地，所以物流直接负责为产品附加地点效用。时间效用是使某件产品（或服务）在恰当的时间被得到而创造的价值。如果客户在需要的时候却恰恰无法得到产品，那么产品对客户就不那么有价值了。如果企业无法在恰当的时候得到需要的物品，则会导致定价很高的生产停顿，并使企业处于竞争劣势。物流管理战略需要充分考虑这些因素，物流成本节约和因物流系统改进所带来的更强有力的营销地位，两者都会导致最终的财务结果得到改善。物流对产品附加值贡献越多，物流管理的重要性就越高。

物流是一项专用资产　在讨论物流管理战略时还需要高度关注一个理念，那就是一个有效率的和经济的物流系统，它是类似于公司财务账簿上的实物资产。供应链的物流能力不会被竞争对手所轻易复制。如果说公司能够迅速地以低价向客户提供产品,它就能取得超过竞争对手的市场份额的优势,那么,作为物流效率的结果,公司能够以较低的价格销售产品,或者提供更好的客户服务水平,从而创造商誉。虽然现在还没有组织在它们的资产平衡表上确认此资产,但在理论上,它可以被看作“无形资产”。当然,无形资产还包括诸如专利、版权和商标等内容。

三、供应链物流管理的战略框架

图 1-19 描述了物流管理战略的框架结构。物流管理战略内容包括四个层次。

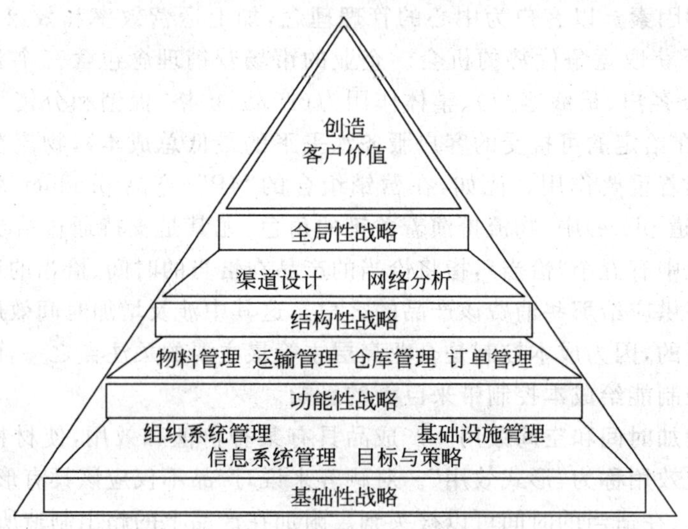

图 1-19 供应链物流管理的战略框架

1. 全局性战略

随着企业经营观念由产品制造到产品销售再到现代营销和客户服务的转变,“一切为客户创造价值”成了现代企业经营的核心理念,从而支持供应链高效运作的物流管理的目标,也应该是最大限度地满足客户所期望的需求,为客户创造价值。由此可以认为,“创造客户价值”是物流管理的最终目标,即全局性的战略目标。为客户创造价值包含两个方面的内容。其一,最大限度地满足客户期望的需求:把客户需要的产品和服务以最快的方式、准确的地点、最佳的服务水平、恰当的成本,完好无损地交付给客户。其二,尽可能地为客户提供“消费者剩余”,即向消费者转移更多的“净收益”,这也是企业乃至供应链在激烈的市场竞争中获得其超过竞争对手的竞争优势的最佳途径。事实上,客户所期望的需求不但极其个性化,而且变幻莫测,而使消费者产生“消费者剩余”的更多“净收益”,就需要物流管理为之付出更多的努力，这在实际的物流运作管理中很难做到，但它是物流管理追逐的目标，是物流服务的最高境界。物流管理的全局性战略必须定位在“创造客户价值”的最高境界层面，才能统领其他战略目标。要朝着实现创造客户价值目标的方向迈进，需要从整个供应链的视角并在综合考虑其他物流战略的基础上，创建全局性的客户价值管理体系，包括科学的客户价值评价体系等。通过动态地实施客户价值工程，不断开发物流服务的“创意型资源”，提升“物流服务资源”的价值，并提高将物流服务资源转化为客户价值的能力，培育客户信赖的物流服务品牌，从而全面提升物流管理的服务水平，创造企业商誉，创造供应链商誉，提升整个供应链和物流管理的核心竞争力。

2. 结构性战略

物流管理战略的第二层次是结构性的战略，包括渠道设计和网络分析。渠道是为输出和提供物流产品或服务从而在供应链上构建的通路。渠道设计是供应链设计的一个重要内容，包括重构物流系统、优化物流渠道等。前者是一项大的工程，从整个供应链物流系统的层面把物流系统包容的内容（包括物流管理组件等）综合起来进行重构。物流渠道优化是重构物流系统中的一个关键内容，它涉及“硬件”渠道的优化，即渠道的网络设施布局及容量配置的优化，以及“软件”渠道的优化，即保证物料进出渠道的通畅、信息双向流动通畅的优化。在今天的市场竞争环境下，特别需要关注“软件”渠道的优化。渠道优化尤其是“软件”渠道优化是一个连续性的过程，其目的在于保证渠道的畅通，不断提高物流系统的响应性和敏捷性，使供应链获得最佳的物流成本。网络分析是物流管理中另一项很重要的战略工作，它是物流系统优化设计的重要参考依据，为渠道设计提供分析工具和数据资料。网络分析将通过对大量的实际运作资料的分析，了解物理网络结构为什么合理或者欠合理，设施的利用效果和原因，运输方式和交货状况，物流信息系统的功能和利用状态等。对物流管理系统的结构性分析的目的是要不断减少物流环节，消除供应链运作过程中的非增值的活动，提高物流系统的效率。

3. 功能性战略

物流管理第三层次的战略为功能性的战略，是在现有的网络和渠道的基础上物料管理、仓库管理、运输管理和订单管理的功能实现战略。又可以具体分解为五个方面的内容：

（1）流入与流出的方法及策略；

（2）库存控制的方法与策略；

（3）运输工具的使用与调度；

（4）仓库的作业管理；

（5）客户的订单履行等。

物料管理与运输管理是物流管理的主要内容，必须不断地改进管理方法，使物流管理向零库存这个极限目标努力，降低库存成本和运输费用，优化运输路线，保证准时交货，实现物流过程的适时、适量、适地的高效运作。这里，关于采购和库存管理的内容在第六章中已有详述。订单管理主要是通过建立订单履行机制，正确、高效地实现客户订单价值。

4. 基础性战略

第四层次的战略是基础性的战略，主要作用是为保证物流系统的正常运行提供基础性的保障。内容包括：

(1) 组织系统管理；
(2) 信息系统管理；
(3) 政策与策略；
(4) 基础设施管理。

组织管理系统要求供应链环境下物流系统的组织管理结构科学合理，能充分发挥对物流运行管理的协调作用，包括对供应链物流资源匹配的协调，企业间、部门间及功能间的协调，物流系统渠道的协调，以及相关关系的协调等。现代物流信息系统则更注重聚焦于合作伙伴间硬件资源的对接整合和信息的实时共享性，包括对供应链库存管理信息系统、配送分销系统、用户信息系统、EDI/Internet 数据交换与传输系统、电子资金交易系统(EFT)、零售点 POS 集成与共享，以形成物流系统中科学的信息流结构，保证物流系统的高效运作。这要求从供应链集成的战略高度进行物流信息资源的规划和管理。此外，支持供应链协同运作的物流运作的总目标和管理策略，以及对基础设施的科学管理等，都是物流系统高效运作的基础性保障。

四、供应链环境下物流管理的特征

物流管理所呈现的新的内涵源于供应链环境的变迁。在 20 世纪 70 年代以前，成本是主要的竞争优势，而 80 年代则是质量，90 年代是交货时间，即所谓基于时间的竞争。进入 21 世纪后，这种竞争优势开始转移到敏捷性上。在这种环境下，企业的竞争就表现为如何以最快速度响应市场要求，满足不断变化的多样化需求，即企业必须能在实时的需求信息下，快速组织生产资源，把产品送到用户手中，并提高产品的用户满意度。正是这种新的环境，为物流管理增添了新的内涵，使供应链环境下物流管理和传统的物流管理相比有许多不同的特点。这些特点反映了供应链管理思想的要求和企业竞争的新策略。

1. 传统物流管理的主要特点

这里提出“传统物流”的概念主要是从物流的目的和功能层面考虑的。在传统的物流系统中，需求信息和反馈信息（供应信息）都是逐级传递的，因此上级供应商不能及时掌握市场信息，从而常常导致预测不准确、需求不明确、供给不稳定，企业间合作性与协调性差，流程不够连续等，继而造成物流和生产作业的不均衡。它在物流管理目的和功能层面表现的主要特点可以归纳为以下几个方面。

（1）追逐独立利益的物流理念

传统的物流管理往往是生产部门根据自身的采购、生产、销售计划向物流企业或部门提出运输、储存等要求，物流承担方则被动地满足要求，根据订单或合同提供服务。在服务理念上，追求的不是服务水平和质量，以及为客户创造价值增值等，而是追逐个体的经济利益。

（2）缺乏供应链整体的统筹安排

传统的物流管理往往不重视物流功能的整体性，对各部分物流活动的分割管理，造成在进行物流成本——效益分析时，追求单一环节成本最低。由于物流过程的各部分活动是一个有机整体（如，一项物流流程可能包括分拣包装、流通加工、装卸搬运、运输配送、物流集成等连续的流程作业活动），因此每一部分活动成本最低并不意味着整个完整物流过程的总成本最低。解决这一问题的传统方法是在“事中”沿着这条僵硬的物流供应链（非现代意义的物流供应链），在各功能环节之间权衡利弊和协调关系，而不是在“事前”从供应链整体的角度来统筹安排各活动之间的有机协调。最终的结果往往使物流系统变得更加庞大和复杂，甚至不再有效。物流系统在结构上看似供应链，却失去了物流供应链的思想内涵。

（3）追逐成本第一的竞争策略

如果说传统物流是以降低物流成本作为提高企业竞争优势的主要手段的话，那么现代物流则是以最大限度满足消费者需求，并为其创造更多附加值作为提高企业竞争优势的主要措施。这里所说的竞争优势是指企业在特定的市场环境下，不仅自身能获得较高利润，而且与竞争对手相比，具有向消费者转移更多净收益的能力。企业创造的价值是由消费者剩余和企业利润两部分构成。所以企业要实现竞争优势必须从企业创造价值的主要环节入手，确定企业应采取的措施。一般来说，企业要获得竞争优势可以采用两种方法，一是在保持类似于竞争对手的收益时追求成本优势，即追求降低成本。二是追求差异性优势，即寻求更大的消费者剩余，而保持与竞争对手类似的成本。比较传统物流与现代物流的在价值创造上的策略选择，可以认为，传统物流选择的是前一种模式，而现代物流体现的是后一种模式。

（4）推动式的物流运作动力源

现代物流的源动力来源于消费者需求的拉动，即由消费者需求开始，通过物流大系统各个环节的信息传递，最终决定商品生产企业应如何进行生产，因而现代物流也称为反应式物流。而传统物流运作的推动力是生产，是由于生产的需要导致传统的物流运作。

2. 供应链物流管理的新特点

正如前面述及的，在新的竞争环境下，企业追逐的竞争优势开始向敏捷性方面转移，企业的竞争就表现为如何以最快速度响应市场要求，满足不断变化的多样化需求。现代物流的理念是：走向市场，参与竞争，以市场为导向、以客户为本、一切为客户。信息资源的开放性，打破了企业的界限，建立了一种超越企业界限的新的合作关系，为创造新的竞争优势提供了有利的条件。供应链环境下物流运作和管理表现了如下新的特点。

(1) 从供应链整体视角来统筹安排物流

现代物流活动已被嵌入到整个企业供应链管理的全过程中，精明的管理者是从供应链的整体层面，把物流运作及管理与供应链运作的各流程、各种协同关系、供应链整体绩效等作为一个整体系统来统筹规划，使物流结构、物流活动及管理等更科学，高效地支持供应链实现供需平衡运作，为供应链各环节提供增值服务，支持供应链实现总体利润最大化。由于现代物流是从供应链整体层面来统筹安排，从而，物流的成本—经济分析是以整个供应链(而非单个功能部门)为基本单位，物流运作和管理追求的是整个供应链的总成本最小化、总利润最大化和服务最优化。

(2) 柔性化和需求拉动反应式物流

在传统物流阶段，消费者的可支配收入有限，虽然社会上多数产品供过于求，但对价格的变化比较敏感，所以，生产企业多采用规模化生产模式，试图通过降低产品成本来满足消费者的需求和企业自身赢利的要求，物流活动也就必然要以最大限度地降低成本作为目标。而在现代物流阶段，由于消费者需求向个性化和多样化方向发展，生产企业不得不改变传统的以大规模、标准化为目标的产品生产模式，而采取所谓“柔性化”的生产模式，以生产个性产品来满足消费者的需求。因此，物流服务也必须以更加灵活的方式为企业的整体目标服务，从而物流由推动式运作变为需求拉动反应式物流。物流的竞争策略也从以降低成本为主，转而通过提供个性化物流服务方式去创造需求。

(3) 客户价值最大化的物流运作目标

传统物流与现代物流的最主要区别既不是在服务领域中，也不是在技术手段上，而是在服务的目标和功能上。从目标上看，传统物流的目标是追求尽可能低的物流成本，在此基础上给顾客以尽可能好的物流服务；现代物流的目的则是最大限度地满足顾客需求，以此来提高物流效益。从物流功能上看，传统物流体现了一种满足自身物流需要的“自身需要满足功能”，而现代物流体现了“客户价值最大化功能”。在企业经营理念的核心从产品制造转向市场经营和客户服务的今天，客户价值最大化是物流管理创新的原动力。企业的物流活动以客户服务为价值取向，透过生产过程向上下游延伸，通过为顾客提供所期望的服务以及增值服务和差异化服务，来获得物流收益最大化。

(4) 物流管理专业化、信息化

在理论上,现代物流应用博弈论、运筹学等工具对物流的各项活动进行系统考察:在技术上,现代物流高度依赖于对大量数据、信息的采集、分析、处理和即时更新,条形码技术,EDI技术,自动化技术,网络技术,智能化和柔性化技术在物流运作中得以广泛应用;为数众多的无车船和固定物流设备的第三方物流者正是依赖其信息和管理优势展开物流活动的全球化经营;运输、仓储、装卸等物流功能普遍采用专业化、标准化、智能化的物流设施设备。这些现代技术和设施设备的应用大大提高了物流活动的效率,扩大了物流活动的领域。

(5) 物流服务社会化

这突出表现为第三方物流与配送中心的迅猛发展。随着社会分工的深化和市场需求的日益复杂,生产经营对物流技术和物流管理的要求也越来越高。众多工商企业逐渐认识到依靠企业自身的力量不可能在每一个领域都获得竞争优势。它们更倾向于采用资源外取的方式,将本企业不擅长的物流环节交由专业物流公司,或者在企业内部设立相对独立的物流专业部门,而将有限的资源集中于自己真正的优势领域。专业的物流部门由于具有人才优势、技术优势和信息优势,可以采用更为先进的物流技术和管理方式,取得规模经济效益,从而实现物流合理化——产品从供方到需方全过程中,环节最少、时间最短、路程最短、费用最省。

由于信息化的迅速发展,使企业有条件根据市场的变化而迅速作出反应,许多企业采用了"实时系统"(如海尔集团的一流三网物流模式),这要求物流服务必须以供需综合平衡为目标实施管理。这样做的结果,就使物流成本随着产品数量的降低相应的减少。因此,虽然个性化的物流服务增加了一部分物流费用(如运输、配送、包装等环节),但同时随着产品批量的减少,另外一部分物流费用却降低(如,仓储、搬运等环节的物流费用),所以,物流的总费用并没有增加。

第四节 供应链物流管理的任务和研究内容

通过物流概念演变和界定的研究,以及对企业供应链物流运作模式的探究,可以将物流管理定义为:集成先进的管理思想和管理技术,对物品流动的全过程进行设计、管理和控制,以满足客户需求,最大限度地降低成本,提高效益和效率。本书立足于企业微观层面,研究围绕企业生产所组成的供应链系统中的物流及其管理。将企业供应链物流分为供应物流、生产物流 和销售物流三大部分,将这些部分涉及的相关内容,如库存、运输、物流需求预测、物流成本管理、电子商务物流、物流绩效评估、物流信息技术、第三方物流、全球物流等包容进来,构成了本书独特的框架体系和相应的研究内容。

一、供应链物流管理的任务

研究供应链物流管理的任务，首先要明晰供应链物流的结构。图 1-13 根据企业的生产过程给出了制造企业的供应链运作流程。在供应链运作流程的每一个环节，物流无处不在，而且各环节有其不同的物流个性和不同的管理侧重点。由此可以将供应链物流结构划分为：供应链物流、生产物流和销售物流。

严格来讲，供应链物流管理可分解为三个层次。第一个层次为狭义物流，即物品在各环节业务运作中的时间和地理范围上的流动。第二个层次为物流能力，即企业对物品时空流动所具的成本控制、操作控制、灵活应变、无缝链接、完善服务等的综合能力。第三个层次为物流管理，即利用先进的管理理念和管理技术，以现代信息技术为支撑，对物品在生产过程各环节运作中的时空综合移动进行有效管理，使其物流能力得以充分发挥。

简单的说，供应链物流管理的任务，就是解决沿着供应链渠道进行流通的物流全过程高效率和低成本的运作问题，实现供应链伙伴多边共赢的目标。它着力解决供应链物流系统合理化问题、一体化物流管理问题、消费者满意度管理问题。

（一）供应链物流系统合理化

供应链物流系统合理化包括物流系统安排合理化和管理理念的现代化。

在管理理念上，把供应链物流管理纳入企业发展战略一体化范围。企业的有机运转，靠商流、物流、信息流和经营管理 4 个“轮子”的协调，并以物流为主导。物流系统与生产、销售、财务系统一起，被称为企业的四大支柱。物流是生产、销售系统的支持系统，供应链物流系统的合理化，对整个供应链运作影响深刻，同时，物流的时间、空间、数量、形态等结构，又受供应链计划安排、产品设计、销售策略和财务状况等因素的制约。供应链物流系统的合理化，就需要将物流管理和其他系统有机结合成一个整体，作为企业发展战略的一个重要构成要素。用先进的管理理念和管理方法，研究与管理物流的活动过程，提高物流计划与控制的系统性和科学性，由各部分的分散管理向集中管理转化，由操作性管理向决策性管理转化，由封闭型管理向开放型管理转化，用先进的物流信息技术支持系统的高效运作。

供应链物流系统中的运输、仓储、包装、装卸搬运、流通加工、配送及物流信息等各种职能因素，相互关联、相互制约、相互影响。因而，供应链物流系统的结构安排应建立在低成本、高效率、高效益的基础上。物流系统安排合理化主要体现在以下原则。

(1) 近距离原则。运输和装卸搬运增加了产品成本，物流合理化应尽可能使物料流动距离最短，以减少运输与装卸搬运量。如海尔的工业园区将一些重要协作件生产厂家集中在一起，极大地减少了物流量，为海尔提升产品竞争力提供了重要保证。

(2) 优化原则。在进行物流系统规划和设计时，要将彼此之间物流量大的设施布置得近一些，而物流量小的设施和设备可以布置得远一些。在上述股份制物流模式的案例中，安泰达公司之所以协助科龙建立了四类产品的配货中心，其中就体现了这种优化原则的思想。

(3) 尽量避免迂回和倒流原则。物流过程可能会由于订单的错误分配，装卸搬运的失误而导致物流的迂回或倒流。这种现象，会严重影响物流系统的效率和效益，甚至影响生产过程的顺利进行，因而必须使其减少到最低程度，尤其是系统中的关键物流。

(4) 在制品库存最小原则。在制品是生产过程中的必需物，同时又是一种"浪费"，可以通过合适的手段如，生产计划、管理模式、设备改造、设备规划等，使其库存降低到最低限度。

(5) 集装单元和标准化搬运原则。物流过程中使用的各种工具，如托盘、料箱、料架等工位器具，应符合集装箱单元和标准化搬运原则，以提高装卸搬运效率，提高物料活性指数，提高装卸搬运质量，提高物流系统机械化和自动化水平。集装单元和标准化搬运程度，反映了供应链核心企业对物流的管理水平。

(6) 科学搬运原则。科学搬运强调科学的设备和自动化程度，更强调对这些设备和自动化程度的有效利用，在设计供应链物流系统时，要通盘考虑这些因素，考虑对设备和自动化程度的驾驭能力。

(7) 绿色物流原则。从管理理念上讲，绿色物流是指在供应链运作全过程的一系列物流活动中，利用绿色物流管理理念和先进的物流技术对物流进行科学化管理，以降低对环境的污染，减少对资源的消耗。绿色物流也是解决可持续发展与有限自然资源限制这一矛盾的有力措施。物流系统的规划、设计和改造，应符合可持续发展战略思想和绿色经营要求，与社会其他系统相协调，不能为追求物流系统的功能和效益而损害环境。

(二) 一体化供应链物流管理

供应链物流管理的目的旨在使供应链各环节的运作实现无缝对接，提升客户满意度，保持物流运作的恰当成本。这就要求对供应链运作的全过程进行一体化的物流管理。供应链物流发生在供应、生产、销售各环节，在决策制定上要考虑供应链模块的关联性，分析其各模块职能对其他职能运作成本的影响，在此基础上，才能安排好供应链全过程的一体化物流，保持供应链系统的协同运作。一体化物流及其所涉及的模块见图1-20。

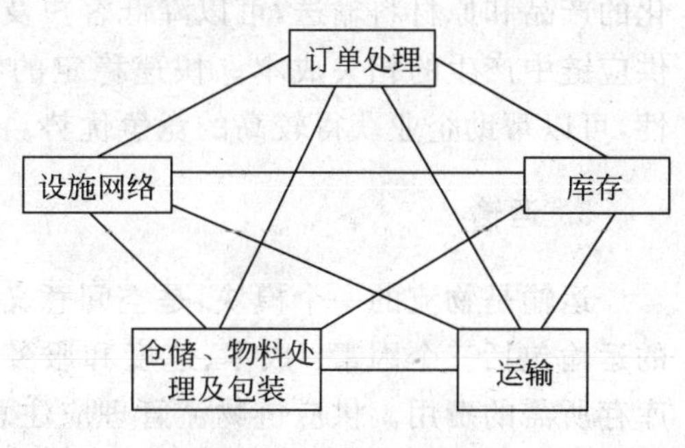

图 1-20　一体化物流

1. 订单

订单的处理能力直接影响着供应链物流能

力。在大多数供应链中,客户需求是以订单形式进行传递的,订单不仅仅是客户需求的数量、时间、地点的信息载体,还包含有客户其他要求的信息,这在现代物流管理中尤为重要。订单处理包含了从订单的获取到发送、结算以及收款等客户需求管理的所有方面。如果订单在到达销售部门后,以批处理的方式发送到各分销仓库,信息流将失去了价值。同时,这种传递方式,极有可能出现信息的失真,这些都会严重影响供应链物流的运作,也会影响其他模块的快速反应。

2. 库存

库存需求直接与其设施网络和预期的客户服务水平相联系。库存的战略目标是以最小的库存,来实现最佳的客户服务。过多的库存可以弥补物流系统设计中的缺陷,但它也带来了不必要的成本。物流整体战略是建立在实现对库存尽可能低的资金投入基础上,其基本目标是在提供令客户满意服务的同时,获得最大的库存周转。一个合理的库存战略是建立在5个方面有选择性的综合运用的基础上的,即:核心客户的分离运作模式,产品的赢利能力,运输的一体化,绩效的适时化和竞争能力。有较高利润的客户合同构成了企业的核心市场,企业应围绕这些客户制定库存战略。这种有效的物流分离运作模式的关键,是优先支持核心客户的库存战略。

在企业的产品链中,各产品的总销量及赢利水平有较大差异,比如,不到20%的销售产品却占总销售利润的80%以上。在安排库存策略时,要综合考虑产品的库存组合,正确评估低利润或低销量的产品存储为企业带来的利润是否有助于避免产品过剩而带来的高成本。向核心客户提供全方位的服务,而对低赢利产品提供高水平的支持服务也是必要的。因此,企业在安排选择性库存策略时,应考虑整个产品链的赢利能力。

产品在某个具体设施的库存计划对运输环节的绩效有着直接影响。在某个特定的中心仓库,保持足够的库存和多样化的产品,有利于统筹物流安排,利于增大运输总量和运输批次数量,以运输上的相应节省抵消由于库存增加所造成的成本。

企业快速输送产品以满足客户对库存的要求,是其参与竞争的主要能力之一。准时化的产品和原材料输送,可以降低客户及企业的库存,其带来的节约可以抵消快速物流在供应链中产生的相关成本。快速稳定的物流能力和有选择性的库存战略有极强的关联性,可以帮助企业获得较高的竞争优势。

3. 运输

运输是物流的一个模块,是空间意义上的移动并存放。从供应链物流系统来看,成功的运输包括三个因素:成本、速度和服务的稳定性。运输成本是区域间运输和维持在途库存所需的费用。供应链物流管理应注意加强对运输运作的管理,来降低总体运作成本。运输速度是完成一项特定的运送所需的时间。快速运输服务往往成本较高,但在途库存以及库存供应不及时到达的时间也就越短。供应链物流管理在运输方面，就是要从速度与成本平衡的角度，选择最理想的运输方式。服务水平反映了运输环节运作的可靠性，如果在两区域之间进行运输，第一票运输的时间为 3 天，而另一票则用了 6 天，这种未知的差异会给企业带来严重的供应链运作问题。企业要应对这种不稳定性，就需要准备基本库存和安全库存，以防止服务中断，而这种库存安排将影响交易双方整体库存目标的实现。随着新信息技术的出现，控制和报告货物在途状况成为可能，物流管理者们开始考虑在维持稳定性的同时追求运输速度。速度和运作的稳定性共同造就了高质量的运输服务。

在设计物流系统时，企业要考虑在运输成本和运作质量保持精确的平衡，在一些低成本运输要求下，速度较慢的运输方式令人满意；而在另一些情况下，快速运输服务则是企业实现运作目标的根本。寻找理想的混合运输方式，并把它贯穿在全程供应链中，才是企业物流运作的主要目的。

4. 仓储、物料处理及包装

物流的前三个职能模块可以组合成许多不同的运作安排，每个安排都可以提供某种水平的客户服务，降低总成本。综合这些模块，可以形成一体化的供应链物流解决方案。仓储、物料处理及包装，也是物流供应链解决方案中不可分割的一个主要部分，但它并不像前三个模块那样具有独立性，它依附于物流运作过程不同环节的要求。产品在特定时刻的物流运作，对其仓储、物料处理及包装要求各不相同。企业的诸多增值活动，如分拣、排序、订单挑选、集运，以及在某种特殊情况下对产品的改进和组装等，都是在对产品实施存储的过程进行的。在供应链物流系统设计中，企业应注意对这些增值运作，在外包给专门的仓库公司和自己运作之间进行选择。

在仓库的管理中，物料处理是一项十分重要的工作。企业需要对产品进行接收、运送、储存、分拣以及组装，来满足客户订单的要求。对物料处理上的直接人力与资金投入，是物流总成本的一个重要组成部分。物料处理不当，会造成对产品的极大损坏。产品处理的次数越少，损坏的可能性就越低，仓库的总体效率就会提高。仓库及其他所具备的物料处理能力，可视为供应链物流流程的一个小系统。

把存储、物料处理及包装等运作环节有效地融入供应链物流系统运作中，企业产品流的速度和畅通程度就会显著提高。在供应链物流系统的设计中，要充分考虑最佳的仓储、物料处理及包装方案，尽量减少中间环节的处理过程。

5. 设施网络

典型的物流设施包括生产工厂、仓库、交叉存储运作设施，以及零售店等。设施的位置以及整体网络设计，在提高商业运作效率方面具有重要作用。用来进行物流运作的设施的数量、大小以及地理位置等关系，都直接影响着对客户的服务能力和运作成本。

网络设计决定着企业进行物流运作所需的各类设备的位置和数量，同时还必须明确在每个设施中储存的产品种类、数量以及客户服务的分配。设施网络为物流运作创造了构架，物流运作的具体环节，诸如订单处理、仓储库存以及物料处理等相关活动，都是在设计好的设施网络中进行的。出色的设施网络选定，应为供应链发展及赢得竞争优势发挥重要作用。

订单处理、库存、运输、仓储、物料处理及包装、设施网络等模块，形成了相互关联的链条，在设计供应链物流系统时，要具有一体化物流观念。因为恰当的网络、恰当的运输安排、恰当的库存分配、仓库保管、物料加工和包装等，是物流功能实现的支持因素。物流服务水平是按照实用性、运行绩效、服务可靠性来衡量的。物流服务的每一个方面都是按照客户的期望和要求来定制的。供应链物流管理的主要职能在于，将采购(供应)、生产支持、市场分销这三个主要操作过程整合起来。诚然，信息技术依然是物流系统运作的强有力的支持系统。

（三）客户满意度管理

供应链物流运作的最终目标，是为了满足客户的期望和要求，不断提升供应链的竞争优势，使供应链上的各合作伙伴实现共赢。对于物流服务提供者而言，无论是本企业内部还是企业外部，凡是接受物流服务者，都是其客户。接受服务的客户是提出物流运作要求的中心和驱动因素。在制定物流战略时，要充分认识到物流服务必须满足各种客户的需求，同时，要时刻关注对客户满意度的管理。客户满意度强调的是客户、客户期望以及他们对物流运作绩效的认同。了解客户的期望，提升操作标准，减少工作失误，以不断提高物流运作绩效，则会提升客户的满意度。

1. 物流运作绩效管理

物流运作所涉及的采购、生产、销售的各阶段，都可以从运作速度、持续性、灵活性、故障补救和可靠性等几个方面来衡量运作绩效。

运行周期的运作速度是指客户产生需求、下达采购订单、货物配送全过程所需的时间，它取决于物流系统的设计构成。大多数客户希望订货/交货周期缩短，以降低库存，因而，许多准时制和快速响应机制的物流战略，都将速度看作是基本的因素。订货/交货周期的持续性是指，在运行周期内按计划规定的时间完成的交货次数。持续性的关键是保证交货次数在规定的时间完成，任何交货时间的提前或延误，都会增加客户的成本，从而降低客户的满意度。物流的灵活性是指企业的物流系统是否能应对特殊情况，来满足客户需求的能力。通常，企业需要进行灵活操作的物流事件包括：物流服务协议的变更，如发货地点的变更等；产品的回收；供应的停滞；特殊客户的一次性客户化服务；对物流系统中的客户化运作。从许多方面讲，物流运作是否出色，取决于物流灵活能力的大小。而物流服务中能预见可能出现的故障或服务中断，并有相应的应急措施来补救，则能保证客户生产的正常运作。物流服务的可靠性体现了物流的综合特征，除了上述这几个方面外，还包括货物的完好性、结算的准确性等。

物流的主要价值在于以廉价高效的方式满足客户需求，这就需要对客户服务有全面透彻的理解，建立完备的客户服务结构体系。在制定客户服务计划时，应为每一项活动的实施制定明确的标准和衡量指标。尤其对重要客户的服务，应确保能够提供给客户"七个正确"，即正确的产品、正确的数量、正确的时间、正确的地点、正确的条款、正确的价格以及正确的信息。

2. 客户期望管理

客户在交易时有很多期望都是围绕基本物流服务而产生的。客户的期望是复杂的，不同的客户其期望值各不相同。对客户期望管理，旨在了解客户，保持客户普遍认同的服务水平的同时，提升增值服务水平。唐纳德·J. 鲍尔索科斯在他的《供应链物流管理》一书中，给出了与物流运作绩效相关的10种客户期望：可靠性、快速反应、可接近性、沟通、可信度、安全性、礼貌、胜任能力、硬件和了解客户。在他援引的客户满意度模型中，列出了使客户满意所必须采取的措施(见图1-21)。

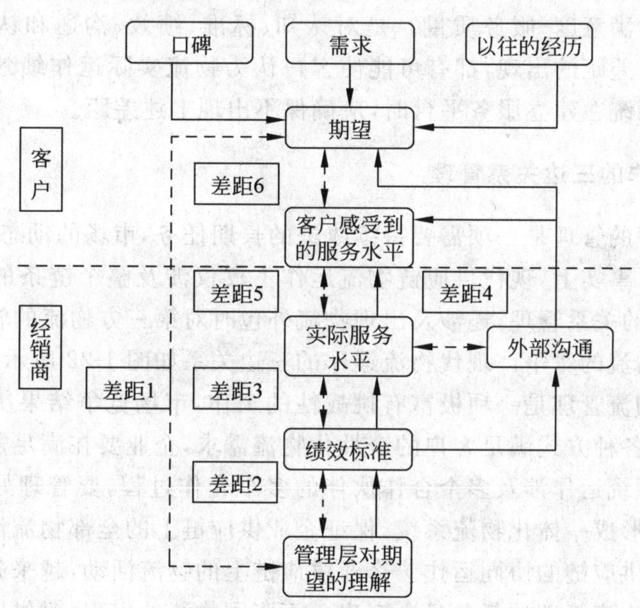

图1-21　满意度和质量模型

差距1表示认知，即客户的真正期望与物流管理者期望之间的差距，也是最根本的差距。差距的原因在于负责与客户互动的是销售部门，物流部门缺乏对客户需求的了解。只有了解了客户对物流运作方面具体期望什么，期望的轻重缓急以及期望的形成等，才能建立行之有效的客户服务平台。

差距2为标准，即使企业完全了解客户的期望，仍需建立实际操作标准。当运作标准不能准确满足客户期望时，就出现了标准差距。这需要对物流部门内部运作能力进行检测，或审查其服务绩效的竞争能力，建立基本服务系统。

差距3为绩效，绩效差距是指制定的标准与运作实际的差异。物流管理要把更多的精力放在通过消除绩效差距来提高客户满意度上，但这里的前提仍然是要完全理解客户对物流运作的主要期望。

差距4为沟通，过多的承诺或者无法达到的高水平服务的承诺不能兑现，是导致客户不满意的主要因素。恰当的做法是物流服务者将自己能够提供的服务水平与向客户承诺的服务水平相吻合。

差距5为认同，某些情况下，客户对物流服务绩效水平的看法会比实际绩效水平低或者高。比如，一次延误交货、不完整交货或者不合标准的交货，都会降低客户的满意度，从而对服务绩效的认同产生偏差。这就要求每一次的物流过程尽可能杜绝这些失误，并规定相应的失误补救措施。

差距6为客户满意度/服务质量。是对认知、标准、绩效、沟通和认同的综合评价差距。上述任何一个差距的出现，都有可能使客户认为物流实际运作绩效并不像客户期望的那样好。物流系统在建立服务平台时，应确保不出现上述差距。

（四）物流运作的三边关系管理

对客户满意度的管理是一项需要持续改进的长期任务，市场的动态竞争，使得客户期望也在日益增加。事实上，现代供应链物流运作不仅仅涉及整个链条的一体化物流动态管理、对服务对象的关系管理，还涉及出现物流外包时对第三方物流的管理，同时，现代物流又面临着跨国物流的竞争。现代物流运作的三边关系如图1-22所示。

现代供应链物流管理是一项极富有挑战性的工作，市场竞争结果决定了物流运作要以客户为中心，以各种方式满足客户的个性化物流需求，企业要在满足需求和成本平衡之间权重。供应链系统运作涉及多个合作伙伴的多个合作过程，要管理好整个供应网链上的全部物流活动，形成一体化物流系统，保证企业供应链上的全部物流活动成整体协同运作过程，保证整个供应链的协同运作。企业供应链上的物流活动，越来越明显地呈现出外包趋势，对第三方物流管理的任务日渐突出。而跨国物流的出现，对供应链物流管理提出了挑战。集成先进的管理理念和物流技术，挑战未来的物流管理，是现代供应链物流管理面临的一项艰巨任务。

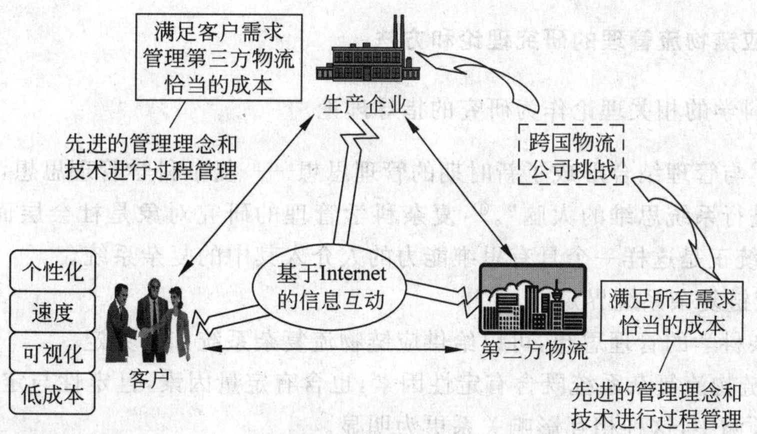

图 1-22　现代物流运作的三边关系管理

二、供应链物流管理的研究内容和理论方法

（一）供应链物流管理的研究内容

在前文的内容中，已经将本书的立足点进行了界定，即本书立足于企业微观层面，着重研究围绕企业生产构成的供应链上的物流系统管理。供应链物流管理的任务决定了其要侧重的研究内容。图 1-23 抽象概括了本书研究的立足点、研究的思维视角和具体研究内容。

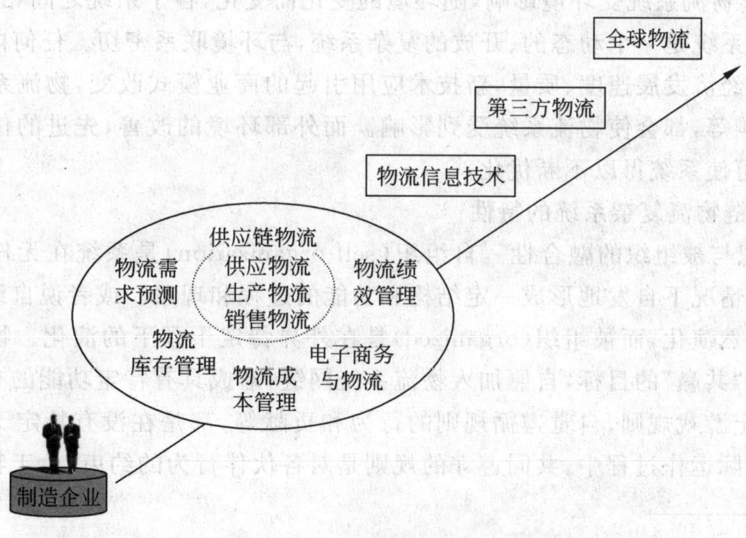

图 1-23　供应链物流管理的研究内容

（二）供应链物流管理的研究理论和方法

1. 复杂科学的相关理论作为研究的指导理论

复杂科学与管理结合形成了新时期的管理思想——复杂科学管理思想，其内涵是“组织是一个能进行系统思维的大脑”。[①] 复杂科学管理的研究对象是社会层面上的复杂系统，供应链系统正是这样一个具有思维能力的人介入其中的复杂系统。

(1) 供应链复杂系统界定

援引复杂科学的管理思想，可以给供应链物流复杂系统如下界定。

① 供应链物流复杂系统既含有定性因素，也含有定量因素，且定性与定量相互影响。在物流需求预测中，这种相互影响关系更为明显。

② 系统中的某子系统或元素，具有随机性、不确定性和非线性。供应链物流系统一旦建立，其目标是明确的，但在实际运作中，由于市场的多变，整个系统的运作充满了诸多不确定性，从而引起系统涨落。

③ 供应链物流系统中某些组成成分具有智能。物流系统是有人参与的，人的经验、智慧、思维等因素，都直接影响着物流系统的运作。也正是因为人的智能，可以对未来进行一定的预测，才有可能抑制和衰减不确定性引起的涨落。

④ 供应链物流复杂系统具有多层次结构，每一个层次上的行为主体具有独立的经济利益，通常并不一致，需要协调。协同论是研究复杂系统如何协同工作的理论，它是研究供应链物流复杂系统的重要理论基础。

⑤ 供应链物流系统受环境影响，随环境的变化而变化，各子系统之间相互影响，不断进化。供应链系统是一个动态的、开放的复杂系统，与环境联系密切。任何内外部环境变化，如，系统外经济发展速度、质量，新技术应用引起的商业模式改变，物流系统内各模块相互关联、影响等，都会使物流系统受到影响。而外部环境的改善，先进的信息技术和人的智能作用，可使系统得以不断优化。

(2) 供应链物流复杂系统的特性

① 自组织与被组织的融合性。自组织(self-organization)是系统在无任何外部指令或外力干预的情况下自发地形成一定结构和功能的过程和现象。或者说自组织是无外界特定干预的自然演化，而被组织(organized)是在外界特定干预下的演化。物流供应链各合作伙伴基于“共赢”的目标，自愿加入物流系统网链，形成具有特定功能的有序的组织结构，并共同制定游戏规则，自觉遵循规则的行为和贡献等，都是在没有特定干预下的自组织现象。在实际运作过程中，共同遵守的规则是对各伙伴行为的约束，由于物流系统不同

① 徐绪松. 复杂科学 资本市场 项目管理[M]. 北京：科学出版社，2003：Ⅳ.

层次具有独立的经济利益，当行为与规则悖逆时，就需要通过管理达成协同。这就是一种被组织现象。因而，在整个物流系统中，存在着自组织和被组织的协调和相互作用。管理的目的就是希望通过认识并遵循自组织规律，以被组织方式对其实施动态调节，通过被组织手段，实现自组织目标，使物流系统朝着优化方向发展。

② 自适应性(self-adaptation)。自适应性是指复杂系统能应对环境的变化进行自我调整，并能在调整中积极地将环境中所发生的事件转化成对系统及管理有利的方面。供应链物流系统充满了人的活动方式，系统在与环境的交换中，人可以运用自己的智慧，通过改变环境或改变自己的行为来增强对环境的适应性。正是这种“改变”扩大了“适应”，反过来，“适应”的扩大又促进了“改变”的深化。供应链物流系统中的这种“改变”和“适应”具有非线性反馈的作用，使得一些不利的因素被衰减和同化，而一些有利因素则得以增长和发展。供应链物流系统中的行为主体对环境的这种能动性的“适应”和“选择”，推动物流管理不断创新，实现系统能适应环境变迁的协同运作。

③ 动态性。供应链物流系统总是处在不断发展、变化过程中。任何外力作用，或者系统中子系统与整体的作用，都有可能引起系统整体发生改变，甚至系统中某一微小因素的微小变化，都可能导致某一子系统或整体相应产生惊人的变化。

复杂科学的相关理论，指导我们清晰地认识供应链物流系统的特征，有助于我们在对供应链物流系统分析研究时，把握其一般特性和规律，是研究的理论支点。

2. 系统思维作为研究的思维方式

系统思维是将不同的事物汇聚，逐一考虑发掘当中的关系及互动的影响。它是将科学与艺术相融合的一种思维方式，它包括：研究问题的思考方式、观察问题的角度、思维模式、思维过程等。

研究问题的思考方式是一种系统思考，即以整体观念为核心的系统思考，把系统中的各种机能和智慧整合在一起，使系统成为有竞争力的整体，其间，整合、搭配极其重要，整合、搭配不同，结果也会大不相同。这一点对构建供应链物流系统很重要。

系统思维观察问题的角度是从环状看因果，即在观察一连串的变化过程时，是看因果的互动，而不是单向只看因果关系。比如，在诊断物流系统绩效时，我们会看到最终的结果，也会发现一些问题，问题是导致结果的原因。从环状看因果，就是要找出问题之间的关联性，关联性是如何导致结果产生的，关联性的关键节点在哪里。如果改变结果，反过来对现行的问题又会产生哪些影响，这些问题会发生哪些变化，它们又将会产生什么样的关联性，对这些关联性的关键点如何控制，然后又会产生什么样的结果。从环状看因果更有利于看清问题的来龙去脉，为决策提供有力的支持。

系统思维的思维模式是以探索图为工具的视觉思考。即视觉思考是通过绘制探索图来实现的。探索图是通过对整个供应链系统内外环境的观察，基于研究者的知识结构、掌握的所有信息，加上充分的想象力，立足于从更大环境考虑问题的观点，对影响系统协同运作的各因素及其互动、层次关系进行描绘的一张图。该图展示了所有会影响或者可能会影响所研究问题的因素，有些甚至是风马牛不相及的。探索图以图画的思考方式，将对现实世界的直观感觉与其智力理解连接在一起；将想象的创造力与直觉的技巧和分析能力整合在一起，帮助我们观察并了解我们面临的复杂问题。比如，我们在寻找影响物流系统协同运作的序参量时，探索图不失为一种科学的具有可操作性的视角思维工具。

系统思维的思维过程是一种结构化、模块化的思维过程。从整体的角度，将系统中的各组成部件划分为若干个模块，找出因果互动关系，辨认何种重要或不重要，哪些事情应该关注或不必太重视，最后达成整体搭配的最佳平衡点。在研究供应链物流这样一个复杂系统时，通常需要这种结构化、模块化的思维过程，比如，我们把物流运作过程结构化，再把这些结构模块化(如把一体化物流模块化)，通过视角思维工具，就较容易地找出因果互动关系，从而通过改进整体搭配，促使物流系统达成均衡。

系统思维就是要充分发挥人的智慧，激发人的创造性思维，得出管理问题的最佳方案。它具有全方位整体性、时空统一性、协同性等特点。

3. 定性与定量结合作为其研究方法

定性研究是对质的研究，对质的理论思辨。“质”是一事物区别于其他事物的内部规定性。定性研究的主要功能是“解释”，主要方法有：历史研究、文献研究、观察研究、逻辑分析、内容分析、实地考察、个案研究等。定量研究是在理论思辨的基础上，对事物现象内外部关系进行“量”的分析和考察，寻找有决策意义的结论。供应链物流系统定性与定量分析的要件差异见表 1-1。

表 1-1　供应链物流系统定性与定量分析的要件差异

要　件	定性分析	定量分析
目的	对潜在的理由和动机求得定性理解	将数据定量表示，并将结果从样本推广到所研究的总体
样本	由无代表性的个案组成的小样本	由有代表性的个案组成的大样本
数据收集	无结构	有结构
数据分析	非数学方法	数学方法
结果	获取初步理解	建议最后行动路线

供应链物流定性定量研究分类如图 1-24 所示。定量研究是要寻求将数据定量表示的方法，并采用一些数学分析的形式。定量研究之前常常都要以适当的定性研究开路，有时候定性研究也用于解释由定量分析所得的结果。

供应链物流系统是社会层面的复杂系统，由于具有思维的人参加，系统思维是定性定量结合的理论框架基础，定性定量相结合的研究方法，是构建供应链物流系统理论研究框架的出发点。运用定性定量相结合的策略、方法和技术，对物流系统各子系统或各项指标、因素进行量化和综合，最后得到一个综合考虑的各子系统或各项指标、因素的价值指数，是供应链物流系统实现均衡的科学决策依据。

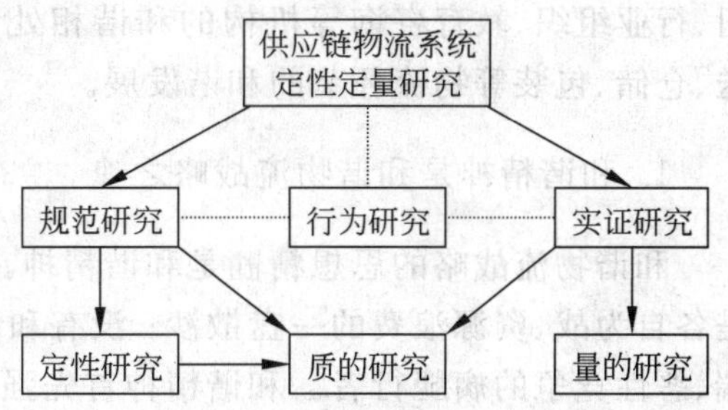

图 1-24 供应链物流系统定性与定量研究分类

三、供应链物流管理未来的变革与发展

进入新世纪以来，不断延续的环境变化和新型营销体制的确立及发展，已成为企业物流战略上不断求新、求变，追求竞争优势的压力和动力。首先，全球物流竞争加剧的态势，我国国有企业、民营企业和外资(含中外合资)企业"三足鼎立"的发展格局，构建和谐社会的大背景等，都要求物流界打造规范有序、公平和谐的现代物流体系。其次，货主物流需求不断向高度化方向发展，表现为追求在必要的时间配送必要数量、必要商品的多频度小批量运输，或即时制管理(just-in-time,JIT)运输这种高水准的物流服务逐渐普及，并成为物流经营的一种标准。最后，经营环境和新型营销体制对战略的影响除了需求方面的因素外，供给方面也有相当大的作用，主要表现在从事物流经营的企业之间竞争日益激烈。此外，随着全球经济一体化的快速发展以及中国物流的深化发展，高端物流开始受到关注和重视，成为物流探索的新的重点。在这一环境下，企业该如何根据自身的经营特点适时、有效地开展物流战略成为企业谋求长远发展的重大课题。供应链物流管理未来的变革和发展将突出体现在以下几个战略方面。

(一) 和谐化物流战略

物流供应链强调的是协同共赢，其核心文化内涵就是和谐精神。世纪之交以来，中国现代物流业高质量的快速发展，正在成长为国民经济颇具活力的新兴产业。现代物流产业，是一个跨部门、跨行业、跨地区的复合性产业。因此，现代物流发展涉及方方面面，要建立各相关方面协商、协调、协作的良性机制，形成市场配置资源、政府营造环境、企业积极运作、行业协调自律的统一、高效、和谐发展物流的新局面。和谐物流要求物流供应链系统内部各要素之间以及内部要素与外部系统之间相互协调、均衡发展，强调系统各组成部分的协调、均衡发展与整体最优。因此，和谐物流战略要求在宏观层面上建设和谐的物流生态圈，营造物流商与供应商、流通商及其关联行业的和谐共处，营造物流商与监管部门、行业组织、教育咨询等机构的和谐相处；需要建设和谐的物流产业圈，形成采购、配送、仓储、包装等物流环节的和谐发展。

1. 和谐精神是和谐物流战略之魂

和谐物流战略的思想精髓是和谐精神。没有和谐的精神，一个物流市场生态圈只能是各自为战、资源浪费的一盘散沙；没有和谐的精神，一个物流产业生态圈只能是服务低端、恶性竞争的瘸腿行者。和谐精神首先强调是自律。和谐精神的塑造需要企业的积极参与，需要行业组织的鞭策自律，为行业自律、市场规范、和谐发展自觉作贡献。和谐精神同时强调整体观念。物流产业作为一种新兴的服务行业，其产业特点也决定了其产业文化建设的内涵。实现网络化、信息化、一体化的服务，做好上下游企业的服务链条，这些都是现代物流业的产业特点。要实现物流运营的网络化，需要企业自身产业链条的协同共济；要实现物流服务的信息化，需要服务供需多方的协同共享；要实现物流服务的一体化，需要多方面服务及上下游企业的协同共赢。和谐是物流供应链高效运作的前提，而和谐精神则是其重要的基石。无论是从横向构建和谐物流生态圈，还是从纵向形成和谐物流产业圈，和谐精神都是其不可取代的前提。

2. 横向构建和谐物流生态圈

构建和谐物流生态圈首先是在和谐精神的基石上，构建和谐的物流市场，建立健全与国际接轨的物流法律法规体系和公平、规范的竞争规则体系。在参照国际惯例、全面梳理现有物流法律法规和部门规章的基础上，制定一套有利于我国现代物流规范竞争、和谐发展的法律法规体系，推动我国物流发展尽快步入规范化、法制化、国际化的轨道。其次是在和谐精神的基石上强调同产业或不同产业的企业之间就物流管理达成协调、统一运营的机制。同产业企业之间就物流管理达成协调、统一运营的机制，是产业内不同的企业之间为有效地开展物流服务，降低多样化和及时配送产生的高额物流成本，而相互之间形成的一种通过物流中心的集中处理实现低成本物流的系统。从实践上来看，它往往有两种形式，一是在保留各企业原有的配送中心的前提下，实行商品别的集中配送和处理；二是各企业放弃自建配送中心，通过共同配送中心的建立，来实现物流管理的效率性和集中化。不同产业之间的协调物流是将不同产业企业生产经营的商品集中起来，通过物流或配送中心达成企业间物流管理的协调与规模效益性。此外，在构建和谐物流生态圈时该应充分关注第三方物流的作用。第三方物流是通过协调企业之间的物流活动来提供物流服务的。它提供了一种集成物流作业模式，使供应链的小批量库存补给变得更经济，并能创造出比供方和需方采用自我物流服务系统运作更快捷、更安全，更高服务水准，且成本更低廉的物流服务。从第三方物流协作的对象看，它既可以依托下游的零售商业企业，成为众多零售店铺的配送、加工中心，也可以依托上游的生产企业，成为生产企业，特别是中小型生产企业的物流代理。目前第三方物流无论在国际还是在我国国内都有着广阔的市场。据有关调查资料表明，我国有超过60%的生产企业和18%的商业企业希望寻找新的物流代理商提供综合物流服务。构建和谐物流生态圈是现代物流一体化和谐发展的要求，也是物流国际化发展的需要，这一观点正在被社会广泛接受和认可。

3. 纵向形成和谐物流产业圈

物流业的发展，还在于行业自身的努力，在于行业企业营造和谐共赢的市场环境。物流业是一个国际经济发展的脉管：仓储是静脉管、运输是动脉管、配送是毛细管……要使整个经济血脉畅通，需要这些物流脉管的协同。换句话说，现代物流的核心在于系统，物流系统的关键在于和谐，和谐的目标是整体最优。而这种和谐精神的塑造需要企业的积极参与，需要行业组织的鞭策自律，需要企业建立良好的信用机制。纵向协同物流是流通渠道不同阶段企业相互协调，形成合作性、共同化的物流管理系统。这种协同作业所追求的目标不仅是物流活动的效率性(即通过集中作业实现物流费用的递减)，而且还包括物流活动的效果性(即商品能迅速、有效地从上游企业向下游企业转移，提高商品物流服务水准)，它强调的是物流成本与物流服务水平的和谐统一。纵向和谐物流的形式主要有批发商与生产商之间的物流和谐运作，零售商和批发商之间的物流和谐运作等形式。批发与厂商间的物流协作有两种形式：一是在厂商力量较强的产业，为了强化批发物流机能或实现批发中心的效率化，厂商自身代行批发功能，或利用自已的信息网络，对批发企业多频度、小单位配送服务给予支援；二是在厂商以中小企业为主、批发商力量较强的产业，由批发商集中处理多个生产商的物流活动。零售与批发的协作则表现为，一是大型零售业建立自已的物流中心，批发商经销的商品都必须经由该中心，再向零售企业的各店铺进行配送。此外，与零售商交易的批发商数目尽可能减少，因此要求批发商从原来从事专业商品的经营转向多种类经营，零售企业物流中心订货、收货等手续得到简化；二是对于大型以外的中型零售企业来讲，它们不是自已建立物流中心，而是由批发商建立某零售商专用型的物流中心，并借此代行零售物流。这种方法对于中型零售企业来讲，既可以有效利用批发商的物流优势，又能享受省略本企业物流中心集配商品环节所带来的利益。而这些又强调物流技术设备与物流系统环境要求和谐统一。和谐是现代物流产业发展重要的软实力。

和谐物流作为一种崭新的理念，逐渐为人们所认识并接受，“和谐”已成为衡量物流系统优劣、影响企业持续健康发展的重要因素。和谐物流体现了现代物流的最新发展趋势，越来越多的企业顺应时代要求，以“和谐”为构建物流系统的最高准则。随着时间的推移，和谐物流必将引起从社会物流模式到企业物流系统建设模式的变革，促进现代物流业更加健康持续地发展。托马斯·弗雷曼说：未来商业竞争，不再是企业与企业间的竞争，而是供应链与供应链之间的竞争。而物流企业在供应链上的服务竞争，不再是汽车、叉车、货架的硬件竞争，而是建立在现代物流产业特点上的和谐产业文化的竞争。本着和谐物流理念，中国物流业将进入一个新的发展阶段。

（二）即时化物流战略

自20世纪80年代中期以后，企业的经营管理逐步向精细化、柔性化方向发展，其中准时制(JIT)管理得到了广泛的重视和运用。它的基本思想是"在必要的时间、对必要的产品从事必要量的生产或经营"，因而不存在生产、经营过程中产生浪费和造成成本上升的库存，即所谓的零库存。准时制管理是即时生产、即时物流的整合体。即时化的物流战略又表现为以下两个方面。

1. 即时采购

即时采购是一种先进的采购模式或商品调达模式，其基本思想是在恰当的时间、恰当的地点，以恰当的数量、恰当的质量从上游厂商向企业提供恰当的产品。它是从平准化生产发展而来的，是为了消除库存和不必要的浪费而进行持续性改进的结果。生产平准化是多品种混合流水生产中一个概念。平准就是要求生产平稳地、均衡地进行。平准化不仅要达到产量上的均衡，而且还要保证品种、工时和生产负荷的均衡。它实际上是均衡生产的高级阶段。现代企业的平准化生产是为了及时对应市场变化而组织的一种以小批量、多品种为生产特点的敏捷作业管理体制，其特点表现为：在生产方式上，在生产线上同时加工由多个品种组成的生产批量；在生产计划上，以天为单位制定每个品种的生产计划，而且允许生产计划的随时变更；在生产工程上，各种零部件被放置在生产线旁的规定位置，不同的零部件以小批量的方式混合装载搬运。显然，平准化生产的一个重要之处在于物料或上端产品的采购必须是即时化的，亦即采购部门根据生产经营的情况形成订单时，供应商立刻着手准备作业，与此同时，在详细采购计划编制的过程中，生产部门开始调整生产线，做到敏捷生产，在订单交给供应商的时候，上游厂商以最短的时间将最优的产品交付给用户。所以，即时采购是整个即时制生产管理体系中的重要一环。

要做到即时采购，一个很重要的方面是如何确立与上游供应商的关系。在传统的采购活动中，企业与供应商只是一种简单的买卖关系，所以，供应商的数量也较多。而在即时采购条件下，由于要求供应商的经营行为能充分对应下游企业的平准化生产，做到同步工程，一方面只有建立稳固的长期交易关系，才能保证质量上的一致性；另一方面只有强化、指导对供应商作业系统的管理，才能逐步降低采购成本。因此，在即时采购条件下，企业是与少数供应商结成固定关系，甚至是单源供应。但是，在实际运作中，为了防止因为单源供应而产生竞争力弱化，或因意外原因产生生产停滞，一般都是采用数个供应商作为采购源，以加强供应商之间的竞争和能力的不断提高。除了通过供应商的选择来实现即时采购外，还有一个很重要的问题是如何对供应商实行有效的评价。通常在即时采购中企业对供应商绩效的监控是通过供应商行为能力的划分来实施的，而这种能力已不仅仅是合约的履行能力（表现为质量、交货期等外在要素），还包括为使即时生产顺利而拥有的工程设计能力（即及时按照企业的设计图纸灵活组织作业生产的能力）、价值工程能力（即在企业设计的基础上改善设计、降低成本的能力）和部件设计的创发能力。以上三种能力是一个能力不断发展、提高的序列，也是企业决定供应商地位的参考基础。

2. 即时销售

对于生产企业而言，物流管理的另一个重要机能就是销售物流。在构筑企业自身的物流系统、确立即时销售过程中，生产企业与零售企业出现了不同的发展趋势。对于生产企业而言，推行即时销售一个最明显的措施是实行厂商物流中心的集约化，即将原来分散在各分公司或中小型物流中心的库存集中到大型物流中心，通过数字化备货（digital packing）或计算机等现代技术实现进货、保管、在库管理、发货管理等等物流活动的效率化、省力化和智能化，原来的中小批发商或销售部以转为厂商销售公司的形式专职从事销售促进、零售支持或订货等商流业务，从而提高销售对市场的反应能力以及对生产的促进作用；而在零售企业当中，物流中心有分散化、个性化发展的趋势，即物流系统的设立应充分对应一定商圈内店铺运营的需要，只有这样才能大大提高商品配送、流通加工的效率，减少销售中的损失，同时也使物流服务的速度迅速提高。当然，还应当看到的是，即时销售体制的建立除了通常所说的物流系统的构建外，信息系统的构筑也是必不可少的，如今很多企业一方面通过现代信息系统提高企业内部的销售物流效率（如POS系统、数字库存管理系统等）；另一方面，也积极利用EOS、EDI等在生产企业与批发企业或零售企业之间实现订货、发货自动化，真正做到销售的在线化、正确化和即时化。

（三）高度化物流战略

物流需求的高度化发展，物流运作全球化竞争的加剧，经济的可持续发展等，都需要企业制定高度化的物流战略，这突出体现在以下三个方面。

1. 全球化物流战略

当今，企业经营规模不断扩大，国际化经营不断延伸，出现了一大批立足于全球生产、全球经营和全球销售的大型全球型企业。这些企业的出现不仅使世界上都在经营、消费相同品牌的产品，而且产品的核心部件和主体部分也趋向于标准化。在这种状况下，全球型企业要想取得竞争优势，获取超额利润，就必须在全球范围内配置利用资源，通过采购、生产、营销等方面的全球化实现资源的最佳利用，发挥最大的规模效益。但是，在此过程中，有两点是必须加以关注的，一是全球市场的异质性或多样性，决定了企业"从外到内"的思维方式，即企业不仅要考虑通过规模经济的实现来降低成本，而且更要考虑积极发挥范围经济，既满足多样化的要求，又能有效降低费用；二是当一个企业服务全球市场时，物流系统会变得更昂贵、更复杂，结果导致前置时间延长和库存水平上升。因此，综合上述两个问题，企业在实施全球化物流时必须处理好集中化与分散化物流的关系，否则将无法确立全球化的竞争优势。

从当今全球化物流的实践看，出现了三种形式的发展趋势：第一，作为全球化的生产企业，在世界范围内寻找原材料、零部件来源，并选择一个适应全球分销的物流中心以及关键供应物资的集散仓库，在获得原材料以及分配新产品时使用当地现有的物流网络，并推广其先进的物流技术与方法。第二，生产企业与专业第三方物流企业的同步全球化，即随着生产企业全球化的进程，将以前所形成的完善的第三方物流网络也带入到全球市场。例如，日资背景的伊藤洋华堂在打入中国市场后，其在日本的物流配送伙伴伊藤忠株式会社也跟随而至，并承担了其配送活动。第三，国际运输企业之间的结盟，为了充分应对全球化的经营，国际运输企业之间开始形成了一种覆盖多种航线，相互之间以资源、经营的互补为纽带，面向长远利益的战略联盟，这不仅使全球物流更能便捷地进行，而且使全球范围内的物流设施得到了极大的利用，有效地降低了运输成本。例如，起始于 1997 年，目前正在如火如荼展开的国际航空业的大联盟正是适应全球化经营的一种形式。

2. 互联网物流战略

现代信息技术的发展，特别是互联网迅速向市场渗透，正在促使企业的商务方式发生改变。由于互联网具有公开标准、使用方便、相当低的成本和标准图形用户界面(graphical user interface,GUI)等特点，使得利用互联网的物流管理具有成本低、实时动态性和顾客推动的特征。互联网物流战略表现在，一方面通过互联网这种现代信息工具，进行网上采购和配销，简化了传统物流烦琐的环节和手续，使企业对消费者需要的把握更加准确和全面，从而推动产品生产的计划安排和最终实现基于顾客订货的生产方式(build-to-order,BTO)，以便减少流通渠道各个环节的库存，避免出现产品过时或无效的现象；另一方面，企业利用互联网可以大幅度降低交流沟通成本和顾客支持成本，增强进一步开发现有市场的新销售渠道的能力。如今，互联网物流作为物流管理的一种新趋势正在企业实践中广为应用，如通用电器、摩托罗拉、丰田等都在积极推动互联网物流的发展。这里应当提出的是，互联网物流的兴起并不是彻底否定了此前的物流体系和物流网络，相反，它们是相互依存的，这是因为虚拟化企业之间的合作必然在实践中产生大量的实体商品的配送和处理，而这些管理活动必须以发达的物流网络为基础才能够实现，或者说互联网物流是建立在发达的实体物流网络基础之上的。现在一些优秀的企业都在探索将这两者的优势有机地结合在一起。

3. 绿色物流战略

在我国经济高速发展的今天，以往不够重视的生态环境问题所引致的人与自然的矛盾已日益突出，强化全民资源环境危机意识，发展循环经济提高资源使用效率，同时发展清洁生产以降低生产过程中的污染成本，以及发展绿色消费以减少消费过程对生态的破坏，发展绿色物流以减少商品流动过程中对环境的污染、对资源的消耗等，已成为实现社会的可持续发展，实现向生态工业文明跨越的需要全社会高度关注的问题，也是人与自然、人与人双重和谐的生态文明的重要标志。目前绿色物流作为绿色供应链的重要环节在我国尚处于摸索阶段。

绿色物流是以降低对环境的污染、减少资源消耗为目标，利用先进物流技术规划和实施运输、仓储、装卸、流通加工、配送、包装等物流活动。绿色物流是建立在现代物流进一步发展的基础上，是物流操作和管理全程的绿色化。包括集约资源、绿色运输、绿色仓储、绿色包装、绿色流通加工、绿色信息搜集和管理等。绿色物流的目标不仅仅是为了实现经济主体的赢利、满足顾客需求、扩大市场占有率等经济利益，它还追求节约资源、保护环境的目标。绿色物流的另一方面就是建立工业和生活废料处理的物流系统。

构建节能、低耗、环保、安全的“绿色物流”，是时代发展的需要，也是构建和谐物流的要求。要用较少的能源和物耗、最小的污染和环境代价，运转更多、更大的物流量，形成节约型链式产业，为打造节约型社会担当一份责任。要构建绿色物流，从物流管理的角度看，不仅要在系统设计或物流网络的组织上充分考虑企业的经济利益(即实现最低的配送成本)和经营战略的需要，同时也要考虑商品消费后的循环物流，这包括及时、便捷地将废弃物从消费地转移到处理中心，以及在产品从供应商转移到最终消费者的过程中减少容易产生垃圾的商品的出现。除此之外，还应当考虑如何使企业现有的物流系统减少对环境所产生的负面影响(如拥挤的车辆、污染物排放等)。显然，要解决上述问题，需要企业在物流安排上有一个完善、全面的规划，诸如配送计划、物流标准化、运输方式等，特别是在制定物流管理体系时，企业不能仅仅考虑自身的物流效率，还必须与其他企业协同起来，从综合管理的角度，集中合理地管理调达、生产和配送活动。

（四）高端物流战略

全球供应链管理的出现，极大地改变了物流业务和运作模式，令现代物流业成为新的增长点。现代物流服务业融入国际供应链，成为跨国生产体系的重要环节。我国制造业向高端的发展，对物流提出了更高的要求。我国入世承诺的履行，中国物流进入国际化竞争的时代。我国的一些大城市，如北京、广州、连云港、深圳、厦门、青岛等，提出发展高端物流业，建设高端物流产业园区，高端物流开始受到业界的关注和重视。

1. 高端物流的概念

高端物流是在经济全球化加剧、互联网广泛应用、制造业向着高端制造业发展，以及与全球供应链密切相关的物流体系深化发展等市场化需求背景下提出的。高端物流概念的出现体现了现代物流理念的发展，尤其是伴随着我国入世承诺的履行，中国物流进入国际化竞争的时代。外资物流企业的业务主要集中在跨国公司的高端物流服务上，如物流与供应链解决方案的设计与实施，大型物流项目的运作管理、全球物流战略合作、先进的信息服务、物流服务咨询等。这意味着高效、透明、完全的“高端物流”开始进军中国大陆市场，无疑是对中国的物流业提出了一大挑战。面对挑战，我国的许多城市提出发展高端物流业，服务高端制造业。

高端物流虽然没有达成统一的定义，但正如王之泰教授所说的：高端物流，现实的存在，发展的探索。这里给出世贸人才网“什么是高端物流”[①]讨论中一些专家学者的观点，从中可以看出高端物流的轮廓。

高端物流可以分为狭义和广义两种解释。狭义的解释是指物品价值相对较高，物品运输要求比较严格，物流的特殊性需要特殊器材或有特殊限制或特殊服务要求以及特种技术服务或采用高科技手段等因素的物流活动。广义解释是物流过程中资源整合、优势互补、物流一体化、分工协作的产业链条，是一个以供应链为核心的物流集成系统。具有“高附加值、高效益、高时效、高科技含量、高人力资本、高开放度产业带动力，低资源消耗和环境保护低污染”的“六高两低”特征，它体现了物流系统的核心，使物流业在各方面实现了质的飞跃（中国物流策划研究院副院长李芏巍的观点）。高端物流是现代物流业的核心，其高端不仅是“价格高端”和“硬件设施高端”，而且是包括物流管理服务在内的“高端”（广西玉柴机器集团股份有限公司董事长王建明的观点）。高端物流在某种程度上代表高质量的专业服务，高利润，高附加值，高技术标准，高效率和高效益（山东荣庆物流总经理张卓的观点）。虽然高端物流还没有形成统一定义，但随着未来经济环境及社会需求价值的不断提升，高端物流将是一种新的物流经营理念。

2. 高端物流的特点

高端物流以供应链一体化作为竞争手段，突出“高端品质”的服务流程，规模营运，技术性和操作性强。在高端物流的系统运营和流程优化过程中，高端客户需求和高端物流运作能力得以不断提升。信息系统和先进的信息技术，成为服务高端物流的重要支持手

① http://class.wtojob.com/class681_32973.shtml.

段。高端物流具有以下特点。

(1) 高端物流服务不是目的而是手段。对于企业来讲希望达到的目标是节约物流费用,从物流中挖掘最后的利润。高端物流能够提供比低端物流更优化的成本体系,从整体上为企业降低成本。高端物流可以满足紧急需求或特殊性需要、特殊器材或有特殊限制或特殊物流要求服务,以及特种技术服务或采用高科技手段的物流服务等。

(2) 高端物流服务的目标是高端领域。高端产业附加值高,物流服务质量也有更高的要求,服务功能和服务能力显得特别重要。快:引进了一体化概念,保证了敏捷的应变反应,保证了最快的速度。专:为现代高端产业着想,为现代高端产业服务及所有最新技术和科技手段的服务。高时效:保证了时效性和时间的效率。在高质量的服务中所获得的竞争优势,以最快速度、最佳时间、最优组合完成商品化生产领域向消费领域、流通领域的转移过程,同时也为高端物流服务商带来丰厚的利润。

(3) 高端物流运作的手段是对整个供应链资源的策划与优化。高端物流的运作是对物流与供应链系统进行策划整合和实施,因而,必须对整个供应链资源进行策划和优化,以充分的物流信息化来支撑高端物流的整个活动。

尽管现阶段高端物流是为高端领域服务的,但我们应该清晰地认识到,经济一体化背景下高端制造业的快速发展,需要高端物流快速成长来支撑,而这方面恰是对我国物流产业的挑战。因此,发展高端物流也是一种时代的使命。同时,高端物流的先进服务理念,将引起我国物流产业管理和服务理念的变革,对我国物流产业的发展和成熟起到巨大的推动作用。我们正处在变革的时代,以科技为主体的进步、全球经济结构调整、我国在国际分工中的作用,我国物流产业的深化发展等都是时代的大潮流,中国高端物流的发展必将成为国际供应链体系的重要组成部分。

(五) 集约化、协同化、全球化物流战略

物流企业向集约化方向、协同化发展主要表现在两个方面,一是大力建设物流园区;二是物流企业的兼并与合作。

物流园区(distribution park),又称为物流基地,是多种物流设施和不同类型的物流企业在空间上集中布局的场所,是具有一定规模和综合服务功能的物流系统的集节点。组建物流园区,有利于实现物流企业的专业化和物流运作的规模化。园区内的物流企业可以共建和共享基础设施、配套服务设施,联合运作,发挥园区内物流企业的整体优势和互补优势,为社会提供综合性物流服务。日本是最早建立物流园区的国家,至今已建成20多个大规模的物流园区,平均占地面积约74万平方米;荷兰统计的14个物流园区,平均占地面积45万平方米;德国不来梅的货运中心占地在100万平方米以上,纽伦堡物流园区占地超过330万平方米。物流园区的建设,有利于实现社会资源的优化配置,降低运营成本。同时,这些物流园区大都布局在城市中心区边缘或城市边缘,交通条件较好,用

地充足的地方，对城市货物交通运输、城市生态环境以及城市的用地布局都会产生积极的作用。

由于世界上各行业大型企业之间的并购浪潮和网上贸易的迅速发展，使国际贸易的货物流动加速向全球化方向前进。为适应这一发展趋势，欧美的一些大型物流企业跨越国境，展开连横合纵式的并购，大力拓展国际物流市场，以争取更大的市场份额。

例如，德国国营邮政出资11.4亿美元收购了美国大型的陆上运输企业AEI。AEI公司1998年的销售额达15亿美元，是美国国内排列前10位的大型物流运输公司。德国邮政公司这一举动，目的是把自己的航空运输网与AEI在美国的运输物流网合并统一，增强竞争力，以与美国UPS和联邦快递相抗衡。美国的UPS则并购了总部设在迈阿密的航空货运公司——挑战航空公司。该公司与南美18个国家签订了领空自由通航协议，它与这18个国家的空运物流量在美国同行中居第一。UPS计划将自己在美国的最大物流运输网与挑战航空公司在南美洲的物流网相结合，从而实现南北美洲两个大陆一体化的整体物流网络。

再如，德国邮政公司在最近几年间并购欧洲地区物流企业达11家，现已发展成为年销售额达290亿美元的欧洲巨型物流企业。英国国营邮政公司并购了德国大型的民营物流企业PARCE；法国邮政收购了德国的民营敦克豪斯公司。德国、英国和法国的邮政公司为争夺欧洲物流市场，竞相收购民营大型物流运输企业。

国际物流市场专家们认为，世界上各行业企业间的国际联合与并购，必然带动国际物流业加速向全球化方向发展，而物流业全球化的发展走势，又必然推动和促进各国物流企业的联合和并购活动。新组成的物流联合企业、跨国公司将充分发挥互联网的优势，及时准确地掌握全球的物流动态信息，调动自己在世界各地的物流网点，构筑起本公司全球一体化的物流网络，节省时间和费用，将空载率压缩到最低限度，战胜竞争对手，为货主提供优质物价服务。除了并购之外，另一种集约化方式是物流企业之间的合作并建立战略联盟。

案例1-1 利丰公司的供应链管理

利丰公司(Li & Fung)是中国香港最大的出口贸易公司，它从一个传统的家庭式进出口贸易公司，发展成一个大型跨国商贸集团。它在实践中开创了亚洲供应链管理的先河，它通过供应链管理的不断创新，使自己成为现代商贸业的巨擘。它的做法和经验为我们揭示了现代供应链管理的核心思想。

1. 利丰公司的发展沿革

利丰公司创建于1906年的广东省，当时的业务主要是在商业贸易中做英语翻译获得佣金。到了第二代传人时，利丰公司开始成为商业贸易的中间人，从撮合双方买卖的过程中收取佣金。随着买方和工厂的影响力不断扩大，公司的生存空间日益缩小，公司的佣金减少到10%、5%，甚至3%。后来，公司转为经营采购代理业务——采购货源、组装、销售。1976年，利丰公司的第三代传人结束了在哈佛大学的教书生涯回到香港，接替了振兴家族公司的重任，领导着利丰公司开始了三个阶段的公司经营管理变革。

第一阶段：逐步演变成区域货源代理商，通过在中国台湾地区、韩国和新加坡开设办事处，拓展利丰业务。这一阶段与利丰传统商业相比，其最大的进步在于，改变了只从中国香港地区进货，只能提供单一产品的局面，通过从多国进货，分类包装，提供一揽子产品。

第二阶段：在区域货源代理商的基础上，成为生产计划的管理者和实施者。这一阶段与第一阶段的"用户需求→多国采购，分类包装→提供需求"的模式比较，采用了新的商业模式：用户需求→制定生产计划→与用户和生产商签订合同→管理和控制工厂生产(质量和进度)→按质按量按时交付产品。从这一阶段开始，利丰公司主要经营的产品是服装、玩具娃娃、配件、旅行袋等。

第三阶段：价值链分解，也即分散生产。20世纪80年代中期，亚洲四小龙的出现，使香港地区生产成本增加，香港经济失去了市场竞争优势。在这种大环境下，利丰公司率先创造性地尝试在中国内地的南方，进行价值链中劳动密集型中间产品的生产转移，在香港地区完成产品前端部分(设计)和后端部分(测试)的工作，从而有效地解决了成本问题，改善了利丰处境。这种价值链分解的生产方式在香港其他行业很快被仿效并扩散，使香港地区的经济获得了新生。1995年，利丰公司成功地收购了在印度、巴基斯坦、孟加拉国和斯里兰卡都设有分支机构的英国商行IBS(Inchcape Buying Services)公司，使利丰公司的规模翻番、服务区域拓宽、产量也发生了飞跃，并在欧洲建立了客户基地，补充了占公司业务主要部分的美国客户的需求。由此，利丰开始了在世界范围供应链上价值链的分解、控制和合理重组。

2. 供应链管理模式的产生和演变

对利丰公司发展沿革作一简单分析，不难看出其供应链管理模式的产生和演变过程。

(1) 简单的营销价值链条。事实上，在利丰公司第二代传人经营的后期，公司已经转型为采购代理——采购货源、组装、销售。公司开始有了明确的内部业务(组装)和外部业务(采购和销售)，同时，组装业务采用了外包的方法。这事实上是一种简单的营销价值链条。

(2) 供应链管理模式产生。在利丰公司第三代传人时期第二个阶段的经营管理变革中，利丰公司的商业模式已经发生了质的变化。以服装生产为例，这一经营模式可用图1-25直观显示。从中可以看出利丰公司经营理念的变化：以客户需求为中心来设计产品和组织生产；经营模式的变化：多国采购并寻找生产合作者，制定生产计划，管理和控制生产过程，按与客户签订的合同要求交付产品。这种经营模式正是现代供应链管理模式的雏形。

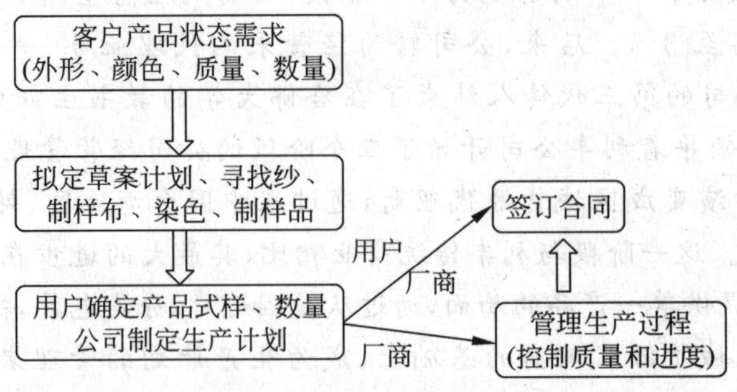

图 1-25　利丰公司现代供应链管理模式雏形示意

(3) 现代供应链管理模式。20 世纪 80 年代中期，利丰公司的经营管理变革进入了第三个阶段。这个阶段从开始把劳动密集型的中间产品转移到中国内地，并逐步拓展到世界各个国家和地区，真正实现了世界范围的价值链分解、管理控制和资源重组，它标志着利丰公司现代供应链管理模式的呈现。这里仍以服装生产为例，假定公司获得了一个来自欧洲零售商的 10 000 件衣服的订单，在充分考虑用户地理位置、交货要求，劳动力条件、原料、厂商能力等条件后，可能的做法是：从韩国买进纱运到中国台湾纺织和染色；从设在中国内地的日本拉链厂商处订购拉链，之后再把染好色的布料和拉链等运到泰国进行生产。考虑客户 5 周的交货时间，可在泰国的多个工厂同时生产。这样就有效地定制了价值链，尽可能满足客户的需要，其结果使产品具有真正意义上的全球性。这个过程如图 1-26 所示。

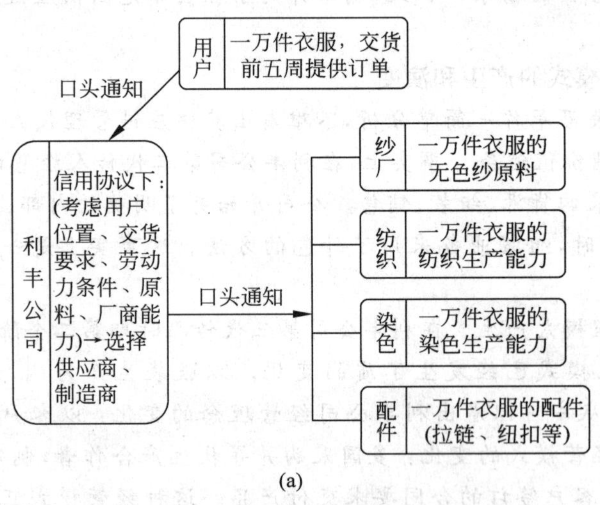

(a)

图 1-26　利丰公司现代供应链管理模式示意

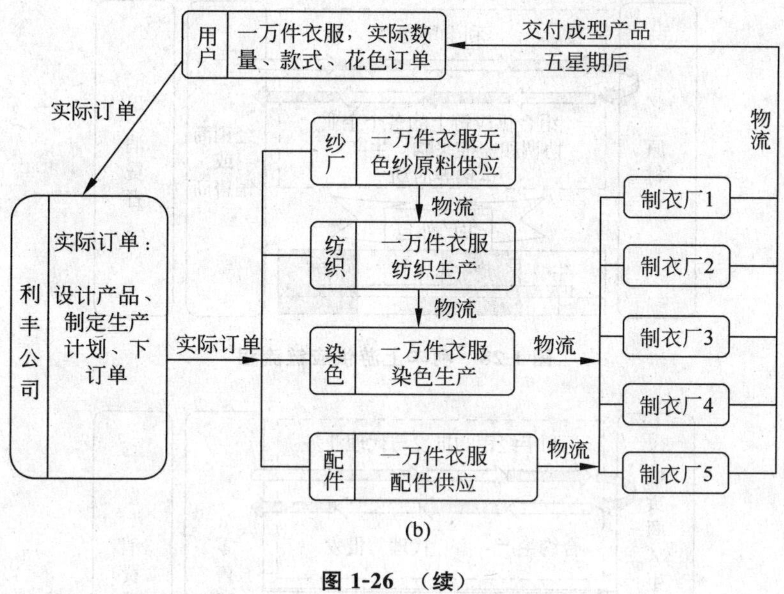

图 1-26 （续）

3. 现代供应链管理运作

自20世纪80年代中期利丰公司的现代供应链管理模式呈现后，一直在不断创新和发展着。至今，供应链管理已经达到了一定境界，成为全球商贸供应链管理者。以下从三个方面阐释利丰公司的现代供应链管理运作模式。

(1) 现代供应链管理结构。利丰公司的现代供应链管理结构可以归纳为图 1-27 所示。从中可以看出，它既保持着供应链结构的基本元素，又具有其商贸个性特征。

(2) 上、中、下游的供应链流程。如图 1-28、图 1-29 和图 1-30 所示。

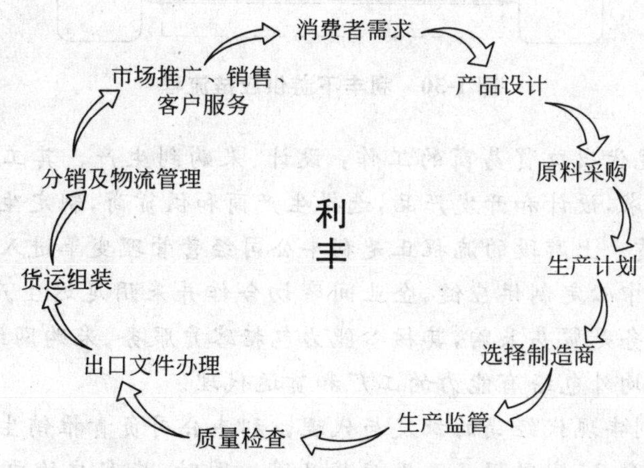

图 1-27 利丰公司的现代供应链管理结构

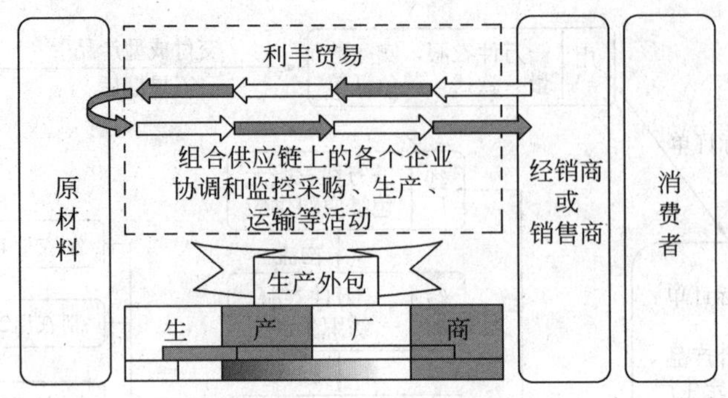

图 1-28　利丰上游供应链流程

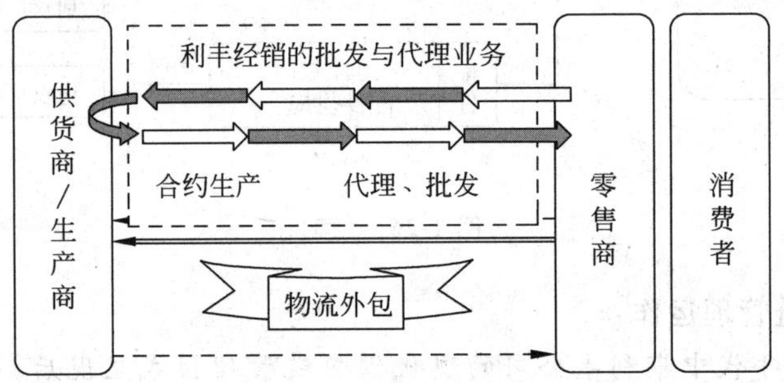

图 1-29　利丰中游供应链流程

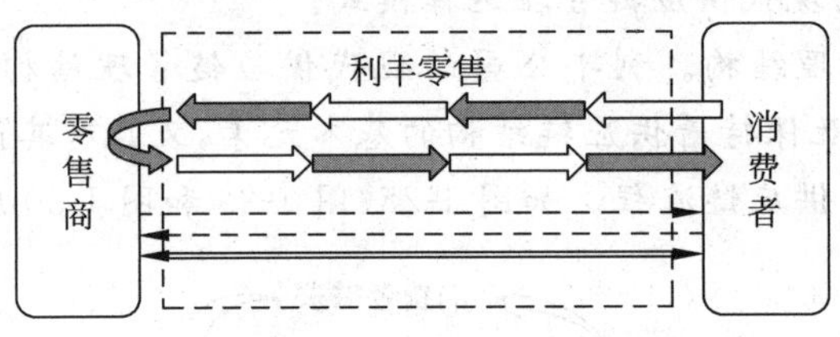

图 1-30　利丰下游供应链流程

供应链上游为现代出口贸易商的工作：设计、采购到生产。其工作流程为：分析顾客(消费者/客户)需求，设计和开发产品，选择生产商和供货商，制定生产计划，采购原料，监控生产和保证品质。上游段的流程正是利丰公司经营管理变革进入第三个阶段后的管理流程，它以客户为中心定制供应链，企业间密切合作并采用延迟生产的方法进行制造。其中，利丰的核心业务是贸易采购，其核心能力包括客户服务、采购网络和管理能力，非核心能力的生产、物流均外包给有能力的工厂和货运代理。

供应链中游为利丰现代经销的批发与代理。利丰公司负责推销生产商或供货商的品牌产品(代理)，包括食品、家居用品及医疗药品等。同时，应客户的要求将这段供应链向上延伸，一方面与客户合作一同开发和改造产品，使其适应产品经销区域消费者的需求；另一方面代客户生产或加工产品，即合约生产模式，生产方式依然是外包。中游的现代经销是利丰目标比较专注的业务，它依然以自己的核心能力和独特的经营管理模式为基础，为所代理的产品提供一站式的配套生产、市场推广、品牌管理、销售渠道管理和拓展，以及物流服务等，这为利丰经销所代理的产品开拓了更大的市场空间。批发，则是与各种零售业态（连锁店、大型超市、路边小店）合作，根据产品特性和目标客户，设定产品的品类和促销活动，不仅是产品进入到市场的各个角落，也提高了产品的销售成效。

供应链下游主要为零售。其工作流程为协助零售商进行市场策划，通过信息共享平台，把供应商、零售商、第三方物流集成起来，供货商可准确把握第一线销售情况，为生产和配送作部署，提高补货速度。有一点很值得我们关注，利丰在协助零售商进行市场策划中牢牢把握住无形服务环节，策划还包括零售店的品牌形象设计、店铺设计和顾客服务设计等各个方面，最大限度地提高消费者的满意度。

(3) 供应链“流”的管理。在图 1-29 和图 1-30 中，明晰地标出了资金从下游向上游流动的带箭头虚线，物流从上游流向下游，信息双向流动。在资金流方面，利丰公司历来具有良好的信誉。物流外包给具有良好声望的英和国际物流公司。而共享信息平台的集成，提升了这三种基本流的效能。基于前述供应链中游和下游的业务，利丰公司实践了实物流与商流的互动经销模式。20 世纪 90 年代中期，利丰公司在广东省的番禺投资 10 亿元人民币建立了“利联仓行”，它的概念来自于意大利的 Centergross 经营模式（见相关链接）。它是一个集展示、销售与仓库物流于一体的大型批发集散地，顾客在展示厅观看样品，选中所需产品后，可以在办公室办理购货手续，然后直接到后仓提货（见图 1-31）。这种前店后仓的格局，使客户在利联仓行的整个购货过程一气呵成。将供应链的工作流程与实物流程设计合并考虑，为顾客与厂商带来了便利。

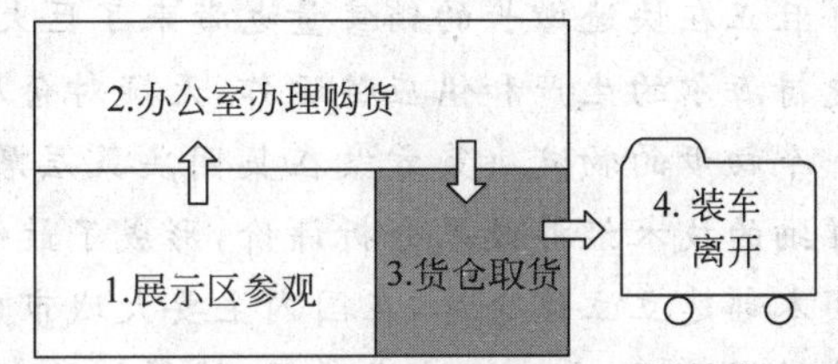

图 1-31 利联仓行的经营模式

此外，在利丰供应链下游的经营中，我们可以看到服务流和知识流的理念，事实上，它已经渗透在利丰供应链的各个环节。

资料来源：根据利丰研究中心编著《供应链管理：香港利丰集团的实践》（北京：中国人民大学出版社，2003）及 Internet 网相关资料整理形成。

案例 1-2 供应链环境下四种成功的物流运作模式

物流被视为“第三利润的源泉”，足以说明物流在现代企业管理中的地位和意义。企业物流采用什么样的模式才是最佳的，没有统一的标准答案。考察企业的物流实践，归纳出四种典型的物流运作模式。

1. 海尔的自营物流模式

海尔集团的四大主导产品是冰箱、冷柜、空调和洗衣机，在国内市场份额均达到 30% 左右；产品进入欧洲 15 家大连锁店的 12 家、美国 10 家大连锁店的 9 家。在欧美市场初步实现了设计、生产、销售"三位一体"的本土化目标，海外 13 个工厂全线运营。自 2004 年开始，海尔的年营业额超过了 1 000 亿元，并逐渐稳步上升。海尔今天的绩效离不开自营物流的支持。

海尔以往物流的经营模式是分散管理，在集团内十几个事业部都设有物流职能。在集团向国际化方向发展的进程中，专业化分工带来的优势却被过多过细分工造成的过大的边界协调成本所取代。于是，2000 年海尔开始了"大企业病"的整治：重组业务流程和组织结构。物流流程重组就是其中最主要的内容之一。

在对物流业务流程重组中，海尔首先把原来分属各事业部的物流业职能统一集中起来，成立物流推进本部。但面临的问题是外包物流还是自营物流？如果是外包物流，可由物流推进本部协调并管理全部物料的采购物流、销售物流，并管理供应商，安排 JIT 物流。但在当时 400 多亿的销售量，从采购到销售要向外支付较大的物流成本。由于物流量过大，物流协调极其困难，同时从另外一个角度看，当时要支付超过 400 亿元销售量的物流成本也是一笔不菲的利润来源。如果自营物流，首先可以将这笔不菲的物流成本转化为收益，并且将原来各事业部的运输工具集中起来，不用额外投资购置运输工具，但巨大的并且正在快速增长的销售量也带来了巨大的库存压力。集中管理整个集团的库存，有力支持海尔的生产和供应链运作，无疑对仓库提出了高标准的要求。在进行了深入调研后，一个初步的物流决策方案在集团决策层展现出来：自营物流，并建立立体仓库。经过了详细的技术经济效果分析评价，形成了最终的物流决策：自营物流加"小外包"，在海尔集团本部建立立体仓库，在国内主要大城市建立配送中心，"一流三网"（订单信息流、全球供应链资源网、全球用户资源网、计算机信息网）支持物流供应链运作。

自营物流将集团要向外支付的一大笔物流成本转化为内部利润，即"外本转内利"，虽然集团还要为此支付管理要素方面的费用，但总利润依然大于总成本。同时，加强自营物流内部管理，如内部"市场链"的 SST 机制（索酬、索赔、跳闸），将会增大"外本转内利"的利润空间；加强自营物流的外部管理，将海尔文化、为客户创造价值的服务理念等，附加在物流服务产品上，将会带来无法用货币度量的外部经济性。

海尔的自营物流模式获得了巨大成功。目前，海尔在国内可调配车辆 16 000 辆以上（其中海尔拥有 200 辆）；海尔物流体系中的仓库只是中转库，库存周期越来越短，面积也越来越小；形成了成品分拨物流体系、备件配送体系与返回物流体系。中心城市 8 小时配送，区域内 24 小时配送到位，全国范围平均 4.5 天内配送到位。通过与为数不多的外部物流公司的战略合作，实现了产成品的 JIT 配送；"一流三网"更给予海尔物流强有力的支持。

而今，海尔正迈步走在“三步走”的新的发展战略平台。

2. 伊莱克斯—中意公司的物流大外包模式

伊莱克斯—中意公司（简称伊—中公司）是由伊莱克斯和长沙中意于1995年合资组建的电冰箱有限公司，由伊莱克斯合资方负责产品生产，中意方负责销售和售后服务。伊—中公司的物流大外包模式在今天看来已经不再新鲜，但在世纪之交的年代，这种决策可谓是敢“先吃螃蟹”之举。

世纪之交，当中国绝大多数企业依然停留在物流作为制造活动附属品的惯性物流管理模式中时，物流作为“利润黑箱”、“第三利润源泉”的新概念如同一颗“炸弹”，让业界震撼。一些卓越的企业果断抢先以各种方式来挖掘这个莫大的利润黑箱，伊—中公司就是其中之一。时下，伊—中的产品销量为20亿元，和海尔的冰箱产品相比，市场份额可想而知。用当时的物流经理陈向东的话说：由于销量不高，为了赶超第一名海尔，伊莱克斯只好轻装上阵，选择了第三方物流。

伊—中公司的产品当时在国内市场的份额虽然不大，但在国外有较大的销量，当时首先尝试了自建物流体系，但运作的结果是“不划算”，于是，快速决断外包物流。

伊—中公司采用了全部物流大外包的方式，即所有的采购、全部的产品销售等统统交给专业的第三方物流公司来运作。公司成立专门的物流管理部门，由物流经理统筹负责，协调和监管公司全部的物流运作事项。遵循“不能把鸡蛋放在一个篮子里”的规则，又便于管理，物流管理部门慎重选择了几家有良好信誉和物流管理能力的专业物流公司，为其承担物流业务流程。

公司的物流大外包运作模式获得了成功。在随后的几年中，由于公司抛掉了不擅长的非核心优势的物流业务流程，公司的产量飞速上升，同时，物流运作产生的外部经济性为公司赢得了良好的信誉和市场商机。伊—中的外包物流运作模式成为当时业界的典范。

3. 科龙、小天鹅的股份制物流模式

科龙公司是国内冰箱行业的领头雁，小天鹅公司是国内洗衣机行业的龙头企业。世纪之交，当业界正在为“物流利润黑箱”震惊并快速反应抢先行动时，小天鹅和科龙同样面临着如何“先吃螃蟹”的抉择。

当时，小天鹅的年销售量200万台以上；科龙的年销售量260万台以上，同时，这两家公司的年销售额已超过100亿元，且都有自己的运输系统，物流成本年超过4亿元，占生产成本的4%。在市场竞争日渐白热化，家电企业内部制造成本越来越接近的环境下，只有创造产品的竞争优势并为市场提供及时和完善的服务，才能形成公司的品牌价值，公司才能在市场中生存和发展。要创造这种优势，只有对公司的供应链进行一体化创新，而剥离非核心优势的物流业务是行之有效的重要手段之一。接下来的问题物流外包给谁？

“物流利润黑箱”不仅让制造业兴奋不已，一些卓越的第三方物流公司也开始高度关注这个“利润黑箱”，中国运输行业的龙头企业中远集团就是其中之一。其时，中远集团正在积极寻找市场商机，欲利用自身物流管理的核心优势与物流资源丰富的企业结成战略联盟，建立长期战略合作关系。基于挖掘利润黑箱、增强核心竞争力、创建品牌的共同愿望，2001 年 8 月 6 日，由中远集团下属的中远国际货运有限公司、香港远洋网络有限公司、广州经济技术开发区建设创业投资有限公司、小天鹅、科龙公司，共同投资(各占 20%股权)组建的“广州安泰达物流有限公司”，宣告全国首家最大的家电行业物流平台正式启动。

安泰达物流公司成立后，在顺德设立分公司，无锡设立办事处，主要负责科龙及小天鹅的物流业务。安泰达首先从供应链视角将两家公司伸往全国的物流干线和物流设施进行系统整合，全面优化两家公司的物流系统，并通过安泰达的物流信息平台与两家的信息平台对接，提升物流管理效率。安泰达的物流运作是负责提出物流优化建议、物流业务日常营运管理；而两家公司则成立各自的物流管理部，负责拟订自身的物流需求计划，研究规划其物流发展方向，协调公司内各部门与安泰达的业务衔接，并对安泰达的营运进行监督。2003 年 9 月和 2004 年 1 月，安泰达全面接管了这两家公司的全部物流业务，科龙的运输价格整体下降了 9.6 个百分点，小天鹅的物流总成本下降 30%。

安泰达公司以前瞻性的思维和不断创新的管理模式，赢得了良好的社会商誉，使公司的经营不断产生新的增长点。如今，安泰达的物流能力已得到了极大提升，在保证科龙和小天鹅两家战略伙伴满意的物流服务外，全面拓展行业社会物流服务，并不断创新服务产品，如“物流银行”(见相关链接)就是安泰达公司的一项成功创新产品。

安泰达这种独特的物流运作模式(虽然至今仍是物流领域的独秀一枝)，很值得我们去进行深层次的挖掘：这种巨大的“双赢”效益其成功的内在原因和经验到底是什么？

4. 美国 General Mills 食品公司基于 ASP 的物流联盟模式

美国著名的麦片和甜品制造商 General Mills 食品公司，年营业额达 60 亿美元，在美国的工厂和配送中心有 40 余家。后勤和运输成本巨大，仅食品的年货运成本就达 4 亿美元，占麦片产品上架成本的 60%。经研究发现，运费开支巨大的一个重要原因是不足整车发运，公司还要为卡车的空驶回程支付费用。为了消除卡车回程的空载，公司决定采用供应链自动化技术来与其他企业分享运力并逐步削减成本。

2000 年 3 月，General Mills 食品公司找了一家专做包装食品物流的第三方物流服务公司 Nistevo 网上物流交易公司(一家网上物流运作的应用服务供应商，ASP)，来帮助自己对卡车运力进行在线整合。为此，公司与 Nistevo 公司一起开发了专用的物流和货运管理应用软件。在后台，第三方物流公司应用可拓展标识语言技术(XML)将有关的物流和货运信息直接传送到 General Mills 食品公司的 ERP 系统。在前台则将 General Mills 食品公司的货运信息与多条线路承运人的货运计划进行配载整合。初始的协作物流联盟伙伴只有 5 家企业。

在不到一年的时间里，仅仅因为与网上物流交易市场的一个合作伙伴分享卡车运力，实际货运里程在 3 000 公里的范围内，General Mills 食品公司就节约了 73 万美元。这个合作伙伴就是为其提供麦片包装盒等包装材料的一家纸制品公司。General Mills 食品公司将产品从美国中西部的工厂整车发运到东海岸的配送中心，而该纸制品公司则使用同一辆卡车把其包装产品运回其中西部的目的地。两个公司实行协作配载后的卡车实载率达 97%，而过去则只有 85%。服务可靠性增加到 99%，同时司机的调度工作也大幅度下降。

到 2001 年 9 月，这个由 General Mills 食品公司和 Nistevo 网上物流交易公司首先发起的网上物流交易平台已经扩大到 19 个伙伴公司，100 多个承运人。经测算，如果能够有 3～4 个协作伙伴在闭环的货运线路上分享运力，平均的物流成本节约将达 15%左右。

General Mills 食品公司认为，通过网上协作物流交易市场使得供应链的运行更有效率，可以将年销售额的增长率提高 1 个百分点。通过更广泛的网上配载合作，可以将年物流成本降低 6%，可节约 2 400 万美元。供应链管理水平的提高还有助于减少每年约 4.5 亿美元的包装费用支出。

基于 ASP 的物流联盟模式的好处显而易见，其有效的管理是成功的保障。该网络平台对物流运作的管理可以分为两大部分：其一是规则，主要以明确、完善的契约规定参与合作者的相应的责任；运行机制，包括信息同步协议、安全保险协议、风险共担协议，争端解决协议，联盟章程，突发事件应急处理协议等；其二是完善的平台模块，主要包括四大部分，如图 1-32 至图 1-36 所示。

图 1-32 物流联盟平台总功能模块

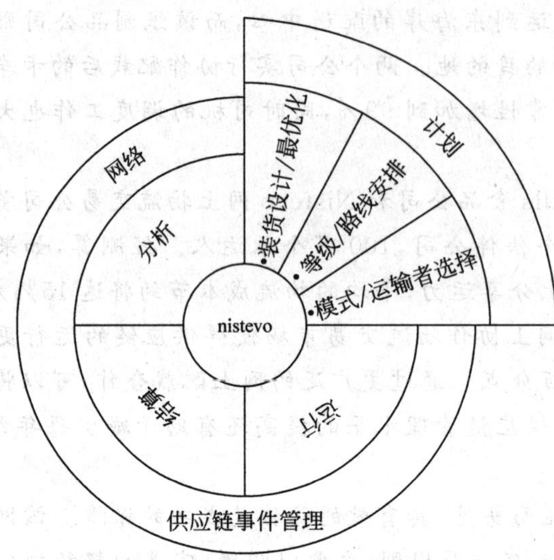

图 1-33　计划功能模块

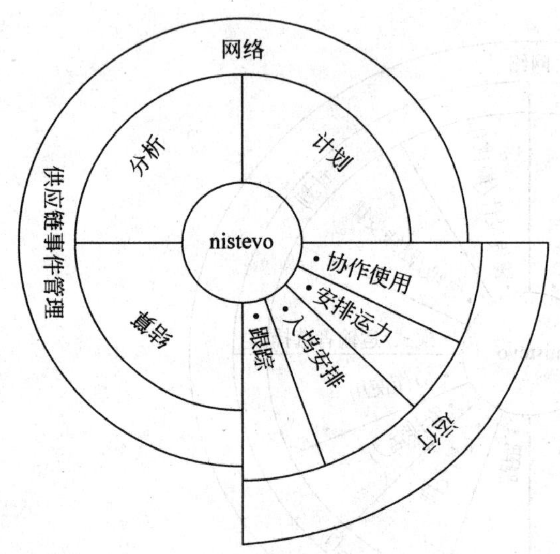

图 1-34　运行功能模块

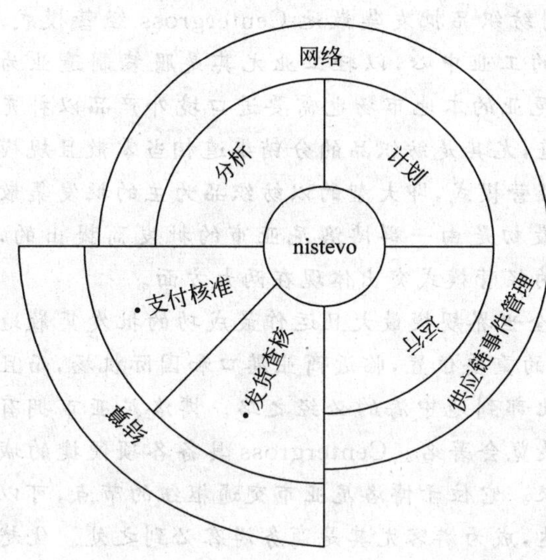

· 发货查核

由于系统的有关信息安全，处理发货情况更便捷、更准确

· 支付核准

保证发货的及时性和准确性，减少发货意外，方便发货处理，加快支付过程

图 1-35　结算功能模块

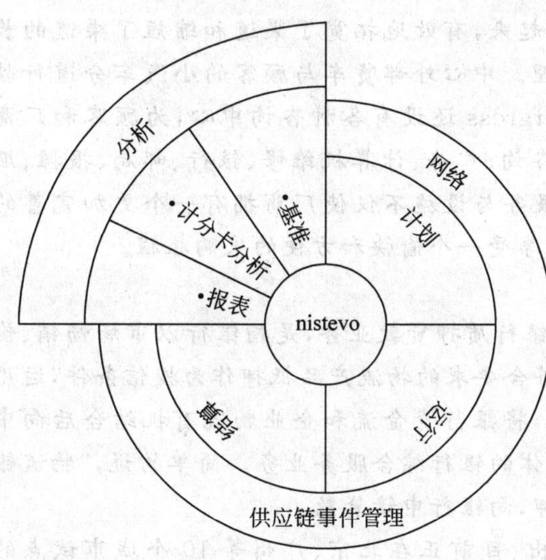

· 报表

监控运送者的绩效，例如是否按时交付、是否达到合约安排的运量、发货的准确性等

· 计分卡分析

提供鉴定执行者和包含整个物流系统KPI的管理信息

· 基准

以系统所有成员的综合绩效为基准，看什么地方超过了行业平均值，什么地方还需要改善

图 1-36　分析功能模块

资料来源：根据 Internet 相关资料及考察调研资料整理形成。

相关链接

1. Centergross 经营模式：全称为意大利纺织品批发集散地 Centergross 经营模式。意大利的博洛尼亚市(Bologna)是一个传统的工业中心，以轻工业尤其是服装制造业为主，服装出口占了整个意大利的 25%。博洛尼亚的本地市场也需要进口境外产品以补充某些产品种类的不足，但缺乏有效的销售渠道，尤其是纺织品的分销渠道相当零散且规模较小。于是，应运而生的是一种有效的分销经营模式，即大型的以纺织品为主的批发集散地(Centergross)。Centergross 的经营概念最初是由一群博洛尼亚市的批发商提出的，1976 年建成并正式投入运作。Centergross 的经营模式突出体现在两大方面。

其一，优越的地理位置。Centergross 是全世界规模最大且运作最成功的批发集散地之一。不仅处于意大利公路和铁路交通网络的重要位置，临近商业港口和国际机场，而且在历史上更是游客从意大利南部到北部、从北部到地中海的必经之路。博洛尼亚市拥有著名的旅游胜地，并以举行大型的交易会和展览会著名。Centergross 具备各项便捷的城市化基础设施，其建设也符合环境保护的要求。它位于博洛尼亚市交通枢纽的节点，可以通过飞机、火车和汽车等交通工具快捷地到达，成为游客尤其是商务游客必到之处。优越的地理位置使 Centergross 能更好地发挥批发集散地的功能。

其二，领先的运作模式。首先是经营理念的领先。Centergross 以批发零售意大利本地品牌的纺织品为主，也销售一些本地生产的小型家电产品和进口产品等等。把生产商、经销商、物流功能、消费者在地理位置上集成起来，有效地拓宽了渠道和缩短了渠道的长度。其次是 Centergross 的整体布局科学合理。中心外部货车与顾客的小汽车分道行驶和停靠。第三是仓库设备先进。此外，Centergross 还设有各种咨询中心，为顾客和厂商提供一系列的业务配套服务，包括市场推广咨询、广告、计算机维修、银行、邮局、报摊、烟草店、旅游、翻译、出租车等服务。这些配套服务与设施不仅使厂商拥有一个更加完善的商业环境，而且使顾客能够在 Centergross 内享受一个愉快和方便的采购旅程。

2. 物流银行："物流银行"的全称是物流银行质押贷款业务，是指银行以市场畅销、价格波动幅度小、处于正常贸易流转状态而且符合要求的物流产品抵押作为授信条件，运用有较强实力的物流公司的物流信息管理系统，将银行资金流和企业物流有机结合后向中小企业、客户提供融资、估算等银行服务于一体的银行综合服务业务。简单的说，"物流银行"是把仓库内或正在运输途中的货物作抵押，向银行申请贷款。

这项由广东发展银行在 2004 年 6 月推出、目前正在北京、广州等 10 个城市试点的"物流银行"业务，是主要针对中小企业缺乏固定可抵押资产的状况而设计的。传统的企业向银行贷款，一般是以房子、车子等固定资产来抵押，而物流银行除了能以这些抵押以外，还可以拿流动的东西，如原产品、产成品等作抵押。当然，并非所有动产都可以成为抵押品，产品必须具有价格波动小、变现能力强、抗跌性好等特征，诸如原材料中的钢材、有色金属、棉纱类、石油类，成品中的家电产品、陶瓷产品、家具产品等。然后，银行则借助于物流公司的物流信息管理系统，将银行的资金流与企业的物流进行结合，向企业提供融资、结算等银行综合服务。

“物流银行”质押贷款的业务流程如图1-37所示。

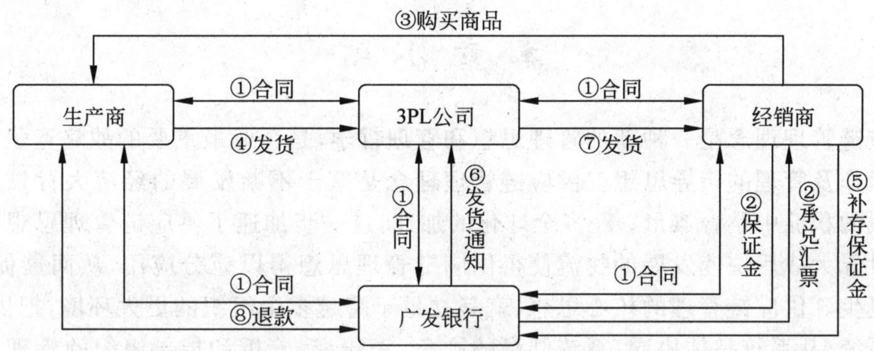

图1-37　“物流银行”质押贷款业务流程

(1) 生产商、经销商、物流公司与银行四方签订《合作协议》；

(2) 经销商向银行交纳一定比例的保证金，银行向经销商开出以生产商为收款人的银行承兑汇票；

(3) 经销商以银行承兑汇票向生产商购买商品；

(4) 生产商发货至物流公司；

(5) 经销商向银行补存一定比例的保证金；

(6) 银行向物流公司出具《提货通知书》，货物价格不超过保证金金额；

(7) 物流公司依据《提货通知书》向经销商发货；

(5)、(6)、(7) 循环往复。

(8) 银行承兑汇票到期时，生产商将累计发货价格低于银行承兑汇票金额的部分向银行退款。

物流银行业务的特点如下。

(1)标准化：物流产品的质量和包装都以国家标准和协议约定的标准由物流公司验收；

(2)规范化：所有动产质押品都按统一、规范的质押程序由第三方物流公司看管，确保质押的有效性；

(3)信息化：所有的质押品看管，都借助物流公司的物流信息管理系统进行，有关业务管理人员都可通过互联网，检查质押品的情况；

(4)远程化：由于借助物流公司覆盖全国的服务网络，确保了该行在全国各地开展异地业务，并能保证资金快速汇划和物流及时运送；

(5)广泛性：该业务服务客户既可以是制造业，也可以是流通业，既可以是国有企业，也可以是民营企业和股份制企业，同时还可是大、中、小型各类企业。总之，只要这些企业具有符合条件的物流产品，都可以开展此项业务。

本章小结

供应链管理理念是一种新的管理思想和管理哲学，是企业最重要的战略竞争资源，也是物流运作及管理的指导思想。供应链管理理念是基于不断发展的经济大背景，在长期生产实践的积淀中孕育雏形；经济全球化的加速，进一步加速了供应链管理思想的形成；第二次世界大战后快速发展的物流使得供应链管理思想得以充分应用，从而催促其明确的概念诞生。供应链管理的核心思想，就是立足于跨越多个组织的更大环境，把供应链作为一个系统，从系统整体协同、系统共赢的视角，来研究、分析和指导组织的管理工作，这对研究和实践物流管理具有重要指导意义。事实上，供应链管理思想早已开始并不断地渗透到物流运作过程中。2005 年美国供应链管理专业协会(CSCMP)的第二次更名以及 2006 年年会内容的“重大改版”，已经标明物流进入了全球供应链时代，从而，物流放大到供应链范畴来讨论，即，从供应链管理的视角来讨论企业物流运作和管理的理论与方法。用供应链管理理念作为物流管理的指导思想，是目前一些先进企业物流运作实践的现实，也是未来物流管理的大趋势。

物流供应链环境下的物流管理更强调融合、和谐和协同。无论是制造企业或是其他社会组织还是作为第三方的物流企业，有效的管理物流过程，无疑对自身发展还是社会的经济贡献，都有着极其重要的战略作用和意义。

物流的概念自 20 世纪初诞生以来随着经济的发展不断增加新的内涵，物流管理的范围和功能也随之拓展。人们站在不同的角度分析研究物流的类型，但无论这些物流活动以何种形式存在，用何种方式来实现，都必须具备三个最基本的要素，即承载物、载体和流向。同时，在不同业态不同形式的物流作业流程中，仍有许多相似之处，从而可以勾勒出不同领域的典型的物流作业流程，如生产领域、流通领域等的作业流程。与传统的物流管理相比，供应链环境下的物流管理呈现出诸多新的特点。

在供应链环境下企业面临的问题是企业的物流运作模式的选择决策问题。综观国内外成功的物流运作经验，可以概括出四种典型的物流模式，既自营物流、外包物流、股份制物流和基于 ASP 的物流联盟模式。企业需要结合自身参与的供应链情况以及外部经济环境，运用各种技术经济分析方法来确定物流运作模式。物流管理系统处于复杂多变的环境，物流管理需要运筹与决策，要为提高供应链的竞争力提供有力保证，因此物流战略在供应链管理战略中有重要的意义和作用。供应链环境下物流战略的构成要素包括物流输入、物流输出、管理行为和管理活动等。这些要素紧密联系和相互作用，它们构成了供应链管理战略系统，系统法思想是研究物流管理战略的指导思想和方法论基础。可以勾勒出供应链物流管理的战略框架，自上而下形成全局性、结构性、功能性和基础性战略。供应链物流的发展使其呈现出不同于传统物流的新特点。

通过对供应链物流宏观层面的讨论，可以勾勒出供应链物流管理的任务和主要研究内容。供应链物流管理的任务旨在物流系统合理化，实现一体化的供应链物流管理，提升客户满意度，同时要高度关注物流运作的三边关系管理。供应链物流管理的任务决定了其研究的内容，本书则立足于企业微观层面囊括这些研究内容，研究围绕企业生产所组成的供应链系统中的物流及管理方法。将企业供应链物流分为供应物流、生产物流和销售物流三大部分，并将其涉及的相关内容，如库存、运输、配送、物流需求预测、物流成本管理、电子商务物流、物流绩效评估、物流信息技术、第三方物流、全球物流等包容进来。未来的供应链物流管理的发展将会呈现与时俱进地不断创新，即时化、协同化、高度化的物流战略将是未来的创新发展趋势。

问题思考

1. 供应链协同的核心思想是什么？
2. 供应链管理与物流管理的关系，供应链管理思想对物流管理的指导意义何在？
3. 供应链和供应链管理的思想内涵是什么？
4. 物流概念和定义是一个怎样的演变过程？
5. 物流管理范围和功能扩展是一种什么样的关联性？
6. 怎样理解供应链物流和物流供应链这两个概念？
7. 依据不同的业态，物流作业流程有不同形式，它们的共性表现在哪里？
8. 供应链环境下的物流管理有哪些特征？
9. 怎样理解物流管理的组成要素？
10. 供应链物流管理战略框架的内在联系是什么？
11. 谈谈你对供应链物流管理未来变革与发展的观点。
12. 试述供应链物流模式决策的过程。
13. 利丰公司的供应链管理对现代管理有什么启示？
14. 联系本章的案例，阐释股份制物流模式和基于 ASP 的物流联盟模式。

第二部分　供应链物流运作

第二部分从供应链管理视角研究企业供应链物流运作涉及的主要内容：采购、生产、销售物流以及物流需求预测。第二章采购物流，阐释了采购管理的相关内容、采购物流的内容及模式、采购物流管理等。第三章生产物流，它既直接着影响企业生产的效能，又为企业生产运作的多种因素所影响。本章基于物流与生产的关系，来讨论生产物流的计划与控制、现代生产物流的有效管理、生产物流的平衡等问题。第四章销售物流，它是企业将产品所有权转移给消费者，从而实现产品价值和企业赢利的一项重要价值实现活动。它与订单的处理以及订单与产销、物流系统的协调，配送系统的合理化等有直接的联系，这些是本章主要研究的内容。第五章物流需求预测，它的最大价值在于为企业制定相关决策提供支持，如科学有效地分配物流资源、快速反应物流市场需求和提高物流运作效率、保证物流服务的供给与需求之间相对平衡的重要决策。物流需求预测的结果对供应链上诸多相关部门都有着极其重要的使用价值。那么，物流需求预测有一些什么样的预测技术和方法？这些都是本章着重研究的内容。

第二章　采购物流

采购物流、生产物流和销售物流是制造企业经营运作中最直接的三种物流形态。采购物流又称供应物流。对于任何企业，无论是制造商、批发商还是零售商，都需要从供应商手中购买原材料、获得服务、取得物品供应，以维持企业的正常运作。对制造企业而言，采购物流是其经营运作的起点，对企业经营的成败有着至关重要的作用，尤其是对采购物流侧重型的企业，其重要性不言而喻。本章就采购管理的相关内容、采购物流的内容及模式、采购物流管理等进行深入研究和探讨。

第一节　采购管理概述

采购从广义上可以分为两类：贸易商（merchant）采购和工业买家（industrial buyer）。贸易商包括批发商和零售商，其购买目的是为了再销售。一般来说，贸易商大多是批量购买商品，以获得数量带来的折扣和其他好处，如运输和仓储更经济、更有效。典型的工业买家是制造企业，主要目的是购买原材料，然后转换其形态。在制造领域，采购被视为对企业价值和战略具有重要贡献的因素，因为它可以影响到产品设计、产品质量、商品销售的成本、周期等，最终影响企业的赢利和竞争地位。

一、采购的战略作用与管理目标

采购和购买两个术语在范围上有所不同。购买（purchasing）是指物料实现所有权转移的具体过程以及该过程中包含的相关活动。采购（procurement）包括购买、运输、仓储、收货等。采购是一个复杂的过程。狭义上，采购是公司购买货物和服务的行为；广义上，采购是一个公司取得货物和服务的过程。然而，采购的过程并不是各种活动的机械叠加，它是对一系列跨越组织边界活动的成功的实施。采购是制造商为获取与自身需求相吻合的货物和服务而必须进行的所有活动，包括对这些活动的管理。

（一）供应链采购与传统采购的区别

国外对采购的研究中，列出了几乎所有工业买家都需要采购的六种主要产品：零部件、原材料、运行物品、支持设备、工艺设备和服务等。每种产品可能在以下四种情况下实施采购：①例行性订单情况。包括以前产品已经订购了许多次，订单的程序基本确定的情况。②程序性问题情况。包括非例行性采购和可能需要员工学习如何使用产品的情况。③绩效问题的情况。包括设计用来替代目前产品的非例行性采购，但必须进行绩效测试的情况。④政策问题的情况。包括产品的使用可能会影响公司许多部门的非例行性采购情况，因此，公司的许多员工可能会参与到决策制定过程中。

在供应链环境下，采购的观念和采购的操作方式与传统的采购有很大区别(见表 2-1)。

表 2-1　供应链采购与传统采购的区别

项　目	传 统 采 购	供应链采购
基本性质	基于库存的采购，需求方进行采购操作的方式是一种对抗型采购	基于需求的采购，供应方主动型，需求方采购方式是一种合作型采购
信息环境	信息不畅，信息保密	信息共享
库存关系	需求方掌握库存、设立仓库，库存量较大	供应商主掌库存，需求方也可以不设仓库
送货方式	大批量少频次送货	供应商多频次小批量连续补充货物
双方关系	供需双方零和博弈，责任自负，利益独享	责任共担、利益共享，协调性配合
货检工作	严格检查	对获得购买方免检证的供应商免检货物

供应链环境下的采购呈现出三大基本特点：

① 基于需求的采购。供应链采购是由客户订单驱动的，在供应链管理模式下，客户需求产生订单，订单驱动生产，生产驱动原材料采购，产品满足客户需求。这样，采购本身就成了满足客户订单的过程。

② 主动的供应商采购。需求者将需求信息及时传递给供应商，供应商则根据需求状况和变化趋势，及时调整生产计划，主动跟踪用户需求，适时适量地满足用户的需求。

③ 协同采购。供应链采购的双方为了能获得更大的经济利益，从不同角度相互配合，各尽其力。在采购过程中相互配合，提高采购效率，最大限度地降低成本。

（二）采购的战略作用

传统上，采购被视为服务于生产的职能，企业管理者对采购的关注程度有限。然而，随着全球竞争的不断深化，管理者认识到大批量的原材料采购和在制品库存对生产成本、质量、新产品开发和运送时间等都有着显著影响。明智的经理们开始从供应链的视角将采购视为关键战略业务流程加以重视，而不仅仅是将其作为辅助支持职能对待。

在供应链环境下，采购的战略作用日益显现。采购使公司把资源解放出来投入到销售、营销、分销，以及利润更高的产品上，从而改善公司的资产负债表状况。采购职能一直是影响公司赢利能力的关键因素，并直接影响到供应链的利润水平。采购对公司和供应链利润具有很大的杠杆作用。对很多制造企业而言，外部采购占据了公司费用的最大部分。从这个意义上说，采购管理是降低成本最直接的方法。从整个供应链整体目标最优来看，采购是一种战略性的活动。

采购的战略作用在于以支持企业整体目标的方式，执行与采购相关的活动。采购通过其作为企业跨边界的职能之一的关键作用，对企业的战略成功做出了许多贡献。

(1) 帮助企业重新修订战略。采购过程中，通过与供应商的外部接触，可以获得有关新技术、潜在新材料或服务、新的供应货源和市场条件的改变等方面的重要信息。通过传递这些竞争信息，采购能够帮助企业重新修订企业战略，以充分利用市场机会。

(2) 支持企业引领或创新市场。采购能够通过识别和开发新的和已存的供应商来帮助支持企业战略的成功。在新产品和服务开发的早期，获得供应商或是变更已有的供应商能够缩短开发时间。这是因为通过采购可发现并获得一些具有独特优势的供应商的支持，将他们的新技术和新思想融入新产品和服务开发中，可以压缩开发时间，提升产品和服务的性价比。将基于这种概念的产品和服务迅速带入市场，有可能使企业成为市场的领导者或创新者。

(3) 为其他职能提供价值。采购的作用范围包括从支持作用到战略作用。尤其是一个精明的企业在认识到了采购的重要作用后，在供应链管理的重要决策中会同时考虑采购的影响，从采购方面获得更多的信息并基于这些信息进行前瞻性预测，以支持其他职能部门的需要。采购活动为其他职能领域提供了价值，反过来，这种支持将导致这些职能领域对采购活动价值的更大认可，并积极参与采购决策和支持采购活动。

(三) 采购管理的目标

供应链采购管理的主要目标是在总成本最低的前提下，保证原材料的供应不会中断，提高成品生产的质量，保证客户满意度最大化。采购管理的目标可以细化为以下诸多方面。

(1) 为企业的运作提供所需的不间断的原材料、物品和服务。

(2) 将存货投资和损失降到最低的程度。

(3) 保持和提高质量。

(4) 寻找或开发具有竞争优势的供应商。

(5) 尽可能使采购的产品标准化。

(6) 以最低的总成本采购所需的产品和服务。

(7) 提高企业的竞争地位。

(8) 与企业内其他职能部门取得融洽的、有利于提高估产效率的关系。

(9) 以尽可能低的管理成本实现采购的目标。

此外，采购活动中需要关注五个恰当：恰当的数量，实现采购的经济批量，既不积压又不造成短缺；恰当的时间，实现及时化采购，既不能提前，给库存带来压力，也不能滞后，给生产带来停顿；恰当的地点，实现最佳的物流效率，尽可能解决采购成本；恰当的价格，实现采购价格的合理化，价格过高造成浪费，价格过低则可能造成质量难以保证；恰当的来源，力争实现供需双方间的合作与协调，达到双赢结果。

二、供应链采购流程管理

供应链采购管理包括三个最基本任务。其一，要保证企业所需的各种物资的供应；其二，从资源市场获取各种信息，为企业物资采购和生产决策提供信息支持；其三，要与资源市场建立友好和有效的关系，为企业营造一个有效的资源环境。这些可以勾勒出采购过程所包含的基本活动和流程，这些活动及流程都跨越了企业内部的功能边界，延伸在企业的供应链上。由此，基于供应链的采购管理模式也展现了新的内涵。

（一）供应链采购的基本流程

在基于相应的采购管理机构和管理机制，以及自制与外包决策既定的基础上，供应链环境下采购的基本流程由以下几个方面组成。

(1) 采购需求分析。弄清楚企业希望采购一些什么物资，采购数量为多少，什么时候需要什么样的物资等。掌握企业全面的物资需求，为制定科学合理的采购订货计划作准备。

(2) 资源市场分析。即根据企业所需的物资品种和采购类型分析资源市场情况，包括资源分布情况、供应商情况、品种质量、价格情况和交通运输情况等。资源市场分析的重点是供应分析和品种分析。通常有关资源市场的信息并不总是清晰的，需要下工夫做一些研究。

(3) 制定采购计划。根据企业物资需求种类、采购类型、资源市场状况，制定出切实可行的采购订货计划，包括对供应商的要求、供应品种、具体的订货策略、运输策略和具体的实施进度计划等。

(4) 供应商选择。根据采购计划和前几个步骤的分析，决定供应商选择的标准和数量。首先初步筛选符合要求的供应商，然后对初选的供应商进行考察和评估。这个过程主要了解供应商所处的市场类型。供应商可以处于一个完全竞争的市场（有许多供应商），或者在一个寡头市场（有少数几个大的供应商），或者垄断市场（一个供应商）。了解这些信息有助于采购专业人员决定供应商的数量、权力与依赖关系的平衡、哪种采购的方式最为有效，如谈判、竞争投标等。最后，在考察评估的基础上，通过与供应商的沟通互动，决定最终要选择的供应商。

(5) 采购计划实施。依据具体的采购计划执行实施，包括联系指定的供应商、贸易洽谈、签订购货合同、运输进货、到货验收和支付货款等。

(6) 采购过程监控。在整个采购过程中需要进行相应的监控工作，包括采购流程的效率和效能、采购资金的支付情况等。

(7) 采购评价。在一次采购完成后应对本次采购进行评价，主要评估采购活动的效果，总结经验教训，寻找问题，提出改进意见等。

以制造企业为例，采购流程主要由四个环节构成(见图 2-1)。

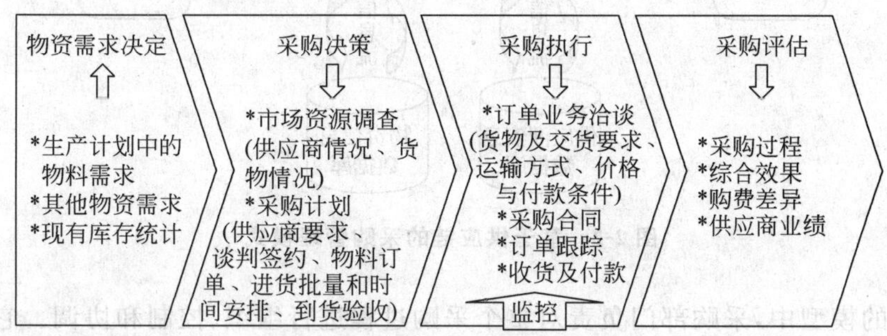

图 2-1 制造企业采购流程示意

(1) 物资需求决定。一般由生产计划中的物料需求、用户采购申请(企业集团中其他部门的相关物资需求)、现有库存物资统计等三个方面数据资料的融合，并得到相关部门主管确认审批后，才称其为物资需求决定。为了慎重起见，采购申请一般要经部门主管、财务主管，甚至总经理的审批后才能决定下达给采购部门。此外，物资需求决定还包括确认采购的必要性和采购条件的合理性，核定采购权限，根据库存费用、运输和价格优惠等因素，合并每个时期同一物资的采购量。

(2) 采购决策。包括市场资源调查，即寻找供应商和建立供应商档案，以及供应商的资质、能力、生产状态、区域分布、态度等。它是采购计划决策前必须做好的工作。采购计划则要根据市场资源信息确定对供应商的要求、谈判和签约、物料订单、进货批量和时间安排，以及到货验收等相关事项。

(3) 采购执行。严格遵守采购决策的相关规定执行采购过程。包括订单业务洽谈、签订采购合同、订单跟踪(见采购物流的内容)、收货及货款支付等。执行过程需要有一套包容相关信息技术的监控机制，以保证执行过程准确无误，尽量避免差错。

(4) 采购评估。在采购的物资验收并流入相应的位置，且付款结清后，采购部门应对采购过程、采购效果、购费差异(与财务部门协同进行)、供应商业绩等进行评估，为以后的采购提供可借鉴的经验，为供应商是否被纳入长期合作的供应商体系提供依据。

(二) 基于供应链的采购管理模型

采购管理是供应链管理的重要环节，是实施供应链管理的基础。图 2-2 给出了基于供应链的采购管理模式。

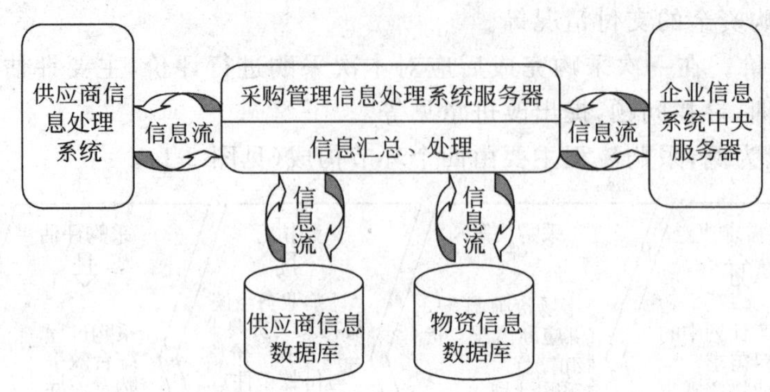

图 2-2 基于供应链的采购管理模式

在 2-2 的模型中，采购部门负责对整个采购过程进行组织、控制和协调。它是企业与供应商联系的纽带。生产和技术部门通过企业内部的管理信息系统根据订单编制生产计划和物资需求计划。供应商通过信息交流、处理来自企业的信息，来预测企业需求以便备货，当订单到达时按时发货。这个模式是以信息为支撑的，畅通的信息流是实现该模式的必要条件。

该模式中的信息又可分为内部信息交流系统和对外信息传递系统。内部信息交流系统不仅要考虑如何合理应用企业内部资源来提高效率和降低成本，还需要考虑能够很好的支持基于供应链的采购管理，并能很好地与企业其他系统有机集成。对外信息传递系统既要考虑使用能够进行统一规范数据编辑和传递的技术，如 EDI 系统，又要考虑对供应商提供必要的信息技术的支持，因为信息平台的使用是要双方同时进行才可实现的，而且平台的兼容性是不得不考虑的内容。所以，采购管理要关注要为供应商提供良好的信息技术支持，并保证信息的畅通和双方便于交流，同时也求得整个系统的稳定。

三、供应链环境下的 JIT 采购策略

通常，基于 Web 的采购方法包括招标采购、询价采购、比价采购、议价采购、公开市场采购等，这些都是基本的和常用的方法。在这些常规方法基础上，一些有条件的企业正在采用一种比较先进的采购模式，即准时制(JIT)采购法。它是从准时制生产发展而来的，是为了消除库存和不必要的浪费而进行的持续改进。要进行准时制生产必须有准时的供应，因此，准时制采购是准时制生产管理模式的必然要求。

(一) JIT 采购与传统采购的区别

JIT 采购与传统采购有着本质的区别，主要表现在以下几个方面。

(1) 采购的基本性质。传统的采购是为库存而采购的，采购宗旨主要是为保证充分

供应,以保障标准化产品生产的顺利进行,使得规模生产不断延续。因此,这种采购行为大多是成批的、标准化的采购。也正因为如此,在传统的采购模式中,采购的目的很简单,就是为了补充库存,即为库存而采购。采购部门并不关心企业的生产过程,不了解生产的进度和产品需求的变化。采购过程缺乏主动性,采购部门制定的采购计划很难适应制造需求的变化。

随着一体化物流和供应链管理的蓬勃发展,企业的生产方式逐渐转向了按单设计生产的方向。所谓按单设计生产,是企业收到客户订单后,对产品进行设计、制造,然后按顾客的需要进行分销配送。按单设计生产体现了单个顾客自身的特定需求和偏好,其差异化程度和增值能力要比以往任何时候都要强。

在供应链管理模式下,采购活动是以订单驱动方式进行的,制造的订单产生于用户需求订单的驱动,然后,制造订单驱动采购订单,采购订单再驱动供应商。这种准时化的订单驱动模式,使供应链系统得以准时响应用户的需求,从而降低了库存成本,提高了物流的速度和库存周转率。

(2) 较少数量的供应商。传统的采购模式通常是多头采购,供应商的数目较多,企业与供应商的关系是基于价格竞争的短期合作关系。供应链管理环境下 JIT 采购模式中,供应商数量较少,甚至采取单源供应,且与供应商的关系是长期合作关系。从理论上讲,窄源供应比多源供应有更多的好处:对供应商的管理比较方便,有利于降低采购成本,同时,有利于供需之间建立长期稳定的合作关系,保证产品质量的可靠稳定。但在实际中,许多企业并不是很愿意成为单一供应商,原因很简单,作为独立性较强的商业竞争者,供应商并不愿意把自己的成本数据披露给用户。此外,JIT 采购需要减少库存,如果处理不当,可能会出现生产商的成本向供应商方面转移。所以,在实施 JIT 采购时企业必须意识到供应商的这种忧虑。

(3) 选择供应商标准不同。与传统采购模式不同的是,在 JIT 采购模式中,由于供应商和用户是长期的合作关系,供应商的合作能力将影响到企业长期经济利益,因此,对供应商的要求就比较高。可以说,能否选择到合格的供应商是 JIT 采购能否成功实施的关键。合格的供应商应具有较好的技术、设备条件和较高的管理水平,可以保障采购的原材料和外购件的质量,保证准时按量供货。在选择供应商时,需要对供应商按照一定标准进行综合评价,这些标准应包括产品质量、交货期、价格、技术能力、应变能力、批量柔性的均衡、地理位置等,而不像传统采购那样主要依靠价格标准。

(4) 对交货准时性要求不同。JIT 采购的一个重要特点就是要求交货准时,这是精细供应链生产运作的前提条件。准时交货取决于供应商的生产与运输条件。这就要求供应商不断改进企业生产条件,提高生产的可靠性和稳定性,尽可能减少因生产过程的不稳定而导致的延迟交货或误点等现象。作为准时制供应链管理的一部分,供应商同样应该运用准时制的生产管理模式,以提高生产过程的准时性。同时还要注意对运输的管理问题。

(5) 信息交流的需求不同。传统采购方式是非信息对称的博弈过程，供应商对企业生产过程的信息不了解，也无须关心企业的生产活动。同时各级企业都无法共享信息，不可避免地会产生需求信息的扭曲现象，即"牛鞭效应"。JIT 采购要求供应与需求双方信息高度共享，保证供应与需求信息的准确性和实时性。由于双方的战略合作关系，企业在生产计划、库存、质量等各方面的信息都可以及时进行交流，以便出现问题时能够及时处理。同时，充分的信息交流可以增强供应商的应变能力。

(6) 采购批量的策略不同。小批量采购是 JIT 采购的一个基本特征。准时制生产需要减少生产批量，因此，物资的采购也是小批量的。这也是 JIT 采购和传统采购模式的一个重要区别之一。小批量采购会增加运输次数和成本，尤其是供应商分布在较远的区域范围，JIT 采购的难度就较大。解决这一问题的办法只能是在运输方式上想办法，如混合运输、代理运输等，或者采用就近办厂的办法，尽量靠近供应商。如日本的本田公司选择了在俄亥俄州距供应源很近的地方办厂，该公司总成本的大约 80%用在向供应商的采购上，且零部件本地率达到 90%。这种做法保证了准时制生产所需的小批量零部件采购。

（二）JIT 采购的原则和方法

在前面供应链环境下采购管理的目标中曾述及要关注五个恰当，在支持准时化生产的 JIT 采购中则要求必须做到这五个恰当：恰当的数量、恰当的质量和时间、恰当的地点、恰当的价格和恰当的来源，这是 JIT 采购的基本原则。这里面的一个关键问题就是要对企业外部资源进行战略性管理，它涉及在 JIT 采购中如何管理供应商的问题(在第四个问题中做专门论述)。

从前面的分析可以看出，JIT 采购和传统采购在方法上有一些明显差别，要实施 JIT 采购，以下三个方面十分重要。其一，选择最佳供应商并对其实施有效管理。其二，与供应商紧密合作，这是成功实施 JIT 的基石。其三，采购过程严格的质量控制，这是 JIT 成功的保证。总结归纳企业实施 JIT 的实践经验，可以勾勒出 JIT 采购的一般方法。

(1) 创建 JIT 采购团队。世界一流企业的专业采购者有三个责任：寻找货源、商定价格、发展与供应商的协作关系并不断改进。事实上，这三个责任需要一个团队来协同完成，换句话说，一个专业化、高素质的采购团队，对实施 JIT 采购至关重要。为此，需要创建 JIT 采购团队分工协作来完成两大核心任务。任务之一，是专门处理供应商事务。包括认定和评估供应商的信誉、能力，与供应商谈判和签订 JIT 订货合同，向供应商发放免检证书等，同时负责供应商培训和协调技术指导等；任务之二，是专门从事消除采购过程中的浪费的工作，以保证 JIT 采购的效率和效能。

(2) 制定详细的 JIT 计划。JIT 计划的目标是确保其采购策略有计划有步骤地实施，这需要与供应商一起商定认同 JIT 采购的目标，以及协商实施 JIT 采购的有关措施，并与供应商保持经常性的信息沟通。

(3) 精选少数供应商。准时化生产对JIT采购必须坚持的五个原则要求非常严格，否则，准时化生产就失去了意义。由此对供应商的要求是少而精，以方便对供应商的管理，保证JIT采购能实现这五个"恰当"。这就要求企业精选少数供应商，与其建立长期的伙伴关系。JIT采购对供应商的选择通常会考虑这几个方面的因素：产品质量、供货情况、应变能力、地理位置、企业规模、财务状况、技术能力、价格和其他供应商的可替代性等。

(4) 从实验到正式实施。目前我国企业实施JIT采购的基础性条件还比较差，尤其是在企业间的合作方面还有待加强，因此，实施JIT需要从实验开始，先着手于某种产品或某条生产线的准时化生产，尝试进行零部件或原材料的JIT供应，以总结经验，为全面的JIT采购实施打好基础。

(5) 管理好与供应商的关系。JIT采购时供需双方共同的业务活动，需要双方共同努力，相互配合。这需要管理好与供应商的关系，包括：做好供应商的培训工作，使其认识和理解JIT采购的策略和运作方法，以获得供应商的积极支持与通力配合；为供应商提供技术支持，以确保提供绝对合格的产品，并为其颁发产品免检证书。

(6) 坚持不断的持续改进。JIT采购是一个不断完善和改进的过程，需要在实施过程中不断总结经验教训，从提高交货的准确性、提高产品质量、降低运输成本、降低供应商库存等多方面进行改进，不断提高JIT采购的运作绩效。

(三) 供应链系统上的JIT采购

JIT采购是为JIT生产服务的。JIT采购和JIT生产的一个实质性特点是实现"零库存"。零库存是一个相对的概念，并非是生产企业在库存数量上保持绝对为零，而是一个最科学、合理也最经济的库存持有量(当然也不排除在库存数量上绝对为零)。在讨论JIT采购或者JIT生产时，往往会引致这样一个问题，即制造商通过实施JIT可以实现"零库存"，那么它的供应商呢？所以有一些观点认为，制造商的"零库存"是把库存转嫁给供应商。事实上，在整个供应链上可以采用对双方(或多方)都有利的联合库存或供应商管理库存的方法，来实现库存的"双赢"，这个问题将在本章第二节中详细讨论。此外，在供应链的任何一个节点上，向前或向后一步，供应商和制造商的称谓都会发生变化。换句话说，供应商和制造商的概念是相对的，是站在供应链的不同节点位置提出的。从理论上讲，制造商可以通过JIT的方式实现零库存，供应商(它需要通过加工或制造过程，生产出下游需要的原料或零部件并提供供给，从这个角度看，供应商也是制造商)同样可以通过实施JIT来实现零库存。尽管这是理论上的解释，实际中有很多困难，正如下一个问题JIT采购实践分析的那样，困难重重，但希望这个理念的提出，能引起管理者的思考和重视，尽可能朝这个方向努力。可以把这一思想称之为供应链系统上的JIT，如图2-3所示。

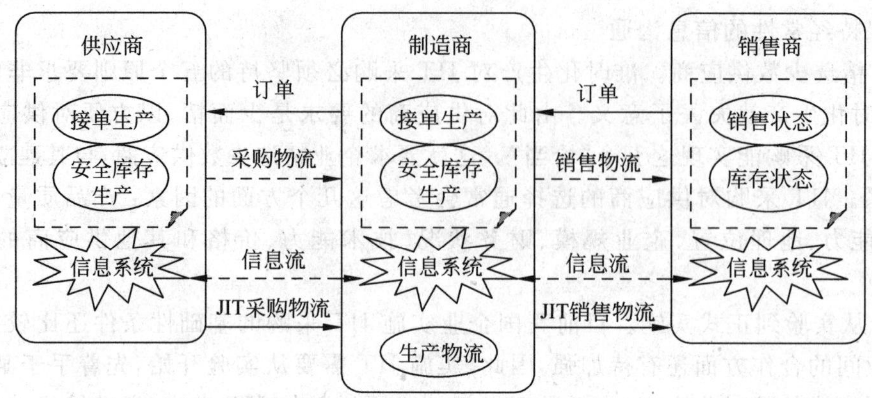

图 2-3　供应链系统上的 JIT

（四）JIT 采购的实践分析

美国加利福尼亚州立大学的研究生小组，对汽车、电子、机械等领域的 67 家规模大小不等的企业就 JIT 采购的效果作了一次问卷调查。接受调查的企业有制造商、分销商，也有服务业。其中也包括著名的 3COM 企业、惠普公司、苹果计算机公司等。调查的对象是公司的采购和物料管理经理。调查的有关内容见表 2-2 至表 2-5。

表 2-2　JIT 采购成功的关键因素

问　　题	肯定回答/%
和供应商的关系	51.5
管理的措施	31.8
适当的计划	30.3
部门协调	25.8
进货质量	19.7
长期合同协议	16.7
采购的物品类型	13.6
特殊政策与惯例	10.6

表 2-3　JIT 采购解决的问题

问　　题	肯定回答/%
空间减少	44.8
成本减少	34.5
改进用户服务	34.5
及时交货	34.5
缺货问题	17.2
改进资金流	17.2
提前期减少	10.3

表 2-4　实施 JIT 采购困难的因素

问　　题	肯定回答/%
缺乏供应商的支持	23.6
部门之间协调性差	20.0
缺乏对供应商的激励	18.2
采购物品的类型	16.4
进货物品质量差	12.7
特殊政策与惯例	7.1

表 2-5　与供应商有关的 JIT 采购问题

问　　题	肯定回答/%
很难找到好的供应商	35.6
供应商不可靠	31.1
供应商太远	26.7
供应商太多	24.4
供应商不想频繁交货	17.8

从这些调查内容中不难得出这样几个结论：

(1) JIT采购成功的关键是与供应商的关系，而最困难的问题也是缺乏与供应商的合作。

(2) 难以找到"好"的合作伙伴是影响JIT采购的第二个重要因素，如何选择合适的供应商成了影响JIT采购的重要条件。

(3) 缺乏对供应商的激励机制是JIT采购的另一影响因素。必须建立一套有效的激励机制，使双边共同分享JIT采购的好处。

(4) JIT不单是采购部门的事，需要企业内各部门的积极配合。

国外企业实施JIT采购的实践情况，给我们提出了一些值得思考的问题，那就是JIT的成功实施不仅取决于企业内部的积极支持和密切合作，也受外部供应商等诸多因素的影响。由此，我们不得不讨论这样一个问题，在供应链采购过程中尤其是实施JIT采购，如何管理好我们的合作伙伴——供应商。

第二节　采购物流内容及模式

企业的生产过程，需要不断组织原材料、零部件、燃料、辅助材料等供应的物流活动，这种物流活动对企业正常、高效率的生产发挥着保障作用。在企业产品的生产中，最大的成本来源于供应环节，如何以低成本、少消耗、高可靠性来组织采购物流活动，是供应链物流管理中的一个重要问题。研究采购物流的内容及模式，是高可靠性组织物流活动的基础。

一、采购策略及采购物流模式

采购物流从物料购买开始，在完成了物料所有权转移程序后，进入物料在空间位置的移动过程，即我们通常所说的狭义的物流过程。在采购作业具体实施之前，需要从总体上思考和解决一些问题，如采购策略问题、采购物流的模式选择等。

(一) 采购策略安排

有效的采购策略有助于提升企业供应链的运作效率。买卖双方通过建立一种比传统模式下更为紧密的合作关系，是实施采购策略的前提。采购策略大致经过三个序列过程，即供应商的批量整合策略、供应商运作一体化以及采购链价值管理。而供应链伙伴之间的紧密合作是制定各种采购策略的基础，所以，这三种策略之间是具有相互联系的。

1. 供应商的批量整合

实施有效的采购策略，企业需要采取的策略之一就是减少供应商的数量，从而实现批量整合。对大多数企业而言,传统的采购模式大都是每一种所需的物料对应着一大批供应商。这种采购模式有两大优点:其一,大量潜在的供应商会不断针对企业的业务进行投标,可确保企业尽可能降低采购价格。其二,企业保持与多个供应商之间的关系,能够在一定程度上降低买方对某一特定供应商的依赖程度,由此也降低了在特定供应商出现问题时给企业带来的风险。但在现阶段这种采购模式呈现出很多不利的方面,如不利于与供应商发展长期合作关系,不利于供应商进行有效的生产计划。这些最终影响到供应链的整体绩效。对供应商进行批量整合,来减少供应商的数量,采购活动就能在买方的业务中发挥杠杆作用。

批量整合供应商需要从企业的实际出发,综合考虑生产流程和工艺对所需物料的要求,以及企业面对的供应市场的现状来进行。把原来采购一种物品对应一大批供应商的数量进行整合,变为采购一种物品对应合适数量的供应商。所以,批量整合减少供应商的数量,并不意味着任何一种采购物品都只有唯一的供应来源,它只是将企业的供应商数量控制在一个相对较小、相对稳定的范围内,而不像传统的采购模式那样使用大量的供应商。显而易见,单源采购会增加企业的风险,如果企业不得不进行单一渠道的采购,就一定要制定必要的应急方案,以降低突发的供给中断给企业带来的风险,这是非常重要的。此外,企业对供应商进行批量整合时,必须对供应商进行科学的筛选、选择和认证。供应商数量的减少,可以给企业带来相当可观的成本节约,这对买卖双方都是有利的,既给通过了筛选的供应商带来很多优惠,同时,通过与较少的供应商不断发展合作关系,买方同样会得到大量收益。这些最终将提升供应链的整体绩效。在第三节中,将对供应商关系进行详述。

2. 供应商运作一体化

在确定了对供应商的批量整合策略后,采购策略的下一步就是制定整合买卖双方的运作过程和运作活动的策略,以显著提升采购运作水平。在制定这种整合策略时,企业通常要考虑如何与所选择的供应商形成联盟或者伙伴关系,在努力降低总成本的同时不断提高运作的一体化。供应商伙伴关系的开发及管理在本书的相关章节有详细的研究,这里不赘述。

整合买卖双方的运作过程和运作活动可以有多种方式,如买方允许卖方进入自己的销售和订单信息系统,提前向卖方发出有关预售产品和预期采购计划的通知。在获得了这些信息后,卖方可以有效地安排生产,适时满足供应需求,并降低成本。再如买方可以对采购的运作程序进行重新设计,来进一步实现运作的一体化。建立电子数据交换系统就是一种很好的方法,它可以有效地缩短订货时间,减少错误。更为复杂的整合方法则涉及减少买卖双方都有的冗余运作活动,就像买方对交付产品进行的清点和检查等活动,事实上,类似的这些双方都要进行的活动,可以整合为一次处理,从而取消一些常见的活动。

许多企业将精力集中在物流运作上，推出了持续补货计划以及供应商管理库存等模式，来实现运作的一体化，这非常有助于大幅度降低所有权总成本。

在运作一体化中，企业有时候将精力放在双向学习上，以实现降低总成本的目的。例如，本田美国公司曾经协助其供应商，帮助他们提高质量管理的能力。本田公司将自己的员工派到供应商的工厂中，帮助供应商找出提高产品质量的方法。最终，供应商大幅度地降低返工成本，同时他们也为本田公司提供了更高质量的物料，本田公司也从这项活动中获得了极大受益。

运作一体化的主要目标是减少浪费、降低成本、建立使买卖双方实现双赢的关系。只有将各个企业的创新能力综合起来，才能形成协同优势，这是任何企业都无法通过独立运营所能实现的这种优势。有关资料表明，与供应商进行一体化运作带来的成本节约比批量整合带来的节约要多 5%～25%。

3. 采购链价值管理

企业与供应商进行一体化运作为采购价值链管理奠定了基础。采购价值链管理是一种更为深入的物流供应链整合运作，它不仅关注买卖双方的运作流程，还将目光聚集在如何建立更加广泛和持久的合作关系上。价值工程有助于降低价值管理的复杂性。由于供应商在早期就参与到了产品设计之中，因此，企业在从事某些采购活动时就能与供应商相互配合，进一步降低所有权总成本。

价值工程是指企业在产品设计初期就对原材料和零部件的需求情况进行仔细审查，以确保在产品设计时能够实现质量与总成本最小化之间的均衡。图 2-4 展示了供应商早期参与对企业减少成本所具有的重要影响。比如，企业的新产品开发从构思开始，经历了若干阶段，最终实现了商业化。在此过程中，由于供应商早期参与产品的设计，企业可以利用供应商的知识和能力，提高协作设计的效益，包括以降低总成本为目标的产品设计与

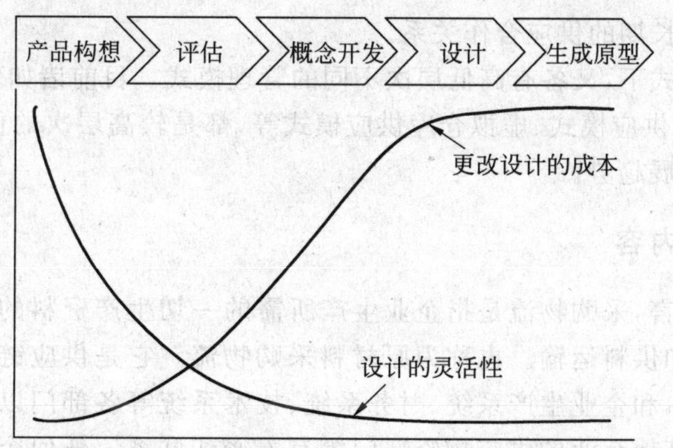

图 2-4 供应商早期参与对产品设计灵活性及成本的影响

修改的灵活性。事实上，供应商的早期参与，就等于企业在设计阶段就已经确定了该产品配件的供应商。很显然，价值管理超出了企业采购活动的范畴，它要求内部和外部的多个参与者进行密切协作，也即，采购团队、工程团队、生产团队、市场销售团队、物流团队以及关键供应商团队必须共同努力，降低总成本，提高运作绩效，更好地满足客户需求。

（二）采购物流模式选择

企业采购物流大致上可归纳为以下四种基本模式。

(1) 委托社会销售企业代理。即供应商或社会销售企业送货上门，也称供应商代理形式。采用这种模式，企业可免除物流活动而致力于其核心业务，供应商则利用其熟悉的物流渠道为企业提供增值服务，并以良好的服务与企业共同结成战略联盟。采购物流的费用，可以列入物资采购价格内，也可单独由企业额外支付。

(2) 委托第三方物流企业代理。这种采购物流方式是指在企业完成采购任务后，由相对于"第一方"发货人和"第二方"收货人而言的第三方专业物流企业，来承担采购物流活动的一种物流形态。第三方物流企业通过与第一方或第二方的合作来提供其专业化的物流服务，它不拥有商品，不参与商品买卖，而是为顾客提供用合同约束形式来约束、以结盟为基础的、系列化、个性化、信息化的物流代理服务。这种方式正逐渐成为采购物流的主导模式。

(3) 自供与外协物流模式。企业自供模式，即企业上一生产环节的产品作为下一生产环节的原材料供应。外协是由生产企业向外协厂（即 OEM 厂商）提供所需产品的技术图纸，以及产品质量要求，由外协厂组织生产并完成采购物流过程。

(4) 供应链采购物流模式。这是近年来随着供应链理念和实践的拓展而逐步发展起来的采购物流模式。供应链体系将物料供应商、生产商、储运商、分销商及消费者组成供需网络链，供应商和企业结成最高层次上的联盟，在互利互惠、共享信息，共担风险和相互信任的原则下建立长期的供应合作关系。

在上述这些方式下，又各有高低层次不同的管理模式。目前诸如供应链供应模式、零库存供应模式、JIT 供应模式、虚拟仓库供应模式等，都是较高层次的供应管理模式，同时也是采购物流的发展趋势。

二、采购物流的内容

对制造企业而言，采购物流是指企业生产所需的一切生产资料的进货运输、仓储、库存管理，用料管理和供料运输。也称为原材料采购物流。它是供应链物流系统中相对独立性较强的子系统，和企业生产系统、财务系统、技术系统等各部门以及企业外部的资源市场、运输市场及其他企业的供应物资部门等有着密切联系。任何企业都存在着采购物流问题，尤其是大型生产企业，如汽车制造业、钢铁制造业，其采购物流问题更为突出。采购物流成本每降低一个百分点，都会给企业节省数亿元的资金投入。对于采购物流侧重型企业，采购物流系统的地位更加突出。比如，采用多方外协方式生产的企业，产品在企业内的主要生产流程为部装或总装，其组件/部件在供应链上游的供应商生产环节，这对于采用 JIT 进行生产组织的企业，采购物流管理的难度更大，也更复杂。采购物流的基本任务就是保证适时、适量、适质、适价、齐备成套，经济合理的供应生产过程所需的各种物料，并通过对采购物流活动的科学组织与管理，以及运用现代物流技术，促进物料的合理流动，加速资金周转，降低供应链物流系统的总成本，使企业取得较好的经济效益。

采购物流过程因不同企业、不同生产工艺、不同生产组织模式、不同生产供应环节和不同的供应链而有所区别，从而企业的采购物流链也有许多不同的模式。虽然不同的模式有各自不同的特点，但采购物流基本流程和内容大致相同。采购物流活动的内容及其所涉及的管理内容如图 2-5 所示。

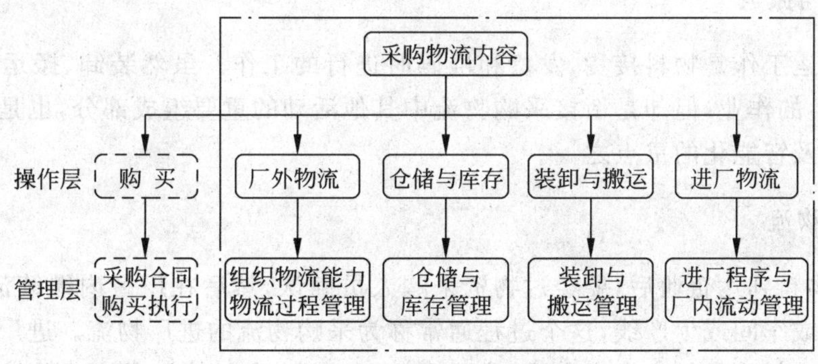

图 2-5　采购物流活动及管理内容

1. 厂外物流

厂外物流是通过采购过程获得物料的所有权之后，物料从供应地向目的地的时空移动过程。厂外物流活动内容如图 2-6 所示。

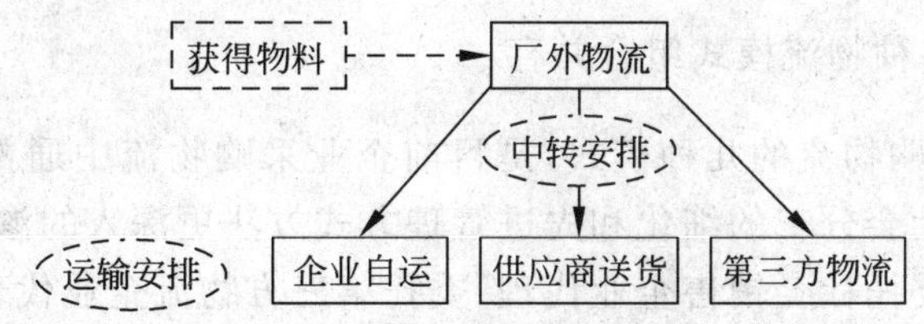

图 2-6　厂外物流活动内容

获取物料是完成所有采购供应活动的前提条件，在采购过程中，物资的质量、价格、供应地的距离、供应商的信誉及交货的及时性等都是重要的考虑因素。

厂外物流涉及两个方面：运输安排和中转安排。运输安排有三种可供选择的方式，企业则根据自身的状况进行选择。无论采取何种运输方式，当物料流动范围较大时，可能会涉及中转问题，从而可能涉及临时的仓储、中转对接等问题。因此，更大范围的厂外物流活动，应包括装卸、仓储、搬运等。

2. 仓储与库存

仓储是采购物流的转换点，负责生产物资的接货和发货，以及物料储存工作；库存是采购物流的重要组成部分，主要执行企业生产计划下达的库存任务，并负责制定库存控制策略和及时反馈库存信息。当企业的进厂物料不直接进车间或上生产线时，库存则包容了这个阶段的管理任务。

3. 装卸与搬运

装卸、搬运工作是物料接货、发货和堆码时进行的工作。虽然装卸、搬运是随着运输和保管而产生的作业，但却是衔接采购物流中其他活动的重要组成部分，也是实现物流机械化、自动化及智能化的重点之一。

4. 进厂物流

采购的物料到达企业后，要经过物资采购人员确认，然后在厂区内继续流动，最后到达厂内仓库，或车间或生产线，这个过程通常称为采购物流的进厂物流。进厂物流一般由企业自己承担，但也有供应商来完成，或是企业把这部分物流交给第三方物流公司完成。

三、采购物流的发展趋向

采购物流是供应链管理中的一个极其重要的环节，已受到管理层的高度重视。随着人类生产实践活动和社会经济的深化发展，对采购物流的要求也将进一步提高。未来采购物流的发展趋向将表现在以下三个方面。

1. 单一模式与多种物流模式组合并存

上述所讨论的采购物流的几种模式，是目前企业采购物流中通常采用的模式。随着集约化经济的发展、社会分工的细化和先进管理方式方法更深入的渗透，采购物流模式将由单一模式，朝着与委托社会销售企业代理、委托第三方物流企业代理、自供与外协、供应链供应等多种模式组合并存的方向发展。特别是供应链物流供应概念和方式的出现，代表着采购物流发展的新导向，也是供应链发展的重要组成。知识经济时代，企业的采购物流将是多模式的灵活组合，这种组合将更好地适应市场经济的变化，更好地发挥各企业的优势，以达到全社会物流的合理化。

2. 向JIT采购物流模式转型

现代采购物流是基于供应链环境下的新型采购物流模式，它将外向资源管理转变为订单管理，由一般采购关系转向战略伙伴关系，从而使采购物流向JIT模式转型。订单驱动使供应与需求双方都围绕订单运作，实现了准时制、同步化运作。当采购部门产生一个订单时，供应商即开始着手物料的准备。与此同时，采购部门编制详细采购计划，制造部门着手进行生产过程准备，当采购部门把详细采购订单提供给供应商时，供应商就能很快地将物料在较短时间内交给用户。当用户需求发生改变时，制造订单又驱动采购订单发生改变，JIT供应增加了供应链的柔性和敏捷性。JIT供应模式是按照生产企业的要求，在计划的时间内或者用户随时提出的时间内，实现用户所要求的供应。JIT供应方式大多是在供需双方约定供应时间，相互确认，它有利于双方对采购物流的组织准备工作。JIT采购物流策略体现了供应链管理的协调性、同步性和集成性，供应链管理需要JIT供应来保证其整体同步化运作。

3. 即时供应模式将会被广泛采用

即时供应模式是JIT供应模式的特例，它不是按照计划时间，而是按照用户随时提出需求的时间要求，进行准时供应的一种采购物流模式。多用于零部件的供应。通常的情况是，由战略伙伴供应商通过与需求企业的互联网，获得需求方的需求信息，然后按需求方要求快速组织生产，再按其需求时间，将其所需的零部件直接送达生产线上。由于零部件的供应是按客户的即时需求快速组织生产，直接进入生产线的，对质量的控制取决于供给方的生产过程，因而，这个生产过程，又称为质量生产。电子商务的广泛应用，为这种可能缺乏计划性而又有严格时间要求的即时需求提供了支持。即时采购物流模式，使供应商不仅为他的用户即时供应所需配件，也提高了其即时供应潜力，同时更增强了战略伙伴关系，实现了需求方的零库存。在新经济环境下，可以预见，即时供应模式有被广泛采用的趋势。当然，这对即时采购物流的准时性和可靠性要求较高。

专栏2-1 德国大众汽车公司的即时供应模式

首先对所需采购的零配件在使用的频率上分为高、中、低三个部分，依次为80%、15%、5%。其次，从所需采购的零配件所含价值量高低分为高、中、低三个部分，依次为80%、15%、5%。使用频率高和价值含量高重合的部分为需要即时供应的零配件，占大众公司零配件需求量的20%。

实际操作的基础条件：首先是供需双方的信息联网，其二是将质量控制转换为质量生产，由供应方保证其所提供的配件质量。

具体操作方法：某种需要即时供应的零配件在前12个月，供给方通过互联网得到需求方的需求量。这个需求量的准确性较差，假定某零配件的需求数量在650～350之间，误差相对较大；前三个月，供应方又从互联网上得到较准确的需求量，大致在440～450之间，误差大为降低。这批货在供货的头两天开始生产，成品直接运到大众汽车公司的生产线上。

借助互联网及质量生产，供应商提高了即时供应潜力，德国大众汽车公司也实现了零配件的零库存。据德国有关方面的统计和分析，通过有效的即时供应，能使德国生产企业库存下降4%，运输成本降低15%。

4. 物流库存向零库存方向发展

企业生产过程越来越关注降低库存，追求零库存。零库存的含义并不是完全不要库存，或者库存数量完全等于零。零库存的实质在于：尽可能使物料处于周转而不是存储状态，以最大限度地降低不必要的库存浪费，这才是零库存的真正含义。准时制(JIT)库存理论打破了传统库存理论中库存的理念，成为无浪费库存；供应商库存管理，打破传统采购物流中供应商与用户各自为政管理库存的方式，成为供应链方式下系统集成理念的协同库存；业务流程重组打破传统库存管理中以库存控制为目的的管理模式，而采用以过程控制为目的的库存管理。零库存管理方式和理论将带来库存管理的思维革命，大大提高采购物流管理水平。随着供应链管理应用的推进，采购物流中零库存管理理论和实践也将得到巨大推进。无论采用哪种零库存的思维理念和方式，都将提高企业库存管理水平，为企业带来可观的经济效益。

专栏2-2 准时制库存概念

人们越来越重视准时制(JIT)库存管理制度，许多专家将这种管理制度称为“看板”管理。它是利用卡片作为传递作业指示的一种控制工具，使生产、存储的各个环节按照卡片作业的指示，相互协调一致地进行无缝配合，有效组织输入、输出物流，满足用户需要，从而使整个物流过程实现准时化和库存储备最小化，即所谓零库存。

看板管理的主要优点

(1) 降低库存水平。随着库存存储费用的上升，减少库存就成为降低成本的重要方面，看板管理由后续环节向上一个环节提出供需要求，这样，可以实现根据客户需求量来完成库存调度，从而实现零库存，大大地降低库存成本。

(2) 强化质量控制。看板管理要求所有的环节按照看板要求提供服务，因此看板管理不仅局限在企业内部的管理上，还要求整个供应链上的所有供货商、服务商，按照看板要求及时提供产品和服务。看板管理提高了对外部供应商的管理水平，加强了供应链的一体化,从而保证整个流程的质量,达到客户满意。

专栏 2-3 准时制库存——电脑厂商零库存的追求

作为电脑厂商,获得市场成功的关键不仅在于产品、价格这一环节,还在于快速物流系统和最低库存管理。在传统的销售方式中,电脑的整机制造商往往根据对市场的预测提前生产,然后将产品通过流通渠道,传递到客户的手中。因此,电脑产品的物流系统非常复杂,包括众多的部件供应商,比如板卡、芯片、软件的供应商,还包括众多的流通渠道,比如分销商、经销商,以及货运企业。在这样一个系统中,任何环节出现供应不足,都会对整个产品的生产和销售造成很大影响。而电脑产品更新周期非常短暂,这就要求整机制造商能够尽可能地做到零库存。

Acer 的许多精力正是放在怎样更好地管理好这个系统上。在生产工厂的仓库中,所有的产品都是按照分类存储的方式进行管理的。有些部件,比如机箱、电源、电缆、光驱、软驱等产品,由于更新较慢,因此采取的是大量采购的方式,大量采购一方面能够降低采购成本,另一方面也能加快整机的生产速度。而另外一些部件,比如主板、CPU,采用小批量,多次数的采购方式,完全按照各个分公司以及经销商提供的订单来采购,并在此基础上保持少量的安全库存。由于主板和 CPU 都采用空运方式,因此,这种采购方式同样满足了生产要求。在生产线上,许多工序是可以提前完成的,比如整机的组装。因此,在日常生产中,可以完成大量的半成品,然后按照订单要求,对半成品进行最终的制造工程,最终形成分公司、经销商所要求的产品。通过质检的产品立刻送到了停放在工厂的货运企业的卡车上,完成订单批量后,卡车就将产品送往分公司或者经销商的仓库中,这样,Acer 的库存中,基本上就没有了整机产品的存储。

当然,这种管理方式存在着一定风险,那就是缺货。如果突然出现较大的额外订单,还按照正常的生产来完成,必然会造成严重的信誉损失和客户流失。因此,对这种情况必须有所控制和掌握。Acer 在处理这种情况时,一般采取两种手段:主动的方式是强化经销商的管理,分公司的销售人员要非常清楚经销商的经营情况,了解经销商的正常销售量和正在洽谈的客户,洽谈客户的购买量以及成功的可能性,并向分公司汇报。分公司按照洽谈成功的可能性确定订单数量,从而使突然性降低到最小。被动的方式是在生产工厂中建立备用生产线,如果订单突然增加,工厂将紧急启动备用生产线,专门生产突然增加的部分,如果急需,工厂也会将正常生产所需要的部件用在突发订单的生产上,采购的部门立即向上游供应商订购部件,填补部件库存的下降,保证正常生产量的完成。通过这两个主动和被动这两种方式,既保证了零库存的库存管理要求,又保证了及时的生产能力,使经销商的销售能通畅、正常。

第三节 采购物流管理

采购物流管理是为保障企业物料供应而对采购物流全过程进行的控制和管理活动。它不仅仅是要保证实现供应的目标,而且要在低成本、少消耗、高可靠性的限制下来组织采购物流活动。在供应链环境下,对采购物流的管理首先要立足于更高的层面,以更全面的视角去审视对采购物流过程合理化的管理。在采购物流合理化的前提下,科学地管理整个采购物流运作过程。采购物流管理的最终目标是实现零库存,零库存管理是采购物流管理的重要内容。采购物流在供应链企业间架起了一座桥梁,沟通了生产需求与物料供应之间的联系。加强对采购物流的管理,能使物流供应链实现一休化的无缝对接,提高供应链企业的同步化运作效率。

一、采购物流合理化管理

采购物流合理化是立足于较前瞻的层面,以更全面的视角去审视采购物流合理化的构成要件,及其对这些要件的系统管理。它包括对需求预测、库存控制、采购决策、供应保障及管理组织机构的综合系统管理。

1. 准确预测物流需求

在采购物流环节,物流需求是指:企业生产过程中对各类物料的需求,从而引致的对物流资源和物流能力的需求。图 2-7 抽象示意了物流需求的预测流程。

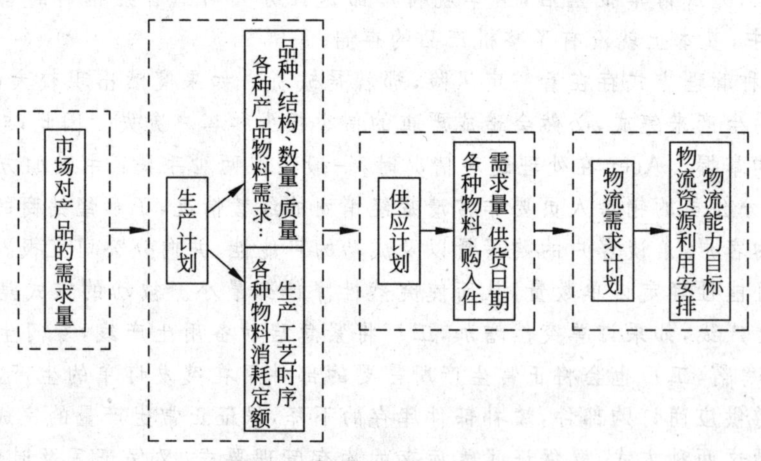

图 2-7 物流需求预测流程

从图 2-7 可以看出，物流需求依附于生产需求。生产计划中所需物料的状态、生产工艺时序等，是制定物流需求计划的依据。而生产计划的任何变动，都会直接影响到物流需求计划的实施。同时，物流资源现状、安排，物流能力等，是生产和供应计划能否顺利执行，以及库存储备安排的基础。这就需要生产、供应、库存和物流各部门协同制定一体化的整体计划。

2. 合理控制库存

采购物流一旦中断，将会使企业生产陷于停顿，从而影响供应链上其他环节的正常运行。为保障生产的正常进行并能应对紧急情况，企业往往需要持有一定的安全储备。库存和物流部门的协同计划和即时沟通，是合理控制、调整动态库存，减少资金占用，降低成本的有效途径。对于采用 JIT 生产的企业，对物料供应时序要求严格，需要物流部门和生产部门的即时协同，才能完成各种物料按时间、地点、数量送达，以保证库存量的减少。

3. 科学制定采购决策

采购决策是在前述两项安排的基础上进行的，其主要内容包括：市场资源调查分析、制定采购计划、执行采购计划、采购监管和采购评价。

(1) 市场资源调查分析。市场资源调查分析的重点是对供应商及其产品分析，以及市场变化信息的采集，为企业制定采购订货计划做准备。

(2) 制定采购计划。在综合考虑企业生产所需的最好物料或服务与物流资源、能力平衡的基础上，制定可行的采购订货计划，包括供应商选择、供应商接洽、商务谈判、签订订货合同、订单交付和执行；物料品种、规格、质量；物流运作策略及实施进度计划（进货批量和时间安排）；到货验收入库、支付货款及善后处理事宜等等具体的采购计划。这一过程涉及物流策略，需要采购与物流部门的信息沟通。

(3) 采购监管。采购监管和采购计划执行是并行的，贯穿于整个采购活动周期和采购活动的各环节。监管过程所涉及的是健全的监管职能，以及职能保障的监管机制。

(4) 采购评价。对企业一定时期内的采购活动进行评估，以总结经验教训，发现问题并提出改进方案。通过购后评估，对今后的采购活动进行调整，为后续采购决策制定提供科学依据。

4. 优化采购物流保障

采购物流的目标是保障供应计划中的物料按时、按质、按量到达企业指定的地点。物流策略是在充分考虑采购计划、物流资源状况和物流能力基础上制定的。而在物流运作中，市场环境是动态的，诸多不确定性因素都有可能对物流运作造成影响。因此，在采购物流运作启动前，尽可能对未来可能出现的不确定性因素进行估测，以优化采购物流保障。其优化内容和过程可以抽象为图 2-8 所示。

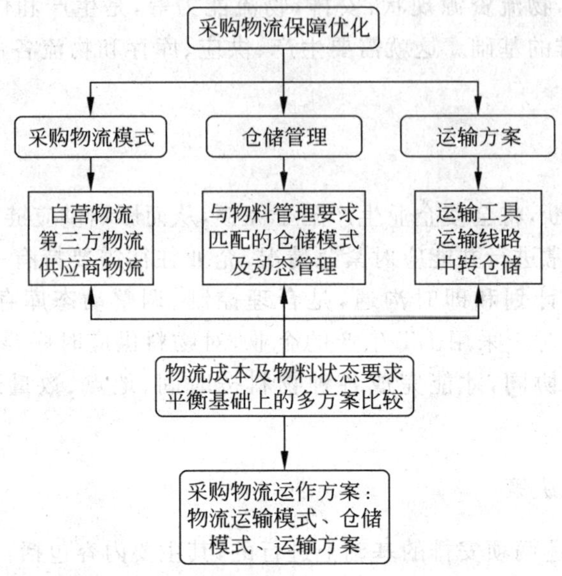

图 2-8　采购物流保障优化内容及过程

从图 2-8 可以看出，采购物流保障优化内容之间是相互关联的，在优化过程中不能把这些内容割裂开来单独优化，要从系统整体的角度以环状思维的方式，在物流成本与物料状态要求平衡的基础上，进行多方案论证、比较和选择，从而得到较理想的采购物流方案，使整个采购物流过程优化、成本恰当。

在采购物流保障优化过程中，可以利用一些已经成熟的优化工具，如基于运筹学的优化软件等，以提升优化过程的效率。

5. 健全管理组织机构

采购物流涉及方方面面的环节，各环节都相互关联，每一个环节的任何不恰当，都会造成对整体供应计划的影响。它需要一个健全的管理组织机构，以健全的管理职能、良好的监管机制，对企业供应环节的全过程进行有效管理和控制。

综上所述，可以把采购物流合理化管理抽象为图 2-9 所示。

二、采购物流过程管理

采购物流过程是一个执行过程，管理的目的是尽可能把这个过程的风险和成本控制到最小。采购物流过程管理的主要内容包括：运输管理、仓储管理、进厂物流管理等。

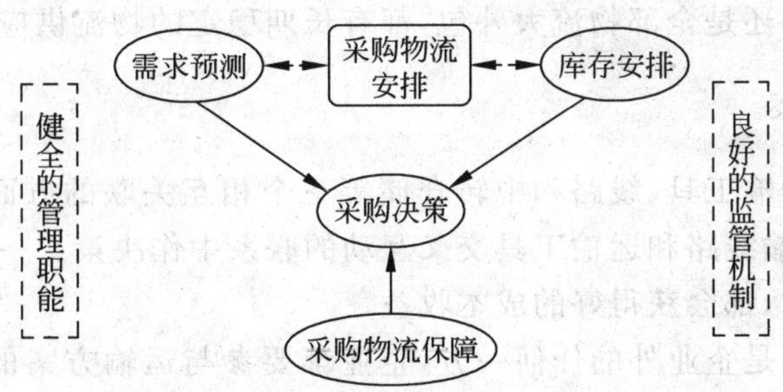

图 2-9 采购物流合理化管理抽象示意

(一)运输管理

在采购物流中,运输实现了物料从供应商到生产商的转移活动,它创造了价值或者空间效用。运输决定了物料转移活动的速度和一致性,运输也可以创造时间效应。这些因素被称为运输时间和服务的一致性。在这个过程中,如果物料不能及时送达生产环节中,就会产生很大的负面效应,如生产停顿、库存增加,同样会影响到下游销售环节,影响到整个供应链正常运作。

1. 确定运输主体

企业物流是以自营为主,还是采用第三方物流,还是利用供应商伙伴力量来完成,或是采用物流联盟形式,这需要企业结合自身实际,做出恰当决策。在第一章中,列举了相关的中外案例,对这四种物流模式的选择和应用作了阐释。企业选择的物流模式不同,采购物流中的运输主体不同,对运输过程的管理也不尽相同。除了自营物流模式外,企业在后三种模式选择中,都需要进行详细的市场考察。对物流供给方考察的侧重点是根据企业对物流需求的不同要求而定的。

在一项物流活动中,运输主体的个数与物流量大小和物流区域范围相关。有些物流项目跨越的区域范围较大,或是物流量大,要从项目管理的思维视角去制定物流方案,要了解相关的公共政策,了解海路、陆路、空运、运输通道、多式联运、特定承运人和国际运输的经济特征和服务特征等,进行多方案论证、比较,从而选择较理想的方案。在物流方案既定的前提下考察和选择运输主体。有时也可能因运输主体的因素,而改变物流方案。

物流项目活动中,运输主体多,管理相对复杂。从企业生产供应链过程看,运输主体应保持一定的数量,这样利于激励和竞争,也避免了“把鸡蛋放在同一个篮子里”的风险。企业生产供应链是一个长期运转不断发展提升的过程,与运输主体建立长期稳定的合作关系,将有利于降低交易成本和管理成本。比如在前面案例中提到的企业,海尔、伊莱克斯等，无论自营物流，还是全部物流大外包，都有长期稳定的物流供应商合作关系。

2. 制定运输方案

运输方案包括运输工具、线路和中转仓储等三个相互关联的方面。在制定一项运输方案时，有时要从运输线路和运输工具交叉互动的联系中作决策。一个好的运输方案，无论对企业还是运输方，都会获得好的成本收益。

无论运作主体还是企业外的任何一方，企业都要参与运输方案的制定。要把企业对需求供应的要求，物料状态要求，生产和物流环节对成本的要求等多种需要考虑的因素，提供给运输主体。对一项要求较高的运输项目，要进行相关的技术经济分析，来决定运输线路和工具，求得较合理的解决方案。相信随着先进技术的发展，相应决策软件的不断成熟，会为解决这种复杂的决策方案问题提供支持。

对中转仓储的选择，需要考察仓库的物理状态、存货管理、仓储所需设备状况、信息处理系统状况、库内流动速度、仓储成本、增值服务能力等。如果特别强调物料流动速度，则应考虑选择能提供物料快速流动的仓库，比如有交叉站台(cross docking)的仓库。交叉站台的运作模式是将送达的货物从卸货平台卸下后，直接运到装货平台，装上发往物料目的地的车辆，减少货物在仓库的储存时间，这样，物料在途中的仓储只需周转，而不以库存形式存在。

3. 管理运输过程

采购物流中的运输管理涉及两大方面，一是对运输方案进行管理，二是对运输过程进行管理。运输方案一旦确定，应以合同形式明确下来，严格按方案完成运输过程。运输合同包含很丰富的内容，除了按惯例表明所运物料的特性，一次运输外包的总价格、物料完好率要求、送达的时间和地点，物料在途保险，违约赔付方式及纠纷仲裁方式等，企业的个性化需要都要在合同中明示出来。特殊情况下的方案变更，需要在协商机制下签署变更合同。

在既定运输方案的前提下，要对物流的全过程实施动态管理。可视化技术的应用，可以随时传递物料在途的空间地理位置、安全状态等信息，为实施动态管理提供技术支持。运输过程管理还包括对紧急事件或事故处理，尽可能把风险降至最低。

(二) 仓储管理

仓储是用来在物流过程中所有阶段存储库存的。简单的讲，存在两种基本存货类型：①原材料、部件、零件(实物供应)；②产成品(实物分销)。此外，也存在着在制品库存。仓储是每一个物流系统不可缺少的组成部分。詹姆士·R.斯托克将其定义为："仓储是企业物流系统的一部分，在原产地、消费地，或者这两地之间存储物品(原材料、部件、在制品、产成品),并向管理者提供有关存储物品的状态、条件和处理情况等信息。”①

在采购物流过程中,仓储是物料在途的中转站。对在途物料的仓储管理,包括与仓库管理方的相关事宜协调、签订仓储合同、物料流动的动态监控等。比如,对物料装卸搬运要求、存储保管要求、分拣、包装、贴签的要求等,都要与仓库管理方协调。对重要物料以及存储时间较长的物料,要按照通用惯例签订相应存储管理合同,以确保物料在仓储环节完好的质和量。仓储可视化,是物流环节仓储管理的现代化手段。

仓储之所以重要,是因为利用它可以获得运输经济性、生产经济性、维持供应源、适应变化的市场条件(如:季节性、需求波动、竞争)、克服生产者与消费者之间的时空差异,从而获得与满意的客户服务水平相匹配的物流成本最小化。

(三)进厂物流管理

物料经过了在途运输和仓储到达企业所在地后,经过企业物资供应部门确认,进入厂区继续流动,直至最后到达车间或生产线,这个过程的进厂物流包括物料进厂程序管理,以及进厂后的备料检查和即时流动管理等。

在下面的案例及图示中揭示了进厂物流的管理过程。从这个物流过程可以看出,物料到达企业厂区后,还需要反复的装卸、搬运、运输甚至仓储等物流活动。这些物流活动是由企业自营,还是由第三方物流业完成,要在成本与服务水平平衡上进行权重。在很多生产企业的供应链上,进厂物流以及生产过程的厂内物流,都是由专门的长期合作伙伴(即三方物流业者)协同完成的。厂内物资仓库经常作为内外物流的转换点。

专栏 2-4 一个机械制造企业的物料接收系统

该物料接收系统是工厂整个物流系统的一部分,专门解决进厂物料进入工位前的物流管理问题。

外购物料进厂后大多数要经过检验,有些免检短缺物料一到达就直接进入生产线。仓储接货系统通过计算机终端来控制,该物流系统每天处理 250 托盘的货物,大部分货物在中午以前进库。

物料进厂流程及进厂后的流动形式见图 2-10 所示。

① 詹姆士·R. 斯托克. 战略物流管理[M]. 邵晓峰. 等,译. 北京:中国财政经济出版社,2003:372.

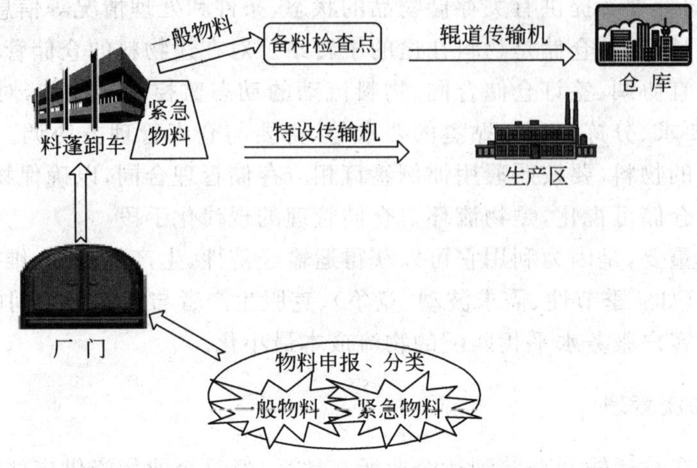

图 2-10 物料进厂及厂内物流过程

 专栏 2-5 兖州矿业集团的采购物流管理

兖州矿业集团(以下简称兖矿集团)是全国煤矿行业中的大型煤炭集团,集团在"十五"发展计划中明确提出,要将集团建成以能源产业为载体的煤化工、煤电铝、金融和服务业综合发展、具有强大国际竞争力的大型跨国集团,以应对经济全球化的挑战。根据集团战略规划,将五大专业公司即煤业公司、电、铝公司、煤化工公司、事业公司(机械厂、皮带厂)和物业公司,统一由集团决策机构进行战略规划与管理,根据现代企业运作要求,在专业分工明确的情况下,有必要对集团所属各专业公司进行统一的供应、生产与销售物流集中管理,以降低企业运营成本。

煤炭生产特点决定了该集团的物流管理重点在采购物流。该集团的策略是:第一步实行机构重组,将煤业生产和销售统一管理,煤业的采购物流实现了大宗物资的统一采购、统一配送,降低了采购成本。这已在过去几年完成。第二步集团煤业深化机构重组,包括人员、业务流程、资源重组。在此阶段规划采用 ERP 管理模式,应用先进的网络技术和 ERP 管理软件完善煤业的管理,建立先进的实时性很强的信息系统,在此基础上建立起完整的采购、供应商管理系统,库存、加工供应系统,以及合理的供应组织机构及激励机制。规划将已有的三大库改建成现代化的配送中心,零库存思想、JIT 供应方式将逐步实施。目前两库已改造完成实现了配送中心的功能,实现了统一采购权,管理上基本实现煤业物资的 95%、非煤业 85%集中采购,统一配送。第三步规划未来几年最终完成机构、资源重组和配置,完善集团的统一采购、统一配送、统一销售的管理模式和制度,最终建成一体化管理系统。三库将成为整个集团的现代化配送中心,管理水平更上一层楼。

兖矿集团是典型的采购物流型大型企业，它的规划既结合了该企业的实际情况，又符合现代化物流发展趋势，到目前为止，集团无论从生产技术的先进程度，还是管理水平都在中国煤炭行业处于领先地位，是中国国有企业采购物流改革的成功典范。

三、采购物流中的零库存管理

采购物流不仅仅只是为了按时、按质、按量完成供应需求环节的物料流动，更希望通过采购物流过程，使物料不以仓库存储形式存在，而是处于周转状态，从而降低库存，或者实现零库存。物料通过供应环节的周转，产生时空上的价值增值进入生产过程，通过生产过程的周转，产生具有使用价值的价值增值成为产品，进入销售环节。所谓的零库存，是指物料(包括原材料、半成品和产成品等)在采购、生产、销售、配送等一个或几个经营环节中，均是处于周转的状态。

“零库存”是一种特殊的库存概念，其实质在于尽可能使物料处于周转而不是存储状态，以降低不必要的库存浪费。但这并不是完全不要库存，或者库存数量完全等于零。不可否认，产品生产过程的某些零部件，在上游供应环节，可以通过对采购物流的管理，实现以仓库储存形式的某种零部的储存数量为“零”，即不保持库存。不以库存形式存在就可以免去仓库存货的一系列问题，如仓库建设、管理费用、存货维护、保管、装卸、搬运等费用，存货占用流动资金及库存物的老化、损失、变质等问题。

在供应环节中，对某些外协加工的零部件，可以通过不同方式的采购物流管理，实现零库存。

1. 委托保管的零库存方式

委托保管方式是指仓库业主接受企业委托，代存代管所有权属于企业的物资，从而使企业不再保有库存，甚至不再保有保险储备库存，从而实现零库存。仓库业主按惯例的标准或者协议价格收取一定的代管费用，同时，也可以按照企业要求进行存货配送或运输。这种零库存形式优势在于：仓库业主利用其专业优势，实现较高水平和较低费用的库存管理，企业不再设库，同时减去了仓库及库存管理的大量事务，集中力量于生产经营。虽然这种零库存方式主要是靠库存转移实现的，并没有使库存总量降低，但在不损害仓库业主的利益并使其有利可图的情况下，这种方式是供应链制造企业在供应环节实现零库存的可取方式。

2. 协作分包的零库存方式

协作分包主要是指制造企业的一种产业链结构形式，这种结构形式是由若干组件/部件的供应商组成，按照产业链上核心企业的生产计划和要求，柔性生产准时供应，使核心企业的供应库存为零。核心企业则对成型产品进行集中销售和库存，又使若干分包劳务及销售企业的销售库存为零。

在许多发达国家，制造企业都是以一家规模很大的核心企业，和数以千百计的小型分包企业，组成了模块型的制造产业供应链。由于提供组件/部件的供应商可能会再进行分包，因此，又可把这个生产过程多级分包的制造产业链结构，称之为金字塔形结构。在这样一个产业供应链中，核心企业主要负责装配和产品开拓市场的指导，分包企业各自分包劳务、分包零部件制造、分包供应和分包销售。例如分包零部件制造的企业，可采取各种生产形式和库存调节形式，以保证按核心企业的生产速率，按指定时间送货到核心企业，从而使核心企业不设一级库存，只集中产品库存，满足下游各分包者的销售，使下游销售企业实现零库存。

3. 轮动的零库存方式

轮动方式也称同步方式，是在对系统进行周密设计前提下，使各环节速率完全协调，从而根本取消甚至工位之间暂时停滞的一种零库存、零储备形式。这种方式是在传送带式生产基础上，进行更大规模延伸形成的一种使生产与材料供应同步进行，通过传送系统供应从而实现零库存的形式。

4. 准时供应系统零库存方式

准时制系统是通过合理计算各工位的生产能力，合理安排生产计划，合理安排工序间物流计划，使整个生产过程同步进行，工序间无缝对接。准时方式不是采用类似传送带的轮动系统，而是依靠有效的衔接和计划，达到工位之间、供应与生产之间的协调，从而实现零库存。如果说轮动方式主要靠“硬件”的话，那么准时供应系统则在很大程度上依靠“软件”。

5. 看板形式的零库存方式

看板方式是准时制中一种简单有效的方式，也称“传票卡制度”或“卡片”制度，是日本丰田公司率先采用的。在企业的各工序间、在企业之间、在生产企业与供应商之间，采用固定格式的卡片为凭证，由下一环节根据自己的节奏，逆生产流程方向，向上一环节发出供应要求，从而协调关系，做到准时同步。采用看板方式，有可能使采购物流实现零库存，或者库存水平幅度降低。一汽大众汽车公司，就是通过看板方式实现了零库存。

专栏 2-6　一汽大众汽车公司采购物流中的零库存管理

一汽大众的零部件送货形式有三种：第一种是电子看板，即公司每月把生产信息用扫描的方式通过电脑网络传递送到各供应商，供应商根据这一信息安排自己的生产。然后公司按照生产情况发出供货信息，供应商则马上用自备车辆将零部件送到公司各车间的入口处，再由入口处分配到车间的工位上。第二种是“准时制(Just In Time)”配送，即公司按过车顺序把配货单传送到供应商，供应商则按顺序装货直接把零部件送到工位上，从而取消了中间仓库环节。第三种是批量进货，供应商每月对那些不影响大局又没有变化的小零部件分批量地送一至两次到一汽公司。

6. 水龙头零库存方式

水龙头方式，是一种像拧开自来水管的水龙头就可以取水，而无须自己保有库存的零库存形式。这是日本索尼公司首先采用的。这种方式经过一定时间的演进，已发展成即时供应制度，用户可以随时提出购入要求，采取需要多少就购入多少的方式，供应商以自己的库存和有效供应系统承担即时供应责任，从而使用户实现零库存。适于这种供应形式实现零库存的物资主要是工具及标准件。

7. 配送的零库存方式

这是综合运用上述若干方式，采取配送制度，保证供应，从而使用户实现零库存。

零库存背后集中了所有企业管理的优点：高效率、低成本和完美的流程。然而，企业零库存的实现，在取得以上效益和竞争优势的同时，也存在着难点和管理上的成本。是否能够实施和实现零库存，需要综合考虑它带来的收益以及为此付出的成本。比如，轮动方式的采购物流形式需要大量的设备投资，而准时制系统则对工序间的采购物流有较高的要求，要为其实施支付管理成本。在什么时间和环节去实施零库存，企业需根据自身所处的行业、商业环境、管理水平综合加以判断和决策。

专栏 2-7 上海通用汽车公司的零库存

上海通用汽车公司是上海汽车集团公司与美国通用汽车公司合资的规模较大企业，他们的生产线上基本上做到了零库存。他们是如何外包的？

外包的生产零部件 JIT 直送工位，准点供应。汽车制造行业比较特殊，零部件较多，品种规格也很复杂，不适宜自己去做采购物流。上海通用把采购物流环节外包给了中远集团。中远按照通用汽车要求的时间准点供应。

门到门运输配送使零部件库存放于途中。零部件采用门到门的配送，使上海通用公司获得了两大优势：第一，包装成本大幅度下降，从供应商的仓库门到上海大众的生产工位，装卸仅各需一次，远优于铁路运输。第二，除了包装成本外，库存可以放在运输途中，即算好时间，货物准时送到。货物在流通的过程中进行调控。

生产线的旁边设立“再配送中心”。货物到位后两个小时以内就用掉了，那么它在这两个小时里就起了一个缓冲的作用,就是传统所说的安全库存。在生产线旁设立再配送中心,就是起到安全缓冲的作用,避免货物在生产线上的混乱流,它起到了集中管理的作用。

每隔两小时"自动"补货到位/蓄水池活水。"自动"补货到位在时间上控制非常严格,因为这是跟库存量有关系的,库存在流动的过程中加以掌控,动态的管理能够达到降低成本,提高效益的目的。所以再配送中心其实起一个蓄水池的作用,而且这个蓄水池里面的水一定是活水,这一头流进来那一头就流出去,一直在流。

中远是很专业的第三方物流公司,通过这样一种强强联合,建立一个战略合作伙伴的关系。这种模式在国内的制造型企业,尤其是做零库存的生产企业,是比较实用的。

案例 2-1 沃尔玛的全球采购秘密

在 2002 年 2 月 1 日之前,沃尔玛并没有自己从海外直接采购商品,所有海外商品都由代理商代为采购。沃尔玛要求刚刚加盟的沃尔玛全球副总裁兼全球采购办公室总裁崔仁辅利用半年时间做好准备,在 2 月 1 日这一天接过支撑 2 000 亿美元营业额的全球采购业务。结果,他不但在紧张的时间里在全世界成立 20 多个负责采购的分公司,如期完成了全世界同步作业的任务,而且使全球采购业务在一年之后增长了 20%,超过了整个沃尔玛营业额 12%的增长率。那么沃尔玛全球采购业务的秘密何在?

1. 本地直接采购,跨国网络采购

全球采购的组织在沃尔玛,全球采购是指某个国家的沃尔玛店铺通过全球采购网络从其他国家的供应商进口商品,而从该国供应商进货则由该国沃尔玛公司的采购部门负责采购。比如,沃尔玛在中国的店铺从中国供应商进货,是沃尔玛中国公司的采购部门工作,这是本地采购;沃尔玛在其他国家的店铺从中国供应商采购货品,就要通过崔仁辅领导的全球采购网络进行,这才是全球采购。这样的全球采购要求在组织形式上做出与之相适应的安排。

2. 采购活动全球布局

当今比较成熟的组织形式有两种:一是按地理布局,二是按业务类别布局。区域事业部制有助于公司充分利用该区域的经济、文化、法制、市场等外部环境的机会,不利之处在于各业务在同一区域要实现深耕细作需要付出很大的成本。而业务事业部的利弊则刚好相反。崔仁辅的全球采购网络首先由大中华及北亚区、东南亚及印度次大陆区、美洲区、欧洲中东及非洲区等四个区域所组成。其次在每个区域内按照不同国家设立国别分公司,其下再设立卫星分公司。国别分公司是具体采购操作的中坚单位,拥有工厂认证、质量检验、商品采集、运输以及人事、行政管理等关系采购业务的全面功能。卫星分公司则根据商品采集量的多少来决定拥有其中哪一项或几项功能。在沃尔玛的全球采购流程中,其全球采购网络就像是一个独立的公司,在沃尔玛的全球店铺买家和全球供应商之间架起买卖之间的桥梁。全球采购网络相当于一个"内部服务公司",为沃尔玛在各个零售市场上的店铺买家服务——只要买家提出对商品的需求,全球采购网络就尽可能在全球范围搜索到最好的供应商和最适当的商品。全球采购网络为店铺买家服务还体现在主动向买家推荐新商品。沃尔玛全球采购的流程分为重复采购和新产品采购两种。所谓新产品,就是买家没有进口过的产品。

3. 选择和管理供应商

对于要采购的新产品,沃尔玛并没有现成的供应商,这就需要全球采购网络的业务人员通过参加展会、介绍等途径找到新的供应商和产品。由于沃尔玛的知名度很高,许多厂商也会毛遂自荐,把它们的新产品提供给全球采购网络。然后,全球采购网络就会把这些信息提供给买家。供应商伙伴关系在全球采购中,全球采购网络不仅要服务好国外的买家,还要在供应商的选择和建立伙伴关系上投入。正如崔仁辅所说的:"不管是哪个国家的厂商,我们挑选供应商的标准都是一样的。"第一个标准是物美价廉,产品价格要有竞争力,质量要好,要能够准时交货。第二个标准是要求供应商遵纪守法,要按照法律的要求向工人提供加班费、福利等应有的保障。第三个标准是供应商要达到一定规模。沃尔玛在采购中有一个原则,就是其采购量不超过任何一个供应商50%的生意。虽然从同一个供应商采购的量越大,关于价格的谈判能力就越强,但过分依赖一家供应商也不完全是好事。因为,如果供应商在管理和经营上出现波动,就不仅仅是采购商货源短缺的问题。同时,一旦采购商终止向该供应商采购,该供应商就会面临倒闭的危险,由此也会产生较大的社会问题。

资料来源:根据中国物流与采购联合会网站(http://www.chinawuliu.com.cn/)"沃尔玛的全球采购秘密"整理。

案例 2-2 政府招投标采购

采购项目:****年救灾专用单帐篷。

采购机关:××部门。

采购数量:2万顶。

采购方式:公开招标。

招标机构:××机电设备招标中心。

开标日期:××××年6月15日。

投标人数量:58家。

中标人数量:7家。

合同签订方式:由各用户在规定时间内与中标人签订合同。

1. 个案特点

某政府部门的该项采购活动遵循《中华人民共和国招标投标法》(简称《招标投标法》)、《政府采购管理暂行办法》(简称《暂行办法》)、《政府招标投标管理暂行办法》(简称《招标投标管理暂行办法》)和《政府采购合同监督暂行办法》(简称《合同监督暂行办法》)等法律、规章的有关要求;政府采购主管机关抓住了关键的监管环节;在采购过程中采购机关能够自觉实施《暂行办法》中有关政府采购政策,如优先购买国货等;为了确保“公开、公正、公平”的原则得到贯彻落实,采购机关采取了临时监督措施,即成立招标工作协调小组。这次采购活动采取全国性公开招标,竞争充分,达到了预期目标,帐篷的质量比往年有了较大的提高,合同金额与预算相比,节支率高达33.4%,对节省下来的资金,除了追加采购6 000顶帐篷外,将剩余部分用于建立灾情评估与管理公证处系统。

2. 政府采购预算(计划)

《暂行办法》第七条关于财政部的职责规定中的第九款明确“编制中央采购机关年度政府采购预算”,相应地地方财政部门负责编制地方采购机关年度采购预算。采购预算是确定评标价最重要的参考标准,从严格意义上讲,采购预算是招标的底价,如果采购预算与评标价之间出现了较大的偏离,则说明采购预算在编制过程中对采购活动的有关因素缺乏全面、准确的评估,需要改进预算编制方法。目前,我国的预算编制方法还是粗放型的,缺乏详细、明确的标准,因而,采购预算通常是高于评标价的。当前,我国正在进行细化的预算的改革尝试,积极推行部门预算。当然细化预算编制有一个过程,在我国预算评估体系还未建立之前,为了提高预算编制的质量,减少采购预算与评标之间的偏离,根据我们现有的认识水平和实践的可行性,在编制采购预算时,可以采取下列方法:第一,询价。通过货比三家确定采购项目的平均价格;第二,积累经验。向招标机构或曾购买同类物品的用户了解其实际购买价格;第三,请行业协会或专家论证。这种方法主要适用于编制大型复杂或新产品项目的预算。

××××年,本级政府采购管理机关没有编制年度采购预算,这次救灾帐篷的采购,是财政部门从自然灾害救济补助费中调拨专款安排的。这笔专款主要是根据××部门的经验来核定的。1998年该部门也曾购过救灾帐篷,单价约2 700元,这次是按每顶2 500元来制定采购预算的,2万顶的采购预算为5 000万元。实践证明,这次预算标准虽然比往年低,但与中标价1 664/顶相比,仍然偏高,所以才有33.4%的节支率。当然,通过这次采购活动,无论是财政部门还是××部门,在明年编制救灾帐篷采购预算时,就有了明确的标准,但这只能解决个案采购项目预算问题,各项预算和准确化,必须从根本上改革现行的预算编制方法。采购程序根据救灾专用单帐篷政府采购项目实况,对确定招标代理机构、招标、签订合同、验收等程序进行评述。

3. 成立协调小组

成立协调小组协调处理采购过程中的重大问题。

该项目是财政部门和××部门确定的推行政府采购制度的试点项目，为保证试点的成功，成立了由政府采购管理部门、救灾物资采购部门及专家组成的招标工作协调小组，负责确定采购方式、推荐招标代理机构、研究招标过程中的重大问题，对招标全过程进行指导和监督。

【点评：该项目协调小组是为了适应救灾物资应急需要和试点项目各方管理未到位的情况下而设立的非常设机构。协调小组在推行政府采购制度时，对保证招标的规范化及公正性、协调各方关系、解决处理重大问题等方面较易发挥积极作用。协调小组依据项目特点确定此项目为公开竞争性招标采购，对增加政府采购的透明度，监督招标过程，最大限度地对救灾物资采购负责，提高有限财政资金效益等方面起到了至关要的作用。但协调小组的设立只能作为一项措施，并非每例采购活动都要设立这种小组，项目正常实施时应按照《暂行办法》等文件的规定进行。】

4. 选定招标机构，签订招标委托

《招标投标程序暂行办法》第二条规定："招标人委托政府采购业务代理机构招标的，招标人应与代理机构签订委托协议，并报同级政府采购管理机关备案"。

经过救灾物资采购部门进一步考察，协调小组研究后，确定××招标中心为招标代理机构。××部门与招标机构签订《政府采购招标委托协议书》，《协议书》一式三份，财政部门、××部门、招标机构各一份，明确规定了甲乙双方的权利、职责、义务。

【点评：在选定政府采购代理机构、签订招标委托协议及备案方面完全符合财政部有关文件的要求。】

5. 招标机构拟订工作计划

招标机构接受招标委托后，立即为本次招标拟定了详尽的工作计划，并报协调小组审批。工作计划中确定了工作原则、招标工作程序和进程安排、评标委员会成员、招标工作组成员分工以及评标原则、保密守则。

【点评：详尽的工作计划确保了本次招标工作的顺利进行。但在时间安排上，为照顾救灾帐篷采购时间紧的特殊要求，将发公告到投标截止时间定为15天，与文件规定不少于20天的要求不相符。对于帐篷采购，技术要求和投标内容较为简洁，虽然投标准备时间短，但能满足招标采购的实质性要求。然而从严格执法的角度看，应尽量避免特殊操作，从整体采购计划上，使招标采购周期充裕，以进一步增强招标的规范性和权威性。】

6. 编制招标文件

按工作计划中的进程安排，招标中心开始编制招标文件。在招标文件编制过程中，招标中心针对项目特点，利用多年积累的招标经验，提出了一些建议，频繁与××部门协商，重大问题及时请示财政部门，保证了招标文件的完善、权威。为适应招标标的必须有详细技术要求和验收标准的特点，××部门组织有关专家制定了统一的技术标准，把救灾帐篷的采购和管理工作提高到一个新的水平。招标文件定稿前，招标机构征求了有关方面专家的意见，并送××部门审核定稿。

【点评：招标文件是项目采购的依据，具有法律性，且是经济合同的基础和有效组成部分。招标文件内容完整、表述确切，具备规范性、非排斥性和法律性，是符合《招标投标管理暂行办法》和《合同监督暂行办法》的，且鉴于投标厂家多，多数未参加过投标，在招标文件中突出强调了投标注意事项，提高了招标的规范性和严肃性。在招标文件中对投标报价和授标方式因地制宜地做出规定，采取按数量级分包投标报价方式，以避免中标厂商过于集中，保证20 000顶帐篷近期交货。这种分包投标采购方式，既满足了投标需要，使采购合同经济合理，又对各厂家中标产品质量起到互相制约的作用，是一条好的经验。】

7. 发布招标公告和投标邀请

《招标投标暂行办法》第三条规定："采用公开招标方式的，招标人(或者代理机构，)必须在《中国财经报》上发布招标公告，同时也可在省级以上政府采购主管机构指定的其他报刊和信息网络上发布。"

招标机构分别在《经济日报》、《中国财经报》、《中国招标》和《社会报》上发布了"政府采购招标公告"，并根据有关部门掌握的帐篷生产企业的情况，将投标邀请传真给60多家潜在投标厂商，保证了招标的充分公开性。

【点评：招标公告除未按公布评标办法和时间不足20日外，在发布媒体和内容等方面完全符合《招标投标管理暂行办法》的要求。招标方式直接体现采购的公开程度。本项目操作中，本着对政府采购救灾物资极其负责的态度，广泛传播招标信息，使投标的热潮空前高涨。85家企业购买了招标文件。充分落实了"公开、透明"的招标原则要求。】

8. 发售招标文件

经协调小组审定，在招标公告同时开始发售招标文件。6月8日通过传真形式对所有购买招标文件的厂商发布了招标文件的更正和说明。

【点评：面对85家没有投标经验的企业，招标机构的工作人员回答了大量的投标咨询，拒绝了所有的请客送礼等。招标中心人员保持传统、严守纪律，既热情耐心地解答各种问题，又杜绝各种不利于招标的行为，打消了一些投标企业的顾虑和某些想利用不正当手段竞争的心理，让投标实力真正体现于投标文件中，保证了"公平、廉洁"的原则真正贯彻于招标过程中。】

9. 开标

《招标投标暂行办法》第二十一条规定："开标由招标人主持，在公证机关的监督下进行。招标人、所有投标人、评标委员会成员和政府采购管理机关等有关部门的代表参加开标会。"

××××年6月15日如期召开了公开的开标大会。财政部门、××部门、投标单位代表、专家评委及招标机构工作人员参加。招标机构领导主持大会，财政部门、××部门有关领导讲话后，主持人宣读评标委员会成员名单和开标工作人员名单。按照程序，请投标人检查投标文件密封情况，启封标书、唱标，公证处致公证词。最后，主持人宣布评标原则和注意事项。

【点评：开标程序符合《招标投标管理暂行办法》的要求。开标时，有公证处、所有投标厂商代表和有关部门领导进行监督，工作人员严格按照程序，当场开启所有投标文件，唱出所有厂商的投标报价，使投标厂商知己知彼，增加了招标的透明度。此外，《招标投标暂行办法》第二十四条第二款规定："全部投标报价均超出标的或预算时，评标委员会有权决定全部废标或要求全部投标人重新报价，并报政府采购管理机关备案。"此次招投标活动没有出现此问题。】

10. 评标

招标机构组织评标委员会进行封闭式评标，评标地点严格保密，并切断了评委们与外界的通信联系，指定卖价负责与投标厂商联系。评标委员会充分审阅各投标厂家的投标文件，对投标文件的问题，通过传真向厂家提出了质疑。对58家投标厂商递交的投标文件从响应招标文件情况、企业信誉水平、生产能力和业绩、技术装备条件、售后服务、投标产品的技术和经济指标等各方面逐项评审后，筛选出18家符合招标要求的优选单位。写出评标报告，在报告中说明了未入围企业落选的原因和入围企业各自的优势特点。并将这18家优选单位推荐给民政部，同时报协调小组审定。

【点评：此项目评标过程规范，符合现行政府采购规章的要求。评标过程中，采取民主、科学的评标方法，专家在技术和经济评价方面充分发挥作用，严格按照评标原则，使评标结果科学合理，不带任何倾向性，评标全过程充分体现了"公正和权威。"】

11. 定标

招标机构将招标结果报协调小组审定，协调小组经研究讨论后，确定在先的七家厂商为中标单位。招标机构根据此结果，同时向中标方和落标方发出招标结果通知。为进一步体现招标的公开性，在对落标方的通知上列出了中标企业名单及中标数量，这点可以针对不同的项目借鉴使用。

【点评：此项目定标过程规范符合现行有关规定的要求。招标结果广泛告知投标厂商，增强了公开性和透明度。】

12. 签订合同

××部门与中标厂家签订了政府采购合同书。合同按照新的《合同法》规定，对过去某些通用做法进行了改进。合同中增加了30%预付款等符合商业惯例的内容也规定了一些特殊要求，如因救灾需要，甲方有权变更交货地点，乙方应无条件服从，但不增减装运费等条款，充分体现了政府采购和救灾物资的特点。

【点评：本次政府采购合同的签订完全符合现行有关规定的要求，并且在合同中增加了与市场规律和商业惯例相符合的条款，充分体现其规范性，同时针对本次采购的特点，规定了一些特殊条款，以保证救灾物资采购和履约的顺利进行。】

13. 验收

本项目产品验收方法采用委托国家认可的专业检测机构，按照合同规定的技术和验收标准，使用仪器进行检测，采用了首件产品检验封存等较科学的验收方法。

【点评：过去产品验收多数是由使用单位负责，人为因素较大，缺乏科学依据，容易引起意见分歧。本次检验采用合理的验收方法，以合同规定的技术标准和验收标准为依据，用仪器进行检测，量化分析，提高了检验的科学性和真实性。】

需要特别说明的问题：

在政府采购管理机关对采购活动进行监督时，通常是实行备案制，而在国际上如世界银行一般是采取审批制。我国实行备案制的主要原因，是考虑到我国的政府采购工作还处于起步阶段，各级政府采购管理机关都缺乏审批的经验。一旦条件成熟，我国很可能要实行审批制。

按上述有关规定来衡量，在这次救灾帐篷采购活动中，在政府采购管理方面还存在一些需要改进之处。最突出的问题有：

政府采购主管机关管理"越位"。表现就是政府采购机关为招标工作协调小组成员。协调小组是一个非常设机构，在我国政府采购制度建立之初，这一机构确实在加强监督、协调有关方面的关系方面起到了非常重要的作用。但这一机构的成立并非现行有关政府采购规章的要求，按现行规定，政府采购主管机构及相关采购主体各自的职责是非常明确的，政府采购主管机构对政府采购活动的监督主要是抓主要环节，通过备案制或审核制来掌握采购活动的动态和进程，并通过处理投诉来裁决采购争端，保护供应商的正当权益。

拨款方式没有突破。在该项采购中，合同条款规定，货款由用户支付。这种拨款方式虽然符合现行行政、事业单位会计管理体系和国库制度的要求，但弱化了货款直接支付在推动政府采购工作方面的力度。根据《暂行办法》及《合同监督暂行办法》规定，政府采购管理机关依据采购机关提交的有关申请拨款的文件办理政府采购资金的拨款手续。在国库集中收付制度尚未建立以前，政府采购资金的拨付方式有两种选择：一是在总会计设立政府采购资金专户，货款由财政部门直接支付给供应商；二是在没有设立政府采购资金户的地区，财政部门可按现行拨款方式根据合同金额划拨资金，最后由用户向供应商付款。

资料来源：根据中国物流与采购联合会网站(http://www.chinawuliu.com.cn/)"企业采购案例分析"整理。

本章小结

采购物流又称供应物流，是制造企业经营运作的起点，对一个企业经营的成败有着至关重要的作用，尤其是对采购物流侧重型的企业，其采购物流的重要性不言而喻。

采购物流在运作模式上基本包括：委托社会销售企业代理、委托第三方物流企业代理、自供与外协物流模式、供应链采购物流模式等四种类型。其管理内容大致上包括采购、厂外物流、仓储与库存、装卸与搬运、进厂物流五个基本流程。随着未来经济社会的快速发展，将会呈现单一模式与多种物流模式组合并存、向JIT采购物流模式转型、即时供应模式被广泛采用的发展方向。

采购物流的管理主要强调五个方面有机联系的合理化管理、采购物流的过程管理，以及采购物流的零库存管理。“零库存”是一种特殊的库存概念，其实质在于尽可能使物料处于周转而不是存储状态，以降低不必要的库存浪费。大致上可概括为七种不同的形式。

问题思考

1. 采购物流通常有哪些模式？
2. 采购物流包括哪些基本内容？
3. 未来采购物流将会呈现什么样的发展方向，为什么？
4. 采购物流的管理包括哪些内容？
5. 你对零库存概念是怎样理解的？
6. 本章给出了四种类型的供应商分类，你认为对不同类型的供应商应该如何管理？
7. 沃尔玛全球采购战略对我们有什么启示？
8. 通过案例2-2，你认为应该如何加强招投标采购过程的管理？

第三章 生产物流

生产物流是发生在制造企业具体生产过程中的物流活动，或者说是发生在制造工厂内的物流活动。生产物流的效能直接影响企业生产的效能，同时，它又受到企业生产类型、生产的工艺流程、生产规模、生产的专业化程度和协作水平的影响。在企业生产结构既定的情况下，有效的生产物流管理，将有助于促进生产过程实现最优状态。本章就生产物流的计划与控制、现代生产物流的有效管理、生产物流的平衡等问题进行深入研究。

第一节 生产物流计划与控制

生产物流(production logistics)是指在生产过程中，从原材料采购，到在制品、半成品等各道生产程序的加工，直至制成品进入仓库全过程的物流活动。生产物流和生产流程同步，是从原材料购进开始直到产成品发送为止的全过程的物流活动。原材料、半成品等按照工艺流程在各个加工点之间不停顿地移动、转移，形成了生产物流。企业没有生产就没有生产物流，而生产物流不畅就会导致生产混乱。如何更好地组织生产物流，使生产过程处于最优状态，是物流研究者和管理者始终追求的目标。

一、生产物流概述

生产物流是从原材料购进开始直到生产成品发送为止的全过程的物流活动，它包括从原材料和协作件的采购供应开始，经过生产过程中半成品的存放、装卸、输送和成品包装，到流通部门的入库验收、分类、储存、配送，最后送到客户手中的全过程，以及贯穿于物流全过程的信息传递。做好生产物流管理，就是要做到把正确物品以正确的数量、正确的顺序、正确的取向，在正确的时刻送到正确的位置。现代生产过程工艺复杂、时间性强，使生产物流具有多样性和复杂性，因而，研究生产物流的结构，了解影响生产物流的诸多因素，做好生产物流计划与控制尤其重要。

(一) 生产物流的发展

从生产活动的准备阶段开始，生产物流就随之产生了。从传统的生产物流发展到现代生产物流，生产的生产物流经历了五个发展阶段。

第一阶段是分割的物流功能阶段。这是在“物流”观念确立之前工厂的普遍状况。物流的实际活动分散在企业不同部门和不同的领域，各自独立运作。由于没有整体的物流观念，各部门和各领域之间缺乏能动的衔接。“效益背反”、重复浪费、信息失真等现象经常影响企业的经营，企业需要付出高昂的物流成本。

第二阶段是物流功能集合阶段。物流功能分散在各部门所造成的巨大浪费，使人们认识到只有把物流功能集合起来，才能使整个生产过程的物流活动协调运作，减少互相背反的内耗现象。系统的物流观念确立之后，从系统物流观念出发，尽量将组成物流系统的各项功能进行集合，从而确认了企业中原来互不相关的许多活动，可以由“物流”两个字统一起来。

第三阶段是集合功能的组织化阶段。在系统的整体的物流观念对于改进企业生产流程，降低库存、增加衔接的准确性以及降低成本等方面发挥了效用之后，自然而然地就出现了成立新的物流部门，综合管理和运作企业内部的物流事宜，组织和推进企业生产物流。

第四阶段是过程集合阶段。随着企业生产过程外包业务的增加，物流组织化不可能包揽企业生产经营环节的所有物流业务，组织化的效用开始下降。于是，就出现了在不改变企业生产和管理组织的前提下，对处于不同领域和不同部门的物流过程进行横向集合，这就是依靠信息手段，将物流过程跨越不同领域和部门的分隔，从系统的角度进行协调和衔接，使企业生产物流有效性得到了提高。

第五个阶段是透明化的虚拟组织阶段。在企业已经实现信息化的基础之上，在信息技术的强大支持下，形成了一种正规组织之外的“准管理组织”状况，这种组织是虚拟的，但是可以发挥整合资源、优化过程、辅助管理的作用。如采用JIT生产方式的企业物流，就是基于这种虚拟组织而实现生产过程无缝对接的。

生产物流发展的几个阶段，使人们认识到物流在生产过程的价值功能。但物流价值的实现需要物流信息技术的支持，通过信息的集成(企业内的信息和供应链上的信息流)，控制生产物流的各个环节的实施，使其协调，保证生产顺利进行。

（二）生产物流的结构和特点

1. 生产物流的结构

从物流属性分析，企业生产物流是指生产所需物料在时间和空间上的运动全过程，是生产系统的动态表现。换言之，物料(原材料、辅助材料、零配件、在制品、成品)经历生产系统各个生产阶段或工序的全部运动过程就是生产物流。

从生产工艺角度分析，生产物流是指企业在生产工艺中的物流活动，即物料不断地离开上一工序，进入下一工序，不断发生搬上搬下、向前运动、暂时停滞等活动。这种物流活动是与整个生产工艺过程伴生的，实际上已构成了生产工艺过程的一部分。图 3-1 展示了制造企业生产物流的结构。

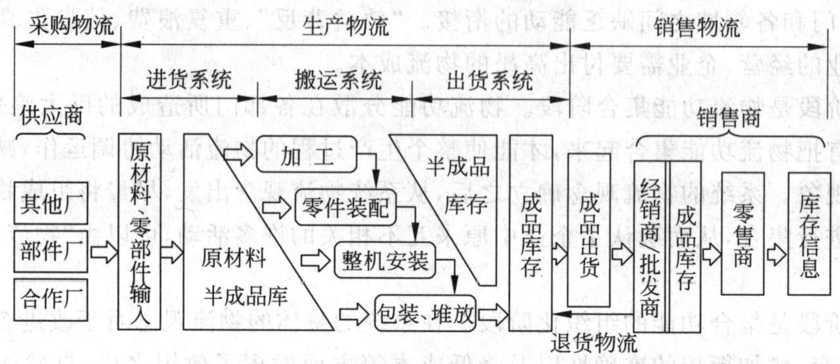

图 3-1　制造企业生产物流结构

从图 3-1 中可以较清楚地了解生产物流的全过程。生产所需的原料、零部件经过采购环节进入工厂大门，再到达相应的停放点，即完成了企业生产经营全过程中的供应物流过程。供应物流的末端——进厂物流，是厂内生产物流的进货系统，它为生产流程的正常运行提供物料输入。物料进入工厂大门后，一部分直接"输入"到生产工位或生产线旁的待料处，经过短暂滞留后，按工序流入生产线。一部分物料则需要先进入原材料/半成品库，经过稍长时间的滞留（仓储）后，再流入生产线。物料在流入生产前的滞留时间依附于工厂生产流程的时间安排，它是制定生产物流计划时需要考虑的内容之一。

物料经过不同时间的滞留，流入生产线，按生产工艺顺序在不同的生产工序间流动并相应改变状态，直到最后成型并完成包装。这个能使物料状态不断改变的流动过程是生产物流中的搬运系统。这里值得注意的是，现代生产过程是一个复杂的过程，一个连续的生产过程很可能始于几个平行的支流，而在某一个生产节点处汇合，然后继续后面的流动，最后成型和包装。同时，某些支流上的物料在没有到达汇合点之前，可能已经完成了在该支流上流动的使命，要等待其他支流工序完成并到达汇合点时，才能和这些支流上产生的零部件一起，进入多个支流汇合后的总生产流程。在这期间，"待工"的物料要在总生产流程汇合点旁进行仓储，这就是生产过程中的半成品库存。各平行支流的物料流动，也是制定生产物流计划必须认真考虑的问题。

物料经过各相应环节的流动，形成最终产品形态并包装，然后下线进入成品库或直接流出"厂门"。从产品下线开始到进入成品库（仓储）或直接流到"厂门"的流动过程，构成了生产物流的出货系统。

2. 生产物流的特点

第一,生产物流是生产工艺的一个组成部分。物流过程和生产工艺过程是密不可分的,具有很强的一体化的特点:通过物流过程实现生产工艺所要求的加工和制造;通过加工制造过程同时完成物流活动;通过物流活动对不同的加工制造环节进行链接。因此,物流活动和生产工艺之间,不可能像商流和物流那样,可以分开独立运行。

第二,生产物流有很强的"成本中心"作用。在生产中,物流对资源的占用和消耗,是生产成本的一个重要组成部分,由于生产过程中的物流活动频繁而复杂,对成本影响较大,所以在制造环节上的物流,更强调成本观念。

第三,生产物流是专业化很强的"定制"物流。生产物流面对的是生产过程特定的物流需求,是它必须完全适应生产专业化的要求,因此,工厂生产物流具有专门的适应性而不是普遍实用性,它是通过"定制"来实现效益和效率的。

第四,生产物流是小规模的精益物流。和社会化的集约物流规模不同,生产物流只面对特定对象,因此,物流规模取决于生产企业的规模。由于规模有限,并且在一定时间内规模固定不变,这就可以实行准确、精密的策划,运用资源管理系统等有效手段,使生产过程中的物流"无缝对接",实现物流的精益化。

(三) 组织管理生产物流应注意的问题

生产物流与其他物流明显的区别在于,它与生产过程密切联系在一起,生产物流是企业生产活动与物流活动的有机结合,不同的生产过程形成了不同的生产物流系统。企业在组织生产物流时,要清楚地了解影响生产物流的有关因素,关注合理化组织生产物流应该注意的问题。

1. 影响生产物流的主要因素

由于生产物流和生产过程紧密关联,所以归纳起来,不难看出影响生产物流的主要因素大致有以下几个方面。

(1) 生产工艺。不同的生产工艺,生产流程不同,使用的设备不同,进而对生产物流也就有不同要求和限制。

(2) 生产类型。不同的生产类型,产品品种、结构复杂程度不同,势必影响生产物流的构成和比例关系。

(3) 生产规模。生产规模大的企业,生产物流量就大,规模小,物流量就小,相应的物流设施、设备不同,组织管理的要求也不相同。

(4) 专业化和协作化水平。由于技术的发展和全球经济一体化的影响,使企业的专业化和协作化水平不断提高,很多企业将自己的诸多生产业务外包出去,这势必影响生产物流的构成与管理。

2. 组织管理生产物流应注意的问题

(1) 物流过程的连续性。生产过程强调各工序间的衔接,物流组织管理应力争保证物料能顺畅、最快、最省地走完各个工序,直到成为产品。

(2) 物流过程的平行性。组织物流管理要关注各支流生产线物料流动的特性,把各支流生产线的流程节奏、物料搬运特点整合成一个系统,从系统思维的角度,组织物流管理,以最佳的管理成本实现与生产流程匹配的物流过程的平行性。

(3) 物流过程的节奏性。企业生产过程中,各支流生产线都有其与生产工艺要求对应的生产节奏,从系统优化角度统筹安排物流能力,尽可能以恰当的物流投入,有序的物流节奏,保证生产环节能有节奏、均衡地进行。

(4) 物流过程的比例性。考虑各工序内的质量合格率以及装卸搬运过程中的可能损失,零部件数量在各工序间有一定的比例性,物流组织管理要考虑这些特性,同时还要可能的回收物流,从而有效安排物流过程的比例性。

(5) 物流过程的适应性。企业生产组织向多品种、少批量发展,要求生产过程具有较强的应变能力,物流过程同时具备相应的应变能力。

二、生产物流计划原理及方法

生产物流计划的任务就是要保证生产计划的顺利完成,由此,需要研究物料在生产过程中的运动规律,以及在各工艺阶段的运动周期性,以此来安排经过各个工艺阶段的时间和数量。按物流作业计划有节奏地、均衡地组织物流活动。

生产物流计划工作的重要依据是期量标准,亦称作业计划标准。它是根据加工对象在生产过程中的运动,经过科学分析和计算所确定的时间和数量标准。

依据企业规模的大小,生产物流计划可分为单件小批量生产方式的生产物流计划,成批生产方式的生产物流计划和大量生产方式的生产物流计划。

(一) 单件小批量生产方式的生产物流计划

1. 单件小批量生产方式的期量标准

单件小批量生产方式的特点是企业生产的产品品种多,每种产品的数量均不多,一般根据用户的要求,按订货合同组织生产。单件小批量生产的期量标准有产品生产周期表,生产提前期等。

(1) 产品生产周期表 单项工程的生产周期是指从工程开工到工程完工的全部日历时间,一般用“网络技术”方法表示和计算;成套设备的生产周期是指从原材料投入起到设备装配完成的全部日历时间，可通过下面的公式计算：

$$T_c = \sum_i T_i + \sum_i T_{bi} \tag{3-1}$$

式中，T_c——成套设备的生产周期；

T_i——零件在加工车间 i 的生产周期；

T_{bi}——加工车间 i 的保险期。

(2) 生产提前期 生产提前期是指组成成品的各零件在各车间投入(或产出)的日期距产品装配产出日期或交货期应提前的时间。

投入提前期 T_{Ii} 为

$$T_{Ii} = T_{Oi} + T_{ci} \tag{3-2}$$

式中，T_{Oi}——车间 i 的产出提前期或交货期；

T_{ci}——车间 i 的生产周期。

产出提前期 T_{Oi} 为

$$T_{Oi} = T_{I(i+1)} + T_{Bi}$$

式中，$T_{I(i+1)}$——车间 i 的后一车间的投入提前期；

T_{Bi}——车间 i 的保险期。

2. 单件小批量生产方式的生产物流计划原理与方法

单件小批量生产的作业计划主要安排生产任务在各车间的合理流动和处理顺序，这方面的最优化问题的计算难度较大，一般根据作业计划优化目标的不同——总成本最小、生产周期最短、加工成本最小、等待损失最小、换产成本最小等，采用启发式方法，求得近似最优解。

另一个问题就是单件小批量生产的接受订货决策：用户订货一般包括订货的产品型号、规格、技术要求、数量、订货时间 D_c 和价格 P_c。对于顾客，他有一个可以接受的最高价格 $P_{c\max}$ 和最迟的交货时间 $D_{c\max}$；对于生产企业来说，它会根据顾客对产品性能的特殊要求和市场行情，运用报价系统给出一个正常价格 P 和最低可接受的价格 $P_{\min}$，也会根据现有任务情况和生产能力来设置一个正常条件下的交货期 D 和赶工情况下最早的交货期 $D_{\min}$。于是就会出现下面几种情况：当 $P_c \geqslant P$ 且 $D_c \geqslant D$ 时，订货能被接受；当 $P_{\min} > P_{c\max}$ 或 $D_{\min} < D_{c\max}$ 时，订货一定会被拒绝；若不是以上两种情况，就会出现很复杂的情况，需要双方协商解决。

其实，对于订单的处理，可以采用即时选择和订单累积起来再处理的方法，后者一般更优，因为可以对订单进行优选，这时可以采用线性规划方法确定生产的品种与数量。由于单件生产，无所谓产量问题，可采用 0—1 型整数规划来确定要接受的品种。

（二）成批生产方式的生产物流计划

1. 成批生产的期量标准

成批生产的期量标准有生产批量、生产间隔期、生产周期、在制品占用量等。

生产批量是相同制品一次投入和出产的数量。生产间隔期是前后两批产品投入和出产的时间间隔。它们有下面的关系

$$R=\frac{n}{q} \tag{3-3}$$

式中，n——生产批量；

R——生产间隔期；

q——计划期平均日产量。

n 越大，在 q 不变的情况下，生产间隔期 R 也增大，从而减少了投产次数，缩短了生产准备和调整的时间，同时，连续生产相同产品，有利于提高产品质量和生产效率，这也是大规模生产的优点。然而，就像大规模生产时下有越来越多的缺点一样，生产批量增大必然会引起库存的增大，从而带来一系列的维护费，造成产品成本的上升。

正如上面的分析，确定合理的生产批量和生产间隔期，对于采用成批生产方式的企业非常重要。一般可以采用以期定量法和以量定期法两种方法来确定合理的生产批量和生产间隔期。

2. 成批生产方式的生产物流计划原理和方法

成批生产中主要考虑的是当产品轮番生产时，各生产环节之间必然存在时间与数量的衔接问题。而累计编号法可解决此类问题，累计编号法是指确定各子系统任务时，要从计划期初开始，对产品进行累计编号；通过规定各子系统计划期末生产某种产品的累计号，确定各子系统的生产任务；各子系统的生产任务的确定，可以装配成品的出产累计号为基准，根据各个子系统在各个生产工艺阶段物料的流入或流出提前期标准及平均成品装配日产量求得。其对应的公式如下：

$$L_{o(I)}=L_{oe}+T_{o(I)\times q} \tag{3-4}$$

$$Q_{o(I)}=L_{o(I)}-L'_{o(I)} \tag{3-5}$$

式中，$L_{o(I)}$——某子系统计划期末出产（投入）累计号数；

L_{oe}——装配子系统计划期末出产累计号数；

$T_{o(I)}$——某子系统出产（投入）提前期；

q——某子系统平均日产量；

$Q_{o(I)}$——某子系统计划期出产（投入）任务量；

$L'_{o(I)}$——某子系统计划期初已达到出产（投入）累计号数。

按上式计算各子系统出产(投入)量后,还应按批量进行修正,使各子系统出产(投入)量与批量成倍数关系,以便于生产计划的安排。

(三)大量流水线生产方式的生产物流计划

1. 大量流水线生产方式的期量标准

大量流水线生产方式的期量标准主要有:节拍、流水作业图表、在制品占用定额。

(1) 节拍。它表明流水线作业速度的快慢,计算公式为

$$r = \frac{t_e}{N} = \frac{t_0 \eta}{N} \tag{3-6}$$

式中,r——流水线节拍(min/件);

t_e——计划期的有效工作时间(min);N 计划期制品量(件);

t_0——计划期的日历工作时间(min);

η——时间有效利用系数,一般取 0.9~0.96 之间。

如果计算出的节拍数很小,同时制品的体积、重量也很小,不宜按件传送时,则按批传送,此时,产出两批同样制品之间的时间间隔称为节奏:

$$r_g = r \times nr \tag{3-7}$$

式中,r_g——节奏(min/批);

n——运输批量。

当流水线采用批传送在制品时,科学确定批运输量 n,对合理使用运输工具,减少运输时间,充分利用生产面积,减少在制品数量,都有重要意义。

(2) 流水线作业指示图表。又称标准工作指标图,它表明流水线内各工作场所在正常情况下的具体工作制度,由于工序间同期化程度不同,流水线的连续程度也不同,因此,流水线又有连续和间断之分。

(3) 在制品占用定额。在制品占用量分流水线内部在制品占用量和流水线之间在制品占用量两种。

一般流水线内部在制品占用量按其作用分成工艺占用量、周转占用量、运输占用量和保险储备占用量四种。流水线之间在制品占用量按作用分为周转占用量、运输占用量、保险储备占用量三种。

2. 大量流水线生产方式的生产物流计划原理与方法

大量流水线生产方式是加工装配式生产系统,品种少,产量大,在制品存储量相对稳定,其作业计划的编制可根据确定的在制品定额来进行,即将标准在制品定额与预计的在

制品量进行比较，使计划期末在制品量保持在规定的水平上，以保证各生产子系统间数量上的平衡。

用在制品定额法编制计划，要从成品生产的最后一个子系统开始，按逆工序顺序逐个计算各个子系统的投入、产出任务，即

$$Q_o^j = Q_I^{j+1} + Q_R^j + (Z_S^j - Z_S^{j+1}) \tag{3-8}$$

$$Q_I^j = Q_o^j + Q_f^j + (Z_r^j - Z_r^{j+1}) \tag{3-9}$$

式中，Q_o^j——子系统 j 的产出量；

Q_I^{j+1}——后续子系统（子系统 $j+1$）的投入量；

Q_R^j——子系统 j 的外销半成品量；

Z_S^j——子系统 j 期间的库存在制品定额；

Z_S^{j+1}——子系统 $j+1$ 的库存量（即子系统 j 的期初库存量）；

Q_I^j——子系统 j 的投入量；

Q_f^j——子系统 j 计划期废品占用量；

Z_r^j——子系统 j 内在制品占用量；

Z_r^{j+1}——预计子系统 j 期初在制品占用量。

其实还有一种常用的方法——平衡线法，它借助平衡线规定各生产环节的任务，并通过计算任务与实际完成量的对比分析，及早发现影响作业计划完成的原因，尽量避免物流中断。

三、生产物流控制原理及方法

（一）生产物流控制要素和方式

生产物流控制，指的是在执行生产物流计划过程中，所开展的监督、检查、分析和调整等一系列工作。它是实现生产物流计划和生产计划的重要保证。

1. 控制系统的组成要素

(1) 控制对象 在这个系统中，物流过程是主要控制对象。

(2) 控制目标 控制目标是系统预先确定的力争要达到的目的，其方法就是随时或定期对控制对象进行检查，发现偏差后及时调整。

(3) 控制主体 对物流过程进行控制，是需要一个机构来负责的，来比较系统的实际状态和目标值的差距，如差距超出容许范围，则制定纠错措施，下达控制指令。这样的机构就称为控制主体。

2. 生产物流控制方式

生产物流有两种基本的控制方式：反馈控制和前馈控制，其控制过程示意如图 3-2、图 3-3 所示。

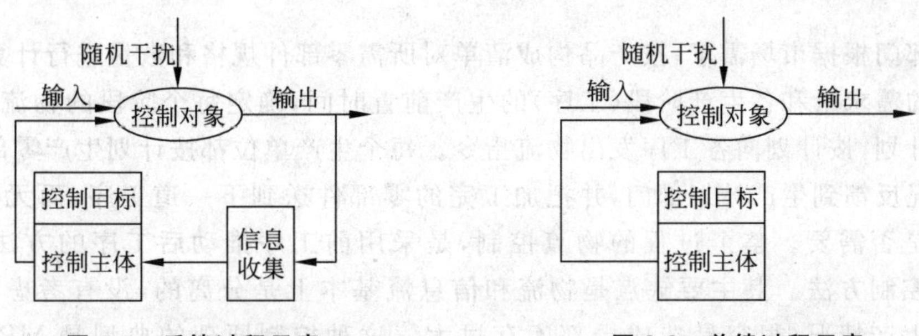

图 3-2 反馈过程示意　　图 3-3 前馈过程示意

反馈过程是控制主体根据设立的目标，发布控制指令，控制对象根据下达指令执行规定的操作，但系统状态信息传递到控制主体，经过对目标比较确定调整量，通过控制对象来实施。反馈控制主要根据当前状态决定下一步行动，稳定性较好，但由于从信息收集到调整实施有一定时滞，某些情况下可能会影响目标的实现。前馈控制根据对系统未来的预测，事先采取措施，应对即将发生的情况，发送指令，按指令控制生产过程的物流。前馈控制具有主动性，但需要控制主体具有预测能力。对于一个复杂的物流系统，不确定性较大，可能存在无法估计到的随机干扰，因而，在实际生产物流过程中，通常采用由前馈和反馈结合的复合控制系统。

(二) 生产物流控制的内容和程序

1. 控制内容

(1) 进度控制 进度控制是指对在生产过程中的物流流入、流出控制以及物流量的控制，它是物流控制的核心。

(2) 在制品控制 在生产过程中对在制品进行静态、动态以及占有量控制。有效控制在制品对于及时完成作业计划和减少在制品积压具有重要意义。

(3) 偏差控制 在生产过程中，实际情况与原计划总有些差距，这可以从两方面来控制偏差：①事先预测、估计偏差产生的可能原因，预先采取措施防止差距产生；②在生产过程中定时检测计划执行情况，发现偏差及时调整，并及时把差距向计划管理部门反映。

2. 控制程序

物流控制程序的一般步骤有：制定物流计划；收集、传送、处理物流信息；对物流计划进行调整，分为短期调整和长期调整。

（三）生产物流控制原理

1. 物流推进型控制原理

计划部门根据市场需求，按产品构成清单对所需零部件规格和数量进行计算，得出每种零部件的需求量和各生产阶段（工序）的生产前置时间，确定每个阶段的物流需求量和投入产出计划，按计划向各工序发出物流指令。每个生产单位都按计划生产零部件，将实际完成情况反馈到生产计划部门，并把加工完的零部件送到下一道工序，而无视下一道工序当时是否需要。整个过程的物流控制，是采用前工序推动后工序的方法，故称之为推进型控制方法。其主要缺点是物流和信息流基本上是分离的，没有考虑各局部阶段的实际生产情况，很容易造成局部库存过大。这种控制原理的典型是 MRP 的控制原理。

2. 物流拉动型控制原理

根据市场对产品的需求，计算出最后工序的物流量，并依此向前一道工序、上游车间发出物流需求指令，上游工序、车间完全按收到的指令生产。整个过程中物流和信息流结合在一起，后工序拉动前工序，故这种方式称为拉动式控制方法。广泛使用的 JIT 系统控制实质上是拉动型控制。

（四）生产物流控制方法

常用的生产物流控制方法，可以分为对生产进度的控制和在制品的控制两类方法。

1. 对生产进度的控制

生产进度控制，又称生产作业控制，是在生产计划执行过程中，对有关产品生产的数量和期限的控制。其主要目的是保证完成生产作业计划所规定的产品产量和交货期限指标。生产进度控制的基本内容主要包括：投入进度控制、工序进度控制和出产进度控制。其基本过程为：分配作业、测定差距、处理差距、提出报告等。生产进度控制贯穿整个生产过程，从生产技术准备开始到产成品入库为止的全部生产活动都与生产进度有关。习惯上人们将生产进度等同于出产进度，这是因为客户关心的是能否按时得到成品，所以企业也就把注意力放在产成品的完工进度上，即出产进度。

在生产进度控制中，物流控制的关键是保证物料的及时供应，使设备不至于停工待料。如果缺料时间长，加工计划又不能及时调整，会严重影响加工进度。同时，如果因物流不畅，生产流程中前后道工序衔接不好，后工序则会被迫停工。

2. 对在制品的控制

在制品控制，是调节各个车间、工作地和各道工序之间的生产，组织各个生产环节之间平衡的一个重要杠杆。合理有效地控制在制品，对及时完成作业计划和减少在制品积压均有重要意义。对在制品的控制方法通常有两种：加权法和平准法。

(1) 加权法

设 X'_t 为原计划 t 期的生产量，X_t 为最后确定的 t 期生产量，I'_t 为原订 t 期期末的在制品库存数量，τ 为调整时相当于调整期的前置时间。等 t 期期末发现有偏差，则要修正或调整 $t+(\tau+1)$ 期的实际生产量，且这种调整修正是在前置期内逐步完成的。其修正量为 Δt，即

$$\Delta t = X_t - X'_t \tag{3-10}$$

t 值分别为 $t+1, t+2, \cdots, t+\Delta$。在 t 期中，原计划与实际期末在制品数量分别为

$$I'_t = I'_{t-1} + X'_t - D'_t \tag{3-11}$$

$$I_t = I_{t-1} + X_t - D_t \tag{3-12}$$

式中，D'_t——预测需求量；

D_t——实际需求量。

则考虑前置时间 τ 后的第 t 期生产量修正模型为

$$\begin{aligned} X_{t+(\tau+1)} &= X'_{t+(\tau+1)} + \alpha\Big[I'_t - I_t - \sum_{j=1}^{\tau}(X_{t+j} - X'_{t+j})\Big] \\ &= X'_{t+(\tau+1)} + \alpha\Big[I'_t - I_t - \sum_{j=1}^{\tau}\Delta_{t+j}\Big] \end{aligned} \tag{3-13}$$

式中 α 为加权系数，$0\geqslant\alpha\geqslant1$；公式的意义为：修正部分是由 t 期期末计划和实际库存量的差异以及前置期间各期中计划与实际产量的差异相加后，再乘以加权系数而得到的。

(2) 平准法

平准法与加权法类似，需要记录每期的实际库存量与计划库存量的差异，然后再修正调整各期生产量。但修正量可以和加权法相同，调整期可以在某一时期，也可以平均分摊在以后各期中，方法较简单。

有些生产系统的 α 增加，修正生产量变化幅度较大，但库存量变化不大；而有些生产系统的 α 减小，库存量变化较大，产出量变化较小。因此，调整期是在某一时期，还是平均分摊在以后各期中，要依据加权系数的 α 影响情况而定，使调整引起的费用最小。

第二节 现代生产物流管理

生产物流依附并服务于企业的生产过程。企业生产过程对物料需求合理计划和安排的实施工具是 MRP(material requirement planning，物料需求计划)，是人们在长期的生

产实践中总结和开发的应用系统，它对物流计划和管理有着极其重要的使用价值。在当代的企业生产管理中，准时制(JIT)生产方式作为一种先进的生产组织管理模式为企业管理者所青睐。由于JIT生产方式要求适时适量和柔性化，这对生产物流提出了新的要求，从而JIT生产方式下的物流计划有其新的特点，并要求JIT生产物流关注一些关键的实施方法。

一、MRP与物流计划和管理

早在20世纪60年代初，人们就提出了MRP理论的雏形。1975年，美国的约瑟夫·奥里奇(Joseph Orlicky)出版发表的《物料需求计划：生产与库存管理的新方式》，提出了一些具有重要影响的新观点，标志着MRP理论与方法体系的确立。新观点主要有以下四点。

(1) 零部件、原材料的库存管理不同于最终产品，其需求取决于最终产品，属于相关需求。

(2) 最终产品需求一经确定，零部件、原材料的需求量就可精确计算出来，不需要进行没有意义的分别预测。

(3) 采用订货点法对最终产品进行库存控制时，所引起的相关需求可能是不连续的、不均衡的。

(4) 借助计算机可迅速完成相关需求的计算。

(一) MRP的基本原理

1. 以反映相关性需求的BOM表作为MRP的基础

MRP的原理和方法是建立在相关需求生产和库存管理的基础上的。物料管理中将物料的需求分为独立需求和相关需求。当一个库存项目的需求与其他库存项目的需求无关时，称为独立需求，它通常指那些不确定的、随机的、企业自身不能控制的需求，一般的市场需求，如用户对企业产成品、零配件、维修备件的需求就属于独立需求。当一个库存项目的需求与其他库存项目的需求直接相关时，称为相关需求。在制造业中大多数库存物品都属于相关需求，如在汽车制造产业中，轮胎、轮轴和发动机的需求都从属于汽车生产需求，是相关需求。而MRP系统正是基于相关需求的，BOM表是MRP系统的重要输入之一。当最终产品需求(独立需求)确定后，企业对零部件的需求(相关需求)就根据产品与零部件的关系一一求出来，这就构成了一份物料清单(bill of material，简称BOM)，这份清单是完成最终产品所需各种物料的简单序列，也被称为生产结构树。

2. 按时间分段计算物流需求

在订货点方法中，库存状态没有时间坐标。MRP旨在降低库存，加快产品对市场需

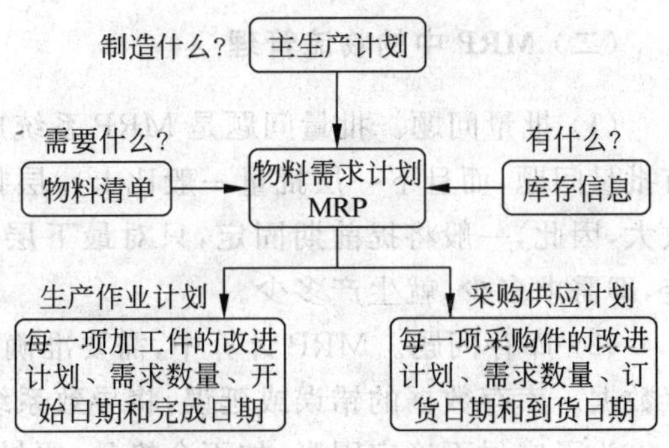

图 3-4　MRP 基本逻辑示意

求的响应能力，确定订货提前期和生产的时间计划表，所以需要建立库存的时间坐标，要有时间分段。时间分段是生产计划的最小时间单位，可以是天、周、月等，时间分段越短，计算精度越高，但管理难度就越大，目前中国大部分企业以“周”为时间分段，而日本的一些企业早已把时间分段缩小为“小时”。

MRP 的基本逻辑如图 3-4 所示。

典型的 MRP 的工作逻辑（按矩阵形式展开）如图 3-5 所示。

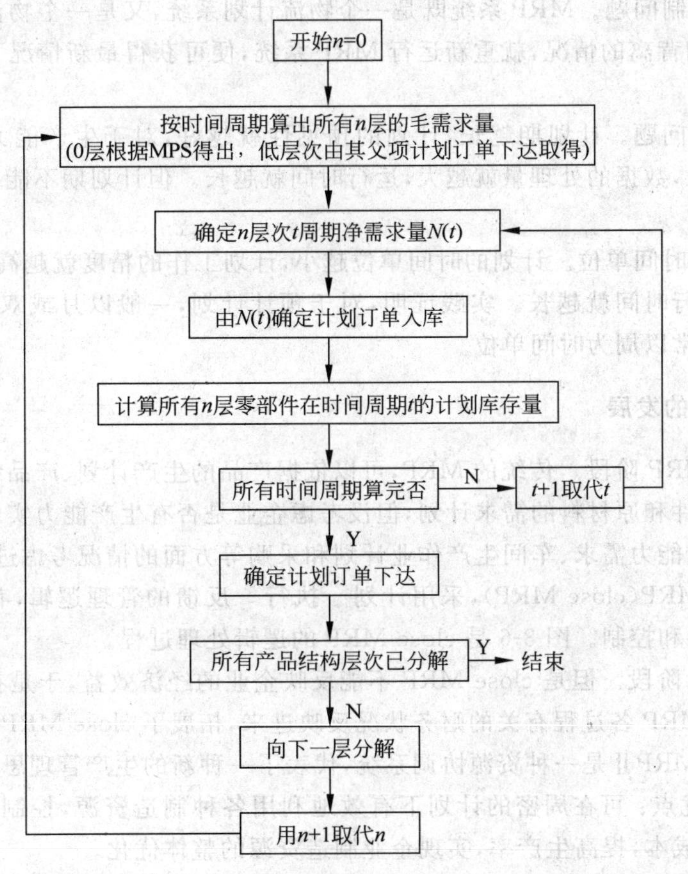

图 3-5　MRP 工作逻辑

（二）MRP 中的物流管理

(1) 批量问题。批量问题是 MRP 系统成败的关键，由于产品结构多层次性，每层都有批量问题，而且下一层批量一般比上一层批量大，如果上层出现波动，下层波动会逐渐放大，因此，一般将提前期固定，只对最下层批量采取批量策略，其他层按等量需求法确定，即需求多少，就生产多少。

(2) 库存问题。MRP 计算中，需要准确的库存记录，因此必须提供详细的、全面的库存数据。库存数据的错误或延误，将导致系统的运行失败。

为了应付不确定因素，如不合格品，原材料、外购件延期交货，设备故障，停电等，常需要确定一个安全库存。安全库存应根据生产工艺水平、设备水平、工人素质、管理水平等确定，并进行定期调整。

(3) 物流控制问题。MRP 系统既是一个物流计划系统，又是一个物流控制系统。一旦发生与计划相背离的情况，就重新运行 MRP 系统，便可获得最新情况下的生产与采购计划。

(4) 计划期问题。计划期越长，计划的预见性就越好，对于生产能力的安排就越有利。计划期越长，数据的处理量就越大，运行时间就越长。但计划期不能比最长的产品制造周期短。

(5) 计划的时间单位。计划的时间单位越小，计划工作的精度就越高，但同时数据处理良就越大，运行时间就越长。实践证明，对于预计计划，一般以月或双月为计划单位；对于制造业，通常以周为时间单位。

（三）MRP 的发展

(1) 闭环 MRP 阶段。传统的 MRP，可以依据产品的生产计划、产品结构图和库存情况，计算出零部件和原材料的需求计划，但没考虑企业是否有生产能力实现上述计划。于是人们把有关的能力需求、车间生产作业计划和采购等方面的情况考虑进去，形成了有反馈功能的闭环 MRP(close MRP)，采用计划－执行－反馈的管理逻辑，有效地对生产各项资源进行规划和控制。图 3-6 是 close MRP 的逻辑处理过程。

(2) MRPⅡ阶段。但是 close MRP 不能反映企业的经济效益，于是在 20 世纪 80 年代初人们把与 MRP 各过程有关的财务状况反映进来，拓展了 close MRP 的功能，并将其称为 MRPⅡ。MRPⅡ是一种资源协调系统，代表了一种新的生产管理思想。

MRPⅡ的优点：可在周密的计划下有效地利用各种制造资源，控制资金占用，缩短生产周期，降低成本，提高生产率，实现企业制造资源的整体优化。

MRPⅡ同 MRP 的主要区别就是它运用管理会计的概念用货币形式说明了执行企业“物料计划”带来的效益，实现了物料信息同资金信息的集成。

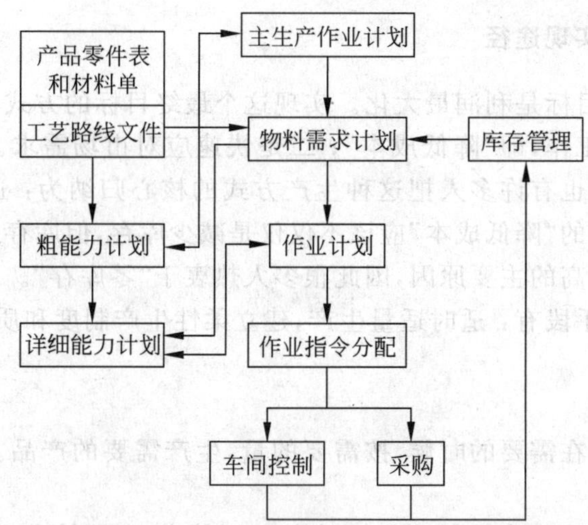

图 3-6 close MRP 的逻辑处理过程

MRPⅡ的缺点：缺乏与外部的整合，而且仅适于传统的制造业。

(3) ERP 阶段。进入 20 世纪 90 年代，MRPⅡ得到了蓬勃发展，不仅应用于汽车、电子等行业，也能用于化工、食品等行业。随着信息技术的发展，MRPⅡ系统的功能也在不断地增强、完善与扩大，向企业资源计划(ERP)发展。

ERP 的概念是 20 世纪 90 年代初由 Gartner Group Inc. 公司提出的，它是一个高度集成的信息系统，体现了物流信息同资金流信息的集成。MRPⅡ系统包括的制造、供销和财务三大部分，依然是 ERP 系统不可跨越的重要组成。

ERP 的核心思想在于：ERP 是在 MRPⅡ的基础上发展起来的，是一个高度集成的信息系统，它体现物流、信息流、资金流的集成。把客户需求和企业内部生产活动，以及供应商的制造资源整合在一起，体现按用户需求制造的理念

二、JIT 方式的生产物流及管理

日本丰田汽车公司 20 世纪 60 年代创建的这种准时制(JIT)生产方式，对丰田度过 1973 年以后的第一次能源危机起到了突出作用，后引起其他国家生产企业的重视，并逐渐在欧洲和美国的日资企业及当地企业中推行开来。现在这一方式与源自日本的其他生产、流通方式一起被西方企业称为“日本化模式”，其中，日本生产、流通企业的物流模式对欧美的物流产生了重要影响，近年来，JIT 不仅作为一种生产方式，也作为一种物流模式在欧美物流界得到推行。JIT 采取的是多品种少批量、短周期的生产方式，大大消除了库存，优化了生产物流，减少了浪费。

（一）JIT方式的实现途径

精益生产的最终目标是利润最大化。实现这个最终目标的方式有两个：一是不断取消那些不增加价值的工作，即“降低成本”；二是快速应对市场需求。这也是精益生产的两个基本目标。不过，也有许多人把这种生产方式的核心归纳为：追求零库存或者库存最小。实际上，前面说的“降低成本”应该不仅仅是减少库存，但库存过大是许多制造企业的通病，是产品成本升高的主要原因，因此很多人热衷于“零库存”。

实现JIT的基本手段有：适时适量生产，建立柔性生产制度和质量保证体系。

1. 适时适量生产

适时适量生产，即在需要的时候，按需要的量，生产需要的产品。它所采用的具体方法是：

（1）工序间、部门间不设仓库，前一工序的加工结束，立即转入下一工序。

（2）尽量缩短作业切换时间，进而缩小生产批量。

（3）采用“后工序领取”（也称为拉动式）的控制方法。

（4）混合生产（同时生产多个品种）来均衡地使用各种零部件。

（5）专用设备通用化，即通过在专用设备上增加一些工具的方法使之能够加工多种不同的产品。

（6）制定作业标准，即将工作节拍内一个工作人员所应担当的一系列工作内容标准化。

2. 生产柔性化

生产柔性化是通过设置细胞（或小型）生产线、固定变动生产线以及简易易拆装生产线等方式来实现。当生产量发生变化时，可以十分方便地增减各生产线的工作人员（及实行弹性工作人数），缩短生产周期，快速地应对市场的需求变化。

3. 品质保证

把品质管理贯穿于生产的每个工序之中，实现提高品质和降低成本的一致性，在生产中导入两种机制：①在设备上安装各种加工状态检测装置和自动停止装置，使设备能自动检测不良品，一旦发现不良品或异常可以自动停止设备运行；②设备操作工人发现设备或产品的问题有权自行停止生产。

（二）JIT方式的生产物流与管理

1. JIT的生产物流计划特点

在JIT方式中，同样根据企业的经营方针和生产预测制定年度计划、季度计划、月度计划，最后根据月度计划制定物流作业计划。它的主要特点：

(1) 真正的生产指令下达给最后一个工序，物流作业按看板指令实施 JIT 配送。

(2) 其他工序只下达每月大致生产的品种和数量计划，物流作业按生产计划准备物流能力。

2. JIT 方式管理生产物流的关键做法

JIT 生产方式的主要目的是使生产过程中物品(零部件、半成品及制成品)有秩序地流动并且不产生物品库存积压、短缺和浪费，因此有几个关键的做法，即生产流程化、作业均衡化、看板管理，这些做法的中心任务就是管理生产物流。

(1) 生产流程化。即按生产过程所需的工序从最后一个工序开始往前推，确定前面一个工序的类别，并依次的恰当安排生产流程，根据流程与每个环节所需库存数量和时间先后来安排库存和组织物流。尽量减少物资在生产现场的停滞与搬运，让物资在生产流程上毫无阻碍地流动。这即是拉动型的生产物流。

(2) 生产均衡化。即将一周或一日的生产量按分秒时间进行平均，所有生产流程都按此来组织生产，这样一条流水线上每个作业环节上单位时间必须完成多少何种作业就有了标准定额，所在环节都按标准定额组织生产，因此要按此生产定额均衡地组织物质的供应、安排物品的流动。因为 JIT 生产方式的生产是按周或按日平均了的，所以与传统的大生产、按批量生产的方式不同，JIT 的均衡化生产中无批次生产的概念。

(3) 看板管理。准时化生产是目前企业所追求的一种先进的生产组织管理模式，而看板管理又是 JIT 生产方式中一种重要的管理手段。看板是一种辅助工具(载体)，是一种用于生产现场控制的作业方法。看板(来自日语“看板”：カンバン，日语罗马拼写：Kanban)，是丰田生产模式中的重要概念，指为了达到即时生产(JIT)方式控制现场生产流程的工具。即时生产方式中的拉式(Push)生产系统可以使信息的流程缩短，并配合定量、固定装货容器等方式，而使生产过程中的物料流动顺畅。即时生产方式的看板旨在传达信息：何物，何时，生产多少数量，以何方式生产、搬运。看板的信息包括：零件号码、品名、制造编号、容器形式、容器容量、发出看板编号、移往地点、零件外观等。即时生产方式的看板在生产线上分为两类：领取看板和生产看板。看板管理方法是在同一道工序或者前后工序之间进行物流或信息流的传递。通常，当主生产计划确定以后，就会向各个生产车间下达生产指令，然后每一个生产车间又向前面的各道工序下达生产指令，最后再向仓库管理部门、采购部门下达相应的指令。这些生产指令的传递都是通过看板来完成的。如，生产指令从装配车间发出，物流中心具体负责实施，当装配车间用完一箱零件后，就把取货看板挂到看板架上，物流中心负责带着取货看板和空工位器具到上一道工序(车间)去取相应数量的零件，上道工序再从它的上一道工序领取相应数量的零件进行加工，以补充被取走的数量，依次类推，直到原材料供应部门。看板跟着零件走，没有看板不取货，没有看板不生产，防止“过量制造”，“过量运送”。这样大大降低了在制品储备数量，减少了资金占用。看板管理还是贯彻“目视管理”的工具，“看板”与在制品同时在一起存放，只要一看“看板”标明的件号和数量，就可以一目了然地知道在制品的品种和数量。通过实施看板管理极大地提高了生产物流和现场管理水平。

 专栏 3-1　福特的准时制生产物流

20 世纪最初 20 年间，福特首先把泰勒科学管理原则应用于生产的组织过程，创立了流水线作业体系，从而奠定了现代大工业管理组织方式的基础，因此，也被称为泰勒福特制。其基本特点表现为大规模批量生产，以实现规模经济效益。这种最早应用于汽车工业的组织方式很快扩散到其他产业。在五六十年代创造了现代工业的“黄金时代”。进入 20 世纪 70 年代之后，福特制出现了严重危机，欧美企业陷入困境，其原因并非简单的生产成本问题，更重要的是它们无法对市场的多样化需求作出更快、更适宜的反应，它所反映的是福特制的危机。

20 世纪 80 年代以来，美国、西欧及其他国家开始学习和应用日本首创的 JIT 管理方法。福特汽车公司，是美国三大汽车制造公司之一，其工厂遍及北美，生产重点在于汽车组装，依赖北美许多供应商供应零配件，于 1987 年实施 JIT。

福特公司的准时生产，是以最低库存、直接针对市场需求的小批量生产，其生产设计具有迅速转产或转型的灵活性。厂房布局使得机械加工过程组合得很密切，这样能够减少材料的移运。另外，由于与零售商达成协议，因此生产计划可以很稳定。

公司的准时生产需要准时制系统的支持。福特汽车公司的准时制系统的特点有以下几个方面。

1. 厂内系统

福特公司的生产线进料储存量，设计为保持全天所需的原材料外加半天的保险存货，除非需要作安全库存的关键物品，消除大多数非生产线进料库存。大部分原料直接传递到生产线进料地点，消除大宗库存，取消库存用地。通过将物料直接传递到生产线进料地点，而取消了额外的物料管理。同时使用可退换窗口来改进搬运效率。

2. 包装系统

所用包装是专门为福特公司设计的，采用可折叠式包装以便于回收。减少可消耗包装的成本及其处理成本，提高包装的保护性以便于搬运；标签及文字记录的位置标准化，使得搬运快捷、准确。优化模型设计，方便运输工具及铲车作业，提高搬运效率，尤其是提高生产线进料处的搬运效率。

3. 运输系统

即时物流需要可靠的运输供应者。福特公司尽量减少运输承运人的数量，谈判合同

包括处罚条款。随时检查运入运输系统的可靠性,必要时用汽车运输取代铁路运输。在可能的情况下,用即时性铁路运输取代常规铁路运输。

4. **内向运输系统**

汽车和铁路运输定时到达福特工厂,采用时间窗口进行递送。使用转动式拖车卸货,而不采用倾倒和转换式卸货,这样可消除拖车连成一串的情况,使接货的人力安排更有效,减少了卸货车辆的等待时间。采用循环收取的办法,以便一辆车能从若干个供应者那里收取物料,这样,重复和线路熟悉提高了效率。运输公司与福特公司,每天通过计算机联网信息系统进行通信,如一个实时的电子通信系统,即物资需求系统(DMRS)来联系。另外,还利用铁路运输来发展即时性业务。

5. **供应商**

供货方均以年度合同方式向福特公司供货。供货方掌握20天的关于福特公司每日生产需求的连续报表,以便做供货计划。福特和供应商的联系也是由物资需求系统来连接。每天晚上,DMRS将次日物资需求信息传递给运输公司,供应商必须随时将物资准备好以便装车。运输采用特定的集装箱、用指定的拖盘并在特定的时间、窗口进行。承运人要在特定的时间窗口提取物资,货物往往在当日或连夜运送。

6. **成功因素**

从福特公司的成功经验来看,即时管理协调员是确保系统正常运行的关键。当供货者或承运人或福特厂家未能按计划运作时,即时管理协调员对系统进行调整;供货者或承运人一方违约时,即时管理协调员要追究其责任。另外,福特公司和供货者及承运人三方按计划运作,建立伙伴关系,履行各自的承诺。福特公司对可靠的服务支付费用,并帮助培训。

随着经济全球化和国际分工的迅猛发展,中国正在逐渐成为一个大的制造基地,国内的制造企业数量已非常庞大,但仍然存在着生产制造过程越自动化,越柔性化,生产规模越大,物流系统落后等问题。因而,制造企业中进行生产物流系统的现代化设计和改造,逐渐成为众多制造企业管理者的关注焦点。这里编入两个生产物流整合与优化的案例,借以启示。

专栏 3-2 上海汽车多品种变速器生产物流的整合与优化

随着国内轿车市场需求结构的变化,轿车整车特别是轿车零部件生产企业之间的竞争日趋激烈,许多国外著名生产企业在加强产品技术开发和推进全面质量管理的同时,纷纷把寻求成本优势和价格优势的目光转向生产制造过程中的物流领域。面对新的市场环境,上海汽车股份有限公司汽车齿轮总厂一方面主动适应市场变化,大力开发新产品;另一方面积极探索在多品种生产方式下变速器生产物流的整合与优化。

1. **整合优化前的物流状况**

企业生产物流主要表现在以下几方面：

(1) 由供应商提供毛坯件，入外购毛坯库，再由企业内部加工后入半成品库，再发到总装车间进行装配。

(2) 由供应商提供毛坯件并经过粗加工后，入外购毛坯库，然后由企业内部进行再(精)加工，再入半成品库，再发到总装车间进行装配。

(3) 企业内部各车间之间进行工序周转，通过进出自制中转库来实现，最后进入半成品库，再发到总装车间进行装配。

(4) 在企业内部经过一番加工后入自制中转库，发到供应商进行协作加工后，再回到自制中转库，然后在企业内部进行再加工，再入半成品率，再发到总装车间进行装配。

(5) 由供应商提供外购零部件成品，入外购配套库，再经外购中转库后，发到总装车间进行装配。

2. **整合优化的思路**

减少物流环节和缩短物流流转时间是进行企业系统物流整合优化的基本出发点。

思路一：将物料采购供应中自制件毛坯(包括经过粗加工的毛坯)及外购配套件的报验、仓储、收发等环节移至企业体外，集成为一个物流配送中心，由第三方提供场地、人员及设施并按企业实际生产的需求承担配送(收料、分货、报验、保管、配货、送料等)任务。

思路二：将企业内部各车间之间进行工序周转的物流和信息流分开，物流不通过自制中转库而由上道工序车间直接流入下道工序车间，最后一道工序车间不进入半成品库，直接送到总装车间进行装配；信息流则通过MRPⅡ系统行数据处理。

思路三：对进入半成品的自制件的时间和数量进行有效控制，由车间直接发到总装车间进行装配，半成品库仅仅作为应急生产储备；同时，外购配套件直接进总装车间实行适时供货，取消外购中转库。

思路四：把用于对外协作加工周转的自制中转库并入物流配送中心，设立虚拟中转仓库。

思路五：企业保留核心技术，把非核心技术如 锻、铸、粗车、半精车、滚齿、插齿等加工工艺转移出去，在企业周围扶持和建立一批卫星厂和配套厂，大大简化企业内部物流。

企业内部的物流环节减少了，整个物流供应链流程简化了。传统的物流流转方式是在生产流转过程中企业内设有毛坯仓库、中转仓库及半成品仓库，自制毛坯件先进入毛坯仓库(占地面积达3000平方米)，然后通过毛坯仓库发至各生产车间；各车间工序间周转或发外协作加工通过自制中转库(占地面积达1600平方米)来实现；零部件加工到最后一道工序车间后进入半成品库(高架仓库共计2880个架位)。而外购配套件根据物料采购计划提前数个采购量，将物料储存在外购件中转库(高架仓库共计1584个架位)，再由中转仓库根据每天的装配需求进行发货。为了考虑运输和其他各种因素，各仓库均有一定的库存量，由于企业的生产规模较大、产量较高，其结果使物流体系中非增值部分毛坯仓库、中转仓库及半成品仓库库存资金占用总量居高不下，最高时达到一亿三千多万元，存货周转很慢。新的供应链就是将自制毛坯件由供货商直接送达各生产车间需求点门口。通过以上整合优化将使原来由企业体内实施的部分循环移至企业外部运行，这样不但缩减了物流环节，也减少了物流体系中非增值部分，有效提高物流体系的运作绩效。

新的供应链打破了落后生产观念和传统管理的枷锁，从根本上改变并重组传统的生产流程，其核心就是使企业的自制毛坯件、外购件和半成品趋向于零库存。它是对传统管理模式的有力挑战，更是对传统物料管理观念给予了否定，在生产经营观念上实现了新的突破。

(1) 外购件的物流整合

以外购配套件物流作为试点，首先取消企业内的外购件中转库，并委托第三方在厂区附近建造体外仓库，由各分供方根据自愿互利的原则，并根据实际需要租赁一定面积的场地，要求各分供方按需方计划要求提供一定库存储备提前量，然后由企业质保部派员至厂区外仓库对各分供方提供的外购件进行入厂前检验，检验合格后由配送中心进行拆包装、分拣、配料并按总装需求分批直接供货。供货商储存在厂区外仓库内的零件在储存期间不进行财务结算，只有在完成装配后才进行财务结算。财务部门每月根据总装车间实际报交数与各分供方进行财务清账结算。通过这种方式，取消了一个高架仓库共计1 548个架位，压缩库存资金2 600万元。

(2) 自制件的物流整合

在对外购配套件物流进行整合取得明显成效的基础上，通过对自制件近半年的摸底调研，拟订自制件物流供应链整合优化运作的可行性方案。

各车间工序间直接周转，不通过自制中转库；完成零部件加工最后一道工序的车间直接向总装供货，从而压缩半成品高架仓库2/3舱位计1 920个架位，腾出自制中转库占地面积达1 600平方米，减少库存资金5 000多万元。

要求所有自制件毛坯供应商每天按需准时将毛坯送至企业各生产节点加工地门口，并在生产现场进行入厂交接。对于进入企业生产物流环节的物料流转交接方式的整合，采用门对门的实物交接，账务处理由虚拟仓库承担完成，有效解决了物料流、信息流、资金流有机衔接。使原毛坯中转库3 000平方米场地占用降至800平方米，库存资金占用从1 500万元降至目前180万元，下降幅度达88%。

3. 非核心技术转移

桑塔纳变速器生产初期，在总共133种214个零件中，企业自制附件为129个，外购配套件为85个。经过多年来的不断努力，企业在周围扶持和建立了一大批卫星厂和配套厂，通过非核心技术转移，大大简化企业内部物流，有效减少了生产资金占用，存货资金周转次数明显加快，经济效益显著。随着多品种生产体系的逐步形成，包括F15赛欧家轿、奇瑞、猎豹、金杯系列变速器以及别克(4T65E)自动变速器零件总成等,企业自制件和外购配套件的生产比例发生了根本变化。

4. **整合优化的成果**

- 取消了外购件配套库、自制件中转库、压缩了毛坯库、半成品库后,减少库存资金占用10 120多万元;腾出仓库场地3 800平方米及高架仓库3 504个架位。
- 减少在制品管理人员近20余人,同时也减少大量的搬运、装卸、储存工作量。
- 存货资金周转次数提高了50%以上,生产资金占用减少了68%。
- 加快了物流速度,生产现场在制品逐年下降,生产现场的环境得到了明显改善。
- 实施物流供应链的整合优化后,切实促进提高了供应商质量保证能力及质量控制能力,并提高了供应商的产品质量意识,零部件供货的合格率有了明显提高,一半以上的供应商成为免检供应商。
- 物流供应链整合优化后,降低了物流成本,使供应链上的各个环节之间的战略伙伴关系更密切、更坚实,进入了双赢的良性循环。

第三节 生产物流平衡

生产物流平衡,组织企业有节奏、均衡地生产,保持设备能力平衡,工序能力平衡,对于企业的生产具有举足轻重的作用。生产物流平衡是解决流程型生产系统中的物流管理问题,由于流程型生产物流管理是一项涉及范围较广、工作难度较大、相互联系较紧密的系统工程,而且影响生产物流的因素很多,如市场需求情况、原材料供应情况、设备运行状态等,因此生产物流平衡是一个有待深入研究的课题。本章主要初步探讨有关生产物流平衡的基本问题。

一、生产物流基础

有关生产物流的一些基本概念如下。

(一)生产周期

对于制造业来说,生产周期一般指从第一道工序开始到最后一道工序结束,完成必要作业所需的总制造时间。一般生产周期包括以下4个阶段:

(1)生产准备阶段。连续生产流程中,这个阶段所需时间一般都比较短,往往是更换一些必要的生产工具或者仪器等。

(2)生产制造阶段。生产出指定的产品并装配、包装。

(3)质量检查阶段。严格的说,在现在很多生产流程中,这个阶段应该被包含在生产制造阶段,如实现精益生产方式的企业,把质量检测在生产流程中,发现问题当即解决,而不像传统的生产方式那样只等最后进行质量检查，不合格的只能是次品，这样只能造成浪费。

(4) 生产搬运及等待阶段。零部件在各工序间搬运、等待加工(生产排队)、出入仓库以及库存等各个阶段时间的总和。

生产周期还与加工批量和产品的加工复杂程度、质量要求等因素相关，因此准确计算生产周期是十分复杂的，很多时候可以根据经验选择。

(二) 生产平衡计算周期

生产计划是任何一个企业组织生产活动的依据，根据不同组织层次管理目标的不同，生产计划分为三个不同的层次：

(1) 长期计划。是企业最高层管理部门制定的计划，涉及产品发展方向、生产发展规模、技术发展水平以及新生产设施的建造等；

(2) 中期发展计划。是企业中层管理部门制定的计划，确定生产经营活动应该达到的目标，如产量、产值、利润等；

(3) 短期计划。是执行部门编制的计划，确定日常生产经营活动的具体安排，常以物料生产计划、能力需求计划和生产作业计划等来表示。

由于生产计划的上述特点，所以生产物流平衡计算一般分几步骤，主要可分为粗平衡计算和细平衡计算。由于长期计划只是个战略计划，无法依据它进行物流平衡计算；而依据中期计划中的总体生产计划，可以进行粗平衡计算，周期一般以月为单位；依据短期计划中的生产作业计划，可以进行细平衡计算，周期一般以周、半旬、日为单位。

(三) 生产单元的生产能力

生产能力，是指生产单元在一定的时间内(一个计划期)和一定的技术条件下，经过综合平衡生产的一定种类产品的最大数量。一般用下列指标表示生产单元的生产能力。

(1) 有效生产时间。它是指生产单元的计划期内有效加工时间，具体来说：有效生产时间＝生产时间－停产时间。

(2) 单位时间生产能力。它是指生产单元单位时间(每小时)生产的标准产品的产量。

(3) 单元生产能力。它是指生产单元在一个计划期内的总生产能力，即单元生产能力＝单位时间生产能力×有效生产时间。

大部分情况下，生产能力可以用企业生产的产品来表示。对于流程式生产，生产能力是个比较准确和清晰的概念，生产能力就用生产的产品数量表示。对于加工装配式生产，生产能力是个比较模糊的概念。不同的产品组合，表现出的生产能力不一样：大量生产，品种单一的，可用具体产品数来表示；成批生产，品种少的，可用代表产品(产量与劳动量乘积最大的产品为代表产品)来表示;多品种生产,则只能以假定产品来表示。

生产单元生产能力的平衡是生产物流平衡的重要的一环,在进行生产物流平衡计算时,要按生产平衡计算周期输入生产单元的生产能力,如果与实际的生产能力有很大缺口,难以调整时,可以与计划、管理部门协商,通过调整停产时间的长短来改变生产单元的生产能力。

(四) 生产阶段的投入产出系数

投入产出系数是指物流量在生产各阶段的产出量和投入量的比值,其原因是在生产阶段,物流量会有损失。在生产的不同阶段,投入产出系数是不同的,通常也采用不同的算法:在生产初期,可以采用回归分析法;在生产稳定阶段,采用几何平均法。

二、生产物流平衡模型及方法

(一) 生产物流量模型

设有 m 份订货合同,每份的产品重量为 Q_n,则有

$$Q_n^i = \frac{Q_n}{\prod_{j=1}^{n} K_i} \quad n = 1, \cdots, m \tag{3-14}$$

式中,Q_n^i——第 i 生产阶段第 n 份合同的生产物流量;

K_i——第 i 生产阶段的投入产出系数;

Q_n——第 n 份合同的订货总量。

则第 i 生产阶段的物流生产总量为

$$Q^i = \sum_{j=1}^{n} Q_n^i \tag{3-15}$$

式中,Q^i——第 i 生产阶段的物流生产总量。

(二) 生产物流时间模型

设第 n 份合同的最晚交货期为 $d_{n,\max}$,最早交货期为 $d_{n,\min}$。若要保证按时交货,则必须满足

$$d_{n,\max} \geqslant d_{n,\min} + \sum_{i=1}^{m} T_i \tag{3-16}$$

式中,T_i——第 i 生产阶段的生产周期;

m——生产阶段的总数。

(三) 生产物流平衡方法

(1) 生产物流的平衡指标 一般可用以下三种指标就可以反映生产物流的平衡状况。

① 合同生产率。它是指生产阶段的按合同生产的产品重量占该生产阶段产品总重量的比率。合同生产率各个生产阶段按合同生产的情况，如果企业生产物流不平衡，就经常会为了提高设备的利用率而不按合同生产，结果就会造成库存的大量增加。因此，合同生产率能作为衡量生产物流平衡的一个指标。

② 生产进度均衡率。它是指各个生产单元计划产量与整个生产单元平均计划产量的比值。生产进度均衡率反映了生产物流在各个生产阶段的均衡情况，如果生产物流在各个阶段流量均衡，则各个阶段生产进度均衡率大致相等，且都趋于1；相反，如果各个阶段生产进度均衡率大小不一，差别很大，则说明生产物流极不平衡。

③ 生产单元负荷率。它是指生产单元计划生产产量与生产单元计划期内的生产能力的比值。它反映了生产单元的作业均衡情况，其值越大越靠近1，说明生产单元的生产能力得到了越来越大的利用；若其值趋于0，则表明生产单元处于空闲状态。

也许有人认为以上三个指标越大越好，因此，只需要把三者都让它们趋于1，则生产物流平衡就达到了。但实际情况，人们是没法也没有可能做到上述的“3个1”的，影响物流平衡的因素有很多，物流平衡也是随这些因素的变化而变化的，因此，物流平衡是个动态的过程。

(2) 生产物流平衡模型 正如前面所说，影响生产物流平衡的因素很多，因此，生产物流平衡模型应该是一个多目标规划问题，而多目标规划的数学模型为

$$\min z = \sum_{i=1}^{p} p_i \sum_{j=1}^{m} (w_{ij}^{+} d_{ij}^{+} + w_{ij}^{-} d_{ij}^{-}) \tag{3-17}$$

$$\begin{cases} Z_{ij}(X) + d_{ij}^{-} - d_{ij}^{+} = T_{ij} \\ X \in D \\ d_{ij}^{+} \geqslant 0 \\ d_{ij}^{-} \geqslant 0 \\ i = 1, \cdots, p; \quad j = 1, \cdots, m \end{cases}$$

式中，w_{ij}——第 i 优先级中第 j 个目标的权数。

在正常生产情况下，可以用生产物流的三个平衡指标来做约束条件，比如

$$\begin{cases} \dfrac{30}{d_{n,x}} Q^i - D^i \leqslant 0 \\ Q^i - \dfrac{\sum_{n=1}^{m} Q_n}{m} = 0 \\ d_{\max} \geqslant d_{n,x} \geqslant d_{\min} \\ i = 1, \cdots, m \end{cases} \tag{3-18}$$

式中，$d_{n,x}$——第 n 份合同的计划交货期；

D^i——生产阶段 i 的生产能力；

Q^i——第 i 阶段的物流总重量。

显然，这个约束条件中没有给定每个子约束的优先级，这样企业可以对每个目标设定自己的优先级，从而产生了企业自己能接受的非劣解(近似最优解)。

(3) 生产物流平衡的步骤 如果 n(合同数量)比较小，生产物流的平衡就可以用上面提到的平衡模型进行计算，只需先算出生产物流量、生产时间，还有进行生产阶段的排序。但往往 n 比较大，这时为了简化计算，可以用启发式算法。启发式算法是 Douglas W. Lang 在研究资源分配问题时，根据面向网络工程有限资源的算法特点，提出了一种启发式算法，尽管这种方法不能保证获得最优解，但可以获得可行的近似最优解。具体步骤为：

① 以最迟开工时间为序安排生产；

② 如果几项作业的开工时间相同，作业优先级依次为：浮动最小的作业，持续期最长的作业，资源需求量最大的作业。

我国许多企业的生产管理人员也总结了不少的启发式算法，如："先前欠、后本期、再后期"，"先小量、后大量"等。

采用启发式算法的步骤如下：

① 进行生产物流量的计算；

② 进行生产时间的计算；

③ 按一定规则进行生产阶段的优先性的排序；

④ 先前期、后本期、再后期；

⑤ 先长周期，后短周期；

⑥ 先小量、后大量；

⑦ 按计划期长短为序，进行生产物流的平衡，即首先进行月平衡、再旬平衡、最后半旬平衡；

⑧ 在调整短计划期的生产物流平衡状态时，长计划的平衡保持不变。

案例 3-1　华联印刷的生产物流管理

印刷业的生产物流具有制造业生产物流的共性，也有其差异的个性，如订单合同额小(小至几十元、几百元)、订单数量多(平均每月几十单、上百单)、每个订单使用的原材料品种多(每个订单都要包括正文纸张、封面纸张、装帧材料等原材料)、加工工序多(每个订单少至几个工序、多至几十个工序)、交货期短(短至 1～2 天)、成品交付地点各不相同(有的到客户办公室，有的到库房；有本地，也有外埠、国际)、交付方式也因活而异(有汽运、海运、空运等)。如今,印刷物流管理得到了业内人士越来越多的关注。在印刷品加工价格竞争日趋激烈的今天,能够有效地进行物流管理无疑是降低企业成本最重要的途径之一。

1. 总体生产布局与物流管理

华联印刷的采购物流、生产物流和销售物流管理既相互独立,又相互交叉、密不可分。相互独立使各系统调度灵活性高,便于调度;相互交叉可整合资源,节省成本。

华联印刷的生产车间和库房布局是"以装订车间为中心",这一点是在大厦设计时就进行了充分考虑和论证的。印刷的主要承印物纸张及其经过印刷和其他加工后的半成品和成品是生产物流管理的主要对象,其在生产过程中种类繁多、流动总量巨大,如何使这些原材料、半成品和成品流动的距离最短,使生产流程中的主要物流距离和位置最为合理,是生产物流管理的关键所在。

华联印刷的生产车间分布在第一、二两层楼内。以装订车间为中心的生产布局是指将一层上万平方米的生产车间分三部分,中间部分是生产量最大的平装生产线(胶装和骑马订),两侧分别是平张纸印刷机和卷筒纸印刷机,这样既有利于调整两侧印刷机的振动平衡,更有利于平装产品的流程。商业轮转印刷机印刷的产品绝大多数为胶装或骑马订装,并且印完的产品已完成了折页,印数大,半成品多。从轮转机收纸部分到胶订机只有一墙之隔,距离不超过 10 米,这样印下来的半成品可随时转移到胶订机做准备,如事先调试好机器,待印帖齐全后,成品很快就能下线。华联印刷二层生产车间包括折页和精装的各工序。并与一层的平张纸印刷处于同一垂直位置。精装装订的产品一般均采用平张纸印刷,并且印数相对较小,半成品流量较小,但半成品要经过折页、配页、锁线等几道工序,半成品在车间停留时间较长。虽然需要经过货梯运输,但运输总量不会很大。

纸张是印刷的主要承印物,也是在生产物流中主要的货物。在布局上,平张纸库与平张纸印刷车间相连,卷筒纸库与轮转印刷车间衔接,这样虽每月有上千吨的纸张吞吐量,在库房出入货与生产的衔接上仍然是有条不紊的。从整体上看,平张纸卸货台、平张纸仓、平印车间、平装装订依次连成一条线,保证了平张印刷的进纸、存纸、切纸、印刷和装订过程中的物流距离最短;卷筒纸卸货台、卷筒纸仓、轮转车间、平装装订依次连成一条线,确保了轮转印刷的进纸、存纸、纸张准备、印刷和装订过程中的物流距离最为合理;平装装订和成品库、成品出货台连成一条线,这样确保了装订后的成品直接入库和出货。生产布局的合理安排确保了生产过程中纸流最短。

2. 生产过程物流管理

华联印刷生产物流管理是以工程单为主线,明确每一订单的具体要求,对常规的做法进行规范,保证物流的顺畅和高效。华联印刷在生产物流管理方面的具体做法是:

① 物流过程中的保护措施

上机前的白纸、半成品、成品在上下工序流动过程中,均以塑料薄膜缠绕保护,对整台产品加标志,这种措施使产品在搬运过程中得到防护,牢固而不易倒塌,因此可加快运输速度。此外,因整台产品码放后及时被防护,不存在台上的产品被搬移的可能(如整台被破坏将很容易判断并及时清查),这样只需查看整台产品的标志,就能清楚得知产品数量,提高了产品数量清点的效率和准确性。

② 统一定制码放产品用台板

不同车间根据本部门常见产品种类和规格,定制了相应规格的可重复使用的塑料卡板,并分别用不同颜色区分其所属部门。这种方式使得不同工序的半成品与台板相匹配,整齐美观,台板的使用井然有序,减少了台板不合适或找台板耗费无效时间,将无效工作减到最小。

③ 规范产品包装

所有产品在制造加工的同时,均同时加工完成具有明确标志且与产品规格相匹配的成品包装箱,包括产品名称、每箱数量等要素。如属国内运输,则按国内运输的标准制作;如是发往国际,则包装箱、卡板按国际标准制作。清晰的标志提高了货物查找的准确率,对成品货物运输体积和重量的估算更为准确,为成品运输提供可靠资料,使运输车辆的准备有据可依。

3. 成品物流管理

成品物流是指将完工产品从企业交付到用户之间的物流。

在成品物流的运作中,华联印刷的成品物流部门充当了管理者、调度者的角色,执行者是合作的第三方物流公司。华联印刷将成品物流外包给专业物流公司,目前公司采用的物流公司有三家,每年以招标的形式决定选择合格的物流服务供应商。由于专业化分工越来越细,在快速发展过程中,企业不可能各项工作都亲历亲为,选择专业化的物流公司,公司只对物流公司进行管理,可以更好地达到管理成品物流的目的,公司可以集中精力做好自己的核心业务。

成品运输工作虽为外包,但第三方物流公司在华联印刷成品管理办公室内设立办公点并准备足够的运输车辆,全天候根据公司成品出库和送货单,与华联印刷运输调度人员密切配合,完成运输任务。华联印刷在对物流公司的日常管理上采取很多措施来监控物流公司的服务情况,如提前 4 小时备好车辆,对送货人员畅通的手机联络、规范的送货单回单等。

由于客户要求的改变,现代企业的生产方式也发生了较大的转变,即从大批量生产转向精细的准时化生产,要求企业能以最快的速度把产品送到用户的手中,以提高客户对市场的快速响应能力,使客户的产品增值,这就要求企业的物流系统具有和生产加工体系协调运作的能力,以提高企业敏捷性和适应性。因此,物流管理不仅是保证生产过程连续性的必要前提和企业降低成本的直接要求,还是为客户提供增值服务的重要手段。

资料来源:根据职业考试网(http://www.qnr.cn/zy/wuliu/ali/200804/37467.html)"物流案例——华联印刷生产物流管理初探"整理。

本章小结

企业的生产物流活动是在整个生产过程中伴生的，它已构成了生产流程过程的主要组成部分。生产物流是生产所需的原材料、燃料、外购件投入生产后，经过下料、发料，运送到各加工点和存储点，以在制品的形态，从一个生产单位流入另一个生产单位，按照规定的工艺过程进行加工、储存，借助一定的运输装置，在某个点内流转，又从某个点内流出，始终体现着物料实物形态的流转过程。生产物流是企业生产活动与物流活动的有机结合。做好生产物流的管理，需要做好三个方面的工作，即生产物流的计划与控制、生产物流的运作管理、生产物流的平衡。

生产物流的计划与控制需要熟悉生产物流的结构和特点、生产物流计划的原理和方法，以及生产物流控制的原理和方法，才能在具体的生产物流管理实践中，结合具体的生产流程特性，灵活运用这些原理和方法，探索出企业如何生产个性的可行的生产物流的计划与控制的科学方法。

在现代生产物流管理中，由于生产物流依附并服务于企业的生产过程，人们在长期的生产实践中总结和开发的应用系统 MRP，不仅是企业生产过程对物料需求合理计划和安排的实施工具，它对物流计划和管理有着极其重要的使用价值。在当代的企业生产管理中，准时制(JIT)生产方式作为一种先进的生产组织管理模式为企业管理者所青睐。JIT生产方式要求适时适量和柔性化，从而使得 JIT 生产方式下的物流计划有其新的特点，并要求 JIT 生产物流关注一些关键的实施方法。

由于企业的生产过程有诸多因素如市场需求情况、原材料供应情况、设备运行状态、生产工艺流程的复杂程度等，直接影响着生产物流的效能，从而影响到企业的生产过程。因而，生产物流的平衡是一个有待深入研究的课题，包括生产物流量模型、生产物流的时间模型、生产物流的平衡方法等。解决好生产物流的平衡问题，对企业有节奏、均衡地生产，保持设备能力平衡，工序能力平衡等具有举足轻重的作用。

问题思考

1. 你对生产物流的概念、结构和特点的理解。

2. 用图形归纳生产物流概念发展的演变及相应的管理理念。

3. 影响生产物流的因素有哪些？针对这些因素，在组织管理生产物流时应注意什么问题？

4. 举例说明生产物流的计划原理及方法。

5. 怎样理解生产物流的控制原理?
6. JIT 是一种什么样的生产方式?它的实现途径是什么?
7. JIT 生产物流的一些关键做法有哪些?
8. 怎样理解生产物流平衡的管理理念?
9. 通过本章案例的启示,你认为生产物流管理需要把握哪些内容?

第四章 销售物流

销售物流是企业将产品所有权转移给消费者的一系列物流活动，主要包括产品的包装、存储、配货、发送、信息处理等多个方面。销售物流是供应链物流系统的一个重要环节，它以产品离开生产线进入流通领域为起点，以送达用户并经过售后服务为终点。通过销售物流过程，产品实现其价值，企业获得利润。这一切与订单的处理以及订单与产销、物流系统的协调，配送系统的合理化等有直接联系。本章就订单的处理与协调、配送系统的合理化、配送系统的设计等进行深入研究。

第一节 销售物流概述

销售物流包含着一系列的内容，其运作的效能直接影响着企业赢利的实现程度，而销售过程中与产销紧密关联的订单的处理模式、订单与产销的协调、订单与物流系统的协调等，都直接影响着销售物流的运作和绩效因为这些是做好销售物流的最基本的前提。

一、销售物流的内容

为了保证销售物流的顺利进行，以适宜的物流水平满足客户需求，企业需要合理地组织销售物流，包括产品包装、存储、选择销售渠道、发送、信息管理等相关方面。

1. 产品包装

产品包装是企业生产物流的终点，也是销售物流的起点。包装分为销售包装和运输包装。销售包装又称为小包装或内包装，其目的是向消费者展示货物的基本信息以及运输和使用的相关说明，以吸引消费者和方便零售。运输包装又称为大包装或外包装，目的是保护商品，便于仓储、运输和装卸。包装形式的确定、包装材料和包装方法的选择，都要与物流的其他要素相适应。如不同的装卸方式、仓库堆码方式和高度、商品的特性、运输工具及运输距离等，都会对包装有不同的要求。此外，产品外包装还应体现企业的经营理念，将企业的经营价值观、服务理念、先进文化等展示给消费者。

2. 产品存储

企业生产经营中应保持产品合理的库存水平，以及时满足客户需求并应对生产中遇到的不确定性。客户对企业产品的可得性非常敏感，缺货不仅使客户需求得不到满足，而且还会增加企业销售服务的物流成本。同时，产品的可得性也直接影响着企业销售物流的水平。为了避免缺货，企业一方面把自身的库存保持在一个合理的水平；另一方面可以帮助客户进行库存管理。当一个企业客户的生产线上需要多种零部件时，其供应阶段的库存控制室非常复杂。在这种情况下，企业帮助客户管理库存就能够稳定客源，便于与客户的长期合作。随着信息技术的不断发展，企业可以为客户进行自动化的库存控制，包括计算机化的订单处理和库存监控。

3. 销售渠道选择

企业的销售渠道一般可分为两种类型，即直接渠道和间接渠道。在直接销售渠道下，生产企业与消费者(客户)之间直接进行销售活动。在间接销售渠道下，生产企业与消费者(客户)之间进行的销售活动需要通过中间商来实现。中间商包括批发商、代理商、零售商等。很显然，销售过程中参与的中间商越少，渠道就越扁平，其中的费用就越少。实践中，企业越来越多地采用上述两种渠道兼用的混合型销售渠道，此时，销售渠道管理的关键是如何解决好产品在两种销售渠道上的数量分配问题。企业所选择的销售渠道不同，其物流运作也不尽相同。

影响渠道选择的因素有很多，如政策性因素、产品因素、市场因素、中间商状况和生产企业自身特点等。生产企业在对影响销售渠道选择的因素进行分析后，结合企业自身的特点，对各种销售渠道的销售量、费用开支、服务水平等经过反复权衡比较后，确定最佳的销售渠道。

随着供应链管理思想在物流管理中的不断深化，企业更加关注协同决策带来的优势。生产企业与下游销售渠道的各环节——批发商、零售商、代理商之间，通过战略联盟或合作经营等形式，来构筑一体化的现代新型销售渠道。在构筑了一体化的销售渠道后，企业可通过信息共享、协同计划和决策等联盟活动，大大减少各环节单独决策带来的供应链整体成本的浪费。这一新型销售渠道的优势可以从产成品库存、配送、运输等多个方面体现出来。正确运用销售渠道，可以使企业快速反应市场，准确及时地将产品送达消费者手中，并能有效增加商品销数量、加速资金周转，降低流通费用。

4. 产品配送

配送包含了两个相关联的活动环节，即配货和发送。配货是根据下游对货物的需求完成理配的一个序列活动。产品不同、需求不同以及配货方的设施及管理的差异，配货活动也存在一定的差异性。同时，有些配货是在专门的配送中心完成，而有些则在生产企业内部完成。这些都是依据企业的运作实际及市场环境而定的。

产品发送是以供需双方的运输活动为主，是企业销售物流的主要管理环节。产品发送工作涉及产品的销售渠道、产品批量、运输方式、运输工具、运输路线、运输距离和地理条件等多种因素。同时，企业在进行产品发送过程中，除了要关注运输活动外，还应重视产品在运输端点的搬运、装卸等活动，它是运输作业中不可缺少的重要组成部分，对运输产品的质量有直接的影响。此外，产品发送之前要选择合适的运输方式和承运人，然后实行销售配送。产品配送作业流程是一个较复杂的过程，这些内容将在本章第二节中有专门的详细讨论。

5. 信息管理

企业销售物流中的信息管理主要指产品销售过程中围绕客户订单所发生的各种信息管理活动，包括信息的生成、信息快速畅通的流动、信息的科学利用等。信息管理是供应链管理的重要支撑体系。在销售物流中把握好信息的采集、控制、生成和传递是非常重要的。要处理好各种信息，就需要完善销售物流系统的信息网络，加强信息共享的深度和广度，并建立与社会物流沟通和联系的信息渠道。同时，还要建立订货处理的计算机管理系统及客户服务体系。通常，在一个完善、高效的物流系统中，必将包含一个精益的信息管理系统，来支撑销售物流的高效运作。精益的物流信息系统是一个将现代信息技术合理配置，使之完美结合从而发挥最佳效用的系统，本书将在第十二章中进行详细研究。

二、订单与产销及物流的协调

企业具体的销售物流过程也是订单的执行过程，但企业在根据订单组织生产时，其订单与产销以及物流的协调将会影响到销售物流的效果，因此，在销售之前的环节中，需要很好地解决生产订单的均衡问题。

（一）订单的处理模式

在企业的实际营运中，订单的组织生产模式可以分为两大类："订单生产方式"的订单，"存货生产方式"的订单。前一种方式是依据客户的实际订单来组织生产，产品库存基本为零。后一种方式是依据销售部门对市场预测得出的结论来组织生产，销售的是库存产品。

订单生产方式下的订单处理流程如图 4-1 所示。

多数企业的产销形态，属于存货生产方式，其重点在于销售预测的能力与准确性，市场部门通过销售预测，给生产部门下发可能的销售量；生产部门根据市场部门的预测来安排采购与生产工作。

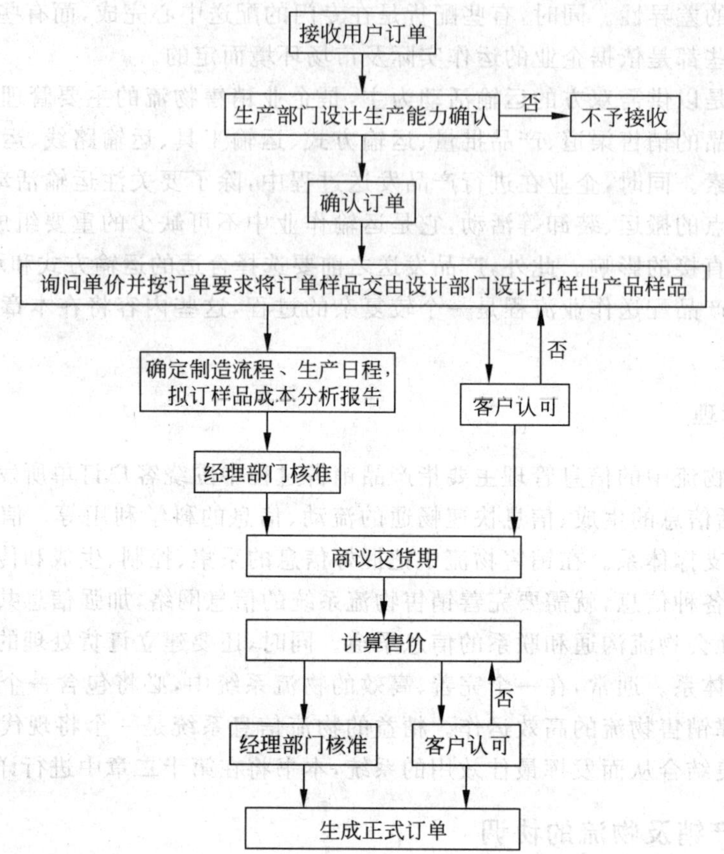

图 4-1　订单生产方式下的订单处理流程

企业接到客户的订单后，必须对所承接的订单进行估价和报价。有时需要先与生产部门协调后，才能决定报价多少和是否承接订单。若是存货式生产的标准品，可能在企业内部早已拟订对外标准报价，这样估价作业就很容易。出货即由销售部开具"出货单"，再交由仓库部门进行商品运输。订单式生产产品差异度大，必须进行估价，并通过与内部生产计划部门的产销协调，经确认无误后，由销售部承接此订单。

（二）订单与产销的协调

订单与产销的协调工作，可以避免出现产销脱节现象，从而也降低或规避销售物流安排的混乱。根据订单的处理模式分类，订单的产销协调相应也有两类：订单生产方式的产销协调和存货生产方式的产销协调。

（1）存货生产方式的产销协调。对于存货生产方式的产销协调，公司可提前做下一年度预算，预测各个月份的产销量，然后根据此预测制定出各期的生产预算、原料采购预算、人工成本预算、制造费用预算及销售费用预算等书面预算，并制定初步生产计划。初步生产计划变成最终执行计划，需要通过多个部门的共同协调以及对市场变化所作出的响应。

（2）订单生产方式的产销协调。订单生产方式的产销协调流程如图 4-2 所示。

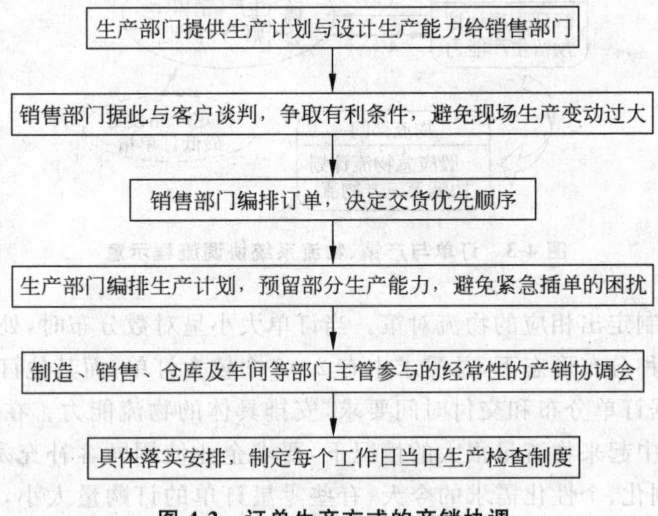

图 4-2　订单生产方式的产销协调

（三）订单与物流的协调

物流部门通常根据编排的订单设计其物流计划，包括紧急订单应急计划（并将这些计划通知第三方物流者），所以在处理订单时还要考虑到与企业物流系统的协调问题。在市场竞争日趋激烈的情况下，企业要认真对待经营过程中的任何一个环节，确保各环节协调才有可能实现企业的合理化利润。因此，在企业生产经营计划形成的过程中，应尽可能包容与销售环节有关的各部门，协同确认最终生产计划。订单与产销、物流系统的协调流程如图 4-3 所示。

在订单与物流系统的协调上，一般会考虑订单大小、订单数量以及订单的处理方式（如优先顺序）等几个方面。

从概率上讲，订单大小有时候呈指数分布，有时候则成对数正态分布。当订单大小呈指数分布时，平均发货量比较适当，但从订单数量上讲，该分布形态基本处于上小、下大的金字塔形状，即极少数的订单订购量非常之大，而另一方面订购量小的订单又很多。事实上，订购量偏小的订单由于在数量上占了企业订单总数的大部分，因而其订购总量不容小觑，企业需要对这种小订单进行足够的研究和重视，弄清其对整个物流系统到底有多大程

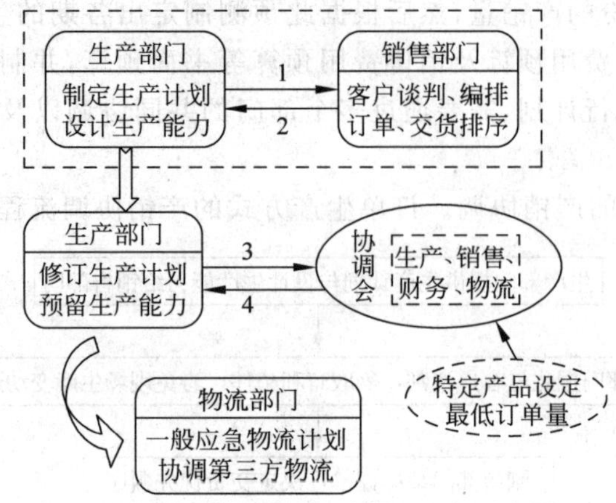

图 4-3　订单与产销、物流系统协调流程示意

度上的影响，从而制定出相应的物流对策。当订单大小呈对数分布时，处于一种比较合理的分布形式，在这种分布形态下，总需求中有 2～3 个较大订单，而其他订单则相对较小。

物流系统根据订单分布和交付时间要求，安排具体的物流能力。在订单持续很多或持续很少、或者集中起来物流量很大的情况下，要求企业使用顾客补充发货系统，即系统化的发货。在定制化、个性化需求的今天，有些零星订单的订购量太小，很多企业为了提高物流效率，降低不必要的成本，在订单类型分析的基础上，对特定商品设定最低订单量。当然，这样做必须充分考虑商品的需求特性和其他经营管理要素，以免造成不必要的损失。

决定订单大小的其中一个重要因素是价格折扣。一般而言，价格下降会带来订单数目以及订单量的增加，形成物流的相对集中，但同时会对实际的生产、物流系统带来影响，容易造成"瓶颈效应"，降低了服务质量。所以，在试图对订单大小、数量进行改变时，要充分考虑物流量与生产、物流系统的协调问题。

另外，订单处理的先后顺序、订单的配送方式也会给物流系统的运作带来一定的影响。某些企业会自行排定客户订单处理的先后顺序，对订单实行差别对待。当订单处理工作繁重的时候，是优先处理订货量小、相对简单的订单，还是那些订货量较大的订单？是按照订单的先后顺序进行处理还是同等对待？会不会优先考虑那些"关系"客户的订单？如此种种订单处理方式，不同的企业会采取不同的做法，而且一般不对外公开。但不同的订单处理方式会产生不同的物流量密度，对企业的物流系统的运作也有不同的影响。在订单的配送方式上，企业可能保留客户订购的货物直至达到一定的经济运输量，采取合并运输的方式，即将几个小订单的货物集中在一起，组成较大的运输批量以提高物流系统的运作效率。

第二节 配送中心及其合理化

销售物流的运作启动是从配货开始的。完成了不同要求的配货过程,集成的货物即可进入送达流程。通常,在货物运送质量能够得到保证的情况下,货物需求方往往渴盼“快”。而配货和运送的速度也恰恰是物流供给方获取竞争优势和获取利润的内在要求。在目前较好的运输环境下,配货环节的效率就成了对销售物流效率影响较大的问题。通常,配货可以在专门的配送中心进行,一些大企业可能会在自己的物流中心进行。无论是在生产企业内部配货还是在专业的配送中心配货,其功能都是相似的。这里就配送中心的作业流程及其合理化问题进行研究。

一、配送中心的概念和功能

货物在送达客户之前需要在配送中心进行一系列的操作流程之后,集成的货物才开始流向不同的目的地。

(一)配送中心的概念

配送中心是以从事配送业务为主的物流中心机构,是末端物流的节点设施,通过有效地组织配货和送货,使资源的最终端配置得以完成。物流中心也有称物流据点、流通中心、配送中心、集配中心等。物流中心从广义上讲包括港湾、铁路货运站、运输仓库、公共流通商品集散中心、企业自身拥有的物流设施等;狭义上讲是指排除了铁路货运站、港湾设施、机场设施和道路等物流基础设施部分,专指有效地保证商品流通而建立的物流综合管理、控制、调配的机构。而流通中心则定位于商流、物流、信息流、资金流的综合汇集地,具有非常完善的功能,它的范围比物流中心和配送中心都要广阔的多。

由此看来,流通中心是第一个层次的中心;物流中心是定位于物流、信息流、资金流的综合设施,其涵盖面较流通中心为小,属于第二个层次的中心;配送中心如果具有商流职能,则属于流通中心的一种类型,如果只有物流职能则属于物流中心的一个类型,可以被流通中心或物流中心所覆盖,属于第三个层次的中心。

此外,与配送中心的作用大体相当的仓库、货栈、货运站等物流设施与配送中心也尤其明显的区别。这些设施都可以处于末端物流的位置,实现资源的最终配置。不同的是,配送中心是实行配送的专门设施,而其他设施可以实行取货、一般送货,而不是按照配送要求有完善组织和设备的专业化流通设施。

在整个物流系统中,配送中心在系统中的位置,是提高整个系统的运行水平。尤其是现代物流出现了利用集装方式在很多领域中实现了“门到门”的物流,将可以利用集装方式提高整个物流系统效率的物流对象做了很大的分流,所剩下的主要是多品种、小批量、多批次的货物,这种类型的货物是传统物流系统难以提高物流效率的对象。在包含着配送中心的物流系统中,配送中心对整个系统的效率提高起着决定性的作用。所以,在包含了配送系统的大物流系统中,配送中心是处于核心的位置。

(二) 配送中心的功能

配送中心的功能是通过配货和送货完成资源的最终配置。配送中心的主要功能是围绕配货和送货而确定的,例如有关的信息活动、交易活动、结算活动等,虽然也是配送中心不可缺的功能,但是他们必然服务和服从于配货和送货这两项主要的功能。

(1) 存储功能。配送中心的服务对象是为数众多的生产企业和商业网点(如超级市场和连锁店),是要按照用户的要求及时将各种配装好的货物送交到用户手中,满足生产需要和消费需要。为了顺利而有序地完成向用户配送商品的任务,通常,配送中心都要兴建现代化的仓库并配备一定数量的仓储设备,储存一定数量的商品。

(2) 分拣功能。配送中心的服务对象不仅为数众多,而且相互之间在企业性质和经营规模上的差别很大。因此,在订货或进货的时候,不同的客户对于货物的种类、规格、数量等会提出不同的要求。为了解决这些问题,配送中心必须采取适当的方式对组织进来(或接收到)的货物进行拣选,并按照配送计划分装和配装货物。

(3) 集散功能。集散功能是配送中心所具备的一项基本功能。配送中心利用其特殊的条件,将分散在各处的产品集中到一起,经过分拣、配装向多个客户发送。而且配送中心可以把多种货物有效地组合(或配装)在一起,形成经济、合理的运输批量,以降低配送的运输成本。

(4) 衔接功能。配送中心衔接功能的一项重要表现就是能把各种工业品和农产品直接运送到用户手中,客观上可以起到生产和消费的媒介作用;此外,通过集货和储存货物,配送中心又有平衡供求的作用,可以有效地解决季节性货物的供需衔接问题。

(5) 加工功能。加工功能是配送中心的一个衍生功能,是为了扩大经营范围和提高配送水平的需要发展起来的。配送中心能够按照用户的要求将货物加工成一定的规格、尺寸和形状,由此形成了加工功能。

二、配送中心的作业流程

不同类型的配送中心,作业流程的长短、内容有所差异,但作为具有相似功能的配送中心,其作业流程也有很多相同之处。一般而言,配送中心的作业流程是配送中心的总体运作所显示的工艺流程,包括订单处理、进货、理配货和出货等流程。

(一) 订单处理

配送服务的各用户,在规定的时间之前将订单通知配送中心,中心在规定的时间截止后，将订单汇总，以确定所要配送货物的种类、规格、数量和配送时间等。配送中心的订单处理主要包括以下工作流程。

① 检查所接收到的客户订单是否全部有效，即信息是否完全准确，筛选出有效的客户订单，这是第一步；

② 配送中心的有关部门对有效订单客户的信誉进行审查，看是否有不良商业行为，以确保有效订单的可靠性；

③ 销售部门根据订单把销售额记录入账；

④ 会计部门记录有关账务；

⑤ 库存管理部门选择和通知距离客户最近的仓库分拣、包装商品备运，并及时登记库存控制总量，扣减库存，同时将货物及运输单交给运输商；

⑥ 运输部门安排并实施货物运输，将货物从仓库发运到收货地点，同时完成收货确认，即签收。

（二）进货

中心的进货流程为：根据汇总后的订单确定货物种类和数量→查询本系统存货，有→进入拣货流程；无或不足，向供应商发订单订货→接货→验收→分拣→储存。配送中心进货流程如图 4-4 所示。

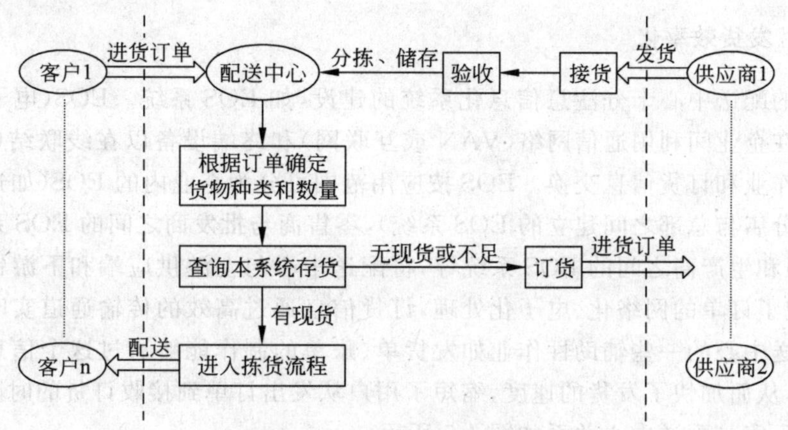

图 4-4　配送中心进货流程

（三）理货、配货及出货

配送中心一般要对组织进来的各种货物进行整理，并依据订单要求组合货物。其流程一般包括加工、拣选、包装和配装作业。在配送中心所进行的加工作业，包括初级加工活动(如把一些原材料切割或截成一定尺寸的坯件,将长材、大材改制成短材、小材等)和一些辅助性加工活动(如给服装等商品贴标签、打包装袋等),还包括一些深加工活动(如把原材料加工成产成品)。包装作业是配送中心把货物拣选出来以后,为了方便运输和识别不同用户的货物而对配备好的货物重新进行包装,并在包装物上贴上标签。配装作业是指配送中心把同一条送货路线上的不同用户的货物组合、配装在某一辆或几辆运输工具上,以充分利用运输工具的容积和提高运输效率。

出货或送货作业是配送中心的最后一项作业,包括装车和送货两项物流活动。目前配送中心的装车作业普遍实行混载或同载方式,批量较大的实重商品都放在托盘上,用叉车进行装车。配送中心一般使用自备车辆进行送货,有时也借助第三方专业运输力量进行送货作业。

三、配送中心作业流程合理化

现代化的物流配送中心要求具有高效、合理化的作业能力和完善的进配货体制,以此来降低作业成本、提高服务的质量,要求配送中心必须实现内部合理化。配送中心内部合理化的关键是构筑高效的信息系统,亦即在接受客户订货、发货,在中心内进行保管、备货,以及针对终端客户要求分拣、配送等各个阶段,建立与货物运输相吻合的、进而能迅速、正确处理各类信息的高效运营系统。

(一) 订、发货效率化

现代化的配送中心十分注意信息化系统的建设,如 EOS 系统。EOS(电子自动订货系统),是指在企业间利用通信网络(VAN 或互联网)和终端设备以在线联结(on-line)方式进行订货作业和订货信息交换。EOS 按应用范围可分为企业内的 EOS(如连锁店经营中各个连锁分店与总部之间建立的 EOS 系统),零售商与批发商之间的 EOS 系统以及零售商、批发商和生产商之间的 EOS 系统等,将配送中心与上游供应端和下游销售端相连接,从而实现了订单的网络化、电子化处理,订货信息通过高效的传输通道实时传输到配送中心。配送中心的一些辅助性作业如发货单、账单的制作能够通过这个信息系统快速地自动生成,从而加快了发货的速度,缩短了用户从发出订单到接收订货的时间周期。消费者、商家、厂家与配送中心关系如图 4-5 所示。

此外,配送中心利用自己的门户站点,向相应的服务公司发布需求以获取所需信息,并通过服务公司的网站购买到相应服务。这就需要建立各服务公司所提供的服务项目的数据库,包括服务价格、内容、时间等。由于网上采购使各种服务及其价格在网上一目了然,可避免人为提高运营成本。同时,网上采购使采购过程完全实现计算机管理,可与企业财务系统相连,有利于企业领导及时了解财务信息(包括应付款、应收款等项目),也为有效地利用资金提供了科学的依据。

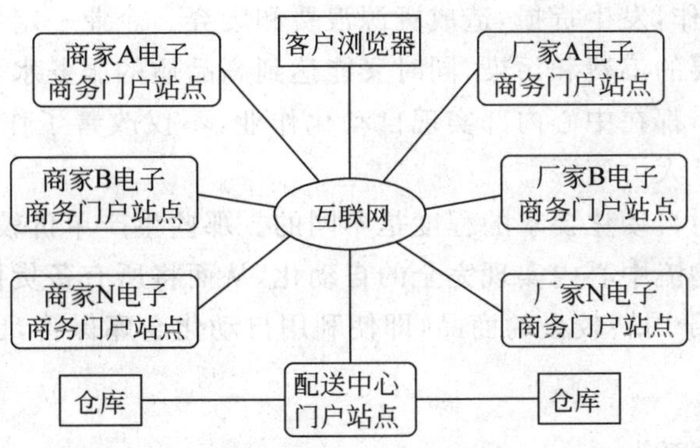

图 4-5 消费者、商家、厂家与配送中心关系

（二）入货、发货时商品检验效率化

配送中心入、发货商品检验作业的效率提高得益于条形码技术的普及以及便携式终端性能的提高。

以美国最大的百货公司 Wal Mart 为例，该公司在全美有 25 个规模很大的配送中心，一个配送中心要为 100 多家零售店服务，日处理量约为 20 多万个纸箱。每个配送中心分三个区域：收货区、拣货区、发货区。在收货区，一般用叉车卸货。先把货堆放到暂存区，工人用手持式扫描器分别识别运单上和货物上的条码，确认匹配无误才能进一步处理，有的要入库，有的则要直接送到发货区，称作直通作业以节省时间和空间。在拣货区，计算机在夜班打印出隔天需要向零售店发运的纸箱的条码标签。白天，拣货员拿一叠标签打开一只只空箱，在空箱上贴上条码标签，然后用手持式扫描器识读。根据标签上的信息，计算机随即发出拣货指令。在货架的每个货位上都有指示灯，表示那里需要拣货以及拣货的数量。当拣货员完成该货位的拣货作业后，按一下"完成"按钮，计算机就可以更新其数据库。装满货品的纸箱经封箱后运到自动分拣机，在全方位扫描器识别纸箱上的条码后，计算机指令拨叉机构把纸箱拨入相应的装车线，以便集中装车运往指定的零售店。

当然，对于厂商或批发商，商品入库时的条形码在检验商品活动和以后的保管、备货作业中都有利用，而在向客户发货时用的条形码常常是另一类条形码系统，从而更好地对应不同用户商品分拣作业的需要。配送中心在进货管理时使用条形码技术，既提高了商品检验的效率，又为以后的各项作业的合理化提供了良好的基础。

（三）保管、装卸作业效率化

在保管作业中，采用先进的保质保鲜技术，保障存货的数量和质量，努力实现零货损。装卸搬运是伴随运输和储存而附带产生的物流活动，贯穿物流的始终。但许多物流企业在装卸搬运时野蛮操作，发生货损，造成资源浪费和废弃。企业一定要对装卸环节进行规范化运作，避免不必要的浪费和污染，同时又能达到高品质的服务水平。如今许多配送中心为了提高作业效率，都在中心内部实现自动化作业，不仅改善了作业内容，还使得各项作业标准化，也节省了人力资源。

当然，不同产业对自动化要求的程度是不同的。那些生产单价较低、大量销售的商品产业制造商，可以在物流中心内实现完全的自动化，从而将所有备货作业完全建立在标准化的基础之上；而对于周转较慢的商品，即使利用自动化仓库保管，也不易大幅度提高商品周转率。

（四）场所管理效率化

配送中心内的场所管理主要有两种形态：固定型场所管理和流动型场所管理。

固定型场所管理是利用信息系统事先将货架进行分类、编号，并帖附货架代码，各货架内装载的商品事先加以确定。各货架内装载的商品长期是一致的，这样从事商品备货作业较为容易，而且不需进行经常性的在库商品统计，信息管理系统的建立也较为方便。同时，在商品发货以后，利用信息系统能很方便地掌握账目以及实际商品的残余在库量，及时补充安全在库。

流动型场所管理是将所有商品按顺序摆放在空的货架中，不事先确定各类商品专用的货架，各货架内装载的商品是不断变化的。两种场所的适用范围和优缺点见表 4-1。

表 4-1　两种形态的场所比较

场所形态	适用范围	优缺点
固定型	非季节性商品，周转较慢的商品	准确、便利
流动型	季节性商品，周转快的商品	商品变更登录时出错的可能性高

除了上述两种管理方式外，现在还存在根据产业类别以及商品周转的情况进行管理的方式，也有配送中心按客户店铺类别划分货架以提高发货效率。

（五）备货作业的效率化

备货作业的具体方法大致有两种，一种是抽取方式；另一种是指定存放方式。抽取方式是将商品从货架中取出，直接放在流水线传输过来的空箱中；而指定存放方式通过的货箱是固定的，备货员按数码信息将商品放在指定的货箱中。一般而言，前一种方式使用较为频繁，而后一种方式对于必须将商品直接配送给客户的生鲜食品较为适用。

传统的备货作业是在接受订货指示、发出货票的同时，备货员按照商品分列的清单在仓库内寻找、提取所需商品。现在，配送中心都在极力构筑高效的备货自动化系统。备货自动化中最为普及的是数码备货，即是一种在由信息系统接受顾客订货的基础之上，向分拣员发出数码指示，从而按指定的数量和种类正确、迅速地备货的作业系统。在自动化备货作业的条件下，各个货架或货棚顶部装有液晶显示装置，该装置标示有商品的分类号以及店铺号，作业员可以很迅速地查找到所需商品。

（六）分拣作业效率化

分拣作业效率化离不开分拣作业自动化系统的应用。自动分拣系统（automated sorting system，ASS）是第二次世界大战后在美国、日本的物流中心中广泛采用的一种自动分拣系统，该系统目前已经成为发达国家大中型物流中心不可缺少的一部分。该系统的作业过程可以简单描述如下：物流中心每天接收成百上千家供应商或货主通过各种运输工具送来的成千上万种商品，在最短的时间内将这些商品卸下并按商品品种、货主、储位或发送地点进行快速准确的分类，将这些商品运送到指定地点（如指定的货架、加工区域、出货站台等），同时，当供应商或货主通知物流中心按配送指示发货时，自动分拣系统在最短的时间内从庞大的高层货存架存储系统中准确找到要出库的商品所在位置，并按所需数量出库，将从不同储位上取出的不同数量的商品按配送地点的不同运送到不同的理货区域或配送站台集中，以便装车配送。

ASS的主要特点为：能连续、大批量地分拣货物；分拣误差率极低；分拣作业基本实现无人化操作。整个系统一般由控制装置、分类装置、输送装置及分拣道口组成，这四种装置通过计算机网络联结在一起，配合人工控制及相应的人工处理环节构成一个完整的自动分拣系统。

综合以上六个方面内容的合理化可以得出，配送中心合理化主要就是借助导入自动化工具、构筑网络信息系统等手段，力图做到配送中心内作业的机械化、自动化、高效化，以节约人力、简化订发货作业，最终降低物流成本，缩短商品在途时间，提高配送服务质量。

第三节 企业配送作业系统设计

物流配送是连接生产和消费的桥梁，是时间和场所产生效益的催化剂。提高物流配送的运作效率、优化配送系统设计是降低物流成本的又一重要环节。企业配送作业系统的设计需要遵循一定的原则，以企业期望的实现作为配送作业的目标。它包括配送作业的流程、模式和配送作业计划设计等。

一、配送作业系统设计原则和目的

配送作业系统是有效实现配送目的一种机制。配送作业是销售物流的关键环节，从总体上把握一些原则，设计一些切实的目标，非常有助于配送流程的有效执行。

1. 配送作业系统设计原则

速度(speed)、可靠(safety)、低费用(low)是物流配送系统化要考虑的三个方面，具体来讲，就是要遵循如下几点要求。

① 以“客户为本”的服务理念为核心驱动力量，彻底改变以订单为中心的商品销售核算模式，真正实现现代经营思想；

② 科学进行配送流程的整合，形成合理优化的工作流程；

③ 建立起一套全面合理的配送质量跟踪和监控体系；

④ 合理利用集成的计算机与网络技术，开展电子化配送作业。

2. 配送作业系统设计目的

现代企业把物流配送系统化的目的定义为：

① 按交货期将所订货物适时而准确地交给用户，达到快速响应客户服务要求的程度；

② 尽可能减少订货断档；

③ 适当配置物流据点，提高配送效率，维持适当库存；

④ 提高运输、保管、搬运、包装、流通加工等作业效率，实现科学化、合理化；

⑤ 保证订货、发货、配送的信息畅通；

⑥ 保持合理的物流成本。

由此可以把物流配送系统设计目的概括为，以恰当的配送费用提供客户满意的物流配送服务。

二、配送作业的流程

要实现配送作业流程的科学化和合理化，就要将配送活动的诸要素组合起来。配送工艺流程有两种形态：一般流程和特殊流程。一般配送流程必须经过的基本工艺流程，也是各种货物的配送活动共同具有的工艺流程，是一般意义上所讲的流程。而特殊工艺流程则刚好相反，它是适应于特殊需要和特殊产品配送而设计和实施的工艺流程，并非所有的货物配送都必须经历的流动过程。

1. 配送作业的一般流程

配送作业的一般流程可以概括为这样一个基本过程：进货→存储→分拣→配货、配装→送货。

进货的方式有两种：订货或购货(配送主体向生产商定购货物，由后者供货)；集货或接货(配送主体收集货物，或者接收用户所订购的货物)。储存作业一般包括这几道程序：运输→卸货→验收→入库→保管→出库。目前，许多先进技术被应用于储存作业中，以提高储存的作业效率，使储存环节合理化，如采用"先进先出"的储存方式进行作业，利用贯通式货架、重力式货架和计算机储存系统等储存货物。分拣、配货作业的关系非常紧密，有时这两项活动是同时进行和同时完成的。随着一些高新技术的开发和应用，自动化的分拣、配货系统已在很多配送中心得到应用。送货流程中包括：搬运→配装→运输→交货。在这道程序中，选择合理的运输方式和使用先进的运输工具，对于提高送货质量至关重要，比如选择直线运输、"配载运输"(充分利用运输工具的载重量和容积，合理安排装载的货物和载运方法的一种运输方式)等方式进行作业。

在采购物流中讨论了承运人的选择、运输方案确定以及运输过程管理的问题，表 4-2 则给出常用运输方式的一些特点。

表 4-2　常用运输方式的特点

运输方式	优　点	缺　点
铁路运输	不受天气影响，稳定安全	短距离货运成本较高
	具有定时性	货车组编、专柜需要时间
	中长距离货运费用低廉	运费没有伸缩性
	可以高速运输	无法实现门到门服务
	可以大批量运输	车站固定，不能随时停车
	遍布全国的运输网络	不适宜紧急运送
公路运输	点对点地直接运送货物	长距离运送费用相对昂贵
	适于近距离运送	易污染环境
	容易装车	安全性相对较弱
	适应性强	能量消耗大
水路运输	长距离运输费用较低	运输速度较慢
	原材料可以集散组装	需要有港口设施
	适于重物和大批量运输	运送时间的准确性较难保证
	清洁、节能	易受天气影响
航空运输	运送速度快	运费偏高
	包装简单	受重量限制
	安全、破损小	受机场设施限制

2. 配送作业的特殊流程

配送的特殊流程适用于某些具有特殊性质、形状的货物，其配送活动有许多特殊之处，如液体物质的配送就不存在配货、配装等工序；而金属材料和木材等物质的配送常常附加流通加工工序。诸如此类特殊物资的配送需要专门的配送流程，其作业程序如下：

食品类物资配送流程：进货→储存→分拣→送货；

煤炭等散货类物资的配送流程：进货→储存→送货；

木材、钢材类原材料配送流程：

进货→加工→储存→分拣→配货→配装→送货；

机电产品中的散件、配件配送流程：进货→储存→加工→储存→装配→送货。

三、配送作业模式

基于不同的配送工艺的配送作业流程决定了物流配送的作业模式。以下从生产资料和生活资料两个方面讨论物流配送的作业模式。

（一）生产资料产品配送模式

一般而言，生产资料的消费量都比较大，从而运输量也比较大。由于产品的性质和消费情况的差异，其配送模式也相差很大。从流程上看，生产资料配送模式大体上可分为两种。

第一种模式是适用于在配送流程中，作业内容和工序比较简单，除了有进货、储存、装货和送货等作业外，基本上不存在其他工序。其配送流程为：

进货→储存→装卸→送货

在这种配送模式中，装卸运输作业通常要使用专用的工具或设备，并且车辆可直接开到储货场地进行作业（直接发送），如煤炭、水泥、成品油等物资的配送。

第二种模式所适用的配送活动多包含着加工作业（初级加工）。由于产品种类和需求方向不同，在加工工序之后续接的作业不尽一致，其配送流程为：

进货→储存→加工→装货→送货

进货→储存→加工→储存→分拣→配货→送货

采用这种模式进行配送的主要是钢材、木材等物资，如图 4-6 所示。

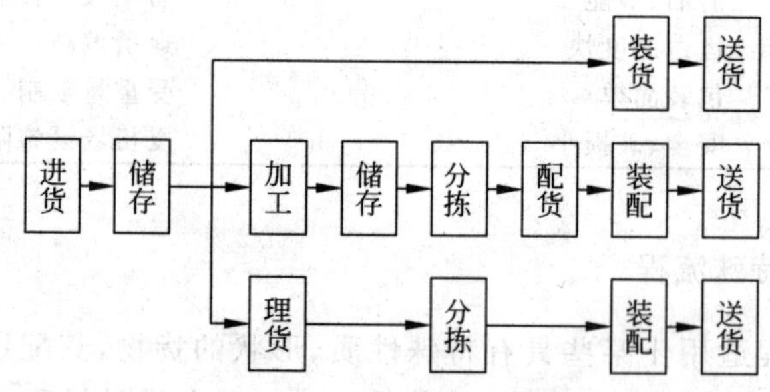

图 4-6　金属材料配送工艺流程

（二）生活资料产品配送模式

生活资料的品种、规格较之生产资料更为复杂，其需求变化也比生产资料要快，因此，生活资料的配送不但必须安排分拣、配货和装配等工艺（或工序），甚至包含加工作业，而且其作业难度也比较大。这里主要谈谈日用小杂品和食品的配送模式。

(1) 日用小杂品配送模式。日用小杂品主要包括小百货（如服装类、日用品类）、小型机电产品（如家用电器、仪器仪表、电工产品及小五金产品等）、图书和其他印刷品，一般化工产品和其他杂品。这类产品一般有确定的包装，可以集装、混装和混载，产品尺寸不大，可以成批存放在设有单元货格的现代化仓库中。

日用小杂品品种、规格繁多，其市场需求又呈多品种、小批量状态，因此，其配送流程中必然要求有理货和配货等工序。而且每个用户每次对日用小杂品的需求量有限而这类产品又能够进行混存、混装，因此，为了进行合理运输，在配送主流程中又必然安排配装工序。其配送模式流程如下：

进货→储存→分拣→配货→配装→送货

日用小杂品的配送常常要根据用户的临时需要来安排和组织，因而其配送量、配送路线和配送时间等很难固定下来。实际上一般都采用“即时配送”形式和“多品种、少批量、多批次”配送的方法来进行配送。

(2) 食品配送模式。食品的种类很多很杂，都特别强调配送的速度和保质保险，其配送一般采用定时配送、即时配送方式。根据食品种类的不同，食品配送存在三种工艺流程：

第一种流程：没有储存工序的食品配送工艺流程。对于保质期较短和保险要求较高的食品如点心、肉制品和水产品等，在备货工序之后紧接分拣和配货等工序，中间不存在储存工序，适合于此种流程，即：

进货→分拣→配货→配装→送货

第二种流程：有储存工序的食品配送工艺流程。这种流程在备货作业后安插储存工序，然后依次进行配货和配装等作业。保质期较长的食品主要按照这种流程进行配送。其流程为：

进货→储存→分拣→配货→配装→送货

第三种流程：含有加工工序的食品配送工艺流程。鲜菜、鲜果、鲜肉和水产品等保质期短的货物配送经常选用这种配送模式，其流程为：

进货→加工→储存→分拣→配货→配装→送货

四、配送作业计划

在配送之前，必须制作配送作业计划，这是实现配送省时化、省力化的主要因素。在配送计划中，对配送人员的安排、货物摆放、车辆的安排以及路线都要规划好，才能保证在满足客户要求的前提下，节约成本，提高工作效率。

配送计划按时间长短可分为短期配送计划和长期配送计划。短期配送计划是按订单组织物流配送能力，按时间、质量、数量、地点要求配送。长期配送计划，如下一年度配送计划，则需要通过市场预测来完成，根据上一年度的物流需求和实际物流能力，以及对下一年市场物流需求的预测，综合考虑，计划下一年度可能的物流能力。配送计划要点如图 4-7 所示。

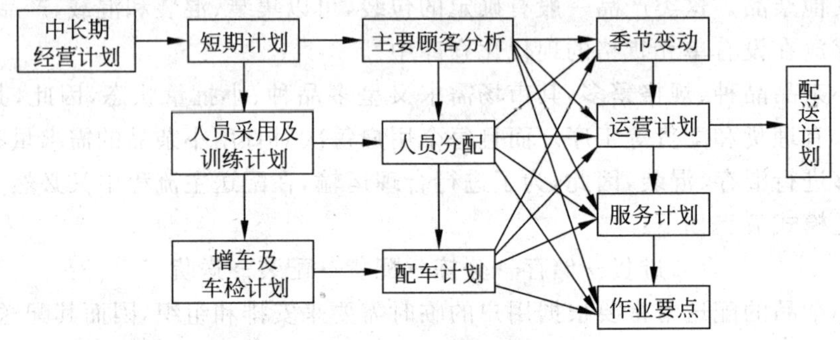

图 4-7　配送计划要点

 专栏 4-1　美国通用汽车的零部件配送系统

通用汽车服务零部件运作公司(General Motor's Service Parts Operation-SPO)是通用汽车下属一家子公司，专门负责为通用汽车的经销商或维修站提供售后零部件的配送服务。每天 SPO 将负责运作 435 000 条配送路线，将零部件送至几千家经销商手中。将近有超过 400 家运输商为其提供运输服务，运输方式涵盖水、陆、空三种方式。

SPO 起先针对入厂物流、售后物流进行分开招标，但 Schneider Logistics 称其可以提供所有的物流服务，同时 Schneider 又是一家盛名卓著的直达运输物流服务商。有鉴于此，SPO 将入厂、售后两份合同一同总包给了 Schneider。

1. 实施方案

Schneider 的实施步骤是分阶段进行的，首先是运输的实际操作，其次是货运管理，最后是支付系统管理以及客户应诉。

单就美国本土的 SPO 业务而言，Schneider 首先需要将零部件从 3 000 多个零部件供应商处发运至 4 个全国性零部件处理中心，3 个在密歇根，1 个在西弗吉尼亚。经过简单的拆装、处理、包装后，再将零部件从这 4 个处理中心配送至全国的 18 个地区配送中心，最终再从这 18 个配送中心配送至全国各地的近 8 000 家最终经销商和维修网点。

绝大多数的零部件都得先运送至8个地区配送中心。该地区中心的零部件发送出去后，马上会在处理中心产生相应的补货信息，同时这些信息也会在零部件供应商处产生。

2. 实施效果

Schneider 物流的服务使 SPO 获得不菲的益处。

(1) 在业务运作的前两年中，每年 SPO 支出的运输费用减少了 10%。配送频率也从 2 次/周提高到 1 次/天。配送频率的增加直接导致配送里程数每年净增加了 1 400 万英里，但是由于 Schneider 先进的管理技术应用，对 SPO 而言并没有产生额外的运费支出。

(2) 使得为 SPO 服务的运输商数目从以前的 1 200 家减少到目前的 600 家。其中 1/3 的运输商运送了 85%的配送业务。Schneider 的最终计划是将 85%的配送业务集中在 50 家核心运输高手中。

Schneider Logistics1994 年获得通用汽车服务零部件运作公司的入厂、售后物流合同，1997 年 Schneider 又将其业务在加拿大进行推广。两企业已经持续合作了 6 年，促使两者走到一起的原因归结为两点：全球化贸易发展、Internet 技术应用的发展。

案例 4-1 从仓库到现代物流中心的嬗变

——解读中储发展股份有限公司西安分公司的嬗变现象

近几年，中储发展股份有限公司西安分公司全面落实科学发展观，积极拓宽经营思路，坚持全方位发展，注重多种经营并举，不断走出一条自我发展之路，目前公司已由原来一个普通的仓储企业发展成一个集仓储、运输、货运代理、现货市场、信息服务、流通加工、物流质押(金融)等于一体的综合性大型现代化物流中心，同时带动了周边地区小型物流运输、连锁经营、餐饮服务等相关产业的发展，成为推动陕西区域经济发展繁荣的起动机和助推器，引领着陕西乃至西北地区现代物流企业的快速健康发展。

解读一：企业发展现状

中储发展股份有限公司西安分公司(原西安中储物流中心)隶属国资委所属国有企业集团之一中国诚通集团下属的中国物资储运总公司。经过多年的市场洗礼，企业已发展成为集仓储、运输、货运代理、流通加工、物流质押(金融)、经销、信息服务、现货市场等于一体的第三方综合性大型物流企业。公司占地面积 40 万平方米，拥有 4 条铁路专用线，库房 30 多栋 10 万平方米，货场 15 万平方米，各种起重、装卸、运输设备 100 多台(辆)，物资吞吐量每年在 240 万吨以上。

目前公司主要客户资源以钢材、家电为主，另有：有色金属材料、纸品、装饰建材、食品等。现有客户 600 多家，遍及全国各地，其中既有大钢厂的直销公司，也有物资经销企业；有家电客户有60多家，格力、春兰、新飞、荣事达、澳柯玛、西门子、小天鹅、志高、科龙等已成为公司的长期服务对象。近年来公司加快城市快速消费品业务拓展，先后引进了雪花啤酒、茅台酒、美特斯邦威、李宁服饰、西北国药、双汇等品牌客户。连续多年被陕西省工商部门评为"重合同，守信用"企业；上缴利税超过1亿元。企业发展已步入快车道。

解读二：经营理念转变

随着物流业在我国的兴起，许多企业纷纷以"现代物流的旗号"相继进入人们的视线，一时间，发展现代物流成为一个热门话题。公司作为西北大型物流企业，敏锐地看到这一变化，他们努力发挥自身储运优势，积极尝试从传统储运向现代物流转变。坚持全方位发展、注重多种经营并举，给一度大量闲置的库房和场地带来无限生机，实现了经营理念的跨越，彻底打破了原来的流通体制，极大地满足了客户的个性化消费需求。

他们不断整合社会闲散资源，对周边个体运输户进行整合，充分利用现代物流理念对车辆进行管理，以达到满足客户需求，降低社会总成本的目标。

解读三：培育物流市场

仓储不是物流，它仅是物流的一个环节。物流具有系统化特性，只有把保管、运输、配送、分拣、包装、加工、装卸、信息服务等环节系统的加以考虑，才能使物流活动达到效率化、快速化和整体最优。

多年来，公司凭借15万平方米货场和10万平方米库房、4条铁路专用线和完善的起重运输设施，以及中储在全国物流组织网络的优势，紧密联系我国国情，结合地区实际，坚持"本土化"经营。同时借鉴国内外先进物流业经验，奋力开拓市场，积极寻求发展机遇。在拓展配送业务过程中，重点开展家电产品销售物流服务。根据客户商品特点，先后购置十多辆箱式货车充实运力，满足配送需要。现在，格力、春兰、荣事达、新飞、志高、雪花啤酒等近20家家电客户及生活资料客户已与公司进行深层次物流配送合作，配送规模也由单一配送转向共同配送，运输成本大大降低。配送形式以BTOB为主，负责向陕西地区各大超市和商店及西北五省运送。在深入市场调研基础上，公司了解到许多客户在发展过程中遇到了资金瓶颈问题，通过论证，公司开发了物流质押(金融)业务，延伸物流服务链条，与银行合作为客户解决资金短缺问题。通过此项业务的开展，实现了公司、客户和银行"多方共赢"。

解读四：提高服务水平

信息化是现代物流的灵魂，没有信息化就没有物流的现代化，他们在中储总公司的指导下，根据公司实际，首先对业务流程进行了改造优化，开发引进了仓储管理软件。目前公司仓储业务基本实现计算机管理，客户登录中储物流网即可查询库存动态，对库存进行有效监控。同时，还可以通过公司中心网站进行信息广告发布，实现信息共享交流。完善了办公局域网，管理层可以运用计算机对生产经营动态随时进行控制，极大地提高了工作效率。此外，还对起吊设备进行信息化改造，每钩货物都可以在起吊过程中准确测出重量，极大方便了客户。在治安安全方面投资 30 多万元进行技防布控，在办公区、生产作业区和安全重点防范区域安装了监控设备、红外线感应系统等高科技安全监控设施，有效保证了公司物资、财产和人员的安全。

解读五：促进管理升级

随着服务行业的对外开放，他们及时调整管理理念并作出决策，按照 ISO 9001：2000 质量管理体系标准化的要求，开展质量认证。经过近半年的努力，建立了一套既切合企业实际又符合质量体系标准的质量管理系统。在试运行中，质量管理文件得到了有效实施，全员上下基本能够按照质量管理文件规范工作行为，管理过程、作业环节得到有效控制。2002 年 11 月 20 日顺利通过了瑞士通标标准公司(SGS)的第三方认证审核，实现了公司管理标准的大幅提升。

发展现代物流人才是关键，要发展现代物流，还需要大量的现代物流理念和理论知识做基础。公司积极采用各种办法加大对员工的培训力度，除经常选派一些生产、管理干部外出学习参观，积极参加物流论坛会外，还加强对员工服务理念教育。经常开展多种形式的优质服务活动，使员工服务意识得到大幅提升，形成了“以客户为中心、为客户创造价值”的服务理念，“优质高效、便捷周到”的中储服务品牌已经贯穿于工作的各个方面。公司鼓励员工自学成才、岗位成才，对学有所成并取得证书的员工给予一定的经济补助。自推出物流师执业资格认证考试以来，公司已经有 45 人获得中级物流师职称证书，为企业今后的管理和发展奠定了良好基础。

随着公司内部改造、整合完成，并进一步加大传统储运设施的改造、技术改造和项目投资，一个更为规范、设备先进、功能齐全、管理科学、服务一流的中储股份西安分公司将让世人瞩目！

资料来源：根据中国物流与采购联合会网站(http://www.chinawuliu.com.cn/cflp/newss/content1/200811/773_28754.html)“从仓库到现代物流中心的嬗变”整理。

案例 4-2　上海联华生鲜食品加工配送中心的物流运作

联华生鲜食品加工配送中心是国内目前设备最先进、规模最大的生鲜食品加工配送中心，总投资 6 000 万元，建筑面积 35 000 平方米，年生产能力 20 000 吨，其中肉制品 15 000 吨，生鲜盆菜、调理半成品 3 000 吨，西式熟食制品 2 000 吨，产品结构分为 15 大类约 1 200 种生鲜食品；在生产加工的同时配送中心还从事水果、冷冻品以及南北货的配送任务。连锁经营的利润源重点在物流，物流系统好坏的评判标准主要有两点：物流服务水平和物流成本。联华生鲜食品加工配送中心就是其中在这两个方面都做得比较好的一个物流系统。

生鲜食品按其秤重包装属性可分为：定量商品、秤重商品和散装商品；按物流类型分：储存型、中转型、加工型和直送型；按储存运输属性分：常温品、低温品和冷冻品；按商品的用途可分为：原料、辅料、半成品、产成品和通常商品。生鲜食品大部分需要冷藏，所以其物流流转周期必须很短，节约成本；生鲜食品保值期很短，客户对其色泽等要求很高，所以在物流过程中需要快速流转。两个评判标准在生鲜配送中心通俗的归结起来就是“快”和“准确”。联华生鲜配送中心的做法如下。

1. 订单管理

门店的要货订单通过联华数据通信平台，实时的传输到生鲜配送中心，在订单上制定各商品的数量和相应的到货日期。生鲜配送中心接收到门店的要货数据后，立即生成到系统中并生成门店要货订单，按不同的商品物流类型进行不同的处理。

① 储存型的商品。系统计算当前的有效库存，比对门店的要货需求以及日均配货量和相应的供应商送货周期，自动生成各储存型商品的建议补货订单，采购人员根据此订单再结合实际情况作一些修改，即可形成正式的供应商订单。

② 中转型商品。此种商品没有库存，直进直出，系统根据门店需求汇总需求量，按到货日期直接生成供应商订单。

③ 直送型商品。根据到货日期，分配各门店直送经营的供应商，直接生成供应商直送订单，并通过 EDI 系统直接发送到供应商。

④ 加工型商品。系统按日期汇总门店要货，根据各产成品/半成品的 BOM 表计算物料耗用，比对当前有效的库存，系统生成加工原料的建议订单，生产计划员根据实际需求做调整，发送采购部生成供应商原料订单。

各种不同的订单在生成完成/或手工创建后，通过系统中的供应商服务系统自动发送给各供应商，时间间隔在 10 分钟内。

2. 物流计划

在得到门店的订单并汇总后，物流计划部根据第二天的收货、配送和生产任务制定物流计划。

① 线路计划。根据各线路上门店的订货数量和品种，做线路的调整，保证运输效率。

② 批次计划。根据总量和车辆人员情况设定加工和配送的批次，实现循环使用资源，提高效率；在批次计划中，将各线路分别分配到各批次中。

③ 生产计划。根据批次计划，制定生产计划，将量大的商品分批投料加工，设定各线路的加工顺序，保证和配送运输协调。

④ 配货计划。根据批次计划，结合场地及物流设备的情况，进行配货安排。

3. 产品配货

联华生鲜食品加工配送中心的产品配货包括储存型产品配货、中转型产品配货和加工型产品配货三大类。

(1) 储存型产品配货

商品进货时先要接受订单的品种和数量的预检，预检通过方可验货，验货时需进行不同要求的品质检验，终端系统检验商品条码和记录数量。在商品进货数量上，定量的商品的进货数量不允许大于订单的数量，不定量的商品提供一个超值范围。对于需要重量计量的进货，系统和电子秤系统连接，自动去皮取值。

拣货采用播种方式，根据汇总取货，汇总单标识从各个仓位取货的数量，取货数量为本批配货的总量，取货完成后系统预扣库存，被取商品从仓库仓间拉到待发区。在待发区配货分配人员根据各路线各门店配货数量对各门店进行播种配货，并检查总量是否正确，如不正确向上校核，如果商品的数量不足或其他原因造成门店的实配量小于应配量，配货人员通过手持终端调整实发数量，配货检验无误后使用手持终端确认配货数据。

在配货时，冷藏和常温商品被分置在不同的待发区。

(2) 中转型产品配货

供应商送货同储存型物流先预检，预检通过后方可进行验货配货；供应商把中转商品卸货到中转配货区，中转商品配货员使用中转配货系统按商品再路线再门店的顺序分配商品，数量根据系统配货指令的指定执行，贴物流标签。将配完的商品采用播种的方式放到指定的路线门店位置上，配货完成统计单个商品的总数量/总重量，根据配货的总数量生成进货单。

中转商品以发定进，没有库存，多余的部分由供应商带回，如果不足在门店间进行调剂。

三种不同类型的中转商品的物流处理方式：

- 不定量需称重的商品

设定包装物皮重；

由供应商将单件商品上秤，配货人员负责系统分配及其他控制性的操作；

电子秤称重，每箱商品上贴物流标签。

- 定量的大件商品

设定门店配货的总件数，汇总打印一张标签，贴于其中一件商品上。

- 定量的小件商品(通常需要冷藏)

在供应商送货之前先进行虚拟配货，将标签贴于周转箱上；

供应商送货时，取自己的周转箱，按箱标签上的数量装入相应的商品；

如果发生缺货，将未配到的门店(标签)作废。

(3) 加工型产品配货

生鲜的加工按原料和成品的对应关系可分为两种类型：组合和分割，两种类型在BOM设置和原料计算以及成本核算方面都存在很大的差异。在BOM中每个产品设定一个加工车间，只属于唯一的车间，在产品上区分最终产品、半成品和配送产品，商品的包装分为定量和不定量的加工，对于称重的产品/半成品需要设定加工产品的换算率(单位产品的标准重量)，原料的类型区分为最终原料和中间原料，设定各原料相对于单位成品的耗用量。

加工过程中,由生产计划/任务中需要对多级产品链计算嵌套的生产计划/任务,生成各种包装生产设备的加工指令。对于生产管理,在计划完成后,系统按计划内容出标准领料清单,指导生产人员从仓库领取原料以及生产时的投料。在生产计划中考虑产品链中前道与后道的衔接,各种加工指令、商品资料、门店资料、成分资料等下发到各生产自动化设备。

加工车间人员根据加工批次加工调度,协调不同量商品间的加工关系,满足配送要求。

4. 产品发送

商品分拣完成后,都堆放在待发库区,按正常的配送计划,这些商品在晚上送到各门店,门店第二天早上将新鲜的商品上架。在装车时按计划依路线门店顺序进行,同时抽样检查准确性。在货物装车的同时,系统能够自动算出包装物(笼车、周转箱)的各门店使用清单,装货人员也据此来核对差异。在发车之前,系统根据各车的配载情况出各运输的车辆随车商品清单,各门店的交接签收单和发货单。

商品到门店后,由于数量的高度准确性,在门店验货时只要清点总的包装数量,退回上次配送带来得包装物,完成交接手续即可,一般一个门店的配送商品交接只需要5分钟。

资料来源:根据IT168网站(http://tech.it168.com/erp/2008-02-20/200802201631913.shtml)"上海联华生鲜食品加工配送中心物流案例"整理。

本章小结

销售物流是企业将产品所有权转移给消费者的一系列物流活动,是供应链物流系统的一个重要环节,它以产品离开生产线进入流通领域为起点,以送达用户并经过售后服务为终点。通过销售物流过程,产品实现其价值,企业获得利润。

销售物流的内容包括产品包装、存储,销售渠道选择,产品配送和信息管理等。销售物流过程也是执行订单的过程,但企业在根据订单组织生产时,其订单与产销以及物流的协调将会影响到销售物流的效果。因此,做好销售物流首先要解决好订单与产销及物流的协调问题。

销售物流的运作启动是从配货开始的。通常,配货可以在专门的配送中心进行,一些大企业可能会在自己的物流中心进行。配送中心是以从事配送业务为主的物流中心机构,是末端物流的节点设施,通过有效地组织配货和送货,使资源的最终端配置得以完成。物流中心主要承担着存储、分拣、集散、衔接、加工等多种功能。其作业流程是从订单处理开始,依次完成进货、理货、配货和出货等过程。现代化的物流配送中心要求具有高效、合理化的作业能力和完善的进配货体制，以此来降低作业成本、提高服务的质量，要求配送中心必须实现内部合理化。

物流配送是连接生产和消费的桥梁，是时间和场所产生效益的催化剂。因此，提高物流配送的运作效率、优化配送系统设计是降低物流成本的又一重要环节。企业配送作业系统的设计遵循一定的原则，以企业期望的实现作为配送作业的目标。依据配送作业的工艺流程，可以把配送作业流程分为一般和特殊两种流程，流程不同，配送作业模式有所差异，可以大体上将其分为生产资料和生活资料产品的配送模式。在配送之前，必须制作配送作业计划。就计划而言，包括短期和长期配送计划。短期配送计划是按订单组织物流配送能力，按时间、质量、数量、地点要求配送。长期配送计划，如下一年度配送计划，则需要通过市场预测来完成，根据上一年度的物流需求和实际物流能力，以及对下一年市场物流需求的预测，综合考虑，计划下一年度可能的物流能力。

问 题 思 考

1. 销售物流在物流管理中的战略意义。
2. 销售物流是一个怎样的流动过程？
3. 销售物流中如何处理订单与产销及物流的协调？
4. 如何实现配送中心的合理化？
5. 企业配送作业系统设计需要做些什么？
6. 案例 4-1 对我们有什么启示？
7. 联系案例 4-2，阐述配送中心的物流运作重点应关注什么？

第五章 物流需求预测

物流管理中的需求预测决定了企业生产的每种产品有多少要运到企业所服务的各个市场及其伴随的服务。准确的物流需求预测可以使物流管理者更科学有效地分配物流资源，快速反应物流市场需求和提高物流运作效率，保证物流服务的供给与需求之间的相对平衡。物流需求预测不仅是物流管理者科学分配物流资源保证最佳物流供给能力的基础，也是供应链中所有战略性和规划性决策的基础。尤其是在现代通信技术广泛应用的环境下，物流管理者有更多的机会与企业内外的大量预测用户分享预测成果，所以，物流需求预测的结果对供应链上诸多相关部门都有着极其重要的使用价值。本章就物流需求预测需要考虑的相关内容、物流需求预测的技术、物流预测的方法等内容进行系统讨论。

第一节 物流需求预测的相关要素

在企业的整个生产经营过程中，可以将供应、生产、销售环节中所发生的所有物料和产品的流动所引致的对物流资源和物流能力的需求，称为物流需求。物流需求依附于企业生产经营需求，尤其是在供应环节和销售环节。因此，进行物流需求预测，需要准确估计企业供应链在未来的一定时期内所处理的所有产品和服务的数量，在此基础上，才能估计在未来的一定时期内，为企业产品生产和销售提供物流服务可能需要的物流资源和物流能力，进而制定详细的物流计划，包括物流资源的合理分配和物流能力的科学安排等。

一、物流需求的特性

物流需求预测不仅仅是物流部门也是企业所有部门（包括物流、营销、生产和财务部门）进行规划和控制的基础，所以，物流需求预测水平对整个企业乃至企业的整个供应链都是至关重要的，它直接或间接地影响了企业生产能力、资金需求和经营的总体框架。物流需求预测涉及需求的空间和时间特征，需求波动和随机程度。

1. 需求的空间和时间特征

物流需求有空间性和时间性两个维度，这就要求物流管理者必须知道需求量发生在何处、何时发生。只有知道比较确切的需求空间位置，才能很好的平滑物流网络中的库存水平和按地理位置合理地安排运输资源。也只有知道比较准确的时间，才能合理安排运输计划和各项物流活动。所以，所选择的预测方法和技术必须反映需求的地理性差异，并且能够处理需求的时间变化。相关预测方法和技术将在后面的章节里作详细讨论。

2. 需求的规律性和不规律性

在进行预测前，预测人员首先要将企业的产品分组，以确定不同的服务水平、服务要求，或者对它们进行分别管理。随着时间的推移，这些不同的产品组和不同类型的产品的需求模式会发生改变。如果需求模式是有规律的，一般可以分解为趋势变化因素、季节变化因素、周期性因素和不确定性因素。如果随机性因素对最终的预测结果影响不大，那么利用通常的预测技术就可以得到比较好的预测结果。

如果某种产品的总体需求量不大，需求时间和需求量又非常不确定，需求模式是间歇式的，那么这种需求就是不规律性的。刚刚进入企业产品线的新产品或马上要退出产品线的老产品常常出现这种模式的需求。因为只有少数客户对这些产品有需求，而且分散在不同的地区，所以物流配送所面对的需求比较小。这类需求采用通常的预测方法和技术进行预测，效果不佳。这是物流需求预测的特殊难题，通常需要企业物流的灵活性和快速反应来解决这一问题。

3. 相关需求和独立需求

在实际生活中，需求可以分为相关需求和独立需求两种。相关需求是指某种物资的需求量与其他物资有直接的配套关系，是按特定的生产计划要求派生出来的，当其他某种物资的需求量确定后，就可以直接推算出它的需求量。一般企业内的各种在制品、零部件等都属于相关需求。例如，从某供应商处购买新轮胎的数量就是汽车厂要生产的新汽车数量的一定倍数。

进一步划分，相关需求可以分为垂直相关和水平相关两种。垂直相关需求就是将需求分为若干层次，如供应链可以分为原材料供应商、零部件制造商、生产商、配送商和零售商等。而水平相关需求则是指物资中包括的附属物、赠品、促销品等。

在相关需求中，通过使用预测、存货状况和需求计划可以确定基本物资的需求量。当采购和制造计划被确定后，对在制品和零部件的需求便可以直接计算得出。一般情况下，只要这种相关需求的关系不改变，对一种相关需求项目就可以通过基本物资来确定，没有必要对其进行单独的预测，只有在基本物资的需求发生了实质性的变化时，才有必要调整零部件的需求。因此,对相关需求项目的预测来源于对基本物资的需求。

独立需求是指某种物资的需求量是由外部市场的需求决定的,与其他物资不存在直接的相关关系。独立需求物资包括大多数产成品形式的消费品和工业物资。通常,在这种情况下,客户数量很多,而且他们绝大多数是独立采购,其采购量只构成企业产品总量的很少的一部分。比如,在预测中,不能根据一个时期的牛奶需求量来推算出对冰箱的需求量;也不能通过衣物的销售量来推知未来洗衣机市场的需求量。

一般而言,如果是独立需求,利用预测技术得到的预测结果是比较准确的。如果是相关需求,预测人员就应该充分利用这种需求的特性,仅对基本物资的需求进行预测,从而得到其他相关需求项目的需求量。

二、物流需求预测的内容

物流活动已广泛渗透到生产、流通、消费等整个社会经济活动过程之中,与社会经济的发展密切联系。满足现代社会不同的物流需求,首先要了解市场对企业产品的需求量究竟有多大,它是企业从总体上配置基本物流资源和安排物流能力的依据,可称为基本需求。此外,季节性、趋势性、周期性、促销性等需求预测也是其重要的内容,这些为特殊物流需求计划的制定提供依据。

1. 基本需求预测

市场对企业产品的基本需求量,是指在一定的经营条件下,一定的延展时期内,一个企业所能获得的平均市场销售总量。它不包括季节、趋势、周期和促销等因素下的特殊需求。基本需求预测需要这样一个程序:第一,收集资料。包括企业过去的一个延展时期的实际市场销售量,可以用自上而下或自下而上的方法求得(见本节三、物流需求预测方法)。第二,分析资料。对收集到的资料进行分析,以判断预测期内市场需求情况、产销情况以及目前企业主要客户的消费心理、偏好及变化趋势,以期从中寻找规律,为选择具体的预测技术作准备。第三,选择预测技术。不同的预测技术对所需的预测资料的要求有所差异,所以,预测技术的选择应以第二个程序为基础,同时可以选用几种技术同时进行预测。此外,预测过程中可以用定性与定量相结合的方式来修正所使用的技术,使其尽量贴近实际。第四,评判误差,确定最终预测结果。运用多种预测技术得到的预测结果是否一致,同时与实际又是否相符,这需要预测人员对预测误差进行分析评价。可以从统计经验和直观判断两个方面对得到的预测值进行评价,同时可运用误差修订技术进行必要的修正,来确保预测的精确度。预测误差的修订方法将在第三节中详述。

2. 季节性需求预测

季节性需求预测通常是以年度为基础的,同时与商品的属性紧密相关。比如年度的玩具需求就是一个很典型的例子。在圣诞节前具有较高的需求量,相对而言在一年的前三个季度中需求量较低。或者说,玩具的需求类型显示出前三个季度中季节因数较低,最后一个季度呈现季节因数峰值。应该注意的是,这里讨论的季节因数是指消费零售层次,批发层次的季节因数先于消费需求大约一个季度。

3. 趋势性预测

趋势性需求是指在一定的延展时期内企业某种产品销售量的一种走势。这种走势可以是正、负或者不确定性,它与时代性、人们的需求程度、文化习惯、人口和消费类型等诸多因素有关。正的趋势值意味着销售量随时间的延续而增加。比如在20世纪80年代中期至90年代,个人电脑的销售趋势呈强烈持续增长趋势,这与当时时代的发展导致人们强烈的需求程度直接联系。此外,在整个产品寿命周期内,趋势方向会改变若干次。如在20世纪80年代初期间,由于人们饮用习惯的变化,啤酒消费从增长趋势变化到一种不确定性趋势。趋势值的增减受诸多因素的影响,在进行预测时了解哪一种因素是影响销售量的主要因素,这是很重要的。再如,随着出生率的下降,意味着随之而来的婴儿用品的需求将减少。然而,对于某些产品的趋势(如一次性尿布),即使市场规模正在缩小,也有可能出现对特定类别的产品需求的增加。虽然趋势值对短期物流需求预测的影响很小,但在预测时必须将它考虑进去,因为趋势值在随后的时期中会影响到基本需求。

4. 周期性预测

周期性需求的特点是在某种产品的需求模式中,其延续波动的状态超过一年以上。这种周期因素可以是上升的,也可以是下跌的。商业周期就是一个典型的例子。在商业周期中,传统上每隔3~5年有一次经济从衰退到扩张的波动,类似住房一类的大型商品需求就与商业周期联系在一起。周期性因素引起的需求波动同样会影响到基本需求。

5. 促销性预测

促销性需求的特点是需求波动是由厂商的市场营销活动发起的,诸如广告或促销活动等。促销因素一般具有这样的特点,促销期间销售量增加,此后的销售量比起促销期则是下跌的。促销可以是直接向消费者提供的交易,也可以是仅向贸易商(批发商、零售商)提供的交易。促销可以是有规则的,因此可以在每一年的同一时间发生。从预测的角度看,有规则的促销因素类似于季节因素。不规则的促销需求当然不会发生在相同时间,需要对它进行特别关注,这对跟踪消费品行业来说特别重要。在某些行业,促销对销售量具有很大影响,促销带来的销售量甚至会占到年度销售量的50%以上。所以,促销性需求预测对特殊物流计划和能力安排尤其重要。

除了上述这些预测内容外,还有一些随机因素引起的不规则物流需求,由于其不能事先预测，需要在进行各种物流需求预测过程中酌情考虑，尽可能使随机因素降至最低程度。

三、物流需求预测的原则和方法

物流需求预测有助于物流计划的制定以及计划的协调，是对生产、装运或销售等方面有可能产生的物品流量或单位数的一种预示或估计。因此，需要科学合理地使用数据，运用恰当的预测方法进行系统预测。

（一）物流需求预测原则

无论进行基本需求或是特殊性需求的预测，都需要运用科学的思维方法和手段，可以将其凝练为预测需求预测的基本原则。

1. 可知性原则

任何客观事物发展的规律都是可以认识的。通过大量的社会实践活动，人们不断发现和掌握客观规律，据此来推测未来世界的发展趋势。预测在很多学科中，都是一个非常重要的概念，它实质上是指对事物未来发展趋势的一种理性认识。换句话说，未来世界是可以利用科学的预测技术正确认识的。在现代经济运行中，影响市场供求变化的因素多种多样，一些偶然性的因素也会使事物的发展偏离原有的运行轨迹，但只要努力探求，就能掌握在大量复杂现象掩盖下的事物发展的规律性。

2. 系统性原则

系统性原则是把预测对象看做一个系统，以系统性原则来指导预测活动。系统原则认为：首先，预测事物是一个整体，不能将其随意割裂。例如，在预测中，所有的数据资料都可以说明事物发展的趋势，不能随意将他们隔离开来；其次，一个系统具有层次性，即，事物发展有高级阶段、中级阶段和初级阶段之分。只有经历了初级阶段才能逐渐向中级阶段和高级阶段过渡；最后，事物内部是由许多小系统构成的，小系统之间相互联系相互制约。例如，物流需求预测本身就是一个系统，它是社会经济预测这个大系统中的一个子系统，它与这个大系统中的其他子系统相互联系相互制约。

3. 连续性原则

连续性原则，是指事物的发展具有连续性。任何事物的发展变化过程都要经历过去、现在和未来三个部分。过去是事物发展的历史，现在是事物正在演进，未来是事物发展的趋势。一切事物的发展要经历一个漫长的过程，它的本来面目和它的发展趋势会延续下去，不会一下子变得面目全非。所以必须在了解事物的过去和现在的基础上。依照这个原则预测事物的未来发展趋势。

4. 类推性原则

类推性原则是指事物之间往往存在着某些相似的结构和发展模式。可以根据已知的事物的结构和发展模式来推断与它相似的事物的结构和发展趋势。这种方法适用面比较广，既适用于同类事物也适用于不同事物。

5. 因果性原则

因果性原则是指客观事物或各种现象之间通常存在一定的因果关系，可以依据已知的原因推断未知的结果，即当自变量已知时，就可以推断出因变量的预测值。一般这种关系可以表达为确定的函数关系或不确定的相关关系。通过对事物的因果关系分析，可以由因推果。例如，由影响物流需求预测的各种因素推出市场需求的未来发展趋势。

（二）物流需求预测方法

从方法论上可以把物流需求预测方法大致上分为自顶向下和自底向上两种。

自顶向下方法 也称分解法，它是先由企业对未来市场需求总量进行预测，然后按各地的历史销售量把预计的未来市场需求总量分摊到各地。如图 5-1 所示，某企业要对其产品进行全国范围内的总需求量预测，假定预计全国总需求量为 100 000 个单位，企业在各地共有 4 个销售/配送网点，它们在历史上所占销售份额分别为 40%、30%、20%和 10%，用自顶向下法进行预测，则 4 个销售/配送网点的销售量分别为 40 000、30 000、20 000 和 10 000 个单位。企业物流中心则按照这种预测的总量产品的分布，来安排物流资源并计划相应的物流能力。

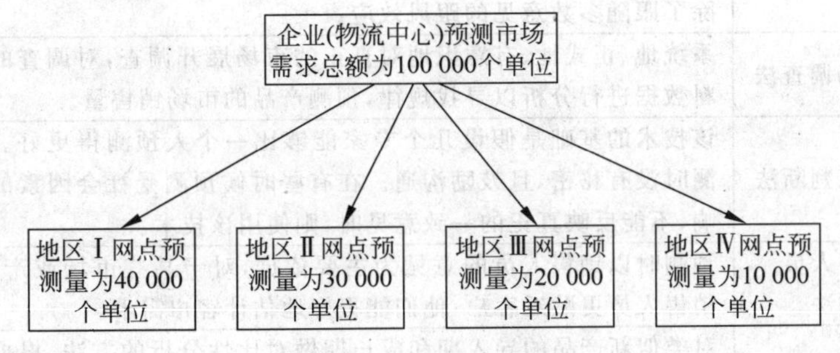

图 5-1　自顶向下预测法

自底向上方法 是一种分权方法，用于企业物流需求预测中，是指企业所属的各地区的销售/配送网点，对相应区域的市场需求状况进行预测，然后企业总部再对这些预测汇总和分析，得到最终预测结果。由于这种预测方法从底部开始，比如从上述的地区网点获得相应地区的产品需求情况，是借助于销售网点对该区域市场情况的熟知性，其局部预测结果相对准确，因而，汇总后得到的最终预测结果其精度相对较高。自顶向下方法适于较稳定的市场需求环境或需求量在整个市场上的波动不太大的情况，自底向上方法则比较适于系统需求影响因素不多，并且历史数据很充分的情况。在实际的预测中，可结合实际情况在这两种方法之间作出最佳选择，也可以取长补短，综合两种方法的优点进行预测。

第二节　物流需求预测的技术

物流需求预测可使用的技术很多，这些技术总体上可分为两大类，即定性预测和定量预测。在定量预测中又可分为时间序列预测技术和因果关系预测技术两类，而这两类又可具体分出很多不同种类。这些预测技术为我们根据预测对象恰当选择使用提供了便利。

一、预测技术分类

表 5-1 给出了一些常见的预测技术的总结和简要说明。其中，定性预测是利用判断、直觉、调查或比较分析对未来作出定性估计的方法；时间序列分析技术是依赖于历史数据和历史数据的变化进行预测的；因果关系技术是利用预测变量与其他相关变量具有从属性和相关性进行预测的。

表 5-1　常见的预测技术总结

技术类型	技术小类	说　明	预测期
定性预测	德尔菲法	以一定顺序的问卷询问一组专家，对一份问卷的回答将用来制作下一份问卷。这样，仅由某些专家掌握的任何信息都会传递给其他专家，使得所有专家都掌握所有的预测信息。该技术剔除了跟随多数意见的跟风效应。	中到长期
	市场调查法	系统地、正式地、有意识地对真正的市场展开调查，对调查的资料数据进行分析以寻找规律，预测产品的市场销售量。	中到长期
	专家判断法	该技术的基础是假设几个专家能够比一个人预测得更好。预测时没有秘密，且鼓励沟通。在有些时候预测受社会因素的影响，不能反映真正的一致意见时，则使用该技术。	中到长期
	销售人员评估法	预测时以销售人员的意见为主要依据，对于某些市场或产品，销售人员更贴近客户，他们能很好地估计客户需求。	短到中期
	类推预测法	对类似新产品的导入期和成长期做对比性分析的方法，根据相似模型作出预测。	中到长期
	臆想预测法	利用个人的见解、判断，可能的情况下利用假设的未来不同情境下的“事实”做出预言。其特点是主观的猜想和想象，一般情况下，所用的方法是直觉的。	中到长期

续表

技术类型	技术小类	说　　明	预测期
定量预测	移动平均法	在时间序列上移动较近一段时期销售量的算术平均数或加权平均数,需要在剔除季节性或不规律性因素的基础上,选择一系列连续点。	短期
	指数平滑法	类似于移动平均法,是对最近期的对象点给予更大的权数。在描述上,新的预测值等于旧的预测值加上过去预测误差的一定比重。两重或三重指数平滑法是基本模型的更复杂版本。主要解决时间序列的趋势和季节性变化问题。	短到中期
	时间序列分解法	将时间序列分解成季节性、趋势性和规律性因素的方法,在判断转折点时非常有用。	短到中期
	趋势映射法	用数学方程拟合趋势曲线,然后利用方程将其映射到未来。需要几个变形:斜率特征法、多项式法和对数法等。	短到中期
	集中预测法	在未来更短的时间内如三个月,测试几个简单的决策方法,选择一个更精确的方法,利用计算机模拟来检验以历史数据为基础的不同战略决策。	中期
	谱分析法	将时间序列分解成几个基本成分,称作谱。这些成分以几何正弦—余弦曲线来代表,重新组合这些成分,给出数学表达式并用来预测。	短到中期
因果关系	回归模型	将需求与其他变量或解释变量联系在一起。变量选择的依据是统计数据。目前有效果较好的回归软件,所以回归模型成为较常用的预测技术。	短到中期
	计量经济模型	是一组相互依赖的回归方程组,用来描述销售活动的一些经济内容,通常同时估计回归方程组的参数。该模型比普通回归方程能更好地解释所包含的因果关系,因此可以更好地预测转折点,但开发费用昂贵。	短到中期
	投入-产出模型	以商品和服务在产业间或部门间的流动为对象,研究为得到特定的"产出",需要有什么样的投入。有些时候,人们也会将计量经济模型和投入-产出模型结合起来进行预测。	中期
	先导性指标法	利用一个或多个与需要预测的变量系统相关的先行变量进行预测。	短到中期
	生命周期法	根据S曲线分析、预测新产品的增长。其中,划分不同阶段产品分别被创新者、早期多数、晚期多数和滞后者接受,是分析预测的核心点。	短到中期
	动态模型	利用计算机模拟不同时期最终产品销售情况对分拨渠道和需求渠道不同点需求的影响。库存政策、生产计划和采购政策是需求的约束条件。	中到长期
	神经网络法	受生物神经功能的启发而形成的数学预测模型。模拟的特点是新数据到来后,模型可以进行学习。对不连续的时间序列,使用该技术比其他时间序列模型预测更准确。	短期

二、预测技术类型的特点

上述两大类(或者三大类)预测技术中,绝大多数具体的预测技术(技术小类)已经被归纳出来,具体预测中可以根据预测对象和背景资料选择使用。这些三大类预测技术各有其不同的特点。

1. 定性预测的特点

定性预测技术是根据预测人员或专家个人的经验和分析能力,通过对影响市场变化的各种因素的分析、判断、推理来预测市场未来的发展变化。它的特点是简便易行,不需要经过复杂的运算过程。但所需时间较长,费用较高,不能够提供以精确数据为依据的预测值,而只能提供市场未来发展的大致趋势。虽然它有缺点,但在实际的预测中是不可或缺的一种预测方法,特别是当不具备利用时间序列和因果关系预测的条件时,就需要运用定性预测的方法,对未来市场作出科学判断,推测市场未来的发展趋势。在实际预测工作中,应该把定性预测技术与后两种定量预测技术结合起来运用,会使预测效果更好。

定性预测技术中市场调查预测法、类推预测法、专家判断法是使用最多的方法。

市场预测法 是通过市场调查,收集市场变化的最新数据,进行信息加工和预测。其调查的内容概括起来有五个方面:(1)市场的需求与供给调查;(2)竞争对手情况调查;(3)企业物流运作状况调查;(4)物流政策法规情况调查;(5)企业客户调查等。市场调查有很多灵便的方法,如询问、试验、直接观察、对企业自身积累资料的检索应用、会议调查,等等。

类推预测法 又分为相关预测法和对比预测法两类。相关预测法是从已知相关的各种市场因素之间的变化,来推断预测对象的未来发展趋势。例如,从可替代品的市场需求变化来预测产品的需求情况;从互补商品的市场供求变化来预测产品的未来销售情况。对比类推法是通过预测对象与其他类似事物或相近事物之间的对比分析,来推断其未来的发展趋势。例如,对比国外某些产品的市场生命周期、产品的更新换代和新产品的开发研制情况,来预测我国同类产品有关指标的发展趋势。

专家判断法 是预测技术库中占有重要位置的一类预测方法,使用频率高,其特点简便直观,具有收敛性、结构化设计等特点,适合于没有历史数据的情况下使用。专家判断法分为头脑风暴法、趋势判断预测法、PERT(program evaluation and review technique)预测法、和经验分析法等。很多时候人们把德尔菲法也归为专家判断法。德尔菲法是由主持预测的机构确定预测的主题并选定专家。预测机构与专家以函询方式联系,专家彼此之间匿名,不发生任何横向联系。通过函询收集专家意见,然后综合、整理,再反馈给专家征求意见。这样反复多次,专家意见会出现一种统计的稳定性,趋于一致,这就是最终预测的依据。PERT 预测法是在充分听取销售人员和市场部门的经理的意见后,加以综合,作出预测。这类预测方法依赖于销售人员和市场部门经理对市场的透彻了解，因而预测的精度相对较高。

2. 时间序列预测的特点

时间序列预测法也叫历史映射法，是利用企业以往积累的相关数据来进行统计预测的一种方法，这些历史数据应具有相对清楚而又稳定的关系和趋势。时间序列分析主要用来识别发展趋势值、趋势的增长率、周期模式、因季节性因素而使数据发生的变化等。在确定了各项预测成分后，时间序列技术假定预测对象未来的变动类似于过去的变动，即，现有的需求模式在未来得到了延续。如果拥有相当数量的历史数据，时间序列的趋势和季节性变化稳定、明确，那么将这些数据映射到未来将是有效的短期预测技术。

时间序列使用的是历史的需求模式和各数据点的加权平均，同时，随着新数据的获得，这些模型是可以跟踪变化的，因此，它们可以随趋势和季节性模型的变化而调整，从而对需求模式中发生的拐点并不敏感。但是，如果变化急剧，模型只有在变化发生之后才会呈现出来。正因为如此，人们认为这些模型的映射滞后于时间序列的根本变化，很难在拐点出现之前发出信号。所以，如果是短期预测，这一局限性并不严重，当有可能出现拐点的情况下，应结合其他方法一起使用。时间序列技术发展迄今为止已有多种方法，比较适应物流需求预测的方法包括：时间序列分解法、移动平均法、指数平滑法、外延指数平滑法和适应性指数平滑法等。

3. 因果关系分析法的特点

因果预测模型的基本前提是预测变量的水平取决于其他相关变量的水平，或者说要预测的变量与其他相关变量之间存在原因和结果的关系。例如，如果已知的客户服务对销售有积极影响，那么根据已知的客户服务水平就可以推算出销售水平。这就是一种服务和销售的"因果"关系。只要能够准确到描述因果关系，因果模型在进行中长期预测时效果显著。

因果模型有很多不同形式：统计形式，如回归和计量经济模型；描述形式，如投入-产出模型，生命周期模型和计算机模拟模型等。每种模型都从历史数据模式中建立预测变量和被预测变量的联系，从而有效地进行预测。

这些预测模型的主要问题在于真正有因果关系的变量常常较难找到，即使找到，它们与被预测变量的关系有时也显得薄弱，而带有被动预测变量随时间变化的因果变量则更难找到。根据预测的经验，获得先导变量的数据常常要花费一个月到六个月的时间，之后才能判断出带被动预测变量变化的先导变量。由于这些问题，以回归和经济技术为基础的预测模型可能会导致较大的预测误差，需要使用误差修正技术进行修正。在因果关系预测技术中使用频率最高的是回归分析预测法，它包括一元线性回归、多元线性回归和非线性回归分析等。

三、预测技术选择及应用

从上述对预测技术的讨论可以看出,不同的预测技术适于不同的环境,因此在选择预测方法时,要理解预测的目的,综合考虑企业面临的市场环境,选择恰当的预测方法。在预测过程中,结合所使用的预测方法和企业实际,适当考虑一些边界条件,使预测结果尽量接近实际。同时,对比较重要的预测对象,可选择多种预测方法进行预测,以便于比较和修订最终预测结果,使预测结果更具科学性。

1. 理解预测的目的

进行物流需求预测首先要理解预测的目的。每一个预测的目的都是为支持某项决策服务的,因而必须明确这些决策。所有涉及与决策有关的各方都应明确决策和预测之间的关系。比如,一家企业计划在某一个月份通过降价进行某项产品的促销活动,那么,生产商、物流服务商和其他各方合作者都必须知道这个信息,并就促销量达成共同认可的预测,还要以此为基础制定共同的行为方案,包括促销期间的物流能力安排等。所以,对一些涉及供应链运作的预测,企业管理层应详细说明它是否要求在地理位置、产品、客户群或总体规划基础之上进行预测。

事实上,现代企业的经营运作已经不是孤立的,而是在供应链环境下运作,从而任何预测最终都会涉及供应链的整体运作效能。所以,企业的预测通常需要将供应链中所有使用预测结果或影响需求的规划活动联系起来。这些活动包括生产能力计划、生产计划、促销计划和采购活动等。这种联系是建立在信息共享和企业人力资源管理层次上的。这种观点看上去把预测描述的有些复杂,但事实上确实如此。比如在企业运作管理中经常会遇到一些尴尬的局面:营销部门可能为下一年的特定时间制定了一个大的促销计划,并据此进行预测来安排物流能力,而生产部门却在没有考虑任何促销计划的情况下依赖历史数据进行预测来制定生产计划,结果将很可能导致不理想的客户服务。此外,理解和识别客户群也是理解预测目的中需要思考的关键要素,需要将客户按照他们在服务要求、需求数量、订货频率、需求可变性和季节性上的相似性划分为不同的客户群。通常,企业可以根据不同的客户群选取不同的预测方法和技术,这有助于采取准确和简便的方法进行需求预测。只有很好地理解预测的目的,才能确保预测的科学性和准确性,不至于导致因预测失误而出现的决策失误。因为决策的失误很可能引起整个供应链在不同阶段拥有过多或过少的产品,或者导致运输和仓储环节的混乱。

2. 识别影响预测的主要因素

明晰了预测的目的后,接下来是要识别影响需求预测的主要因素,对这些因素的恰当分析是作出科学合理预测的关键。影响预测的主要因素包括需求、供给和与产品有关的一些因素。

从需求方面讲，预测时必须要弄清楚需求是否在增长、减弱或是有季节性变动规律，这些预测必须是以需求为依据的。例如，一家超市于2008年7月对一个谷物品牌食品进行促销，结果是：对这种谷物品牌食品的需求量很高，而对其他谷物品牌食品的需求却很低。在进行这样的预测时，超市必须知道在没有促销的情况下该品牌食品的需求量有多少，同时，理解促销是如何影响需求的。假设在2009年也进行同样的促销活动，那么上述两条信息的结合，才会使超市管理者对2009年的产品需求作出科学预测。此外，企业还应明确不同产品之间是否存在某种联系(互补或替代)。如果对一种产品的促销会导致另一种产品需求的下降，预测时则必须要考虑这种因素。再有，预测时还必须考虑供货期内任何预期的变动和服务政策等将会对需求带来的影响。

从供给方面讲，企业需要考虑可利用的供给资源，以确保预测的准确性，如果可替代的供给资源在短期内可以利用，那么高度准确的预测就显得不那么重要。但是，如果较长的供货期内只有一种可用的供给资源，则准确的预测就非常有价值了。

从产品方面讲，企业必须知道产品在销售期间的变量有多少，这些变量是否可以互补或替代。如果一种产品的需求影响到另一种产品的需求或被其影响，对于这两种产品的预测就应该合二为一。如当企业对一种既有产品进行改进开发时(改进开发型产品)，顾客购买改进开发型产品很可能会导致对原有产品需求的减少。尽管对原有产品需求的减少不能通过历史数据显示，但仍然可以利用历史数据来预测对两种产品的需求总合。很明显，对这两种产品的需求应该联系起来进行预测。

3．选择适当的预测技术并测度误差

在考虑了诸多因素后，基于这些背景来选择一个适当的预测方法和技术。此时还要明确和预测有关的要素的范围，包括地理区域、产品组和顾客群，以及每一范围内需求的区别。对于不同的要素范围，需要选择不同的预测方法和技术。把一些预测技术综合起来运用会有更好的效果。

预测的最终结果如何需要对其准确性和时效性进行检验，测度其误差。这些测度方法要和企业基于预测来制定的经营目标密切联系。比如，一个邮购公司利用预测值从供应商处订货的例子：供应商会在两个月的供货期内提供货物，然后公司将货物卖出。订购活动的目的是给公司提供一个数量限额，它能使销售季末剩余产品的数量最小化，同时剔除货源不充足所引致的销售损失。邮购公司必须保证能在销售季节开始之前两个月作出预测，这是因为供应商需要两个月的时间才能供货。在销售季末公司必须比较实际需求和预测需求，以估计预测的准确性。观测到的准确性也应该与希望的准确性相比较，用两者的差值来确定公司应该采取的修正方案。当然，在现有的订货和履约过程中，也许达不到希望的准确性，在这种情况下，依照早先的产品目录将一些订单发给选定的客户，会达到一些前瞻性的效果。

第三节　常用预测技术及误差修订

在表5-1中给出了一些常见的预测技术，一般来讲，在实际预测中很多预测结果可以共享，比如销售预测，常常集中在企业的营销、规划或经济分析部门，一些中期或长期的需求预测结果通常是由企业相关部门提供给物流管理者。当然，一些重要的长期预测是很多部门联合进行的，包括物流管理部门。一般情况下，物流管理者多是利用企业基本需求量的预测结果，来制定一个延展时期内（比如一年）的物流计划，包括物流资源配置和物流能力安排。此外，物流部门还需要对库存控制、运输计划、仓库装卸计划以及类似的管理活动做短期预测。根据预测技术的复杂程度、潜在作用和预测对象的特性以及数据的可得性等特点，物流管理者通常会选择几种预测方法。这里给出物流管理常用的几种预测技术和误差修订的一些方法。

一、常用的预测技术

以下是六种常用的预测方法。

（一）时间序列分解法

时间序列分解法是数年来一直非常有用的方法，这种方法包括谱分析、时间序列分析和傅立叶级数分析等。这里主要讨论时间序列分析法，因为它比较简单，而且常见。时间序列分析的指导思想是，历史上的销售模式一般都可以分解为四个因素：趋势变化因素、季节性因素、周期性因素和随机性因素。其模型可以为以下两种形式：

$$F = T \times S \times C \times I \tag{5-1}$$

或

$$F = T + S + C + I \tag{5-2}$$

式中，F——需求预测；

T——趋势变化因素；

S——季节变化因素；

C——周期指数；

I——随机因素。

两种形式消除因素影响的方法也不相同。式(5-1)一般用除法来减少影响的因素，而式(5-2)则用减法。

例如，如果要消除周期性因素，式(5-1)用 $F=\frac{T\times S\times C\times I}{C}$，式(5-2)则用 $F=T+S+C+I-C=T+S+I$。

（二）移动平均法

移动平均法使用的是最近一段时期的销售额的平均数，它分为简单移动平均和加权移动平均两种。简单移动平均法预测时，它保持平均的期数不变，总是为 T 期，也就是移动步长一经确定就不得随意改变。其公式为

$$F_{T+1}=\frac{Y_1+Y_2+\cdots+Y_T}{T}=\frac{1}{T}\sum_{i=1}^{T}Y_i \tag{5-3}$$

式中，F_{T+1}——第 $T+1$ 期的预测值；

Y_i——第 i 期的销售量；

T——步长。

简单移动平均法是利用时序前 T 期的平均值作为下一期预测值的方法，简便易行，只需一组 T 个数据。它应用的关键在于移动步长的选择。一般通过试验比较加以选定。

虽然简单移动平均数很容易计算，但它有自身的限制。最重要的是它对数据变化的敏感性较差，而且必须维持和更新大量的历史数据来计算预测。如果以往销售额的变化幅度比较大，就不能靠平均数来作出精确的预测。除了一些基本成分外，移动平均数不考虑其他预测成分。

为了克服以上缺点，对移动平均法进行了改进，引入了加权移动平均法。其指导思想就是近期的数值往往影响较大，远离预测期的数值作用会小些。基于这一思想，加权移动平均法对不同时期给以不同的权数来进行预测。其公式为

$$F_{T+1}=\frac{\alpha'_1Y_1+\alpha'_2Y_2+\cdots+\alpha'_TY_T}{\sum_{i=1}^{T}\alpha'_i} \tag{5-4}$$

式中，$\alpha'_1,\alpha'_2,\cdots,\alpha'_T$ 为权数。

式(5-4)也可以写成下面的形式：

$$F_{T+1}=\alpha_1Y_1+\alpha_2Y_2+\cdots+\alpha_TY_T \tag{5-5}$$

式中，$\alpha_1\leqslant\alpha_2\leqslant\cdots\leqslant\alpha_T$；$\alpha_1+\alpha_2+\cdots+\alpha_T=1$。

（三）指数平滑法

短期预测中最有效的方法可能就是指数平衡法，它是根据以前的需求水平和预测水平的加权平均数估算的未来需求量为基础的。不像移动平均法，它只需要得到很小的数据量就可以连续使用，而且指数预测法在同类预测法中被认为是最精确的。其特点是注重处理数据，认为近期数据对未来的影响值的影响比远期数据的这种影响更大。因此，指

数平衡法对时间序列中的各个数据进行加权处理，愈近的数据，其权数愈大。

指数平衡法分为一次、二次、三次。

一次指数平衡法的公式可以由简单移动平均公式推导而得

$$S_{t+1} = \alpha Y_t + (1-\alpha)S_t \tag{5-6}$$

式中，S_{t+1}——$t+1$ 时期的一次指数平滑值，即为当期的预测值；

S_t——t 时期的一次指数平滑值；

$\alpha=\frac{1}{N}$，平滑常数($0<\alpha<1$)；

t——任意时刻。

从式(5-6)可以看出，无论平滑常数 α 取值为多大，其随时间的变化呈现为一条衰减的指数函数曲线，即随着时间向过去推移各期实际值对预测值的影响按指数规律递减。这就是此方法冠以"指数"的原因。

指数平滑法的最大优点是它可以快速计算新的预测，对销售额的变动比较敏感，而且无须大量的历史数据和更新的资料。正因为如此，指数平滑法适用于计算机化的预测。

指数平滑法的使用关键在于选择恰当的平滑常数，如果使用的平滑常数为 1，实际上就是将最近时期的销售额用作下一时期的预测值。如果平滑常数很小，如选用 0.02，则产生的预测效果几乎同简单移动平均差别不大。根据平滑常数的值，可以监督和改变技术的敏感性，平滑常数越大，其预测对销售额的变动越敏感；平滑常数越小，对销售额的变动越迟缓，即对随机波动的反应降到最低限度。所以，在选择平滑常数时，预测人员面临着排除随机波动和让预测对需求变动作出充分反应之间的优选问题。

二次和三次指数平滑法在这里不作介绍。

（四）外延指数平滑法

基本的指数平滑模型适用于趋势和季节性变化都不很显著的时间序列中，但对于那些具有明显趋势和季节性特征的数据，这类模型往往导致很大误差。这样，就引入了趋势指数平滑和季节指数平滑。

趋势指数平滑就是在基本指数平滑的基础上，引入趋势因子，其公式为

$$S_{t+1} = \alpha Y_t + (1-\alpha)(S_t + T_t) \tag{5-7}$$

$$T_{t+1} = \beta(S_{t+1} - S_t) + (1-\beta)T_t \tag{5-8}$$

$$F_{t+1} = S_{t+1} + T_{t+1} \tag{5-9}$$

式中，F_{t+1}——第 $t+1$ 期校正后的预测；

S_t——第 t 期的预测值；

T_t——第 t 期的趋势；

β——趋势平滑系数。

季节指数平滑法原理与趋势指数平滑法一样，我们下面引入的公式是在校正了趋势与季节性因素后的公式，它为

$$S_{t+1} = \alpha(Y_t / I_{t-L}) + (1-\alpha)(S_t + T_t) \tag{5-10}$$

$$T_{t+1} = \beta(S_{t+1} - S_t) + (1-\beta)T_t \tag{5-11}$$

$$I_t = \gamma(Y_t / S_t) + (1-\gamma)I_{t-L} \tag{5-12}$$

$$F_{t+1} = (S_{t+1} + T_{t+1})I_{t-L+1} \tag{5-13}$$

式中，F_{t+1}——第 $t+1$ 期校正趋势和季节性因素后的预测值；

γ——季节性指数基础上的平滑系数；

I_t——第 t 期的季节性指数；

L——一个完整季节的期间。

从上面的公式可以看到，外延指数平滑法类似于基本指数平滑法，具备所有基本指数平滑法的优点，而且还具有基本指数平滑法所不具备的优点，它直接考虑到了趋势值和季节性因素对预测值的影响，提高了预测精度，但是它也被常常认为是对变化过分敏感，从某种意义上讲，这又会对预测的精度产生影响。

（五）适应性指数平滑法

使用指数平滑法进行短期预测的一个显著优点就是该模型可以随着时间序列的变化而进行适当的调整，但是，其预测的精度在很大程度上依赖于平滑常数的取值，据此，就出现了适应性指数平滑法，其显著特点就是平滑系数值可以随需求的变动自动调整。如果时间序列相对平稳，则选择相对较低的平滑系数值；在时间序列剧烈变化时，则使用较高的系数值。又由于平滑系数不限于一个固定的值，这样便可以缩小预测误差，尤其是在需求变动较大时。

适应性指数平滑法还包括一种自动跟踪信号，通常用当前的预测误差与过去预测误差的比值来对平滑系数进行调整，以控制误差。例如，当误差过大时，平滑系数就会自动增加，使得预测对近期的平滑做出更大的反应，以减少预测的误差。

适应性指数平滑法可以对当前形势的敏感度进行调整，虽然，某些时候，它用来调整误差，但它有时反应过于强烈，把随机误差误以为是趋势因素或季节性因素，这样又会进一步加大以后的预测误差。

最后，这种预测技术的精度，也依赖于预先设定的平滑系数，如何选定最初的平滑系数值也是一个值得探讨的问题。

（六）一元回归分析

物流活动存在着某种因果关系，例如，如果已知的客户服务对销售有积极影响，那么根据已知的客户服务水平就可以推算出销售水平。这就是一种因果关系。因果关系在进

行中、长期预测时，效果显著。在因果关系技术中使用频率最高的是回归分析预测法，它包括一元线性回归、多元线性回归和非线性回归分析法三种方法。

一元线性回归是指影响预测对象的主要因素只有一个，并且它们之间呈线性关系，其公式为

$$\hat{Y} = a + bX \tag{5-14}$$

式中，$\hat{Y}$——因变量；

a——回归常数；

b——回归系数；

X——自变量。

其中，a，b 是两个待定参数。其精确的求解公式为

$$b = \frac{\sum_{i=1}^{n}(x_i - \bar{x})(y_i - \bar{y})}{\sum_{i=1}^{n}(x_i - \bar{x})^2} \tag{5-15}$$

$$a = \bar{y} - b\bar{x} \tag{5-16}$$

多元回归分析是用来判断某些选定的变量和需求之间的关联程度，利用多个变量建立模型，将预测变量的信息转化为回归方程，来预测未来的需求。多元回归又可分为多元线性回归和多元非线性回归，前者指有多个自变量的回归问题，后者指当因变量与自变量之间的关系呈现为曲线形式时的回归问题。这里不作详细讨论。

二、预测误差修订

只要未来不完全重复过去，对未来的需求预测就会有一定程度的误差。因此，必须事先给定一个可以接受的偏差范围(这个偏差范围是可以利用管理手段来解决的)，如果误差超过这一范围，就有必要采取措施予以纠正。修订误差有三个步骤，第一，必须确定适当的衡量方法；第二，必须鉴定衡量的层次；第三，必须改善预测，以提高预测的成效。

(一) 误差衡量

预测误差是指在给定的预测期内，实际值与预测值之间的差异，所以预测误差定义为：预测误差＝实际需求－预测需求。

用公式表示，即为

$$e_t = Y_t - F_t \tag{5-17}$$

式中，e_t——第 t 时期的预测误差；

Y_t——第 t 时期的实际值；

F_t——第 t 时期的预测值。

预测误差对决策产生的影响主要有两个方面：一方面，它给预测人员提供了一个判断预测成功与否的标准；另一方面，预测人员可按照预测误差信息来调整使用预测方法，或修订预测程序，或调整预测结果。预测误差的衡量通常有以下几种方式。

(1) 平均误差(MD)

$$\text{MD}=\frac{\sum(\text{实际值}-\text{预测值})}{n} \tag{5-18}$$

(2) 平均绝对误差(MAD)

$$\text{MAD}=\frac{\sum|\text{实际值}-\text{预测值}|}{n} \tag{5-19}$$

(3) 平均平方误差(MSE)

$$\text{MSE}=\frac{\sum(\text{实际值}-\text{预测值})^2}{n} \tag{5-20}$$

表 5-2 给出了某厂商某个配送中心的月度需求量的预测，可以进一步说明这三种误差衡量方式的具体应用。

表 5-2　某配送中心月度需求预测

(1) 月份	(2) 需求	(3) 预测	(4) 误差	(5) 绝对误差	(6) 平方误差
1	100	110	−10	10	100
2	110	90	20	20	400
3	90	90	0	0	0
4	130	120	10	10	100
5	70	90	−20	20	400
6	110	120	−10	10	100
7	120	120	0	0	0
8	90	110	−20	20	400
9	120	70	50	50	2 500
10	90	130	−40	40	1 600
11	80	90	−10	10	100
12	90	100	−10	10	100
总计	1 200	1 240	−40	200	5 800
平均	100	103.3	−3.3①	16.7②	483.3③
百分比(误差/平均数)		3.3%④		16.7%⑤	22.0%⑥

① 平均误差(MD)
② 平均绝对误差(MAD)
③ 平均平方误差(MSE)
④ 平均误差/平均需求的百分数
⑤ (平均误差/平均需求)的绝对值百分数
⑥ (平方误差/平均需求)的平方根百分数

表 5-2 中第(4)栏末尾的值是平均误差(mean deviation,MD),尽管有几个月有重大误差,比如 9 月和 10 月,但其平均值几乎接近于零。问题在于,该方法的正误差抵消了负误差,从而掩饰了重大的预测问题。为了避免这一点,可采用平均绝对误差方式来衡量,如第(5)栏。该栏说明了绝对误差的计算以及所产生的平均绝对误差(mean absolute deviation,MD)。虽然 MAD 方式常被用于衡量预测误差,但 MAD 把相同的权数加在大小误差上。第(6)栏是用平均平方误差(mean square error)的方式来衡量误差,其优点是它对较大误差的处罚大于对较小误差的处罚。

尽管平均误差、平均绝对误差、平均平方误差对于评估单一的 SKU(stock keeping unit,现有最小存货量单位)和地点的需求量来说,是一种较好的衡量办法,但是当评估整个预测表现时,他们并不是很好的衡量办法。要想用不同的平均误差去比较整个 SKU 和地点的预测,通常是将平均误差除以平均需求来计算误差百分比的。平均误差衡量可以是表 5-2 第(4)栏中所示的绝对衡量数,而平方差衡量如第(6)栏所示。该表最后一行百分比(误差/平均数)的三个数据中,平方误差/平均需求的平方根百分数为 22.0%,这个相对衡量数值要比平均误差/平均需求(3.3%)大得多,因为平方衡量数在处罚大的误差时要比处罚小的误差大得多。虽然这两种相对的误差衡量办法都适合用于比较,但使用平方误差的相对预测更有助于说明"有问题的"SKU。

(二)衡量层次

接下来要考虑的是衡量层次或汇总。假定对单一的 SKU 作了详细记录,能够结合单一的 SKU 地点、一组组的 SKU 或地点以及全国范围来计算预测误差。一般来说,汇总的层次越高,相对的预测误差就越低。这里使用平方误差来计算相关的预测,假定某厂商在全国、牌号(一组组 SKU)和 SKU 地点等各层次的预测误差的比较如图 5-2 所示。该图用最小、最大和平均的相对预测来描述厂商营销消费产品的一个样本。虽然 40%的相对误差是汇总的一个 SKU 地点层次的平均数,但它如果是在全国层次进行衡量的话,将反映很差的预测表现。

以图 5-2 中 SKU 地点上方的小长方形为例,表明在该层次上的误差范围通常在 20~80 之间,该厂商在这个范围的误差约为 58。其他两个层次也是同理的解释。由于在讨论预测技术时人们主要关心的是识别和跟踪预测的误差,因此,在确定汇总的预测层次时,有两个因素要考虑。第一,基于现有设施的基础上(即忽略现有设施布局是否合理的问题),致力于改善预测表现;第二,不用汇总到更详细的误差分析,并忽略存储资源。误差的衡量之所以要分层次,旨在定期跟踪误差,随时发现单一的和汇总的相对预测误差,以记录预测效果的变化,为长期预测奠定基础。

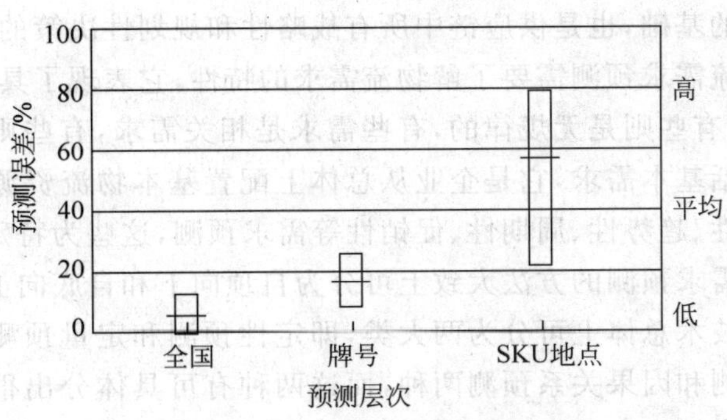

图 5-2　预测误差范围比较

（三）改善预测

第三步是要改善预测。由于预测是一项长期的、细致的、烦琐的工作过程，通常需要一些激励性措施（诸如竞争型激励等）来激发预测人员去识别问题和改善预测。当预测人员的主观能动性被激励起来后，预测的改善就产生了。由于适当的激励手段，预测者能够主动耐心地去识别主要的误差来源，并想方设法改进和开发预测技术，开发更多的信息来源，以降低误差。在某种程度上，越是复杂的预测技术，例如集中预测等，就越有可能产生戏剧性的改善。在其他情况下，通过及时有效地收集和掌握诸如价格变化、促销和包装变化等之类的经营活动信息，有可能大大减少预测误差。

通过需求预测，企业能够确立共同的货物流量目标，以指导整个物流活动。这些货物流量目标明确了产品销售的时间、地点和种类。该目标要尽可能多地吸收信息、分析信息，并及时展开具有期望度的预测。随着以相对较低的成本实现高速信息传输和信息处理时代的到来，管理部门越来越有必要去评估其预测能力。通过信息共享，来加强对预测的改善，将会大大降低企业的库存。

当最终预测结果确定后，物流管理的任务是进行相应的物流资源和物流能力规划，即针对这些市场需求量和相关的要求，拟订相应的物流计划，包括：物流资源配置，物流过程的成本控制、灵活应变、按时完成任务、操作控制、连续工作、完善服务等综合能力设计，以及保证物流能力充分发挥效用的管理措施等。

本章小结

物流需求预测在企业物流管理中有着至关重要的作用。准确的物流需求预测可以使物流管理者更科学有效地分配物流资源，快速反应物流市场需求和提高物流运作效率，保证物流服务的供给与需求之间的相对平衡。它不仅是物流管理者科学分配物流资源保证最佳物流供给能力的基础,也是供应链中所有战略性和规划性决策的基础。

进行科学的物流需求预测需要了解物流需求的特性,它表现了具有空间和时间特征,有些需求有规律性,有些则是无规律的,有些需求是相关需求,有些则是独立需求。物流需求预测的内容包括基本需求,它是企业从总体上配置基本物流资源和安排物流能力的依据此外还有季节性、趋势性、周期性、促销性等需求预测,这些为特殊物流需求计划的制定提供依据。物流需求预测的方法大致上可分为自顶向下和自底向上两种基本方法。

物流需求预测技术总体上可分为两大类,即定性预测和定量预测。在定量预测中有可分为时间序列预测和因果关系预测两种,而这两种有可具体分出很多不同种类。这些预测技术各有其自身的特点,适于不同的环境。在选择预测方法时,要理解预测的目的,识别影响预测的主要因素,综合考虑企业面临的市场环境,选择恰当的预测方法。在预测过程中,结合所使用的预测方法和企业实际,适当考虑一些边界条件,使预测结果尽量接近实际。

一般情况下,物流管理者多是利用企业基本需求量(平均市场销售总量)的预测结果,来制定一个延展时期内(比如一年)的物流计划,包括物流资源配置和物流能力安排。此外,物流部门还需要对库存控制、运输计划、仓库装卸计划及类似的管理活动做短期预测。根据预测技术的复杂程度、潜在作用和预测对象的特性以及数据的可得性等特点,物流管理者通常会选择几种预测方法。这些最常用的预测技术包括:时间序列分解法、移动平均法、指数平滑法、外延指数平滑法、适应性指数平滑法、回归分析等。对未来的物流需求进行预测通常会出现一定的误差,因此,要事先给定一个可以接受的偏差范围。当误差超过这一范围时,就应采取措施予以纠正。减少误差的三个步骤是:确定适当的衡量方法,鉴定衡量的层次和改善预测。

问题思考

1. 在进行物流需求预测时,如何考虑相关需求的因素?
2. 基本需求和非基本需求预测对物流管理各有什么作用?
3. 在实际预测时怎样来选择使用自顶向下和自底向上这两种预测方法?
4. 在实际预测时定性预测与定量预测怎样结合使用?
5. 识别影响预测的主要因素对预测有何价值?
6. 在考虑误差修订问题时,为什么要划分误差衡量层次?

第三部分　供应链物流管理

第三部分主要是关于如何提升物流运作效率，实现物流价值最大化所涉及的管理方面的一些问题，也是供应链管理思想指导物流运作和管理的具体应用。其中，第六章物流库存管理，介绍了一些立足于供应链视角进行库存管理的先进理念和方法，阐释了一些库存管理的基本理念，讨论了库存控制的一些方法和管理策略。第七章物流成本管理，把视角从以往会计科目的直接成本拓展到物流供应链上的作业成本和交易成本界面，研究供应链环境下物流成本管理的范畴、层次、相关前沿性理论及管理方法等。第八章供应链合作关系管理，讨论了合作关系的理念、特征，新一代的供应链合作，供应链合作关系的开发、管理及优化，供应链合作信任关系的构建及管理等问题。这对于物流作为企业供应链的重要组成部分、物流运作过程中的物流供应链界面的合作关系管理都具有重要价值。第九章物流绩效管理，它遵循一般绩效管理的基本流程和规律，但有其自身的特点；一些权威机构立足于更大环境和更高平台研究的绩效管理和评价方法，非常有使用价值；将基准化和平衡计分卡结合起来的BBSC绩效管理和评价思想，将“标杆”和战略有机结合起来，是一种新的思想和方法。所有这些思想或者方法都还在或者需要进一步尝试，使其得以完善和发展。

第六章　物流库存管理

库存管理是供应链物流管理的重要内容之一。由于企业组织与管理模式的变化,供应链环境下的库存呈现了许多新的特点和新的要求。然而,在现实的库存管理中仍然存在诸多需要改进的地方。库存管理的目的旨在优化供应链成本,并使合作伙伴的库存成本也得以优化,从而避免"无奈"库存而造成的浪费,或因缺货而损失利润,更好地实现库存在供应链中的平衡机制。一些先进的库存管理理念和方法可以为库存管理实践和理论研究提供重要指导。本章就物流库存管理的一些基本理念、库存管理相关问题及控制方法,供应链环境下库存管理的一些策略进行系统研究。

第一节　物流库存管理概述

库存是供应链物流系统的一项重要功能,它克服了物品生产与消费在时间上的差异,提供了物流的时间效用。在企业供应、生产、销售等一系列物流活动中,无处不涉及库存。尤其是在供应物流的终点和生产物流起点的衔接处、生产物流环节中以及生产物流末端与销售物流起点的衔接处,都存在着库存,并占据了整个物流成本的很大一部分,都是供应链核心企业必须审慎管理的对象。库存控制是否合理,库存管理是否得当,对加快物流速度,降低物流成本,发挥物流系统整体功能,都起着重要作用。

一、物流库存效用及管理目标

在供应链体系中,始终存在着两种最基本的流动：从最终消费者的需求开始,各节点企业根据下游需求信息逐级向上游企业订货的订单信息流动；从订单的终点出发,各节点企业根据订单信息逐级向下游节点供货的物品转移流动。市场的不确定性,使得在这个双向的流动过程中,每个节点都可能有风险存在；同时,物品在某些环节或节点流转时,都可能发生正常或非正常的滞留,从而在整个供应链上出现了不同功能的仓库,来解决物料从原材料、在制品、半成品、成品直到最终消费者的转换和流动过程中,可能出现的风险和滞留问题。图 6-1 展示了供应链物流过程中的这种库存结构。库存成本过高是供应链物流过程中普遍存在的现象,因而,库存管理是物流过程中一个比较突出的问题。

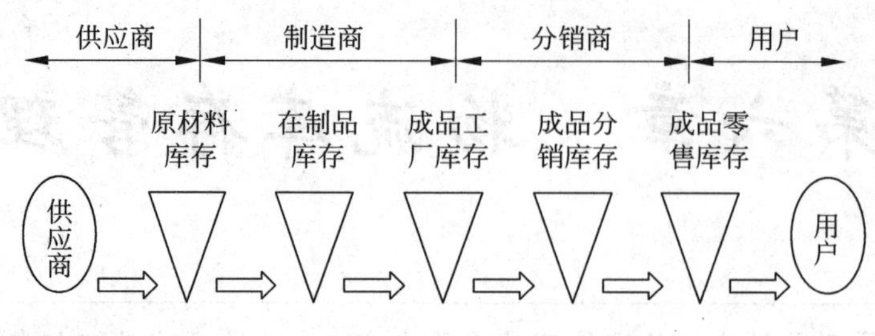

图 6-1 供应链物流过程中的库存结构

(一) 库存概念

库存(inventory)是企业生产经营过程中一个不可缺少的重要环节,是企业物流的基本要素。它具有整合需求和供给、维持各项活动顺畅进行的功能,并通过克服产品生产与消费在时间上的差异而创造时间效应。库存有狭义和广义两层含义。

从狭义的角度看,库存仅仅是指物品在仓库中的暂时闲置状态;

从广义的角度看,库存表示用于将来目的,物品的暂时处于闲置状态。库存的资源称为存货。这里包括两层含义:(1)存货闲置的位置,可以在仓库、生产线或车间里,也可在非仓库的任何位置,如车站、机场或码头等类型的流通节点,甚至可以是在运输的途中;(2)存货闲置的原因可以是主动的各种形态的储备,也可以是被动的各种形态的仓储,同样也可是完全的积压。

(二) 库存效用

库存有其两面性。一方面库存为企业带来了较高的库存成本;另一方面库存能有效地缓解供需矛盾,能保持生产顺畅,有时甚至有“奇货可居”的投机功能。从不同角度看待库存的作用是不同的。

从企业角度看,库存为企业带来了较高的成本,但库存在企业生产经营中有其重要效用:

(1) 满足需求变化。随着产品生命周期的不断缩短及市场竞争性产品的不断涌现,顾客需求难以预测。持有一定的库存有利于调节供需间的不平衡,并能避免或减少企业因无法准确、及时地预测顾客需求变化而造成缺货带来的损失。

(2) 缩短订货提前期。当制造商保持一定量的成品库存时,顾客能很快地采购到所需的物品,从而缩短了顾客的订货提前期,加快了社会生产进度。同时供应商的竞争力也得到提高,能争取到更多的顾客。

(3) 分摊订货费用。采购会发生订货费用，如果采用批采购，分摊到每件物品上的订货费用就会相对减少。

(4) 保持生产过程的连续性。生产过程中持有一定的在制品库存，可防止生产中断。若某道工序发生意外事故，而该工序的在制品库存可避免后面的工序不会中断。同样，在运输途中维持一定的库存，可以保证供应，使生产顺利进行。

(5) 增强生产计划的柔性。库存有助于缓解具有不同生产速率的生产制造环节，协调生产资源在时间和空间上的衔接。在制定生产计划时，通过加大生产批量使生产更加有条理，并降低生产成本。

从整个供应链的角度看，库存是一种平衡机制。

如果将视野从单个企业扩大到由供应商、制造商、批发商、零售商和用户组成的整个供应链范围来看库存的作用，不难发现，组成供应链的各个企业之间的关系，在过去是单纯的买卖交易关系，竞争多于合作，企业不习惯相互间的信息交流和协调库存管理，更没有在整个供应链水平上交流信息和共同协调库存管理。从而形成了大量不必要的库存。为防止供应商不能按时交货，制造企业往往要准备大量的"缓冲库存"(安全库存)。另外，由于组成供应链的各节点企业缺乏与客户必要的信息交流，难以把握顾客需求，为了满足客户的突发性大量订货，这些企业往往也要准备大量"缓冲库存"，这样，整个供应链上的库存成本大大增加，这些成本都将反映到最终产品的价格上，造成客户满意度降低。而在整个供应链体系中，库存变成了一种平衡机制，各节点企业需要利用它作为缓冲区，以满足连续需求和调整紧急需求、维持连续生产及提高客户服务水平。供应链管理的实质是把从供应商开始到最终消费者的物流活动进行整体性统一管理，始终从整体和全局上把握物流的各项活动，使整个供应链上的库存水平最低，实现供应链整体物流最优化。目前，已经出现了很多关于企业库存和供应链库存优化的方法和技术，如信息共享、建立伙伴关系、供应链同步化及创新运输集成模式等。

（三）库存管理目标

不同类型的企业，库存管理的目标不同。但就效益和安全方面，是所有企业库存管理目标中不可缺少的。

(1) 效益目标。企业经营的目的是为了获得利润。库存管理将有助于促进企业提高生产经营效果，降低产品成本，改善客户服务水平。库存管理保证按质、按量、按期及时地供应生产所需的物资，积极配合生产管理，为企业获取更多的利润。如果库存物品过多，占用资金多，需支付的利息也多，就会影响到企业资金周转及正常运营。因此，企业必须要做好库存管理工作，以提高企业的经济效益。

(2) 安全目标。库存管理工作中，首先应保证库存管理人员的安全，其次就是保证库存物品、库存设备及仓库的安全。近年来，由于库存物存放方法、存放环境等方面存在问题，在库存管理中常常会发生意外事故。为了确保安全生产，企业应该把安全目标放在库存管理的首位。

二、库存分类

库存的分类方法很多，从不同角度的分类可归纳为图 6-2 所示。

（一）按库存的功能分类

按库存的功能划分，可以把库存划分为以下五种类型。

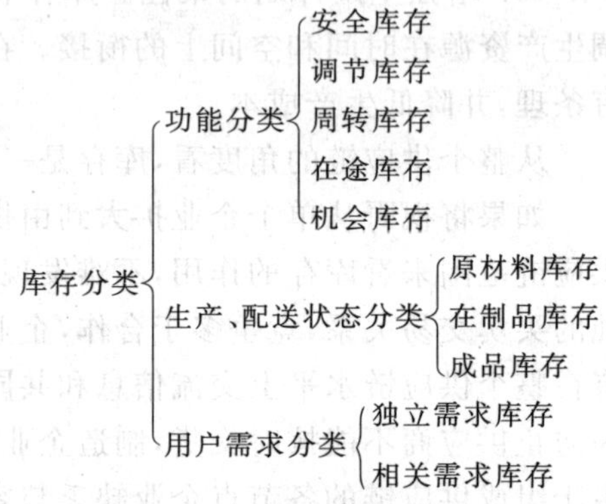

图 6-2　不同角度库存分类

(1) 安全库存。是为了应付需求、生产周期或者供应周期等可能发生的意外变化而设置的一定量的库存。它是由于不能准确预测销售数量、生产数量和时机而持有的库存。设置安全库存的一种方法是，比正常订货时间提前一段时间订货或比交货期限提前一段时间开始生产。另一种方法是，每次的订货量大于到下次订货为止的需求量，多余的部分就为安全库存。安全库存的数量不仅受需求与供应的不确定影响，还受企业希望达到的客户服务水平影响，在制定安全库存决策时企业要予以重视。

(2) 调节库存。为了调节供应或需求的不均衡，生产速率与供应速率不均衡及各生产阶段的产出不均衡而设置的库存。如为了迎接一个高峰销售季节，企业需要在淡季设置调节库存等。

(3) 周转库存。指由批量周期性形成的库存。企业要按照销售速率来制造或采购物品往往是不可能的。在相邻两次订货之间即订货周期内，企业也需持有一定库存以避免缺货。订货批量即每次订货的数量。订货批量越大，订购周期就越长，周转库存量就越大。

(4) 在途库存。即正处于运输途中以及停放在相邻两个工作地点之间或相邻两个组织之间的库存。这种库存不能为工厂或客户服务，它的存在原因只是因为运输需要时间。其大小取决于运输时间以及该期间内的平均需求。

(5) 机会库存。对于矿产品或农牧等公司，可以通过低价时大量购进的方式实现可观的成本节约。即对于预期要涨价的物品，在现行价格较低时大量购进就会降低物品的物料成本。

（二）按库存在生产和配送过程中所处的状态分类

(1) 原材料库存。用来制造成品中组件的钢铁、木料、面粉、布料或其他物料。

(2) 在制品库存。工厂中正被加工或等待与作业之间的物料和组件。

(3) 产成品库存。备货生产工厂里库存中所持有的已完工物品或订货生产工厂里准备按某一订单发货给客户的完工货物。

这三种库存存在于一条供应链上的不同位置。对于分销商和零售商,其库存只有产成品一种状态。但是对于大型的制造商来说,生产工序繁多,各种不同水准的在制品会大量存在,使库存包括了多种不同程度上的中间产品,制造厂商还可能拥用自己的配送中心,从而产成品的库存也会大量存在。这样整个物流和库存系统就会变得相当复杂。

(三) 按用户对库存的需求特性分类

(1) 独立需求库存。即用户对某种库存物品的需求与其他种类的库存无关,表现出对这种库存需求的独立性。这种独立需求库存是指那些随机的、企业无法控制而是由市场决定的需求,它与企业对其他库存产品所作的生产决策没有关系,如用户对企业产成品、维修备件等的需求。独立需求库存的数量和出现概率都是随机的、不确定的,但可以通过一定的预测方法粗略估计。

(2) 相关需求库存。是与其他需求有内在相关性的需求。相关需求的需求数量和需求时间与其他的变量存在一定的关系,可以通过一定的数学关系推算得出。如生产过程中的在制品以及需要的原料,可以通过产品的结构关系和一定的生产比例准确确定。

三、库存成本及管理的衡量指标

库存管理的目的是为了有效地控制库存成本,或保证库存满足需求的前提下,尽可能降低费用。库存成本主要由三大要素组成,并由三种指标来衡量管理水平。

(一) 库存成本构成要素

(1) 购买成本(purchase cost)。即购买所需要的原材料或半成品所需要的费用,它包括单位购入价格或单位生产成本。单位成本始终要以进入库存时的成本计算。对于外购物品,单位成本包括购价和运费；对于自制品来说,单位成本则应包括直接人工费、直接材料费和工厂管理费等。

(2) 订购成本(order cost)。向供应商发出采购订单的成本。这项成本通常和订购次数有关,而与订货量无直接关系。订货成本包括提出请购单、分析卖主、填写采购订货单、来料验收、跟踪订货以及为完成交易所必需的文职业务等各项费用。

(3) 库存持有成本(holding cost)。它也称为储存成本,是企业因持有库存而发生的一切费用,通常包括以下几方面。

① 资本成本。投资于库存的资金已经不能用于企业的其他经营投资活动中。失去

的投资机会就是将这笔资金用于企业其他用途的机会算作库存投资的资本成本。

② 税金。库存的国家税、财产税和保险税。目前许多国家把存货列入应加税的财产,因此,存货越多税金也越高。

③ 保险。投保的必要性取决于当仓库受到损坏时应赔偿的保险金额。保险费随库存投资多少而变化。通常是企业保险政策的一部分。

④ 储藏。储存库存需要仓库、工作人员、物料搬运设施等,这是由库存带来的费用。

⑤ 过时成本。因款式或消费喜好的改变等因素而引起的产品价值的贬值部分。

⑥ 损耗成本。物品在储藏过程中因受潮、变质等遭受的损失或因搬运、失窃等其他方式遭受的损失。

⑦ 缺货成本(stock-out cost)。缺货成本是由于外部或内部中断供应所引起的。缺货成本是衡量采购价值和销售服务水平的一项重要指标。缺货成本包括由于供货量不足而产生的销售利润的损失、生产损失及由于降低顾客满意度而带来的损失等因素。缺货成本通常难以直接衡量,它的计算是一项十分困难的工作。

(二) 库存管理的衡量指标

不同的企业往往根据自身情况使用不同的衡量指标。常用的指标包括:库存周转率、平均库存值和可供应时间。

(1) 库存周转率。库存周转率的公式为:

$$库存周转率 = \frac{年销售额}{年平均库存值}$$

上公式可进一步细分为:

$$原材料库存周转率 = \frac{原材料消耗额}{原材料平均库存值}$$

$$在制品库存周转率 = \frac{生产产值}{在制品平均库存值}$$

$$成品库存周转率 = \frac{年销售额}{成品平均库存值}$$

注意,以上公式的分母分子都是同一时期的数据。

库存周转率通常被企业用来衡量库存的合理性。库存周转率高,表明库存管理的效率越高;反之,库存周转慢,意味着库存占用资金量大,库存成本大。但是并非周转率高就越好,有时周转率很高,但销售额超过了标准库存的拥有量,缺货远远超过了允许缺货率从而丧失销售机会,反而会带来损失。另一方面,企业对将来的销售额的增加应有正确的估计,较多的库存会使周转率变低。因而,在应用库存周转率衡量企业经营状况时,要结合具体情况做出判断。

(2) 平均库存值。指某一时间段全部库存物品的价值总和。它可以反映企业资产中与库存相关的部分所占的比例。一般来说，制造企业为25%左右，而批发、零售企业库存所占的比例可能达到75%左右。管理者可根据历史数据或同行业的平均水平来衡量这一指标。

(3) 可供应时间。指现有的库存能满足多长时间的需求。这一指标可用平均库存量除以相应时间段内的需求速率得到。

第二节　物流库存的相关问题和控制方法

在企业生产经营过程中，尽管库存能平衡客户资源、生产资源和运输资源，并可以解决资源冲突等问题，但由于企业运作环境的发展和变化，供应链环境下的诸多因素都直接或间接地对库存控制发生联系和产生影响。因此企业要采用恰当的库存控制方法，以尽量减少库存成本。

一、库存控制的相关问题

库存是一个矛盾体，它的改变可以提高供应链的赢利水平或反应能力。然而，在现实的供应链管理中，尽管库存是出于种种经济考虑而存在，但更多的是由于人们无法准确预测未来的需求变化，不得已而采用的应对变化的手段。科学的库存管理可以使库存在供应链中以恰当的成本发挥其最佳作用。

(一) 供应链环境下库存控制存在的问题

供应链环境下的库存和传统的企业库存有许多不同之处，这些不同点体现出供应链管理思想对库存的影响。传统的企业库存管理侧重于优化单一的库存成本，从存储成本和订货成本出发确定经济订货量和订货点。从单一的库存角度看，这种库存管理方法有一定的适用性，但是从供应链整体的角度看，单一企业库存管理的方法显然是不够的。目前供应链管理环境下库存管理控制的主要问题可以综合成以下几个方面。

(1) 缺乏供应链的整体观念。虽然供应链的整体绩效取决于各节点企业绩效以及节点企业间协同的绩效，但各节点企业毕竟是具有独立经济利益的实体单元，并有各自的经营目标。但这些经营目标不一定是从供应链整体层面设定的，从而有可能其中一些目标与供应链整体目标是冲突的。如一家汽车制造配件厂的绩效评价是由库存决定的，故大力压缩库存，结果使它到组装厂与零配件分销中心的响应时间变得更长。这种情况说明，企业的库存决定并没有考虑整体效能，缺乏针对全局供应链的绩效考评标准。这势必影响到对市场的反应速度和服务水平，以及用户的满意度等。

(2) 低效率的信息传递系统。在供应链中，各个供应链节点企业之间的需求预测、库存状态、生产计划等都是供应链管理的重要数据，这些数据分布在不同的供应链组织之间，要做到有效地快速响应用户需求，必须实时地传递，为此需要对供应链的信息系统模型作相应的改变，通过系统集成的办法，使供应链中的库存数据能够实时、快速地传递。但是目前许多企业的信息系统并没有很好地集成起来，当供应商需要了解用户的需求信息时，常常得到的是延迟的信息和不准确的信息。由于延迟引起误差和影响库存量的精确度，短期生产计划的实施也会遇到困难。例如企业为了制定一个生产计划，需要获得关于需求预测、当前库存状态、订货的运输能力、生产能力等信息，这些信息需要从供应链的不同节点企业数据库获得，数据调用的工作量很大。数据整理完后制定主生产计划，然后运用相关管理软件制定物料需求计划（MRP），这样一个过程一般需要很长时间。时间越长，预测误差越大，制造商对最新订货信息的有效反应能力也就越小，这必然对产品的时效性造成影响，从而带来过高的库存。

(3) 忽视不确定性对库存的影响。供应链运作中存在诸多的不确定因素，如订货提前期、货物运输状况、原材料的质量、生产过程的时间、运输时间、需求的变化等。为减少不确定性对供应链的影响，首先应了解不确定性的来源和影响程度。很多公司并没有认真研究和跟踪其不确定性的来源和影响，错误估计供应链中物料的流动时间（提前期），造成有些物品库存过多，而有些物品则库存不足。

(4) 库存控制策略简单化。无论是生产性企业还是物流企业，库存控制目的都是为了保证供应链运行的连续性和应付不确定需求。了解和跟踪不确定性状态的因素是第一步，第二步是要利用跟踪到的信息去制定相应的库存控制策略。许多公司对所有的物品采用统一的库存控制策略，物品的分类没有反映供应与需求中的不确定性。在传统的库存控制策略中，多数是面向单一企业的，采用的信息基本上来自企业内部，其库存控制没有体现供应链管理的思想。因此，如何建立有效的库存控制方法、并能体现供应链管理的思想，是供应链库存管理的重要内容。

(5) 缺乏供应链合作与协调。供应链是一个整体，需要协调各方活动，才能取得最佳的运作效果。协调的目的是使满足一定服务质量要求的信息可以无缝地、流畅地在供应链中传递，从而使整个供应链能够根据用户的要求步调一致，形成更为合理的供需关系，适应复杂多变的市场环境。例如，当用户的订货由多种产品组成，而各产品又是不同的供应商提供时，如果用户要求所有的商品都一次性交货，这时企业必须对来自不同供应商的交货期进行协调。如果组织间缺乏协调与合作，会导致交货期延迟和服务水平下降，同时库存水平也由此而增加。供应链的各个节点企业为了应付不确定性，都设有一定的安全库存。设置安全库存是企业采取的一种应急措施，问题在于，多厂商特别是在全球化的供应链中，组织的协调涉及更多的利益群体，相互之间的信息透明度不高。在这样的情况下，企业不得不维持一个较高的安全库存，为此付出了较高的代价。组织之间存在的障碍有可能使库存控制变得更为困难，因为各自都有不同的目标、绩效评价尺度、不同的仓库，也不愿意去帮助其他部门共享资源。在分布式的组织体系中，组织之间的障碍对库存集中控制的阻力更大。要进行有效的合作与协调，供应链组织之间需要有效的信任机制、激励机制和监管机制。

（二）供应链中的需求变异放大原理与库存波动

“需求变异加速放大原理”是美国著名的供应链管理专家豪·L. 李（Hau L. Lee）教授在对需求量放大现象进行深入研究的基础上，对需求信息扭曲在供应链中传递的一种形象描述。它的基本思想是：当供应链的各节点企业只根据来自其相邻的下级企业的需求信息进行生产或供应决策时，需求信息的不真实性会沿着供应链逆流而上，产生逐级放大的现象，达到最上游的供应商时，其获得的需求信息和实际消费市场中的顾客需求信息发生了很大的偏差，需求变异系数比分销商和零售商的需求变异系数大得多。由于这种需求放大效应的影响，上游供应商往往维持比下游供应商更高的库存水平。图 6-3 显示了一个销售商实际的销售量和订货量的差异，揭示了需求放大效应是需求信息扭曲的结果。在供应链中，如果每一个节点企业的信息都发生扭曲，这样逐级而上，即产生信息扭曲的放大。

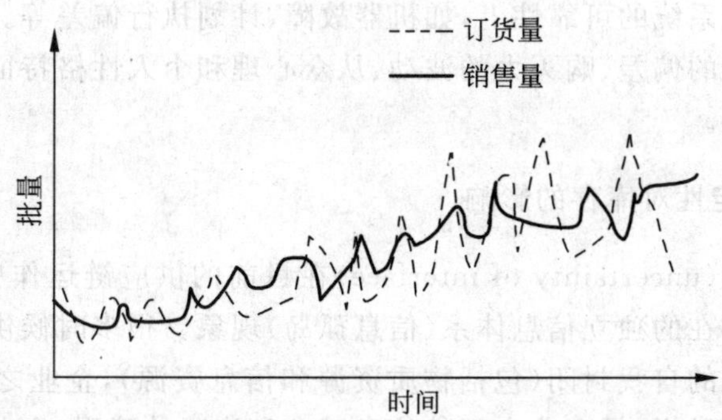

图 6-3 销售商的销售量与订货量的差异

李教授在对需求放大现象的研究中，把其产生的原因归纳为四个方面：需求预测修正、订货批量决策、价格波动和短缺博弈。需求预测修正是指当供应链的成员采用其直接的下游订货数据作为市场需求信号时，即产生需求放大。这是因为，来自下游的订货数据已经通过各种方法进行了修正，这样，未来的需求被连续修正，从而送到上游供应商的需求订单反映的是经过修正了的未来库存补给量，安全库存也是如此。订货批量决策是指两种现象，一种是周期性订货决策，它是公司考虑库存原因而采用的周期性分批订货，而不是按具体的需求下达订单。另一种是订单推动，即按照下游传递的需求下达订单。价格波动反映了一种商业行为，即预先购买（forward buy），其原因是由于一些促销手段造成的，如价格折扣、数量折扣、赠票等。商业促销行为导致预先采购的订货量大于实际的需求量，从而产生需求方法现象。短缺博弈是这样一种现象：当需求大于供给时，理性的决策是按照用户订货量比例分配现有的库存供应量。如总的供应量只有订货量的50%，可能的分配办法是所有的用户都获得其订货的50%。此时，用户为了获得更大份额的配给量，故意夸大其订货需求，当需求下降时，订货又突然消失。这种短缺博弈导致的需求信息扭曲最终导致需求放大。

揭示需求放大现象的本质特征，旨在说明供应链管理中库存波动的渊源和库存管理的新特点。这需要一些新的适应供应链管理的库存管理新模式，来解决诸如需求放大现象这样一些新的库存问题。它对供应链管理思想能否很好地实施起着关键作用。

（三）供应链中的不确定性对库存的影响

从需求放大效应中可以看出，供应链的库存与供应链的不确定性有很密切的关系。通常，供应链上有两种基本的不确定性表现形式，即衔接的不确定性和运作的不确定性。不确定性的来源主要有三个方面：供应商的不确定性、制造商的不确定性和顾客的不确定性。供应商的不确定性主要表现为提前期和订货量的不确定性，其原因是多方面的，如供应商的生产系统故障而延迟生产、供应商的供应商的延迟、运输意外等。制造商的不确定性主要在自身生产系统的可靠性上，如机器故障、计划执行偏差等。顾客的不确定性原因主要在于需求预测的偏差、购买力的波动、从众心理和个人性格特征等。这些不确定性对库存带来较大影响。

1. 衔接的不确定性对库存的影响

衔接的不确定性(uncertainty of interface)在目前的供应链运作中仍然存在，集中表现在企业之间仍然存在的独立信息体系(信息孤岛)现象。很多时候供应链合作者从各自的利益出发进行资源的自我封闭(包括物质资源和信息资源)，企业之间的合作难以摆脱短期利益的束缚，从而增加了企业之间的信息壁垒和沟通的障碍，企业不得不为应付不测而建立库存，库存的存在实际就是信息的堵塞与封闭的结果。虽然目前企业各个部门和企业之间都有信息的交流与沟通，但一些对于双方流程衔接必要的重要信息在很多企业之间并没有实现真正的共享。信息共享程度差是供应链不确定性增加的一个主要原因。目前在供应链上的信息传递有两种形式，一是传统的逐级传递，即上游供应链企业依据下游供应链企业的需求信息做生产或供应的决策。二是在集成的供应链系统中，每个供应链企业都能够共享顾客的需求信息，信息不再是线性的传递过程而是网络的传递过程和多信息源的反馈过程。尽管非线性的网络信息传递必将替代线性的逐级信息传递，但在目前情况下，对支持合作的重要共享信息仍然存在人为的限制因素，这势必通过连锁反应造成对库存的影响。随着基于信任的合作伙伴关系的建立，以及跨组织的信息平台建立，将逐渐消除很多人为的信息屏障，为供应链的各个合作企业提供共同的需求信息，也有利于推动企业之间的信息交流与沟通。企业有了确定的需求信息，在制定生产计划时，就可以减少为吸收需求波动而设立的库存，使生产计划更加精确、可行。对于下游企业而言，合作性伙伴关系的供应链或供应链联盟可为企业提供综合的、稳定的供应信息，无论上游企业能否按期交货，下游企业都能预先得到相关信息而采取相应的措施，这样企业无须过多设立库存。

2. 运作的不确定性对库存的影响

供应链企业之间的衔接不确定性通过建立战略伙伴关系的供应链联盟或供应链协作体而得以消减，同样，这种合作关系可以消除运作不确定性对库存的影响。当企业之间的合作关系得以改善后，企业的内部生产管理也会得以极大改善。因为企业之间的衔接不确定性因素减少后，企业的生产控制系统就能摆脱这种不确定性因素的影响，使生产系统的控制达到实时、准确，也只有在供应链的条件下，企业才能获得对生产系统有效控制的有利条件，消除生产过程中不必要的库存现象。在传统的企业生产决策过程中，供应商或分销商的信息是生产决策的外生变量，因而无法预见到外在需求或供应变化的信息，至少是延迟的信息。同时，库存管理的策略也是考虑独立的库存点而不是采用共享的信息，因而库存成了维系生产正常运行的必要条件。在这种情况下，当生产系统形成网络时，不确定性就像瘟疫一样在生产网络中传播，几乎所有的生产者都希望拥有库存来应付生产系统内外的不测变化，因为无法预测不确定性的大小和影响程度，人们只好按照保守的方法设立库存来对付不确定性。在不确定性较大的情形下，为了维护一定的用户服务水平，企业也常常维持一定的库存，以提高服务水平。在不确定性存在的情况下，高服务水平必然带来高库存水平。因此为了减少不确定性因素对库存的影响，减少企业的库存水平，企业需要增加与供应链成员之间的信息交流与共享，增加库存决策信息的透明性和可靠性、实时性。所有这些，都需要企业之间的诚信合作与协调。近年来，国外出现了一种新的供应链库存管理方法——供应商管理库存(vendor managed inventory，VMI)，这种库存管理策略打破了传统的各自为政的库存管理模式，体现了供应链的集成化管理思想，适应市场变化的要求，是一种库存管理的新理念。

（四）库存控制的制约因素

库存控制是受众多因素制约的，这些制约因素影响库存的控制水平乃至决定库存控制的成败。主要的制约因素主要表现在：

(1) 顾客需求的不确定性。随着产品生命周期的不断缩短及市场上竞争性产品的不断涌现，顾客需求越来越难以预测。在许多因素影响下，需求是不确定的，如突发的热销引起的需求突增会使库存控制受到制约。

(2) 客户服务水平的需要。在顾客需求不确定的情形下，企业百分百地满足顾客订单是不可能的，因此企业要确定一个可接受的服务水平。

(3) 库存补充的提前期。在企业发出订单时,库存补充的提前期可能是确定的,也可能是不确定的。所以订货周期的不确定性也将成为制约库存控制的一个方面。

(4) 运输。运输的不稳定性和不确定性必然会制约库存控制。它受运输距离、运输条件及运输工具的影响。

(5) 信息处理能力。信息在库存控制中占有十分重要的地位。并且信息的采集、传递及反馈是库存控制的关键。信息处理能力的高低将直接影响到库存控制的水平。

除上面提到的因素外,库存控制还与储存的产品种类、管理、资金、价格和成本等有关。企业在制定库存策略时,要对这些因素综合加以考虑。

二、常用的库存控制方法

库存控制的目的,是为了实现对企业整体运营进行有效的监控和管理,以维护顾客服务水平和库存投资的最佳平衡。要以较小的库存投资保持较高的顾客服务水平,就需要采取科学的库存控制方法。库存控制要解决两个问题:一是对需求进行预测,二是计算订货批量。常用的库存控制方法主要有经济订货批量法(EOQ)、ABC 分类法、订货点法等。

(一) ABC 分类法

不同的库存产品对企业提高销售额和利润率的贡献是不同的,它们的管理方法也有所侧重。为了最大限度地提高服务水平,降低库存费用,企业在制定库存策略时首先需要对库存的产品进行分类。经济学家帕累托认为,在总体价值中占相当大比重的物品在数量上却只占很小的比例。对于任何给定的组合,组合中的少数项目将占总值的大部分。同样,产品在库存中所占的比重和在库存价值中所占的比重之间不成比例的现象符合通常所说的"20/80"原则,即 20%数量的库存占全部库存价值的 80%,而其余 80%数量的库存仅占全部库存价值的 20%。ABC 分类法的基本原理,就是按照控制对象的价值或重要程度的不同将其分类,并分别采取不同的管理方法。企业的库存可以如表 6-1 所示分成 A、B、C 三类,或根据实际情况分为二类或四类,然后分别对它们进行区别管理。

表 6-1 ABC 分类法 %

类别	A	B	C
品种种类	约 20	约 30	约 50
所占价值	约 80	约 15	约 5

应用 ABC 分类法进行库存控制,主要从控制程度、库存量计算、库存记录、安全库存和库存检查等方面进行分析,如表 6-2 所示。

表 6-2　库存控制层次

级别	控制程度	库存量计算	库存记录	安全库存量	库存检查
A 级	严加控制	详细计算	详细记录	少量	经常检查
B 级	一般控制	根据历史记录确定	有记录	较多	偶尔检查
C 级	稍加控制	不计算，低了就进货	无记录	大量	不检查

应用 ABC 分类法的策略包括：

① 花费在购买 A 级存货上的资金应远远多于花在 C 级存货上的资金。

② 对 A 级存货应尽可能地严加控制，要求有详细的库存记录，并要求供应商能够按订单频繁交货，密切跟踪车间的应用情况，压缩提前期等。对 B 级存货采取正常控制，保持正常的库存记录。对 C 级存货则只需稍加控制，不用记录。

③ 对 A 级存货在一切活动中给予最高优先级，以压缩提前期和库存量，另外预测 A 级存货应该比其他级存货更为仔细。

ABC 分类法是库存控制的基本方法之一，并广泛应用于库存控制、生产控制、质量控制和其他领域中。它的操作十分简单，效果显著，在实际应用中要具体灵活的加以运用。

（二）经济订货批量法（EOQ）

前面已经提到，单项物品库存的年总成本由购买成本、订购成本、储存成本和缺货成本四部分组成，则库存年总成本可表示为

库存年总成本＝购买成本＋订购成本＋储存成本＋缺货成本

这里我们先假设不允许缺货的情况，则年总成本可用下述公式表示：

库存年总成本＝购买成本＋订购成本＋储存成本

$$\mathrm{TC} = RP + \frac{RC}{Q} + \frac{QH}{2} \tag{6-1}$$

式中，R——年需求量，以单位计；

P——单位物品的购买成本，元/件；

C——每次订货的订购成本，元/次；

$H = PF$——每单位物品每年的储存成本，元/年；

Q——批量或订购量，以单位计；

F——以单位成本系数表示的年储存成本。

年购买成本是由年需求量乘单位购买成本来确定，年订购成本是由年订购次数（R/Q）乘以每次订货的订购成本（C）得到的。年储存成本为平均库存量（$Q/2$）与年单位储存成本（H）的乘积。这三种成本的总和便是给定物资的年库存成本（TC）。

为获得最低成本的经济批量（EOQ），对公式（6-1）两边关于批量（Q）一阶求导，并令其为零：

$$\frac{dTC}{dQ}=\frac{H}{2}-\frac{CR}{Q}=0$$

解上方程得到 EOQ 公式：

$$Q^{*}=\sqrt{\frac{2CR}{H}}=\sqrt{\frac{2CR}{PF}} \qquad (6\text{-}2)$$

图 6-4 用图示的方法揭示了在上述几种成本下的最佳经济经订货量决定。

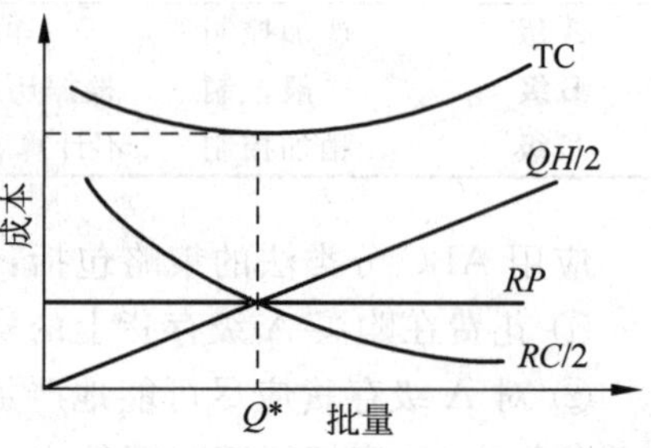

图 6-4 经济订货批量

例 6-1 某项物品的年需求量为 4 000 件，单位生产成本为 4.00 元，每单位年储存成本百分比为 25%，每单位每次订货成本为 20 元，如表 6-3 所示。计算企业对该项物品的经济订货批量及该物品的年总库存成本。

表 6-3 确定 EOQ 的因素

因　素	数　据	因　素	数　据
年需求量 R	4 000 件	年储存成本百分比 F	年度为 25%
每单位成本 P	4.00 元	订货成本 C	每次订货为 20 元

解：根据表 6-3 的数据，带入公式(6-2)中得

$$Q^{*}=\sqrt{\frac{2CR}{PF}}=\sqrt{\frac{2\times 20\times 4\,000}{0.25\times 4}}=400(\text{件})$$

总库存成本为：

$$\text{总订货成本}+\text{总储存成本}=4\,000/400\times 20+[400/2\times(0.25\times 4)]$$
$$=200+200=400(\text{元})$$

值得注意的是，典型的 EOQ 模型需要相当严格的假设才能直接应用到实际中。其模型假设如下：

(1) 已知需求量，且对产品的任何需求都能及时满足，不存在缺货的情况。

(2) 需求速率不变，库存量随时间均匀连续地下降。

(3) 订货成本、单位储存成本及订货提前期保持不变，库存补充的过程可以在瞬间完成(即整批订货同时到达)。

(4) 与订货数量和时间保持独立的产品价格不变(即购买数量或运输价格不存在折扣问题)。

(5) 多种存货项目之间不存在交互作用。

(6) 没有在途物资等。

由于在实际应用中会发生很多特殊情况，企业应根据具体情况来修正 EOQ 模型。

这些特殊情况主要有运量费率、数量折扣、批量生产、多产品购买和有限的资本等。常见的关于EOQ模型调整分别有运量费率、数量折扣和其他调整。这里只简单介绍一下运量费率。

在EOQ公式中没有考虑运输成本对订货批量的影响。如果产品是由卖方负责装运，直接抵达企业的仓库，那么忽略运输费用是有道理的。否则，在确定订货量时，企业就必须考虑运输费率对总成本的影响。在其他条件不变的情况下，企业自然希望以最经济的运输批量进行采购，该数量可能大于用EOQ方法确定的购买数量。较大的订货批量会增加平均基本库存量和库存成本，同时它也减少了订货次数，从而增加装运规模，节约运输费率。

例 6-2　在例6-1的基础上，企业考虑到通过较大批量购买可能节约运输费率，提出了两种订货方案：小批量装运方案：每次购买400件，每年分10次订购，每件物品装运费率为1.00元；大批量方案：每次购买800件，每年分5次订购，每件物品装运费率为0.75元，见表6-4。企业应选择哪种方案？

表 6-4　考虑运输费率的 EOQ 数据

因　素	数　量	因　素	数　量
年需求量 R	4 000 件	订购成本 C	每次订货为 20 元
每单位成本 P	4.00 元	小批量装运的费率	每件 1.00 元
年储存成本百分比 F	年度为 25%	大批量装运的费率	每件 0.75 元

对表中小批量装运和大批量装运两种方案的总成本进行比较分析，结果如表6-5所示。

表 6-5　用运量费率修正的 EOQ(元)

成　本	小批量装运(400 件)	大批量装运(800 件)	成　本	小批量装运(400 件)	大批量装运(800 件)
储存成本	200	400	运输成本	4 000	3 000
订货成本	200	100	总成本	4 400	3 500

大批量装运：储存成本为$800/2\times(4\times0.25)=400$元，订货成本为$4\,000/800\times20=100$元，运输成本为$4\,000\times0.75=3\,000$元，总库存成本为3 500元；而按为修正的EOQ法得到总库存成本为4 400元。企业应该选择大批量装运方案，这样可以节约900元的年总成本。

由上例可见，运量费率对购买总成本的影响是不容忽视的。如果由买方负责支付运输费用，任何EOQ法都必须在批量的分类范围内测试运输成本的灵敏度。对于在原产地购买的条件下，企业在用EOQ法计算库存成本时必须将运输成本考虑进去对它进行调整，以精确地评估库存成本。

（三）订货点法

在库存控制中，什么时候订货往往比确定订多少货要重要得多。因为库存常常涉及巨额的库存投资，一旦缺货企业就要遭受巨大的损失。因此，为了能有效地做好库存控制工作，企业常常使用订货点法来确定订货时间点。

订货点法是指现有库存量降到预定的水平即订货点就开始订货的方法。将现有库存量与订货点比较，找出那些现有库存量小于订货点的物品，并依据物品的订货批量方式确定其批量方式及订货批量，制定采购计划。订货点法就是通过控制订货点和订货批量来对订货进货进行有效控制，以达到既满足用户需求又使库存量最小的目的。它适用于那些具有相对连续稳定需求的存货，并且可用经济批量或固定批量来计算订货批量。

在需求量和运营周期已知的情况下，基本订货点或再订货点（reorder point）可以采用如下公式来计算：

$$R = D \times T \tag{6-3}$$

式中，R——再订货点，用单位数表示；

D——平均日需求量；

T——平均运营周期。

当需求量或完成周期存在不确定性因素时，就必须使用库存缓冲来补偿不确定因素。库存缓冲，通常称为安全库存，是在订货提前期超出期望时间或需求量超过平均日需求量时用于处理生产需求的方法。在不确定的情况下，再订货点的公式为

$$R = D \times T + S \tag{6-4}$$

式中，S——安全库存或缓冲库存，用单位数表示。

订货批量是在满足用户需求前提下使库存成本最低的订货数量。在总需求相对稳定时，每次订货数量的增加意味着总的订货次数的减少，从而降低了库存的订购成本。订货点法库存管理策略有很多，最基本的有以下四种。

（1）定量订货策略。该策略的基本思想是预先确定一个订货点 R，对库存进行连续检查，当库存降到订货点水平 R 时，即发出一个订货，每次的订货量保持不变，一般取经济订货批量。该策略适用于需求量很大、缺货费用较高、需求波动性很大的情形。该方法操作简单、节省工作量，但是需要随时存盘，订货模式过于机械化，管理难度大。

（2）定期订货策略。该策略的基本思想是预先确定一个订货周期 T 和一个最大库存量 S，周期性地检查库存，并发出一次订货，将现有库存补充到最大库存水平 S，如果发出订单时库存量为 I，则订货量为 $S-I$。该策略和第一种策略不同的是，不设订货点，其订货量是可变的，依实际库存而定。该策略适用于那些不重要或使用量不大的物品。

(3) 连续性检查的固定订货点、最大库存策略。此策略要求预先设定订货点 R 和最大库存量 S，随时检查库存状态，当发现库存降到订货点水平 R 时就发出订货，将现有库存补充到最大库存为止。如发出订单时现有库存量为 I，则订货量为 $S-I$。此方法的订货量也是随实际库存量变化而变化的。

(4) 综合库存策略。这种补给策略有固定的检测周期 T，最大库存量 S、固定订货点 R。当经过一定的检测周期 T，若库存低于订货点就发出订货，否则就不订货。订货量的大小依最大库存量和检测时的库存量之差而定。如此循环反复，实现周期性库存补充。

第三节　供应链环境下的库存管理策略

库存管理是现代企业生产经营管理过程中的一个重要环节。随着全球经济一体化和信息技术的飞速发展，企业之间的联系越来越密切，逐渐形成了从供应商、制造商、分销商、零售商到最终用户的利益共同体，即供应链体系。这就要求供应链上各环节企业的活动是同步进行的，对库存管理职能进行必要的整合，以集中管理整个供应链系统的库存，从而降低整个供应链的库存成本。显然，传统的库存控制方法(即企业各自为政的库存模式)已无法满足供应链管理的要求。由于供应链的新特点，如何降低库存成本，提高用户满意度以及对库存进行有效地控制成为提高供应链企业核心竞争力的重要内容。

一、供应商管理库存(VMI)

为了适应供应链管理的要求，提高企业的竞争力，企业在不断寻找改进库存管理的新模式。VMI 便是其中一种。VMI 是一种用户和供应商之间的合作性策略，以对双方来说都是最低的成本来优化产品的可获得性，在一个相互统一的目标框架下由供应商管理库存，这样的目标框架被经常性监督和修正，以产生一种连续改进的环境。

(一) VMI 的基本思想和原则

供应链管理强调企业的核心竞争力，强调企业间建立长期合作伙伴关系，在信息和知识共享、合作关系充分发展的基础上，供应链伙伴将寻求更深层次的整合。他们开始交换某些决策权、工作职责和资源，以加强协作，共同努力开拓市场。供应链上的某一个伙伴可能处于更适合的位置来执行某个通常由另一个伙伴拥有的决策权。如果把这个决策权从这个合作伙伴转给另一个更适合的合作伙伴，那么整个供应链的效率将得到改善。VMI 意味着供应链下游企业放弃库存管理权，这对他们似乎是一种损失，但是，他们从中得到的远比要失去的多得多。因为，VMI 可以满足下游企业降低成本和提高服务质量的需要。与下游企业自己管理库存相比，供应商在对自己的产品管理方面更有经验，更专业化。供应商可以提供包括软件、专业知识、后勤设备和人员培训等一系列的服务，供应链中企业的服务水平会因为VMI而提高,而库存管理成本会降低,下游企业的存货投资也会大幅度减少。同时,由于企业的库存由上游供应商管理,企业则可以放开手脚进行核心业务的开发。VMI是供应链管理发展的一种必然趋势,它可以有效消除需求的逐级放大导致的供应链中各个环节库存的异常波动。由供应链管理思想衍生出来的VMI追求的是双赢的结局,它也将同时给处于供应链上游企业的供应商带来许多利益。VMI的库存管理思想突破了传统的"库存由库存所有者管理"的条块分割的库存管理模式,以系统的、集成的管理思想进行库存管理,使供应链系统能够获得同步化的运作。供应商管理库存的特点是:信息共享,使供应商能有效地做出计划,依据零售商的销售数据协调其生产、库存和销售活动。同时,下游的销售商具有对库存的监管权。VMI的系统构造如图6-5所示。

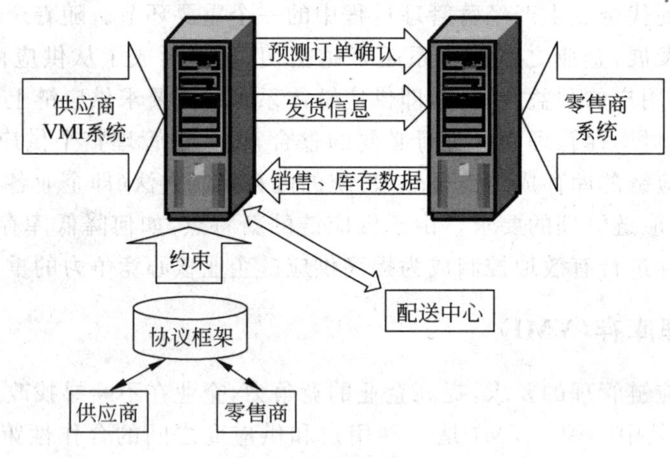

图6-5　VMI系统构造

VMI实施的过程中需要坚持如下几个原则。

(1) 合作精神(合作性原则)。在实施该策略时,相互信任与信息透明是很重要的,供应商和客户(零售商)都要有较好的合作精神,才能够相互保持较好的合作。

(2) 使双方成本最小(互惠原则)。VMI不是关于成本如何分配或谁来支付的问题,而是关于减少成本的问题。通过该策略使双方的成本都获得减少。

(3) 框架协议(目标一致性原则)。双方都明白各自的责任,观念上达成一致的目标。如库存放在哪里,什么时候支付,是否要管理费,要花费多少等问题都要做出界定,并且体现在框架协议中。

(4) 连续改进原则。VMI允许供应商获得下游企业的必要经营数据,直接接触真正的需求信息(通过电子数据交换(EDI)来传送)。

供应商利用该信息调节库存水平,从而最终消除预期之外的短期产品需求而导致的额外成本。同时,企业对安全库存的需求也大大降低。另一方面,VMI可以大大缩短供需双方的交易时间,进而使上游企业更好地控制其生产经营活动,以更好地满足用户需求,从而提高整个供应链的柔性。使供需双方能共享利益和消除浪费。VMI的主要思想是供应商在客户的允许下设立库存,确定库存水平和补给策略,拥有库存控制权。精心设计与开发的VMI系统,不仅可以降低供应链的库存成本,还可提供高水平的服务,改善资金流,与供应商共享需求变化的透明性和获得更高的客户信任度。

(二) VMI的实施方法和步骤

实施VMI策略,首先要改变订单的处理方式,建立基于标准的托付订单处理模式。首先,供应商和批发商一起确定供应商的订单业务处理过程所需要的信息和库存控制参数,然后建立订单处理标准模式,如EDI标准报文等,最后把订货、交货和票据处理各个业务功能集成在供应商一边。

库存状态透明性(对供应商而言)是实施供应商管理用户库存的关键。供应商能够随时跟踪和检查到销售商的库存状态,从而快速地响应市场的需求变化,对企业的生产(供应)状态做出相应的调整。为此需要建立一种能够使供应商和用户(分销、批发商)的库存信息系统透明连接的方法。

供应商管理库存的方式主要有四种。

(1) 供应商提供包括所有产品的软件进行存货决策,用户使用软件执行存货决策,用户拥有存货所有权,管理存货。

(2) 供应商在用户的所在地代表用户执行存货决策,管理存货,但存货的所有权归用户。

(3) 供应商在用户所在地代表用户执行存货决策,管理存货,拥有存货所有权。

(4) 供应商不在用户所在地但定期派人代表用户执行存货决策,管理存货,供应商拥有存货的所有权。

供应商管理库存的策略可以分如下几个步骤实施。

(1) 建立顾客情报信息系统。要有效地管理销售库存,供应商必须能够获得顾客的有关信息。通过建立顾客的信息库,供应商能够掌握需求变化的有关情况,把由批发商(分销商)进行的需求预测与分析功能集成到供应商的系统中来。

(2) 建立销售网络管理系统。供应商要很好地管理库存,必须建立起完善的销售网络管理系统,保证自己的产品需求信息和物流畅通。为此,首先保证自己产品条码的可读性和唯一性;其次要解决产品分类和编码的标准化问题;最后要解决商品存储运输过程中的识别问题。目前已有许多企业开始采用MRPⅡ或ERP企业资源计划系统,这些软件系统都集成了销售管理的功能。同时,目前正在兴起的RFID技术,可以更好地实现跟踪识别存储和运输过程中产品的状态。集成这些技术和功能,可以建立完善的销售网络管理系统。

(3) 建立供应商与分销商(批发商)的合作框架协议。供应商和销售商(批发商)一起通过协商,确定处理订单的业务流程以及控制库存的有关参数(如再订货点、最低库存水平等)、库存信息的传递方式(如 EDI 或 Internet)等。

(4) 组织机构的变革。VMI 策略改变了供应商的组织模式。引入 VMI 策略后,订货流程中的一个新职能是负责用户库存的控制,保证库存补给和服务水平。因此,必须有相应的组织机构与之相适应。

一般来说,在以下情况下适合实施 VMI 策略：零售商或批发商没有 IT 系统或基础设施来有效管理他们的库存；制造商实力雄厚并且比零售商市场信息量大；有较高的直接存储交货水平,因而制造商能够有效规划运输。

(三) VMI 的支持技术

VMI 的支持技术主要包括：ID 代码、EDI/Internet、条码、条码应用标识符、连续补给程序等。

(1) ID 代码。供应商要有效地管理用户的库存,必须对用户的商品进行正确识别,为此对供应链商品进行编码,通过获得商品的标识(ID)代码并与供应商的产品数据库相连,以实现对用户商品的正确识别。供应商应尽量使自己的产品按国际标准进行编码,以便在用户库存中对本企业的产品进行快速跟踪和分拣。因为用户(批发商、分销商)的商品有多种多样,有来自不同的供应商的同类产品,也有来自同一供应商的不同产品。实现 ID 代码标准化有利于采用 EDI 系统进行数据交换与传送,提高了供应商对库存管理的效率。目前国际上通行的商品代码标准是国际物品编码协会(EAN)和美国统一代码委员会(UCC)共同编制的全球通用的 ID 代码标准。

(2) EDI/Internet。EDI 是一种在处理商业或行政事务时,按照一个公认的标准,形成结构化的事务处理或信息数据格式,完成计算机到计算机的数据传输。关于 EDI 的详细内容可参考本书第十二章的有关内容。这里主要介绍 EDI 如何应用到 VMI 方法体系中,如何实现供应商对用户的库存管理。供应商要有效地对用户(分销商、批发商)的库存进行管理,采用 EDI 进行供应链的商品数据交换,是一种安全可靠的方法。为了能够实现供应商对用户的库存进行实时地测量,供应商必须每天都能了解用户的库存补给状态。因此采用基于 EDIFACT 标准的库存报告清单能够提高供应链的运作效率,每天的库存水平(或定期的库存检查报告)、最低的库存补给量都能自动地生成,这样大大提高供应商对库存的监控效率。分销商(批发商)的库存状态也可以通过 EDI 报文的方式通知供应商。在 VMI 管理系统中,供应商一方有关装运与发票等工作都不需要特殊的安排,主要的数据是顾客需求的物料信息记录、订货点水平和最小交货量等,需求一方(分销商、批发商)唯一需要做的是能够接受 EDI 订单确认和或配送建议,以及利用该系统发放采购订单。

(3) 条码。条码是ID代码的一种符号，是对ID代码进行自动识别且将数据自动输入计算机的方法和手段，条码技术的应用解决了数据录入与数据采集的“瓶颈”，为供应商管理用户库存提供了有力支持。条码是目前国际上供应链管理中普遍采用的一种技术手段。为有效实施VMI管理系统，应该尽可能地使供应商的产品条码化。条码技术对提高库存管理的效率是非常显著的，是实现库存管理的电子化的重要工具手段，它使供应商对产品的库存控制一直可以延伸到和销售商的POS系统进行连接，实现用户库存的供应链网络化控制。值得一提的是，RFID技术的应用，或许在未来将完全替代条码。关于RFID技术的详细内容也将在本书第十二章详述。

(4) 连续补给程序。连续补给程序策略将零售商向供应商发出订单的传统订货方法，变为供应商根据用户库存和销售信息决定商品的补给数量。这是一种实现VMI管理策略的有力工具和手段。为了快速响应用户“降低库存”的要求，供应商通过和用户(分销商、批发商或零售商)建立合作伙伴关系，主动提高向用户交货的频率，使供应商从过去单纯地执行用户的采购订单变为主动为用户分担补充库存的责任，在加快供应商响应用户需求速度的同时，也使用户方减少库存。

(四) VMI的优点和局限性

供应商管理库存的模式不仅可以降低供应链的库存成本，而且还为用户提供了高水平的服务，使双方达到共赢。有如下突出的优点：

(1) 销售商可以省去多余的订货部门和不必要的控制步骤，提高服务水平。

(2) 供应商拥有库存，并通过有效的库存管理，协调对多个零售商的生产和配送。

(3) 供应商按照零售商的数据，对需求做出预测，可减少预测的不确定性。供应商利用下游经销商必要的经营数据来调节库存水平，可消除预期之外的短期产品需求而导致的额外成本。同时，企业对安全库存的需求也大大降低。

(4) 由于VMI允许供应商直接接触下游企业真正的需求信息，供应商能更快地响应用户需求，提高服务水平，大大降低用户的库存成本。

(5) VMI可以大大缩短供需双方的交易时间，进而使上游企业更好地控制其生产经营活动，以更好地满足用户需求，从而提高整个供应链的柔性。

总之，VMI的优点是显而易见的，但在其实施过程中，供应商和用户之间必须相互信任，密切合作，遵循互惠互利的原则，在共同的目标指导下明确各自的责任，精心设计与开发供应商管理库存系统。只有这样，才能有效地降低供应链的库存成本，改善资金流，并为用户提供高水平的服务。

在供应链库存管理中，供应商管理库存取得了巨大的成功，但它也有一些局限性，主要表现在以下几点：

① 供应商管理库存中，供应商和零售商之间的信任度和协作水平仍待提升。

② 虽然框架协议由双方协定，但供应商主导地位明显，决策缺乏足够的协商。

③ 供应商管理库存的实施减少了库存总费用，但在供应商管理库存系统中，库存费用、运输费用和意外损失(如货物毁坏)等由供应商承担，加大了供应商的风险。

 专栏6-1 达可海德(DH)服装公司的供应商库存(VMI)战略

为了增加销售、提高服务水平、减少成本、保持竞争力和加强与客户联系，美国达可海德(DH)服装公司实施了供应商管理库存(VMI)的战略性措施。

为对其客户实施VMI，DH公司选择了STS公司的MMS系统，以及基于客户机/服务器VMI的管理软件。DH公司采用Windows NT，用PC机做服务器，带有五个用户终端。在公司的帮助下，对员工进行了培训，设置了必要的基本参数和使用规则。技术人员为主机系统的数据和EDI业务管理开发了特定的程序。

在起步阶段，DH选择了分销链上的几家主要客户作为试点单位。分销商的参数、配置、交货周期、运输计划、销售历史数据以及其他方面的数据，被统一输进了计算机系统。

VMI系统建立起来后，客户每周将销售和库存数据传送到DH公司，然后由主机系统和VMI接口系统进行处理。公司用VMI系统，根据销售的历史数据、季节款式、颜色等不同因素，为每一个客户预测一年的销售和库存需要量。

为把工作做好，DH公司应用了多种不同的预测工具进行比较，选择出其中最好的方法用于实际管理工作。在库存需求管理中，他们主要做的工作是：计算可供销售的数量、计算安全库存、安排货物运输计划、确定交货周期、计算补库订货量等。

所有计划好的补充库存的数据都要复核一遍，然后根据下一周(或下一天)的业务，输入主机进行配送优化，最后确定出各配送中心装载/运输的数量。公司将送货单提前通知各个客户。经过一段时间的运行后，DH公司将VMI系统进行了扩展，并且根据新增客户的特点又采取了多种措施，在原有VNI管理软件上增加了许多新的功能。例如：

(1) 某些客户可能只能提供总存储量的EDI数据，而不是当前现有库存数。为此，DH公司增加了一个简单的EDI/VMI接口程序，计算出客户需要的现有库存数。

(2) 有些客户没有足够的销售历史数据用来进行销售预测。为解决这个问题，DH公司用软件中的一种预设的库存模块让这些客户先运行起来，直到积累起足够的销售数据后再切换到正式的系统中去。

(3) 有些分销商要求提供一个最低的用于展示商品的数量。DH公司与这些客户一起工作，一起确定他们所需要的商品和数量(因为数量太多影响库存成本)，然后，用VMI中的工具设置好，以备今后使用。

经过一段时间的运行，根据DH公司负责信息系统部的副总裁的统计，分销商的库存减少了，销售额增加了，取得了较大的成效。

二、联合库存管理

联合库存管理(jointly managed inventory,JMI)是在供应商管理库存的基础上发展起来的。和供应商管理用户库存不同,它强调双方同时参与,共同制定库存计划,使供应链过程中的每个库存管理者(供应商、制造商、分销商)都从相互之间的协调性考虑,保持供应链相邻的两个节点之间的库存管理者对需求的预期保持一致,从而消除了需求变异放大现象。

(一) JMI 的基本思想和优势

联合库存管理是解决供应链系统中由于各个节点企业独立库存运作模式导致的需求放大现象,提高供应链的同步化程度的一种有效方法。它能克服 VMI 系统的局限性和规避传统库存控制中的"牛鞭效应",强调供应链中各个节点同时参与,共同制定库存计划。每个库存管理者都从相互之间的协调性考虑,任何相邻节点需求的确定都是供需双方协调的结果。这就保证了供应链中各节点之间的库存与需求预测保持一致,提高了供应链的同步化程度,从而部分消除了由于供应链环节之间的不确定性和需求信息扭曲现象导致的供应链的库存波动,消除了需求变异放大现象。联合库存管理强调供应链中各企业之间的互利合作,上游企业和下游企业权利责任平衡和风险共担,体现了战略联盟的新型合作关系。其基本模型如图 6-6 所示。

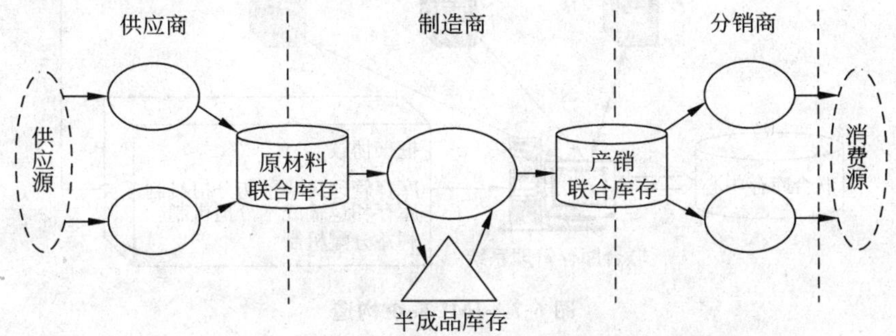

图 6-6　联合库存管理的基本模型

联合库存管理把供应链系统管理集成为上游和下游两个协调管理中心,通过协调管理中心,供需双方共享信息,库存连接成的供需双方从供应链整体的观念出发,同时参与、共同制定库存计划,实现供应链的同步化运作,并建立合理的库存管理风险的预防和分担机制、合理的库存成本和运输成本分担机制、与风险成本相对应的利益分配机制和有效的激励机制,避免节点企业的短视行为和局部利益观,提高了供应链运作的稳定性。

与传统的库存管理模式相比,JMI 具有以下优势。

(1) 信息优势。JMI通过在上下游企业之间建立一种战略性的合作伙伴关系,实现了企业间库存管理上的信息共享。这样,既保证了供应链上游企业及时准确地获得市场需求信息,又可以使各个企业的活动都围绕客户需求开展。

(2) 成本优势。JMI实现了从分销商到制造商到供应商之间的库存管理一体化,实现了准时制采购。它不仅实现了库存的减少,而且还加快了库存周转速度,缩短了订货和交货提前期,降低了企业的采购成本。

(3) 物流优势。JMI打破了各自为政的传统供应链库存管理模式,它强调各方协同合作,共同制定库存计划,共同分担风险,有效地消除库存过高和"牛鞭效应"。

(4) 战略联盟优势。JMI的实施以各方充分信任与合作为基础,只有分销商、制造商和供应商协同一致行动,才能真正实施联合库存管理。并且,JMI的有效实施也加强了企业间的联系与合作,充分体现出战略联盟的整体竞争优势。

(二) JMI的实施策略

JMI的系统构造如图6-7所示。

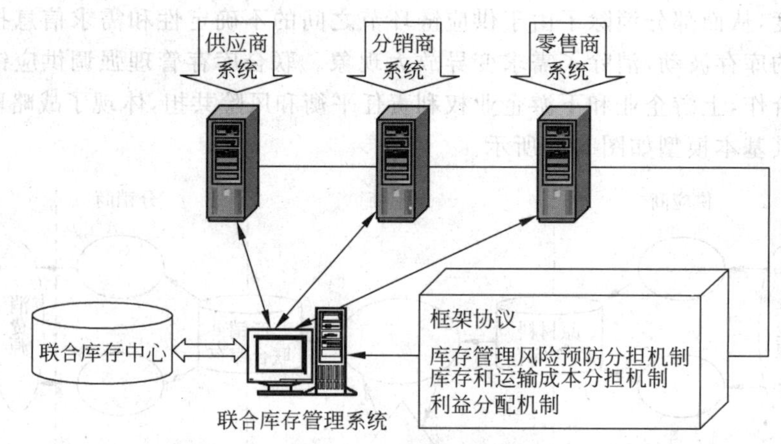

图6-7 JMI系统构造

JMI的实施策略如下所述。

(1) 建立供应链协调管理机制。建立供应链协调管理的机制,明确各自的目标和责任,并从以下几个方面入手。①建立基于供应链的共同目标。供应链各方本着互惠互利原则,建立共同的合作目标。为此,要理解供需双方在市场目标中的共同之处和冲突点,通过协商形成共同目标,如用户满意度、利润的共同增长和风险的减少等。②建立联合库存的协调控制方法。联合库存管理中心担负着执行协调供需双方利益的角色,起协调控制器的作用。因此需要对库存优化的方法进行明确确定。这些内容包括库存如何在多个需求商之间调节与分配,库存的最大量和最低库存水平、安全库存的确定,需求的预测,等等。③建立利益的分配和激励机制。建立公平的利益分配制度，并对参与协调库存管理中心的各个企业和各级供应部门进行有效的激励，防止机会主义行为，增加协作性和协调性。

(2) 建立信息沟通渠道。将现行的条形码技术、扫描技术、POS系统、电子数据交换(EDI)，以及将来广泛应用的RFID技术集成起来，充分利用互联网优势，在供应链中建立畅通的信息沟通桥梁和纽带。

(3) 发挥第三方物流的作用。联合库存可借助第三方物流(third party logistics, TPL)来实施。把库存管理的部分功能代理给第三方物流公司，企业可集中于自己的核心业务。面向协调中心的第三方物流系统使供应链各方都取消了各自独立的库存，增加了供应链的敏捷性和协调性，提高了供应链的运作效率。

(4) 选择合适的联合库存管理模式。供应链联合库存管理有两种模式。①各个供应商的零部件都直接存入核心企业原材料库的集中库存。其重点在于核心企业根据生产的需要，保持合理的库存量，既能满足需要，又要使库存总成本最小。②无库存模式。供应商和核心企业都不设立库存，供应商直接在核心企业的生产线上连续小批量多频次的补充货物，并与之实行同步生产、同步供货，从而实现JIT供货模式。由于完全取消了库存，所以效率最高，成本最低，但对供应商和核心企业的运作标准、配合程度、协作精神和操作过程等要求严格，而且两者的空间距离不能太远。

联合库存管理大大改善了供应链的供应水平和运作效率，是提高供应链同步化程度的有效方法。但就目前联合库存管理中企业间的系统集成还比较困难，这方面亟待改进和完善。

专栏6-2 威特布莱德啤酒公司实施联合库存管理(JMI)

随着市场需求的不断变化，威特布莱德公司必须实行产品组合多样化。这使得酿造业务的生产复杂化，成品库存量大，而且当成品分散在广泛的销售系统中时，变得很难管理，产品质量也得不到保证。为了缓解业务压力和降低库存持有量，威特布莱德公司与其主要的第三方饮料供应商订立了联合库存管理协议(JMI)。

在起始阶段，威特布莱德公司选择其最大的代销业务供应商Anheuser Busch为示范伙伴。两家公司为这个项目采用了一种EDI辅助的合作方法，选择通用电器信息服务作为网络供应商。

在示范项目中，威特布莱德向Anheuser Busch提供了一个13周的滚动预测，以及威特布莱德的每个销售中心中Anheuser Busch产品存货持有量的每日更新数据。这使Anheuser Busch了解了威特布莱德正在计划卖什么，让供应商知道客户每天在买什么。然后允许Anheuser Busch按照组合和数量决定发什么货，规定存货滞留天数维持在预定的存货期内(通常为2～4天),符合经过协商的产品组合。这种柔性允许供应商管理它的生产和运输计划,使其达到最佳效果。

示范项目使 Anheuser Busch 产品在威特布莱德的库存量从8天降到4天(节约30万镑),同时服务水平从98.6%上升到99.3%。同时威特布莱德自身还生产了许多替代产品,这给 Anheuser Busch 强大的压力——不允许存货过时发生。

一部分存货被转移到供应商处,但是系统内的整体库存水平下降了。同时 Anheuser Busch 更接近预测和销售信息,以及更好地利用资产获益。作为一个 JMI 的供应商,它受到在黄金时段通宵交货位置上的特惠待遇,被允许用整辆卡车运输用整辆卡车运送混合的货物,从而进一步提高运输效率。Anheuser Busch 的示范项目到1996年3月一直发挥着充分作用。

经过一段时间的运行后,威特布莱德公司将 JMI 系统进行了扩展,并且根据新增客户的特点又采取了多种措施。1996年7月,威特布莱德召开供应商大会,让其7个最重要供应商分享从 JMI 示范者那里获得的经验,讨论项目计划的扩展。据威特布莱德估计,向外滚动扩展 JMI 计划知道包括其他6个顶级供应商,将会实现一次性的库存所建140万英镑。而且更低的库存意味着更小的仓库和更少的销售中心,引导更长期的大量节约。

到1996年后期,威特布莱德的其他两个主要供应商:软饮料制造商 Britvic 和竞争对手酿造商 Guinness 都加入到 Anheuser Busch 的行列中,和威特布莱德实现完全的 JMI。其余的主要供应商预计到1998年6月会完全参与 JMI 计划。与它的转售饮料主要供应商结盟是威特布莱德最优先考虑的事,但是公司也在调查扩展 JMI 计划的可能性,把原材料的供应商也包括进来,最终将 JMI 供应商的数目增加至12个左右。其间在提高效率的利益基础上,EDI 的连接范围在1997年被进一步延伸,又增加了32个供应商。

三、多级库存优化与控制

基于协调中心的联合库存管理是一种联邦式供应链库存管理策略,是对供应链的局部优化控制,而要进行供应链的全局性优化与控制,则必须采用多级库存优化与控制方法。因此,多级库存优化与控制是对供应链资源的全局性优化。

(一) 多级库存优化与控制的基本思想

多级库存优化与控制是在单级库存控制的基础上形成的。多级库存控制系统根据不同的配置方式,有串行系统、并行系统、纯组装系统、树形系统、无回路系统和一般系统。

多级库存控制有两种方法:一种是非中心化(分布式)控制,另一种是中心化(集中式)控制。非中心化控制是各个库存点独立地采取各自的库存策略,这种策略在管理上比较简单，但是并不保证产生整体的供应链优化，如信息的共享度低，多数情况下产生次优的结果，因此非中心化策略需要更多的信息共享。用中心化控制，所有库存点的控制参数是同时决定的，它考虑了各个库存点的相互关系，通过协调的方法获得库存的优化。但中心控制在管理协调上的难度大，特别是供应链的层次比较多，即供应链长度增加时，更增加了协调控制的难度。

在进行供应链多级库存控制时，第一，要考虑库存优化的目标。传统的库存优化问题都比较注意库存成本优化，而有效客户响应(ECR)和快速响应(QR)则侧重提高客户响应能力。在现代市场竞争环境下，仅优化成本这样一个参数显然是不够的，应该把时间(库存周转时间)的优化也作为库存优化的主要目标来考虑。第二，要明确库存优化的边界，即供应链的范围。供应链结构复杂，全局性供应链包括供应商、制造商、分销商和零售商等各个部门，局部性供应链分为上游供应链和下游供应链。必须明确供应链的边界，从而能有效实施管理。第三，要考虑多级库存优化的效率。理论上讲，如果所有的相关信息都是可获的，并把所有的管理策略都考虑到目标函数中去，中心化的多级库存优化比基于单级库存优化的策略(非中心化策略)要好。但现实情况未必如此，当把组织与管理问题考虑进去时，管理控制的幅度常常是下放给各个供应链的部门独立进行，多级库存控制策略的好处也许会被独立部门的组织与管理所抵消。因此简单的多级库存优化并不能真正产生优化的效果，需要对供应链的组织与管理进行优化，否则多级库存优化策略效率是低下的。第四，明确采用的库存控制策略。在单库存点的控制中，一般采用的是周期性检查与连续性检查策略。多级库存控制，都是基于无限能力假设的单一产品的多级库存，对于有限能力的多产品的库存控制是供应链多级库存控制的难点和有待解决的问题。

(二) 多级库存优化与控制的策略

前面已经述及，供应链库存优化包括成本和时间的优化。下面就分别从成本优化和时间优化的角度来探讨多级库存的优化与控制策略。

1. 基于成本优化的多级库存管理

基于成本优化的多级库存控制实际上就是确定库存控制的有关参数：库存检查期、订货点、订货量。传统的多级库存优化方法主要考虑生产—分销模式，也即供应链的下游部分。现在进一步把问题推广到整个供应链的一般性情形，其模型如图 6-8 所示。

这里，首先确定库存成本结构。供应链的库存成本结构主要有三部分：

① 维持库存费用(holding cost，C_h)。包括资金成本、仓库及设备折旧费、税收、保险金等。维持库存费用与库存价值和库存量的大小有关，它沿着供应链从上游到下游进行累积。

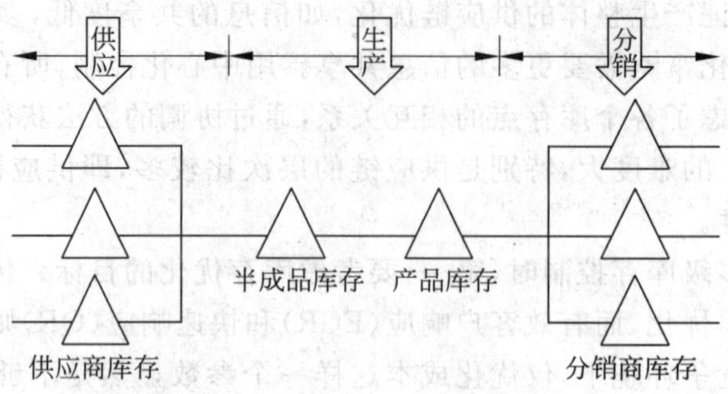

图 6-8　多级供应链库存模型

② 交易成本(transaction cost, C_t)。即节点企业间因交易而产生的各种费用，包括价格谈判、准备订单、商品检验费用和佣金等。交易成本与交易量以及节点企业间的合作程度有关。通过建立长期的互利合作关系，有利于降低交易成本。

③ 缺货成本(shortage cost, C_s)。缺货成本是无法满足供应而造成的市场机会损失和用户惩罚等。缺货损失成本与库存大小有关。库存量大，缺货损失成本小，反之，缺货损失成本高。为了减少缺货损失成本，维持一定量的库存是必要的，但库存过高将增加库存维持费用。

库存的总成本为：$C=C_h+C_t+C_s$

多级库存控制的目标就是优化总的库存成本 C，使其达到最小。其控制策略分为中心化控制和非中心化控制两种。

(1) 中心化控制策略

中心化控制是将控制中心放在核心企业上。由核心企业对供应链系统的库存进行控制，协调上游与下游企业的库存活动。这样核心企业也就成了供应链上的数据中心(数据仓库)，担负着数据的集成、协调功能，如图 6-9 所示。

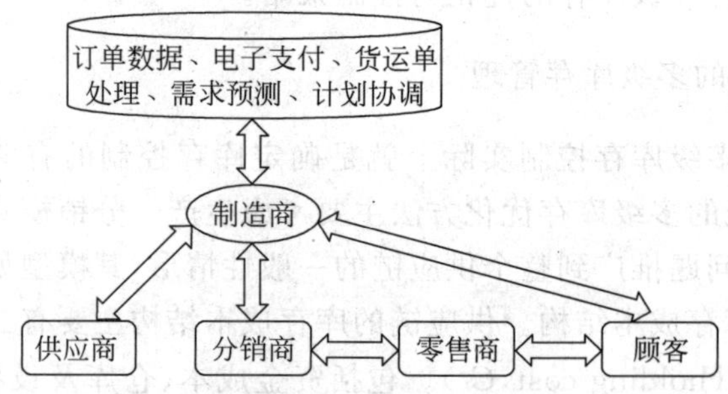

图 6-9　供应链中心化库存控制模型

中心化库存优化控制的目标是使供应链上总的库存成本最低。理论上讲，供应链的层次是可以无限的，即从用户到原材料供应商，整个供应链是 n 个层次的供应链网络模型，分一级供应商、二级供应商……k 级供应商，然后到核心企业（组装厂）；分销商也可以是多层次的，分一级分销商、二级分销商、三级分销商等，最后才到用户。但是，现实的供应链的层次并不是越多越好因此实际供应链的层次并不很长，采用供应—生产　分销这样的典型三层模型亦可以说明供应链的运作问题，如图6-10所示。

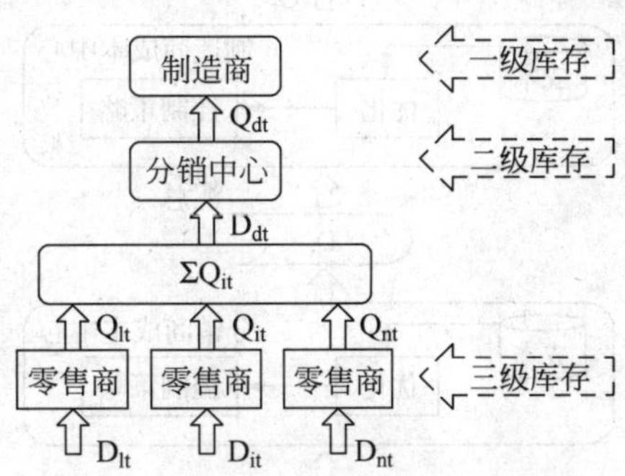

图 6-10　供应链中心化三级库存控制模型

图 6-10 中，各个零售商的需求 D_{it} 是独立需求，根据需求的变化做出的订货量为 Q_{it}，需求率 d_i 与提前期 L_{ti} 为同一分布的随机变量，同时系统销售同一产品，即为单一产品供应链。各个零售商总的订货汇总到分销中心，分销中心产生一个订货单给制造商，制造商根据产品决定生产计划，同时对上游供应商产生物料需求。整个供应链在制造商、分销商、零售商三个地方存在三个库存，即为三级库存。这样一个三级库存控制系统是一个串行与并行相结合的混合型供应链模型（如图 6-10），其控制模型为：$\min\{C_{mfg}+C_{cd}+C_{rd}\}$。

该模型中，第一项为制造商的库存成本，第二项为分销商的库存成本，第三项为零售商的库存控制成本。

传统订货策略和供应链管理中的库存参数有所不同，由此，不能按照传统的单点库存控制策略进行库存优化，必须采用多级库存控制策略。它不仅仅考虑本库存点的库存数据，而且还考虑其下游需求方的库存数据。库存决策是使用全球供应链信息系统，并基于完全掌握下游企业库存状态情况下进行的。

供应链的级库存＝某一库存节点现有库存＋转移到或正在转移给其后续节点的库存。这样检查库存状态时不但要检查本库存点的库存数据，而且还要检查其下游需求方的库存数据。级库存策略的库存决策是基于完全对其下游企业的库存状态掌握的基础上，因此避免了信息扭曲现象。建立在互联网和 EDI 技术基础上的全球供应链信息系统，为企业之间的快速信息传递提供了保证，因此，实现供应链的多级库存控制是有技术保证的。

(2) 非中心化控制策略

非中心化库存控制是把供应链的库存控制分为三个成本中心，即制造商成本中心、分销商成本中心和零售商成本中心。它们各自根据自己的库存成本优化做出优化的控制策略，如图6-11所示。非中心化的库存控制要取得整体的供应链优化效果，需要增加供应链的信息共享程度，使供应链的各个部门都共享统一的市场信息。非中心化多级库存控制策略能够使企业根据自己的实际情况独立做出快速决策，有利于发挥企业自己的独立自主性和灵活机动性。

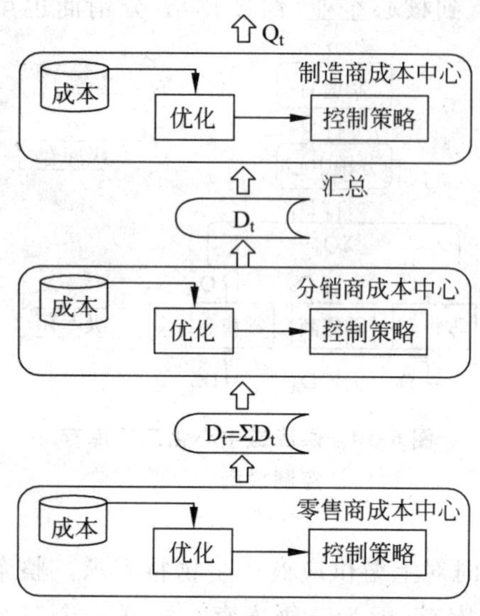

图6-11 供应链非中心化多级库存控制模型

非中心化库存订货点的确定，可完全按照单点库存的订货策略进行，即每个库存点根据库存的变化独立地决定库存控制策略。它需要企业之间保持较好的协调性，否则，各自为政，必然降低整体的效率。

2. 基于时间优化的多级库存控制

基于成本优化的多级库存优化方法，是一种传统的做法。随着市场变化，市场竞争已从传统的、简单的成本优先的竞争模式转为时间优先的竞争模式，这就是敏捷制造的思想。因此，供应链的库存优化不能简单地仅优化成本。在供应链管理环境下，库存优化还应该考虑对时间的优化，比如库存周转率的优化、供应提前期优化、平均上市时间的优化等。库存时间过长对于产品的竞争力不利，因此供应链系统应从提高用户响应速度的角度提高供应链的库存管理水平。

对于库存的理解，我们习惯认为它是资源的储备或暂时性的闲置，因此，长期以来对库存作用的理解就针对库存是因“储备”而存在、还是因“闲置”而存在产生截然相反的看法。持库存是储备的观点认为库存是维持正常生产、保持连续、应付不测需求所必需的，而认为库存是闲置的观点认为库存是一种浪费，它掩盖管理中问题，因此主张消除库存，通过无库存生产方式不断地降低库存水平，暴露管理问题，然后解决问题，使管理工作得到改进，达到一个新的水平。这是一个循环往复、不断改进的过程，JIT思想集中体现了这种理念。但是，从深层次的研究发现，库存并不是简单的资源储备或闲置的问题，而是一种组织行为问题，是企业之间或部门之间能否实现无缝对接的问题。因此，库存管理的真正本质不是针对物料的物流管理，而是针对企业业务过程的工作流管理。

基于传统的库存观点，库存管理就是物料管理，于是人们花大量的时间与精力去优化库存（物料成本优化），但却总是没有达到预期效果。这种只看树木不看森林的管理思维一直没有得到突破。因此，库存管理也总是围绕物流管理、仓库管理等问题展开，或者采用准时制（JIT）减少浪费。虽然这些都是库存管理的有效方法，但是，从根本上来说，仍然没有解决库存的本质问题。

供应链是多个组织的联合，有效的过程管理可以减少乃至消除库存。过程控制的库存管理将是全面质量管理、业务流程再造、工作流技术、物流技术的集成。这种新的库存管理思想对企业的组织行为产生重要的影响，组织结构将更加面向过程。在供应链管理环境下，库存控制是企业的战略性问题。库存管理不是简单的物流过程管理，而是企业之间工作流的管理。多级库存管理涉及多组织的协作关系，组织障碍是库存增加的一种重要因素，必须通过组织的最有效的协作关系进行协调。因此，要实现供应链管理的高效运作，必须增加企业间的协作，建立有效的合作机制，不断地进行流程变革，实现供应链的无缝对接。

四、协同式供应链库存管理

虽然供应商管理库存是一种比较先进的库存管理方法，但是实践证明它也存在不少缺陷，如它是一个单向过程，决策过程中缺乏协商而容易造成失误，决策的数据不准确，并没有实现真正意义上的供应链集成，高风险，等等。基于供应商管理库存存在的缺陷，20 世纪 90 年代末产生了一种新的供应链管理技术——协同式供应链库存管理(collaborative planning，forecasting & replenishment，CPFR)。

（一）协同式供应链库存管理的定义及特点

协同式供应链库存管理，是由多个联盟主体共同参与，协同管理整个供应链库存的一种先进理念和库存管理技术。它能在降低销售商库存的同时，增加供应商的销售量。它能及时准确地预测由某些不确定因素带来的销售高峰和波动，从而使供应链上供需双方都能做好充分的准备，实现“双赢”。它始终从全局出发，制定统一的管理目标和实施方案，以库存管理为中心，兼顾供应链上其他方面的管理。

CPFR 提供了覆盖整个供应链的合作过程，通过共享信息和共同管理业务流程，来改善供应商和零售商的合作伙伴关系，提高预测的准确度，以达到降低库存、提高供应链效率和提高客户满意度的目的。CPFR 有如下特点：

(1) 面向客户需求的合作框架。在 CPFR 体系中，合作框架及运行规则都是以客户需求和整个价值链的增值能力为基础的。供应链中，各节点企业的运营方式、竞争能力和信息来源都存在差异，无法完全达到一致。CPFR 就设计了多个运营方案供合作企业选择，一个企业可以选择多种方案，且各方案都确定了核心企业来承担产品的主要生产任务。

(2) 集成供应链管理。在 CPFR 中各节点企业根据销售预测报告制定各自的生产计划，从而集成供应链管理。因为销售商与最终消费者直接接触，能够较准确地预测消费者需求。销售商和制造商共享信息，来改善他们的市场预测能力，使最终的销售预测报告更为准确。

(3) CPFR 能消除供应过程中的约束。实施 CPFR 有助于解决制造企业生产缺乏柔性的问题,还有助于解决贯穿于产品制造、运输及分销过程中企业间资源优化调度的问题。它有助于优化供应链库存和改善客户服务,最终为供应链各节点企业带来丰厚的利润。

(二) CPFR 供应链的结构体系

基于 CPFR 的供应链体系结构,可以分为四个功能层(如图 6-12 所示)。

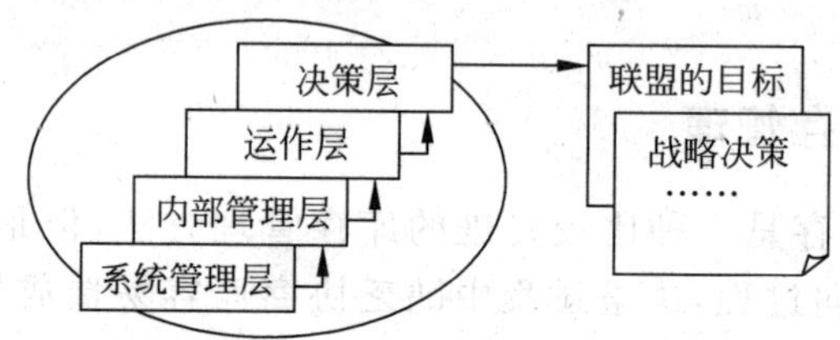

图 6-12　CPFR 供应链体系结构

(1) 决策层。主要负责管理合作企业领导层,包括企业联盟的目标和战略计划的制定、企业之间业务流程的建立、企业之间的信息交换及共同制定决策等。

(2) 运作层。主要负责合作企业之间业务的运作,包括制定联合业务计划、建立统一的共享需求预测和平衡合作企业能力等。

(3) 内部管理层。主要负责企业内部的运作和管理,包括产品管理、库存管理、企业运营、物流、客户服务、市场营销、制造、销售及分销等。

(4) 系统管理层。主要负责供应链运营的支撑系统和环境管理及维护。

(三) CPFR 供应链库存管理的实施步骤

CPFR 供应链库存管理的实施分为 9 个步骤。

① 制定框架协议。框架协议的内容主要有:合作各方的期望值、合作的目的、保密协议、资源使用的授权等,协议明确规定了各方的职责和义务及绩效评估的方法等。

② 协同制定商务方案。制造商和销售商根据各自企业的发展计划交换信息,共同制定商务计划。合作双方必须首先建立战略伙伴关系,明确各部门的责任、目标和策略。此方案是以后预测的基础,有利于供应链各节点企业之间的交流和合作。

③ 进行销售预测。制造商或销售商根据实时销售数据及对市场的预期等信息来制定销售预测报告,然后和另一方协商,或者双方各提出一份报告进行协商,最后达成共享的销售预测报告。

④ 鉴别预测异常。根据框架协议,对预测报告的每一项进行审核得到异常项目表。

⑤ 协商解决异常。合作双方通过查询共享信息、电子邮件及电话交换记录等来解决异常项目，并对预测报告进行及时修正。

⑥ 订单预测。在当前的和历史销售数据、库存信息及其他信息的基础上生成具体的订单预测报告。订单的数量要随时间变化，并能反映库存情况。订单的预测报告既能使制造商及时安排生产，又能让销售商对制造商的供货能力有信心。

⑦ 鉴别预测异常。确定哪些项目的预测超出了框架协议规定的预测异常。

⑧ 协商解决异常(解决办法与第(5)步基本相同)。

⑨ 生产计划生成。将预测的订单转化为具体的生产指令，对库存进行补给，指令可由制造商制定，也可由分销商制定，这取决于它们的能力、资源情况等。

案例 6-1　石化企业配件库存管理

石化企业的生产装置多、流程复杂，工艺环境温度从摄氏零下 100 多度到零上 300 多度，有些部位压力高达 3 000 磅，决定了配件的种类、规格、材质的多样化和广泛性。同时体现出配件对安、稳、长生产的影响力和重要性。因此，保障生产和控制成本构成了物资供应两大职能的矛盾焦点。库存问题，在石化企业尤为突出。以中国石化库存为例，2004 年所有五十家企业库存物资(不含原油)共 107.66 亿元，年平均周转次数 8.63。不仅影响到企业的运行效率，而且削弱了企业的核心竞争力，严重影响了挑战世界先进石化巨头的实力。

1. 石化企业配件的库存问题

传统的库存管理观念。传统的管理模式认为，库存可以预防不确定性的、随机的需求变动；库存可以保持生产的连续性、稳定性。保障供给是供应部门的首要职能。以前石化企业为应付不测，往往准备了大量的库存。

(1) 企业内部各自为政。石化企业很少考虑供应链的影响，产、供、销没有形成"链"，企业各部门独立分隔，信息沟通体制不完善，壁垒重重，致使内部信息流动受阻，甚至扭曲、变形。车间、二级单位、供应、机动和计划部门各自掌握的信息是不完全的，车间不了解供给状况，供应部门不清楚生产经营特点，往往凭经验决策。

(2) 企业外部关系松散。传统的库存管理，习惯于注重表层工作，对库存的生成、控制等机制上的深层原因，乃至工作流程的改进等缺乏系统、深入的研究。企业与众多的供应商、客户没有一种固定的紧密"链"状关系，彼此是孤立的，利益是分割的，缺乏一种战略思考和共赢思想，没有资源和信息共享。

(3) 库存控制策略过于单一。石化企业对配件的库存采用统一的控制策略，没有对千差万别的物资根据其特性和使用规律进行细分，基本都是采用传统单一的订货方式，从而也不能反应供给与需求的不确定性。像弯头、法兰等石化配件，在装置检维护中用量十分大而在装置正常生产时却使用极少；化工原辅料却正好相反。

2. 供应链环境下石化企业配件库存管理

石化企业配件管理部门认识到，传统的库存管理是站在单个企业的立场上，缺乏对于供应链整体的考虑，导致出现"牛鞭效应"等严重危害供应链有效运作的现象。而供应链管理模式下的库存管理的最高目标是实现供应链企业或部门间的无缝对接，消除供应链内部高库存现象。为此，他们采用了一下的配件库存管理策略。

(1) 企业内部供应链的构建。按照供应链管理理念实现内部流程重组，在石化企业内部撤并二级供应机构，实行一级供应管理体制，建立物资供应中心，企业所有生产建设物资统一由它组织采购、储备、配送。同时，建立企业内跨职能的物资供应联合团队，物资供应过程充分吸收机动、技术、设计、工程、财务及使用单位等参加。实现内部信息共享。开发和完善包括物资供应管理在内的ERP信息系统，实现企业范围内生产经营信息的自由流动和共享，做到车间、机动、技术、设计、工程能及时了解库存信息，发布需求信息，供应部门能实时掌握车间的生产状况，共同参与需求预测，及时组织供应。

(2) 制定有针对性的库存控制策略。对石化配件进行ABC分类。ABC分析法是储存管理中常用的分析方法，80/20曲线的概念在制定库存计划时会特别有用。在此其础上再针对每一类别的产品，可以采取不同分拨策略比较容易取得以下成效：压缩了总库存量，解放了被积压的资金，使库存结构合理化，节约了管理资源。

(3)有针对性采取有效的库存控制策略。根据三类物资的资金占用和特性，采取相应的供应链方法，控制库存受到了较好结果。

1)对A类物资的库存控制策略。该类物资资金占用大，使用频率不高，但对装置安、稳、长生产十分关键。从该类物资以上特性来分析，适合运用供应商管理库存(VMI)的理念来管理库存。

供应商管理A类备件库存的策略可以分为以下步骤：

① 建立A类备件需求数据库。供应商能够掌握需求变化的有关情况，A类备件的需求信息要与供应商无缝共享。②建立销售网络管理系统，保证需求信息流和物流畅通。③签订与供应商的合作框架协议。④组织机构的变革。供应商增加了一个新职能负责控制客户的库存，实现库存补给和提高服务水平。

2) 对B类配件的库存控制策略。该类物资资金占用较大，使用频率高，通用性强。从该类物资以上特性来分析，适合运用联合库存管理(JMI)的理念来管理库存。

运用联合库存管理B类配件的策略可以分为以下步骤：

① 供需两方签订框架协议。确定配件类别、双方的责任、结算方式等。②供需两方在产地建立库存管理联合机构。负责整合各类信息，收集用户配件的需求计划，研究配件的应用规律，最终实现周而复始地维持满足需方生产的有效库存。③建立信息共享系统。要将条码技术、扫描技术、POS系统和EDI集成起来，并充分利用互联网在供需双方之间

建立一条畅通的信息高速公路。

3）对C类配件的库存控制策略。该类物资资金占用少，使用频繁，通用性强，市场发育成熟，加工周期短，能够朝发夕至。从该类物资以上特性来分析，适合运用准时化库存控制(JIT)的理念来管理库存。

运用准时制库存控制C类配件的策略可以分为以下步骤：

① 与实力雄厚、信誉优良的供应商签订长期合作协议。筛选出值得信赖的供应商，建立长期稳定合作关系。②定量订货控制库存。该类物资消耗是随机的。可运用蒙特卡罗的数学模型根据历史数据对需求预测，确定库存水平、提前期和订货量。③保障沟通渠道畅通。双方要紧密联系，信息反馈要及时。

对于以上三类物资，还可采用下面方法来保障生产和降低库存：

① 联合储备、区域协同。供应链管理中一个很重要的概念就是风险分担。石化系统在全国按企业分布地区性整合仓储资源，合理配置物流网络，建立几个大的仓储配送中心，按区统一储备，按需统一配送。这对降低整个系统的库存水平、减少仓储成本、保障生产供应，实现系统的效益最大化都有好处。

② 签订灵活合同。对新采购物资，签订允许风险分担的合同。一是回购合同。供应商同意以协议价(比原价低一些)买回我方用剩的物资。一方面我方不占用储备资金，另一方面供应商从返销中也能有所赢利。二是数量灵活合同。供应商规定退货数量的上限，只要用剩物资数量不大于此上限，就可退货。

运用供应链管理思想中的适用理念，针对不同配件特点，采用相应供应链库存管理模式，使供需双方供应链库存管理在整体上得到优化，达到双赢效果。

资料来源：根据 http://info.jctrans.com/qikan/zwwl/638018.shtml“供应链环境下石化配件库存管理”整理。

本章小结

库存管理是供应链物流管理的重要内容之一，是企业生产经营过程中一个不可缺少的重要环节，是企业物流的基本要素。它具有整合需求和供给、维持各项活动顺畅进行的功能，并通过克服产品生产与消费在时间上的差异而创造时间效应。库存可以按其功能、再生产和配送过程中所处的状态、用户对库存的需求特性等进行不同分类。库存成本管理的要素包括购买成本、订购成本和库存持有成本等，衡量其管理效能的指标有库存周转率、平均库存值和可供应时间等。

在企业生产经营过程中，尽管库存能平衡客户资源、生产资源和运输资源，并可以解决资源冲突等问题，但由于企业运作环境的发展和变化，供应链环境下的诸多因素都直接或间接地对库存控制发生联系和产生影响。既有人的因素和设施的因素，也有在管理过程中出现的需求变异放大引起的供应链库存波动，还有供应链中诸多不确定性对库存带来的影响。库存控制的一些方法：ABC分类法、经济订货批量法（EOQ）、订货点法等，为解决这些问题提供了有效的控制方法。

立足于供应链视角科学利用库存管理的一些策略将会收到事半功倍的效果。供应链环境下的库存管理策略包括：供应商管理库存、联合库存管理、多级库存优化与控制和协同式供应链库存管理等多种新的库存管理模式。供应商管理库存（VMI）的主要思想是供应商在客户的允许下设立库存，确定库存水平和补给策略，拥有库存控制权。在VMI基础上发展起来的联合库存管理（JMI）模式，能克服VMI系统的局限性和规避传统库存控制中的“牛鞭效应”，强调供应链中各个节点同时参与，共同制定库存计划。多级库存优化与控制是对供应链资源的全局性优化，它强调在成本和时间上都要进行优化。协同式供应链库存管理是一种由多个联盟主体共同参与，协同管理整个供应链库存管理的一种先进理念和库存管理技术。它的最大特点是有一个严密的结构体系和严格的运作管理实施步骤。它始终从全局出发，制定统一的管理目标以及实施方案，以库存管理为中心，兼顾供应链上其他方面的管理。这些库存管理策略各有其自身的特点和执行的难易程度。

问题思考

1. 认识库存控制的相关问题对供应链库存管理价值何在？
2. 供应商管理库存（VMI）的基本思想是什么？怎样实施？
3. 联合库存管理（JMI）的基本思想是什么？怎样实施？
4. VMI和JMI有什么区别和联系？
5. 多级库存控制与优化的思想，有些什么样的方法？
6. 现代库存管理的基本思想是什么？
7. 联系本章案例，阐述库存控制的管理思想和做法？

第七章 物流成本管理

> 无论是从供应链整体层面还是具体的物流运作管理过程，成本管理一直是各层级管理者长期关注的重要问题。从供应链视角看，物流成本管理是供应链成本管理的重要组成部分，同时，就物流运行结构而言，它自身也是一个供应链系统，从而物流成本管理也应从立足于供应链的整体层面。然而，很多时候管理者关注的物流成本往往局限在从企业财务会计核算的相关科目中抽出的显在成本，它是物流成本的重要组成部分，但不是物流成本的全部，物流运作过程中还包括诸如沟通、委托代理等发生的交易成本，这却恰恰是物流成本管理的难点。在进行物流成本管理时，一方面使用科学的方法从财务会计核算科目中抽出物流的直接成本；另一方面在管理这些直接成本时同时高度关注物流运作中可能发生的交易成本，才有可能攻克“物流成本居高不下”的堡垒。本章就供应链视角下物流成本管理的范畴、层次及相关理论，物流成本管理的相关问题，物流成本的核算及控制等问题进行讨论。

第一节 供应链视角的物流成本管理

物流成本管理也是目前业界和理论界关注的热点，但在很多的研究和实际管理中，对成本关注的焦点往往集中在诸如采购、生产、库存、运输等过程发生的显在物流成本上面，从而物流成本管理的方法也有其局限性。从整个供应链的视角来讨论物流成本管理问题，其概念已经发生了很大变化，成本管理考虑的因素和管理的方法都有待于从更宽阔的视野和更大的平台来分析认识。

一、供应链视角的物流成本范畴和层次

以往的物流成本管理中，人们习惯于仅从企业会计成本中寻找显在的物流成本，这只是基于供应链视角的物流成本管理的一个组成部分。随着企业面临的竞争环境的变化，以往物流成本管理的概念已经不能涵盖因环境变化所引致的成本范畴。有些因素所引致的成本（如作业成本、交易成本等）在物流成本管理中越来越突出，由此，物流成本呈现出明显的层次概念。这一个观点在前沿性的供应链成本管理概念中非常明确。

（一）供应链成本管理概念的发展

以往基于会计科目对成本管理的局限性，人们对成本管理的概念有了新认识。成本管理不仅包括根据资料计算出来的显在成本（直接成本），还包括运作过程中衔接及沟通所发生的作业和交易成本，需要针对整个价值链进行成本的估计、计划和控制。价值链成本已经扩展了会计成本的概念范畴，不仅考虑企业内部作业的成本，还需要拓展到整个价值链上。价值链是把研究问题的视角从企业的内部运作拓展到与其密切关联的外部链接流程上，它强调的是企业运作与外部对接的不可或缺性，更强调整个链条的各流程必须产生价值和价值增值。其理论基础是波特的价值链理论。

近几年来，随着经济环境变化，供应链成本管理的概念被明确提出。在现有的前沿理论研究中都一个共同之处，就是试图超越传统成本管理概念的限制，因为传统的成本管理概念已经不适应来研究和管理供应链上发生的成本。很多学者在成本管理和供应链管理中整合诸如交易成本、委托代理成本和精益管理等理论，提出了超越的供应链成本管理概念。这些前沿性的成本管理理念，为研究物流成本管理提供了指导思想。表 7-1 列出了这些前沿性成果的概念和特点。

表 7-1　超越传统的供应链成本管理概念

作　者	概　念	特　点
Seuring	供应链成本核算（框架）	把供应链成本管理分为三个层次：直接成本、作业成本和交易成本，它们构成了供应链所有成本。寻找合适的合作伙伴来控制这些成本。
KujÜter	前瞻式成本管理	有效成本管理包括以下特征：市场导向型、整体性、预见性、连续性、共享和跨职能。前瞻式、成本管理系统和成本管理结构构成了前瞻式成本管理的综合性概念框架。
Hines, Silvi, Bartolini, Raschi	基于精益—战略的成本管理整合模式	将流程精益管理、战略性成本管理、市场营销和政策安排整合在供应链战略和运作层面，映射了一个成本管理的研究模型。
Slagmulder	跨组织成本管理	将企业成本管理拓越工厂四壁，通过整合供应链合作企业的行为（管理供应商成本、管理服务水平成本）来降低供应链成本。其方法是作业成本法。
Goldbach	供应链成本核算中的组织设置	重新界定成本管理范畴；成本管理工具和战略必须由参与者实施，成本管理的结果取决于职能和制度两个层次的相互作用，委托代理关系在供应链成本管理中有重要作用。

表 7-1 中描述的供应链成本管理的概念综合起来可以概括为三大特点：其一，成本管理不能仅仅局限于企业内部，要拓越工厂四壁，管理整个供应链的成本；其二，成本不仅仅是可以计量的会计科目的显在成本，还包括由诸多因素引致的诸如委托代理成本、交

易成本等；其三，成本管理的结果取决于职能和制度两个层次的相互作用。事实上，在现实中这三大特点是相互关联地存在于企业的成本管理过程中。这就提示我们在进行成本管理时，要将视角拓展到企业外部，即整个供应链上，把一些财务科目上无法反映的隐性成本包容进来，运用恰当的、科学的方法来实施成本管理。同时，供应链成本管理中的这些相互关联的特点，在物流供应链成本管理中同样有突出的表现，因此，在研究物流成本管理时，应以此为指导和借鉴。

（二）基于供应链的物流成本管理范畴

物流运作不仅仅涉及单个企业，需要所有相关方面共同努力，协同运作和管理，才能真正实现最佳的物流运作成本。也正如前面提到的要从更宽阔的视野和更大的平台来分析认识物流成本，从整个价值链的视角来研究物流成本管理。基于供应链的物流成本管理需要收集所有参与者的数据，这些数据将为应用成本管理工具提供必要的实证基础。成本数据和成本管理工具以及两者的结合都需要所有参与者共同实施和应用。成本管理工具并不能自动实现成本优化，就像乐器不能自己演奏一样，它们需要参与者或乐器手来使用和演奏才能发挥预期的效果。所以，成本管理本身也需要进行组织和设计，成本数据、成本管理工具和参与者的相互作用需要融入企业和供应链成本管理的组织设置中，这一概念可用图 7-1 表示。

基于成本管理组织设置思想，物流成本管理可以由此划分为职能和制度两个方面。职能方面是指以成本优化为目标的作业管理，制度方面是指管理负责作出成本决策的责任人。职能方面要求利用作业成本法和目标成本法作为成本管理的技术工具，制度方面则要求进行适当的组织设置，从而通过协调机制和信任/权利关系来实施成本管理，以尽可能将一些可能对成本管理造成极大影响的隐性成本降至最低。成本管理的职能和制度层面如图 7-2 所示。

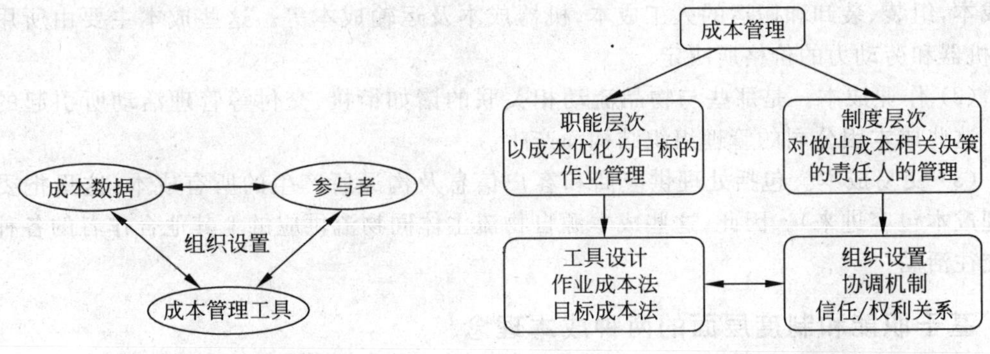

图 7-1　成本管理的组织设置　　　　**图 7-2　成本管理的职能和制度层次**

（三）供应链视角下的三层次物流成本

大多数物流成本管理方法都着眼于公司的内部成本，对其直接成本和间接成本是根据引起这些成本的决策所进行的分别管理。然而，由于现代物流的结构已经呈现出明显的供应链特点，因此，物流成本管理的决策必须要考虑管理主体与其他各方合作者的交易成本、委托代理成本和作业成本。在管理技术上需要采用能够对物流供应链成本进行分类的管理工具，并用这些工具来分析和控制物流供应链中的成本。

根据科斯(Coase)的交易成本概念，物流供应链成本核算方法必须将作业成本和交易成本全部纳入考虑范围。这样，在直接成本和间接成本的传统划分及作业成本法的基础上，可以将供应链视角下的物流成本划分为三个层次，即物流运作的直接成本、物流作业成本和交易成本，如图 7-3 所示。

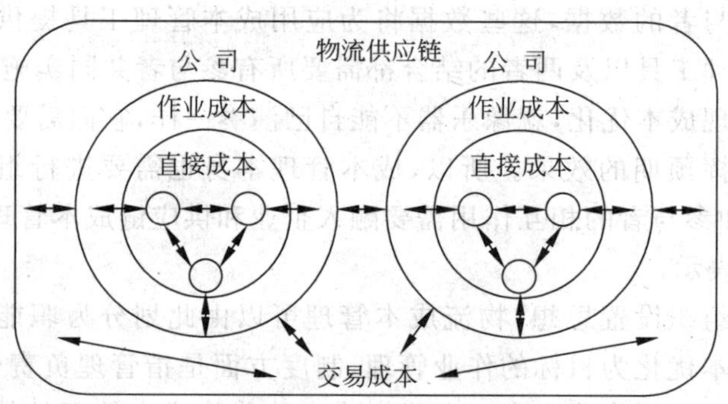

图 7-3 物流成本核算中的三个成本层次

在物流成本管理中，对这三个术语做如下定义。

(1) 直接成本。是由流动每一单位物品所引起的成本，包括物品组装所需的包装材料成本，组装、装卸和搬运的人工成本，机器成本及运输成本等。这些成本主要由所用材料、机器和劳动力的价格所决定。

(2) 作业成本。是那些与物品流动相关联的诸如衔接、交付等管理活动所引起的成本。这些成本因公司的管理组织结构而产生。

(3) 交易成本。包括处理供应商和客户信息及沟通所产生的所有成本(这里把委托代理成本包容进来)。因此，这些成本源自物流主体同物流供应链上其他合作者的各种相互交往活动。

二、基于职能和制度层面的两种成本理念

正如前面所述及的对物流成本管理同样需要对其进行相应的组织设置，这涉及职能层面和制度层面。管理中的组织设置是制定科学的协调机制，利用信任/权利关系实施管

理。而在成本管理的工具上，是运用作业成本法和目标成本法。

（一）基于职能和制度层面的作业成本法

作业成本法(activity-based costing)以作业为成本核算对象，它基于这样的理念：作业消耗资源，包括物品和服务耗费，其目标是将成本动因引起的资源消耗更合理地分配到物品或服务中去。企业的物流管理费用都是由各种活动所引起的，这些活动与能够对成本产生积极或消极影响的驱动要素联系在一起，这些成本驱动要素可以定义为引起作业变动的因果因素，如业务政策等。利用作业成本法作为物流成本管理的技术工具，旨在利用成本驱动因素，将一般物流管理费用以更合理的方式分摊到物流活动总成本上。企业可以通过识别出那些与最终客户效用无关的活动，并通过减少或完全剔除这类活动来优化一般物流管理费用。

物流成本主要包括企业自己从事的物流活动发生的直接成本、间接成本以及企业间物流活动及管理发生的交易成本。因此，物流作业成本法应该站在供应链的视角上，以作业和交易为基础分析间接费用来优化物流活动的总成本。企业自己从事的间接成本以作业为成本动因进行分析，而企业间的间接成本(交易成本)就需要以企业间发生的各种交易行为，如谈判、买卖等，为基础进行分析。

基于职能和制度层面的作业成本法用于单个企业时(仅考虑企业自身的物流活动)，如一个企业纱线商品的采购物流活动，相关的参与者就是企业内部各个部门(制度方面)，他们将确定关于采购纱线(职能方面)的各项相关物流活动。在这个例子中，一个主要的成本驱动因素就是订单数量。这一程序能够区分增值和非增值活动。从组织的角度看，作业及相关的关键成本驱动要素是由纱线采购过程中的所有相关部门共同确定、讨论和分类。图 7-4、图 7-5 给出了基于职能和制度层面的作业成本法的概念，以及作业流程的诊断过程示意。这一理念同样可以拓展应用到物流供应链的成本管理中。

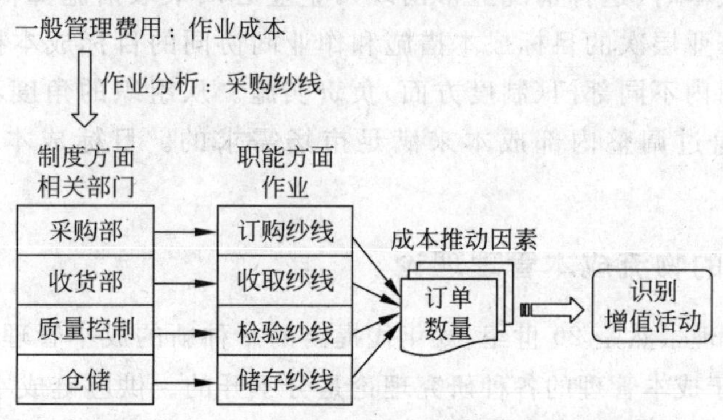

图 7-4　基于制度和职能层面的作业成本法概念

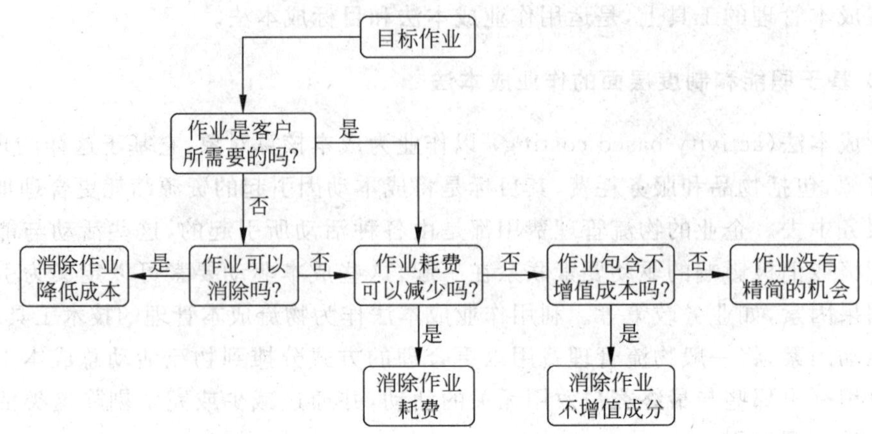

图 7-5　作业冗余流程及非增值活动识别过程

（二）基于职能和制度层面的目标成本法

目标成本管理法吸收了客户满意度的理念，并以假想的产品（物流服务产品）市场价格为出发点。这意味着目标成本法需要进行价值——成本关系分析，因为理想的资源投入是将资源投入到能够产生客户所期望的产品价值的那些产品中。这也同样意味着要管理目标成本方面的活动（职能方面），如通过市场分析和竞争对手分析，制定市场价格后，公司（管理责任人）可以根据自己的期望（制度方面）来确定期望得到的利润。从市场价格中扣除利润，就可以得到生产这一（物流服务）产品的成本，也就是所谓的可接受的成本(allowable cost)。这一程序称为市场推动型成本核算。第二步是计算可接受的产品成本，也称作标准成本或通用成本。然后将通用成本同可接受的成本进行比较，当标准成本高于可接受的成本时（这种情况经常出现），企业必须采取措施降低标准成本。可采取的措施分为各作业层次的目标成本措施和作业间协同的目标成本措施（职能方面），这些措施将由公司内不同部门（制度方面）负责实施。从组织的角度看，公司内各个部门的参与者是在通过调整内部成本来满足市场需求的。目标成本管理法的概念如图 7-6 所示。

三、供应链视角的物流成本管理理论

供应链成本管理虽然是 20 世纪 90 年代提出的一种新的成本管理模式，但追求其理论渊源，与前人关于成本管理的各种研究理论是分不开的。供应链成本管理理论基础主要包括价值链理论、委托代理理论、交易成本理论和组织间成本管理理论等。这些成本理论对供应链物流成本管理同样适用。

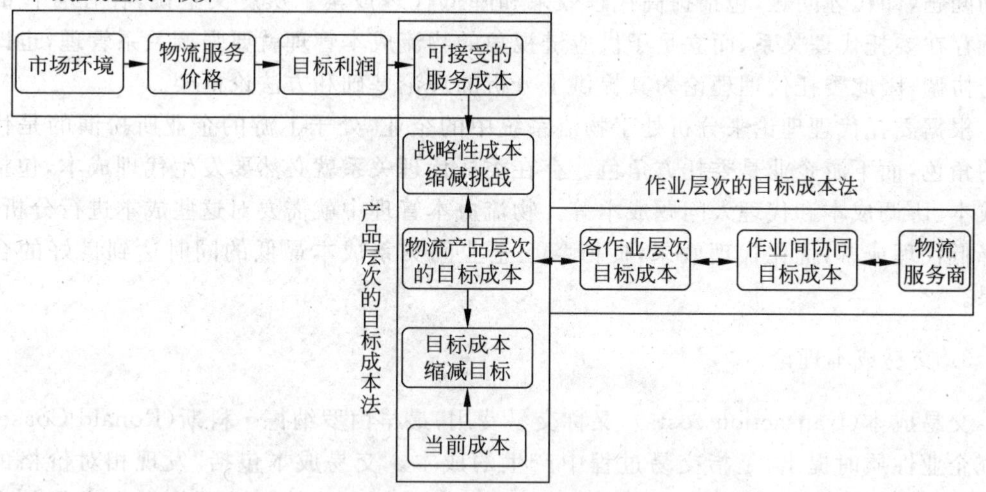

图 7-6 目标成本法的概念

1. 价值链理论

价值链概念由迈克尔·波特(Michacl Porter)于 1985 年在其《竞争优势》一书中首先提出,倡导运用价值链进行战略规划和管理,以帮助企业获取并维持竞争优势。价值链分析思想认为,每一个企业所从事的在经济上和技术上有明确界限的各项活动都是价值活动,这些相互联系的价值活动共同作用为企业创造价值,从而形成企业的价值链。比如,每一种产品从最初的原材料投入至到达最终消费者手中,要经历无数个相互联系的作业环节——作业链。其中,从供应源到消费源不断变化形态的物品的流动过程既是一种物流作业链,也是价值创造和增值的过程,从而形成物流竞争战略上的价值链。

价值链分为三种:企业内部价值链、行业价值链和竞争对手价值链。企业内部在运作过程中可以分解为多个单元价值链,每个单元价值链既会产生价值,也会消耗成本。某一个价值链单元是否创造价值,关键是看它是否提供了后续价值链单元的所需,是否降低了后续价值链单元的成本。同时,任何一个企业均处于某行业价值链的某一段,价值链的上游是它的原材料或产品的供应商,下游是其分销商或最终顾客。这种价值链的相互联系成为降低价值链单元成本及最终成本的重要因素,而价值链中各个环节的成本降低则是企业竞争优势的来源。价值链分析对于成本管理理论的最大贡献就在于它拓展了成本管理的视角,将成本管理的重心延伸到了组织边界之外,不只是局限于企业内部,而是包括了价值链伙伴。

2. 委托代理理论

委托代理理论的核心是解决在利益相冲突和信息不对称情况下,委托人对代理人的激励问题，即代理问题，包括提高代理效果和降低代理成本。从广义上说，存在合作的地方就存在委托代理关系，而立足于供应链视角的物流成本管理就要强调关系管理，也即合作与协调，因此委托代理理论为其提供了分析的理论基础和方法论框架。

根据委托代理理论来分析处于物流系统中的企业，处于上游的企业所扮演的是代理方的角色，而下游企业是委托方角色。存在委托代理关系就必然要发生代理成本，包括激励成本、协调成本和代理人问题成本等。物流成本管理中就需要对这些成本进行分析，以期降低代理成本，优化代理效果，使链条上企业间关系成本最低的同时达到良好的合作效果。

3. 交易成本理论

交易成本(transaction costs)，又称交易费用，最早由罗纳德·科斯(Ronald Coase)在研究企业性质时提出，是指交易过程中产生的成本。交易成本包括“发现相对价格的工作”、谈判、签约、激励、监督履约等的费用。毫无疑问，利用外部资源将带来大量的交易成本。

根据交易成本理论对物流成本进行分析，可以发现物流价值链上企业之间的交易成本大致包括：识别物流渠道和伙伴的信息费用、寻找价格的费用、达成协作关系的费用、委托代理关系管理费用、考核费用、贡献测度费用等。此外，供应链企业之间的长期合作建立在利益共享的基础上，利益共享的一个重要依据是各企业在供应链整体运作中的贡献。由于分解和考核各企业的贡献还是一件比较困难的事情，可能会存在索取价格超过应得价格的情况，以至于代理人的仲裁必不可少，这也是供应链交易成本的内容之一。因此，为了降低整个供应链的交易成本，企业之间应该建立紧密的合作伙伴关系，彼此信任，通过信息网络技术实现信息共享。

4. 组织间成本管理

组织间成本管理(interorganizational cost management，ICM)是对供应链中有合作关系的相关组织进行的一种成本管理方法。目标是通过共同的努力来降低成本。为了完成这个目标，所有参与的企业应该认同这个观点：“我们同坐一条船”，并且要鼓励他们增加整个供应链的效率而非单纯是他们自身的效率。如果整个供应链变的更加有效率，那么他们分得的利润也就更多。因此，组织间成本管理是一种增加整个供应链利润的方法。由于它在很大程度上依赖于协调，所以它只适用于精细型供应链，因为在精细型供应链中，买卖双方互相影响，信息共享程度也很高。为了使组织间成本管理行之有效，任何改进措施取得的超额利润应该让所有参与的企业共享。这种共享可以刺激所有参与企业更好地协同工作。在物流供应链中，企业可以有三种途径应用于组织间成本管理来协调降低物流作业活动的成本。

第一,它可以帮助企业和它的顾客、物流合作者寻求到新的路径和方法来优化物流流程,以使得它可以在较低的成本下完成物流作业。

第二,它可以帮助企业和它的合作者寻求方法在具体的物流作业过程中更进一步的降低作业成本。

第三,它可以帮助企业寻求方法使得企业间的流程对接更有效率(接口缝隙最小)。

当然,供应链成本管理理论基础除了上述的理论之外,还包括博弈论、约束理论、生命周期成本理论等等。

第二节　物流成本管理的相关问题

这里将物流成本管理基于供应链管理视角下,是一个视野更宽阔、平台更大的成本管理范畴,将物流成本管理从企业内部拓展到了整个物流供应链上。由此,物流成本管理的内涵、成本的构成及其影响因素的分析等都发生了不同程度的变化。

一、物流成本管理的内涵和要件

由于物流成本管理范畴的拓展,物流成本管理的内涵包含了显在成本和隐性成本,这对于现代物流成本管理具有更深刻的意义。

(一) 物流成本管理内涵

基于供应链的物流成本是指：物品从原料供应源到最终需求源的空间位置转移所消耗的各种活劳动和物化劳动的货币表现形式,以及无法用货币直接计量的隐性成本。包括物品在运动过程中诸如运输、包装、仓储、流通加工等各环节所支出的人力、物力、财力和精力的总和。

物流成本管理则是对所有这些成本进行计划、分析、核算、控制与优化,以达到降低物流成本的目的。对物流成本的控制和优化是一种策略,而这种策略实现的载体,是行之有效的物流运作。因此可以说,物流成本管理的实质是从成本的视角去管理物流,或者说是以控制成本为手段的物流管理方法。这是因为,第一,成本能真实地反映物流活动的实态；第二,成本可以成为评价整个物流过程中所有物流活动的共同尺度。就第一点而言,一旦用成本去掌控物流活动,对活动管理的差异就会以成本差别的形式明显表现出来；就第二点而言,用成本这个统一的尺度来评判各种物流活动,可以把性质不同的各种活动,如分拣、包装、运输、搬运仓储等放到同一个场合进行比较、分析,决定优劣,利用这一点,可以较容易地计算出盈亏,用量化的形式反映物流管理的效果。当然,对于流程之间的交易成本目前还无法直接量化,之所以要特别强调这个问题,就是希望在管理中能引起高度重视,通过采取相关的机制和手段来进行管理,缩减物流成本。

（二）物流成本管理的意义

物流成本虽然是一种必要的耗费（包括交易成本），但此种耗费不创造任何新的使用价值。因此，物流成本是社会财富的一种扣除。国外学者认为，物流成本是降低成本的最后边界，称物流为“第三利润源”。为此，所有企业都在谋求降低物流成本的途径。进行物流成本管理，降低物流费用和交易成本，具有重要意义。

（1）提升企业物流管理水平。企业物流管理水平的高低，直接影响着物流耗费的大小、物流的质量和效率。因此，企业要降低物流成本水平，就必须不断提高服务质量，不断改进物流管理的方法及技能。从某种程度上讲，加强物流成本管理、降低物流成本是企业提高物流管理水平、提高服务质量的激励因素。

（2）降低企业产品价格。物流成本是产品价格的组成部分之一，物流成本的大小对产品价格的高低具有重大影响。通过对物流成本进行管理，尽可能使物流成本降至一个合理的水平，企业可获得同类产品的价格优势，以优质的产品、良好的物流服务、优惠的产品价格，提升企业的市场竞争能力，同时为消费者创造价值增值。

（3）为社会节约财富。物流成本是社会财富的一个减项。当投入一定时，实行物流成本管理可以减少财富损失和商品损耗，提高投入产出比，减少社会财富的浪费，相对增加了生产领域的投入，可以创造更多的物质财富。

（三）物流成本管理要件

做好物流成本管理工作，更要关注其管理要件，并使这些要件落到实处，发挥实效。

（1）明晰交易成本范畴。交易成本法将注意力集中到供应链伙伴之间的信息传递和沟通的成本。交易成本由此可以定义为设计、建立和控制契约关系所产生的成本。总的来说，这些成本不受某一家公司的控制，而是受到所有供应链伙伴的影响，这样，供应链伙伴就要考虑交易方面的投资规模。不确定性程度和交易的频率是交易成本的主要驱动要素（这为物流成本核算概念框架中决策区域的成本分析提供支持）。尽管交易成本至今仍仅仅局限于定性分析角度，但它是物流成本管理中一个非常醒目的警示牌。在现实的物流运作管理中，寻找渠道及合作者的决策过程中需要花费高昂的交易成本，但畅通的渠道和优秀的合作者将会为今后的物流协同运作提供巨大的潜在效益；合作者之间的委托代理成本也是很昂贵的，只有通过有效的管理才能实现合作者之间的默契协同，以规避各种风险，最大限度地降低委托代理成本。物流运作流程间的“无缝对接”需要支付相当的管理成本，而这恰恰是提升物流效率和效益的关键点。这些成本的渊源最终可以归纳为“人的因素”，是影响物流效能实现的主要原因。由此，在实施成本管理系统之前，需要先明晰交易成本的范畴，制定相应的组织设计决策。主要包括责任的确定（由谁执行成本管理活动）和协同机制的选择。

（2）确定成本管理对象。物流成本与生产成本相比较具有连续性、不确定性、难以分解等特点，这为物流成本管理与核算增加了一定难度。因此，物流成本管理的前提是确定成本管理对象，使成本管理与核算有据可依。企业可根据本企业的性质和管理的需要，来确定物流成本管理对象，管理对象一旦确定，就要保持其在一个阶段内的相对稳定性，以使在该阶段前后各期具有一致性和可比性。具体的对象包括：

① 以物流过程作为对象。计算供应物流成本、生产物流成本、销售物流成本、回收物流成本及废品物流成本，同时确定这些成本中可能发生的交易成本。

② 以物品实体作为对象。计算每一种物品在流通过程中（包括运输、验收、保管、维护、修理等）所发生的可计算成本并估计其交易成本。

③ 以物流功能作为对象。计算运输、保管、包装、流通加工等多种物流功能所发生的可计算成本及交易成本。

④ 以物流成本项目作为对象。计算各种物流项目的成本，如运输费、保管费、折旧费、修理费、材料费及管理费等，估计其可能发生的交易成本。

（3）制定成本标准。确定物流成本管理对象，也即人为地把项目繁多、难以分离的物流成本作了一个划分，在此基础上便可进行物流成本预算管理。这里需要说明的是，在制定成本标准时需要同时考虑它们的交易成本，以便在成本管理的具体实施中获得好的收效。以下归纳了几种可计量的标准制定方式。

① 按成本项目制定成本标准。企业内部每一物流成本项目，按其与物品流转额的关系，可分为相对固定成本和变动成本。对于固定成本项目（如折旧费、办公费等），可以以本企业历年来成本水平或其他企业（能力及规模与本企业相当）的成本水平为依据，再结合本企业现在的状况和条件，确定合理的成本标准。而对于可变项目，则着重于考虑近期及长远条件和环境的变化（如运输能力、仓储能力、运输条件及国家的政策法令等），制定出成本标准。

② 按物流功能制定成本标准。不论是运输、保管还是包装、装卸成本，其水平的高低均取决于物流技术条件、基础设施水平。因此，在制定物流成本标准时应结合企业的生产任务、流转流通数量及其他相关因素进行考虑。

③ 按物流过程制定成本标准。按物流过程制定成本标准，是一种综合性的技术，要求全面考虑物流的每个过程。既要以历史成本水平为依据，同时又要充分考虑企业内外部因素的变化。制定这种成本标准需要多种技能相结合。

（4）实施预算管理。成本标准确定后，企业应充分考虑其财务状况，制定出每一种成本的资金预算，以确保物流活动的正常进行。同时，按照成本标准，进行定期与不定期检查、评价与对比，以求控制物流活动和成本水平。

（5）实行责任成本管理。要管理好供应链物流过程的每一个环节所发生的物流成本，除了制定成本标准外，还需在物流部门、生产部门和销售部门、各合作管理部门等实行责任成本管理制度，实现全过程、全人员的成本管理，以明确各自的权利和责任，尤其是流程接口处相互制衡的权利和责任，将部分交易成本融入明确的规范化成本管理中。包括以下具体方法和步骤：

① 分解落实物流成本标准。不同的物流部门负担着不同的物流成本，按成本发生的地点将成本分解到一定部门，落实其降低物流成本的责任，包括流程接口处的成本责任，并按成本的可控性检查该部门物流成本降低情况，以作为其评价成绩的依据。

② 编制记录、计算和积累有关成本执行情况的报告。每一物流部门都应将其负担的物流成本进行记录、计算和积累，并定期编制出业绩报告，以形成企业内外所有合作者完整的物流成本体系。对一些共同性的物流成本，如流程接口处共同承担的物流成本，则另行计算，最终由协同决策机构计入成本总额。

③ 建立成本反馈与评价系统。一定期间结束后，将所有合作者发生的物流成本实际支付结果与预算（标准）进行对比，评价该部门在成本控制方面的成绩与不足，以确定和实施相应的奖惩激励机制。

(6) 进行合理的技术改进。随着客户对物流需求的不断变化，需要及时改进物流技术，提升物流作业水平。在进行技术及设备引进时要考虑其经济性，尽管先进的运输、包装、装卸技术必然能降低物流成本，但先进技术方法的运用也必然伴随着较高的成本。因此，以经济与技术相结合来选择运输工具、包装材料及装卸工具，也是降低物流成本总的一个重要指标。此外，推行物流管理的现代化包括系统化、机械化、自动化、合理化等，都可以大大降低物流成本。

二、物流成本构成及分类

物流成本按其范围分，有狭义和广义之别。狭义的物流成本是指由于物品实体的场所（或位置）位移而引起的有关运输、包装、装卸等成本。广义的物流成本是指包括生产、流通、消费全过程的物品实体与价值变换而发生的全部成本。它具体包括了从生产企业内部原材料协作件的采购、供应开始，经过生产制作过程中的半成品存放、搬运、装卸、成品包装及运送到流通领域，进入仓库验收、分类、储存、保管、配送、运输，最后到消费者手中全过程发生的所有成本，也即囊括了前面提到的三层次物流成本的全部内容。

（一）物流成本构成

第一节中述及的供应链视角下的三层次物流成本划分是一个概念性的综合成本框架，它从总体上把物流成本划分为三个层次，清晰地把物流运作过程中的交易成本层面勾勒出来，提醒管理者在进行物流成本管理时，要加强对会计科目无法反映的隐性成本的管理。在进行具体的物流成本管理时，还需要把这三个层次中的成本细化，以便于对物流成本进行控制、压缩和平衡的具体操作。从企业生产层面看，生产的主要目的是为满足市场对某种产品的需求。为进行基本的生产活动,企业必须同时进行有关生产要素的购进和产品的销售。为保证产品质量,提高消费者服务水平,企业还要进行产品的返修和废物的回收。因此,生产性企业的物流成本是指企业在进行采购、生产、销售和回收等过程中,所发生的运输、包装、保管、装卸、回收等会计科目成本,再加上渠道及合作者选择、跨组织间的沟通以及流程间对接管理的隐性成本等。与流通相比,生产企业的物流成本大都体现在所生产的产品成本之中,具有与产品成本的不可分割性。一般包括以下内容:

① 供应、销售人员的工资及福利费;

② 生产要素的采购费用,包括运输费、通联费、采购人员的差旅费;

③ 产品的推销费,如广告宣传费;

④ 企业内部仓库保管费,如维护费、搬运费;

⑤ 有关设备、仓库的折旧费等;

⑥ 物流信息费;

⑦ 贷款利息;

⑧ 回收废弃物发生的物流费;

⑨ 交易成本。

(二) 物流成本分类

人们在研究物流成本时通常从不同的出发点来进行物流分类,由此形成了不同的物流成本划分方法。以下从物流成本支出形式、物流活动构成和物流过程三个角度进行划分。

(1) 按物流成本支出形式不同划分。可分为本企业支付的物流成本和他企业支付的物流成本两项。本企业支付的物流成本是指企业在采购、销售、退货等阶段,因运输、包装、搬运、整理等发生的由企业自己支付的物流成本。他企业支付的物流成本是指由于企业采购材料、销售产品等业务发生的由有关供应者和购买者支付的各种包装、发运、运输、验收等物流成本。

(2) 按物流活动构成划分。可分为物流环节成本、信息流通成本和物流管理成本。物流环节成本是指产品实体在空间位置转移所流经环节而发生的成本,包括包装、运输、保管、装卸及流通加工等成本。信息流通费用是指为实现产品价值交换,处理各种物流信息而发生的成本,包括与库存管理、订货处理、为客户服务等有关的成本。物流管理费是指为了组织、计划、控制、调配物资活动而发生的各项管理成本,包括现场物流管理和跨组织物流管理等成本。

(3) 按物流过程划分。分为采购物流成本、生产物流成本、销售物流成本、逆向物流成本等。采购物流成本是指企业为生产产品购买各种原材料、燃料、外购件等所发生的运输、装卸、搬运、沟通、管理等成本。生产物流成本是指企业在生产产品时,由于材料、半成品、成品的位置转移而发生的搬运、配送、发料、收料等方面的成本。销售物流成本是指企业为实现商品价值，在产品销售过程中所发生的储存运输、包装及信息、沟通和服务成本。逆向物流成本包括产品销售后因退货、换货所引起的物流成本，产品召回、产品和包装的回收利用引起的物流成本等。

三、影响物流成本的因素及成本管理策略

在物流实际运作和管理中，通常有很多因素直接影响着物流成本的变化。清晰地了解这些因素，采取有效的成本管理策略，才能使物流成本保持在一个合理的水平。

（一）影响物流成本的因素

在物流运作过程中，除了人的因素、组织结构、组织文化、管理水平和商业惯例的影响外，还有很多管理技术方面的因素对物流成本水平构成直接影响，这些技术方面的影响因素包括：

(1) 物流渠道选择。物流渠道是企业为采购物料及输出产品和服务而在供应链上构建的物流通路。在通路上的各节点可以是设施（如仓库、配送中心等）及其所有者、物料供应者、物流服务商和其他相关服务商（如中间组织、金融机构等）。很显然，渠道越短、节点越少，物流成本就越低。渠道又可细分为上游采购物流渠道和下游销售物流渠道。在上游渠道上，减少物料供应商的数量是一个明显的趋势，其意在改进产品及供应物流服务水平。在下游渠道上，在某些行业中，渠道趋势是远离批发商，而在其他一些行业，批发商更加普及化，企业的产品通过大量的批发商快速发送，并使这些产品在批发商处也能维持较低的库存。几乎在一个世纪之前，詹姆斯. H. 里特（James H. Ritter）就提出这样一个概念：批发商是一条各种不同的“产品装配线”，将大量产品分类成小包装形式，通过零售商和其他中间机构销售给消费者。这里，“产品装配线”经过了四个步骤完成分类功能。

① 挑选：对不同类产品按类型进行整理；

② 合并：将来自不同地方的相同产品进行合并；

③ 分配：将相同的供应分割成小包装；

④ 分类：为再次销售对产品进行重新分类（当然，这四个步骤也可以在制造商和消费者之间出现）。

接下来就是物流服务商将这些重新分类的产品发送到目的地。这就意味着，这些步骤是由批发商、零售商或者专业的中间渠道来共同完成。由此，下游批发环节节点选择的重要价值就凸显出来了，因为这里面不仅包含了大量的会计科目成本，也包含有较多的委托代理成本、流程间无缝对接成本等，这对物流总成本的影响是不言而喻的。物流渠道选择是决定物流成本水平的一个重要因素，同时也影响着运输工具的选择。

(2) 运输工具选择。不同的运输工具，成本高低不同，运输能力大小不等。运输工具

的选择，一方面取决于所运货物的体积、重量及价值大小，另一方面又取决于客户对某种物品的需求程度及工艺要求。所以，选择运输工具要同时兼顾既保证客户需求与运输需要，又要力求把物流成本控制在一个合理的水平。

(3) 存货控制和货物保管。对存货实行控制，严格掌握进货数量、次数和品种，可以减少资金占用、贷款利息支出，降低库存、保管、维护等成本。良好的物品保管、维护、发放制度，可以减少物品的损耗、霉烂、丢失等事故，从而降低物流成本。相反，若在保管过程中，物品损耗、霉烂、丢失等时有发生，物流成本必然增加。

(4) 产品废品率。影响物流成本的一个重要方面还在于产品的质量，也即产品废品率的高低。生产高质量的产品可杜绝因次品、废品等回收、退货而发生的各种物流成本。

(5) 管理成本及资金利用率。管理成本与流通没有直接的数量储存关系，但管理成本的大小直接影响着物流成本的大小，节约办公费、水电费、差旅费等管理成本相应可以降低物流成本总水平。企业利用贷款进行生产或流通，必然要支付一定的利息(如果是自由资金，则存在机会成本问题)，资金利用率的高低，影响着利息支出的大小，从而也影响着物流成本的高低。

(二) 物流成本管理的策略

物流成本管理可以综合使用三大方面的策略，即：控制物流成本、压缩物流成本和平衡物流能力与客户期望。在实施这些成本管理策略时，对所有可能的人为因素都需要考虑进来，即对所有可能出现的委托代理、沟通、流程间对接等成本因素预先制定施加外部影响的方案，并用于这三方面的成本管理策略中，方能收到实效。

(1) 控制物流成本。对物流各环节发生的成本进行有计划有步骤的管理，以达到预期设定的成本目标。这里面又包括两种控制方法。

① 绝对成本控制。绝对成本控制是指把成本支出控制在一个绝对金额以内，从而节约各种成本支出，杜绝浪费。

② 相对成本控制。相对成本控制是通过成本与产值、利润、质量和服务等对比分析，寻求在一定约束因素下取得最优经济效益的一种控制技术。

相对成本控制扩大了物流成本控制领域，要求在降低物流成本的同时，注意与成本关系密切的因素，诸如产品结构、项目结构、服务质量水平、质量管理等方面的工作、目的在于提高控制成本支出的效益，即减少单位产品成本投入，提高整体经济效益。

(2) 压缩物流成本。利用物流和销售成本的关联性，可以有两种物流合理化的安排来压缩成本。一是以改变客户服务水平为前提的物流合理化；二是在规定服务水平的前提下，改进物流活动效率，实现物流合理化。就压缩物流成本的效果来看，以前一种方法为好，但使用这种方法，随着服务水平的改变，物流部门需要和销售部门之间作某些关系调整。后一种方法可在物流部门单独完成，但这个方法所能实现的合理化程度有一定的限度。由后一种方法入手，向前一种方法过渡，是比较实际的合理化的步骤。可通过一系列相应的措施安排来压缩物流成本。

① 商流、物流分离，完善物流途径。将复杂的、多方面的商流途径，通过同一途径从商流、物流中分开，使商流途径和物流途径分离，重新规定合理的物流途径。并通过合理设置仓库及配送中心等物流据点，使物流途径简短化。该措施安排的目的，不仅在于缩短运输距离，以降低运费，还在于将分店和营业场所处理的物流业务，移交配送中心，通过综合管理来达到规定的指标。物流途径简短化，可用一处配送中心来承担几处营业场所和分公司物流业务，借以实现向配送中心运输的大批量化，以及配送中心向外配送的大批量化。

② 运输共同化，扩大运输量。与同行业的其他公司或其他行业进行联合运输，可以扩大运输量，保证交货日期，是压缩物流成本有效方法。在前面的案例中，美国麦片和甜品制造商采用的物流联盟模式，就是运输共同化的典型范例。

③ 设定合理库存量。库存具有调节生产和销售，或者采购和销售之间时间间隔的功能。若从降低物流成本的角度看，则库存量越少越好。但是，库存是以对客户服务为前提而存在的，只根据成本是无法判断库存合理与否。库存过多或过少，都会产生不利后果，因此要保持最合理的库存量。这里所说的合理，是和一定时期估计的客户的需要量相应的概念，满足客户需要所必须的最小库存量就是合理的库存量。

合理库存可以用以下公式计算：

合理库存量＝规定天数×平均需要量中安全库存量

其中，规定的天数是由订货的间隔和筹备的天数决定。

库存管理就是合理设定和规定订货量，根据订货量和订货日期来保持合理的库存量。

④ 适宜的包装和科学的装卸。采用价格与包装要求吻合的包装材料和相应的包装方式，简洁包装；标准化的装卸工具和科学的装卸方法相结合，实现装卸过程省力化。

(3) 平衡物流能力与客户期望。要同时实现客户期望与物流作业表现的一致性和可靠性，成本非常高。物流成本开支必然与客户所期望的物流服务表现有关。试想，一个为了通宵交货而保持高额存货，以履行可靠性义务的厂商与承担较少义务的厂商相比，或许要增加加倍的物流成本。同一家厂商如果按 100% 的一致性承诺通宵服务，可能会因为试图提供客户也许并不需要的服务而白白浪费利润。因此，要取得物流竞争优势的领导地位，关键是要掌控自己的能力与关键客户的期望和需求相匹配的权衡艺术。

第三节　物流成本核算及控制

物流成本管理旨在明晰供应链视角下物流成本的范畴，通过核算会计科目的物流成本，结合企业实际采取一些有效的策略，将物流成本控制在一个合理的水平。供应链视角下的物流成本管理范畴和层次的划分提醒我们，在进行物流成本管理时尤其要高度关注那些会计科目无法反映的隐性成本,它们发生在物流运作过程的不同环节。在下面的内容中,借用库珀(Cooper)和斯拉戈马尔德(Slagmulder)的两维供应链管理框架(生产和关系维度),来构建物流成本核算及控制的概念性框架,进一步分析三层次物流成本主要发生在物流过程的哪些环节,并讨论物流成本核算的内容、方法和成本控制策略。

一、物流成本核算及控制的概念框架

事实上,在物流成本管理中,一方面包括对物流活动进行的技术层面的管理,也即常规管理,另一方面还有供应链伙伴的关系管理,这两个方面结合在一起就形成了物流活动——关系矩阵的基础。此外,有两个因素:精益管理和互联网技术应用等,对降低整个物流供应链成本起着积极的作用。这里假定已经考虑了这两个因素(它是符合企业实际的)来研究物流成本核算及控制的概念框架。

(一)物流活动—关系矩阵及决策区域

采用活动和关系两个维度来构建物流的活动—关系矩阵,将物流活动维度划分成流程设计和流程实施两个阶段,关系维度则被划分成渠道设计和界面优化。活动—关系矩阵如图 7-7 所示,其中的四个决策区域可用来支持物流管理在不同阶段应着重优化哪一层次成本的分析。

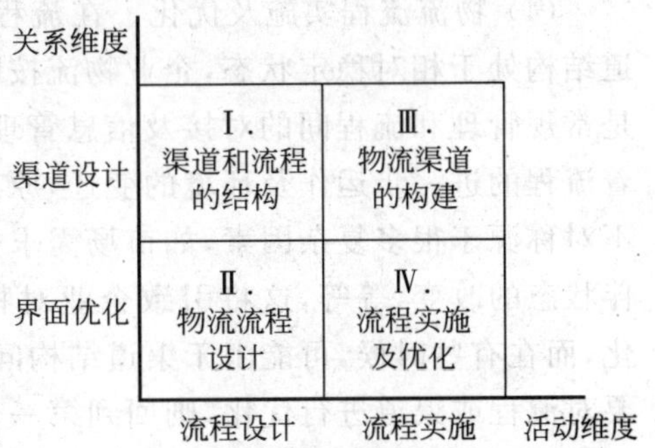

图 7-7　物流管理的活动—关系矩阵

(1) 渠道和流程的结构。物流的直接目的是完成物品在空间和时间上的有效移动,这种"移动"活动是依据其流程进行的,而流程是在企业所构筑的物流渠道中实施的。物流活动的渠道和流程结构决策区域包括怎样的渠道和流程结构才是合理的、企业如何获得资源和服务的基本决策,它是物流运作的基础。这些决策是一个非常复杂的过程,既要考虑企业供应链运作的实际,比如,企业是采用"推动式"还是"拉动式"的生产模式,生产模式不同,对物流渠道和流程的要求不同;又要结合实际勾勒渠道和流程的大致结构;然后要回答两个问题:谁可以成为企业需要的合作伙伴?能得到这样的合作伙伴吗?回答这两个问题需要进行大量的工作,包括实地考察、沟通和选择一些特定的伙伴角色(仓库供应商、第三方物流企业、配送中心、其他中间商),甚至拟定每个伙伴企业可以承担的具体的流程。更进一步,企业利用和管理这些资源所需的能力及能力组合,能力、权利和信任在渠道伙伴之间如何分配。有些时候这一决策区域还可能涉及有关物流设施的决策问题。

(2) 物流流程设计。一则体现科学性,以降低物流运作过程的成本;二则检验资源的可得性及合作伙伴的能力和品质；三则为物流渠道构建奠定基础。这将引致哪些流程是自营(sourcing)还是外包(outsourcing)的战略决策，即企业需要决定哪些流程属于自己的核心能力，哪些可以外包给战略合作伙伴，并对合作伙伴的能力和品质提出具体要求，还需要哪些中间商等，这将为物流渠道构建奠定基础。前面提到"检验"一词，是因为现代的物流渠道要求有一定的稳定性，虽然未来的流程优化会涉及渠道的重构，但在一定阶段仍然要求渠道具有稳定性，以规避风险。这就需要在流程设计的决策区域包含对资源可得性的检验决策。对初步选定的合作伙伴以短期契约方式进行尝试合作，在合作的过程中检验其能力和品质。

(3) 物流渠道构建。流程设计中决定了哪些业务外包以及对合作者能力和品质的要求，尤其是在这一决策区域中企业与合作者一定程度上的磨合，为渠道构建奠定了基础。当企业通过一定的深入考察和沟通，并以较长期的契约形式获得了物流运作所需的重要资源后，则完成了物流渠道构架的构建。为企业物流渠道提供重要资源的合作者，通常是物流供应链的长期合作伙伴或者战略性合作伙伴，他们使得渠道具有一定的稳定性。渠道中还可能有一些中间环节，比如临时的运输、存储、分拣、搬运、包装等之类的小外包，它们融入物流渠道构架中形成了完整意义上的物流渠道。

(4) 物流流程实施及优化。在流程设计和渠道构建完成后，在一段时期内流程和渠道结构处于相对稳定状态，企业物流按既定的流程在渠道内实施。此时，物流管理的重点是常规管理和流程间的对接及信息管理。然而，企业的物流流程并不是一成不变的。随着流程的进一步运作及环境的变迁，原有流程可能会产生与新环境不对称的情况。这些不对称源于很多复杂因素，如市场需求变化、客户需求变化、物流设施网络不适应、合作伙伴状态的改变，等等，这将引致企业对物流流程优化的需求。流程优化必然导致渠道优化，而在有些时候，可能由于渠道结构问题突出，由渠道优化导致流程优化。总之，一旦需要对流程或渠道进行优化，则回到第一个决策区域。流程或渠道的优化可以借鉴供应链优化的思想和方法，见相关链接。

（二）物流成本核算及控制的概念框架界面

将源自物流管理的活动—关系矩阵和发生在物流供应链上的三个成本层次整合在一起并进行完善，就形成了物流成本核算的概念框架，如图 7-8 所示。

物流成本核算的概念框架将所有权总成本的观点(考虑了三个层次的成本)和跨组织成本管理概念(活动和关系两个方面)整合起来，并结合物流运作实际，把从物流活动维度和关系维度划分的决策区域包容进来，构成了物流成本管理综合分析及核算的概念性框架。对于图 7-8，可以沿活动、关系、成本任意一个维度取截面，都可得到物流成本核算及控制的框架界面，如图 7-9 所示。它可以清晰地揭示在跨组织的物流供应链活动中，面对所有权总成本及物流管理的四个决策区域的活动—关系矩阵与三层次成本的交互界面。

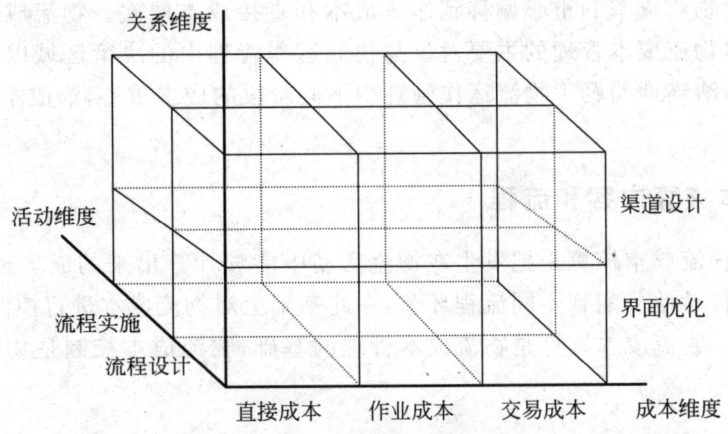

图 7-8 物流成本核算的概念框架

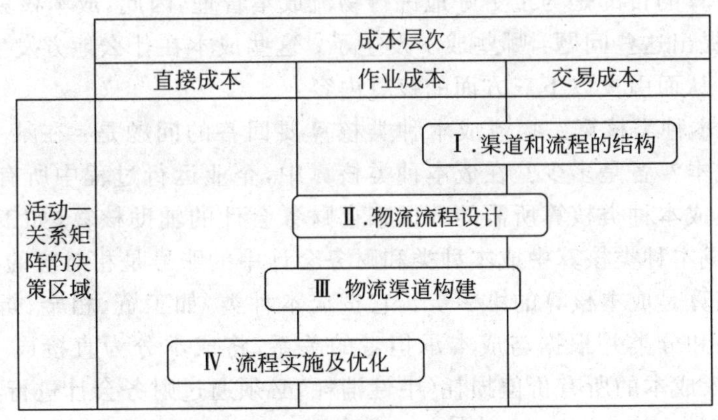

图 7-9 物流成本核算及控制构架界面

图 7-9 的物流成本核算及控制概念框架表明，在物流渠道和流程结构的决策阶段，由于许多环节需要联合运作或业务外包，与此关联的大量活动必然引起针对合作关系而进行的战略投资，其主要成本是较为昂贵的交易成本。所以在这一决策阶段要注意建立合作关系信息库，以备在以后的外包决策时可以降低一些交易成本。在初步确定了合作关系后企业开始依据自身的核心能力正式设计物流业务流程，并开始与合作者尝试合作，期间要发生一些磨合，包括熟悉流程业务及其沟通等，这涉及作业成本和一定的交易成本。流程设计阶段的磨合检验了合作者的能力要品质，为渠道构建奠定了基础。物流渠道由拥有重要物流资源的合作者构成相对稳定的渠道构架，其他一些中间环节的融入形成了完整意义上的物流渠道。渠道的形成意味着流程已开始启动运作，其间发生的三层次成本中作业成本比重较大。随着物流运作和管理活动的不断深化，形成了较为稳定的物流

运作流程，这时物流成本的重心偏移到作业成本和直接成本层次。物流成本核算及控制的概念框架，将物流成本管理的主要对象与物流运作管理中的决策区域以及三个层次的成本综合起来，清晰地勾勒了物流运作管理中不同阶段的成本重心，为成本管理实践提供指导。

二、物流成本核算内容和流程

实际中的物流成本核算是把发生在物流活动中能够计算出来的成本进行事先预算，并将预算结果科学地分配到不同流程环节，在此基础上对物流成本进行控制，并提出物流成本改进措施。物流成本核算是物流成本管理的基础，物流成本控制是物流成本核算的升华。

（一）物流成本核算内容

物流成本核算的目的是为了更好地进行物流成本管理，因此，成本核算为了实现这个目的，总是反复提出这些问题：哪些成本发生了；这些成本在什么地方发生的；这些成本是为谁发生的。从而引发以下三方面的核算内容：

（1）物流成本种类核算。物流成本种类核算要回答的问题是：在某一核算期内，企业发生了哪些成本？各是多少？在成本种类核算中，企业运行过程中所有价值损耗的收集是核心工作。成本种类核算所需的数据来自财务会计的辅助核算（如工资会计和薪水会计等）部门。成本种类核算中成本种类和财务会计中的账号是相对应的。

成本种类核算是成本核算的第一步。它按成本种类，如工资、租金、折旧等对每个价值损耗进行收集和分类并根据与成本承担者的关系，将成本分为直接成本和间接成本。此外，对不能计入成本的所有价值损耗（中性消耗）必须通过财务会计进行界定，以避免对成本的错算。

（2）物流成本位置核算。物流成本位置核算要回答的问题是：在某一核算期内，各个成本位置发生了哪些成本？各是多少？成本位置核算是在成本种类核算的基础上完成的，通过企业核算矩阵可将成本种类核算的结果分摊到相应的成本位置上，从而获得成本位置核算结果。通过成本位置核算，还可将不能直接计入最终产品的成本分摊到最终产品上去。企业中的每个成本位置都表明一个编号和所包含的成本种类，这样可以很容易地核算出成本位置上的成本。一般而言，企业中的各个部门都可以看成是成本位置，部门领导要对其责任区内所发生的成本负责。

成本位置核算需经三步才能完成。首先，将间接成本分配到其所发生的位置上；然后，将所有与成本承担者没有直接关系的成本位置（预算成本位置）成本分摊到最终成本位置上；最后，为最终成本位置计算核算率，企业核算矩阵是成本位置核算的基础。这一矩阵包括了企业的全部成本位置。

(3) 物流成本承担者核算。成本承担者要回答的问题是：在某一核算期内，企业发生了哪些成本？为谁发生？各是多少？成本承担者具有双重任务，一是要对每个效益单位的成本进行评价；二是对核算期内总生产成本进行评价。后者称为企业经济效益核算。

成本承担者核算，包括单位产品成本核算和企业经济效果核算。单位产品成本核算过程每个效益单位的成本，它从成本种类核算中获得直接成本，从成本位置核算中以核算率的形式获取间接成本，从而得出单位产品的完全成本。单位产品成本核算需借助于一定的核算图来完成。企业经济效果核算从成本种类核算中获得核算期内的成本总量并与这一核算期所获得的效益相对比，以计算企业经济效果。这里的效益是从财务会计中获得的，包括营业收入和物流业务量的变化。企业经济效益核算可采取阶梯式或账户式来进行。

一个企业可能有物流服务多种作业，每种都有自己的单位成本，通过与市价的比较，可能判断盈亏。但并不能反映整个企业的盈亏状况，因此，还要进行企业经济效益核算，以便掌握在这一核算期内，企业是赢利、保本还是亏损。

（二）物流成本核算流程

物流管理会计是以物流成本作为管理对象，因为物流成本作为已经发生(或完成)的物流活动表现，能较客观、真实地反映物流活动的实态，能为不同的物流活动提供共同的评价尺度。物流成本的大小，取决于评价对象——物流活动的范围和采用的评价方法等。评价范围和使用评价方法不同，得出的物流成本结果也各不相同。以下为计算物流成本的基本流程。

(1) 明确物流过程范围。物流范围作为成本的计算领域，是指物流的起点与终点的长短。通常所说的物流范围一般包括原材料物流和企业内部物流，即从工厂到仓库的物流，从仓库到顾客的物流这样一个广泛的领域。明确物流领域从哪里开始到哪里停止，作为物流成本计算，对物流成本大小影响是不同的。

以生产企业为例，可把物流范围划分为以下几个部分：

① 供应物流。从原材料(包括容器、包装材料)的供应地点开始，到购入者(生产企业)的生产线旁的停货位为止的物流。

② 企业内物流。原材料从生产线旁的停货位，到经过各工序成为产品，进入出厂前的成品库为止的物流。

③ 销售物流。产品从企业成品库出厂，让渡给顾客为止的这一段物流。

④ 退货物流。指伴随已销售的商品退货而发生的物流。

⑤ 废弃物流。随商品的包装、运输容器及物料用具等物资的废弃而发生的物流，同时也包括伴随着生产过程而发生的边角余料、残次品的处置过程的物流。

(2) 确定物流功能范围。物流功能范围是指在物流诸种功能中，把哪些功能作为物流成本的计算对象。物流功能可分为包装、运输、保管、装卸、流通加工、情报信息流通、物流管理七种活动。作为会计计算项目,又可划分为运输开支、保管费开支等委托费和本企业物流活动中支付的内部物流费;内部物流费进而又可分为材料费、人工费、加工费、管理费和特许经费等。这些项目代表了物流成本的全部内容。

(3) 确定计算科目范围。计算科目的范围是指在计算物流成本时,把计算科目中的哪些项列入计算对象的问题。在计算科目中,既有运费开支、保管开支等企业外部开支,也有人工费、折旧费、修理费、燃料费等企业内部开支。这些开支项目中把哪些列入成本计算科目,对物流成本的大小是有影响的。企业在计算某一物流成本时,既可实行部分科目计算,也可实行全部(总额)成本计算。另外,还可按费用发生的地点计算外部费用和内部费用,其中内部费用存在一个费用分解问题,即把物流费用从其他有关费用中分解出来。

(三) 物流成本核算步骤

这里借鉴日本《物流成本核算标准》中的物流成本核算方法。

在核算物流成本时,要把握一个基本原则是从"按支付形态不同分类"入手,来核算物流费用,按支付形态不同分类来核算物流成本,必须首先从企业财务会计核算的全部相关科目中抽出所包含的物流成本,然后以表格形式逐步核算物流成本。

(1) 第一步:按支付形态不同分类的物流成本抽出并核算。

① 材料费。材料费是由物流消耗而产生的费用。直接材料费可以通过各种材料的实际消耗量乘以实际的购进价格来核算。材料的实际消耗量可以按物流成本核算期末统计的材料支出量核算。当难以通过材料支出单据进行统计时,也可以采用盘存核算法,即

本期消耗量=期初结余+本期购进-期末结余

材料的购进价格应包括材料的购买费、进货运费、装卸费、保险费、关税、购进杂费等。

② 人工费。人工费是指对物流活动中消耗的劳务所支付的费用。物流的人工费的范围包括员工所有报酬(工资、资金、其他补贴)的总额、员工劳动保护费、按规定提取的福利基金的支出(医疗补助、福利补助、集体福利设施的支出、其他支出)、员工教育培训费及其他。

③ 公益费。公益费是指对公共事业所提供的公益服务(自来水、电、煤气、取暖、绿化等)支付的费用。严格地讲,每一个物流设施都应安装计数表直接计费。但对没有安装计量仪表的物流费,也可以从整个企业支出的公益费中按物流设施的面积和物流人员的比例核算得出。

④ 维护费。维护费是指由土地、建筑物、机械设备等固定资产的使用、运行、维护和保养而产生的维护费、大修理费、折旧费、房产税、土地使用税、车船使用税、租赁费、保险费等费用。

维护费根据本期实际发生额核算,对于经过多个期间统一支付的费用(如租赁费、保

险费等)，可按期间分摊计入本期相应的费用中。对于物流作业中可以按业务量或物流设施来掌握和直接核算的物流费，在可能的限度内直接算出维护费。对于不能直接算出的，可以根据建筑物面积和设备金额等分摊到物流成本中。

⑤ 一般经费。一般经费相当于财务会计中的一般管理费。其中，对于差旅费、交通费、会议费、书报资料费等人员和使用目的明确的费用，直接计入物流成本。对于一般经费中不能直接计入物流成本的，也可按员工数比例或设备比例分摊到物流成本中。

⑥ 特别经费。特别经费包括按实际使用年限核算的折旧费和企业内利息等。

企业内利息在物流成本核算中采用与财务会计不同的核算方法。企业内部物流利息实际上是物流活动所占用的全部资金的资金成本。因为这部分资金成本不是以银行利率，而是以企业内部利率来核算，所以称为企业内部物流利息。企业内部利息的核算，对物流活动中使用的固定资产(土地、建筑物、机械设备、车辆等)以征收固定资产占用税时的评估价额乘以企业内利息率；对存货(商品、包装材料等)以账面价额乘以企业内部利息来计算。

⑦ 委托物流费。委托物流费根据本期实际发生额核算。包括托运费、市内运输费、支付运费、装卸费、保管费和出入库费、委托物流加工费等。除此以外的间接委托的物流费后按一定标准分摊到各功能的费用中。

⑧ 其他企业支付的物流费。其他企业支付的物流费，以本期发生购进时其他企业支付和发生销售时其他企业支付物流费的商品重量或件数为基础，乘以费用估价核算。

(2) 第二步：根据核算物流成本的需要，将以上通过计算得出的数据资料填入物流成本核算表 7-2 中。

(3) 第三步：把物流成本核算表 7-2 的费用按物流功能分类，然后再汇总。方法是将运输费、保管费等每一种功能各制一张表，如果把所有的功能都作为计算对象，则要编制七张表。如果只核算其中某几项的费用，可根据实际需要填制。

(4) 第四步：如果要了解按物流功能、支付形态分类的物流成本的支出情况和求出按范围、功能分类的物流成本，则需要重新制作两张表格。

三、物流成本核算方法

在实际的物流成本核算中，有一些复杂程度不同的核算方法可以选择使用，以下是四种常用的核算方法。

(一) 简单除法核算

采用这种方法不需用将总成本分解为直接成本和间接成本，可用某一时期的总成本除以物流业务量得出单位产品的平均成本。这种简化的成本核算方法适用于大量业务的物流。在这些条件下，每种作业的成本 K_S 可计算如下：

表 7-2　物流成本核算表

支付形态				范围	供应物流费	企业内物流费	销售物流费	退货物流费	废弃物流费	合计
企业物流费	本企业支付物流费	企业本身物流费	材料费	资材费						
				燃料费						
				消耗性工具、器具等						
				其他						
				合计						
			人工费	薪酬、补贴						
				福利费						
				其他						
				合计						
			公益费	电费						
				煤气费						
				水费						
				其他						
				合计						
			维护费	维修费						
				消耗性材料费						
				税金						
				租赁费						
				保险费						
				其他						
				合计						
			一般经费							
			特别经费	折旧费						
				企业内利息						
				合计						
			企业本身物流费合计							
		委托物流费								
		本企业支付物流费								
	外企业支付物流费									
	企业物流费总计									

注：① 物流信息费和物流管理费均计入合计栏和各种范围栏。

② 企业本身物流费合计包括材料费、人工费、公益费、维护费、一般经费和特别经费。本企业支付物流费合计，包括企业本身物流费合计和委托物流费。企业物流总计包括本企业支付物流费合计和外企业支付物流费。

$$K_S = \frac{K_G}{X} \tag{7-1}$$

式中，K_G—— 某一期间的总成本；

X——某一期间的物流业务量。

利用上述公式核算物流成本，要求在某一期间物流和正在作业的存量不能发生变化。

（二）等效系数核算

各种产品的流通加工技术相似，各种产品的成本之间存在一定的关系，可以计算等效系数。以某一产品作为标准赋予其等效系数为1，其他产品的等效系数可根据它们之间的关系计算出来。第 j 种产品的单位产品成本 K_{Sj} 可用下面公式计算：

$$K_{Sj} = \frac{K_G}{a_1 X_1 + \ldots + a_n X_n} a_j \tag{7-2}$$

式中，a_j——第 j 种产品的等效系数。

（三）联合作业核算

在具体联合作业的物流中心中，联合作业核算将作为除法核算的特殊形式使用。由于自然的或技术的原因，在其物流过程中，不可避免地会出现各种不同的物流作业。

要精确计算每一种联合作业的成本基本上是不可能的，但可以根据平均原则得出近似解。采用残值法，根据平均原则，主要产品的物流成本可用如下公式计算：

$$K_S = \frac{K_G - \sum (E_{VNj} - K_{WNj}) \cdot X_{Nj}}{X_{NP}} \tag{7-3}$$

式中，K_S——主要产品的单位物流作业成本成本；

E_{VNj}——第 j 种物流作业的单位物流的净收入；

K_{WNj}——第 j 种物流的单位流通加工成本；

X_{Nj}——某一期间第 j 种物流的业务；

X_{NP}——某一期间主作业的业务。

如果各种联合作业可以区分为一种主作业和其他多种副作业则可以应用残值法。多种作业的净收入以及随后发生的加工成本必须是已知的。残值即为联合作业过程的总成本减去各种副作业的期间净收入，再加上各种副作业的后续加工成本。要想求得主作业的完全成本，还必须考虑管理和销售成本，这可以通过追加核算法求得。

（四）作业成本核算

作业成本核算（activity based costing，简称 ABC 法），是以成本动因理论为基础，通过对作业（activity）进行动态追踪，反映、计量作业和成本对象的成本，评价作业业绩和资源利用情况的方法。

(1) 作业成本核算的基本原理。作业成本法的基本原理是：产品消耗作业，作业消耗资源并导致成本的发生。资源按资源动因分配到作业或作业中心，作业成本按作业动因分配到产品。分配到作业的资源构成该作业的成本要素（图中的黑点），多个成本要素构成作业成本池（中间的小方框），多个作业构成作业中心（中间的椭圆）。作业动因包括资源动因和成本动因，分别是将资源和作业成本进行分配的依据。图 7-10 表示了其基本原理。

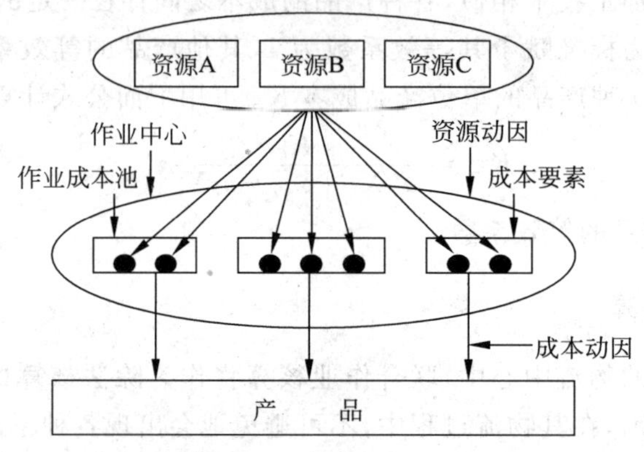

图 7-10　作业成本核算基本原理

(2) 作业成本核算的步骤。应用作业成本法核算企业物流成本并进行管理可分为如下四个步骤。

① 界定企业物流系统中涉及的各个作业。作业是工作的各个单位(units of work)，作业的类型和数量会随着企业的不同而不同。例如，在一个顾客服务部门，作业包括处理顾客订单、解决产品问题以及提供顾客报告三项作业。

② 确认企业物流系统中涉及的资源。资源是成本的源泉，一个企业的资源包括有直接人工、直接材料、生产维持成本（如采购人员的工资成本）、间接制造费用以及生产过程以外的成本（如广告费用）。资源的界定是在作业界定的基础上进行的，每项作业必涉及相关的资源，与作业无关的资源应从物流核算中剔除。

③ 确认资源动因。将资源分配到作业。作业决定着资源的耗用量，这种关系称作资源动因。资源动因联系着资源和作业，它把总分类账上的资源成本分配到作业。

④ 确认成本动因。将作业成本分配到产品或服务中。作业动因反映了成本对象对作业消耗的逻辑关系。例如，问题最多的产品会产生最多顾客服务的电话，故按照电话数的多少（此处的作业动因）把解决顾客问题的作业成本分配到相应的产品中去。

(3) 作业成本核算实践。企业物流成本分析主要应用在三方面：企业物流诊断，企业物流流程再造、企业财务管理。表 7-3 为公司实施作业成本核算提供了标杆，公司可以比较与最好做法的差距，明确目标。

表 7-3　物流成本分析基本模式

项目＼水平	第一层次	第二层次	第三层次	第四层次	第五层次
采用的成本	传统方法	非 ABC 的复杂成本法	ABC 局部实施	ABC 基本实施	ABC 全面实施，下游共享
ABC使用程度	不理解 ABC	其他分配法分配成本	仅关键活动 ABC 分析	基本按 ABC 分析	上下游完全按 ABC 分析
成本分析工具	没有使用成本分析工具	传统会计报表工具	偶然产生的 ABC 报表	ABC 报表日常管理与决策分析	上下游数据仓库形式提供动态更新
与供应链下游协作情况	不提供任何成本信息	提供传统成本信息	提供决策成本信息	共同降低作业成本	共同系统地进行 ABC 核算与管理

四、物流成本控制策略

随着一体化物流的深入与发展，物流应用范围不断扩大，物流管理的重点从配送与服务到库存控制技术的运用，再到注重外部关系（分销商、客户、供应商及第三方构成的多维、复杂、立体的关系），强调原材料采购、加工、生产、作业、营业、售后服务直到废旧回收等整个物资流通全过程的供应链物流管理，并以价值链为基础，实行物流一体化的成本控制策略。当然，这些控制策略的实施，仍然需要以“概念框架”为指导。

（一）物流一体化策略

企业物流的一体化就是消除阻碍物流有效运作的因素，通过相互协调和统一创造出最适宜的物流运行结构，从而降低各实体的运行成本。物流一体化的形式有纵向一体化和非纵向一体化。纵向一体化是指上游供应商与现有客户之间在所有权上的纵向合并。在企业所属的行业增长潜力大，或实行一体化后能提高效率、提高赢利能力和降低成本的情况下，可采取一体化战略。它分为两种：

① 后向一体化。即生产制造企业向后控制供应商，使供应和生产一体化，实现供产结合。

② 前向一体化。即企业向前控制分销系统，如批发商、代理商、零售商，实现产销结合。

一体化物流贯穿了生产和流通的全过程，它能够通过企业的整个生产和流通结构的协调与完善，降低物流总成本。同时，一体化物流活动提高了企业对用户的服务水平，进而提高了企业的竞争能力。通过一体化物流的快速、高质的服务保障，企业以其整体能力来压缩成本，增加利润。

（二）产销物流结合策略

产销与物流结合也是控制物流成本的有效措施之一。产销与物流结合能顺利实施的前提条件在于：

(1) 尽可能提高生产计划的精度。生产计划的精度直接决定了生产的效率，同时也一连串影响到企业其他活动的效率(如物流成本、生产成本、原材料调达成本等)。企业所有活动都是建立在生产计划基础上，因此，生产计划制定的过程中，利用所掌握的以往发货、在库数据等信息，对计划进行详细的成本核算是十分必要的，物流部门应予以配合，为提高生产计划精度作贡献。

(2) 物流部门及时反馈信息。物流部门应正确地把握单位层次上商品出货、在库、断货等信息，并将信息及时反馈给企业相关部门，在此基础上，企业建立起灵活、柔性的生产经营体制。在某种意义上，高度的生产柔性或适应性要比高精度的营业计划更为重要，尤其是生产过程的瞬间改变能力(如突然增产或作业品种转换生产)是产销物流结合体制最为关键的要素。

构筑有效的产销物结合系统，需要这样几个步骤：

① 连接产销物流。要跨越各种运作的界限，将各部门有机地连接在一起，形成整体企业层次的协调行为。

② 发现产销物流中的问题。发现当前生产、销售、物流管理中所存在的问题与模糊点。例如，销售部门、生产部门计划的计划精度和执行情况，物流在库把握程度等。在此基础上，明晰生产、销售、物流各部门的责任。

③ 再造企业作业流程。建立以客户为起点，包括生产、销售、物流等各部门横向联合的供给系统，换句话说，建立一种以客户商品需求和配送需求来决定何时生产、何时入库，何时订货的生产经营体系，实现为提供客户服务的备货保证、配送保证、品质保证。

④ 优化作业流程。各部门连接并形成经营作业流程后，则要优化作业流程，即缩短作业流程的时间，排除不必要的商品运动，这是产销物流结合的一个重要课题。优化内容包括在库日数，从订货到向客户进行商品配送的时间，材料加工的滞留日，计划变更的允许日数，新作业开发时日，货车运送时间等。这需要生产、销售、物流各方面的共同努力，以寻求提高时间效益的途径。

（三）物流准时制策略

企业的物料供应、生产和销售应形成连续的同步运动过程，要根据实际需要，有效组织生产，使整个企业的物料供应、生产和销售，环环相扣，既无延迟也无积压。这个过程的关键是物流的准时化。

准时管理的宗旨是消除浪费、降低成本、优化程序、提高效率。一个企业的生产和销售是以物流作保障的，准时生产必须由准时物流来支持。准时物流的核心是要在需要的时候准时到达。在准时物流中，取消了仓库的概念，公司只设“堆场”临时堆料，原材料和零配件只在此短暂堆放即被安排进入生产线。在看板制度下，许多零件是等到下一个制造需要的前几个小时才上线生产。为使物流跟上生产的步伐不造成缺货或生产延误，丰田公司采用了全新的“拉出方式”，即在需要时由后工序员工去前工序领取加工品。及时制的采用可以加快货物的流动速度，降低库存水平，使到货时间更精确，达到降低成本、提高服务水平的目标。

（四）QR 成本控制法

QR 成本控制法是指通过在供应链管理中实施快速响应(quick response，QR)来达到降低供应链物流成本的方法。为实现供应链伙伴的“共赢”目标，零售商和制造商建立战略伙伴关系，利用 EDI 等信息技术，进行销售时点的信息交换以及订货补充等其他经营信息的交换，用多频度小数量配送方式连续补充商品，以实现缩短交纳周期，减少库存，降低物流成本提高客户服务水平和企业竞争力。这种新的合作方式意味着双方都要告别过去的敌对竞争关系，要以战略伙伴关系来提高向最终用户的供货能力，同时降低整个供应链的库存量和总成本。

快速响应成功的前提是零售商和厂商的战略关系。战略伙伴要求伙伴间及时沟通和接触，然后将这种关系由上往下渗透到整个组织中，同时要求多个部门都参与规划和执行各阶段工作。

成功实施 QR 来控制成本，需要革新企业的经营意识，变革传统的经营方式。树立通过与供应链各方建立合作伙伴关系，充分利用各方资源来提高经营效率的现代经营意识；明确垂直型 QR 系统内各个企业之间的分工协作范围和形式，消除重复作业，建立有效的分工协作框架；公开和交换销售及成本信息来提高各个企业的经营效率；利用信息技术支持自动补货、零售空间管理、联合产品开发、快速响应集成等作业流程。

（五）ECR 成本控制法

ECR 成本控制法是指通过在供应链管理中实施效率型顾客响应(efficient consumer response，ECR)，来达到降低供应链物流成本的方法。ECR 是一个生产厂家、批发商和零售商等供应链节点组成各方相互协调和合作，更好、更快并以更低的成本满足消费者需要为目的的供应链管理系统。

ECR的优点在于供应链各方为了提高消费满意度这个共同目标进行合作，分享信息和诀窍。ECR活动是一个过程，这个过程主要由贯穿供应链各方的四个核心过程组成，见图7-11。因此ECR的战略主要集中在以下四个领域：有效的店铺空间安排，有效的商品补充，有效的促销活动和有效的新商品开发与市场投入。

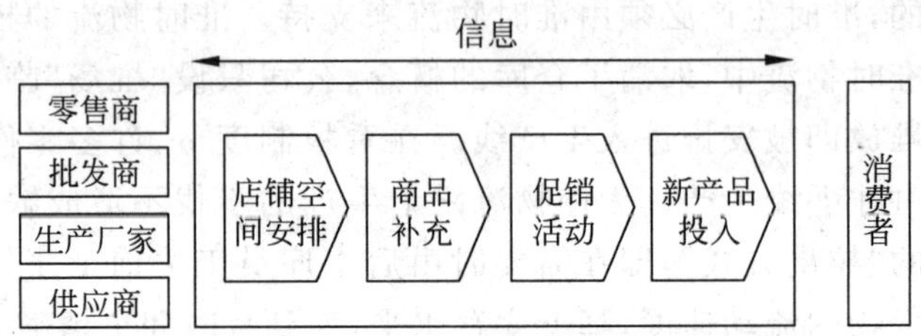

图7-11　ECR的供应链过程

ECR控制法应用原则在于：

① 以较少的成本，不断致力于向供应链客户提供更优的产品、更高的质量、更好的库存服务以及更多的便利服务；

② 必须由相关的商业带头人启动，该商业带头人应通过代表共同利益的商业联盟取代旧式的贸易关系而达到获利之目的；

③ 必须利用准确、适时的信息以支持有效的市场、生产及后勤决策。这些信息将以EDI的方式贸易在伙伴间自由流动，它将影响以计算机信息为基础的系统信息的有效利用；

④ 产品必须随其不断增值的过程，从生产至包装，直至流动至最终客户的购物篮中，以确保客户随时获得所需产品；

⑤ 必须建立共同的成果评价体系。该体系注重整个系统的有效性（即通过降低成本与库存以及更好的资产利用，实现最优价值），清晰地表示出潜在的回报（即增加的总值和利润），促进对回报的公平分享。

总之，ECR是供应链各方面推进真诚合作，来实现消费者满意和实现各方利益的整体效益最大化的过程。

ECR战略的实施，可以减少多余的活动和节约相应的成本。

① 节约直接成本。即通过减少额外活动和相关费用直接降低的成本；

② 节约财务成本。即通过降低单位销售额的存货实现了间接的成本节约。节约的成本包括商品的成本、营销费用、销售和采购费用、管理费用和店铺的经营费用等。

从表7-4中，可以看到节约这些成本的原因。

表 7-4 ECR 带来的企业成本和费用的节约

费用类型	ECR 带来的节约
商品的成本	扣耗降低，制造费用降低（包括减少加班时间、更充分利用生产力），包装成本降低（促销包装更少，品种减少），更有效的原材料采购。
营销费用	贸易促销和消费促销的管理费用降低了，产品导入失败的可能性小。
销售和采购费用	现场和总部的资源费用降低了（包括合同的减少、自动订货、减少降价），简化了管理。
后勤费用	更有效地利用了仓库和卡车，跨月台物流，仓库的空间要求降低了。
管理费用	减少了一般的办事员和财务人员。
店铺的经营费用	自动订货。单位面积的销售更高。

案例 7-1 Eurocar 的供应链成本管理

Eurocar 是一家国际性汽车生产商。面对激烈的行业竞争，该公司于 20 世纪 90 年代引入了新的成本管理方式，特别是拓展了自己的成本管理活动，并形成了一种结构性的供应链成本分析和管理方法，Eurocar 称其为全面成本管理（total cost management，TCM）。

1. Eurocar 的供应链

TCM 使得 Eurocar 的成本管理方式发生了根本性变化，他们将自己的关注对象从原材料成本扩展到整个价值链中寻找成本缩减机会，并且 TCM 还能详细确定公司同价值链伙伴之间的关系。尽管 TCM 着重关注 Eurocar 价值链的上游环节并未包括经销商和最终客户，但 Eurocar 同时采用其他成本管理方式来利用价值链下游环节的成本缩减机会。为保证 TCM 的顺利实施，Eurocar 已经同自己的关键供应商建立了稳定的合作关系。

对于 Eurocar 来说，伙伴关系是全面成本管理战略的基础。TCM 需要公司与其供应商共同寻找和利用成本缩减机会。除此之外，TCM 还能使 Eurocar 开发出预防性计划，而供应商是开发这些计划的合作伙伴和参与者。在生产一辆普通旅行车时，Eurocar 通常需要与 50 个被称作“全方位服务供应商”（full service supplier）的关键供应商合作。他们从产品开发初期就开始介入，同时负责协调次级供应商。全方位服务供应商负责开发和生产复杂的模块、零部件和系统，因此，他们能够把握那些能够显著影响成本的机会。

2. Eurocar 的成本管理系统

Eurocar 的成本管理系统包括三个方面。

(1) 成本管理活动。Eurocar 采用市场推动型成本计划。产品的成本目标在产品开发过程中确定，等于产品的预期销售价格减去足够的边际利润。因此，成本目标开始考虑市场竞争压力。成本细分可以确定细分到零部件水平上的成本目标。比较这些市场推动型目标与当前成本或预期成本，通常能够识别出成本缩减的需求。如果某一零部件不是由 Eurocar 自行开发和生产，这种成本缩减压力就会传递到供应商。在这种情况下，零部件层次的成本目标就成为 Eurocar 与供应商之间供货协议的价格限制。

为实现成本目标并保证持续改善，Eurocar 在产品的整个生命周期同供应商建立了紧密地合作关系，包括对价值链成本结构和成本驱动因素的综合性分析、协同行动计划和实施，以及对目标实施状况的日常监控。

成本分析涵盖了价值链的所有主要环节，直到特定模块、零部件和系统在 Eurocar 的最终组装。为此，供应商要准备一份包含二级和三级供应商的名称和地址、物资流动（距离和运输方式）及每一环节的增值成本的价值链流动图，如图 7-12 所示。整个供应链的增值成本之和就是系统的总成本。

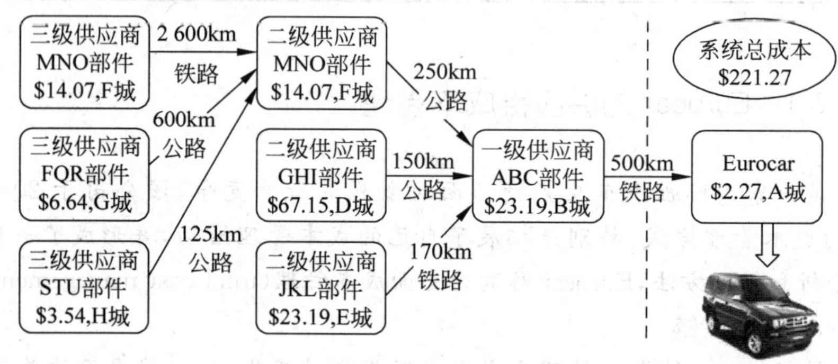

图 7-12　Eurocar 的价值链流程图

一级供应商进一步提供由自己所供应的系统的细分成本结构（见表 7-5）。一级供应商也与负责生产价值链上游环节零部件的次级供应商合作设定类似的成本因素结构。这需要整个供应链采取账目公开原则，这样可以识别出重复的成本要素，并有助于发现成本缩减机会。

表 7-5　一级供应商的成本要素结构

成本要素	成本/美元	占成本的百分比/%
原材料	—	—
直接和间接人工	27.00	29
生产一般管理费用	37.00	40
企业一般管理费用	15.20	16
包装	1.00	1
运输	—	—
保证	3.85	4
研发	5.00	6
利润	3.80	4
总计	92.85	100

成本结构分析之后将是有关价值链成本驱动因素的调查。Eurocar 将成本驱动要素定义为一切增加成本而不能为客户增值的活动。如过于详细的原材料规格、原型设计原则和产品复杂性等。识别出这些因素可以为改善成本结构提供思路。这些思路可以是关于价值链中的伙伴,也可以是关于他们之间的交互界面。

成本实现计划整合了那些被识别出来的而且被选中实施的成本缩减机会。这一行动计划由 Eurocar 和一级供应商共同制定,分为四个部分(见表 7-6)。商业方面主要是一级供应商和次级供应商的成本缩减;流程改进是指排除业务流程中的低效率环节;政策方面包括通过质量控制等业务优化而实现的成本节约;设计方面包括需要改变 Eurocar 设计和原材料规格的活动。总体目标是:在四年内通过确定整个价值链的成本缩减机会,在 Eurocar 采购订单价格的基础上将零部件成本平均降低 20%。但要实现这一目标并不是要将采购价格降低 20%,因为 Eurocar 自己的成本节约也会推动这一目标的实现。

表 7-6 目标实现计划(TAP)

	1 年	2 年	3 年	4 年	总计
商业方面	1.8	2.5	2.5	1.5	8.3
流程改进	2.5	2.5	1.9	1.6	8.5
政策方面	0.7	1.3	0.6	1.5	4.1
设计方面	2.5	5.2	0.5	0.3	8.5
其他/有待发现的	0.0	0.0	0.0	0.6	0.6
总目标实现计划	7.5%	11.5%	5.5%	5.5%	30%
减去:LTA/PA	−2.5	−2.5	−2.5	−2.5	−10
LTA/PA 净增值	5.0%	9.0%	3.0%	3.0%	20%

经过三个月的计划流程之后,Eurocar 和一级供应商的管理层得到了目标实现计划(TAP),以此增强各自的承诺并讨论实施过程中的潜在障碍和相应的解决方案。目标实现计划最后也可以用于成本控制,它能显示出来成本节约计划的实施程度,并提出尚需进行的额外行动。

(2) 成本管理目标。目标实现计划的四个类别表明,Eurocar 和一级供应商制定了多种成本改善活动,这些活动与生产、流程和资源相关。在生产方面的成本管理领域,管理人员花费大量精力处理零部件数量和产品差异性所引起的复杂性。优先考虑的是避免或降低复杂程度的方法,而不是将其从一个价值链伙伴转移到另一个。例如,Eurocar 通过模块外包可以将复杂性转移给供应商,这可能会降低 Eurocar 的成本,但通常不会降低整个供应链的成本。因此,放宽产品复杂性管理的眼界可以带来共同的利益,这将有利于改善所有供应链伙伴的成本状况。

另外还要特别强调供应链流程的持续改善。所有能够影响零部件开发的基础流程和支持性流程都要服从协同优化这个大局。为寻找流程改善机会,Eurocar 和一级供应商的代表共同巡视了两个公司的生产厂所。通过"流程巡视"(process walk)可以更好地理解供应链流程之间的相互联系,从而可以实现采购商——供应商交互界面的优化。流程改善可以采用多种形式,但剔除非增值活动是最根本的一种。非增值活动是一种浪费,消耗了资源却又无助于满足消费者需求。由于这类活动通常难以识别,Eurocar 划分了八种能够引起这类非增值活动的浪费:过渡生产、延迟、不必要的开工、持有过量库存、不必要的运输、过渡加工、产品修改,以及由于忽视员工改善建议和想法而造成的人力资源利用不足。如果一级供应商尚未采用改善原则,Eurocar 就会协助他们导入这一原则,从而保证供应商不断剔除非增值活动。

资源方面的成本管理主要是处理原材料问题。Eurocar 通常签订长期零部件供应合同,并就不断降低采购价格同供应商达成协议。作为交换,供应商可以从稳定的需求和共同的成本缩减项目中获利。在单一货源关系中,供应商通常能从大量订货中获得规模经济优势。零部件结构和标准化进一步增强了这种优势。

3. 成本管理结构

成本管理结构包括两个内容:专业化和协调

(1) 专业化。全面成本管理(TCM)由 Eurocar 和一级供应商的代表所组成的跨职能团队负责运行,特队成员不能多于 16 人,每个公司各出 8 人,来自各自公司的不同部门,见表 7-7。协调人(facilitator)和其他合适的专家可以起到支持作用。数据库收集职责根据成员的专业技能分配给各个成员。

表 7-7 全面成本管理的团队成员

Eurocar	一级供应商
采购经理、商品采购员、成本预算员、设计工程师、生产流程工程师、供应商技术助理工程师、客户服务部代表	销售经理、商业经理、设计工程师、财务代表、生产流程工程师、质量工程师、采购员

TCM 团队的成员资格只是各位成员日常工作之外的一项额外任务,但各成员必须出席团队会议,有时是否必须出席也由团队自行决定。例如,负责提醒团队关注最终用户的客户服务部代表就不一定每次都出席。TCM 特队在目标实现计划完成时或双方达成协议时将宣告解散。双方公司都有责任实施目标并监控目标的实现情况。

(2) 协调。由于成本管理活动是由许多个体完成,因此需要协调机制。首先是结构机制。Eurocar 设立了一个集中的 TCM 办公室来协调 TCM 活动。该部门又进一步开发了 TCM 方法,并将经验从一个项目转移到另一个项目,而且团队结构本身也是一个协调机制,因为团队融合了来自两家公司的代表,可以直接或间接地进行信息交换。第二类协调机制是专用的表格与详细制定的规则和程序,它们保存在 TCM 手册中,能够协助供应链的 TCM 活动。

4. 推论

以上描述的是 Eurocar 汽车生产商的跨企业成本管理活动。只有与一级供应商建立密切合作关系，才能充分识别和利用现有成本缩减机会。但这种方式只考虑了直接和间接成本(作业成本)，并未将交易成本考虑在内。交易成本难以计算是其中的一个原因，但可以倡导其理念并采取一些可行的策略更有助于提高成本管理的效率。可见，交易成本管理的巨大空间还有待开发。尽管 TCM 活动是 Eurocar 成本管理活动的一个永久组成部分，但从各活动的特点看，供应链伙伴仍有机会进行进一步的整合，例如，在协调绩效衡量和会计系统方面进行进一步整合。

资料来源：根据(德)Stefan Seuring，Maria Goldbach. 供应链成本管理——汽车行业的实证研究[M]. 郭晓飞，译. 北京：清华大学出版社，2004. 整理。

相关链接：供应链优化

供应链管理是一种动态的优化过程，它随着经济环境的不断发展而不断调整和适应环境，这个过程是对供应链管理的优化过程。优化内容涉及面很广，可能涉及整体优化(包括网络设施结构)，也可能只是局部优化，如库存、物流、时间、信息系统、管理理念、管理方式和方法等，类似于"木桶原理"。

1. 供应链优化的目标和层次

优化供应链与管理供应链不同，管理供应链重点在于控制供应链的各个元素，而优化供应链则是要去除供应链流程中的非增值环节。那些原本构成组织要素的流程步骤，现在或许正是限制该组织效率和能力的桎梏，所以也有人把供应链优化称之为"在有约束条件或资源有限的情况下的决策方案"。从宏观角度上讲，供应链优化有其目标和层次性。

(1) 供应链优化的目标

以下从企业和公共组织两个完全不同的角度来讨论供应链优化的目标。

企业的供应链优化目标 在探讨企业供应链管理系统中的优化目标时有一些不同的观点，如：优化是 ROI(投资回报率)达到最高的关键，它的目标包括成本最低、顾客服务水平最高、生产周期最短。而在讨论库存链优化时，有人认为最大 ROI 的目标是在增加利润的同时，提高顾客服务水平、减少总成本、减少工作负荷、减少库存；ROE(资产回报率)最大或竞争力提高；公司赢利最大，市场份额最大等。

如果把这些目标用于决策模型中，这些目标就必须转换成明确的、可以衡量的目标。更具体的目标通常是利润及其衍生物——成本和收入。其中成本包括资本、生产运营成本、仓储和运输、库存持有成本、行政管理成本、IT 成本和包装成本；收入受公司可提供服务质量的影响，包括准时性、产品可得性等。这个解释为企业供应链优化的寻找问题提供了一种思路，从中也不难看出，企业供应链优化的目的是为了实现供应链收益最大化，并围绕这个目的来寻找供应链运作中存在的各种问题，包括结构、流程、运作、管理等各个方面，以求得最佳的优化方案。

供应链管理要取得好的绩效取决于两个方面，一是供应链整体低成本运作，二是要为客户提供高质量的服务，二者通常是矛盾的。由此可以认为，企业供应链优化的总目标是实现供应链低成本运作和高质量服务的均衡。在这个总目标下，来分析供应链中存在的“约束”因素，涉及科学合理的优化框架。

公共组织的供应链优化目标 公共组织供应链优化的目标与营利性企业不同，通常围绕经济、环境、社会这三个因素来优化供应链。这三个因素对企业来说只是供应链优化的大环境，而这三者的和谐发展则是公共组织供应链优化的目标，其目的是为企业供应链运作创造良性循环的大环境。

在环境方面，设施建设、交通运输会对环境造成影响，环境对人类身体和下一代有影响，主要包括：当地空气质量（对人有影响，威胁健康）；区域空气质量（对庄稼、树木不利）；噪声；长期危害（能量危机、臭氧层变薄、温室效应）等。在经济方面，主要和经济系统的改进有关，包括：提高国家竞争力（包括减少工业运输成本）；支援不发达地区；增强区域联系，扩大外延；市场标准化（标准的、开放的）；提高就业、改革和出口的经济绩效等。在社会方面，主要和居民、员工有关，包括：工作场地和运输中的活动安全；经营工作条件；关注残疾人；社会资产的改变（收入分配的影响）。

在经济方面，供应链优化的目标是加大力度来支援低收入地区和不发达地区，这将增强它们的凝聚力，从而改善该地区企业供应链运作的经济环境。像欧洲社会基金会，他们决定实行假期培训和就业援助，区域发展组织出台鼓励投资、鼓励建设基础设施和发展小商业等政策，降低了投资成本，提高了劳动力素质。因此，企业认为这些政策反映了市场地位和产品、服务的价格。运输行业定价机制方面的供应链优化也是如此，其目标是确保运输决策包含所有的成本。这样，虽然外部成本在价格体制中没有体现，但通过税收，价格体制就能完全反映外部成本。这样，从企业供应链运作角度来看，供应链所有成员对环境的关注会集成到目标成本和利润中。

(2) 供应链优化的层次

从宏观上讲，企业供应链优化可以分为三个层次：战略层、战术层和经营层，由此，供应链优化问题也分为三类。

第一类为战略分析。用于分析获取资源和其他决策，如新设施的建立，新产品供应链的设计等。供应链管理战略决策主要根据链的网络设计来决定车间、配送中心和供应商的地点、规模和数目，如每一车间、配送中心和客户的采购和部署计划。战略决策检测网络设计，同时也考虑供应链中的物流。一般认为，库存管理是战术决策，而仓库设施的选址属于战略决策。

第二类为战术分析。战术优化是对在给定供应链结构（供应商、车间、配送中心和运输路线）下，供应运行的各种计划的优化，物流管理的优化等。又分为长期战术分析：决策公司一年内的整个供应链的供应、制造、配送和库存计划；短期战术分析：包括物流管理优化、生产计划优化等。

第三类为经营分析。包括生产规划系统优化：如人员、设备和材料的分配等；配送系统优化：运输路线和规划的优化等。经营优化的实施通常频率高，需要定期优化以调适机器失效、物料库存、其他延误等。

上述不同类别的优化是相互影响的，必须考虑不同类别的优化对其他优化的影响，如战略决策优化必须假定战术和经营规划最优。同理，其他类别的优化也是如此。

2. 供应链优化的流程和方法

供应链优化不仅仅是单一的模型或工具的应用，它是一套完整的方法体系及应用。在模型或工具应用之前，要对供应链网络和流程进行大量的分析，寻找需要优化解决的问题，并获得大量的数据资料。然后才是根据问题选择运用具体的优化模型或工具，把大量的数据资料代入模型或分析工具，求得最佳的优化方案。

(1) 供应链优化流程

在服务或制造行业中的每个组织，都客观存在着供应链。用系统的、行之有效的方法对其进行诊断、设计期望的供应链，进行优化方案的评估和实施优化方案，这个过程构成了供应链优化的流程，如图 7-13 所示。任何组织的供应链其优化都有一个目标，正如我们前面分析的，这是供应链优化的大前提，因此，供应链优化起始于优化目标。

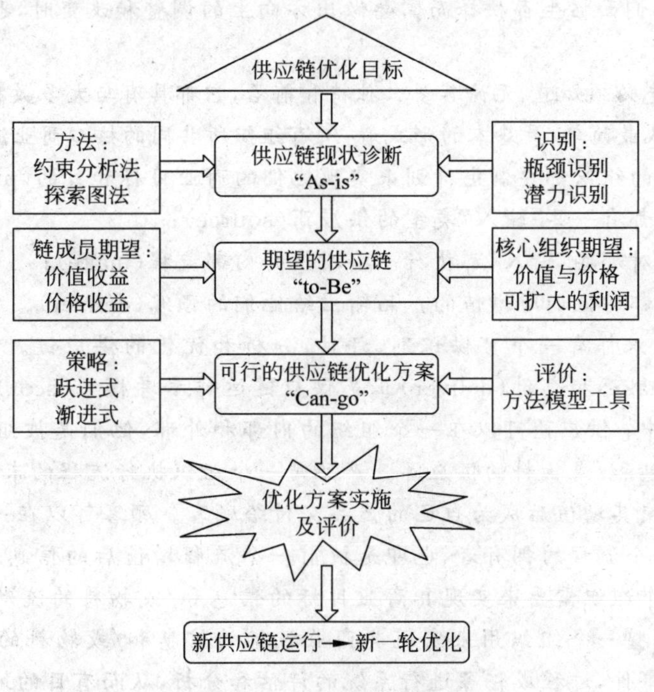

图 7-13 供应链优化流程

(2) 供应链优化方法

供应链运作参考模型(SCOR)可作为供应链优化中分析问题的指导思想。SCOR概念模型的第一个流程业务流程重组,给出了问题分析的任务,即了解业务流程现状(As-is),求得未来的期望状态(to-Be)。这正是我们优化供应链的基本思想。它从诊断供应业务流程开始,通过设计期望的被选供应链优化方案,然后对这些方案的可行性进行评价,求得可行的优化方案(Can-go)。由此,可称其为供应链优化的"ABC"法。其中"Can-go"实现了供应链优化与SCOR模型的黏合,正像SCOR模型本身,它不能实施,但使用其原理的结果却是可以衡量的,也是必须的。

"As-is"供应链。当前的供应链状况可以通过供应链绩效评价,从表现出低效率的方面入手来诊断存在的问题,这种方法最终仍然要回归到业务流程诊断上来。无论是否是生产产品的组织,都存在着供应链运作并且都是以流程为中心进行运作的,所以,当前供应链状况的诊断首先要识别供应链的业务流程。如果一个组织识别了它的供应链,并通过评估、分析和监控来管理它,那么我们说这个组织正在使其供应链工作在一种更便于了解、平衡和尽可能获得最大绩效的状况。相反,如果一个组织没有认识到它有供应链或不重视供应链如何影响其商务,那么这个组织的供应链就工作在一种被忽略的状态。供应链是客观存在的,它影响着各组织的生产率,成本和利润,如果对供应链缺乏认识、评估和监控,那么这些组织就无法知道对供应链一个环节产生影响的行为对另一个环节会有什么影响,因而当他们面临生存抉择而需要做出方向上的调整和改变时,也就无法响应并做出正确的决断。

每个组织首先必须知道,无论其多么独特和前沿,它都具有与大多数相近行业相同或类似的核心流程。从最简单、最基本的形式看,所有组织所共同的核心商业流程可表述如下:

① 所有成功的组织都要制定计划来实现他们的商业目标和目的(plan);

② 每个组织都有一些"输入"类型的供应商(source);

③ 每个组织对那些"输入"都执行一些增值的内部流程(make);

④ 每个组织都对他们所增值的产品输出给他们的顾客(deliver)。

因此,所有组织都有一个可供识别、评估、分析和优化的供应链。计划(plan)、采购(source)、生产(make)和交付(deliver)正是供应链运作参考模型(scor)所包含的四个基本核心流程。其中:供应商可以在一个组织的内部和外部,他们是被组织接收来完成其工作流目标的信息和/或物料的供应源。产品是一个组织执行流程的末端,一个组织接收信息和/或物料,使其增值后成为自己的产品交付给顾客。顾客可以在一个组织的内部和外部,他们是下一个流程的拥有者,也即是被前一个流程增值后的信息和/或物料的接收者。供应链是一个组织需要来实现其商业目标的信息和/或物料的流动渠道。链管理则指监控、评估和调整一个组织用来实现其商业目标的信息和/或物料的流动的一整套方法。优化是指对事件,过程或任务进行系统的评估和分析,从而有目的地去除非增值元素以取得最高的实际效率和效益。供应链优化是优化一个组织商务活动中纵向或横向事件链的过程，这些事件引起活动或物料流程从一种配置转到另一种配置。供应链优化的思想就是通过评估和分析供应链中的流程元素和活动来认识供应链对实现既定商业目标的影响范围。所以，成功的优化过程必须从了解当前供应链流程的状况开始，这是供应链优化的关键步骤，也是决定取得全面均衡和优化的供应链方法的关键。然后，才是通过系统而有序的优化方法来取得均衡的供应链。

在供应链优化的"ABC"中，A 代表当前的(As-is)供应链状况。你现在在做什么？当前的供应链流程涉及哪些步骤并包含哪些元素？谁负责组织中每个业务流程步骤的输入、输出和支持？要对流程的各环节进行详细分析，是否采取了合适的策略，这些策略与整个供应链各环节策略的匹配性等。还有，在这些流程中哪些元素是非增值元素，输入和输出以及支持流程是积极还是消极影响供应链的成本，响应和柔性的原因是什么。可见，这个诊断过程主要是识别瓶颈和潜力。约束分析法和探索图法都是很好的诊断工具。诊断当前状况需要建立一个包括正在执行具体流程任务的人参与的专家团队，大家紧密协作来完成诊断过程。在识别了这些状况之后，可利用诊断得到的数据资料建立模型，再向前推进下一步的工作。

对"As-is"供应链的诊断揭示了所有组织都有两个构成其供应链的基本工作流，即信息流和物流。信息流是从一个业务活动到另一个活动的数据传递，它可以有各种形式，包括文件、指令、想法、计划或核审等，这些都是从所识别的流程进行到下一个流程必须的信息。物流是实现流程目标所需要的物料流动，物料可以是电子的(如报告，图表等)、物理的(如各种产品)，甚至还可以是一个服务过程(如清洗，喷漆等)。对非产品生产的社会组织在识别了组织的核心业务流程之后，仅仅抓住这些流程中的两个基本"流"来诊断供应链现状，就会走出固有思维的条框，用系统的、行之有效的方法来识别、评估和优化组织的供应链。

"to-Be"供应链。B 表示"to-Be"，是指组织所追求的、期望的或优化的供应链状态。每个组织必须评估这一优化的供应链状况，决定它的回报及当导入这种优化状况时的影响和机会。所以，"to-Be"要求对当前供应链中的每个元素进行评估、分析和优化，因为供应链是一个事件链，整个链条的强度、有效性和效率不会比其最弱的一环更好。如果不遵循 A，即广泛了解当前供应链，弄清每个元素对下一环节的影响，以及整个供应链如何影响组织实现目标的能力，那么开发 B 的工作将会令人却步。

正如在"As-is"或当前供应链中一样，构成"to-Be"或期望供应链的也是两类元素——信息流和物流。两者互相关联，在评价和优化时要两者联系起来，才能有效识别由相连的元素所引起的相应变化以及对商业实施和组织目标的全面影响。"to-Be"供应链对业务流程中信息流、物流及其元素进行优化时，执行者需要使用各种协作工具和资源，并需要准确地与各参与成员进行沟通，而成员的期望是存在差异的。比如对企业成员而言，通常期望通过供应链优化可以获得自身价值和价格收益的改善，而对于核心企业而言，除了这些收益改善外，更要考虑如何把供应链可分配的利润扩大。因此，优化供应链所要达到的效果是整个供应链的均衡，而非局部或单个元素的优化。局部或单个元素最优并不一定能实现供应链整体最优，而整体最优才是供应链优化所追求和期望的，也是供应链持续发展的根本。优化就是流程和信息元素达到这一目的：即不存在非增值环节，同时流程应尽可能切合实际地实现商业目标。

开发“to-Be”或期望的供应链需要涉及的所有人员提供详细输入信息和不拘条框的思考，需要所有相关人员的共同努力去分类流程，从而发现所评估流程或事件的真正目的。因为那些开发应用了相当一段时间的流程和事件，其最初的目的通常会遗失或变得复杂而不易认清。对那些不能满足期望目的的当前流程元素应当去除，并代之以实现其在供应链中期望目的的优化流程。这也正是现行供应链管理和实施者需要勇气去摈弃无效流程和克服“我们总是按这种方式工作”想法的地方。“to-Be”供应链状态必须基于实际高效的、使用有效工具的最佳实施，同类最佳(Best-in-class)的实施可作为“As-is”的比较基准。当然，对最佳实施也不应盲目采纳，优化的目的是产生新的贴合组织自身实际的最佳实施的供应链元素，而不是对已有实施的完全拷贝。

“Can-go”供应链 可行的供应链优化方案可能有多个，需要对其进行评价，以选择比较理想的优化方案。“Can-go”供应链包括两个内容。其一是评价，需要运用恰当的一些方法、模型和工具。评价的方法有很多，但并不是每种方法都要采用一定的技术，关键在于评价方法的选择要恰当。如：线性规划方法，对任何有决策变量、线性目标函数和线性约束条件的问题都可以使用，是应用最广泛的优化工具。约束传播方法，用于在评价网络中有诸多相互关联的约束条件下的优化方案尤为有效，其原理是受约束条件的影响，每一约束都有一定的变量范围，变量域的减少会引起与约束条件相关的变量数目减少。如果在规定时间内不能得到最优方案的情况下，可以采用遗传算法，得到较优的方案。在实际中还有很多优化的方法。“Can-go”供应链的第二个内容是对已经确定的优化方案制定实施的策略。这些策略可以划分成两类，即跃进式和渐进式。前者对供应链的震荡较大，后者采用循序渐进的方式，比较柔和，这要视具体情况而定。此外，在优化方案策略的实施过程中，要特别关注可能遇到的障碍及其解决办法。

在经过了上述过程后，进入供应链优化方案的实施阶段，实施的效果如何取决于“Can-go”供应链中的策略方案，以及策略实施的执行力问题。优化方案实施结束后要及时进行评价，为新的供应链运行管理提供参考，也为下一轮的优化提供借鉴。

本章小结

成本管理一直企业管理者长期关注的重要问题。从供应链视角看，物流成本管理是供应链成本管理的重要组成部分，同时，就物流运行结构而言，它自身也是一个供应链系统,从而物流成本管理也应从立足于供应链的整体层面,把成本管理的焦点从会计科目的显在成本拓展到非会计科目能够核算的隐性成本上。这就引致了供应链视角下的成本范畴和三层次的物流成本(直接成本、作业成本和交易成本)。借鉴前沿性理论研究成果:成本管理组织设置思想,可以把物流成本管理划分为职能和制度两个方面。职能层面是以成本优化为目标的作业管理,所使用的工具是作业成本法和目标成本法;制度层面是对做出成本相关决策的责任人的管理,组织设置包括协调机制及信任/权利关系在合作者之间的分配。这些思想的理论支撑源于价值链理论、委托代理理论、交易成本理论和组织间成本管理理论。

由于物流成本管理范畴的拓展,物流成本管理的内涵包含了显在成本和隐性成本。做好物流成本管理要关注的要件是明晰交易成本的范畴,确定成本管理对象,制定成本标准,实施预算管理,实行责任成本管理,进行合理的技术改进。物流成本的构成内容细分起来非常繁杂,通常可从物流成本支出形式、物流活动构成和物流过程三个角度进行分类。物流渠道选择、运输工具选择、存货控制和货物保管、产品废品率、管理成本及资金利用率等,是影响物流成本的一些因素,可采用控制物流成本、压缩物流成本和平衡物流能力与客户期望等策略来管理物流成本。

供应链视角下的物流成本管理范畴和层次的划分提醒我们,在进行物流成本管理时尤其要高度关注那些会计科目无法反映的隐性成本,它们发生在物流运作过程的不同环节。物流成本核算及控制的概念框架,将物流成本管理的主要对象与物流运作管理中的决策区域以及三个层次的成本综合起来,清晰地勾勒了物流运作管理中不同阶段的成本重心,为成本管理实践提供指导。实际中的物流成本核算是把发生在物流活动中能够计算出来的成本进行事先预算,并将预算结果科学地分配到不同流程环节,在此基础上对物流成本进行控制。日本《物流成本核算标准》中的物流成本核算方法给出了成本核算的基本流程,同时,一些常用的核算方法也可供选择使用。成本核算的目的是为了科学地把成本分配在不同的流程和环节,以使在“概念框下”的指导下采取恰当的措施将物流成本控制在一个合理的范围。

问题思考

1. 物流成本管理的范畴对实施成本管理的价值是什么?
2. 三层次的物流成本划分对管理有什么指导意义?
3. 怎样解释供应链成本的三个层次?
4. 基于职能和制度层面的两种成本理念的核心思想是什么?
5. 怎样理解物流成本核算概念构架?
6. 引入了制度层面的常规成本管理对物流成本管理的意义何在?
7. 在实施物流成本控制策略时,怎样把“概念框架”的核心思想结合起来?

第八章　供应链合作关系管理

> 物流是供应链不可分割的重要组成部分，物流运作的全过程中需要与供应链上的合作伙伴相互沟通与协作。就单纯的物流运作层面看，现代物流系统同样是一个复杂的网链结构，可称其为物流供应链。在前面的研究中也已明确，供应链管理思想是物流供应链运作的指导思想，这是现代管理发展的大势。无论是从企业经营的视角还是从单纯的物流运作视角，运用供应链管理的思想和方法指导其运营管理，已成为时代发展对管理提出的要求。这其中，合作关系管理被认为是一个颇具战略性的问题。本章将物流供应链中的合作关系进行拓展，研究一般意义上的供应链合作关系管理，包括供应链合作关系的概念及关系的演变、特征，新一代的供应链合作；供应链合作关系的开发、管理及优化；供应链合作信任关系的构建及管理等问题。

第一节　供应链合作伙伴关系

理解供应链合作关系是进行有效的协同关系管理的基础。随着经济环境的不断发展和变化，供应链合作关系也经历了一个演变和发展的过程，从而形成了今天协同竞争经济环境下新的合作关系特点。

一、供应链合作关系概念及关系演变

在供应链管理中合作伙伴关系和战略合作伙伴关系是经常提及的术语。以下就其概念问题进行讨论，进而结合现实的供应链运作，勾勒合作伙伴关系的类型。

（一）供应链合作关系的概念

乔尔·D.维斯纳（Joel D. Wisner）在对供应链管理的研究中引用了一个形象的描述：如果将飞机定义为一架有千百万个零部件组成的飞行器，那么，一家航天公司就可以定义为这家公司，以及几百家与之和谐相处、密切协作的供应商组成的体系。这不仅表明了公司与供应链的生存辩证关系，也揭示了供应链生存与发展的辩证关系，即合作伙伴要和谐相处、紧密协作。同时他还引用了一些观点来进一步阐释这种合作关系：真正的合作伙

伴关系是双方以一种正规项目小组或流程的形式，在工程、生产、研发甚至市场和采购方面相互合作，并成为对方制定目标的一部分。

在供应链管理的研究中，合作伙伴关系（partnership）又称供应链合作伙伴关系（supply chain partnership）、供应联盟（supplier alliance）、供应商—制造商关系（supplier—manufacturer partnership）、卖主/供应商—买主关系（vendor/supplier—buyer partnership）、供应商关系（supplier partnership）等。到目前为止，对供应链合作关系概念的阐述只要包括合作关系是什么及其概念的延伸。

关于合作关系的界定。美国学者罗伯特（Robert）等人认为：伙伴关系是供应商和买方在一段较长时间内达成的承诺或协议，其内容包括信息公开、分享和分担由于伙伴关系带来的利益和风险等，也即伙伴关系必须建立在合作和信任的基础之上。英国学者约翰（John）等人认为，伙伴关系是指在没有共同所有权情况下达到横向系统集成效果的有效方法，是供应商与买方的一种进行式关系，其中，供需双方就供应商产品的订货和配送的基本策略、目标以及步骤等达成一致。目前普遍认同的一种观点是：合作伙伴关系是合作各方为了近期或远期的共同目标，以信任为基础，供需为纽带，以双赢（多赢）为目标而结成的战略联盟。这种界定比较有涵盖性，它基于供应链流程的角度，把任意上下游流程间的关系看作供需关系，以此为纽带而发生合作关系，以信任为基础、以双赢为目标，构成了合作伙伴关系。

关于合作关系概念的延伸。美国《采购杂志》通过对读者调查作了这样一段描述：全国范围内各公司的供应、外包和采购的专家都认为：更加紧密地供应商合作伙伴关系，对于企业的竞争优势至关重要。企业都认识到与供应商建立双赢的、长期的关系很重要，这种关系之所以重要，是因为通过这种关系，企业的客户和供应商之间建立了紧密的联系，这种关系应该是战略性的而非战术性的，参与方都能够从中受益。与关键供应商建立的合作伙伴关系有利于公司的创新和竞争优势的确立。选择正确的供应商伙伴并管理这样的关系非常重要。美国供应链学院对这个术语的解释是：供应商合作伙伴关系是在一定时间内双方一起工作的承诺，为了双方的利益，分担相关信息、风险和奖励。这样一种关系需要对未来的预期有清晰的理解、开放的交流和信息交换、相互信任和共同的发展方向。好的供应商关系是进行全程供应链整合的必要因素。

此外，在对供应链合作关系的讨论中还涉及“战略合作伙伴关系”这一术语，尽管目前还没有明确的界定，但伙伴关系和战略伙伴关系在概念上和实际的供应链管理中有明显区别。这里立足于供应链核心企业业务流程层面来界定这两者的关系，把供应商和分销商都以流程为纽带归并于合作关系方。由此作这样的界定：

① 供应链合作伙伴关系：供应链参与各方为完成共同的协作业务流程并实现其目标，而结成的基于互惠、互利、互信、共享、责任与风险共同分担的协作联盟。

② 供应链战略合作伙伴关系：供应链合作者为达成未来战略愿景而形成的相互依

赖、更深层次的长期合作联盟。

（二）供应链合作关系的演变

在供应链上企业不是孤立的，它们之间存在着千丝万缕的联系，这种关系是随着市场经济环境不断发展而演变的。从宏观上看，这种企业关系发展的过程大致可以分为5个阶段，如图8-1所示。

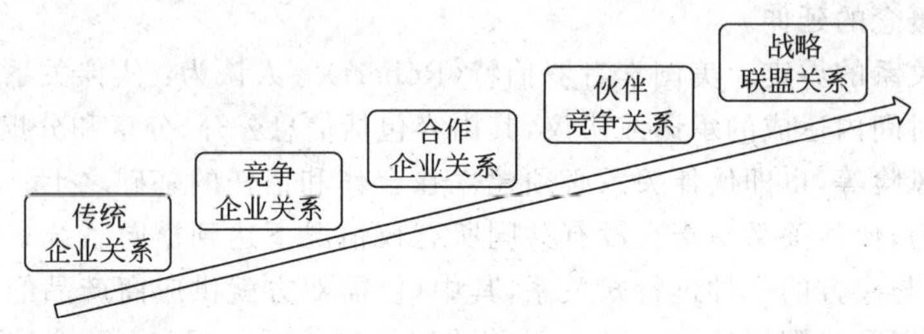

图8-1　企业关系演变过程

（1）传统企业关系。20世纪70年代以前，由于市场环境基本处于供不应求状态，其管理战略是尽量改进工艺和技术，提高生产效率，扩大生产规模以生产更多的产品，降低单位产品成本。这一时期的企业各自为政，既没有零和博弈的竞争，也没有强大的生产压力，企业间的合作关系极为松散。

（2）竞争企业关系。20世纪80年代，随着市场的发展，产品开始出现供大于求的状态，供应日趋饱和。为占领较大的市场份额，企业间出现竞争并异常激烈，其杀伤力达到近乎你死我活，企业间关系恶化。

（3）合作企业关系。20世纪80年代到90年代，一方面，市场竞争混乱，进入高度竞争时期，另一方面，由于客户对产品的质量要求日益提高，对产品多样化需求日渐增强。质量和多样化最终带来的是基于时间的竞争。为了快速响应市场，企业开始寻求资源的更有效利用方式，使业务相关联的企业间开始出现合作，其合作关系比较紧密，并且部分合作具有一定的战略性。

（4）伙伴竞争关系。20世纪90年代，随着经济全球化的发展，市场变化加快，纵向一体化的经营模式反应迟缓，企业面临市场经营风险和投资风险不断增大的挑战，传统的纵向一体化经营模式开始转向横向一体化，企业开始采用快速响应市场变化的竞争战略。企业间逐渐确立了伙伴关系，经营合作具有一定的层次性。首先是合作伙伴，再是竞争，呈现了合作竞争态势。

（5）战略联盟关系。20世纪末21世纪初，随着经济全球化的加剧，资源在全球范围内的配置日趋突出，经营难度和经营风险不断加大。为了更好地利用稀缺资源，企业间开始建立业务联盟，企业的边界变得模糊，市场的竞争不再是单个企业间的竞争，而是整个供应链之间的竞争。这促使企业更加紧密地合作。于是，"共赢"的合作竞争和供应链战略联盟成了企业经营发展的主流。

二、供应链合作伙伴关系的特征

供应链之间的竞争更强调供应链的协同，即供应链的协同竞争。这就要求企业重新审视与其供应商等合作伙伴之间的关系，从整个供应链的角度去经营企业，以供应链利益最大化作为企业的直接经营目标。这种要求是基于经济环境的变化。经济环境变化创造了供应链协同竞争的环境，导致了竞争状态的变化，从而供应链成员之间的合作关系呈现了新的特征。

（一）供应链协同竞争下合作关系状态的变化

在供应链协同竞争环境下，供应链成员之间既要合作又要博弈，合作是为了发挥整体优势，使整体的利益尽可能扩张到最大化；博弈则是为了提高个体的竞争能力，从而促进供应链合作水平的螺旋上升。在提高产品质量、创造市场的过程中供应链成员间关系更多体现为合作；在培育个体核心竞争力及分配由合作而赢得的总体利润时，则属于合作基础上的博弈关系。合作是一个企业与其供应链伙伴的主导关系，合作是博弈的前提，而博弈则推动合作水平的提高，在博弈中进一步促进合作。同时，这种合作博弈的供应链之间的竞争不仅体现在行业内，还存在与替代品供应链的竞争。再有，供应链成员间的合作博弈关系不仅仅发生在供应链内部的成员之间，还发生在与其外部成员（其他供应链成员）之间。供应链成员面临的这种新的合作关系环境，也直接反映了合作关系状态的变化。这种竞争环境及合作关系状态可用供应链竞争的"五力模型"来展现，如图 8-2 所示。

在图 8-2 中，单个供应链内部存在着成员间的协同竞争；双箭头粗实线表示行业内供应链之间的竞争和行业所有供应链与替代品供应链之间的竞争；双箭头细实线表示供应链竞争对手成员间可能的合作或竞争；双箭头虚线表示非行业和非替代品供应链成员可能的合作或竞争。

（二）供应链协同竞争下合作关系的特征

供应链成员面临的新的合作关系环境以及合作关系状态的变化，使得供应链协同竞争环境下的合作关系呈现如下特点。

(1) 供应链竞争关系的复杂性。在供应链协同竞争环境下，行业内的供应链同样存在着相互制约、相互竞争的关系。为了追逐市场和利润，任何一条供应链都必将积极参与竞争，而任一条供应链的竞争行为必将引发多条供应链间的相互竞争。在行业同类产品供应链竞争的同时，还存在着行业所有同类产品的供应链与替代品供应链的竞争。产品

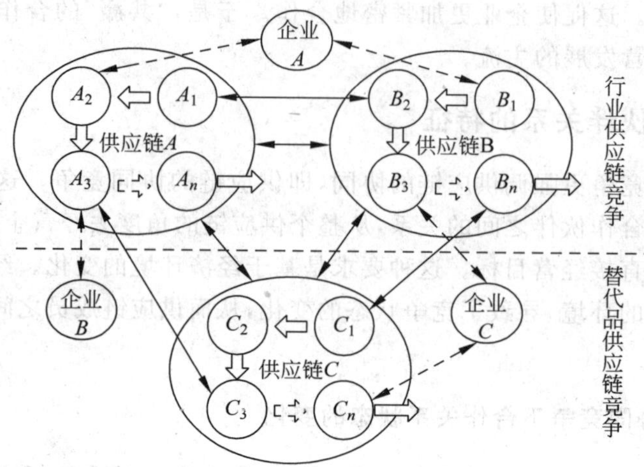

图 8-2 供应链竞争的"五力模型"

价格、质量、交付以及个性化服务等因素同样也是供应链之间竞争的主要力量。然而在实际过程中的复杂现象是，在某一条供应链中的非核心供应或销售企业也可能是另一条供应链中的非核心供应或销售企业(无论是同类产品还是替代产品的供应链)。这样，该供应链可能会受到其他相链接的供应链所作出的决策的影响，进而影响供应链成员的合作关系状态。

(2) 合作关系的非稳定性。在供应链协同竞争环境下，企业或供应链主要面临的竞争因素是行业现有企业或供应链的竞争和替代产品或服务的竞争。如图 8-2 中，供应链 A 现有竞争者是供应链 B，而 A 和 B 产品的替代产品竞争者是供应链 C；供应链 A 内的 A_2 企业和供应链 B 内的 B_1 企业的现有竞争者是非行业供应链中的 A 企业(但也可能存在合作关系)，而形成这种竞争力量的原因是供应链 A 和 B 的核心企业为了增强供应链的实力，一直不断地对一级供应商进行评价、控制和选优。另外，A 和 B 供应链之间的竞争也可以通过对企业 A 的合作来呈现。供应链 C 的产品是供应链 A、B 产品的替代品，对于供应链 C 也同样存在着类似的情况。这种市场环境状态使供应链成员的合作关系呈现了非稳定性，它带来了合作关系管理的复杂性。

(3) 合作关系的深度依赖性。供应链之间的竞争不仅仅表现在价格、质量、服务等方面，由于供应链竞争关系的复杂性及合作关系的非稳定性，从而使合作关系又呈现出另外一种现象，即深度依赖性。核心企业为了打造供应链协同竞争优势，必须选择优秀的供应商和经销商，并对其进行深度的培养和支持，从供应链协同竞争的角度进行深度业务流程的整合。由此也引发了供应链之间对优秀供应商和经销商这一重要资产的激烈竞争。供应链业务流程深度整合的结果进一步加深了供应链成员间的相互依赖性，使其关系体现为以相互依存的合作为主、以博弈为辅。深度依赖性的合作关系就是我们所说的战略合作伙伴关系，或称协同型合作关系，而它存在的基础是成员间恰当的权利分配。

三、新一代的供应链合作

供应链合作的一个非常关键的方面就是必须掌握合作伙伴计划数据的变动从而快速反应。新一代的供应链合作给我们展示了这样一幅蓝图：实现供应链伙伴之间的“无缝对接”和完全可视化。但这有一个前提，那就是企业的流程成熟度必须赶上，否则就无法利用这项技术的杠杆效应。目前，大多数企业的流程未臻成熟，而是正朝着这个目标快速发展。

（一）新一代供应链合作将出现的改变

在新一代供应链合作中，技术的进步将因供应链伙伴态度的改变而黯然失色。未来合作关系的发展将是，供应链伙伴将合作视为共同投资。新一代的供应链合作将包含下列改变。

- 供应链伙伴之间的合作将专注于达成长期的客户满意度，而不是内部成本的降低。
- 分布式数据结构将成为合作支持系统和工具最常用的平台，使企业能够实时反应计划和执行数据。
- 企业将开发出更密切的合作模式的安全政策，而新技术将能全面深入地对信息安全进行电子审计。
- 实现不同系统之间的有机集成，建立一个空间信息与共享平台机制，使企业能够监督整个供应链的物流资源。
- 不仅实现日常业务的自动化，系统将放眼未来，预测例外事件并根据需要做出正确反应。
- 应用软件将延伸到供应商和配送上的多级系统。虽然企业与众多的客户和供应商建立了多级化合作关系，企业还得精心挑选一群深度合作的伙伴，展开更深入地计划和预测化作业。
- 企业与物料供应商的合作将继续致力于交易型合作关系，而与服务提供商的合作将更具战略性、更专注于计划。
- 企业将以由外部主机负责的网络体系结构为基础，建立支持系统。
- 供应链合作更聚焦于供应链前端，更重视合作预测和补货模式。
- 利用行业标准工具，如贸易伙伴接口流程标准、联合计划—预测—补货等，将成为伙伴合作沟通的主要形式。

作为一项供应链管理的核心原则，供应链战略合作仍处于萌芽期。当企业业务实践、规则和标准惯例能够为整个供应链有机整合并不断提高供应链可视化水平而不断调整改进时，合作就一定能为企业带来重要的经济利益，实现企业的战略目标。通过有效合作，将使规模小的企业能够与大企业竞争，使企业的规模不再是重要的竞争差异化要素。合作将成为供应链战略管理的一项不可或缺的修炼。

（二）新一代供应链的合作指导准则

新一代供应链合作正处在萌芽期，全球供应链管理咨询公司 PRTM 的首席合伙人肖尚纳·柯恩(Shoshanah Cohen)和约瑟夫·罗塞尔(Joseph Roussel)给出了新一代供应链的合作指导准则，见表 8-1。

表 8-1 新一代供应链的合作指导准则

• 企业对未来可能有远大的愿景，但是如果企业一开始就试图达到"合作的最高境界"，反而难以成功。合作需要从战术改进开始。 • 合作战略需要专注于单一、明确的愿景，包括清晰的目标和目的。 • 彻底了解企业目前和未来所需的核心能力，确保合作战略与之相一致。 • 从小范围着手，先专注于少数核心能力，精心选择少数合作伙伴和少数任务。 • 认识到合作初期可通过电话、传真和电子邮件等基础设施来支持，随着合作的深入则需要更先进的系统支持。密切关注支持系统的发展。 • 由企业业务驱动因素和经济实体决定合作关系的特性及其管理方式。 • 将技术能力提高到企业期望合作伙伴所能管理的水平。 • 评估支持初期更大规模的合作所必需的组织变革。 • 根据合作战略目标，调整企业薪酬与奖励制度。 • 有效管理合作伙伴，建立全面的绩效评估标准体系，以定期监督企业及合作伙伴的绩效。 • 考虑人员因素。企业采用新的合作支持系统和工具的案例举不胜举，结果却发现，从业务的角度出发毫无价值。因此，企业在采用新的合作支持系统和工具时，必须确保组织具备能够监督流程，并在中途做出必要修正的资深专业人士。

第二节 供应链合作关系开发及管理

毋庸置疑，供应链合作关系已经成为企业和供应链发展的重要战略资源。随着企业逐渐缩小战略范围，越来越聚焦于核心能力，外部合作伙伴的技能和知识就变得更为重要，合作就成为重要的战略活动。前面讨论的供应链合作关系的特征也引致了这样一个值得思考的问题：打造一个充满活力、具有竞争优势的供应链，如何开发合作关系战略资源，如何安排供应链中合作关系类型的分布，如何建立战略合作伙伴关系，又如何优化供应链合作伙伴关系。

一、合作关系的开发过程

合作关系开发，即为满足企业和供应链持续发展的需要，企业所采取的改善合作者运营情况和能力的行动。合作关系开发需要企业与合作者共同投入，包括人员培训、合作者运营方面的投资和绩效评定等广泛的行动。当企业外包越来越多的零部件时，成本中的很大比例停留在企业外部的供应链中，单纯靠节约企业内部成本来降低总成本已经变得非常困难。解决这一困境的出路就是和供应商一起工作，降低物料采购总成本。同样，企业下游的销售环节也可能如此。尽管供应链合作能为核心企业也为合作伙伴带来诸多利益，但合作也同样存在着诸多不确定性。因此，合作关系的开发是一个细致严谨的过程，并需要把握一些策略。

（一）开发合作关系的步骤

一个企业在从实施合作关系获益之前，首先必须认识到这是一个复杂的过程。供应链合作关系的建立不仅仅是企业在结构上的变化，而且也是观念上的改变。所以，必须一丝不苟地选择合作者，以确保真正实现供应链合作关系的利益。

开发供应链合作关系的步骤可划分为以下几个方面。

(1) 合作关系的需求分析。一个企业从事的商务内容、企业运作现状、核心能力和发展目标不同，从而对合作关系的需求不同。所以，开发合作关系的第一步是要识别企业自身的价值链，以确定企业所需要的合作关系类型。识别价值链大致有这样几种思路：其一，收缩价值链。需要把非战略性活动分包给合作伙伴。其二，延伸价值链。需要识别对企业竞争优势起主要作用的流程链。如当企业上游或下游价值链不能令人满意时，可通过延伸价值链的方式获取企业的竞争优势。其三，拓展价值链。需要识别企业是否存在一些与其主要业务流程配套的业务，它们具有新的商业机会。如在20世纪90年代，美国出租车行业的领袖企业尤赫尔(U-Haul)公司，其成功的秘诀就在于发现了竞争对手没有注意到的业务，这就是卡车的配套业务，包括货箱、保险、拖车和存放仓库等消费者租车后同样需要的产品和服务。通过价值链的识别，进一步分析需要什么样的合作关系，然后评估潜在的利益和风险。

(2) 确定合作关系选择的标准，评价和选择合作伙伴。合作关系选择的标准是依据前一步骤而定的，在前一步的基础上决定哪些业务流程或者拓展的业务对合作者的能力、知识和协同文化有哪些要求。最后经过初评、考察、沟通，确定合作者(包括合作关系的类型)。

(3) 建立正式的合作关系。一旦合作伙伴确定后，必须让其认识到相互参与、合作的重要性，建立真正的合作关系。这个步骤有一个很重要的内容就是合作关系的设计，包括评价关系价值、合作伙伴的角色和权力分配、签署合同和设计解决冲突的机制等。合作关系设计的具体内容将在第三节中详细讨论。

(4) 实施和加强合作关系。合作关系的实施阶段是一个复杂的管理过程。一方面核心企业要加强对合作关系的管理,实现供应链的协同运作。同时,要使通过协同所实现的信息共享能够优化供应链和客户关系活动,并能产生一种能够优化交易伙伴收益的方法来改变业务模式。但是,协同要求合作伙伴对协同充满信心,这样才能坚持不渝地实施协同作业,并最终获得收益。这仍然要靠加强对合作关系的管理来实现。这一内容也将在第三节中作更详细的讨论。

(二) 开发合作关系的策略

开发供应链合作关系的全过程需要多方共同付出努力。供应链合作的一个共同愿望就是通过关系开发过程收到预期的效果,即达成亲密和贡献的效果。亲密和贡献,以及由其延伸出来的互信、团队精神、共同的价值主张、供应链文化、学习型系统等,是供应链系统的隐形资产,是竞争优势的不竭源泉。由此,开发过程需要关注一些策略。

(1) 战略分析阶段。需要了解相互的企业结构和文化,解决社会、文化和态度之间的障碍,适当改变企业结构和文化,在伙伴间建立统一的运作模式或机制,解决业务流程和结构上存在的障碍。

(2) 伙伴评价和选择阶段。主要关注总成本和总利润的分配问题、文化的兼容性、财务的稳定性、合作伙伴的能力和定位(包括自然地理位置的分析)、管理的兼容性,等等。这些问题将会影响合作关系的建立,必须增强与可能的主要合作成员的联系和沟通,因为这些主要合作关系很有可能进一步发展成企业的战略合作关系。增进与主要合作关系的相互了解和理解,包括产品、工艺、组织结构、能力、文化等方面,使相互之间保持一定的一致性。

(3) 合作关系建立的实质阶段。需要共同进行期望和需求分析,相互之间注意紧密合作,加强信息共享和相互提供技术交流和设计支持。在实施阶段,相互之间的信任尤为重要,共同的愿景、柔性、化解矛盾冲突的技能、业绩评价、有效的技术方法和资源支持等,都是很重要的问题。

二、合作关系的类型及匹配

在现实经济活动中,供应链伙伴合作的动力源于四大驱动要素:期望获取企业单独研发无法实现的新技术;期望获取企业单独投资资本过高的技术;期望获取企业自有、发展和维护成本过高的某种能力;期望通过合作获取与对方共同拥有的核心竞争能力。合作涉及的面非常广,涉及许多不同类型的合作伙伴,涉及广泛的共同活动,从业务单元之间的信息共享,到复杂的长期产品研发与市场营销项目。所以,开发和管理合作关系需要结合企业实际识别和理解合作关系的类型,在关系的发展过程中注意合作关系的匹配问题。

（一）合作关系的类型

在供应链管理中潜在的合作伙伴可分为三大类：客户、物料供应商和支持供应链运作的服务提供商，如合同制造商、第三方物流提供商等。与不同的伙伴之间建立的合作关系并非都是相同的，可能会有迥然不同的特征。如图 8-3 给出了不同类型合作关系的匹配矩阵。其中，横轴以合作伙伴数量表示合作关系的相对广度，纵轴表示合作的相对深度。整个合作关系匹配矩阵中定义了四类不同的合作关系：交易型合作、协作型合作、协调型合作和协同型合作。

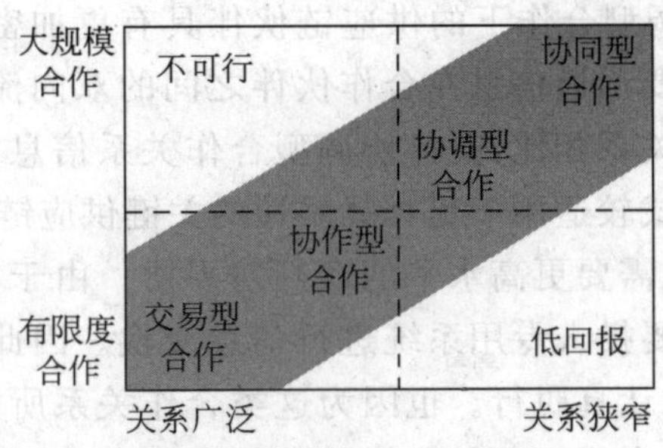

图 8-3　供应链合作关系匹配矩阵

可以注意到，这四类不同程度的合作关系的边界是模糊的，因为合作关系是一个连续统一体。同时，单纯的两维变量分类难免有局限性，因此，可以利用不同的组合变量，如投资水平、技术合作依赖度等来描述合作关系的深广度，还可利用组合变量建立多维模型。合作关系的称谓并不重要，重要的是能够识别导致不同合作关系产生差异化的不同特征。首先，选择每个特征对于合作关系成功的贡献程度，然后拟定达成合作成功的计划。事实上，企业向特定供应商采购物料或将产品销售给特定的客户，两家企业之间就隐含着一种关系，却未必意味着彼此存在合作。所有的关系不尽相同，所有的合作也有差异。企业在开始系统地建立与供应链伙伴之间的合作关系之前，必须先了解合作关系的程度与企业特定的需求。通常，如果企业具有广泛伙伴的广度合作关系，比较适合采用有限度的深度合作关系。下面将讨论如何决定与各个供应链伙伴的合作程度。

(1) 交易型合作。交易型合作是以合作伙伴之间最有效率、最有效益地执行交易为目标。但这并不表示这种合作关系没有战略价值。然而，交易型合作关系伙伴很少专注于降低供应链管理成本及提高供应链收益，其专注的焦点是提高交易执行的简捷性。如，通过剔除持续不断的重新谈判来降低交易费用。交易型合作通常用于通用物料的采购活动，主要是依据价格，决定与之交易的供应商。在与这种比较不具战略重要性的供应链伙伴合作时，企业一方面注重最优化日常交易所耗精力，同时需要留意整个交易过程中合作者的综合素材，发现可以进一步发展关系的合作者，它是合作关系优化时的重要后备资源。交易型合作关系是最基本的也是至今应用最广的合作模式。

(2) 协作型合作。协作型合作具有较高的信息共享水平。供应链伙伴需要提供自动承诺和确认,并共享相关预测、库存可用性、采购订单、订单与交货状态等数据,以 EDI 等方式传递给合作伙伴(即"推动式沟通"),也可以接收者可获得的方式进行公布(即"拉动式沟通")。在协作型合作关系中,所提供数据的类型和格式通常已标准化。随着先进技术的不断发展,EDI 已成为目前基本的沟通方式。即使对不具备 EDI 交换能力的企业,互联网技术和企业间网络(extranet)都可以提供电子文档和产品数据管理的支持,提供了工作流管理的功能,包括自动指定文件、表格、特定数据与任务的路径。

(3) 协调型合作。协调型合作下的供应链伙伴具有更加密切地合作、更加依赖彼此的能力。这类合作关系需要沟通信息在合作伙伴之间的双向流动,紧密地协调流程的计划和执行。与协作型合作关系相比,支持协调型合作关系信息共享的基础设施与流程更为复杂,因此,这种合作模式较适用于更具战略性的关键供应链伙伴。与交易型和协作型关系不同,协调型合作关系需要更高水平的谈判与妥协。由于协调型合作关系更具战略性,信息共享水平更高,需要投入专用系统进行信息交换。因此,这类合作关系需要伙伴双方的长期承诺,需要双方认真履行。也因为这类合作关系所需的共享流程和系统工程需要投入大量时间和资金,合作双方都期望能从长期的合作关系的收效中获益。供应商管理库存(vendor-managed inventory)就是一种常见的协调型合作模式(见第六章)。

(4) 协同型合作。供应链伙伴的合作程度最深最广的合作关系就出现在关系匹配矩阵的右上角——协同型合作。协同型合作关系中,合作关系已经超越了供应链运作中的各种关系类型和程度,包含了其他关键业务流程。合作伙伴可以共同投资研发项目、供应商开发以及知识产权(intellectual property,IP)的开发项目,从实体资产与知识资产的共享,甚至延伸到了人力资本的共享。协同型合作关系就是我们常说的战略合作伙伴关系,也称"战略联盟"(strategic alliances)。

在协同型合作关系中,合作伙伴共同开发信息,而不只是相互传输和交换信息,不仅如此,协同型合作关系更专注于未来的战略愿景,而不只是专注于短期计划和战术执行。长期商业承诺是协同型合作关系的一个重要标志。此外,在产品开发战略中,考虑供应链需求的开发项目就是协同型合作关系的极佳实践。企业将关键物料供应商和合同制造商视为产品开发团队不可或缺的重要成员,就能够使产品设计方案与一流的供应链绩效实施方案匹配。与其他类型的合作关系只能局限于产品数据的交换不同,协同型合作关系能够共享产品数据管理系统。总之,在协同型合作关系层次上,双方共享高水平的集成,每一方把另一方看作是自己公司的一个扩展。通常,这种合作伙伴关系并不存在到期日。

当然,协同型合作关系的形成是经过一个持续的深度开发过程,并且限定在企业的关键业务流程中,控制在适当的数量范围。图 8-4 描述了这种关系资源开发的层次关联过程。

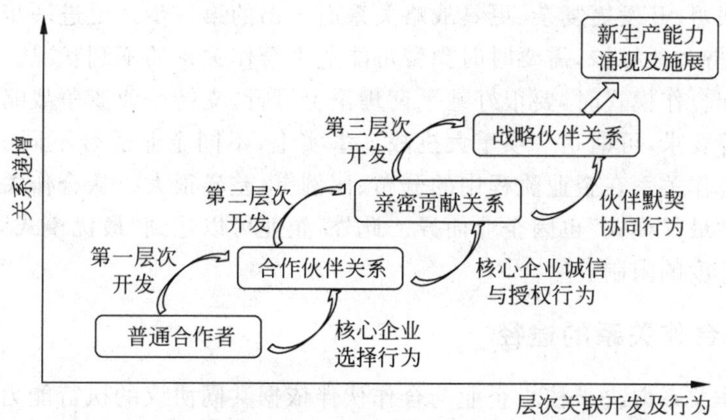

图 8-4　战略伙伴关系资源开发的层次关联过程

（二）合作关系的匹配

企业与每个供应链伙伴的合作关系在合作关系矩阵中都有一个合适的位置。企业在设计合作战略时，必须为每个合作伙伴匹配最合适的合作关系类型。合作关系匹配矩阵中为此提供了一组匹配选择，见图 8-3，沿着对角线提供了合作关系递增的关系类型。但在匹配选择合作模式时，需要尽可能地避免矩阵中"低回报"区域与"不可行"区域。

首先，注意避免矩阵中的"低回报"区域。在这个区域中，企业与少数几个供应链合作伙伴进行有效度的合作，这种合作模式需要的投资以及风险相对较低，当然投资回报也相对较低。对于合作战略而言，"低回报"并不能构成合作战略有效的业务基础，尽管这种合作模式能够产生微利，却远远不足以抵消企业的战略投入价值。

其次，需要避免矩阵中"不可行"区域。在这个区域中，企业的目标是与广泛的供应链合作伙伴进行深度的合作。虽然合作支持系统开发商通常将这种合作模式默认为最优模式，认为借助于先进的信息技术能够将既具有广度（广泛的供应链伙伴）又具深度（进行大规模合作）的合作模式演绎为现实，并且这种合作模式在理论上也是可行的，但并不切合实际。这主要是因为，促使广泛的供应链伙伴在大规模的业务上与企业的业务目标保持协调一致，是相当困难的。

尽管合作支持系统可实现与供应链伙伴的无缝整合，但目前大多数合作关系尚处于交易型和协作型两种，专注于基本供应链活动，通常是采购和制造等活动的合作。交易型和协作型这两种合作模式在降低库存水平、提高客户服务水平、提高人力资源有效利用率、更快速更可靠地交货等方面，其合作利益还很有限，合作所产生的价值还不足以推动企业战略，使企业进入新的市场，获得新的技术及新的能力，只能在日常业务运作上产生适度改进。然而，这并不表示交易型和协作型关系没有价值，相反，这正是合作伙伴之间建立真正合作联盟、开发更复杂、更具战略关系而迈出的第一步。更进一步的合作需要更多的资本投入、持久地维护，需要时时预警可能危害合作关系的不利状况。

企业在匹配合作模式时，要很好地平衡理论上可行、支持企业竞争战略以及管理日常运作切实可行等要求，可谓是一项重大挑战。事实上，不同企业适合不同的合作类型，包括各种类型的合作关系在企业流程中的分布、比例等，差异很大。从合作关系的深度和广度来看，所谓的"最优模式"也因企业而异。此外，企业可以达到"最优模式"的能力还受到外部合作伙伴广度的限制。

三、建立成功合作关系的途径

成功的合作关系取决于核心企业与合作伙伴依据共同协议的执行能力。柯恩和罗塞尔认为，尽管不同企业的合作关系不尽相同，但若要建立成功的合作关系，企业需要遵循以下六项基本原则：

- 在试图与外部伙伴合作之前，先精于内部合作。
- 依据合作伙伴的细分制定合作模式。
- 确保合作伙伴之间互惠、共享收益、共担风险。
- 共享信息、相互信任是成功合作的必要条件。
- 明确每个合作伙伴的期望。
- 利用技术支持合作关系。

（一）精于内部合作

如果企业内部都无法成功合作，那么与外部伙伴合作成功的概率就很小。首先精于内部合作，有助于检验企业是否"准备就绪"，是否通过调整好流程、支持系统和组织结构，使企业运营在低风险环境中，从而实现企业共同目标。同时，内部合作的成功还能提高企业对未来合作的信息。

由于一系列错综复杂的因素，内部合作有时比外部合作还要困难。如企业高层要制定业务单元及职能部门的绩效责任，就可能妨碍内部的有效合作。此外，制定转移价格(transfer price)和跨职能计费(cross-charge)的复杂系统，是为了将企业视为一个整体来有效分配成本而设计的，但时常出现以降低企业整体绩效为代价，追求职能部门的局部绩效。另外，将个人薪酬与业务单位绩效相关联的薪酬制度，在某种意义上强化了业务单位追逐局部利益的意识。这些因素不但影响了达成内部合作的预期目标，还抵消了合作产生的许多关键利益，如规模和范围经济收益、效率更高、知识共享、减少重复作业等。

在企业内部，诸如量化内部流程改进的定性原因、统一内部各个业务单元和职能部门的支持系统、共享数据平台和统一标准的绩效考评等，都是内部有效合作的重要影响因素，这也是先精于内部合作需要解决的问题。企业内部必须消除"零和博弈"误区，排除内部合作的障碍,并保持突出的“精品”,才能进行外部合作。

(二) 定制细分合作模式

企业与所有供应链伙伴(包括所有的客户与供应商)进行深度的合作,虽然极具吸引力,但事实上是不可能的,也无法实现成本优势。深度的合作关系错综复杂,极具挑战性,成本很高,需要在资源、流程和支持系统上进行重大投资。事实上,并非所有客户对企业的边际贡献都是同等的,也并非所有的供应商都同样重要。况且,许多潜在的合作伙伴可能无力、甚至不愿意支持企业想达到的合作深度。因此,在着手进行合作计划之前,需要对企业的合作伙伴进行细分。

首先,需要决定细分的方法。提起“关键”和“战略性”客户和供应商,自然关联到“20%的客户给企业带来80%的利润”这一法则,但问题是如何找到这20%的关键客户,如何细分出战略性合作者,是依据企业规模还是依据产品和服务的定价条件,是依据客户和供应商对企业的依赖程度还是依据企业对客户和供应商的依赖程度,或是依据客户和供应商对企业的边际贡献。

细分供应链合作关系对有效合作非常关键。无论客户和供应商对企业的边际贡献的多寡,所有的潜在合作伙伴在合作关系匹配矩阵中都有一个适合的位置。仅仅依据一个简单的标准列出关键的物料供应商、服务提供商以及客户排名,并因此决定出合适的合作伙伴,这是不科学的,也是冒险的。比较行之有效的细分方法是根据企业的特定需求,对企业选择合作伙伴标准进行加权。

(1) 战略重要性。潜在合作伙伴的规模、业务量、技术、专有知识、物料/部件及市场地位有多重要。

(2) 文化契合度。企业与潜在合作伙伴的员工和价值观的融合程度如何,双方共事的默契怎样。即使在业务条件可能改变时,双方能否忠诚于合作关系,双方能否相互信任。

(3) 组织契合度。组织契合度越高,组织的效率越高。潜在合作伙伴是否能快速完全地反映企业对信息和物料的需求,是否具有足够的柔性应对供求的波动,企业是否制定了管理长期合作关系的角色和责任。

(4) 技术契合度。企业与潜在合作伙伴的支持系统是否兼容,是否易于集成,双方是否拥有同样先进的技术水平,双方是否都愿意共享技术和创新解决方案,潜在合作伙伴能否提供可用的集成化数据。

由于合作关系的选择需要放置在关系类别(客户关系、物料供应商关系和服务提供商关系)和合作类型(图8-3中表示的四种合作类型)交互的界面中进行,因此,使合作关系的选择变得更加复杂了。最好的方法是在此之前先建立一个评估框架,图8-5给出了一个简明的步骤框架。

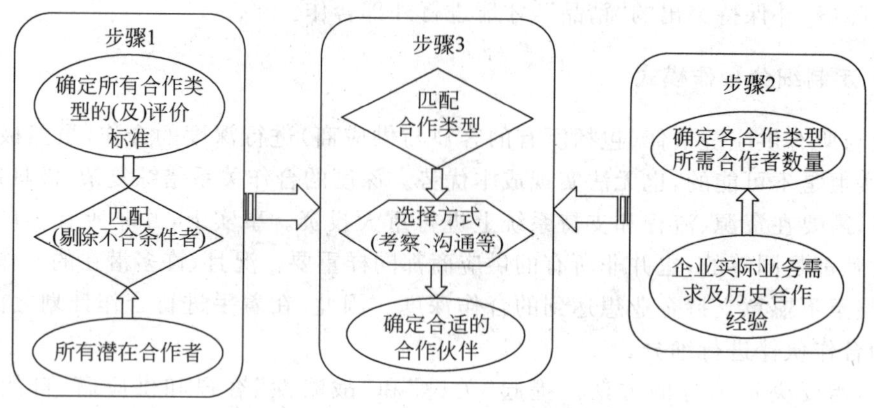

图 8-5　合作伙伴评估选择步骤框架

（三）共享收益和共担风险

合作是在相互交流沟通、共享信息知识、共担风险、互利互惠基础上，供应链中合作企业以一定的合作方式相互配合，共同努力来达成合作的目标。其中，共享收益是业务关系中经济利益分配的一种常见方式。从共享收益的角度，每个合作伙伴愿意共同努力来降低供应链总成本(这是供应链具有自组织性的一个基本动因之一)。通常，合作双方会在合作合同中细化共享收益和共担风险的相关协定。

共享收益和共担风险是持续降低供应链成本和提高服务水平的有效的激励手段，企业可以通过运用很多方法来实施收益共享和风险共担战略，在实际中也有很多基于收益共享和风险共担的有效合作实例，即使合作关系不是基于供应链成本降低，也可以使合作双方互惠互利。

（四）相互信任

正如前面所述，有效的合作是建立在相互交流沟通、共享信息知识、共担风险、互利互惠的基础上，换言之，企业不能不给予合作伙伴大于其机会成本的利益回报。这里所指的“利益回报”，可以是价格让步、增值服务，在更多的情况下所指的是共享的信息知识。假如企业愿意投资基础设施，能够自动向供应商发送采购需求，而不愿意向供应商向企业提供未来的相关销售预测，不愿意共享关键信息，这只能说明一个问题，对合作伙伴缺乏必要的信任。其原因主要是一贯的信任危机，因为信任常常遭到违背，如，机密的定价信息通过合作伙伴被泄露，设计方案被抄袭、对方承诺的“最优惠的”合作条款和条件远不如其他客户行优惠等。相互信任是信息共享的基础，更是成功合作的必要条件。在第三节中将专门来讨论这个问题。

（五）技术支持

借助于技术的支持，企业能与供应链伙伴进行远程交流，消除企业之间的时空障碍，提高信息流效率，将数据转化为有用的信息。企业对端到端的供应链管理思想的需求日趋强烈，相应的支持技术的发展也如此迅速，然而，却迟迟不能达成真正的端到端的供应链合作，其原因很简单，企业尚未做好准备。正是因为没有投入大量的准备工作——实现供应链伙伴之间完全整合所需的业务分析、流程再造以及支持软件系统的选型和实施，使得技术的应用事与愿违。

大多数早期电子商务系统致力于解决大型的长期的合作问题，如预测延伸、需求创造与运作计划等。很多电子商务系统是由企业集团由上至下的政令倡导进行的提案，很多系统和工具提供商也向企业作出了无法履行的承诺，许多企业本身的业务流程根本不够成熟，也缺乏必要的可用数据，此外，还需要统一的电子商务交易和沟通标准，来为众多的供应链伙伴提供一个统一的交易和沟通平台。合作支持系统和工具必须转换多种数据格式，增加了复杂性，这也进一步限制了这些系统和工具的吸引力。总之，企业尚未准备好实行理论上可由新技术系统支持的合作模式，尚未做好准备迎接丰富的新技术。

随着技术的不断发展，随着企业逐渐更好地准备供应链合作所需的严格的数据维护，这些新应用系统和技术所承诺的效益就可以很快地成为现实。虽然这些系统和工具可以改进信息流，协助决策制定，却无法替代优化的流程及经验丰富的供应链专业人士的专门知识。良好的合作系统能够捕获信息，依据预先制定的业务规则提出建议，但无法判断这些规则对现状的适应性，无法计算不适当需求对供应链合作伙伴的影响。尽管如此，在多数协调型和协同型合作关系以及很多的协作型合作关系中，技术支持仍是一项关键要素。

技术是成功的支持要素，而不是驱动要素。为了使企业的技术投资获得回报，企业必须确保建立有效的组织结构，以充分发挥技术的支持作用，因此需要有效地变革组织结构、流程、激励计划和绩效考评体系；需要让供应商和客户共同参与企业的流程和系统选择与开发；至少需要考虑供应商和客户反馈意见，让供应商和客户有机会影响到优化流程与系统的设计；要让技术解决方案成为企业卓越服务的基础，而非服务水平的不佳接口。

（六）明确合作伙伴的期望和妥协

无论是什么样的合作关系类型，合作都是一个渐进的过程，而不是立即就能得到合作伙伴的积极支持。当企业邀请另一家公司成为合作伙伴时，或多或少都会要求对方改变运作方式，企业越往合作的深度发展，对合作伙伴的要求就越多。但合作企业也会采用一些策略，如当预测合作获得的收益小于机会成本时，合作者将会放弃参与合作，这是一个博弈的过程。因此，当企业决定某一企业作为合作伙伴时，必须做好准备将合作蓝图“推销"给潜在的合作伙伴,明确合作伙伴对合作的期望,并保证这些期望能达成实现。在供应链的实际运作中,很多时候需要核心企业采用补偿支付激励机制来达成与对方的合作。因为合作方在某些方面的独特竞争优势不仅可以补偿核心企业的不足,更重要的是,整合对方的优势可能形成供应链创新的动力源,对双方都是有利的。供应链合作不是将成本从一个伙伴转嫁到另一个伙伴,合作的目的是降低供应链总成本,使所有合作伙伴都能够共享合作剩余利润。换言之,在合作过程中,企业之间勿忘妥协。

四、供应链合作关系优化

供应链合作关系并不是一成不变的,为了实现合作的目标,也为了激励供应链和所有参与的合作伙伴,在实际运作中供应链的合作关系需要阶段性的动态优化。

(一)合作关系优化的方法

合作关系的优化是在合作关系规则的基础上,通过定期的对合作伙伴的公开考评,友好解散已有的不合适的合作关系,并及时吸纳新的合作伙伴,以及现有合作关系类型的发展和提升或降级。合作关系的优化可使供应链关系得到更好、更合适的匹配,同时也是对整个供应链的激励。友好解除不合适的合作关系,不仅优化了供应链关系,对被解除者和供应链其他合作伙伴都是一种很好的激励。被解除者通过对合作关系履行过程的反思来改进自己,他们有可能再次成为供应链新的合作关系。其他合作者可通过间接接受这种"教训知识"信息,进一步完善合作关系理念并改进合作关系行为,不断提升自己。

第七章"相关链接"中供应链优化的流程和方法稍做变通后同样适于合作关系的优化,只是合作关系的优化需要以合作者的绩效为重要依据,这涉及对合作伙伴的绩效考评。绩效不仅仅是可量化的一些指标,还包括合作的文化、态度、观念、行为等。将合作者绩效考评结果融入供应链合作关系优化的流程和方法中,即可作为对供应链合作关系优化的方法。

(二)合作关系优化的机制

供应链合作关系优化的重要基础是平时对合作关系的透明化管理,以及合作关系形成机制和退出机制的建立。

(1)合作关系透明化管理机制。透明化管理是在平时的合作关系履行中,管理者依据合作关系规范对不合适的关系行为进行沟通后公开提出改进意见和建议,并公开合作者改进的效果。这种公开首先要进行双边沟通,以了解不合适行为发生的原因,然后基于合作者共同使用的信息平台,将这些信息及改进意见进行公布。所有的合作者可以通过这个信息平台了解这些相关信息,这对供应链合作关系类型的改进提供依据。戴尔公司对供应商的管理正是这种做法的典范。

(2) 合作关系形成机制。合作关系的形成通常以合作合同为纽带，同时，对不同的合作关系既包含一些有共性的合作关系机制，也包括一些个性化关系界定。对这些共性的和个性的关系界定都需要对所有合作伙伴公开。共性的合作关系界定事实上是一种合作关系文化的体现，它反映的是公平、公正、公开，以及合作者是伙伴关系的关系文化。个性化的关系界定虽然是针对合作业务及合作流程的一些比较具体的关系界定，但它从更具体的层面同样反映了一种关系管理文化。所有这些都需要规范化和制度化，并公开透明。

(3) 合作关系退出机制。供应链合作关系经过优化后会发生不同程度的各种变化，如关系的"升级"或"降级"，或者退出。尤其是合作关系解除（合作者退出）是一个比较敏感性的问题，需要有明确的透明的退出机制，以尽可能避免因合作关系解除而带来的负面效应。在实际的供应链管理中，很多优秀的企业很好的履行了合作关系建立的途径，在此基础上制定了合作关系的评价等级，实施自然的末位淘汰制。这些都是供应链合作关系管理很好的借鉴范例。本章的案例将进一步阐释这些问题。

第三节　供应链合作信任关系构建及管理

供应链合作与信任关系的重要性是不言而喻的。通常，合作所囊括的合作双方最关心的利润分配和风险分担等内容，都可在双方合作合同中予以界定。合作合同明晰了合作双方的责任、义务、收益、风险等相关安排框架，它是双方行为履行的指导和规范，也是合作信任关系形成的基础。然而，在实际运作中，时有发生合同履约逆悖行为，其中一个重要原因就是合作者之间的信任关系发生了危机。合作信任关系直接影响着供应链的整体绩效，作为供应链的管理机构（合作管理团队），在供应链运作中要注意合作信任关系的构建，并加强对这种关系的管理。

一、合作信任关系对供应链绩效的影响

供应链上下游流程的契合是以信任关系为纽带的，它取决于流程间的相互依赖性以及伙伴"构筑信誉"的能力。信任是前段流程的承担者对下一流程的福利感兴趣，从而不会擅自采取违背合同的措施，不顾对下一流程的影响，即积极采取措施（构筑信誉）保证合同顺利履行的行为表现。"构筑信誉"的能力是实现流程"无缝对接"保障，也是实现供应链整体绩效的重要保障因素之一。

（一）基于权力的合作弊端

在供应链任一上下游流程间的供需关系中，若下游需求方对上游供给方持有高度信任，则更会配合上游供给方，也不必再去寻找替代的供应方，双方都会拥有更多的互惠互利福利。这是信任创造的都能受益的双赢局面。当供应链的合作关系构筑在权力基础之

上时，强势一方具有主导地位，尽管从短期看，利用权力更具有优势，但从长期来看，其弊端主要表现在如下三个方面。

(1) 利用权力往往导致供应链某一阶段利润最大化，但会牺牲后继发展阶段的利益，从而降低整个供应链的总福利。

(2) 一旦权力平衡改变，利用权力进行不公正的妥协会损害公司利益。事实上，从20世纪80年代至今，在制造行业，这种主导地位的逆转现象一直存在，在许多供应链中下游零售商比制造商更有权力。

(3) 一旦供应链每一阶段系统利用其权力优势，其他阶段就会寻求方法加以抵制。如当零售商千方百计利用其权力时，制造商往往则会寻找直接与消费者联系的渠道，包括通过互联网直销、设立公司直销店等。如果这种渠道所产生的收益不能弥补其投入成本时，制造商的福利就会下降，但取消该渠道的成本更大时(由下游销售商造成的)，制造商仍然会再用这种方式来抵制零售商的权力，其结果也不会增加零售商的福利，只能导致整个供应链利润的下滑，因为这是基于权力的竞争取代了合作。

(二) 基于信任的合作优势

在基于信任的合作中，双方都会为了达成合作目标而“积极”努力，相互之间甚至会采用一些激励的措施来促成合作目标的实现。比如，占主导地位的一方可能会采用补偿支付的方式激励另一方努力工作。基于信任的合作优势在于如下四个方面。

(1) 激励措施和目标更自然地保持一致，如果上下游流程间成员彼此信任，他们在做出决策时很可能考虑对方的目标。

(2) 以实现协调为目标的行为导向管理杠杆会变得易于实施。如果双方彼此信任，则信息共享就会自然而然地实现。同样，如果双方以共同利益为目标，则改进运营的措施就更易于执行，适宜的定价方案也更容易设计。

(3) 如果能够避免重复劳动或实现流程间资源的合理配置，就能提高供应链的生产能力。如供应商与制造商共享原材料流程的控制图，则制造商接收原材料时就会省去监控环节。假如分销商在销售前对产品进行个性化改造，将有助于制造商实施延迟策略。

(4) 更大程度上共享详尽的销售与生产信息，有利于在供应链内协调生产和分销策略，这样，供应链就能够更好地实现供需平衡，达到更好的协调效应及其引致的供应链福利增加。

(三) 合作信任关系的两种观点

尽管人们已经认识到了供应链内合作与信任的价值，但这一“质量体系”的建立和维持却充满了艰辛。如何在供应链内建立合作和信任关系，有两种观点。

(1) 约束观。该观点认为，供应链合作各方以各种正式合同来保证合作，一旦合同拟定下来，双方只从自身利益出发，以信任的方式开展合作。

(2) 流程观。这种观点认为，由于供应链合作各方存在着一系列相互作用的关系，信任和合作的关系建立在流程契合的基础上。流程实践中积极的相互作用加强了与对方合作的信任。

在多数的实际情况中，上述两种观点各有偏颇。因为，不可能设计一种能够涵盖未来发生的所有偶然性事件的合同，由此，彼此尚不信任的双方不得不靠建立信任关系，来解决合同内尚未涵盖的问题(流程间如何契合)。相反，即使彼此信任的双方拥有长期的合作关系，他们仍需要依靠合同来约束双方的行为。在大多数有效率的合作关系中，两种方案兼而用之。在大多数强势供应链关系中，初始阶段往往依赖约束观，随着时间的推移，这种关系逐渐演变为更加依赖流程观。从供应链总体来看，理想的目标模式是"共同身份"，即合作各方都将对方的目标视为自己的目标。这种"共同身份"的目标模式确保双方在决策时都以供应链总利润为出发点。

二、供应链合作信任关系构建

任何长期供应链关系的构筑都分为两个阶段：设计阶段和管理阶段。设计阶段制定基本准则，初创合作关系。在管理阶段，出现了以基本准则为基础的互动关系，这种关系使基本准则得到了进一步发展。如果管理者致力于构筑供应链关系，就必须考虑在这两个阶段如何鼓励合作与信任。前面已经述及，设计基于合作信任的供应链关系主要包括四个步骤的相应内容。

(一) 评估合作关系的价值

评估合作关系价值，首先，要明确界定这种关系给双方所带来的利益。在大多数供应链中，合作伙伴关系的每一个成员都拥有不同的技能，所有这些技能都是完成顾客订单所必需的。如制造商拥有生产产品的技能，承运商拥有自己独有的运输技能，而零售商则以自己的销售和服务技能将产品销售给消费者。这些技能都是完成客户订单服务所必需的，技能的整合能为双方带来收益。

之后，要确定并评估双方关系及每一方贡献大小的标准。一种常用的标准就是这种关系所带来的总利润的提升。此外，"公平"(公正贸易)也应该成为评估和设计合作关系的又一重要标准。这里所说的公正，可以用来衡量总利润在双方之间分配的公正性。如供应商千方百计降低补给供货期，那么供应链就会因制造商和零售商安全库存(safety inventory)的减少而获利。如果制造商和零售商不愿意和供应商分享这部分利润，供应商则不会徒费其力。只有总利润的增加在供应链合作者之间进行公平分配，这种供应链关系才能得以维持。

最后，要界定各方的贡献以及给各方分配的利润。例如，制造商和分销商共同实施延迟战略，那么，界定双方在实施这一策略中的作用以及这种策略给供应链带来的价值，确定增加利润在双方之间的分配方案至关重要。要设计一种弹性机制进行评估，让各方定期调控关系，调整各自的贡献，分配生成的利润。例如，克莱斯勒(Chrysler)公司每年与每位供应商协商，来明确利润提高的某一水平，而不是指定必须达到这一指标。这种弹性使得供应商明确了各自的范围，在这一范围内以最小的成本获得最大的利润提升，为双方创造了双赢的环境。

（二）角色与权力分配

当管理者为供应链各方确定运营角色与决策权力时，必须考虑由此带来的各方之间的相互依赖性。如果任务分配结果导致一方更加依赖另一方时，就会发生某种冲突。如果一方的经营活动总是先于另一方，那么任务分配的结果就会导致“连锁性相互依赖”。一般而言，供应链关系是连锁反应的，一个流程的所有任务完成之后就会交给下一个流程。这个“交给”事实上存在一个“暗缝”。当双方都愿意在完成分配任务之外再扶持对方一把，则这个交的过程是“无缝对接”，反之，“暗缝”就会变成“明缝”，增加交易成本，甚至“交给”(对接)的过程大于各自完成分配任务的过程，出现了无效的任务分配。所以，在合作者角色与权力分配中，需要界定产品从一方转到另一方过程中各方的任务，需要有一定的机制，这种机制能够利于双方的合作朝着积极的方向发展。如宝钢集团的动态流程管理中实行了作业长制的管理方式。以物流与生产作业过程为例，物资供应站作业长与生产厂、部作业长之间采用标准化、制度化的横向联系方式，双方在“相互依赖”中一起共享信息，相互提携，保证物流与生产流程间“无缝对接”。再如戴尔、索尼和安邦(Airborne)的关系，安邦从戴尔公司设在得克萨斯州的仓库中提取电脑主机，从索尼公司设在墨西哥的仓库提取显示器，然后将两种组装并成批送达顾客。对于一张需要及时完成的订单来说，三方必须相互协作来完成这一任务。为了实现协调，三方共同制定了一些机制，包括使用合适的信息系统准确地追踪所有贻误产生的根源。

在运营角色与决策权力分配中，管理者需要聚焦的是构筑恰当坚实的相互依赖关系，以及恰当的标准化、制度化的横向联系机制。当相互依赖关系确定后，所有决策都要考虑双方的目标，这样形成的策略就会实现供应链赢利最大化。相互依赖促进了双方的相互作用，一旦这种相互作用朝着积极的方向发展，又会增加相互信任与合作的机会。恰当的标准化、制度化的横向联系机制保障了流程之间的“无缝对接”，支持着相互依赖和相互作用的关系朝着积极的方向发展。

（三）签署有效合同

管理者可以通过签署合同来规定合作关系规则，并鼓励双方协商解决计划之外偶然事件的发生，来增进双方的信任。当信息完全对称、所有未来偶然因素都予以考虑时，就能实现合同最有效的控制。但事实上，这种关系的未来价值以及未来商业环境的不确定性，决定了管理者不可能起草一份涵盖所有偶然因素的合同，这就需要建立相互信任的关系，以弥补合同的欠缺。适当的个体经过双方的认可，会在彼此之间建立一种非正式的关系，随着时间的推移，这种个体间非正式的理解与合作关系往往会在新的合同签订后正式化。在设计合作伙伴关系、起草合同时，要认识到非正式的理解也会加强运营过程中的合作，从而有利于正式合同的发展与完善。可见，与一开始就完全界定伙伴关系的合同相比，随着时间推移不断发展和完善的合同更加有效。从长期来看，合同在维持供应链有效合作关系中只起到局部的约束作用，双方的互利和信任关系则可以弥补合同的欠缺，它们的组合有利于确立有效的供应链合作伙伴关系。

（四）设计解决冲突的有效机制

有效的冲突解决机制能够显著地增强供应链关系。任何供应链关系不可避免地会发生各种冲突，如果冲突解决得不能令人满意，就会使这种合作伙伴关系恶化。在建立合作信任关系的过程中，良好的冲突解决机制应该为双方提供相互交流、求同存异的机会。

财务程序及技术交易规则的制定应该有利于在合作伙伴之间建立信任关系，从而促进供应链合作伙伴之间的信息的共享。进而，信息的共享将促进这种关系由以规则约束为基础的信任转化为以流程为基础的信任。这样就有利于冲突的有效解决。为了促进发展，合作双方应经常定期举行例会，在矛盾转化为冲突之前付诸讨论解决。例会及其他解决冲突机制的一个主要目标就是避免财务或技术问题转化为人际争端。

冲突的解决机制包括很多内容，如双方直接协商解决冲突，依据详尽的合同解决争端，法院和中介机构的介入协助解释合同等。而各方直接协商解决冲突的方式（基于允许协商的弹性合同），更有利于建立信任机制。

三、供应链合作信任关系管理

供应链关系的有效管理有利于促进合作与信任，从而提高供应链的协调性。但在实际中，供应链关系管理被认为是一项烦琐的例行工作，甚至只关注新型伙伴关系的设计而疏于对这种关系作进一步管理，从而导致供应链联盟与合作关系管理的复杂化。供应链合作信任关系的管理不仅不能疏忽，而且需要认真去分析研究，把这种关系管理落到实地。

（一）供应链伙伴关系的演进过程

图 8-6 显示了供应链合作关系或联盟关系进展的流程。一旦设计并建立了这种合作伙伴关系，合作双方就必须了解这种关系的运营环境、双方的任务和流程、所需的技能以及双方各自拥有的技能及双方目标的融化。每一方的业绩评估应以供应链赢利能力的提高及公正、公平为基础。这时，对合作伙伴关系的价值进行有效评估十分重要，它使供应

链合作双方有机会修正能提高供应链赢利能力、增进公正性的关系运营条件。可见,初始合同的设计必须具有足够的弹性,以便日后修订。而修订后的正式合同可以反映出通过合作关系价值的评估,合作双方修正的这些变化(修正后的条件)。随着商业经营环境与供应链目标的刷新,不断重复这一循环,合作关系也随之发展。任何成功的供应链关系都将经历许多类似循环。

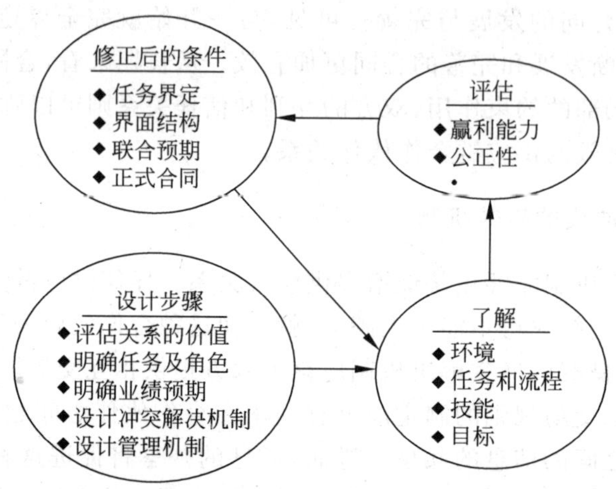

图 8-6 供应链合作关系进展流程

(二)合作信任关系管理需关注的因素

任何成功供应链关系都将经历许多类似的循环。如果这种关系带来的可见利润减少或一方有投机行为,那么这种供应链合作伙伴关系就会发生动摇;如果双方缺乏交流,或这种关系的互利性没有定期重申,那么问题就会发生。在管理供应链合作关系时,管理者应当注意下列因素,以提高供应链合作伙伴关系成功的可能性。

(1) 双方合作中的弹性、信任与守信有助于供应链关系的成功。双方高层管理者的信用对供应链关系的成功尤为重要。直接负责合作关系的管理者,以合作各方自身期望为依据,界定每一方的价值,这也能增进合作关系。

(2) 良好的组织安排,尤其对于信息共享与冲突的解决,能够提高成功的可能性。反之,如果信息无法共享,冲突无力解决,这会成为供应链伙伴关系中断的两大因素。

(3) 明晰各方行为结果的机制也有助于避免冲突、解决纠纷。这种机制有利于避免某一方的投机行为,指出程序的缺陷,提高双方关系的价值。

(4) 强势一方对弱势一方的伙伴关系越公正,供应链关系往往就越紧密。这种关系公正主要体现在程序和政策上的公平。尼马利亚·库玛(N. Kumar)和他的同事在收集了美国和荷兰 800 多家汽车经销商关于程序公平和分配公平对于信任关系的影响资料后，分析得出了这样的结论：尽管分配公平和程序公平都能促进信任，但后者重要得多。可见，合作过程中体现程序的公平对于建立信任机制也是十分重要的。

公正要求双方共享这种关系的收益，共担成本，使得双方都成为"赢家"。而以权力为基础的关系则可能只会使强势的一方利益最大化，如果这样，长期供应链关系就无法维持。要想发展密切的供应链关系，强势一方必须意识到自己对合作方的赢利能力负有责任。英国零售商玛莎百货(Marks & Spencer)与厨房用品制造商的关系就是一个利益共享的典型例子。产品开发几个月后，制造商意识到由于计算错误，使成本大于玛莎百货店里销售的产品价格。与此同时，如果把产品在给定的低价位上出售，顾客就会发现该产品的价值很高，物超所值。制造商就这一问题与玛莎百货协商，零售商的管理层帮助制造商重新设计生产流程，降低成本。玛莎百货也放弃其赢利的一部分，来弥补制造商的利润损失。由于玛莎百货的公平处理，双方关系得到了加强，在长期的合作中，双方共同获益，彼此增强了信任度。

在供应链关系中，议事程序及策略主导着双方的互动关系。让合作方意识到合作过程中的议事程序与策略的公正性相当重要。决策应避免偏袒一方或损害供应链整体利益的偶然性决策。公正的议事程序应当鼓励合作方进行双向交流。议事程序不偏不倚，使得合作方有机会影响决策。

如前所述，管理者只有以互利、公正的方式设计并管理合作关系，才能在供应链内建立信任与合作的关系。

（三）合作信任关系管理的方法

在供应链伙伴的合作过程中，由于合作各方都要面临巨大的不确定性，而这种不确定性会使交易费用增大，从而抑制了合作的发展。信任可以减少不确定性，对合作信任关系的管理是节省交易费用的一个重要途径，这些管理的方法可以归纳为以下几个方面。

1. 创建供应链合作的共同愿景

根据行为发生学的观点，由于交往、交换和交易经验的积累，能产生基于交往经验的信任。事实上，合作的基础是关系的持续性，持续关系开凿了通向合作的信任通道，引致了合作行为的发生。行为的连续性又表明过去的行为对现在及将来行为的持续性影响。因此长期持续、可靠的相互关系往往会进一步强化为相互间的信任和依赖。而一旦合作各方预期相互关系的进一步发展可带来更大的互惠时，其内部的相互信任关系也就随着合作的发展而得以不断强化。

因此，建立合作伙伴间共同的愿景，强调合作的重要性，用长远的目光来处理合作伙伴之间的关系，加强联盟内各成员间的沟通与互动是创建伙伴信任机制的关键。若不能建立共同愿景、没有协调一致的目标，就可能产生冲突，形成对立。

一般而言，在供应链伙伴整合初期，由于对合作成员各方资信信息了解不足，联盟成员间的相互猜疑、窥探情报、试探行动等现象在所难免。但是，随着时间的推移，联盟合作伙伴根据对各方在联盟中的行为表现（观察到的）与所期望的（合作）行为之间的比较对照，会不断地增强对非股权战略联盟的信心和对合作伙伴的信赖。然而，信任关系毕竟是脆弱的，通常需要管理者的精心呵护，尤其是在供应链成员合作初期，合作各方需要特别关注对他方的信任以及让对方了解自己的可信度，同时，管理者还要坚持"积极参与、重复强化"的原则，不断地增强相互间的信任。为此，供应链企业成员必须在他们的彼此交往中，通过正式和非正式的沟通渠道提高行为的透明度，这样做有双重目的：一是使每一合伙者都了解其他各方各项策略行为的时间进度，并参照其他方的行为和能力来确定自己在联盟中的地位和作用；二是由此降低对对方行为的不理解程度，保证快速而友好地处理由行为的不一致供应链合作带来的不确定性和脆弱性等问题。只要合作伙伴各方长期持续地关注沟通的改善，关注高级管理层在生产和计划等职能上的相互合作，以及随之确立的密切的个人关系，那么供应链合作关系必然随时间的推移变得越来越紧密，成员间的相互信任度也会越来越高。

曾任麦肯锡公司驻日本分公司执行董事的凯尼奇·奥梅（K. Omme）认为，如果没有良好的经常的沟通，即使最精心设计的关系也会破裂。单靠良好的管理程序和制度还不足以保证沟通，合作伙伴之间的关系需要高级经理人员花费大量的时间和精力来处理。合作双方的高层管理者不能只是象征性的每年见一次面，即使关系成熟了，最高经理人员也应该经常会面，以便回顾已有的成绩和展望面前存在的机遇与障碍。

2. 培养合作信任的供应链文化

企业文化是企业在长期管理活动中形成的共同的管理理念、思维方式和行为规范的总和，不同组织的企业文化必然存在着差异性。而供应链的参与企业往往具有跨组织、跨地域的特点，不同地域有不同的地域风俗、经济法律制度、人文环境等，导致这些伙伴企业的企业文化更是迥然各异，在合作中难免发生管理观念甚至价值观念上的冲突，给企业之间的协调也带来困难，威胁着合作的维系和发展。而且，合作伙伴间组织文化的差异会转化为经营管理上的差异，加大管理的难度。例如，日本的索尼公司为了发挥其核心技术专长，曾进军哥伦比亚三星公司。然而，日本公司营造一致意见的文化特点与好莱坞强烈的自我意识、积极竞争意识和商业化环境格格不入，最终导致了合作的失败。

培养合作信任的供应链文化是指在合作伙伴企业之间建立高度相容的文化体系，保持一种良好的、能跨越职能的信息沟通渠道。统一的供应链文化能减少联盟伙伴的矛盾和冲突，强化各企业行为的连续性和一贯性，保证彼此间的诚信关系受到最小的干扰和破坏。要建立这种供应链文化比较简便的方法是尽量选择具有相同社会和文化背景的联盟伙伴，从而在短时间内形成统一的联盟文化。这种方法虽然简单，但在经济一体化和全球化的今天却难以做到。如今的供应链随着企业的国际化进程而在区域空间上有了巨大扩展，因此有效的方法应是在可能的不同背景文化的成员企业间进行良好的沟通，这需要供应链合作企业的管理者敏锐地意识到联盟企业间存在的文化差异。由于这种差异会对企业观念、行为以及绩效产生影响，因此必须通过跨文化的管理培训、鼓励非正式接触、提高行为和策略的透明度等措施来努力消除彼此的隔阂和陌生，使各种文化在非股权战略联盟中相互渗透和相互交融，最终通过相互学习，取长补短，形成成员企业都能接受的、既融合各种文化特色又有鲜明的联盟特征的处事原则和方法，从而确保供应链成员有一个统一的、并为各方所信任的文化基础，促进伙伴关系的良好发展。

3. 建立失信行为的防范机制

对于参与供应链的任何一家企业来说，如果它确信合作的其他成员会信守诺言，那么它也很可能表现出很强的可信度。而要使每个成员的行为理性化，尤其要抵抗住外部的巨大诱惑，就需要建立一套合理的阻止相互欺骗，防止“失信”行为产生的防范机制。

切实有效的防范机制的建立需要社会和企业的共同努力，可从以下四方面着手：

(1) 社会信誉机制。即政府建立的信誉保障制度及法律等，以及其他社会中介机构的信息机制，包括企业的身份认证、信誉评价和咨询、质量认证、安全认证等。一旦企业发生“失信”行为，将会被记录下来，从而对其今后的商务活动带来影响。

(2) 强化“失信退出”的惩罚机制。即如果企业因失信而放弃或被放弃合作关系，那么其某些资产，如场所资产、人力资本资产和商业信誉资产都将受到很大损失。换句话说，这些资产绝大部分属于沉没成本范畴，一旦企业发生机会主义行为，它将不能逃脱其他合作成员对它的惩罚。这种惩罚所导致的结果是失信者的有形资产利用率降低、人力资本资产的信誉度下降、商业信誉度下降。反过来，“失信退出”的惩罚机制也有正激励的一面，它有利于建立长期的合作伙伴关系。

(3) 扩大可分配的利润。前面曾提到过，合作伙伴加入供应链的一个重要前提是可获得大于其前的联盟收益。所以，作为供应链的核心企业要重视如何扩大可分配利润的问题，以激发合作伙伴对联盟关系产生兴趣，而这也是建立互信长期合作关系的重要基础。

(4) 制定详细而周密的合同。这也是前面已经述及的问题，尽管合同不能囊括未来的诸多不确定性因素，但仍然可以通过尽可能详细而周密的保护性合同或合法的契约，来阻止机会主义行为，使成员企业清楚投机行为预期的严重后果，从而遏制投机心理和投机行为。同时，也因为合同的严格性以及违反合同的严重性，可促使提高合作成员之间相互的行为信任度。

4. 坚持公平的利益分配原则

对参与供应链的成员企业来说，其最终的目的是为了获取大于不参与情况下的收益（包括经济收益和社会价值收益）。合作各方之间的利益分配和责任分担等问题，是合作能否得以维系并继续发展的一个重要因素之一。只有在伙伴合作过程中建立公平的分配机制，信任关系才会加强，合作才会继续，企业才能发展。

在供应链的利益分配中，参与的各方除了关心自己预期收益情况和保持自身的核心竞争能力外，还很关心自己所获得的收益在供应链成员联盟创造的总价值中的相对份额。也即，不仅仅是联盟创造的整个蛋糕的大小很重要，分给每个参加者的那块蛋糕的大小也同样很重要。即使一个供应链成员在联盟中并没有受到任何损失，但如果它没有获得与其贡献相对应的收益，它也会感到受到了极大伤害。所以，关心合作伙伴的赢利能力，科学合理地分配联盟创造的价值，对于长期合作是十分重要的。如果这个问题没有解决好或者在联盟的整个生命期中没有不断地分阶段的重新评价，那么供应链合作伙伴间的信任关系就会遭到破坏，甚至直接影响供应链的“命运”。

5. 加强共同学习与知识共享

在供应链合作伙伴之间加强共同学习，可以增加合作企业间的信任。企业一旦选择了参与某一供应链，供应链上的合作企业就形成了一个团队，团队管理理论对于供应链上的各个企业同样具有适用性。团队内持续进行的学习过程，同时也是团队成员间以及个体对团队整体的信任不断强化的过程。团队学习既包括显性知识也包括隐性知识。随着具有不同的专业知识技能的成员之间知识交流和共享过程的不断深入，成员之间将加强对彼此技术知识能力的把握和了解，同时也使自身的知识技能不断得以提高和完善。通过合作伙伴的共同学习，各成员不仅增强了对其他成员所拥有的技术角色和能力的了解，进一步强化了对他人的能力和技巧的尊重和信任，同时也增强了对自身能力的信心，使得以自我价值感和共同目标为基础的信任得以形成并逐渐强化和加深。

另一方面，供应链团队合作成员之间知识交流和共享的结果，不仅使单个企业成员技能增强，更重要的是，在这一过程中，会形成供应链所独有的超越单个企业知识技能简单相加的知识技能存储和增值系统。这一知识技能系统就成为供应链实现其绩效目标，以及努力实现供应链价值最大化的重要基础。有了这一系统的积累，合作成员才能对供应链整体的前景目标充满信心，对自己所参与的供应链整体能力产生信任感，并随着供应链知识技能系统的积累和增值而不断增强。

在知识经济时代，知识已成为企业中最具有战略性的资源，知识本身只有在交流中才能获得更大的发展，在合作企业间建立知识与信息的共享机制，创造自由、开放的交流气氛无疑有助于建立基于互惠协议的信任关系，进而建立关系资本。与此同时，良好的信任关系也将进一步促进企业间知识与信息的共享程度和交互作用的广度。

需要强调的是,知识与信息的共享并非一般意义上的知识共有。知识共有仅表明联盟成员对交易各方有关诀窍(know-how)和特定信息相互感知的一种静态关系,这种知识的共有不能形成战略知识,即仅能产生关系性租金的信息和知识。而知识的共享是指在感知交易各方特定信息和诀窍的基础上,经过学习、吸引、融合和创新改善原有知识的价值,形成新的战略知识。它强调对知识的学习和能力的获取,知识的共享程度与联盟各方的学习能力有着非常密切的关系。学习能力主要受到企业的技能基础、组织的透明性、学习意图和员工的沟通能力等因素的影响。

案例 8-1 宝钢集团的供应链合作关系管理

宝钢集团有限公司是以宝山钢铁(集团)公司为主体,联合重组上海冶金控股(集团)公司和上海梅山(集团)公司,于 1998 年 11 月 17 日成立的特大型钢铁联合企业。宝钢是中国最具竞争力的钢铁企业,年产钢能力 2 000 万吨左右,赢利水平居世界领先地位,产品畅销国内外市场。2007 年 7 月,美国《财富》杂志公布的世界 500 强企业的最新排名中,宝钢集团公司以 2006 年销售收入 226.634 亿美元居第 307 位,在进入 500 强的钢铁企业中居第 6 位。这是宝钢连续四年跻身世界 500 强。《世界钢铁业指南》评定宝钢股份在世界钢铁行业的综合竞争力为前三名,认为其是未来最具发展潜力的钢铁企业。在宝钢的辉煌中,其供应链合作关系管理也折射着宝钢创新管理的光芒。

1. 宝钢集团概况

宝钢专业生产高技术含量、高附加值的钢铁产品。在汽车用钢,造船用钢,油、气开采和输送用钢,家电用钢,电工器材用钢,锅炉和压力容器用钢,食品、饮料等包装用钢,金属制品用钢,不锈钢,特种材料用钢以及高等级建筑用钢等领域,在成为中国市场主要钢材供应商的同时,产品出口日本、韩国、欧美四十多个国家和地区,并保持着世界先进的技术水平。

宝钢采用国际先进的质量管理,主要产品均获得国际权威机构认可。通过 BSI 英国标准协会 ISO 9001 认证和复审,获美国 API 会标、日本 JIS 认可证书,通过了通用、福特、克莱斯勒等世界三大著名汽车厂的 QS 9000 贯标认证,得到中国、法国、美国、英国、德国、挪威、意大利等国的船级社认可。宝钢实施的国际化经营战略,已形成了近 20 个境外和国内贸易公司组成的全球营销网络,与国际钢铁巨头合资合作,广泛建立战略合作联盟,实现优势互补,共同发展。

在新一轮的发展战略规划中,宝钢将更好、更快地实施新一轮跨越式发展战略:到 2012 年,宝钢的钢铁产能将达到 5 000 万吨以上,销售收入大幅提升。建成目标市场品种、规格齐全、产品系列配套、以精品钢材为核心的钢铁生产基地,提升战略产品的综合竞争力，在规模和产品上保持国内领头羊地位。努力开拓新的成长空间，提升公司在国内、国际市场上的控制力、产业链影响力、行业带动力。

2. 对上游供应商关系的管理

宝钢主要依靠上游的原料供应生产高技术含量和高附加值的钢铁产品。

对国外供应商，宝钢集团注重建立长期合作关系。如2007年2月，宝钢资源公司与澳大利亚弗太斯特金属集团有限公司(FMG)签订了为期10年的铁矿石合作协议，随着FMG产量的不断增加，该公司每年将向宝钢提供2 000万吨的铁矿石。2008年5月28日，首船装载FMG铁矿石的衡山号轮顺利抵达宝钢马迹山港。FMG首船矿到港仪式的开幕，标志着FMG从此开始成为宝钢重要的铁矿石供应商。宝钢集团认为，上下游产业链是唇齿相依、互相依赖的共同体，宝钢和FMG将积极探索互惠共赢、面向未来的合作方式，并不断拓展合作领域，共同抵御市场风险，谋求更大发展。从中不难看出宝钢集团正是以诚信来与国外供应商建立合作伙伴关系的。

对国内供应商，宝钢集团诚信合作，每年都举行由会员单位高层领导参与的供应商联合会年度会议，评选优秀的供应商，对供应商关系实施制度化关系。集团按供应商所供物资的重要程度、历史供货能力及业绩，以及与宝钢的相互依存关系和供应商知名度等，分别按长期战略合作、一般合作、简单供需来划分合作关系类型，并从这三个层次建立相应的合作关系。战略伙伴关系供应商占供应商总数的8%，一般合作关系占32%，简单供需关系占60%。通过实施末位淘汰、供应商评审、取消中间供应商和代理采购等管理方式，来调整宝钢的供应商关系结构(压缩、降级或新增供应商)。

对合作关系制度化管理包括：制定供应商选择标准，建立供应商档案，将其基本情况、供应实绩、评审记录等输入计算机，实时动态管理。对供应商评审的量化内容包括：业务量、质量、价格、合同履行、服务、生产制造能力、创新能力等。将这些方面量化打分，按四个等级(A、B、C、D)评定，作为供应商资格保留、取消和升降层次的主要依据。每年度集中评审，然后在供应商联合会中公布评审结果，其中，A类供应商多为战略合作伙伴关系(协同型合作关系)，D类则属于末位自动淘汰范围。

3. 供应商合作信用关系构建

宝钢集团注重供应商合作信用关系的构建和管理。这里用两个例子来说明。

例1：宝钢集团与振华造漆厂的长期诚信合作。宝钢与振华厂合作推行六西格玛质量管理，极大提高了飞虎卷材涂料的品质；组建实力雄厚的产品服务队伍，实行“全方位、全过程、全天候”服务，实现“零缺陷”质量目标；以信息技术、科学管理进一步优化库存管理和运输规范，配合宝钢“无库存”管理模式；依靠科技开发与技术进步，配合宝钢流水线提速，打破宝钢洋品牌垄断新产品的局面，成为宝钢卷材涂料供应商中唯一能提供全系列卷材涂料的企业。振华造漆厂连续多年被宝钢评为A类供应商，并由一般供需关系上升为战略合作伙伴关系。诚信合作，使振华厂和宝钢都取得了良好业绩，实现了双方“共赢”。

例 2：宝钢集团与远东集团诚信合作。远东集团多次获得宝钢集团"A"类供应商荣誉，是宝钢最佳合作伙伴之一。在长期的合作中，宝钢集团注重合作信用关系的管理，使双方建立了互动共赢的良好合作关系。远东为宝钢提供优良的产品和优质的服务，并将自身的产品与宝钢一起建立集中管理、资源共享、优化增值、流程控制，透明规范、协同运作的供应体系，提升了供应配送和现场服务水平。

4. 对下游投资者的关系管理

自宝钢股份上市以来，始终秉承真诚沟通、互动双赢原则。通过投资者热线、投资者调研接待、网上业绩发布会、分析师交流会等多种方式，加强与投资者的沟通，促进投资者对公司的了解和认同，使公司价值最大化。同时，宝钢积极采纳投资者的合理化意见，改善公司的经营管理和治理结构，提高公司核心竞争力，实现股东价值最大化。宝钢股份与投资者之间良好的沟通关系，满足了投资者的知情权，同时确保了公司运作的公正、透明、效率和质量，赢得了广大投资者的理解和支持，对其资本市场的可持续发展起到了良好的助推作用。2007 年 8 月，由《中国证券报》联合主办的年度中国投资者关系管理评选活动中，宝钢股份荣获 2006 年度中国最佳投资者关系管理百强奖。2007 年度荣获中国质量协会"全国用户满意服务企业"称号。对下游投资者的关系管理，极大提升了宝钢的社会信誉。

5. 重视世界供应链中自身信用关系的管理

宝钢集团也是世界供应链中的最佳供应商之一。宝钢的战略目标是成为世界一流的跨国公司，在 2010 年前钢铁主业综合竞争力进入世界前 3 名。为了实现集团的战略目标，宝钢积极开拓国际市场，与国际钢铁巨头合资合作，广泛建立战略合作联盟，实现优势互补，共同发展。2005 年 8 月，宝钢首次与韩国和日本合作，为这两国提供宽厚板产品供应，为宝钢开拓宽厚板海外市场打下了基础。2006 年，宝钢特殊钢分公司成为西门子发电集团不锈叶片钢材料供应商。目前，宝钢已成为四十多个国家和地区的供应商。在世界级的供应链上，宝钢作为供应商非常重视自身信用关系的管理。比如，宝钢在首次接到韩国和日本宽厚板产品出口订单合同后，为保证订单的时间和质量，宝钢组织分公司制造部、销售部、厚板厂等有关部门进行了合理的资源调配，及时编排了轧制计划，同时积极组织船板的船级社认证，快速实现了批量生产。由于长期以来重视自身在世界级供应链中信用关系的管理，宝钢的世界级信用等级稳健提升。2004 年 12 月底，标准普尔评级公司宣布将宝钢集团公司的信用评级从"BBB"调升至"BBB+"。2007 年 10 月，标准普尔评级公司宣布：宝钢集团公司和宝钢股份长期信用等级从"BBB+"提升至"A－"。评级结果的调升肯定了宝钢集团稳健经营、快速发展的能力。

资料来源：根据宝钢集团网站（http://www.baosteel.com）相关信息资料、因特网相关资料及实地考察资料整理。

案例 8-2 戴尔公司的供应商关系管理

戴尔计算机的“零库存”得益于科学的供应商关系管理。科学的供应商管理机制体现在供应商关系的建立、供应商关系的管理、支持供应商的发展、给供应商公平的利润。

1. 供应商选择

戴尔全球采购中心是一个与供应商打交道的重要部门。在管理生产资料供应商方面，全球采购中心有三个任务：保证供应商供应的连续性，保证供应商在生产成本方面有一定的领先性，保证供应商产品的品质。戴尔一开始就从下面几个方面出发对供应商进行慎重选择。

环保与员工福利——戴尔希望供应商能够注重环保并且很好地对待自己的员工，这是一个基本前提。

成本领先——将供应商与其他同类型的供应商做比较，看其在成本上是否具有优势。

技术产业化的速度——供应商的生产技术水平怎样？能否把新的技术迅速形成量产？

持续供应能力——戴尔从供应商的财务能力、供货的情况怎样、能够做到几天的库存量等方面来考察供应商是否有很好的持续供应能力。

服务——供应商能否满足戴尔在服务方面的需求也是很重要的。

品质——这是最核心的因素。戴尔会对供应商的产品品质在不同的环境进行评测，保证产品品质。

2. 供应商关系管理

戴尔公司和供应商建有非常严密的网络。戴尔的供应商每个星期都会收到更新的下三个月的生产预测，对于一些需求变化比较大的零部件甚至一天就要更新一次。这不仅使得戴尔即使在市场情况变化大的情况下也能够得到及时的供货，实现了“敏捷”，而且供应商也可以根据实际情况安排生产，减少库存。

当戴尔接到客户从网上发出的订单后，立即通过网络发给配件供应商，各个供应商在收到订单以后，马上会组织生产，在指定的期限内发货给戴尔。戴尔公司只需在生产车间进行组装，就可以把成品包装发送了。

戴尔每天都通过网络与供应商进行协调沟通：监控每个零部件的发展情况，并把自己新的要求随时发布在网络上，供所有的供应商参考，提高透明度和信息流通效率；供应商则随时向戴尔通报自己的产品发展、价格变化、存量等方面信息。通过网络沟通，密切了伙伴关系。戴尔也会不断地对送货情况进行监测，并给供应商发出详尽的绩效报告，让他们准确地知道自己做了什么，与过去相比、与其他供应商相比，他们的绩效让他们处在什么位置。如果一批货送晚了，哪怕只是晚几分钟，戴尔也会立刻签发一份书面(电子)批评信。每个季度戴尔会对供应商进行考评，优胜劣汰实现良性循环。

3. 支持供应商的发展

戴尔鼓励供应商共同研究开发新产品，和供应伙伴共享设计数据库、技术、信息和资源，大大加快了新技术推向市场的速度。戴尔管理供应商有一个重要原则，就是"少数及密切配合供应商"，它把整体供应商的数量控制在一定范围内，并且在商品管理、质量和工艺管理等方面为供应商提供培训，帮他们改善内部流程，实现持续改进。最能够体现戴尔支持供应商发展，实现持续改进的是 BPI(business process improvement，业务流程改善)，戴尔公司专门有一个 BPI 部门，跟六西格玛一样，BPI 也有黑带、绿带、黄带等级别，戴尔会给供应商提供 BPI 的培训，让他们采用 BPI 的方法来降低成本、提升质量。戴尔还把品质管理等工具分享给供应商，使其自身采购的管理水平也得到提高。

4. 给供应商公平的利润

在利润分配上，戴尔除了要补偿供应商的全部物流成本(包括运输、仓储、包装等费用)外，还要让其享受供货总额 3%～5%的利润，给供应商以发展机会。让各地区的供应商同时作为该地区销售代理商之一，这样供应商又可获得另外一部分相应的利润。这种由单纯的供应商身份向供货及销售代理商双重身份的转变，使物品采购供应—生产制造—产品销售各环节更加紧密结合，也实现了由商务合作向战略合作伙伴关系的转变，实现了风险共担、利润共享的双赢目标。

5. 双赢的绩效

与供应商的战略伙伴关系，开发了供应商的核心能力，供应商将自己熟悉的供货领域的新产品面市情况、性能/价格比等信息，及时反馈给戴尔，有利于完善产品的性能和新产品的研发，使戴尔每年用于产品创新的支出不到 5 亿美元，平均占公司销售额的 1.5%。供应商在和戴尔公司的合作中融为一体，分享了企业高速成长的优厚回报。

基于这种战略联盟的合作，供应商以及具有供货及销售双重身份的第三方专业物流公司，全面地参与了戴尔公司的供应链生产经营活动。戴尔构建了一个可以给各方参与者都带来赢利的真正的生态供应链，第三利润源得到了深层次开发，真正实现了与战略伙伴的互赢。

资料来源：根据 http://www. AMTeam. org，http://jc. china. com 戴尔供应链的相关资料整理。

本章小结

供应链合作关系是企业组织的一个颇具战略性的问题，已成为企业和供应链发展的重要战略资源。对合作关系的管理正逐渐成为企业所认同的一种经营战略选择。

供应链合作伙伴关系是指供应链参与各方为完成共同的协作业务流程并实现其目标，而结成的基于互惠、互利、互信、共享、责任与风险共同分担的协作联盟。战略合作关系则更进一层，它指供应链合作者为达成未来战略愿景而形成的相互依赖、更深层次的长期合作联盟。供应链合作关系随着市场经济环境不断发展，大致经历了传统企业关系、竞争企业关系、合作企业关系、伙伴竞争关系和战略联盟关系阶段演变而来。在供应链协同竞争环境下，供应链成员之间既合作又博弈，合作扩大了供应链整体利益，博弈提升了个体竞争能力，从而促进整个供应链合作水平和竞争能力的螺旋上升。供应链协同竞争下的合作关系呈现出竞争关系的复杂性、合作关系的非稳定性以及合作关系的深度依赖性等特征。而未来新一代的供应链合作，将真正实现供应链伙伴之间(流程间)的“无缝对接”和完全可视化，将使合作关系和整个供应链水平得到前所未有的极大改进。

供应链合作关系是经过一个有步骤的开发过程来实现的。合作关系的开发过程需要相关各方共同付出努力，同时，开发过程需要把握一些基本策略。供应链合作关系包括四种基本类型，其中协同型合作是一种最高境界的合作，也即战略合作关系。企业在设计合作战略时，必须为每个合作伙伴匹配最合适的合作关系类型，同时要尽可能地避免关系匹配矩阵中“低回报”区域与“不可行”区域。建立成功的合作关系包括六个基本途径，而先精于内部合作是最重要的基础。供应链合作关系并不是一成不变的，为了实现合作的目标，也为了激励供应链和所有参与的合作伙伴，在实际运作中供应链的合作关系需要阶段性的动态优化。合作者绩效考评的供应链优化的流程和方法框架，可以作为对供应链合作关系优化的方法。同时，对合作关系的透明化管理，以及合作关系形成机制和退出机制等，是供应链合作关系优化的重要基础。

供应链合作与信任关系的重要性是不言而喻的。通常，合作所囊括的合作双方最关心的利润分配和风险分担等内容，都可在双方合作合同中予以界定。合作合同明晰了合作双方的责任、义务、收益、风险等相关安排框架，它是双方行为履行的指导和规范，也是合作信任关系形成的基础。然而，在实际运作中，时有发生合同履约逆悖行为，其中一个重要原因就是合作者之间的信任关系发生了危机。因此，作为供应链的管理机构(合作管理团队)，在供应链运作中要注意合作信任关系的构建，尤其要关注合作关系的角色与权力分配，以及设计有效的解决冲突的机制，并加强对这种关系的管理。

问题思考

1. 怎样理解供应链合作关系及供应链战略合作关系?
2. 协同竞争环境下供应链合作关系呈现什么样的状态和特征?
3. 怎样看待新一代供应链合作描述的“蓝图”?
4. 谈谈你对供应链合作关系开发的理解。
5. 怎样理解供应链合作关系的匹配?
6. 简述先精于内部合作对成功建立供应链合作关系的意义。
7. 简述合作关系角色与权力分配在合作信任关系管理中的意义。
8. 联系本章案例，思考怎样进行供应链合作信任关系管理。

第九章 物流绩效管理

绩效管理是任何社会组织都必需的一种管理思想和管理方法，它伴随着人类社会经济管理活动的发展而出现，并在实践中得以不断发展和完善。绩效管理是一个系统工程，它通过一套严格的绩效流程管理，来检验和改进绩效目标。其中，检验绩效的手段是绩效评价，它聚焦于评价的方法和科学的绩效评价指标体系。物流绩效管理同样遵循一般绩效管理的规律，但它有其自身的特点。由于绩效管理在物流运作管理中实践的时间较短，所以，相对于一般绩效管理而言，无论其理论研究还是业界实践，都还处在发展阶段。本章在对绩效管理的相关概念、物流绩效管理的流程进行阐述的基础上，系统讨论物流绩效评价的一些方法，研究将基准化和平衡计分卡结合起来的 BBSC 绩效管理和评价思想，最后，结合物流运作的特点，研究单项物流活动及物流系统整体的绩效评价指标体系的构建问题。

第一节 物流绩效管理概述

绩效、绩效评价和绩效管理是三个相互关联但内涵不同的概念，理解这三个概念是做好绩效管理的基本前提。这三个概念在物流绩效管理中呈现了明显的特性。物流绩效管理同样有一套严格的管理流程，虽然管理方法没有也不可能有一套定式，但有效的管理方法将呈现出明显的特征。

一、绩效管理的相关概念

绩效管理是目前任何一个社会组织都必需的一种管理思想和管理工具。绩效通常被看作是结果和行为，或者业绩和效率。事实上，在当今的供应链环境下，绩效是一种包含结果和行为的效率与效能。界定绩效是有效实施绩效管理的基础。绩效评价是诊断、检验绩效计划执行和完成的情况，以了解组织绩效的“健康”状况，同时也会发现日常绩效管理中成功的经验和存在的问题。绩效管理是一个完整的过程，通常与组织的运作周期同步。绩效管理包括绩效评价这一重要环节，并利用绩效评价的结果，来支持组织的战略目标。

（一）绩效

绩效，从字面上理解是业绩与效率。业绩更多的指企业外部效率，即对企业如何实现经营目标并满足股东、客户及其他外部利益相关者的需求程度的度量。企业业绩水平高意味着企业提供了市场所需要的产品或服务，实现了它的价值。效率更多的是指企业的内部运营水平，即对企业将人力、物力等资源转换成产品与服务的度量。

在今天的市场环境中，业绩的含义应该有新的拓展，不仅包含效率还包括效能。效能的价值通常容易被忽视，它指事物蕴藏的有利的作用。企业在实现业绩的同时应注意利用效能的价值作用，它能为企业创造业绩。比如，企业站在股东、客户及利益相关者的立场为他们创造价值增值，最大限度地提升其需求满意度，从而赢得良好的商业信誉，这就是企业经营表现的效能之一。而良好的商誉带来的诸多市场机会就是效能为企业创造的业绩。在企业内部，效能表现为所有员工竭尽全能协同完成工作任务所形成的合力，从而对企业战略目标的实现所产生的乘数效应（也包括效益）。所以，绩效是一个组织或一个组织中的部门或组织中的成员，完成某项任务的效率与效能，它不仅反映了工作成绩的结果，也包含着产生结果的行为（同时蕴藏着一些有利的作用）。所以，绩效包含行为和结果。行为不仅仅是结果的工具，其本身也同样是结果，是为完成工作任务所付出的脑力和体力的结果，并能与产出结果分开来进行判断。

绩效从不同的角度有不同的理解。从管理学的角度，绩效是组织期望的结果，是组织为实现其目标而展现在不同层面上的有效输出。它包括个人绩效和组织绩效两个方面。组织绩效建立在个人绩效实现的基础上，但个人绩效的实现不一定能保证组织有最佳的绩效，这取决于组织的战略目标。从经济学的角度看，绩效与薪酬是员工和组织之间的对等承诺关系，体现了市场经济的基本运行规则。从社会学角度看，绩效意味着社会成员按照社会分工所确定的角色而承担的那份职责，所以，出色完成绩效是社会成员的义务。绩效按组织的经营内容和要求不同又分为结果绩效（通常表现为财务上的结果）、行为绩效、技能、能力与价值观绩效、产出绩效等。

（二）绩效评价

绩效评价是依据既定的标准，通过一套正式的结构化制度和系统的方法，来测量和评价组织/部门/员工对职能/职务所规定职责的履行程度，也即通过绩效考评来检验组织/部门/员工的绩效水平（完成本职工作的效率和效能）。绩效评价的目的在于，通过全面的考评了解组织的绩效是否改进或恶化、行为是否符合规范，与“标杆”相比存在的优劣势等，为企业战略目标的修订、下一个绩效周期绩效计划的制定、组织绩效改进以及日常绩效管理等提供重要依据。绩效评价需要把能体现效率和效能的各种结果和行为转化为指标体系。通常，绩效期初所制定的绩效计划是建立指标体系的重要依据，此外，还需要考虑绩效评价的目的，这就要把“标杆”因素考虑进来，同时，突出组织最关注的领域和方面。绩效评价可以是定期的全方位的评价，也可以是不定期的特殊要求的评价，还可能是针对某项特殊活动而进行的评价。公平理论、目标一致性理论、定性与定量相结合理论，是绩效评价的理论基础。

（三）绩效管理

从一般意义上讲，企业的绩效管理是企业的管理者与被管理者（包括董事会与管理层）双方就被管理者的产出目标及如何实现这些目标相互沟通、达成共识、周期性的持续关注，促进企业和员工成功实现预定产出目标的管理方法。而被管理者（部门、员工）的产出目标是组织使命、组织发展战略和组织目标层层分解下来的。所以，绩效管理就是围绕组织目标，旨在指导并提高部门/员工绩效进而提高组织绩效的一系列管理过程。绩效管理能将组织各个部门、各项业务、发展战略和创新等有机结合起来，通过对组织战略的建立、目标分解和业绩评价，并将绩效结果用于组织日常管理中，以持续改进员工、部门绩效和组织绩效，实现组织战略和目标。

绩效管理是从绩效考评发展而来，但它又不同于绩效考评。绩效考评只是绩效管理的一个重要环节，它注重事后的结果。而现代绩效管理是一个包括绩效计划、绩效实施、绩效考评、绩效反馈和绩效结果应用等多个连贯过程的循环系统，它帮助组织形成绩效发展的有效机制。

二、物流绩效评价及管理

从客观上说，物流是一个物品的时空移动过程。就单纯的移动过程看，还需要很多诸如分拣、加工、包装、搬运乃至一些临时的存储等作业环节，涉及跨企业的多个合作者协同作业。由此，物流绩效包括了所有合作者所承担的相应业务流程的绩效，但却并不等于单项业务流程绩效的简单叠加。物流绩效评价及绩效管理无论在内容和概念上，与一般意义上的企业绩效相比都有较大拓展。

（一）物流绩效的内涵

由于物流运作过程涉及多个合作者协同作业，因此，物流绩效强调的是整个物流供应链的绩效，是链条上所有合作者承担相应业务流程并协同运作所表现出的效率和效能。单个合作者承担的物流业务流程所表现出的效能，主要在于对出色完成流程任务产生的有利作用，如不仅竭尽全能想办法保质、保量按时完成所承担的流程作业，同时对流程间恰当的无缝对接（供应链协同运作）所作出的贡献（由行为产生）。所以，在物流供应链上单个合作者的物流绩效包括完成流程任务的业绩，以及对流程间集成作出的贡献。只有把流程业绩以及流程间对接的贡献整合起来，才是真正的物流绩效。值得注意的是，单个合作者流程间对接行为所产生的绩效，对其自身而言并不那么直观，只有把对接的另一方的行为整合起来，其流程间对接的绩效才会明显凸显出来，它反映在整个物流供应链中，比如，整个物流供应链效率、柔性、响应程度的提升、物流总成本（尤其是交易成本）的降低等，可称之为"绩效创造"。而这恰恰是效能的最佳体现。由此可以说，物流绩效是其整个运作过程各流程出色完成任务的绩效以及流程间"绩效创造"的价值总和。这个结论也为我们讨论物流绩效评价的范围和内容提供了有力支持。

（二）物流绩效评价的思想

物流绩效评价同样是依据一定的标准，通过正式的结构化制度和系统的方法，来测度物流各流程绩效及整个物流供应链绩效是否改进或恶化、各合作者的行动是否符合物流规范的一种方式。

物流绩效评价有一套科学、全面的方法体系，其中一个关键环节是建立有效的评价指标体系，以正确反映整个物流运作及管理的真实状况。物流绩效评价的范围包括三个方面：其一，流程绩效，即评价承担相应流程的合作者的运营绩效。其二，流程间的"绩效创造"，即评价承担流程的合作者的运营绩效对其上层节点或者整个物流过程的影响，也即特别关注合作伙伴之间的沟通协作。其三，物流的整体绩效，包括效率和效能。物流绩效评价指标体系与绩效计划、物流目标、物流绩效管理机制等是一种动态联系的关系，有效的物流绩效评价体系包括以下三项持续活动。

(1) 量化目标和绩效计划与预算保持一致。如物流绩效计划中配送成本需要优先考虑，这就需要调整预算假设，与具体的降低成本目标保持一致，而绩效评价指标体系则要把配送成本列入关键指标。

(2) 建立与整个物流目标相一致的流程目标。如物流目标强调降低交货成本，那么执行交货流程的配送中心的目标需要与其保持一致，该目标可能是取得比标准运费更低的运费，由此而引致的或许是需要评价能降低运费的新的运输方案等。由此，绩效评价指标体系将在原绩效计划的基础上，动态反映和权重这些变化的指标。

(3) 建立明晰的追踪评价过程与管理绩效的机制与程序。这项持续活动旨在能比较容易地确认绩效异常，并能及时激发当事人及决策机构采取适当的措施来解决异常问题。由此，绩效评价是一种动态的过程，其指标体系既包括支持动态追踪评价的绩效计划要求的指标，又重点突出追踪评价强调的指标。

为了使这三项持续活动成为物流绩效管理的常规部分，管理层需要确定有效的物流绩效管理方法。

（三）物流绩效管理的概念

绩效管理是从绩效评价发展而来，但它不同于绩效评价。绩效评价只是绩效管理的一个重要环节，它注重事后的结果。而现代绩效管理不仅注重事后的结果，更注重事前计划和事中指导与监控；不仅关注各流程的绩效，尤其关注流程间的绩效创造问题。所以，物流绩效管理是从整体物流供应链出发，为综合运用各种先进技术与方法，开发物流系统的各种潜能，最大限度地提升物流运作的协同性，依次完成物流绩效计划、绩效实施、绩效评价和绩效反馈与改进等过程，提高物流体统整体及其各合作者绩效而进行的系统管理活动。通过物流绩效管理，确定各流程或活动的基准，对整个物流运作的质量、成本、柔性、效率和效能等方面进行计划、监控与管理，以实现物流管理的目标。

物流绩效管理涉及绩效计划、绩效监控、绩效评价和绩效改进等方面，通常包括确定基准、设计绩效指标、检查绩效指标完成情况及度量整个物流绩效、分析物流各流程存在的问题、制定改进措施和建立物流绩效激励机制等内容。物流绩效管理的目标是通过对物流运作过程中各流程的监控和管理，协调各个环节的资源配置和成员企业的行为，尽可能扩大可分配的利润和协调利益分配，不断提高整个物流供应链及其成员企业运作的效率与效能，不断改善物流供应链性能和绩效水平。所以，成功的物流绩效管理对提升供应链整体价值具有重要意义。科学的物流绩效管理可以为供应链及合作伙伴带来良好的业绩，从而激励合作者自我规范行为，为整个物流供应链的协同运作而自觉做贡献。物流绩效首先来自于恰当的绩效计划，即正确的绩效计划决策，因此，绩效管理过程可以促使和帮助物流管理者进行有效决策，包括从前瞻的视角制定和完善物流绩效指标体系等，促使物流运作的整体绩效达到最优。通过实施绩效管理，有效提高物流管理水平，提高物流协同运作的效率与效益，增强供应链的市场竞争力。

三、物流绩效管理的流程

物流绩效管理是一个系统的过程，它由绩效计划开始，通过对计划执行的指导和监管过程，在绩效期结束时对绩效计划执行的总体情况进行评价，既包括物流运作的整体过程，也包括对各合作者及其相互间协同工作、彼此沟通支持所表现的绩效和不足进行总结，最后，将绩效评价的结果用于改进整个物流绩效或用于支持物流供应链的优化。物流绩效管理是物流管理常规工作的重要组成部分，是一个伴随着物流运作周期而进行的周而复始的管理过程，是提高整体物流运作及流程绩效而进行的系统管理过程。结合物流运作和管理的实际，可以把物流绩效管理凝练成为四个流程，即绩效计划、绩效实施、绩效评价和绩效反馈及改进(见图 9-1)，它是一种系统管理的思想和方法。

(一) 物流绩效计划

绩效管理的第一个环节是绩效计划，它是企业与相关合作者共同协商，就其所承担的物流流程在期望产出问题上达成的共识。在共识的基础上，合作者对自己所承担的物流流程的目标以及流程间合作的行为作出承诺。物流绩效计划正是经过这个过程而形成的，它是

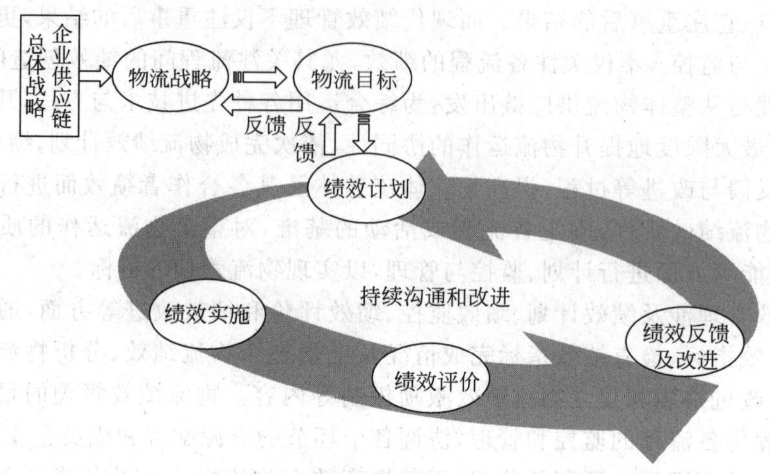

图 9-1　物流绩效管理流程

所有涉及的合作成员共同认可的绩效计划。前面的章节已经阐述过，就物流运作过程本身而言，它是一个物流供应链，但从企业整体运作所构筑的供应链看，物流是企业供应链不可分割的重要组成部分，因此，物流绩效计划（或称物流供应链绩效计划）受制于企业的总体供应链绩效战略。这一更具体的分解过程以及物流目标与物流绩效的关系可用图 9-2 表示。

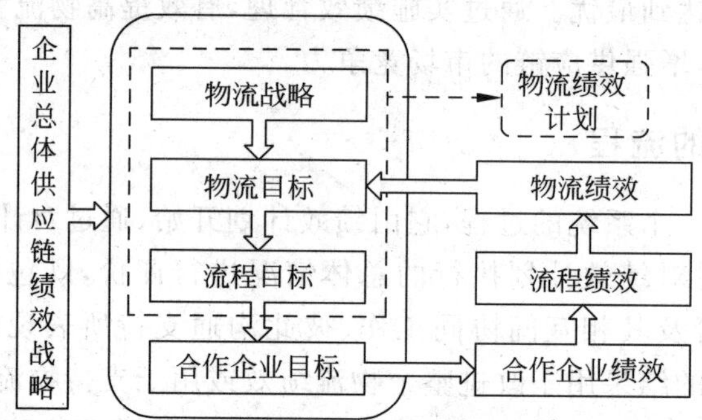

图 9-2　物流计划形成过程及物流目标与物流绩效的关系

（二）物流绩效实施

物流绩效实施是供应链绩效计划执行的过程，事实上也是物流供应链的“短期生产”管理过程。一个完整的物流周期一开始运作，也就意味着物流绩效管理运作的开始，但很多时候，管理层并没有意识到应从绩效管理的战略平台来管理整个物流运作过程。在物流管理中，管理层应该将物流运作视为能够对企业财务产生贡献的重要资源之一，把企业财务目标的一部分转化为物流运作绩效来实施对物流的管理，把物流运作绩效转化为更为精确的未来利润预测与物流需求预测，并能支持企业总体供应链绩效战略。物流绩效实施过程中，管理者的职责不仅仅是对流程运作过程进行监控（监控的目的是为了及时发现和解决问题，或对绩效计划进行调整），还需要对合作者实施指导和及时沟通（指导和沟通的目的在于提升企业物流能力，协调各流程成员的行为，增进合作关系，支持流程间的"绩效创造"，尽量把可能出现的问题消灭在萌芽之中）。

在现实的物流运作过程中，有不少优秀的企业十分关注给予合作伙伴经常性的技术指导和沟通，极大地提升了物流管理的绩效。不少成功的经验告诉我们，管理层不能等到问题出现后，如物流运作的结果没有达到预期目标，整个物流运作利润减少，客户满意度下降等，才发现物流管理存在的绩效问题。全球供应链管理咨询公司 PRTM 根据调查研究和咨询经验发现，具有良好供应链管理实践的企业，将具有更高的供应链流程成熟度，从而带来更佳的供应链整体绩效。因为这类企业能够避免"捎着问题上路"的困境，可以在措手不及前先采取行动，及时排除问题。

（三）物流绩效评价

物流绩效评价是在一个绩效周期结束时（通常是一个完整的物流运作周期，或是一个完整周期中的一个阶段），依据物流绩效计划对绩效目标完成情况进行全面、系统的评价。评价范围包括流程绩效、流程间绩效和物流供应链整体绩效。通过绩效考评全面了解整个物流流程绩效是否改进或恶化，合作者行为是否符合物流运作规则等。物流绩效评价需要一套科学的流程，可将其凝练为如图 9-3 所示。其中 KPI（key performance indicators）为能体现物流战略的关键绩效指标。

绩效评价过程不仅仅是物流相关管理部门的工作职责，所有涉及的成员都需要积极参与进来，以更清楚地了解和认识自己所承担的流程绩效状况。同时，绩效评价的结果应该是透明的，可以用不同的方式公开化，让所有合作成员不仅了解自己，也了解和比照其他伙伴的绩效，了解整个物流运作流程的绩效，以利于自身更好地发展。总之，物流绩效评价要公平、公正和公开。在现实的供应链管理中，绩效评价多是片段性的，更多的侧重于对单项流程或者单个方面的评价，而对整个物流流程的整体绩效无论是在理论研究还是实践上都相对薄弱。物流绩效评价不但在内容范围上要具有科学、全面性并突出当前的绩效重点，其评价过程也有一套结构化的体系，其核心要件是恰当的绩效指标体系，它是供应链绩效评价的重要依据。如何构建科学、恰当的绩效评价指标体系，将在本章第二节中详述。

（四）供应链绩效反馈及改进

物流绩效反馈及改进是绩效管理周期的最后一个程序，要对绩效考评的结构反馈给

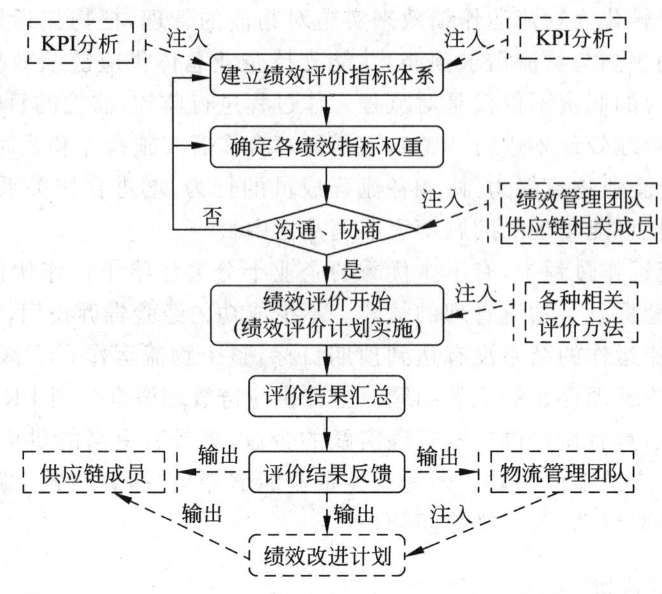

图 9-3 供应链绩效评价流程

参与物流运作的各合作者并与其沟通，以了解合作企业在绩效执计划行过程中遇到的困难和需要的帮助，同时对其提出改进意见，并共同协商制定下一个绩效周期的绩效计划。此外，在绩效反馈的过程中，还可以从合作伙伴那里了解一些关于物流目标、绩效计划的一些意见、建议和观点，有利于下一个绩效周期物流目标和绩效计划的修订及完善。

在一个绩效周期结束后，作为物流运作的机构需要从总体上分析物流计划、计划执行过程中的指导和控制方面存在的问题，以及现实物流运作和管理中存在的问题、持续改进的措施和物流绩效激励机制等。这些工作中的一部分内容在绩效反馈及改进中就已经开始了，其余的内容将反馈到物流绩效计划中，并依次向上反馈，如图 9-1 所示。

在绩效评估过程中发现的问题，并通过分析反馈到绩效计划过程中，将会涉及检查和修订企业物流发展战略目标，甚至会影响到企业供应链总体战略。物流战略目标的修订或制定是在供应链总体战略基础进行的，并根据市场环境及其未来可能的变化，优化自己的资源配置方式和运行机制。通俗地讲，是优化自己的物流市场定位。

市场定位问题又可分为三个彼此独立又相互关联的子问题：

"向何处去"—— 目标或前进方向问题；

"从哪里来"—— 起点或现状评价问题；

"路径选择"—— 手段或竞争策略问题。

目标问题要解决的是未来发展的问题。必须回答未来的客户范畴，目标客户的物流竞争战略走势，服务品种，运作规模，运营和管理模式，所需的资源配置，可能产生的物流成本节约或赢利水平提高等问题。起点问题要解决的是现状评价问题。即，通过上述评价过程，找出问题，修订（制定）目标。手段问题要解决的是服务竞争战略选择问题。必须回答企业的核心竞争力所在，竞争对手的状况，市场拓展的切入点在哪里，组织机构的改变，服务模式的创新和通过何种手段来弥补物流服务能力与市场竞争要求的差距等问题。

物流绩效管理是伴随着物流绩效周期而进行的经常性地阶段性评价和周而复始的全过程管理，从而使物流流程绩效、整个物流运作过程及合作成员的运作效率与效益，以及物流供应链性能和绩效水平等得以不断改进和提升。这种把物流绩效管理融入企业总体供应链管理过程的战略物流管理，将极大提高企业供应链的成熟度，使供应链充满柔性和活力，增强供应链的市场竞争力。

四、有效物流绩效管理的方法特征

要使物流绩效管理成为物流管理的常规部分，管理层必须结合企业供应链运作实际，确定一套有效的物流绩效管理方法。美国学者肖尚纳·柯恩(Shoshanah Cohen)和约瑟夫·罗塞尔(Joseph Roussel)提出了最有效的供应链绩效管理方法的七个特征，该方法特征主要强调把一些管理方面的东西固化于科学的绩效评价指标体系中，并强调要有规范的绩效评价实施计划，这对讨论有效物流绩效管理的方法特征有重要借鉴价值。此外，本书第七章物流成本管理中的一些方法，同样可以用于物流绩效管理中。这里借鉴柯恩的思想，把物流战略置于企业供应链总体战略框架之下，对有效物流绩效管理方法的七个特征做如下描述：

- 物流绩效评价指标体系与物流战略目标相一致。
- 物流绩效评价指标体系具有平衡性和全面性。
- 将内外部标杆融入绩效目标和绩效评价指标体系中。
- 物流绩效目标具有积极性和可行性。
- 物流绩效评价指标高度可视化，受到合作成员的监督。
- 物流绩效指标体系是物流供应链及其合作成员持续改进的工具。
- 有规范的物流绩效评价的实施计划。

（一）与物流战略目标相一致

通常的物流绩效评价指标更多的是专注于单个物流运作流程的效率和效益，事实上，置于企业供应链总体战略框架之下的物流战略目标，强调的是在一个绩效周期内整个物流运作要达到的境界或标准，它涵盖了物流运作全过程应该产生的效能，即物流运作过程的绩效和行为对物流战略目标乃至企业供应链总体战略目标所产生的有利作用。由此，物流绩效评价的指标设置则要从物流战略开始，再自上而下逐层确定支持战略目标的物流绩效评价指标体系。这些与战略目标相匹配的指标体系中，不仅包括单个物流运作流程，更体现战略目标要求的整个物流全流程的运作水平；不仅包括结果维度，还包括行为维度；不仅包含量化的指标，还包含定性指标；以差异权重的形式明确体现物流战略的重点。由此确定的绩效指标体系不仅与物流战略目标相一致，也是物流运作的标准。有效物流绩效管理的方法就是依据这些标准而派生出来的，通过联合使用一些行之有效的管理技术和方法，包括高效的信息技术的应用、信息共享、有效降低合作者之间的交易成本等，来控制物流全过程的运作，最终达到绩效标准。当然，这需要参与物流全过程运作的所有合作者形成一个团队，在透彻理解物流战略目标和相应的指标体系的基础上，寻找物流运作应达到标准的管理方法以及管理过程中需要特别关注的焦点。

（二）平衡性和全面性

物流绩效管理的目标是激励预期的组织行为，而不是追逐全面的卓越绩效，但这在现实中却往往很难达成一致：哪些是追求的关键绩效，哪些只需追求一般绩效。比如，客户服务水平、成本与质量，孰重孰轻？企业自然认为三者同样很重要，让其中任何一个绩效逊色都不是最好的选择。然而，卓越的客户服务水平需要耗费成本，卓越的品质也需要耗费不菲的成本，而降低成本往往意味着减少对于提高产品质量和优质服务的投入。这就是绩效管理常见的“两难困境”。企业若要追求平衡的目标，就需要涵盖多种绩效观点，然后依据不同的绩效观点选择相应的评价指标。由此，一个有效的物流绩效评价指标体系必须建立在有效的四大平衡关系基础之上。

- 面向物流系统内部的绩效指标与面向外部客户的绩效指标之间的平衡。
- 财务评价指标与非财务评价指标之间的平衡。
- 单个流程的绩效指标与整个物流全过程的整体绩效指标之间的平衡。
- 物流创新评价指标与持续改进评价指标之间的平衡。

不断地寻找方法提高整个物流运作全过程的整体绩效并实现战略差异化是物流绩效管理的关键。一旦企业决定了合适的物流绩效目标，下一步则要决定如何确认是否达成了目标，这是确定物流绩效管理方法的基础。接下来的一个必要步骤就是决定哪些方面只需追求一般绩效，而哪些方面必须达到卓越绩效。要使所有方面都达到卓越绩效是非常困难的，因为低物流成本与高水平的服务各自需要专注于不同的持续改进和物流供应链配置方式，这就需要进行前面提到的几个方面的权衡。

在制定供应链绩效计划以及绩效管理团队在构建供应链绩效评价指标体系时，都需要认真、综合考虑平衡计分卡的四大界面的指标体系，可以认为，平衡计分卡的四大界面，很好地把握和体现了物流绩效评价指标体系的平衡性和全面性。

（三）以内外部标杆作为绩效目标设定的基础

内部标杆和外部标杆的某些重要数据是物流绩效改进的重要参考依据。站在物流运作整体系统层面，内部标杆指物流运作的供应链系统内成员企业及企业间集成所表现的某些方面的“样板绩效”，包括效果及行为方面的定性和定量指标。外部标杆则指物流供应链外部其他物流系统或其他企业物流运作的某些“样板绩效”指标。外部标杆可以用来作为整个物流供应链及流程绩效的对照依据，帮助管理者确认物流运作及管理改进的机会；内部标杆可以帮助管理者确认哪些流程、哪些方面、哪些流程间集成的绩效为最佳。有效的标杆管理能够帮助物流管理者掌握可行的绩效量化水平，更重要的是，能使管理者和实践者掌握产生这样的绩效水平的最佳物流管理实践的方法。值得注意的是，获得外部标杆数据时通常会有一些障碍，为克服这些障碍，管理层可以考虑加入由第三方组织的标杆调查项目，这些标杆数据服务商提供专业的物流绩效评价指标数据，并与参与企业的供应链合作，确保所收集的数据清晰准确。当然，这需要寻找一个能提供对卓越绩效相关的物流实践进行全面评估的标杆数据服务商。实践与绩效之间的关系正是管理者了解如何改进物流运作，使之达到最佳绩效水平的关键。

将物流运作系统内部的标杆作为物流绩效目标设定和绩效评价指标体系构建的基础是值得推行之举，因为内部标杆数据就源于物流供应链系统内各合作企业提供的运作数据。当然，物流供应链系统内部标杆管理有时也相当艰巨，因为大多数大型的合作成员企业的组织结构相当复杂，承担着跨越许多不同地区的不同物流流程，这就需要有供应链信息系统以及跨流程间的基本数据作支持。尽管如此，获得内部标杆的数据相对外部标杆而言还是要容易得多。内部标杆对照不需要依赖从外部获取敏感性数据，它所涉及的是包括物流系统内一致性定义的可比活动、流程和基础设施的绩效水平。需要注意的是内部标杆管理应避免出现负面效应，如在某些时候标杆效应会导致供应链成员间无效的利益之争，甚至试图通过“博弈系统”获得更多的利益，这将导致流程间“绩效创造”价值的极大损失，使物流绩效整体水平大打折扣。

一旦设定了物流系统内部绩效评价指标体系并收集了相关的标杆数据，下一步就是转向外部对标，把整个物流绩效与外部同行业竞争对手的物流绩效或其他行业相似运作的绩效进行比较，分析企业物流供应链与对标供应链之间的绩效差异。其中要特别注意低于标准绩效(subpar performance)的战略性的关键领域，并要调查了解任何绩效问题的根源，评估各种缩小绩效差异的各种实践变革的方案。在整个差异分析过程中，要确保全面分析定性与定量两方面的标杆数据。

（四）绩效目标具有积极性和可行性

用绩效评价指标来判定物流运作绩效时，必须给每一个绩效指标设定相应的目标，唯有对照绩效目标，才能给绩效管理团队提供追踪物流运作绩效，确定绩效是否提高、保持或恶化的评价依据。然而，绩效目标的设定必须从对总体物流战略目标达成一致开始，进而洞察以前无法与总目标相一致的目标。因为任何一个物流供应链系统几乎都无法实现每个关键绩效指标都很杰出，所以，不可能以事事做得最好为目标，无法达成的目标强制要求其达到杰出水平，则更可能产生破坏作用而不是提高绩效。这也就是绩效目标要具有积极性和可行性的内涵。

一套平衡的绩效评价指标体系对于有效的绩效管理至关重要，它对于有效的绩效目标也相当重要。虽然物流系统的绩效最优化并不是一个零和博弈，因为一方面的绩效提高并不一定需要以另一方面的绩效恶化为代价，但整个物流运作要在一些重大领域实现一定的绩效目标，也许必须接受另一领域绩效下滑的事实。同样，物流系统有可能在提高了许多局部绩效的情况下，却并没有提高整体绩效，如成员企业承担的相应的物流流程是高绩效的，但恰恰在流程间的集成过程是低效率的，从而使物流运作的整体绩效低下，这对于管理层来说是难以接受的。有时候在物流供应链系统内必须牺牲一些局部利益，以提高整体绩效。比如，有些物流流程特别强调流程间的集成行为，这就需要承担相邻流程的合作成员企业为此付出更多的贡献。从经济学的视角看，更多的付出也是一种利益牺牲。在这种状态下，很多供应链的核心企业通常采用“利润补偿”机制，来解决这一问题。

设定物流绩效目标的方法有很多，通常最简单的方法是以历史的绩效和基准绩效为基础，设定一定的改进百分比作为绩效目标。利用这种方法，绩效管理团队就很容易评估出一个特定时期内的一个特定领域的绩效，并确定相应的决定使用的基准绩效及改进目标，但必须保证改进目标与物流战略变革或流程变革保持一致。又一个值得注意的地方是，不能片面认为标杆数据显示的特定绩效水平可以达到，所以就以此为基础来设定物流绩效和流程绩效的目标，并坚信这是既合乎逻辑又可实现的目标。这需要结合企业物流供应链及其流程特定的环境和运行状况进行流程改进的可行性评价。

（五）绩效评价指标具有高度的可视化

物流绩效评价不仅涉及物流运作全过程包含的各流程，同时对流程间集成的结果和行为也非常关注。因为物流绩效评价的一个基本要求就是能全面反映整个物流系统的运作状态，同时，评价结果的一个重要用途之一就是对物流系统或流程进行优化。所以要求达成一致的绩效评价指标还必须具有高度的可视化，以便于物流供应链成员对其进行监管，以公开、可视来确保绩效评价的公平和公正，同时可以避免很多不必要的绩效管理内耗。

绩效评价指标体系高度可视化是非常必要和重要的。可视化管理并不是只在绩效评价阶段才将评价指标体系以各种方式全面公开化，而是体现在物流绩效管理的全过程中。在物流绩效计划开始实施后，绩效管理团队通过实时的绩效管理追踪，及早确定所有的

"绩效改进相关者",与他们紧密合作,通过对他们的指导树立他们的信心,积极投入到绩效管理中,认真履行好各自的职责,积极监视相关绩效指标改进的进展,并在流程绩效发生偏差时,能立即主动采取行动。比如,在现实的物流运作管理中,很多企业采用了类似戴尔计算机公司的做法,把由合作伙伴承担的相应流程绩效即时在公司网站上公开,所有的合作者都可以同时看到自己和其他伙伴正在承担的流程运作绩效,这种可视化所产生的积极效应是显而易见的。

（六）绩效指标体系是持续改进的工具

通常,绩效评价指标体系的构建需要耗费大量的时间和精力。比如,要收集全面性的标杆数据,由于大多数标杆数据服务需要收取加入和访问标杆数据库的费用,并且经常是实际现金支出费用(out-of-pocket cost)。按照常理,愿意为此投资的绩效管理层应该相当重视标杆数据的价值,也因此更加珍惜这些标杆数据并充分利用。然而,现实中利用物流绩效评价指标来驱动物流战略管理实践变革的企业或者成功的企业的数量却不是太多,而且大多数未能从标杆管理投资中得到丰厚的回报。换句话说,这些企业只重视标杆数据的调查分析,却未能很好利用,以推动企业在物流管理方面的创新,企业对标杆数据收集的投入似乎远远超过了任何利益的回报。

我们说物流绩效管理是物流管理的常规部分,物流管理的重要目的之一就是要使企业构建的物流供应链得以持续改进,不断提升绩效水平,而绩效评价的结果清晰地给出了需要改进的领域或领域中的一些方面,同时这些评价结果又被反馈给绩效计划,用以完善、修正和形成下一个绩效周期的绩效计划和预期评价指标体系。所以,无论是从收集标杆数据的投入角度,还是从绩效评价结果对绩效改进的支持角度,在日常的物流运行管理中,都应该把绩效指标体系视为持续改进的工具,事实也是如此。这需要参与物流绩效管理的"全员"增强这种意识,真正地充分利用其作为持续改进的工具,并应取得远大于绩效评价投入成本的相应收益。

（七）建立绩效评价的实施计划

物流绩效管理是物流管理流程中规范化、系统化、制度化的常规管理内容。虽然在物流供应链开始运作之前,管理层制定的物流战略和运作计划中已经包括了物流绩效计划,同时,伴随着物流供应链运作的开始,物流绩效管理过程也随之启动,但所有的这些工作在绩效期末如何得以科学、公平地检验,成了一个突出的问题。这个问题处理不好所带来的连锁反应是可想而知的。所以,就物流绩效评价过程也需要有一套完整规范的实施计划,可以包括四大步骤。

(1) 确定关键流程和关键绩效指标。物流绩效评价的依据是指标体系,而指标体系的构建首先涉及两个关键概念,即关键流程(key process,KP)和关键绩效指标(KPI)。

KP是为实现物流运作整体目标不可或缺的、必须取得满意结果的领域，是物流运作关键成功要素的聚集地。由于KP直接与物流战略目标相联系，所以在物流绩效评价指标中通常作为一个考评大类（如分拣流程可能对某一物流供应链的物流战略目标的实现尤为重要，则分拣可作为一个考评大类），并按其对战略目标的重要程度排序，依次出现在物流绩效考评表中。KPI是能够体现物流战略和流程活动重点的指标，且被认同、能量化、可测量，是对整个物流运作过程中关键成功要素的提炼和归纳。构建物流绩效评价指标体系首先要寻找KP和KPI，因为这些是物流绩效评价指标体系中的关键要素，绝不能被遗漏且要重点反映。KP和KPI的确定需要与物流供应链系统中利益相关者一起来共同确认。在确定关键流程和关键指标的过程中，供应链流程参考模型（SCOR）可用来作为物流绩效管理的标准性框架工具，确定KPI的"SMART"原则（specific 特定的、measurable 可测量的、achievable 可实现的、realistic 现实的、time-limited 有时间限度的），可以发挥重要作用。

（2）确定绩效目标和绩效评价指标体系。当物流供应链合作伙伴在KP和KPI上达成一致后，接下来就是确定绩效目标和构建绩效评价指标体系。绩效目标主要指所期望达到的结果，它是构建绩效评价指标体系的重要依据。确定物流绩效目标涉及多个利益方，同时要考虑很多因素，比如标杆绩效、绩效目标的可行性等问题，所以更需要进行大量的沟通和协商，使之达成一致意见。在此基础上，利用标准定义确定绩效水平的"基准"。物流绩效评价指标体系的构建需要遵循一定的原则，并同样要得到相关利益方的认同。

（3）制定绩效评价方案。绩效管理是物流管理的常规内容，绩效评价作为物流运作过程中的一个特殊流程，同样强调效率和效能。所以，绩效评价流程同样需要有一个保证该流程效率和效能的科学计划方案。绩效评价方案明确界定了绩效评价如何实施：负责绩效评价实施的责任主体，绩效评价的实施内容、进程、实施方法和考评预案等。实施内容是绩效评价流程中的主要方面，包括以执行绩效评价表方式的评价活动、访谈和考察方式的评价活动等。绩效评价活动进程则规定绩效评价活动具体的日程表，包括绩效评价的辅导日程，评价执行日程，访谈和考察日程，评价结果汇总、提交管理层审查、结果公开日程，诉讼日程等。实施方法主要界定了绩效评价整个过程采用的相关技术和方法，如考评表的评价方法（评价主体界定、评价的技术方法界定、杜绝考评表"无效"的方法），访谈和考察的方式，其他所需资料的收集方式、结果公开方式、诉讼方式等。考评预案是为应对绩效评价过程中可能出现的某些情况而事先制定的处置方案。

（4）绩效评价方案实施。在一个完备的绩效评价方案下，负责进行绩效评价的责任主体则严格按照方案规定的进程和内容，安排和监管绩效评价的实施。绩效评价流程的任务也是很繁重的，通常为了提高这个过程的效率，一些相应的电子评价技术可用来作为绩效评价的技术支撑。

第二节 物流绩效指标体系构建

物流绩效指标是绩效评价的核心要素。由于物流对象以及物流运行状态和管理模式的差异，绩效评价指标的设置各有不同的侧重，需要遵循一定的原则，并关注如何聚焦的问题。通常，物流绩效指标体系包括单项物流活动和整个物流系统的绩效指标，它们虽然有不同侧重，但就现实物流运作的实际看，仍有一些普遍存在的关键因素。

一、绩效聚焦及指标体系构建原则

物流绩效评价流程始于绩效评价指标体系的构建，在这一问题上，由于企业的管理模式不同而对物流绩效的聚焦的差异，评价指标体系反映的绩效焦点是不同的，这同时也反映了企业物流供应链系统的不同特性。在当今的供应链运作环境中，物流绩效管理更强调绩效指标要能支持物流战略，从而绩效指标体系构建应遵循恰当的原则。

（一）绩效指标聚焦的绩效问题

由于物流绩效指标随着供应链流程的成熟度而不断演变，并因企业对物流绩效指标的聚焦点不同而异，所以，绩效指标体系构建构建受制于这些因素的影响。柯恩和罗塞尔从供应链管理的视角对此进行了深入地研究，提出了绩效指标聚焦的绩效问题，见表 9-1。

表 9-1 绩效指标聚焦的绩效问题

供应链特性	绩效指标的聚焦点
聚焦职能 缺乏职能政策/流程及基本运营管理，导致不可预测的产品质量和供货问题	特定职能部门的绩效
聚焦流程 虽然具备了最优化职能部门的质量、成本和时间的流程、系统和管理原则，但没有实现跨企业绩效的最优化	职能部门内外的特定流程绩效
聚焦企业 供应链流程与所有子流程及各管理层次相整合、相一致，展示出世界级的绩效水平和持续改进	跨职能流程的绩效
聚焦跨企业合作 内部流程与外部流程的一体化，使企业合作伙伴能够专注于客户服务、供应链伙伴、核心能力及创造价值	跨企业流程及指定外部流程的绩效

表 9-1 中,供应链特性与绩效聚焦是一种必然关系。当一个企业在现今的环境中仍然聚焦与企业内职能部门的绩效时,企业运行的艰巨性和艰难性是可想而知的。因为职能部门只关注各自的绩效,很难保证有较好的整体绩效。当企业聚焦于职能部门内外特定流程绩效时,企业整体绩效会得到改善,但不可能出现最佳绩效,因为企业很多时候还不能整合社会资源,实现支持企业最佳绩效的资源配置。对于一些掌控和提供并引领巨大市场的超级企业,聚焦于企业跨职能流程的绩效,将会出现卓越的绩效水平和持续改进。但更多的企业并不具备这样的环境,很多世界级的大企业在以往相对稳定的环境中,聚焦于企业内跨职能流程的绩效上,实现了持续改进并获得了不断增长的绩效水平。然而,在 20 世纪末和进入 21 世纪后,这些聚焦企业跨职能流程绩效的世界级卓越企业也遇到了危机,那就是急迫的与外部企业广泛、深入合作的问题,从而,包括一些巨头级企业开始把聚焦点投向跨企业合作的跨企业流程的绩效上,这就是现代供应链绩效管理所聚焦的绩效问题。柯恩的绩效聚焦思想对我们讨论物流供应链绩效管理问题具有重要使用价值和实际指导意义。

(二) 指标体系构建原则

物流绩效评价指标选取的一个最基本的原则就是要与物流战略目标相一致,支持物流战略的发展,有益于物流绩效目标的实现。物流绩效指标是随着物流运作的成熟度而不断演化的,并因绩效管理的聚焦重点不同而异,显然,选取的绩效指标不能脱离物流运作实际。物流绩效评价指标的选择和绩效评价指标体系的构建原则可以细化为如下方面。

(1) 目的性原则。物流绩效指标的选择应以实现物流战略目标、提高物流运作的整体绩效为最终目的。

(2) 整体性原则。评价指标体系不仅能反映出物流运作全过程中各流程承担者的运作绩效、各流程对整个物流绩效的贡献或影响,还要从总体上反映整个物流供应链的运作状况。

(3) 全面性和 KP 优先相结合原则。根据整个物流供应链的层次和环节的组成情况,全面反映物流供应链运作状况,但又要根据管理层对物流绩效聚焦的不同重点(它依据现行物流整体运作的状况),优先考虑关键流程(KP),因为 KP 是实现物流战略目标必须坚持长期的持续改进并取得满意结果的领域。

(4) 层次性。物流绩效评价指标体系应是一个若干相互联系的类别、要素构成的整体,一般分为系统有序的多个层次,第一个层次为评价类别,是评价的大类,它清晰地揭示了物流绩效评价的全面性和 KP 优先相结合的原则。在物流绩效评价指标体系中,第一层次的评价类别不宜过多,要有涵盖性。第二层次为第一层次评价类别分解出来的评价要素，它包含了 KPI。

(5) 突出 KPI 原则。KPI 是能够体现物流战略和流程活动重点的指标，要予以高度关注，从物流供应链的各流程中、流程间凝练出来，并给以较高的评价权重。

(6) 可量化和非均衡权重原则。所确定的指标和指标体系要能够量化，同时，对于指标体系结构中评价的类别项(第一层次结构)和要素项(第二层次结构)，在相同层次要视其重要程度给予不同的权重，而非均衡权重。

(7) 规范和可操作性原则。绩效评价指标设计规范、标准统一，便于在整个物流供应链系统内通用。此外，指标体系要切实可行，被所有涉及的合作者所认同，并便于操作。

二、单项物流活动绩效评价指标体系

在整个物流运作过程中，包含很多不同的单项作业流程，正是通过对这些单项流程的有机整合，使得整个物流供应链的整体绩效得以提升。对单项物流活动的绩效评估，可改善单项物流活动的运作效率。在整个物流运作过程中，最主要的单项物流活动在以下四个方面：运输、库存、订单处理、客户服务，它们之间相互影响，相互制约。下面的讨论中，只是根据目前业界物流运作的现状，给出了这些单项物流活动绩效评价的关键指标类别(维度)，在实际的绩效评价中，需要结合实际进一步分解出第二个层次的指标要素，并依据其重要程度给出相应的权重。

(一) 运输

运输是物流系统设计和管理中的关键环节。一般来说，在会计科目的成本中，除物料购买成本之外，运输成本比任何其他的物流活动的成本都要高。运输子系统的绩效可以通过其成本和服务水平来衡量。其中服务水平表现在速度与可靠性两个方面，两者存在着效益背反的关系。同时，成本与服务水平随运输方式、运输路线、车辆调度和集中运输等选择的不同有着较大的差异。

每个企业的物流系统都有着其自身的特点，运输子系统的运作也是各有特色，它们可以根据服务与成本两个关键的指标来衡量各自的运输子系统的绩效，选择适合自己的运输策略。运输关键指标维度见表 9-2。

表 9-2　运输关键指标维度

运输关键指标维度
运费：高低
速度：到货时间长短
货物的安全性：运输途中的破损及污染
时间的准确性：到货时间的准确性

（二）库存

库存持有的最直接目的就是以备不时之需、降低缺货风险、提高货物的可得率、改善物流服务。但库存是会带来成本，如空间成本、资金成本、库存服务成本、库存风险成本，还有与这些成本相关的采购成本和缺货成本等，这些对库存策略都会造成影响。如何平衡库存成本与其所实现的成本节约和物流服务的提高，就成为库存子系统绩效评价的关键所在。库存的关键指标维度见表 9-3。

表 9-3　库存关键指标维度

总库存成本：包括空间占用成本、资金成本、库存服务、库存风险成本以及相关的采购成本和缺货成本
产品的现货供应能力：保证一定期间内期望数量的产品有现货供应
周转率：产品的年销售额与同期库存平均投资额的比率

（三）订单处理

时间不仅仅代表着成本，而且订货周期的延长意味着对客户服务的侵蚀，因为订货周期的长短是客户服务的核心所在。据统计，订单处理的各项活动占据了整个订货周期的50％～70％。因此订单处理的绩效对于物流服务水平的提高而言是一个至关紧要的竞争变量。订单处理包括五个关键的环节：订单准备、订单传输、订单录入、订单履行、订单跟踪。订单业务处理中，要尽可能多地实现完美订单，是订单业务处理的标准。各方面都实现服务承诺的订单被命名为“完美订单”。其普遍定义是：交付准时、完整、无差错的订单。完美订单实现水平比率＝准时性比率×完整性比率×无差错比率。订单处理的关键指标维度见表 9-4。

表 9-4　订单处理关键指标维度

订单处理成本：订单处理环节涉及的成本
订单处理时间：从订单准备到订单履行所需花费的时间，在 JIT 生产要求的条件下，这个指标至关重要
完美订单：订单交付准时、完整、无差错的程度

（四）客户服务

随着社会经济的快速发展，人的经济价值的不断提高，对客户服务的要求也越来越高而且不断变化。在所有的单项物流活动的指标体系中，客户服务绩效指标最具多变性和发展性。客户服务最重要的一些常见变量包括：满足承诺的交付日期的能力、履行订单的准确性、运输延误的提前通知、对客户服务投诉采取的行动、有关发货日期的信息、在库产品的承诺提前期的长度、相对于价格的总体质量、价格的竞争力、销售人员的快速的后续行动。将这些变量凝练成客户服务的四个方面的关键性指标维度,包括数量、次数、时间和完好率等。随着客户服务水平的提高,运输成本、库存成本和订单处理成本将会随之增长。因此客户服务对整个物流系统的成本有着重要的影响,客户服务的绩效评估需认真对待。很多时候,客户可能将某一个变量设置的很重要,所以在实际的客户服务维度的绩效要素项指标设定中引起特别的关注。这也是企业提供差异化服务的机会。客户服务的关键指标维度见表 9-5。

表 9-5　客户服务关键指标维度

次数要求:满足要求次数/客户要求的次数
数量要求:满足要求数量/顾客要求数量
时间要求:按规定交货期交货次数/总交货次数
完好率:交货时完好货物量/货物流总量
跟踪服务:涉及售后服务方面,包括退货处理、维护、顾客投诉等

三、物流系统整体绩效评价指标体系

单项物流活动的绩效评估,只关注单一物流活动中能体现绩效的关键指标,而从整个物流供应链整体角度来衡量物流整体运作绩效时,则应从全局的、系统的视角来判定能体现整体绩效的衡量指标。物流供应链系统整体绩效的度量主要从用户满意度、时间、成本、资产等几个方面展开(见表 9-6)。

表 9-6　供应链物流系统整体绩效衡量构架

指标类别	输　出	表　现
客户满意度与质量	最佳订单履行率	按期运送
	客户满意度	合理的成本、利润和折扣
	产品质量	客户询问回应时间
时间	订单完成提前期	供应/制造周期
		物流反应时间
		生产计划的实现
成本	物流系统整体运作总成本	价值增值生产率
资产	现金周转时间	预测准确度
	供应物资的库存天数	存货贬值报废
	资产绩效	生产能力利用率

(一)客户满意度

长期以来,客户满意度始终是企业商业营销及商业战略中最核心的理念之一。在物流运作管理中，客户满意度体现了物流运作能够满足客户对服务和质量要求的综合能力。简单地说，如果企业提供的物流服务水平能够达到客户要求，甚至超过了客户的期望值，那么客户就能够得到满足，反之则相反。这看上去似乎简单易懂，但在物流运作实际中建立客户服务平台却是一项非常复杂的工作，企业需要更全面地了解客户期望的本质到底是什么，客户是如何形成那些期望的，客户满意度与客户对整个物流服务质量的要求之间有什么关系。为什么许多企业无法提供使客户满意的服务，为什么客户认为大量企业提供的物流服务的质量不高。毫无疑问，当客户与供应商交往时，他们会有各种各样的期望，其中不少期望都涉及供应商所提供的基本物流服务。也就是说，客户的期望往往与可得性、运作绩效以及服务可靠性有关。在帕罗斯曼(Parosman)、詹舍莫(Janthem)和贝里(Berry)所作的一项创新性研究中，提出了 10 个与物流运作绩效相关的客户期望(见表 9-7)，非常有借鉴和使用价值。

表 9-7　与物流运作绩效相关的客户满意度

指　　标	表　　现
可靠性	物流承担者对其所有承诺的履行情况
响应性	客户所希望的物流速度及提供快速服务的能力
可得性	物流服务商容易接触，方便联系。如客户能够方便地下达订单，比较容易从物流服务商处获得库存信息或订单状态信息等
沟　通	物流服务商能够预先向客户提供有关信息
可信度	客户希望物流服务商提供的信息是真实、可信的
安全性	客户在于物流服务商交易过程中所感觉到的风险和疑虑
礼　貌	是否有礼貌，是否友善以及是否尊重他人
胜任能力	客户通过与物流服务商的接触来判断其胜任能力。如在交货时，客户可以判断卡车司机的能力是否胜任；在核对订购货物时，客户可以判断仓管人员的能力是否胜任；再打电话时，客户也可以对物流服务人员的能力进行判断。同样，任何一个人员的失误，也会影响客户对整个企业的感觉
外部特征	客户对企业的物流设施、设备及工作人员的期望
对客户的了解	客户希望物流服务商能够充分了解他们的独特性，并能够提供专门的服务来满足他们的特殊要求

（二）时间

时间指标衡量了企业物流运作对客户需求的响应能力。物流运作中的时间指标是指物料流动从开始到结尾的管道时间，即从客户授权购买到产品交付使用时为止。从客户需求的角度来看，时间就是后勤提前期的概念，其组成部分如图 9-4 所示。

有效控制时间的绩效，要求从客户角度出发去衡量从接到客户订单直到交付产品的全过程的时间绩效。表 9-8 列出并定义了关键的时间指标。

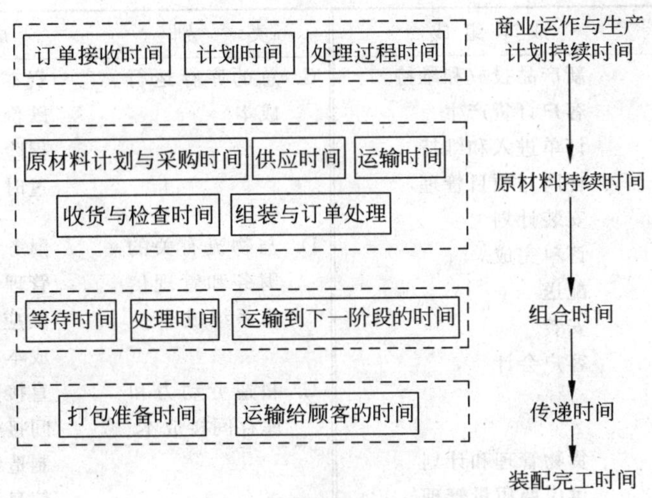

图 9-4　提前期的组成部分

表 9-8　关键时间指标衡量

指　标	表　现
制定货物来源周期时间	开始于无存货，或只能部分满足订货，为提供客户所需的这些产品，所累计的外在和内在的前置时间
供应链反应时间	认识到市场需求有较大转移的理论时间，发现、重新计划需求和以 20％的幅度增加生产的内部转化机制
生产计划的实现	完成生产计划的平均实际频率(±％)
包装运输时间	在计划时间内完成特定产品的包装和运输(±‰)

（三）成本

成本是所有管理层极为关注的问题。表 9-9 列出了主要的用于追踪总成本的一些因素。成本度量主要是通过追踪每个雇员的增加价值而集中在人力资源的生产率上。价值增值生产率被定义为总的公司价值增值收入减去从外部得来得原材料的价值，以总的公司的工资额的比例表示。在实际运作中对成本方面绩效指标的设置，除了表 9-9 所列出的带有普遍性的一些因素外，还可能会有流程间的作业成本和交易成本等，这些需要依据企业物流供应链运作的实际而定。同时，这些成本组成经过层层分解细化后，将是一个庞大的指标体系。

表 9-9　供应链成本组成

类　别	成本组成	类　别	成本组成
A. 订货完成成本	新产品投放和维持 客户订货产生 订单进入和维持 合同与项目管理 安装计划 订单完成 配送 安装 客户会计	C. 总的库存运行成本	资本机会成本 跌价 保险和税收 过时
		D. 与物流有关的财务和管理信息系统成本	财务 管理信息系统 供应链物流支持成本
		E. 制造劳动力和库存间接成本	直接劳力 间接劳力 制造和质量工程 信息系统 残值和返修 折旧 租赁费用 工厂占有 设备维持 外在支持 环境
B. 原材料获取成本	货物管理和计划 供应商质量管理 运输费用和税收 应收款项 收入检查 部件工程 工具		

（四）资产

企业整个物流系统的运作涉及相当大的资产的流通与占用，这其中包括库存、设施以及设备等等，因此物流供应链系统整体绩效的衡量必须考虑资产因素。资产衡量基本上集中在特定资产水平支持下的销售量水平。以结果为基础的资产衡量包括现金周转时间、供应物资的库存天数以及资产的绩效。测量现金利用有效性的现金周转时间，是将使用1元钱原材料所需的时间，转化为1元钱的最终产品所需要的理论时间。现金经过周转，可获得增值。

供应物资的库存天数可以用来测量库存周转速度或周转量。高速度的库存周转可以导致无相对库存增加的销售量的增长，也就是说，在没有附加的运行费用的条件下，也能获取附加的利润。

最后的衡量集中在总的资产利用上。资产绩效被定义为销售额与总资产的比率，它受到利用率和流动资产持有量的双重影响。表9-10列出了关键的资产衡量指标。

表 9-10 关键资产指标衡量

指 标	表 现
预测精确度	使用最近的三个月期间平均的产品预测精确度
库存过时	由于库存价值降低而导致的费用,用平均总库存价值百分比表示
能力利用	现今总的可利用的能力百分比,即现今的实际生产量除以 7 天运作、每天 24 小时获得的生产量

第三节 物流绩效评价方法

物流绩效评价除了需要上述所讨论的一些工作外(尤其是把一些管理方面的东西尽量固化在绩效指标体系中),还需要选择使用科学的评价方法。目前,就绩效指标体系的构建和绩效方法评价已经有一些经典的模式可以借鉴,这些模式将指标体系构建和评价方法融合在一起,形成了整体连贯性的指标体系构建和评价方法。实际的指标体系构建还需要结合企业具体的物流运作状态,恰当的借用或者综合利用。关于绩效评价的理论研究中,涉及最多的是基准化(benchmarking)和平衡计分卡(balanced score cards,BSC)法,此外,还有一些其他的一些评价方法。科学地选择使用绩效评价方法,将有效支持物流绩效评价结果的真实性和客观性。

一、基于基准化及平衡计分卡评价方法

基准化的核心思想是不断寻找和研究同行一流公司的最佳实践,以此为基准与本企业进行比较、分析、判断,找出本企业的优劣势,向最优企业学习,确定自己的新目标,不断改进和创新。平衡计分卡法则把企业的战略目标融入绩效考评指标体系中,关注财务与非财务指标的结合,为管理者提供了实现战略目标的更好的方法。这两种方法前者侧重于“标杆”比照,后者在关注财务指标的同时,更关注非财务指标。将这两种方法综合起来,可称之为 BBSC 评价方法。

(一) 基准化评价管理方法

基准化管理起源于 20 世纪 70 年代末 80 年代初美国学习日本的运动中,首开基准化管理先河的是施乐公司。基准化方法用于物流绩效评价和管理中有三个方面值得高度关注:第一是客户对公司物流绩效的满意度;第二是把绩效与行业最佳者对比;第三,不仅要衡量和比较结果,还要考虑产生结果的过程。即这些好的和劣的结果在什么情况下产生的。这三个方面也是基准化的核心。在进行物流绩效时可运用基准化的管理思想,确定关键评价指标,给出相应较高的权重;在评价结果分析、激励与指导、战略目标修订中,

用基准化作为指导，可使评估取得较好的效果。

基准化方法用于物流绩效评价和管理中，可以概括为两个部分，其一，与“标杆”进行比较，并确定绩效衡量的尺度；其二，通过绩效评价寻找与“标杆”的差距，进而修订绩效计划并实施持续改进。所以在很多时候人们将其成为基准化绩效管理方法，或者基准化管理。表 9-11 给出了基准化应用到物流绩效评价和管理中的六个步骤，其中前三个步骤主要用于指导绩效评价，后三个步骤主要用于指导绩效的持续改进。

表 9-11　物流基准化实施的阶段及内容

阶段	步骤	内　容
1	识别	对哪些方面实施基准化、选择基准化的对比对象、数据来源与收集
2	排序	设定基准化优先次序
3	分析	衡量差别、比较差别
4	计划	未来绩效水平计划、制定行动计划、创造共同经营理念和价值观
5	行动	行动计划的实施、责任安排、持续改进
6	完成	制度化

(1) 识别。企业需要了解自身的优劣势，从而确定哪些方面或领域需要实施基准化策略，进而选择基准化物流管理所需要的对比对象。要学习其他企业的物流管理的领先优势，相关信息的搜集必不可少。物流标准化所需要的信息主要有三大来源：其一，顾问、咨询公司，学术期刊与理论和实践研究者提供的相关的物流数据。这些数据是公开发表或出版的，比较容易获得，虽然不能很好的满足竞争性需求，但可以作为其他资料的补充和参考。其二，行业内部或相关行业的非竞争性企业提供的数据。由于这些企业是非竞争性的，所以能获得其他企业有深度的数据，对其他企业进行较深入的研究。这些资料并不能提供特别广泛的视野，但都是非常重要的数据资料。其三，构建共享风险与利益的组织同盟，从而可以获得共享的数据。把三种途径获得的资料整合起来，分析、提炼，使其升值成有价值的信息。

(2) 排序。对那些需要基准化的项目进行排序，视以下情况而定：①哪些物流过程或环节具有战略重要性；②哪些物流过程或环节对整个物流绩效有相对强的影响；③企业内部需要做好哪些变革准备的环节。

(3) 分析。该阶段的主要工作是将收集到的信息和资料进行加工、分析对比。即分析为什么被定为基准的企业更好一些，它在哪些方面真正是优秀的，本企业与基准企业在物流管理方面的差距到底有多大，怎样把基准企业物流运作及管理的成功经验用于本企业的改进上来等等问题。这一阶段是很关键的，若目标定位不准，将导致后续工作偏离预定目标。到这一阶段为止，即可以把“标杆”的一些数据作为绩效评价的基准，构建物流绩效考评指标体系，并进行评价和比较与“标杆”的差别。

（4）计划。经过识别、排序和分析，明确了需要基准化的方面或领域以及对比对象，并进行了绩效评价之后，接下来就是制定相应的行动目标，指导具体的行动过程来实现目标。目标的实现过程是一个团队合作的过程，要想成为一个有效的团队，需要有共同的经营理念和价值观，在物流供应链系统内进行沟通，使各合作者了解和接受这些新目标，使其对问题和目标做出一致定义。

（5）行动。行动是在计划的指导下朝目标迈进的过程。无论多好的计划，没有行动的支持，只能流于形式。要真正将计划落实到行动上，需要定期对工作进行测评。参与人员各司其职，各负其责。确定项目、子项目负责人，具体落实绩效基准化计划和目标，建立一套报告系统，能够对计划和目标进行修改和更新。基准化是一个持续不断地学习与改进的过程，需要始终跟踪最新的发展，持续进行基准化的实践。

（6）完成。对于一个持续改进的过程而言，基准化的完成只是暂时的。从另外一个角度来看，完成的是一种方法与制度的建立，在此方法与制度的指引下，可以做到有章可循，循序渐进。物流绩效基准化实施过程可归纳为图 9-5 所示。

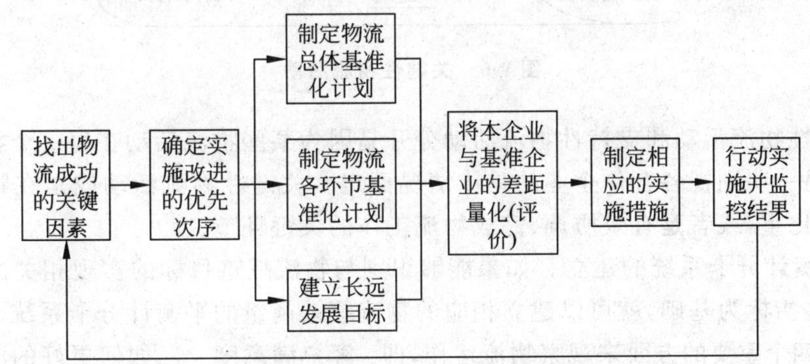

图 9-5　物流绩效基准化实施过程

（二）平衡计分卡评价法

自罗伯特·S. 卡普兰和大卫·P. 诺顿于 1992 年在《哈佛商业评论》上发表了第一篇关于平衡计分卡的开拓性文章以来，平衡计分卡的概念就引起了广泛的注意，它打破了传统，建立了一个全新的绩效评估体系，为管理人员提供了一个全面的框架，用以把企业的战略目标转化为一套系统的绩效测评指标。平衡计分卡法应用于物流绩效评估与控制，可以克服传统的物流绩效评估的不足之处，将财务测评指标和流程测评指标结合在一起使用，从而能够同时从几个角度对物流绩效进行快速而全面地考察。平衡计分卡使用中首先要选取能够支持物流战略的关键绩效指标（KPI），然后建立平衡计分卡系统。

（1）关键绩效指标（KPI）的选取。KPI 是通过对整个物流流程的关键参数进行设置、取样、计算、分析，衡量流程绩效的一种目标式量化管理指标，是把物流战略目标分解为可操作的工作目标的工具，是物流绩效管理的基础。在遵循SMART原则的基础上，建立KPI指标的要点在于流程性、计划性和系统性。首先明确物流战略目标，可以利用头脑风暴法和鱼骨分析法找出整个物流全过程的关键领域或流程，然后进一步寻找出这些关键领域的KPI，即整个物流供应链系统的KPI。这些KPI不仅包括财务指标，也包括诸如行为性的非财务指标。接下来，通过分析绩效驱动要素（技术、组织、人），将这些KPI进行分解。整个物流供应链系统的KPI也是各流程或者单项物流活动绩效评价的依据。通常，一个典型的物流运作过程的组成要素包括：客户服务、需求预测、分拨系统管理、库存控制、物料搬运、订单处理、零配件和服务支持、采购、包装、退货处理、废弃物处理、运输管理、仓库管理。将这些活动进一步又细分为关键物流活动和支持物流活动。其中的关键物流活动包括客户服务、运输、库存管理、信息和订单处理等，如图9-6所示。

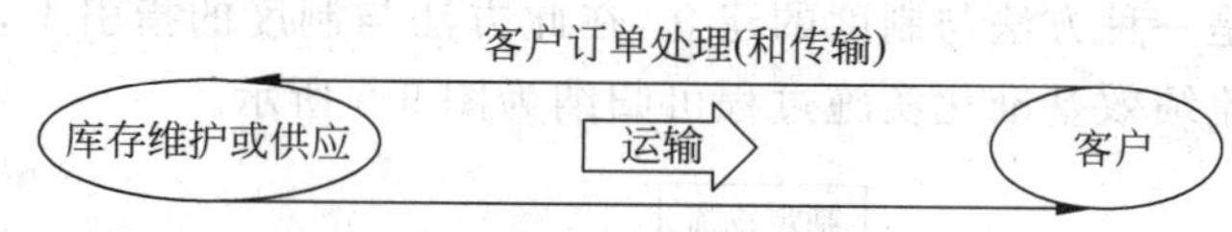

图9-6　关键性物流活动

将关键性物流活动和支持性物流活动分开是因为某些物流活动在每一个物流渠道都会发生，而另一些则视各合作企业的具体情况而定。关键性物流活动或是在物流总成本占有很大的比重，或者是有效协调、完成物流工作的关键环节。

(2) 平衡计分卡系统的建立。如果能够识别与物流战略目标的实现相关的关键绩效指标，以这些指标为基础，就可以建立相应的物流绩效衡量的平衡计分卡系统。平衡计分卡法主要从四个重要的方面来观察物流运作，即：客户满意度——如何更好的满足客户要求；内部运营——如何提升自身服务能力；创新和学习——持续的提升与价值创造；财务状况——反映赢利要求。可通过五个步骤建立一个平衡计分卡系统。

步骤一，为重要的财务绩效变量设置目标和衡量变量。虽然传统的财务指标的测评体系存在着很多的不足之处，但不能对财务指标予以全盘的否定。如果能使物流战略转化为具体的、可以测度的目标，却不能在财务指标上反映出物流绩效的改善，那么所有的工作都失去了存在的价值。财务目标与可衡量的指标是不可缺少的。典型的财务目标涉及生存、成功和繁荣。生存用现金流量来衡量；成功用收入来衡量；繁荣用市场份额的上升和股权报酬率来衡量。

步骤二，为客户服务绩效变量设置目标和衡量指标。应用平衡计分卡法时，要明确客户服务所应达到的目标，然后把这些目标转化为具体的测量指标。物流客户服务的目标是最大限度地满足现有顾客所要求的服务水准，即满足要求的次数、数量、时间、完好率和跟踪服务（见表9-5）。同时，要追踪企业在现有的和潜在客户身上创造客户满意度和忠诚度的能力。因此物流客户评价指标可以归纳为：客户满意度、客户印象和客户忠诚度。一个有效的物流战略是以独特的价值含量对目标市场客户的吸引力为基础的。物流的价值含量变量可分为三类，如图 9-7 所示。

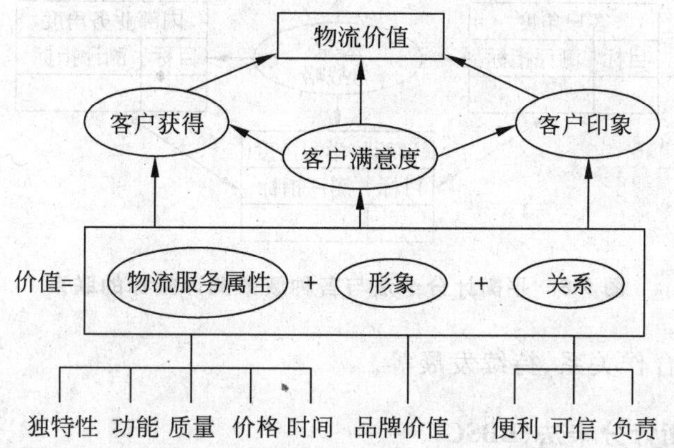

图 9-7　客户视角：将独特的价值含量与核心产出指标联系起来

资料来源：卡普兰，诺顿.战略中心型组织：平衡计分卡的致胜方略[M].北京：中国人民大学出版社，2008.

步骤三，为重要的流程绩效变量设置目标和衡量指标。顾客服务目标的实现，是以良好的内部业务流程为基础的。因此内部测量指标，应当来自对顾客满意度有最大影响的业务流程。在前面进行的分析中已经给出了运输、库存管理、信息活动和订单处理，这些活动对于客户服务目标的实现是至关重要的，找出相对应的测评指标就可对其进行评价（如单项物流活动绩效评价）。

步骤四，为重要的创新与学习绩效变量设置目标和衡量指标。激烈的全球性竞争，需要我们不断的学习与创新，紧跟时代的步伐，才能实现持续的发展。创新与学习绩效指标主要包括三个方面：①评价员工物流管理能力的指标；②评价企业物流信息能力的指标，如信息覆盖率、信息系统反映的时间、接触信息系统的途径、当前可能取得的信息与期望所需要的信息的比例等；③评价激励、授权与物流协作的指标。

步骤五，使用平衡计分卡来传达物流战略。使用平衡计分卡，物流管理者可以衡量物流流程在创造现有和未来客户，建立和增强物流能力，对人员、物流系统、物流运作程序、未来绩效的投资方面是否有效。平衡计分卡抓住了隐藏在传统的收益表和资产负债表之后的关键的价值创造活动，揭示了长期财务业绩与竞争能力的价值驱动，平衡计分卡法与绩效测评指标的联系示意见图 9-8。

平衡计分卡衡量指标来源于组织的物流战略目标和竞争需要，把物流战略和愿景而非控制置于中心地位。它确定了目标，并假定人们会采取一切必要的行动来努力实现这些目标。这与企业所推出的许多物流管理新举措是一致的，如供应链物流一体化、顾客与

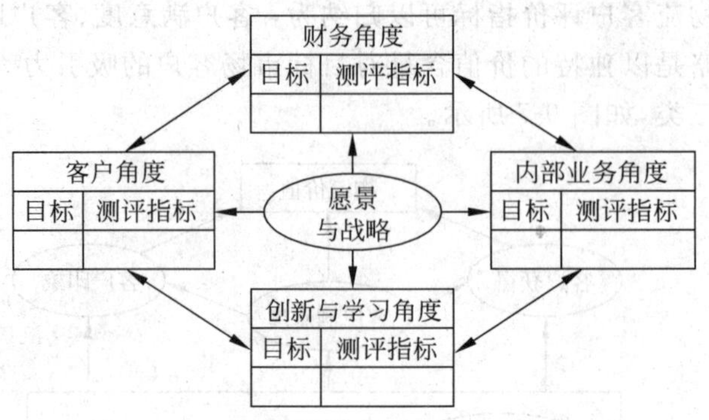

图 9-8 平衡计分卡法与各种绩效测评指标的联系

供应商之间的伙伴合作关系、持续发展等。

（三）基准-平衡计分卡法（BBSC）

基准化管理为物流操作与流程提供了一种可行、可信的奋斗目标，以及追求不断改进的思路，是发现新目标以及寻求如何实现这一目标的一种手段和工具，具有合理性和可操作性。而平衡计分卡辨别并跟踪一系列财务及非财务评价指标，为基准化管理提供了更为广泛的视野。根据平衡计分卡进行分类，设计战略绩效基准化指标，建立基准化指标体系是非常有效的。平衡计分卡旨在将愿景和战略转换成目标，提供给管理者了解物流绩效的一组基准化数据。这些数据帮助管理者在一系列目标之间进行平衡，包括：短期与长期目标之间的平衡，财务与非财务量度之间的平衡，滞后指标（lagging indicators）与领先指标（leading indicators）之间的平衡，外部与内部之间的平衡。它既强调了绩效管理与物流战略之间的紧密关系，又提出了一套具体的指标框架体系，能够将各合作者承担的流程绩效与整个物流供应链系统的整体绩效很好地联系起来；既包括了财务绩效，也包括了行为绩效，使各合作企业的努力方向同整体物流战略目标的实现紧密联系起来。

将基准化（benchmarking）法与平衡计分卡法（balanced score cards，BSC）有机结合起来，并转换为用于物流绩效评价的系统工具，可称其为基准-平衡物流计分卡（benchmarking-balanced score cards，BBSC）法。基准化与平衡计分卡的有效结合，无论对于单项的物流还是对于物流系统整体的绩效评价，都能够取得很好的效果。两者的结合把目标与过程紧密地联系在一起，对过程的控制建立在对目标的追求之上的，两者的综合运用，达到了思想与行动的统一。图 9-9 给出了两者结合的关系示意。该评估体系框架清晰地给出了能体现物流整体绩效的几个角度，同时也提供了一种视角思维工具。在进行具体的物流绩效评估时，可通过收集的最佳物流实践数据建立数据库，构建在该基准平衡计分卡指导下的定制化的绩效评价框架体系。

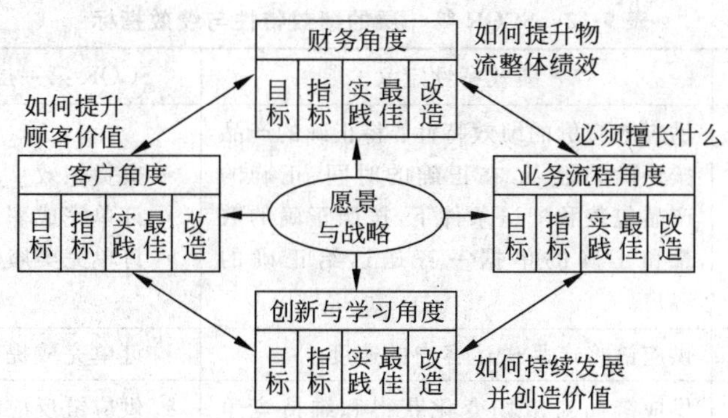

图 9-9　基准法与平衡计分卡结合的关系示意

二、SCOR 和 ROF 评价方法

SCOR 和 ROF 评价方法也是目前业界比较推崇的方法，一些企业的尝试将其应用于供应链和物流的绩效评价，取得了较好的效果。

（一）SCOR 评价方法

绩效评估集团公司 PMG 进行的供应链管理标杆数据研究，针对供应链实践和供应链绩效进行了持续不断的调查，以全球供应链管理咨询公司 PRTM 先前开发的 SCOR 为基础，采用了相同的分层体系，构建了分层次的供应链绩效评价指标体系结构。

其中第一层为最高层次，定义了五大项供应链绩效的关键指标及其分解的 13 个评价指标，将供应链绩效加以定量化评估。SCOR 第一层的评价指标通常用于评价供应链的计划流程，包括采购计划、生产计划、配送计划和退货计划。然后再逐层分解。第二层的评价指标与范围更小、更具体的流程有关。第三层的评价指标也称为诊断指标，用于确定绩效与计划指标的差异。第二层和第三层的各个评价指标均与第一层中五大绩效特性中某个绩效特征相关。由于 SCOR 不仅给出了绩效评价的指标体系，还可以同时进行定量化评价，所以是一种整体连贯性的评价模型。SCOR 方法或称模型，为企业供应链绩效评价指标体系的构建提供了极有价值的分析工具。表 9-12 展示了 SCOR 第一层次的绩效指标，其余第二层、第三层的绩效指标可参考网站 www. supplychain. org。

（二）ROF 法

ROF 法是比蒙(Beamon)于 1999 年提出的一种评价供应链绩效的新方法。他使用了三个方面的绩效评价指标来反映供应链的战略目标，即资源(resources)、产出(output)和柔性(flexibility)，这三类指标都具有各自不同的目标。资源评价和产出评价在供应链

表 9-12　SCOR 第一层的绩效特性与绩效指标

绩效特性	绩效特性定义	SCOR 第一层的绩效评价指标
供应链交货可靠性	供应链交货的绩效特性：将正确的产品按正确的地点，在正确的时间、正确的产品包装和配送条件下，按照正确的数量和正确的单据一齐送达给正确的客户	• 交货绩效 • 订单完成率 • 订单完美履行率
供应链反应能力	供应链将产品送达客户的速度	• 订单完成提前期
供应链柔性	供应链面对市场变化获得和维持竞争优势的敏捷性	• 供应链反应时间 • 生产柔性
供应链成本	供应链运营所耗成本	• 产品销售成本 • 供应链管理总成本 • 增值生产率 • 产品担保成本或退货处理成本
供应链资产管理效率	一个组织为满足需求而进行资产管理的有效性，其中包括对固定资本和运营资本在内的全部资产的管理	• 现金周转时间 • 库存供应总天数 • 净资产周转天数

绩效评价中已经得到了广泛的应用，而柔性指标则在应用中比较有限。资源评价指标是反映高效生产的关键所在，产出评价指标要求达到较高的水平以保持供应链的增值性，柔性评价指标则要符合供应链快速响应环境变化的要求。它们之间相互作用，彼此平衡，其关系如图 9-10 所示。

ROF 法包含的三类评价指标的具体内容为：

- 资源评价，包括对库存水平、人力资源、设备利用、能源使用和成本等方面的评价。
- 产出评价，主要包括客户响应、质量和最终产出数量的评价。
- 柔性评价，主要包括范围柔性和响应柔性两种评价。

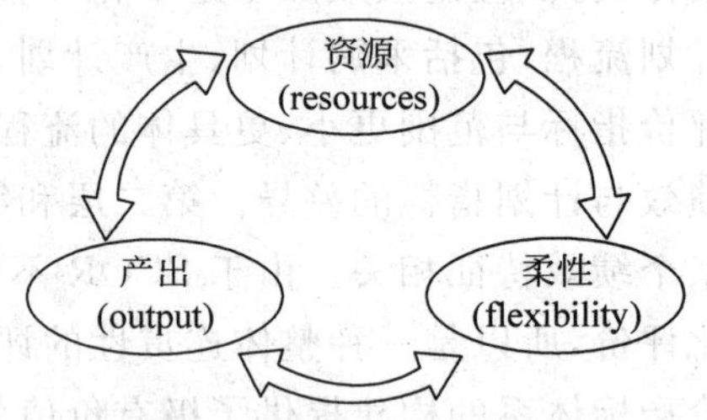

图 9-10　ROF 法的绩效评价指标及其关系

比蒙提出的这三类指标在具体的评价过程中，又是从定性和定量两个方面进行评价的。定性绩效评价囊括了顾客满意度、柔性、信息流与物流整合度、有效风险管理和供应商绩效等。定量绩效评价又分为两类：一类是基于成本的定量评价；另一类是基于顾客响应的绩效指标。

以上这些方法各有其特点。此外，还有其他的一些方法，如鲁姆斯(Lummus)从供应、过程管理、交货运送和需求管理四个方面提出了供应链绩效的主要指标。这些指标包括了供应的可靠性、提前期、过程的可靠性、所需时间以及计划完成、完好订单完成率、补给提前期、运输天数、供应链总库存成本、总周转时间等。再如，西蒙·布雷格(Simon Bragg)，将供应链管理思想，运营杰出战略，关键绩效评价指标，以及对 IT 系统的功能要求等融合在一起，构建了一个可供企业自我诊断供应链绩效的基本模型，该模型包括了由10 个问题组成的供应链绩效测试和诊断表。布雷格认为，行业内最好的公司应当对这些问题直接回答 Yes。另外，对于一些不具备整体连贯性的供应链绩效评价模型，通常在构建了绩效评价指标体系后，还需要使用专业评价技术来支持完成量化评价过程。常用的方法如层次分析法、模糊决策评价法、数据包络法等，这里不展开叙述。

案例 9-1 3Com 公司的绩效管理

自从 1979 年 3Com 公司成立和创建以太网标准以来，3Com 公司的前瞻性和渗透性的网络理念，受到了全世界的广泛认同和支持，在全球渠道的合作伙伴已经有 5 万多家。

1. 3Com 公司的绩效管理理念

2003 年，3Com 公司开始开发一套利用绩效管理帮助企业竞争战略执行的方法。3Com 公司将销售、市场、产品管理、研发和供应链运作集中在一起，支持所有产品线。3Com 希望开发出一个基础框架，让企业各职能部门领导者都能够做到：

- 协调组织活动和优先要务与企业整体目标相一致。
- 监督关键绩效指标。
- 及时提供信息，以更好地做出决策与反应。

3Com 公司建立了一个项目团队，同时组织了一个跨职能指导委员会，以提供执行监督。在项目开始之前，3Com 公司就制定了重大的战略计划。公司首席信息执行官兼指导委员会主席艾瑞·柏斯(Ari Bosr)表示，要确保公司具有清晰定义且既大胆又有前瞻性的竞争战略。而只有职能部门领导者必须清楚了解公司的战略，才能依据战略执行。

3Com 的竞争战略制定之后，便开始专注于协调各个职能部门。公司利用平衡计分卡的框架，要求各个职能部门依据财务、内部(运作)、外部客户、创新和学习(人员)这四大界面，设定行动与绩效评价指标。各个职能部门的目标与行动都必须以支持企业整体战略为前提，关键的提案也是从企业整体目标衍生而出的。如，服务部门有一项提案，提升支持 3Com 公司重新进入一个细分市场的能力，而运营部门有一项提案，需要将制造业务外包给合同制造伙伴。每个职能部门的平衡计分卡汇总在一起，就形成了 3Com 公司的全球整体运作计分卡，如图 9-11 至图 9-15。

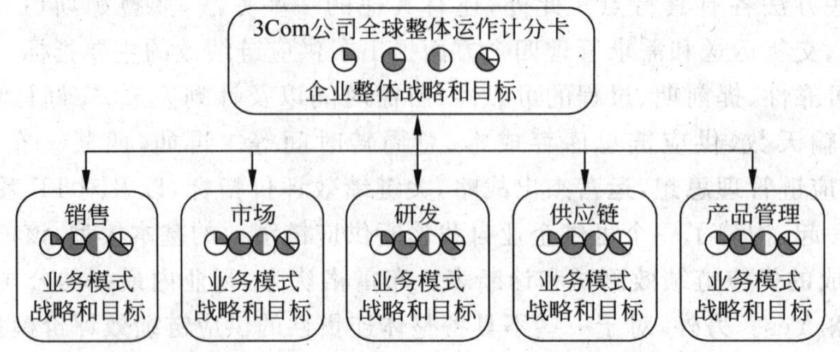

图 9-11　3Com 公司的绩效管理方式

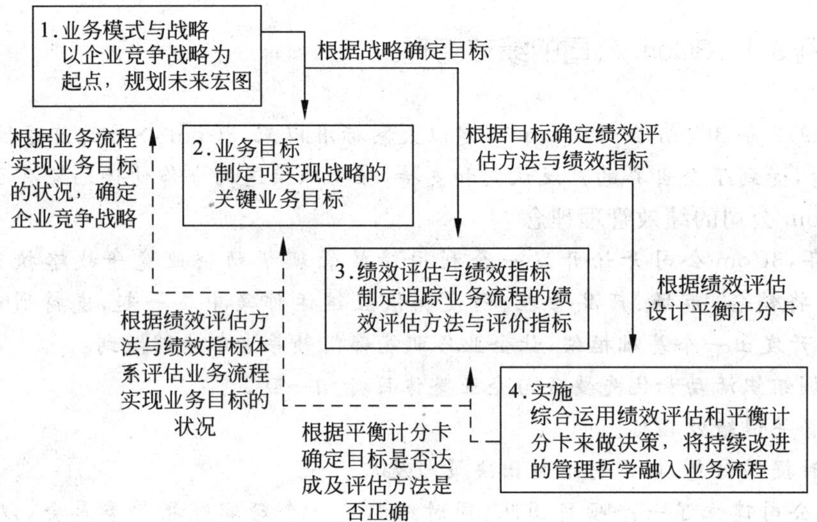

图 9-12　3Com 公司的平衡计分卡

2. 3Com 公司绩效管理方法

接下来，供应链组织需要选择一套绩效指标体系，既要对业务流程的关键绩效进行评估，以支持业务目标，同时还需要逐层细化绩效指标，对职能部门的绩效进行评估，包括交货可预测性、缺货率、订单周期、退货授权(return material authorization，RMA)、自动流失率(voluntary attrition，VA)、供应链成本等。其中，供应链成本可进一步分解为物料成本、管理费用和期间费用等。

图 9-13 所示为 3Com 公司以强调平衡计分卡四大界面的关键绩效指标体系。为了确定任何问题的根本原因，3Com 公司利用供应链计分卡逐层细化的绩效指标诊断问题成员，如图 9-14 所示。

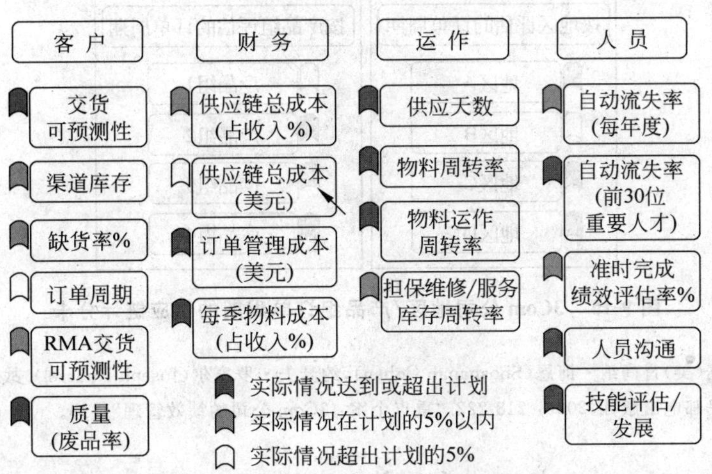

图 9-13　3Com 公司的供应链计分卡

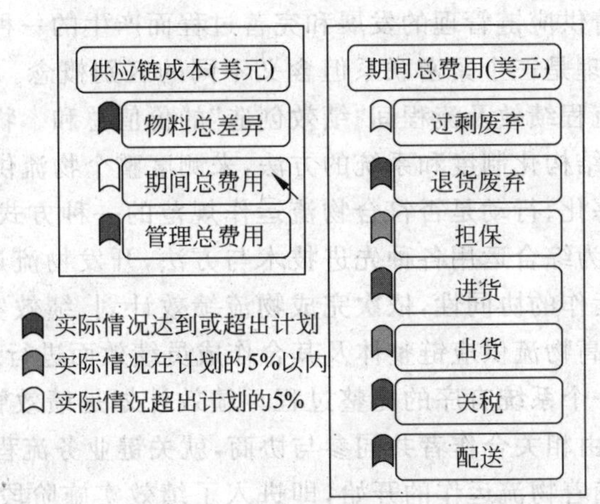

图 9-14　3Com 公司供应链计分卡的分解指标

现在,3Com 公司每一位主管的办公电脑上都有一份全球整体运作计分卡,主管们每天利用这份计分卡监督公司整体绩效及职能部门绩效。在每周的主管理会上,各个职能部门轮流汇报,内容包括计分卡的总结及调整和更新相关的关键提案,以确保职能部门的运作与公司整体目标相一致。3Com 公司的这种绩效管理模式能实实在在地帮助公司的供应链组织专注于最关键事项。3Com 公司供应链运作副总裁吉姆·蒂克纳(Jim Ticknor)认为,公司的这种绩效管理模式更有益的是,还帮助了整个团队了解自身的活动与决策如何影响公司的其他领域。

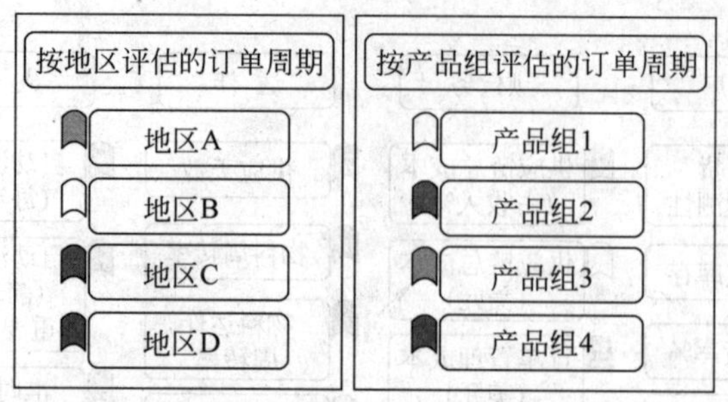

图 9-15　3Com 公司地区/产品组订单周期的供应链计分卡

资料来源：根据(美)肖尚纳·柯恩(Shoshanah Cohen)，约瑟夫·罗塞尔(Joseph Roussel). 战略供应链管理[M]. 汪蓉，译. 北京：人民邮电出版社，2006：218-222. “重点个案：3Com 公司的绩效管理”整理。

本章小结

绩效管理是伴随着供应链管理的发展和完善过程而产生的一种管理思想与方法。绩效、绩效评价和绩效管理是三个紧密联系但含义不同的区别概念。物流运作全过程的绩效是整个物流供应链流程绩效及流程间“绩效创造”的价值总和。物流绩效评价是依据一定的标准，通过正式的结构化制度和系统的方法，来测度整个物流供应链的整体绩效及各流程绩效是否改进或恶化、行动是否符合物流运作规范的一种方式。物流绩效管理是从物流供应链整体出发，为综合运用各种先进技术与方法，开发物流运作系统的各种潜能，最大限度地提升物流运作的协同性，依次完成物流绩效计划、绩效实施、绩效评价和绩效反馈与改进等过程，提高物流供应链整体及其合作成员绩效而进行的系统管理活动。

物流绩效管理是一个系统有序的完整过程。绩效计划是绩效管理开始，它是在物流供应链启动运作之前，由相关合作者共同参与协商，就关键业务流程在期望产出问题上达成的共识及承诺。伴随着物流运作的开始，即进入了绩效实施阶段。作为物流管理层应立足于绩效管理的平台来实施对物流运作的管理，其职责不仅仅是对流程运作过程进行监控，指导和及时沟通也是非常关键的，它协调各流程成员的行为，增进合作关系，支持流程间的“绩效创造”。对可能出现的一些问题也会通过指导和沟通被消灭在萌芽之中。在一个绩效周期结束时，将通过一个规范化的程序对该周期的绩效结果(包括行为)进行检验，这就是绩效评价。公平、公正、公开的绩效评价结果将用于决策层对物流战略目标的修订、下一个绩效计划的制定，或用于物流系统及流程的优化等多个方面。有效的供应链绩效管理方法体现了七个特征。

绩效评价的最终结果能否科学、客观地反映供应链的运营状况至关重要，它带来的影响是多方面的。要使绩效评价的最终结果真实、客观，一个关键的要件是切合实际的、恰当的绩效评价指标体系。物流绩效评价指标选取的一个最基本的原则就是要与供应链战略目标相一致，即应支持物流战略，有益于物流绩效目标，这同时需要结合企业物流运作实际进行绩效聚焦。物流绩效指标体系构建包括整个物流系统的整体绩效评价指标系统，也包括整个运作过程中单项物流活动的绩效评价指标体系。

一些将指标体系构建和评价方法融合在一起的经典模型，可作为物流绩效评价指标体系构建及评价的有效分析和计量的工具。其中使用较多的是基准化(benchmarking)和平衡计分卡(balanced score cards，BSC)法，前者侧重于以"标杆"绩效为基准，后者旨在将物流战略转化为绩效指标，并关注财务和非财务指标的(如行为)综合。将两者有机结合起来，并转换为用于物流绩效评价的系统工具，可称其为基准-平衡物流计分卡(benchmarking-balanced score cards，BBSC)法。它把目标与过程紧密地联系在一起，对过程的控制建立在对目标的追求之上的，两者的综合运用，达到了思想与行动的统一，这无论对于单项的物流还是对于物流系统整体的绩效评价，都能够取得很好的效果。SCOR 评价方法和 ROF 方法也已开始在实践中尝试，前者侧重于系统全面的综合性评价，后者侧重于从资源、产出和柔性三个方面进行评价。此外还有一些其他的评价方法。这些评价方法各有其自身的特点，供实际中结合物流运作现状选择使用。

问题思考

1. 怎样理解物流绩效、物流绩效评价、物流绩效管理各自的含义和它们之间的关系?
2. 物流绩效管理与一般意义上的绩效管理有什么不同?
3. 有效的物流绩效管理方法体现了哪些特征?
4. 物流绩效管理计划是怎样形成的?
5. 试述物流绩效评价的流程。
6. 以 SCOR 第一层次的绩效指标为例，对其进行分析，阐述你的观点。
7. 结合本章案例，谈谈你对绩效聚焦的看法。

第四部分　信息时代的供应链物流

从信息技术高速发展及其对经济活动的支撑作用和价值创造之视角，我们称现代技术经济管理进入了信息时代。信息时代的供应链物流（管理）目前可以勾勒为电子商务与物流、第三方物流、物流信息技术、全球物流四大主要内容。第十章电子商务与物流，阐述了电子商务方面的一些基本问题，重点讨论电子商务环境下供应链的构建及管理、物流的特征和运作模式、电子商务的安全环境等问题。第十一章第三方物流，结合当前业界的优秀运作实践，阐释了第三方物流概念、服务内容、运作模式、运作策略等；借助于电子商务的发展，第三方物流服务将在发展形式、速度和范围上有更大的突破，这就是第四方物流，它将逐步成型和走入市场，并成为物流市场的管理者——一个供应链管理的集成商。第十二章物流信息技术，它的快速发展让人惊喜，它的“一体化”对物流的高效率和高效益协同运作起到了极大的技术支撑作用；电子数据交换系统解决了供应链物流运作和管理过程中所有单证高效、快速的无纸化处理问题，无线射频识别技术（RFID）、GIS和GPS等技术的应用，很好地实现了物料库存和在途的实时跟踪和可视化管理。本章将对这些关键的信息技术问题进行详细讨论。第十三章全球物流，以全球供应链的视角，重点讨论全球物流中有关运输的规划、运输的对象及代理、全球物流运输的结构、全球物流管理战略、全球物流联盟及外包的管理等问题。

第十章　电子商务与物流

随着网络经济、电子商务的发展，商品所有权交易时间已经可以达到"等于零或者趋近于零"的境界。电子商务使商业贸易发生了巨大的变革，不仅时间缩短、交易速度加快，而且可以大大降低商业交易成本。电子商务高效率地解决了商业贸易中的商流、信息流、资金流等问题，但最终环节的资源配置必须通过对商品的实体移动来实现。由此，物流如何应对快节奏的电子商务，或者说，电子商务环境下如何有效管理物流，提升其效率和效能，最大限度地实现和提升客户满意度和忠诚度，是新经济时代物流管理不可忽视的问题。这将对企业供应链的构建及管理、物流运作模式等方面产生重要影响。本章就电子商务的相关问题、电子商务环境下供应链的构建及管理、电子商务环境下物流的特征和运作模式，以及电子商务的安全环境等问题进行讨论。

第一节　电子商务概述

电子商务(electric commerce)是利用简单、快捷、低成本的电子通信方式，为整个贸易活动实现电子化，买卖双方不谋面地进行各种商贸活动。其内容包含两个方面，一是电子方式，二是商贸活动。从涵盖范围可将其界定为：交易各方以电子交易方式，而不是通过当面交换或直接面谈方式进行的任何形式的商业交易；从技术层面可将其界定为：电子商务是一种多技术的集合体，包括交换数据(如电子数据交换、电子邮件)、获得数据(共享数据库、电子公告牌)以及自动捕获数据(条形码)等。电子商务涵盖的业务包括：信息交换、售前售后服务、销售、电子支付、运输、组建虚拟企业、公司和贸易伙伴可以共同拥有和运营共享的商业方法等。

一、电子商务的基本概念

电子商务是伴随着社会经济及信息技术的快速发展而产生的商务合作及实现的高级手段。这些商务活动可以发生于公司内部，公司与公司之间，公司和客户之间，客户与客户之间，其中涉及的一些基本的要素构成了电子商务的概念模型。

（一）电子商务理念

美国经济学家，也是最早提出电子商务概念的托马斯·马龙教授把电子商务分为狭义的电子商务和广义的电子商务。前者指的是在运用电子化的买与卖的过程中，卖方找到潜在的客户并了解其需求，而买方找到潜在的卖主并了解其产品的销售条件等。后者指的是商业活动中所有的方面都得到了信息技术的支持，这些活动不仅包括了买和卖，还有设计、制造和管理等。显然，这里强调的是电子商务的信息技术和经济运行环境。

美国商务部在 1998 年 4 月公布的题为《浮现中的数字经济》的研究报告中，根据企业和产业在市场上利用互联网从事商务活动的具体情况，对电子商务的具体活动作了这样的描述：公司与供货商之间采购事务的协调，公司物料采购和产品营销人员与仓储、运输其产品的其他公司之间的协调，公司市场营销部门与其产品的批发商和零售商之间的协调，客户服务与公司日常经营活动之间的协调。这里突显的是企业之间沟通的手段和协调的机制。美国政府在 1999 年《全球电子商务纲要》中对电子商务的定义：电子商务是通过互联网进行的各项商务活动，包括广告、交易、支付、服务等活动。这个定义的宽泛性是显而易见的，它一方面反映了美国政府对其发展前景的预期，但另一方面意味着电子商务属于服务业的范畴。

依据上述观点，可以认为狭义的电子商务也称电子交易，指通过网络的方式进行交易，它强调交易手段的网络化、电子化，译为 E-Commerce 较好。广义的电子商务包括电子交易在内的利用网络进行的全部商业活动，如产品设计、生产、销售、市场分析、客户联系、物资调配，等等，它强调企业利用信息化手段开展经营管理，实现企业的电子化、网络化运作，译为 E-Business 较好。

（二）电子商务概念模型

电子商务由电子商务实体、电子市场、交易事务和信息流、商流、资金流、物流等基本要素构成，这个对现实电子商务活动的一般抽象描述可之称为电子商务的概念模型，如图 10-1 所示。

电子商务实体是指从事电子商务的客观对象，如企业、银行、政府机构和个人等。电子市场是指电子商务实体从事商品和服务交换的场所，它由各种各样的商务活动参与者，利用各种通信装置，通过网络连接成一个统一的整体。交易事务是指电子商务实体之间所从事的具体的商务活动的内容，如询价、报价、转账支付、商品运输等。

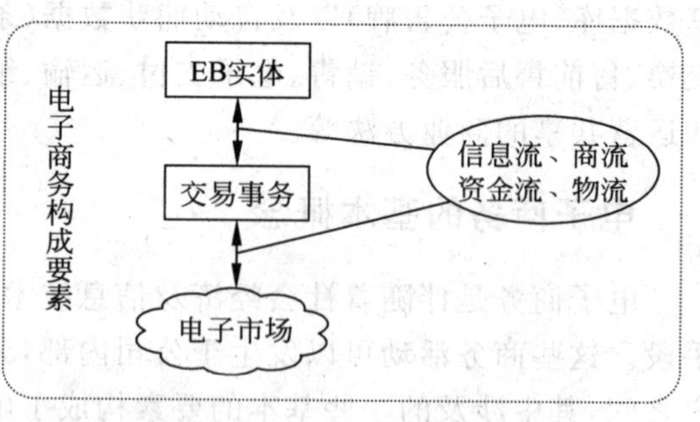

图 10-1 电子商务的概念模型

信息流、商流、资金流和物流是电子商务交易中所包含的几种基本“流”。其中,信息流是指有关交易的各种信息的传递,包括商品信息的发布、技术支持、售后服务以及询价单、报价单、付款通知单、转账通知单等商业贸易单证的传输等。信息流贯穿于商品交易过程的始终,传递和记录着整个商务活动流程的全部信息,是分析物流、导向资金流、进行经营决策的重要依据。商流是指商品在购、销之间进行交易和商品所有权转移的运动过程,包括商品交易的一系列活动。资金流是指交易过程中的付款、转账等资金转移过程。物流是指物质实体从供应者向需求者的空间位置的流动,包括运输、保管、配送、包装、装卸、流通加工及物流信息处理等一系列经济活动。前三种“流”,即信息流、商流、资金流均可借助因特网在瞬间实现,而对物流来说,除了软件产品、音乐唱片等可通过网络直接传输外,其他实体商品和服务都必须要通过空间位置的移动方能实现。

近几年来,随着电子商务环境的改善以及电子商务所具备的巨大优势,电子商务受到了政府、企业界的高度重视,纷纷以不同的形式介入电子商务活动中,使电子商务在短短的几年中以惊人的速度在发展。在这一发展过程中,人们发现作为支持有形商品网上商务活动的物流,已成为有形商品网上商务活动能否顺利进行和发展的一个关键因素。如果没有一个高效的、合理的、畅通的物流系统,电子商务所具有的优势就难以得到有效发挥,如果没有一个与电子商务相适应的物流体系,电子商务就难以得到有效的发展。物流影响着电子商务的发展,但电子商务作为现代商务贸易的高级形式,必将改变物流的运作模式,而物流体系的完善将会进一步推动电子商务的发展。

(三)电子商务分类

我们通常所说的电子商务多指利用 Internet 从事商务或活动,即狭义电子商务,它是在技术、经济高度发达的现代社会里,掌握信息技术和商务规则的人,系统化地运用电子工具,高效率、低成本地从事以商品交换为中心的各种活动的总称。一般有如下几种类型:一是商业企业建立自己的网站并销售商品,多是面向个人用户,属于 B2C 电子商务;二是网络公司开办电子商务网站,作为供应商和消费者、个人之间或企业之间的中介角色,有的属于 B2C 电子商务,有的属于 B2B 电子商务,还有的属于 C2C 电子商务;三是生产企业自己建立网站,在网上进行原材料采购和产品销售,多属于 B2B 电子商务;四是服务型电子商务,即网上交易的不是产品,而是服务,例如为企业或个人提供特定信息,帮助企业或个人发布特定信息,在网上开展收费的远程教育等。

公司内部电子商务 即公司内部之间通过 Intranet 的方式处理与交换商贸信息。Intranet 是一种有效的商务工具,通过防火墙,公司将自己的 Intranet 与 Internet 隔离,并可以用来自动处理商务操作及工作流,增加对重要系统的和关键数据的存取,共享经验,共同解决客户问题,并保持组织间的联系。一个行之有效的 Intranet 可以带来如下好处:增加商务活动的敏捷性,对市场状况能更快的作出反应,更好的为客户提供服务。

(1) B2B(business-to-business)电子商务。有时写作 B to B,它指企业与企业之间进行的电子商务活动,是网络经济的基础,从参与企业的数量、涉及的金额、交互信息的规模上来说都将成为电子商务的主体。B2B 的电子商务过程包括：发布供求信息,订货及确认,支付过程及票据的签发、传送和接收,配送方案确定及配送监控,联合研发、计划、采购和生产,等等。B2B 的电子商务实现了从解决在线支付为主的 E-Commerce,向以解决企业在线采购、计划、生产、储运、分销和客户服务为主的 E-Business 的转变。目前人们熟知的阿里巴巴、中国制造网等,可称之为是比较典型的 B2B 电子商务模式。B2B 模式是电子商务发展的真正突破。

(2) B2C(business-to-consumer)电子商务。有时写作 B to C,是指企业与消费者之间进行的电子商务活动。企业通过互联网为消费者提供一个新型的购物环境——网上商店,消费者通过网络在网上购物、在网上支付。由于这种模式节省了客户和企业的时间和空间,大大提高了交易效率,特别对于工作忙碌的上班族,这种模式可以为其节省宝贵的时间和各种不必要的开支。B2C 模式是我国最早产生的电子商务模式,以 8848 网上商城正式运营为标志。由于开展 B2C 电子商务的障碍较少,比如,它并不要求双方使用统一标准的单据传输,通常只涉及信用卡或其他电子货币,所以,它得到了人们的认可,获得了迅速的发展,有着非常广阔的应用前景。

(3) C2C(consumer-to-consumer)电子商务。有时写作 C to C,同 B2B、B2C 一样,都是电子商务的几种模式之一。不同的是 C2C 是用户对用户的模式,C2C 商务平台就是通过为买卖双方提供一个在线交易平台,使卖方可以主动提供商品上网拍卖,而买方可以自行选择商品进行竞价。电子商务快速发展至今,尤其是网上支付的保障机制及安全性的极大完善,C2C 模式可谓是消费者喜闻乐见的电子商务模式,比如大家熟知的淘宝网就是典型的 C2C 电子商务平台。

此外,还有企业与政府间的电子商务,这种商务活动覆盖了企业与政府间的各项事务。例如：政府采购清单可以通过 Internet 发布,公司可以以电子交换方式来完成。

二、电子商务的发展

我国的电子商务开始于 20 世纪 90 年代初的电子数据交换,1998 年进入基于因特网的发展阶段,在 20 世纪末的几年中,电子商务受到了政府、企业的高度重视,以惊人的速度发展,出现了史无前例的“电子商务热”,其势头是一浪高过一浪。尽管也有一些电子商务企业倒闭关门,但一个成熟的电子商务时代正在到来。

(一) 基于 EDI 的电子商务

从技术的角度来看,人类利用电子通信的方式进行贸易活动已有几十年的历史了。早在 20 世纪 60 年代,人们就开始了用电报发送商务文件的工作；20 世纪 70 年代人们又普遍采用方便、快捷的传真机来替代电报，但是由于传真文件是通过纸面打印来传递和管理信息的，不能将信息直接转入到信息系统中，因此人们开始采用 EDI(电子数据交换)作为企业间电子商务的应用技术，这就是电子商务的雏形。

EDI 在 20 世纪 60 年代末期产生于美国，当时的贸易商们在使用计算机处理各类商务文件的时候发现，由人工输入到一台计算机中的数据 70%是来源于另一台计算机输出的文件，由于过多的人为因素，影响了数据的准确性和工作效率的提高，人们开始尝试在贸易伙伴之间的计算机上使数据能够自动交换，EDI 便应运而生。

EDI(electronic data interchange)是将业务文件按一个公认的标准从一台计算机传输到另一台计算机上去的电子传输方法。由于 EDI 大大减少了纸质票据，因此，人们也形象地称之为“无纸贸易”或“无纸交易”。

20 世纪 90 年代之前的大多数 EDI 都不通过 Internet，而是通过租用的电脑线在专用网络上实现，这类专用的网络被称为 VAN(value-addle network，增值网)，这样做的目的主要是考虑到安全问题。随着 Internet 安全性的日益提高，作为一个费用更低、覆盖面更广、服务更好的系统，其已表现出替代 VAN 而成为 EDI 的硬件载体的趋势，因此有人把通过 Internet 实现的 EDI 直接称做 Internet EDI。目前我国已有成熟的 EDI 平台，本书的第十二章将对 EDI 作进一步讨论。

(二) 基于国际互联网的电子商务

由于使用 VAN 的费用很高，仅大型企业才会使用，因此限制了基于 EDI 的电子商务应用范围的扩大。进入 20 世纪 90 年代后，国际互联网(Internet)技术和 Web 规范的迅速普及，Internet 开始从学术网络走向商业网络，从大学、科研机构走向企业和百姓家庭，其功能也已从信息共享演变为一种大众化的信息传播工具，不再仅仅被用于进行信息发布，还能帮助企业打破时空限制，实现在线交易。从 1991 年起，一直排斥在互联网之外的商业贸易活动正式进入到这个王国，从而使电子商务成为互联网应用的最大热点，任何企业和用户均可以直接通过 Internet 进行各种类型的商贸业务。因而，基于国际互联网的电子商务是一种适用面更宽、用途更广、更具潜力的电子商务系统。如靠网络销售发家的亚马逊(Amazon.com)网上书店的营业收入从 1996 年的 1 580 万美元猛增到 1998 年的 4 亿美元。IBM 的 NET COMMERCE 采用了当今一系列尖端技术，使销售、预订、购买等核心业务都能在 Internet/Intranet 上安全地运行。

在 Internet 下的电子商务系统具有如下几方面的特点：

① 对用户来说系统不与具体的专用网络相关联，用户在任何地点、任何时候都能很方便地使用它。

② 对用户计算机和网络操作的要求均降低到了最低限度。用户一旦开机上网后，它所面对的完全是一个商务活动的操作过程，而与计算机软硬件技术和网络无关。

③ 可以全面支持不同类型的用户来实现不同层次的商务目的。

④ 不受特殊数据交换协议(如 EDIFACT 等)的限制,绝大部分报文均是填写屏幕单证的方式来形成的,而这些屏幕单证的格式又与我们现行的商贸文件、单证和票据一致,因而任何用户均可以使用它。

⑤ 运做方式有较大的区别。基于 EDI 的国际电子商务系统大部分是从一个站点向另一个站点发送报文。而基于 Internet 的电子商务系统是从一个站点“进入”到另一个站点,然后填写商家事先设计好了的表格,故不需要严格的限定。

三、电子商务运作

与传统商务一样,电子商务活动过程也包括企业及产品的信息交流、贸易洽谈、单证交换、贸易支付以及售后服务等几个阶段,从某种程度上讲,电子商务也是企业之间信息流动业务过程的重组。

(一) 电子商务的交易过程

电子商务交易的过程可分为三个阶段:交易前、交易中和交易后。交易前主要指交易各方在交易合同签订前的活动,包括在各种商务网络或 Internet 上发布商业广告、搜索商品信息和寻找交易机会,通过交换信息来比较商品价格和交易条件,交换交易意向,选择交易商品,确定交易对象。交易中主要指买卖双方的正式交易,包括谈判、讨价还价、订货、签订合同、交换单据、电子支付等,涉及银行、运输、税务和海关等方面的电子单证交换,即 EDI。交易后主要指交易各方办完各种手续后,商品交付运输公司起运,送达买方。可以通过电子商务跟踪货物,了解商品的物流状况;银行按照合同,依据提供的单证支付资金,出具相应的银行单证,实现整个交易过程。

(二) 电子商务的运作模型

正如前面所述,电子商务已经广泛应用于人类生产和生活的很多领域和方面,电子商务系统的基本运作模型和步骤如图 10-2、图 10-3 所示。

(1) 制作订单。购买方根据自己的需求在计算机上操作,在订单处理系统上制作出一份订单,并将所有必要的信息以电子传输的格式储存下来,同时产生一份电子订单。

(2) 发送订单。购买方将此电子订单通过 EDI 系统传送给供货商,此订单实际上是发向供货商的电子信箱,它先存放在 EDI 交换中心上,等待来自供货商的接收指令。

(3) 接收订单。供货商使用邮箱接收指令,从 EDI 交换中心自己的电子信箱中收取全部邮件,其中包括来自购买方的订单。

(4) 签发回执。供货商在接收订单后,使用自己的订单处理系统,为来自购买方的电子订单自动产生一份回执,经供货商确认后,此电子订单回执被发送到网络,再经由 EDI

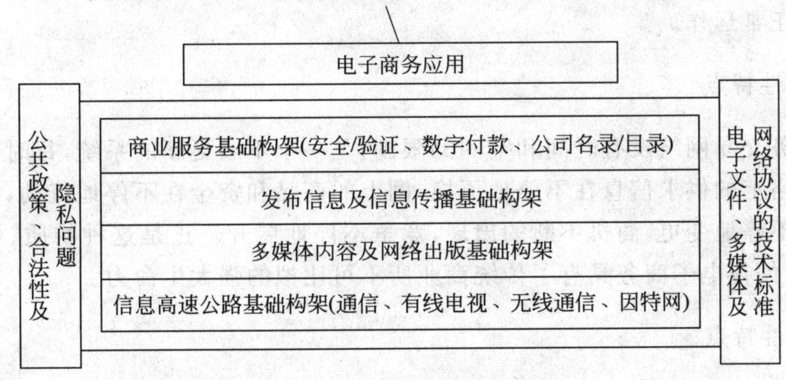

图 10-2 电子商务的运作模型

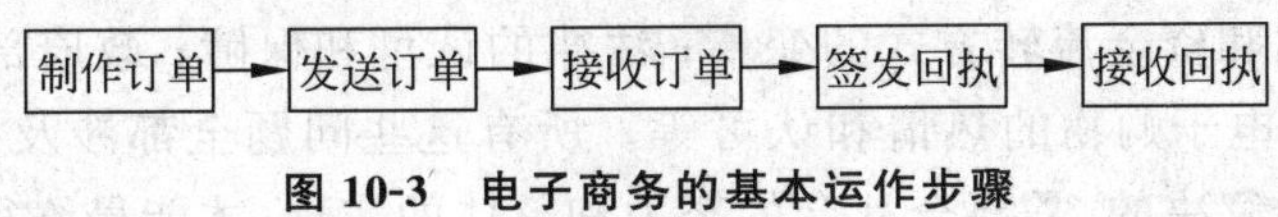

图 10-3 电子商务的基本运作步骤

交换中心存放到购买方的电子信箱中。

(5) 接收回执。购买方使用邮箱接收指令,从 EDI 交换中心自己的电子信箱收取全部邮件,其中包括供货商发来的订单回执。

四、电子商务的特点

电子商务在全球各地通过计算机网络进行并完成各种商务活动、交易活动、金融活动和相关的综合服务活动。在一个不太长的时间内,电子商务已经开始改变人们长期以来习以为常的各种传统贸易活动的内容和形式。相对于传统商务,电子商务实现了广告宣传、咨询洽谈、网上订购、网上支付、服务传递、意见征询和交易管理七大功能,表现出以下五个突出的特点。

1. 结构性特点

电子商务涉及电子数据处理、网络数据传输、数据交换和资金汇兑等技术。在企业的电子商务系统内部有导购、定货、付款、交易与安全等有机地联系在一起的各个子系统。在交易进行过程中经历商品浏览和订货、销售处理和发货、资金支付和售后服务等环节。电子商务业务的开展由消费者、厂商、运输、报关、保险、商检和银行等不同参与者通过计算机网络组成一个复杂的网络结构,相互作用,相互依赖,协同处理,形成一个相互密切联系的连接全社会的信息处理大环境。在这个环境下,简化了商贸业务的手续,加快了业务开展的速度，最重要的是规范了整个商贸业务的发生、发展和结算过程，从根本上保证了电子商务的正常运作。

2. 动态性特点

电子商务交易网络没有时间和空间的限制，是一个不断更新的系统，每时每刻都在进行运转。网络上的供求信息在不停地更换，网上的商品和资金在不停地流动，交易和买卖的双方也在不停地变更，商机不断的出现，竞争不停地展开。正是这种物质、资金和信息的高速流动，使得电子商务具有了传统商业所不可比拟的强大生命力。

3. 社会性特点

电子商务的最终目标是实现商品的网上交易，但这是一个相当复杂的过程，除了要应用各种有关技术和其他系统的协同处理来保证交易过程的顺利完成，还涉及许多社会性的问题。例如商品和资金流转方式的变革；法律的认可和保障；政府部门的支持和统一管理；公众对网上电子购物的热情和认可等。所有这些问题全都涉及社会，不是一个企业或一个领域就能解决的，需要全社会的努力和整体的实现，才能最终得到电子商务所带来的优越性。

4. 层次性特点

电子商务具有层次结构的特点，任何个人、企业、地区和国家都可以建立自己的电子商务系统，这些系统的本身都是一个独立的、完备的整体，都可以提供从商品的推销到购买、支付全过程的服务。但是这样的系统又是更大范围或更高一级的电子商务、系统的一个组成部分。因此在实际应用中，常将电子商务分为一般、国内、国际等不同的级别。另外，也可以从系统的功能和应用的难易程度对电子商务进行分级，较低级的电子商务系统只涉及基本网络、信息发布、产品展示和货款支付等，各方面的要求较低；而用于进行国际贸易的电子商务系统不仅技术要求高，而且要涉及税收、关税、合同法以及不同的银行业务等，结构也比较复杂。

5. 网上购物和商品的特点

电子商务通过 Internet，可以让客户足不出户就能看到商品的具体型号、规格、售价、商品的真实图片和性能介绍，借助多媒体技术甚至能够看到商品的图像和动画演示、听到商品的声音，使客户基本上达到亲自到商场购物的效果。特别是客户可以减少路途的劳累和人员的拥挤，在网上购物对客户也具有趣味性和吸引力。但是，大部分消费者还习惯于直接的购物方式，对网上购物要有一个观念的转变和适应的过程。

第二节　电子商务下的供应链

电子商务的发展改变了原有的物流、信息流、资金流的交互方式和实现手段，能够充分利用资源，提高效率，降低成本，提高服务质量。进入 21 世纪后，电子商务已经逐渐影响和深入到从宏观经济发展至微观企业运营中的各个层面和环节，基于电子商务的集成化供应链管理将成为企业 21 世纪适应全球化竞争的一种有效管理模式。在供应链中，所有的节点企业基于为用户提供质量最好、价值最高的产品或服务的共同目标而相互紧密地联结在一起。松散的联结是不能增值的，不管链中哪一点的失误，都可能导致整个供应链出现产品或服务的质量问题，而电子商务的广泛应用，则会极大地消除企业与企业之间、用户和企业之间的障碍，使得企业能很好地通过 EB 达到信息共享，提高生产力，提高质量，为产品提供更大的附加值。

一、电子商务下的供应链管理特点

电子商务时代的供应链是一个基于电子商务的集成供应链，是一种新型的联盟或合作型的供应链体系。基于电子商务的供应链，是所有合作者都实现了电子化运作，利用 Internet 进行商品交易、信息交换、企业协作等活动的供应链模式，其主要特点可以概括为以下几个方面。

（一）供应链"电子网络化"

供应链各个组织之间建立网络化的联系，已经成为现代供应链发展的趋势，电子商务为这种网络化的实现提供了强有力的支持。电子网络化的供应链可使所有的合作组织通过 Internet 协同处理供应链各流程及流程间的诸多事务，能够为供应链成员快速及时地提供信息，满足市场对企业快速反应的要求，从整体上提高了供应链运作的效率和效能。不仅能使供应链成员之间在网上从事的"电子活动"保持一致性和系统性，还促使因特网之外的非电子活动尤其是供应链各个节点之间的物流活动保持一致性和系统性，能够为整个供应链组织保持最优库存水平和及时配送提供保证。电子网络化的供应链模型如图 10-4 所示。

（二）供应链管理机构虚拟化

由于供应链的电子网络化，使供应链管理中的各种决策活动可以通过网络来实现，从而使供应链的管理机构虚拟化。"虚拟机构"在 20 世纪 90 年代末已经开始流行，随着电子商务的出现和信息技术的快速发展，"虚拟机构"管理供应链及真实的供应链资源已成为一种趋势。

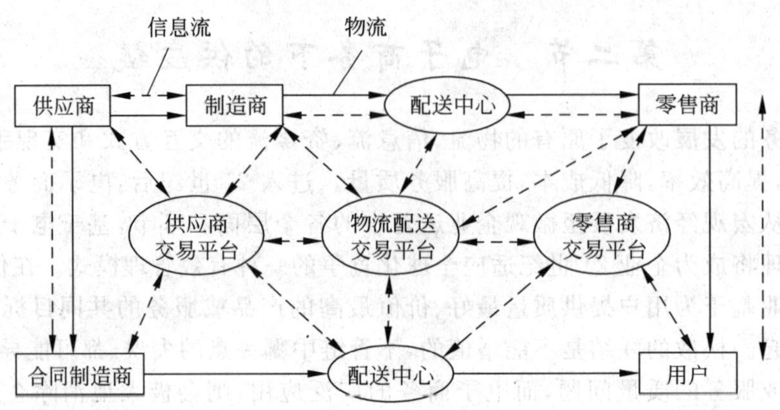

图 10-4　电子网络化的供应链模型

数字信息流和计算机网络改变了企业与企业及企业内部(机构)的运作方式,不仅跨越和打破了企业内部各机构的传统的分工和界限,也使电子网络化供应链所处的环境素质要求更高、知识含量更大。这就需要有一个与电子网络化供应链管理要求相适应的"虚拟管理机构",依托数字信息处理系统,来高效率地处理企业内部以及整个供应链的业务流程及交叉业务的信息流事件。对于某一合作企业而言,在同一时间要处理多个主题时,对涉及需要决策机构平衡的主题,可通过网络递交给虚拟机构,这将极大地提升高速高效的流程业务处理能力。

在激烈的供应链市场竞争环境下,供应链管理的目标是提高整体效率,降低整体成本,增强整个供应链及所有合作者的竞争能力。而这其中信息的高效传递和利用起着关键的作用。电子化供应链的虚拟管理机构可谓是灵活快速的信息机制的替代物,由于其本身处在市场中和对市场信息的透彻了解,使其能对市场的变化和需求作出快速和敏捷反应,促使供应链及其合作者用动态协同的方式共同运作,提升其处理流程业务的能力,极大的支持了竞争能力的提升。21 世纪企业追求的是效益和时速,虚拟化的供应链管理机构迎合了时代的要求,使得整个供应链及所有合作者实现了由事务型作业向知识型作业的转变,由功能管理向过程管理的转变,由产品管理向客户管理转变,由实体库存管理向虚拟库存管理转变,由交易管理向协同合作管理转变。

(三)数据信息型的集中一贯管理

企业运作的集中一贯管理模式其本质上是对企业的营销、生产、质量、出厂、财务、物资、设备等各方面的事务运作的集中一贯管理。电子商务不仅对单个企业的集中一贯管理提供了支持,基于电子商务的供应链电子网络化也对整个供应链实现数据信息型的集中一贯管理提供了支持。供应链数据信息型的集中一贯管理模式其本质体现在:通过

Internet 对整个供应链实现集成、集约、规范和协同的数据信息化处理。供应链数据信息型的集中一贯管理模式将大大推动供应链管理模式的革命，使供应链管理水平极大提高，在一个更高的层次上获取供应链经营的“多赢”效应。

信息、数据是现代供应链生存和发展的基础，是供应链协同运作的血脉。基于电子商务的供应链电子网络化，使得供应链合作组织的信息、数据可以更便捷的快速传递，从而使供应链流程运作全过程的管理和控制都依赖于信息、数据来实施。这在客观上促使形成了供应链协同运作的数据信息型的集中一贯管理模式。供应链数据信息型的集中一贯管理将对整个供应链及合作企业的营销、技术、生产、财务等管理和控制产生深刻影响，并对企业管理的体制、内容、模式的变革产生极大的推动作用。集中一贯管理理念、体制、内容、模式必须向集成、集约、规范和协同式的集中一贯管理模式迈进。

诚然，供应链信息数据型的集中一贯管理将会涉及企业管理的很多方面，如企业内部信息数据的共享会产生现有企业内部各机构的部分业务由交叉性演变为重复性，这将会使企业面临着对其业务流程和职能的重新审定和划分。同样，企业原有的供应链流程也将面临优化或重组。但无论如何，电子商务为实现供应链电子网络化提供了基础平台，而电子网络化的供应链运作及管理必将向着数据信息型的集中一贯管理方向发展。

（四）优化精练的协同化管理

基于数据信息型的集中一贯管理模式的供应链系统的运作，一方面要求各合作企业具有生产、加工和利用信息的“硬、软”技术能力；另一方面，由于很多的流程业务通过因特网在很短的时间内即可完成，从而使因特网之外的其他业务流程更显得紧迫，这就客观要求参与供应链的各合作企业能够快速响应供应链需求，以快速响应市场。由此，各合作企业必须立足于整个供应链管理的高度及企业信息数据的运作逻辑层面，来重新审视企业内部各种业务覆盖范围及其交叉重叠的程度，进行内部各业务的重新划分与组合，彻底消除企业内部的重复运作。然后，再通过重新审视与企业外部组织的业务分工来决定本企业的业务覆盖范围，与外部组织的业务接口、功能划分、信息数据的共享等。

供应链各合作企业通过内部业务流程的优化，杜绝了企业内部各部门之间的业务重复运作，减少了冗余的中间层次，以一个优化、精练、具有竞争实力的实体融入供应链系统中，参与供应链的协同运作和管理。本书第一章中对供应链管理的界定中曾提及：立足于跨组织的协同运作、共赢层面，对供应链上集成的关键业务流程进行优化；有效整合、管理主要合作者的资源和行为……电子网络化供应链管理的这些核心内容，主要依靠这些精练的主要参与者的群体智慧来协同决策，力争把可分配的利润扩大。

基于数据信息型的集中一贯管理模式的供应链系统的运作，还要求供应链的协同决策机构基于电子商务环境，从系统的角度来统筹规划整个供应链的流程活动，处理好物流活动和商流活动以及供应链上各个企业之间物流活动的关系，追求整个供应链的物流活动最优化。不仅包括储存、运输、包装等物流服务，还包括预测、咨询、财务、规划等许多活动，涵盖了供应链上中下游，整合了供应商、制造商、分销商、零售商以及物流服务提供商的资源，使整个供应链的运作效率与电子网络化的供应链相匹配，并达到最优。这正是协同化管理的核心。

二、电子网络化供应链的构建

基于所有合作者都实现了电子化运作而形成的供应链体系可称之为"电子供应链"(e-supply chain)，或者电子网络化供应链。电子网络化供应链的构造同样涉及供应链的长短、规模大小、网络状况等因素，其内容包括各成员使用的信息系统类型，生产和仓储设施的位置和能力，根据不同交货行程所采用的运输方式等。电子网络化供应链的构造要遵循一定的规则和方法，并需要整合各参与者的信息资源和行为。

（一）电子网络化供应链构建的三个 E

企业构建电子网络化的供应链需要从建设三个 E 开始。

第一个 E 是企业资源计划系统(ERP)，从供应链的视角看，ERP 的本质就是企业内部的供应链管理。ERP 集中企业内部价值链的所有信息，合理调配企业各方面的资源。如果企业内部都没有实现供应链管理，就不可能延伸到外部去，更无从谈起参与供应链的协同化管理。

第二个 E 是企业管理咨询系统(EIP)，又称企业门户，它是建立在协同商务概念上的应用平台，主要是提供一个把信息进行集中的通道，让企业的员工特别是分布世界各地的员工、客户和合作伙伴进行相互交流，加快沟通。EIP 还支持与其他管理系统的连接。

第三个 E 是电子供应链管理系统(ESCM)，ESCM 集中不同合作企业的关键数据，包括订货、预测、库存状态、生产计划、运输安排、在途物资、销售分析、资金结算等数据。供应商、分销商、零售商实现了供应链上的信息集成，达到共享采购订单的电子接收与发送、多位置库存自动化处理与控制、周期盘点等重要信息。这就是电子商务下的供应链系统，由多个合作者构成，就如同一个企业一样。

（二）电子网络化供应链构建方法

电子网络化供应链构建的三个"E"中，前两个 E 是基础和前提，在此基础上，才能考虑电子网络化供应链的具体构建方法。企业可以从不同的需求出发，选择顺流或逆流的构建方法。

(1) 顺流构建法。所谓顺流构建法是指在构建供应链时，从本企业的原材料需求出发，逐步寻找到最上游的供应商，依照自己的产品制造或销售服务特点来设计供应链流程，直到最终消费者。其构建步骤见图 10-5。

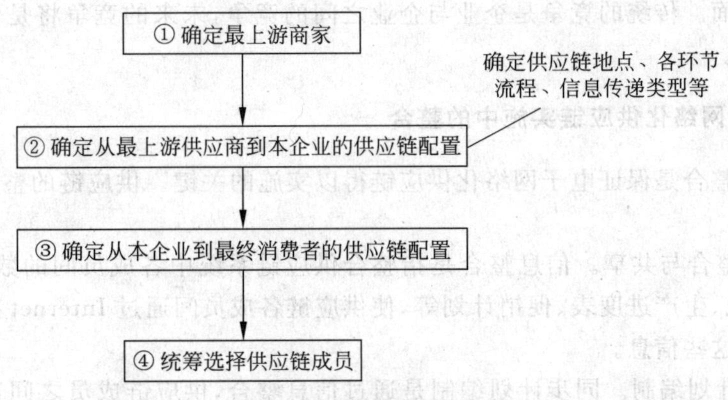

图 10-5　顺流构建步骤

（2）逆流构建法。逆流构建法是从市场的需求出发去构建从零售商到本企业的供应商的供应链。此法与顺流构建法的流程恰好相反，从最终消费者的上一级零售商或分销商开始，不断地寻找为满足需求而必须参与其中的企业，从而形成完整的供应链。逆流构建步骤见图 10-6。

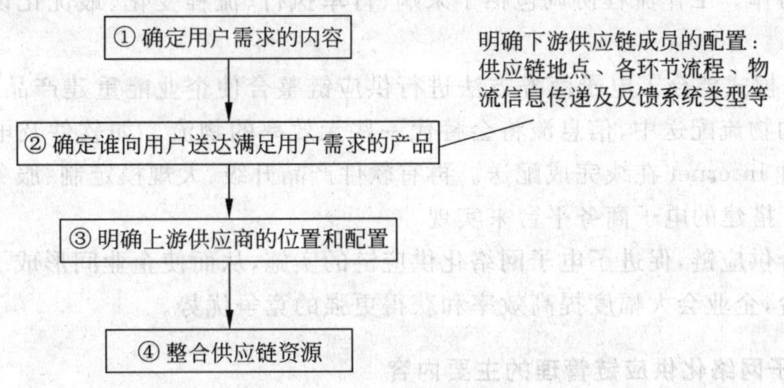

图 10-6　逆流构建步骤

三、电子网络化的供应链管理

电子商务这个全新的商务模式改变着供应链上信息流、物流、资金流、人流和商务流的运作模式，使供应链上供应商、制造商、分销商、客户集成起来作为一个不可分割的整体。电子商务时代，企业的战略应是打破自己设计、自己采购原料、自己制造等一条龙的运作方式。企业必须明确自己的核心竞争力所在，不足的方面，实行业务外包，与合作伙伴形成一个共存共荣的虚拟组织。虚拟组织的门户网站可以把所有成员关联到一起，而不只是在供应链上的线性关系。彼此的部分业务实现实时共享，共同去面对市场，实现双赢及多赢的局面。传统的竞争是企业与企业之间的竞争,未来的竞争将是供应链与供应链之间的竞争。

(一)电子网络化供应链实施中的整合

供应链的整合是保证电子网络化供应链得以实施的关键。供应链的整合主要包括以下几方面。

(1) 信息整合与共享。信息整合是指整合供应链系统中各成员间的数据,包括需求数据、库存状况、生产进度表、促销计划等,使供应链各成员间通过 Internet 搭建的电子商务平台来共享这些信息。

(2) 同步计划编制。同步计划编制是通过信息整合,供应链成员之间达成了共享信息后进行的协同产品研发和实施产品市场开发、预测和补给的计划。购买方和销售方都利用 Internet 搭建的电子商务平台来分享预测、洞察主要变化、交换信息与合作消除彼此的差异。

(3) 工作流程协调。工作流程协调是指在供应链上合作伙伴之间通过 Internet 搭建的电子商务平台对工作流程进行协调、整合,甚至通过对关键流程的自动控制进一步加强彼此之间的协作。工作流程协调包括了采购、订单执行、流程变化、最优化设计以及金融交易等活动。

(4) 业务模式整合。电子商务方法进行供应链整合使企业能重建产品的物流结构,在电子商务的物流配送中,信息流将会替代一些无效率的物流。如软件及电子出版物的配送可以通过 Internet 在线完成配送。再有软件产品升级、大规模定制、服务和支持都可通过 Internet 搭建的电子商务平台来实现。

通过整合供应链,促进了电子网络化供应链的实施,从而使企业间形成了一个全新的协同商务平台,企业会大幅度提高效率和获得更强的竞争优势。

(二)电子网络化供应链管理的主要内容

从电子商务和供应链管理各自的特征来看,二者具有很强的结合性。电子商务利用 Internet 技术将企业、顾客、供应商以及其他商业和贸易所需环节,连接到现有的信息技术系统上,将商务活动纳入网络中,彻底改变了现有的业务流程作业方式和手段,从而实现充分利用有限资源、提高效率、降低成本、提高服务质量的目标。而供应链管理正是建立在供应链各成员具有一个共同的战略目标——满足顾客需求基础之上的;电子商务强调综合效益的提高,而供应链管理的实践证明了这种预期的存在性;电子商务强调人、技术、管理三者在商务活动中的有效集成以及包括工作流程、商务活动组织等方面在内的创新,而供应链管理强调供应链各成员的集成,实现成员之间的信息共享,同时供应链成员之间的战略伙伴关系也为创新提供了有利条件和可行性。

根据电子商务与供应链管理的结合应用,可以构建电子网络化的供应链管理的系统模型,如图 10-7 所示。从中可以看出,其主要内容涉及以下几个方面。

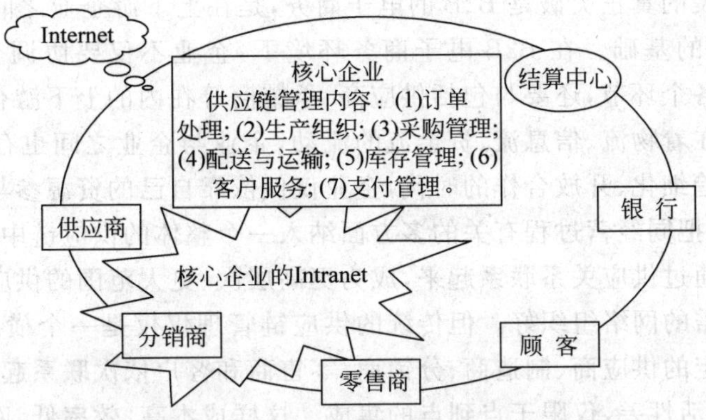

图 10-7 基于电子商务的供应链管理系统模型

(1) 订单处理。通过电子商务系统进行订单设定和订单状况管理,供应链可以极大地减少订单成本和订单处理的出错率,缩短订单的循环周期,大大提高营运效率。

(2) 生产组织。一般来说,生产组织是供应链中最难管理的环节,但通过电子商务可以改善供应商、核心企业和客户之间的联系方式,协调核心企业与供应商的准时供应程序,协调核心企业与多个供应商之间的生产计划,从而有效地降低生产组织的困难程度。

(3) 采购管理。通过电子商务系统,有效地实现与供应商的信息共享和信息的快速传递。通过互联网提供给供应商有关需求信息和商品退回情况,同时获得供应商的报价、商品目录、查询回执,从而形成稳定、高效的采购、供应体系。

(4) 配送与运输管理。通过电子商务系统,对配送中心的发货进行监视,对货物运至仓库进行跟踪,同时实现对配货、补货、拣货和流通加工等作业的管理,使配送的整个作业过程实现一体化的物流管理。此外,还对运输资源、运输方式、运输线路进行管理和优化。

(5) 库存管理。通过电子商务系统,使库存管理者和供应商能追踪现场库存商品的存量情况,获得及时的信息;实现对存储物资有效管理,及时反映进销存动态,并实现跨区域、多库区的管理,提高仓储资源利用率,进而促使降低库存水平,减少总库存维持成本。

(6) 客户服务。利用电子商务系统,核心企业可通过互联网接受客户投诉,向客户提供技术服务,互发紧急通知等。这样可以大大缩短对客户服务的响应时间,改善与客户间的双向交流,在留住已有客户的同时,吸引更多的客户加入到供应链中来。

(7) 支付管理。通过电子商务系统,与网上银行紧密相连,用电子支付方式可以大大降低结算费用,又可加速货款回笼,提高资金使用效率。同时,利用安全电子交易协议,保证交易过程的安全,消除对网上交易的顾虑。

（三）B2B 电子商务与供应链变革

电子商务发展的真正突破是 B2B 的电子商务，是在上下游企业之间从事的网络商务活动，是网络经济的基础。在 B2B 电子商务环境下，企业不仅要协调企业内部计划、采购、制造、销售等各个环节，还要与包括供应商、承销商等在内的上下游企业紧密配合。

企业内部存在着物流、信息流、资金流的流动，企业与企业之间也存在着这样的流动关系。在分工日趋细化、开放合作的时代，企业仅仅依靠自己的资源参与市场竞争往往处于被动状态，必须把同经营过程有关的多方面纳入一个整体的供应链中，这样每个企业内部的价值链就可通过供应关系联系起来，成为更高层次、更大范围的供应链。供应链管理就是要把这个供需的网络组织好。但传统的供应链管理仅仅是一个横向的集成，通过通信介质将预先指定的供应商、制造商、分销商、零售商和客户依次联系起来，这种供应链只注重内部联系，灵活性差，仅限于点到点的集成。这样成本高、效率低，而且如果供应链的某个环节出现问题，则整个供应链都不能正常运转。

B2B 模式的电子商务面向企业整个供应链管理，带来了供应链的变革，促进企业降低交易成本、缩短订货周期、改善信息管理和提高决策水平。从质量、成本和响应速度三个方面改进企业经营，增强企业竞争能力。B2B 的电子商务模式弥补了传统供应链的不足，它不仅局限于企业内部，而是延伸到供应商和客户，甚至供应商的供应商和客户的客户，建立的是一种跨企业的协作，覆盖了从产品设计、需求预测、外协和外购、制造、分销、储运和客户服务等全过程。居于同一供应链上的厂商之间不再是零和博弈，而是“竞合”和“双赢”。B2B 电子商务模式带来了供应链管理的变革，它运用供应链管理思想，整合企业的上下游产业，以中心制造厂商为核心，将产业上游供应商、产业下游经销商（客户）、物流运输商及服务商、零售商以及往来银行进行垂直一体化的整合，构成一个电子商务供应链网络，消除了整个供应链网络上冗余的运作和消耗，促进了供应链向动态的、虚拟的、全球网络化的方向发展。它运用供应链管理的核心技术——客户关系管理（CRM），使需求方自动作业来预计需求，以便更好地了解客户，为其提供个性化的产品和服务，使资源在供应链网络上合理流动来缩短交货周期、降低库存，并且通过提供自助交易等自助式服务以降低成本，提高速度和精确性，提高企业竞争力。

B2B 电子商务模式还实现了在整个产业乃至全球的供应链网络上的增值。在供应链上除资金流、物流、信息流外，根本的是要有增值流。各种资源在供应链上流动，应是一个不断增值的过程，因此供应链的本质是增值链。从形式上看，客户是在购买企业提供的商品或服务，但实质上是在购买商品或服务所带来的价值。供应链上每一环节增值与否、增值的大小都会成为影响企业竞争力的关键。所以，要增加企业竞争力，就要消除一切无效劳动，在供应链上每一环节做到价值增值。以往的 ERP、B2C 的电子商务都只实现了本企业的供应链上的增值，而 B2B 的电子商务利用 ERP、电子商务套件和 CRM 等 Web 技术，将上下游企业组成了整个产业系统的供应链，并与其他企业、产业的供应链相连接，组成了一个动态的、虚拟的、全球网络化的供应链网络，真正做到了降低企业的采购成本和物流成本，在整个供应链网络的每一个过程实现最合理的增值，最重要的是提高企业对市场和最终顾客需求的响应速度，从而提高企业的市场竞争力。

专栏 10-1 电子商务下的供应链管理——中国石油 B2B 建设

石油行业的上下游相关性是非常强烈的，在其成本构成中，采购绝对是一个重头。为了开源节流，中国石油选择实施了 IBM 的电子商务方案，实现了供应链管理(SCM)，正式运行 10 个月后，累计实现网上交易额 150 亿元，节约采购成本 5%。

2000 年 7 月，中国石油天然气股份有限公司董事会第六次会议原则同意开展电子商务；2001 年 7 月，“能源一号”网站开始试运行；截至 2002 年 11 月底，在“能源一号”正式运行 10 个月后，累计实现交易额 150 亿元；并预计到 2005 年，达到年交易额 700 亿元。

作为中国销售额最大的公司之一，中国石油天然气股份有限公司在经历了重组上市等大范围的产业调整之后，为了应对中国加入 WTO 后面临的全球化竞争压力，选择了全面推广电子商务的战略，作为促进企业持续重组、加强管理、降低生产经营成本、增强市场竞争力的手段之一。

1. 电子商务蓝图构想

中油集团总经理说：要把中国石油电子商务网站办成中国一流的网站。中国石油开展电子商务的总体思路就是采用世界上最先进的技术、管理和机制，统一规划、分步实施、搭建 B2B 电子平台，从物资采购起步，逐步扩大到产品销售和经营机制的转变，促进公司效益的提高。总体目标就是创立和运营一个国际一流的、以中国石油天然气行业为主要对象的企业对企业的电子交易平台，以进一步促进中国石油业务流程的优化自动化，降低生产成本，提高公司的整体效益。

中国石油根据公司的实际情况，确定了从物资采购入手开展电子商务的方案，因为这不仅可以从根本上解决在长期计划经济体制下和当前企业实行分散采购中普遍存在的种种弊端，增强物资采购的透明度，降低生产成本；同时还将促使企业进一步转换经营机制，变革传统的管理流程和管理方式，提升公司的价值，更好的兑现公司对投资者的承诺，增强公司在国际市场的竞争力。

中国石油搭建的“能源一号”网站平台，将逐渐实现电子采购、电子销售和电子市场三大功能。中国石油还将开展电子商务列为业务计划和考核指标，“2002 年中国石油计划实现电子采购金额 100 亿元，节约采购成本 5%，实现电子销售金额 85 亿元”。同时公司从实际出发，制定了电子商务发展的五年规划，“预计采购以每年 26% 的速率递增，2005 年达到每年 200 亿元采购额；预计销售以每年 85% 速率递增，2005 年达到每年 500 亿元销售额。"中国石油计划将"能源一号"建设成一个开放的、共享的平台,逐渐向其他相关企业提供服务;逐渐向中海油、中石化和中国化工开放;并在这个开放的基础上,逐步和国际上知名的能源行业平台、石油石化行业平台链接。

中国石油电子商务部副总经理李斌说:"中国石油的电子商务工作要从供应链的采购端和销售端入手,来实现对整个供应链的完善和改造,最终实现电子市场。"由于有了明确的目标、思路和方案,再加上公司领导和国家科技部、经贸委等各界的大力支持和重视,中国石油电子商务建设顺利起航。

2. 慎重选择顺利实施

经过近6个月的慎重的考评,2001年4月,中国石油最终选择了IBM作为整个B2B能源一号网B2B项目的服务提供商,并选择了IBM的全球合作伙伴B2B软件的领导厂商Ariba作为项目的软件供应商。

之所以选择IBM作为其服务提供商,中国石油有几点考虑。第一,对于像中国石油这样的中国特大型企业来说,其供应链管理的复杂程度可想而知。因此相对于选择搭建系统所需的软硬件来说,选择一家经验丰富的服务提供商就显得尤为重要。IBM作为领先的信息技术提供商有着强大的项目实施和项目管理能力,所以获得了中国石油的青睐。第二,在IBM自身发展的历史上曾有通过实施电子采购达到开源节流、成功转型的经历,因此IBM有着大型公司实行B2B的切身经验。第三,IBM全球丰富的案例资源,特别是IBM和Ariba在欧美国家已有的许多成功实施B2B的企业案例,可以为中国石油的电子商务建设提供极具价值的参考。

经过三个多月的紧张实施,2001年7月,"能源一号"网站如期开通。该系统主要具备电子采购、电子销售和电子市场三大功能,也包括对供应商和客户的管理。根据物资的不同分类和市场特性,电子采购系统分为目录式采购、谈价议价采购、网上招标采购和反向拍卖采购四种功能模块。电子销售系统分为目录式销售、协商式销售、竞价式销售和拍卖式销售四种功能模块。电子市场为多家买方和卖方提供了目录式交易、协商式交易、招投标交易、撮合式交易和拍卖五种交易模式。

平台搭建完成之后,最繁重的工作是推广和应用。中国石油分别为中国石油用户、物资供应商等组织多次培训,培训人数累计达3 300多人。同时还在网站上设计了推广和培训的栏目,将培训资料、推广手册以及常见问题的解答等都放到了"能源一号"网站的这个栏目里。这些工作为"能源一号网"B2B系统的高效运行奠定了坚实的基础。

3. 系统运行成效卓现

从2002年1月21日系统正式投入运行至11月底,已经实现网上交易额150亿元,其中电子采购交易额92亿元,电子销售交易额58亿元。

由于实行一级法人管理体制的中国石油实现了资金的集中管理,每年大约有500亿元左右的采购工作量和2 450多亿元的销售工作量,这意味着通过电子商务手段实现供应链的集中管理已具备了扎实的物质基础。因此B2B模式既可以帮助企业实现供应链的整合，同时也解决了网站自身的发展问题。

以石油专用管材的电子采购为例，由于实现了统一的批量采购，部分供应商已提出在保证产品质量的前提下，可以在国内市场优惠价格的基础上再下浮5%～9%，仅此一项，中国石油每年就可以节省直接采购成本近2亿元。

实践还表明电子采购不但极大地提高了谈价议价的效率，也最大限度地避免了商业谈判中影响最终结果的人为因素，给供应商施加无形压力的同时，使采购方完全占据了谈判的主动地位。

西气东输管道项目的网上采购，是传统商务和电子商务结合得比较成功的一个范例。在线交易的结果使综合成本下降了16.7%，直接节约了采购成本1.2亿元。仅此一项就等于把中国石油电子商务平台建设的前期投资全部收回了。

IBM全球服务业务咨询暨系统整合服务部邱磊认为，"能源一号"网站是一个代表了国际一流水平的B2B平台，它应用了国际上最先进的软硬件设备，在架构设计、系统安全性及关键技术的突破等方面有突出表现。同时，它也代表了国内电子商务发展的最高水平，无论从规模、投资额还是交易额来说，"能源一号"都是目前国内最大的B2B网站，特别是它所具备的高安全性、高可用性、高灵活性和可扩展性，为它今后和银行、物流企业等统一整合成一个社会化平台奠定了技术基础。它在项目进行过程中体现了先进的项目实施模式，整个项目应用了领先的管理手段来控制实施过程。IBM将其在欧美其他发达国家的经验成功地移植给中国企业，并开始发挥效益。

资料来源：无忧培训网，http://www.51tr.com/articles/11678408103627.html.

第三节 电子商务下的供应链物流

物流配送定位在为电子商务的客户提供服务，根据电子商务的特点，对整个物流配送体系实行统一的信息管理和调度，按照用户订货要求，在物流基地进行理货工作，并将配好的货物送交收货人的一种物流方式。电子商务的发展，对传统的物流配送提出了更高的要求。尤其是电子商务不受地域、时间的限制，网上购物用户比较分散，在B2B存在的同时B2C的电子商务活动也大量存在，难以形成集中的有规模的商品配送流量，导致物流配送的难度更大、要求更高。因此，物流配送是电子商务诸环节中最为薄弱的一个环节，也是制约电子商务发展的瓶颈，而电子商务的发展也必然要求对传统物流配送进行革命。

一、电子商务对物流的影响

物流配送发展经历了三次革命。第一次革命是送物上门，把货送到买主手中；第二次革命是伴随着电子商务的出现而产生的，这是一次脱胎换骨的变化，不仅影响到物流配送本身，也影响到上下游的各环节，包括供应商、消费者；第三次革命就是物流配送的信息化及网络技术的广泛应用，以网络计算为基础的电子商务催化着传统物流配送的革命。电子商务对物流的影响主要表现在以下几个方面。

（一）对物流理念的影响

把电子商务作为商业竞争环境时，它对物流理念的影响可以从以下几个方面来理解。

(1) 物流系统中的信息变成了整个供应链运营的环境基础，对供应链的一体化起着控制和主导的作用。

(2) 物流市场的竞争将更多地表现为物流联盟的竞争，即更多的企业将以其具有的专业化比较优势，参加到以核心企业（或有品牌优势，或有知识管理优势）为龙头的分工协作的物流体系中去，在更大的范围内建成一体化的物流供应链，并作为核心企业组织机构虚拟化的实体支持系统。这也是现代供应链管理思想在物流管理中的渗透，而电子商务的应用使得物流供应链体系存在纵向和横向无限扩张的可能性。这将对企业提出要么更广泛的联盟化，要么更深度的专业化的要求。显然，在电子商务的框架内，联盟化和专业化是互为表里并统一在物流一体化的体系之中的。

(3) 市场竞争的优势将不再是企业拥有的物质资源有多少，而在于它能调动、协调、最后是能整合多少社会资源来增强其供应链的市场竞争力。因此，物流市场的竞争将是以物流系统为依托的信息联盟或知识联盟的竞争。物流系统的管理也从对有形资产的管理转为对无形资产（信息或知识）的管理。

(4) 物流系统面临的基本技术经济问题，是如何在物流供应链成员企业之间有效地分配信息资源，使得整个物流供应链的客户服务水平最高，即追求物流总成本最低的同时为客户提供个性化的服务。

(5) 物流系统由供给推动变为需求拉动，当物流系统内的所有方面都得到网络技术的支持时，客户的物流服务产品的可得性将极大提高，同时，将在物流系统的各流程、各环节上极大地降低成本，如降低采购成本、减少库存成本、缩短产品开发周期、为客户提供有效的服务、降低销售和营销成本、增加销售的机会、降低流程间的交易成本等。

（二）对物流系统结构的影响

电子商务对物流系统结构的影响，主要表现在以下几个方面。

(1) 由于网上客户可以直接面对制造商并可获得个性化服务，故传统物流渠道中的批发商和零售商等中介将逐步淡出，但是区域销售代理将受制造商委托逐步加强其在渠道和地区性市场中的地位，作为制造商产品营销和服务功能的直接延伸。

(2) 由于网上时空的“零距离”特点与现实世界的反差增大，客户对产品的可得性的心理预期加大，以致企业交货速度的压力变大。因此，物流系统中的港、站、库、配送中心、运输线路等设施的布局、结构和任务将面临较大的调整。如尤尼西斯公司在1988年采用了EDI的MRP系统后，将其欧洲区的5个配送中心和14个辅助仓库缩减为1个配送中心。在企业保留若干地区性仓库以后，更多的仓库将改造为配送中心。由于存货的控制能力变强，物流系统中仓库的总数将减少。随着运管政策的逐步放宽，更多的独立承运人将为企业提供更加专业化的配送服务，配送的服务半径也将加大。

(3) 由于信息共享的即时性，使制造商在全球范围内进行资源配置成为可能，故其组织结构将趋于分散并逐步虚拟化。当然，这主要是那些拥有品牌的产品在技术上已经实现功能模块化和质量标准化的企业。

(4) 大规模的电讯基础设施建设，将使那些能够在网上直接传输的有形产品的物流系统隐形化。这类产品主要包括书报、音乐、软件等，即已经数字化的产品的物流系统将逐步与网络系统重合，并最终被网络系统取代。

(三) 对物流运作方式的影响

电子商务使物流运作以商流为中心变为以信息流为中心。传统的物流活动在其运作过程中，不管其是以生产为中心，还是以成本或利润为中心，其实质都是以商流为中心，从属于商流活动，因而物流的运动方式是紧紧伴随着商流来运动(尽管其也能影响商流的运动)。而在电子商务下，物流的运作是以信息为中心的，信息不仅决定了物流的运动方向，而且也决定着物流的运作方式。在实际运作过程中，通过网络上的信息传递，可以有效地实现对物流的实时控制，实现物流运作的合理化。

电子商务对物流运作的监控是全流程的实时监控。在传统的物流活动中，虽然也有依据计算机对物流实时控制，但这种控制多是以单个流程的运作方式来进行的。比如，在实施计算机管理的物流中心或仓储企业中，所实施的计算机管理信息系统，大都是以企业自身为中心来管理物流的。而在电子商务时代，网络全球化的特点可使物流在全球范围内实现整体的实时控制。

(四) 对物流经营形态的影响

市场经济条件下的“拉动式”供应链，形成了以消费者需求为引导的生产机制，但由于市场配置资源是靠公开价格信号实现的，这种事后调节具有一定的时滞性。电子商务技术的应用，将商品需求、商品流通和商品生产有机地联系在一起，它不仅可以在库存数量、存货地点、定货计划、配送运输几个方面实现最佳选择，优化企业经营者的利益，而且能够在准确的时间、准确的地点，以恰当的价格和便捷的方式将商品送到消费者手中，最大限度地体现消费者主权，将“时滞”变为“实时”，其关键是信息技术从消费延伸到销供产全过程，并通过电子商务技术把众多的生产厂、零售商和消费者联系在一起，在产供销各环节建立起多极化的连通体系。

电子商务使仓库变为“虚拟仓库”。传统的物流配送企业需要置备大面积的仓库，而电子商务系统网络化的虚拟企业将散置在各地的分属不同所有者的仓库通过网络系统连接起来，使之成为“虚拟仓库”，进行统一管理和调配使用，服务半径和货物集散空间放大了。此外，按专业分工，可将仓库分为以储藏为主要功能的“保管仓库”和以货物的流转为主要功能的“流通仓库”。电子商务环境下的物流管理以时间为基础，货物流转更快，“零库存”是一个发展趋势，由此决定了“保管仓库”将进一步减少，而“流通仓库”将会进一步发展为具有多种功能的配送中心。

电子商务将改变企业对物流的组织和管理状态。在传统的物流经营模式下，物流往往是从某一企业角度来进行独立的组织和管理，而电子商务则要求物流以更宽泛的角度来实行系统的组织和管理，以打破传统物流分散的状态。这就要求企业在组织物流的过程中，不仅要考虑本企业的物流组织和管理，而且更重要的是要将社会物流环境因素考虑进来，在充分考虑整合社会资源的情况下进行物流的组织和管理。

电子商务将改变物流企业的竞争状态。在传统物流运作活动中，物流企业之间存在激烈的竞争，这种竞争往往只是依靠本企业提供优质服务、降低物流费用等方面来进行的。在电子商务时代，这些竞争内容虽然依然存在，但有效性却大大降低了。原因在于电子商务需要一个全球性的物流系统来保证商品实体的合理流动，对于一个企业来说，即使有再大的规模，也是难以达到这一要求的。这就要求物流企业应相互联合起来，形成一种协同竞争机制，在相互协同实现物流高效化、合理化、系统化的前提下相互竞争。

电子商务改变了物流的经营形态，使企业在组织资源的速度、规模、效率和资源的合理配置方面，都是传统的物流经营所不可比拟的，相应的物流观念也必然是全新的。

（五）对采购和运输的影响

从理论上讲，企业在网上寻找合适的供应商可以具有无限的选择性，这种无限选择的可能性将导致市场竞争的加剧，并带来供货价格降低的好处。但企业如果频繁地更换供应商，将增加资质认证的成本支出，并面临较大的采购风险。所以，从供应商的立场来看，作为应对竞争的必然对策，是积极地寻求与制造商建成稳定的渠道关系，并在技术或管理或服务等方面与制造商结成更深度的战略联盟。同样，制造商也会从物流理念出发来寻求合格的供应商，并建立一体化供应链。作为利益交换条件，制造商和供应商之间将在更大的范围内和更深的层次上实现信息资源共享。如 LOF 公司（一家建筑和汽车玻璃制造商）在建立信息共享机制后，将其产品承运人的数目从 534 位减少为 2 位：一家物流服务公司为其安排所有的货运事项；另一家物流公司则为其提供第三方付款服务，负责用电子手段处理账单信息，这不仅可减少运费 50 万美元，而且消除了 7 万件文案工作。事实上，电子商务对物料采购成本的降低，主要体现在诸如缩短订货周期、减少文案和单证、减少差错和降低价格等方面。因此,虚拟空间的无限选择性将被现实市场的有限物流体系即一体化供应链所覆盖。

在电子商务条件下,速度已上升为最主要的竞争手段。物流系统要提高客户对产品的可得性水平,在仓库等设施布局确定的情况下,运输将是很关键的因素。由于运输活动的复杂性,运输信息共享的基本要求就是运输单证的格式标准化和传输电子化,这需要物流系统具有 EDI 能力来获取整合的战略优势,从而在物流联盟企业之间建立稳定的定制化渠道关系。为了实现运输单证,主要是货运提单、运费清单和货运清单的 EDI 一票通,实现货运全程的跟踪监控和回程货运的统筹安排,将要求物流系统在相关通信设施和信息处理系统方面进行先期的开发投资,如电子通关、条形码技术、在线货运信息系统、卫星跟踪系统等。

(六) 对客户服务的影响

电子商务全面提升了基于网络的交互速度,由此对客户服务带来影响。

(1) 企业网站的客户界面要能保证与客户间的即时互动。网页不仅要宣传企业,还要能够与客户一起就产品的设计、质量、包装、改装、交付条件、售后服务等进行一对一交流,帮助客户拟定产品的可得性解决方案,帮助客户下订单。这就要求得到物流系统中每一个流程及功能环节的即时信息支持。

(2) 客户服务的个性化。只有当企业对客户需求的响应实现了某种程度的个性化对称时,企业才能获得更多的商机。基于电子商务的客户个性化服务主要表现在三个方面:

① 要依据市场营销学中对客户细分和对市场细分的一般性原则和方法,来设计针对特定客户群体的网站主页,而不是把“所有的新衣服都穿在身上”。

② 企业经营的产品或服务要个性化。专业化经营仍然是企业在网络经济环境下竞争发展的第一要义,企业只有专业化经营,方能突出其资源配置的比较优势所在,为向客户提供更细致、更全面,更为个性化的服务提供保证。同样,按照供应链增值服务的一般性原则,把物流服务分成基本的和增值的两类,并根据客户需求的变化进行不同的服务营销组合将是适用的。

③ 是企业对客户追踪服务的个性化。网络时代客户需求的个性化增大了市场预测的离散度,所以发现客户个性化服务需求的统计特征将主要依赖对客户资料的收集、统计、分析和追踪。虽然从技术层面讲并没有太多困难,但这要涉及文化的、心理的、法律的等诸多方面,因此建立客户档案并追踪服务本身,就是一项极富挑战性的工作。

二、电子商务下的物流及特点

电子商务下的物流并不是简单的物流电子化,它是一个全新意义上的物流,即物流的电子化与重构的物流流程结合起来。重构的物流流程是剔除了原来流程中的一些无效活动，重新设计的适合电子化的物流流程。基于电子商务对物流的影响，电子商务环境下的物流流程与以往有较大差异，并体现了一系列的新特点。

（一）传统商务下的物流作业

从传统的流通渠道的角度来看，在由供应商、制造商、批发商、零售商和消费者组成的供应链系统中，商流遵循传统商品的购进、储存、运销的业务流程运转，从制造商、经批发、零售到消费者，与之相对应的物流则是从制造商经储运企业或储运部门到批零企业再到消费者。这其中，供应商根据市场调研结果进行分析预测，制定生产计划、组织生产，生产的原材料达到一定的库存以后，根据制造商的需求送往制造商仓库；制造商接到货物后开始进行生产，其产品根据批发商的要求送往批发商的仓库；批发商发货给零售商，最终由零售商将商品销售给消费者。其间的信息传递方式多是通过 e-mail、电话、邮寄、或当面洽谈的方式进行的，订单一般通过邮寄或人工送达方式进行的。

传统商务供应链的物流流程所带来的负面影响有：

(1) 需要配备大面积仓库。从传统商务的物流流程上来看，无论是原材料生产企业，产品生产企业还是批发商，都需要配置大面积的仓库，当产品缺乏市场时，会造成大量的产品积压。

(2) 信息滞后，物流延迟。由于其供应链的环节较多，当用户的需求信息到达供应商手中时，已不是原始的数据，订单的送达及处理也需要一定的时间。同样，生产的产品也不能立即交到客户手中，而多是经过批发商、零售商这两个环节，通常会造成物流的滞后。

（二）电子商务下的物流流程

电子商务的本质特征是生产者与消费者的关系是直接的，减少中间环节，拉近企业与客户之间的距离。电子商务利用互联网技术，将供应商、企业、客户以及其他商业伙伴连接到现有的信息技术平台上，达到信息共享，极大地改变现有的流程作业方式，实现充分利用资源、提高效率、降低成本、提高服务水平的目的。

在电子商务下由供应商、制造商、物流中心和客户组成的供应链中，所有的合作者通过 Internet 共享信息，供应商根据客户的需求生产所需的原材料；原材料通过制造商的加工、包装等一系列作业后，将产品集中到物流中心；物流中心根据客户订单情况将货物送达客户手中。电子商务下制造企业的物流流程如图 10-8 所示。

与传统的商务相比，电子商务下的供应链环节减少了，物流中心的作用变得越来越显著，它既是制造商的仓库，又是客户的实物供应仓库，是信息化、现代化、社会化的物流配送体系。当然，电子商务环境下配送中心是以网络化的计算机技术和现代化的硬件设备、软件系统及先进的管理手段，针对社会需求，严格地、守信用地按用户的订货要求，进行一系列分类、编配、整理、分工、配货等理货工作，定时、定点、定量地交给没有范围限制的各

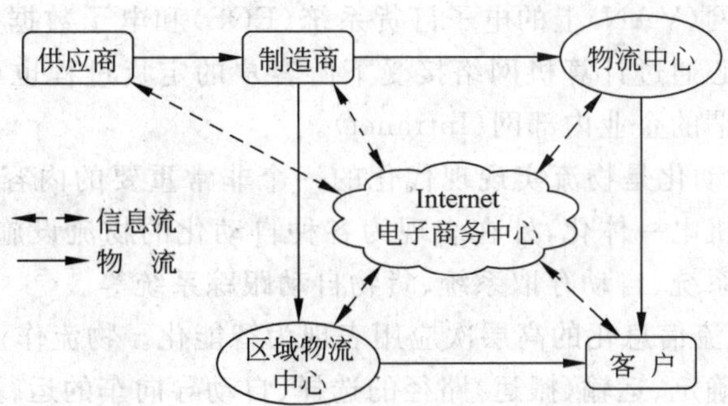

图 10-8　电子商务下制造企业的物流流程

类用户，满足其对商品的需求。

对于商业企业而言，其主要商务活动包括采购产品和销售。基于电子商务的采购物流多是通过外部物流中心送达的，销售物流则多是由企业自己的仓储中心完成的。这里不展开详述，只给出这两部分物流流程的示意图，如图 10-9、图 10-10 所示。

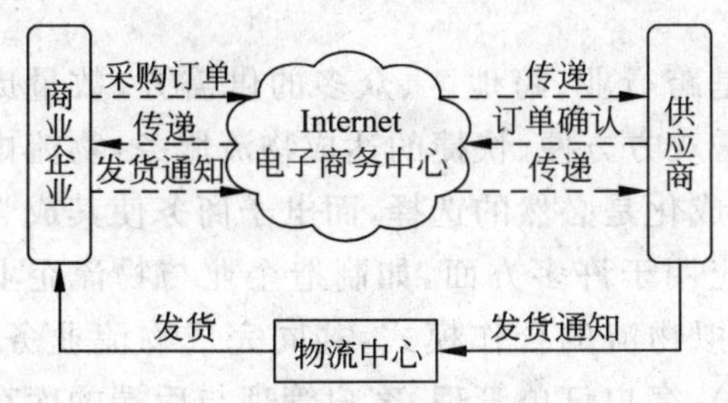

图 10-9　电子商务下商业企业采购物流流程

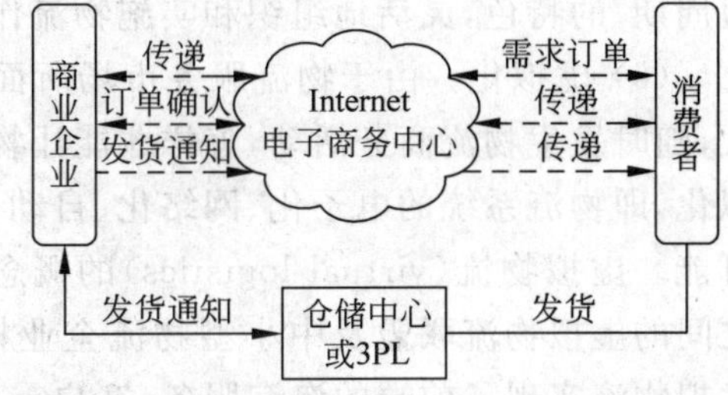

图 10-10　电子商务下商业企业销售物流流程

实施电子商务物流，平台构建和运作管理对企业都是一个全新的尝试。大胆、审慎的尝试和借鉴成功经验相结合，无疑对企业发展电子商务物流都是有益的。

（三）电子商务下的物流特点

电子商务时代的来临，给全球物流带来了新的发展，使现代物流呈现信息化、网络化、自动化、智能化、柔性化和虚拟化等一系列新特点。

（1）信息化。电子商务时代，物流信息化是电子商务的必然要求。物流信息化表现为物流信息的商品化、物流信息收集的数据库化和代码化、物流信息处理的电子化和计算机化、物流信息传递的标准化和实时化、物流信息存储的数字化等。

（2）网络化。网络化有两层含义：一是物流配送系统的计算机通信网络，包括物流配送中心与供应商或制造商的联系要通过计算机网络。另外与下游顾客之间的联系也要通过计算机网络通信，比如物流配送中心向供应商提交订单的过程，就可以使用计算机通信方式，借助于增值网（VAN）上的电子订货系统（EOS）和电子数据交换技术（EDI）来自动实现，物流配送中心通过计算机网络接受下游客户的定货过程也可以自动完成；二是组织的网络化，即所谓的企业内部网（Intranet）。

（3）自动化。自动化是物流实现现代化的一个非常重要的内容，自动化是以信息化为基础的，其核心是机电一体化，外在表现为各种自动化的物流设施的应用，如RF射频识别系统、自动分拣系统、自动存取系统、货物自动跟踪系统等。

（4）智能化。物流信息化的高层次应用表现为智能化。物流作业过程大量的运筹和决策，如库存水平的确定、运输（搬运）路径的选择、自动导向车的运行轨迹和作业控制、自动分拣机的运行、物流配送中心经营管理的决策支持等问题都需要借助于大量的知识才能解决。这就需要智能化的管理来提高物流现代化的水平，物流的智能化已成为电子商务下物流发展的一个新趋势。

（5）柔性化。柔性化是为实现"以顾客为中心"理念而提出的。要真正做到柔性化，首先要有配套的柔性化的物流系统。柔性化的物流是适应生产、流通与消费的需求而发展起来的一种新型物流模式。它要求物流配送根据消费需求的"多品种、小批量、多批次、短周期"的特色，灵活地组织和实施物流作业。

（6）虚拟化。由于物流服务市场所面对的是跨行业、跨地区、众多的供需方，数量庞大，随时发生物流商务活动，怎样才能让物流供需双方方便、快捷的达成物流服务，物流虚拟化，即物流系统的电子化、网络化、自动化和集成化是必然的选择，而电子商务使其成为可能。虚拟物流（virtual logistics）的概念可以应用于许多方面，如制造企业与物流企业之间的虚拟物流联盟及中小型物流企业构筑虚拟物流的合作模式，共同完成物流业务。虚拟物流实现了前端的咨询服务（客户需求确认）、客户订单管理、客户管理与后端的库存管理、仓储与分拨管理、运输与交付管理、退货管理、客户服务以及数据管理与分析等的有机结合。虚拟物流的目的就是通过物流的组织、交易、服务、管理方式的虚拟网络化，使物流商务活动能够方便、快捷地进行，实现物流快速、安全、可靠、低费用的目的。

三、电子商务下的物流管理内容

在前面的研究中已经述及，电子商务的任何一项网上贸易，都必然涉及信息流、商流、资金流和物流等这几种基本的"流"，而物流作为整个交易的最后一个过程，其执行的结果对电子交易的成败起着十分重要的作用。电子商务下的物流运作要达到预期的目标并非仅仅是简单的送货和库存，它需要的也不仅仅是车队和仓库，最重要的还是对整个物流系统运营全过程的科学管理。比如要使物流配送系统能在满足电子商务销售目标的前提下花费最少的物流成本，这并不意味着要求单一的送货费用最少或者库存费用最少，而是要使整个物流的总成本最小化，这一目标只有在现代物流理论的指导下，实现对物流的科学化管理才能达到。从消费者的角度看，电子商务物流管理中最敏感的方面就是物流服务质量的管理与控制，这涉及电子商务下的对物流系统、物流过程、物流技术、物流费用等多方面的管理。

（一）物流系统管理

电子商务物流系统是指在实现电子商务特定过程的时间和空间范围内，由所需移动的物品、包装设备、装卸搬运机械、运输工具、仓储设施、人员和通信联系设施等若干相互制约的动态要素所构成的具有特定功能的有机整体。对电子商务物流系统管理的目的是实现电子商务过程中物品的空间效益和时间效益，在保证商品满足供给需求的前提下，实现各种物流环节的合理衔接，并取得最佳经济效益。电子商务物流系统既是电子商务系统中的一个子系统或组成部分，也是社会经济大系统的一个子系统。电子商务物流系统与一般系统一样，具有输入、转换和输出三大功能。通过输入和输出使物流系统与电子商务系统及社会环境进行交换，并相互依存。输入包括人、财、物和信息；输出可以包括效益、服务、环境的影响以及信息等；而实现输入到输出转换的则是电子商务物流的各项管理活动、技术措施、设备设施和信息处理等。

（二）物流过程管理

客观上说，电子商务下的物流作业流程同普通商务一样，目的都是要将用户所订货物送到用户手中，其主要作业环节与一般物流的作业环节一样，包括商品包装、商品运输、商品储存、商品装卸和物流信息管理等。电子商务物流系统的基本业务流程因电子商务企业性质不同而有所差异。如：制造型企业的电子商务系统，其主要业务过程可能起始于客户订单，中间可能包括与生产准备和生产过程相关的物流环节，同时包括从产品入库直至产品送达客户的全部物流过程；而对销售型的电子商务企业（如销售网站）而言，其物流过程就不包括生产过程物流的提供，但其商品组织与供应物流和销售物流的功能则极为完善；对于单纯的物流企业而言，由于它充当为电子商务企业提供第三方物流服务的角色，因此，它的功能和业务过程更接近传统意义上的物流或配送中心。虽然各种类型的电子商务企业的物流组织过程有所差异，但从电子商务物流过程的流程看还是具有许多相同之处。具体地说，其基本业务流程一般都包括进货、进货检验、分拣、储存、拣选、包装、分类、组配、装车及送货等。与传统物流模式不同的是，电子商务的每个订单都要送货上门，而有形店铺销售则不用。因此，电子商务的物流成本相对而言则更高，配送路线的规划、配送日程的调度、配送车辆的合理利用难度更大，与此同时，电子商务的物流流程可能会受到更多因素的制约。这就要求电子商务下的物流过程管理要预先考虑一些制约因素，来安排物流能力，并制定可行的应急预案，快速反应危机事件，以保证整个物流运作与电子商务所要求的速度和质量吻合。

（三）物流技术管理

电子商务物流技术是指在电子商务物流活动中对物品进行移送和储存，为客户提供物流服务的各种技术。物流技术水平的高低直接关系到电子商务物流活动各项功能的完善和实现程度，其整体水平将影响电子商务的效果。物流技术管理包括以下几个方面。

(1) 运输及装卸技术管理。电子商务环境下客户对运输的最基本的要求是速度和质量，这就要求从运输工具的专门化、运输路线的规划、运输配载的优化以及运输全过程的跟踪控制技术等方面系统管理，使其达到最佳组合。装卸是运输两端的作业流程，其技术和相应的设备呈现出多样化特点。在电子商务的快节奏时代，除了传统的叉车和连续传送带外，机器人、轨道式自走台车以及机电一体化的无人搬运车等高速、间歇式系统正在成为这一领域的研究和应用热点。这些技术都需要权衡技术经济的可行性来决定是否投资，并进行相应的技术应用的人员培训。

(2) 仓储及包装技术管理。仓储技术的发展是现代物流发展的典型体现。目前，集高度自动化保管和搬运结合为一体的自动化仓库、自动分拣出货系统、自动流程式分类系统等硬技术，以及以库存控制理论为典型代表的仓储软技术，都成为电子商务物流研究的技术领域。包装技术是指包含包装材料、包装设备和包装方法在内的相关技术。包装材料常常是包装改革的新内容，新材料往往导致新的包装形式与包装方法的出现。包装设备的发展是包装技术水平提高的标志，目前出现的各种自动化包装机械和包装容器的自动生产线使包装水平有了很大提高。包装技术还涉及防震、防潮、防水、防锈、防虫和防鼠等技术。

(3) 集装单元化技术管理。集装单元化技术是一种物流硬技术(设备、器具)与软技术(方法、程序等)的有机结合，它既涉及设备、器具的机械化和自动化技术，又有合理组织这些硬件使之充分发挥作用的管理技术。通过集装单元化技术的推广使用，使传统的包装和装卸搬运工具发生了根本变革，集装箱本身就成为仓储包装物和运输器具。使物资在仓储、运输和装卸搬运等环节有效地实现合理化、省力化和低成本，是一种很有发展前景的储运方式。

(4) 物流信息技术管理。物流信息技术是电子商务物流中极为重要的领域之一。商务电子化的目的就是打破时空界限，快速、高效地完成交易过程。而作为电子商务服务系统的物流系统更需要借助信息传播的有效性和共享性实现物流全过程的有效组织与控制。这一领域也是物流技术中发展最快的领域，从数据采集的条形码系统到配送跟踪的GPS，乃至货物配载和运输规划的决策支持工具以及用于客户服务、信息查询和反馈的计算机网络和通信系统硬件、软件都在日新月异地变化。物流信息技术的管理不仅要了解和掌握这些技术的特点和操作技能，还包括平台的构建和维护等。

（四）物流费用管理

电子商务物流在将物品由生产者手中移送至消费者的过程中，必然产生大量物流费用，因此控制和降低物流费用将成为电子商务物流管理中最为关键的环节之一，也是人们利用电子商务的一个主要目的。要加强电子商务物流成本的管理，必须明确在当今电子商务活动中物流成本的特征以及相应的问题。由于目前我国大多数企业采用的财务会计制度中没有单独的物流项目，需要从会计科目中抽出（见第七章物流成本管理），此外，物流成本的某些项目之间存在着此消彼长的关系，有些项目成本的减少，可能会引起其他项目成本的增加。基于这些原因，更增加了电子商务物流成本管理的难度。因此，电子商务物流费用的管理，要全面、准确地把握包括电子商务系统内外发生的各项物流成本在内的整体物流成本，也即，要降低物流成本必须以系统整体成本为对象。在努力消减物流成本的同时，还应当注意不能因为降低物流成本而影响对用户物流服务的质量水准。特别是电子商务活动的特点之一是多频度、定时进货的要求极为普遍，这就要求企业的物流成本管理能应对这一特点，例如：为了迎合顾客的要求，及时地配送发货，企业可能需要进行物流配送中心或据点等设施的投资。显然，如果仅为消减物流成本而节省这种投资，就会影响电子商务系统对顾客的物流服务质量。进行电子商务物流费用管理，不仅要把握企业对外的物流费用，也要掌提企业内部发生的物流费用，也就是说，对物流成本的计算，除了通常所理解的仓储、运输等传统物流费用外，还应当包括流通过程中的基础设施投资、商品在库维持等一系列费用，诸如配送中心的建设、EDI 等信息系统的构筑、商品在库管理等相关的费用等，都是现代物流管理中重要的物流费用。当然，投资的费用还应考虑投资可能获得的收益和回报率等因素。

专栏 10-2　完善物流配送体系，构建国际化天然橡胶电子商务平台

2004 年 4 月 19 日，乘着天津举行第十一届天津商品交易会的东风，在海南农垦电子商务交易中心、海南中橡热带产品电子交易市场成立天津办事处，海南农垦电子商务物流有限公司成立物流配送站之际，中国天然橡胶现货市场业务介绍会在天津市拉开帷幕，会上介绍了交易中心即期现货电子拍卖、中橡市场订单业务、物流公司配送业务等。

经过三年的运作，形成了以交易中心为核心的从事天然橡胶电子商务的中国天然橡胶现货市场业务，占据国内生产天然橡胶 75%左右的份额，不仅引导了国内天然橡胶现货的价格，同时还影响到国际市场。海南农垦电子商务交易中心的发展目标是通过不断完善物流配送体系，最终构建国际化天然橡胶电子商务平台。

(1) 建立电子商务平台，整合国内外天然橡胶现货资源

2001 年 2 月 13 日海南农垦成立了海南农垦电子商务交易中心，当年 5 月 8 日，交

易中心开张试营业，海南农垦天然橡胶全部实现了网上交易。2002 年 7 月 15 日，海南农垦、云南农垦共建全国天然橡胶交易市场合作协议在海口市正式签署，2002 年 11 月 25 日，云南农垦所属农场生产的天然橡胶开始正式进入交易中心电子商务平台交易。2004 年 3 月，与广东农垦成功达成合作协议，广东农垦所属农场 2004 年生产天然橡胶将进入交易中心平台销售。通过交易中心的电子商务平台成功的将国内三大垦区生产的天然橡胶统一到交易中心的电子商务平台销售，整合了国内天然橡胶现货资源。

为了拓展交易功能，扩大交易范围，2003 年 1 月 18 日，海南农垦、云南农垦、农业部南亚中心等在交易中心的业务发展基础上发起成立海南中橡热带产品电子交易市场有限公司，该公司目前正在运作筹备中橡市场，拟与世界天然橡胶主要产胶国及大生产贸易商合作，将国外天然橡胶引入到该电子商务平台交易，将中橡市场建设成为全球最大的天然橡胶现货交易市场。

(2) 完善物流配送体系

为了满足客户本地现场交易，现场提货的要求，交易中心计划建立覆盖全国天然橡胶主要消费地的物流配送系统。2002 年元月温州物流配送站成立，开始运作，经过半年多的实践，客户反应效果很好，为了进一步开展物流配送业务，交易中心成立了海南农垦电子商务物流有限公司，2003 年 8 月上海、青岛物流配送站成立。2004 年 4 月，天津、厦门物流配送站成立，开始运作，从此天津及周边地区客户可以通过互联网进入交易中心平台，采购天然橡胶，然后可以在物流配送站直接提货。物流公司计划在 1～2 年时间内完成其他物流配送站的建设(下一步建设重点：大连、武汉、贵州、西安、广州等地)。

(3) 构建国际化电子商务平台

交易中心从成立伊始，就立志做成全球最大天然橡胶专业现货电子交易市场，主动与东南亚主要产胶国的大型加工贸易商联系，同时交易中心的电子商务平台也吸引了东南亚主要天然橡胶加工贸易商，他们同时更看重我们的物流配送系统网络，纷纷表示愿意与我们合作，将进口胶放入平台销售，为了进一步拓展国际业务，交易中心 2003 年 6 月成立了国际业务部，专门负责国际市场业务。2003 年 8 月，第一家泰国企业加入成为交易中心会员。2004 年 3 月，第一笔进口胶成功在交易中心的平台上销售。2004 年 4 月，交易中心与泰国农业部橡胶研究所达成协议，合作成立共建天然橡胶国际市场的工作组(目前双方在向各国政府部门履行报批手续)。争取中国进口天然橡胶的 60%吸引到交易中心电子商务平台销售。

天津是中国重要的对外开放口岸，每年天津及辐射周边地区的天然橡胶消费量达 10 万吨，为了更好的为天津地区客户服务，物流公司于 2004 年 4 月在天津成立了。

天津物流配送站将是完善物流配送体系，构建国际化天然橡胶电子商务平台的重要步骤。

资料来源：新华网天津频道，http://www.tj.xinhuanet.com.

第四节　电子商务安全环境

电子商务的发展给人们的工作和生活带来了极大的便利，它改变了传统的买卖双方面对面的交流方式，使企业能通过网络面对整个世界，它所带来的商机是巨大而深远的。它不仅在微观上影响企业的经营行为和消费者的消费行为，而且在宏观上影响到国际贸易关系和国家未来竞争力。由此，如何确保电子商务环境的安全和电子商务交易过程的安全，为客户在网上从事商务活动提供信心保证，是电子商务健康全面发展重要的保障。

一、电子商务安全问题

电子商务的安全问题主要是环境安全和交易安全问题，包括信息在网络上存储和传输的安全性以及交易的认证性和可靠性。互联网极易受到黑客的攻击，也会由于系统内部人员的不规范使用和恶意破坏，使得网络信息系统遭到破坏。

（一）电子商务环境安全问题

电子商务环境安全包括计算机系统安全、数据安全、网络安全和应用安全。

（1）计算机安全。计算机是一种硬件设备，硬件设备难免出现故障，一旦出现，将会影响电子商务系统的运行。特别是计算机的硬盘，一旦损坏，数据就会丢失，损失就无法挽回，需要对计算机硬件和数据进行备份。计算机系统安全主要是提高用于电子商务系统的计算机硬件可靠性和稳定性。

（2）网络安全。网络是用户进行数据交换，信息传递的主要途径。通过网络，用户可以访问网络中不同的计算机系统。网络安全主要是限制用户对用于电子商务系统的计算机的访问权限，防止未授权的用户对系统的访问以及越权访问。

（3）数据安全。在网络上传递的数据如果不采用任何安全措施，就会受到各种各样的攻击，如数据被截获，甚至数据被恶意篡改和破坏。数据安全主要是防止数据被截获或截获后被破译，以及防止数据被恶意篡改和破坏。

（4）应用安全。在网络环境下，计算机病毒猖獗，如果不加防范，就容易导致应用软件被病毒感染，程序被非法入侵和破坏，系统的功能受到限制。更严重的是导致系统不能正常工作，数据和信息丢失。应用安全主要是防止应用软件被各种病毒非法入侵和破坏。

（二）电子商务的交易安全问题

电子商务交易过程中，商家要发布产品信息，确认订购信息，收货款；客户要获取产品信息，传递订购信息，支付货款。买卖双方都存在安全问题，其中主要包括交易信息安全、支付安全和诚信安全。

(1) 交易信息安全。交易信息包括商家的产品信息和订单确认信息、客户的订单信息。交易信息具有机密性,不能被篡改。

① 信息的截获和窃取。攻击者可能通过互联网、公共电话网、搭线、在电磁波辐射范围内安装截收装置或在数据包通过的网关和路由器上截获数据等方式,获取传输的机密信息,或通过对信息流量和流向、通信频度和长度等参数的分析,推理出有用信息,如消费者的银行账号、密码以及企业的商业机密等。

② 信息的篡改与伪造,当攻击者熟悉了网络信息格式以后,通过各种技术方法和手段对网络传输的信息进行中途修改,并发往目的地,从而破坏信息的完整性;甚至可以假冒合法用户或发送假冒信息来欺骗其他用户。交易信息安全主要是防止交易信息被截获或截获后被破译,以及防止数据被恶意篡改和破坏。

(2) 支付安全。支付信息主要是客户的银行帐号、交易金额以及个人识别码(PIN)和电子货币信息。支付过程中必须保证这些信息的安全。同时,对商家来说,可能存在虚假订单,假冒者以客户名义订购货物,而要求客户付款;对客户来说,可能存在欺骗性网站,盗取客户敏感信息,导致资金被窃取。如何保证客户支付信息安全以及买卖双方身份的真实性,是支付安全主要考虑的问题。

(3) 诚信安全。当电子商务的交易信息和支付信息有了安全保障,还并不能让买卖双方放心从事网上交易。电子商务的在线支付形式有电子现金、电子支票、信用卡支付。但是采用这几种方式,都要求客户先付款,商家再发货。这样客户在付款以后,会担心收不到货物或者收到劣质的货物。如果是先发货,然后付款,那么商家会担心客户是否会付款。虽然目前大多数电子商务网站都使用了或正准备使用"支付宝"平台,作为电子商务在线支付的解决方案,但实际收到的货物与网络平台订购货物质量不对称现象时有发生。因此,诚信安全也是影响电子商务快速发展的重要问题之一。

二、电子商务安全技术

保证基于 Internet 的电子商务环境的安全和电子商务交易的安全,需要有相应的安全技术加以解决。对于电子商务环境安全问题,主要通过数据备份和灾难恢复技术、防火墙技术、数据加密解密技术和防病毒技术加以解决。对于电子商务交易安全问题,主要采用对数据加密、签名、认证等手段加以解决。

(一) 电子商务环境安全技术

网络安全是电子商务安全的基础,所涉及的方面比较多,如操作系统安全、防火墙技术、虚拟专用网 VPN 技术和各种反黑客技术和漏洞检测技术等。其中最重要的就是防火墙技术。防火墙是设置在被保护网络和外部网络之间的一道屏障,主要用于 Internet 接入和专用网与公用网之间的安全连接。它通过监测、限制、更改跨越防火墙的数据流,尽可能地对外部屏蔽网络内部的信息、结构和运行状况，以此来实现网络的安全保护。

(1) 防火墙界定。防火墙是在内部网与外部网之间实施安全防范的系统，可被认为是一种访问控制机制，用于确定哪些内部服务允许外部访问，以及允许哪些外部服务访问内部服务。实现防火墙技术的主要途径有：数据包过滤、应用网关和代理服务。

(2) 包过滤技术。包过滤技术是在网络层中对数据包实施有选择的通过，依据系统内事先设定的过滤逻辑，检查数据流中每个数据包后，根据数据包的源地址、目的地址、所用的 TCP/ UDP 端口与 TCP 链路状态等因素来确定是否允许数据包通过。包过滤的核心是安全策略，即过滤算法的设计。包过滤技术速度快、实现方便，但审计功能差。过滤规则的设计存在矛盾关系，过滤规则简单时安全性差，过滤规则复杂则管理困难。

(3) 应用网关技术。应用网关技术是建立在网络应用层上的协议过滤，它针对特别的网络应用服务协议，即数据过滤协议，能够对数据包分析并形成相关的报告。应用网关对某些易于登录和控制所有输入输出的通信环境给予严格的控制，以防有价值的程序和数据被窃取。

(4) 代理服务技术。代理服务作用在应用层，用来提供应用层服务的控制。这种代理服务准许网络管理员允诺或拒绝特定的应用程序或一个应用的特定功能。包过滤技术和应用网关是通过特定的逻辑判断来决定是否允许特定的数据包通过的，一旦判断条件满足，防火墙内部网络的结构和运行状态便暴露在外来用户面前，从而引入了代理服务的概念。这一技术使防火墙内外计算机系统应用层的链接，由两个终止于代理服务的链接来实现。这就成功地实现了防火墙内外计算机系统的隔离。同时，代理服务还具有实施较强的数据流监控、过滤、记录和报告等功能。代理的 CACHE 功能可以加速访问，但对于每一种应用服务都必须为其设计一个代理软件模块来进行安全控制，而每一种网络应用服务的安全问题各不相同，分析困难，实现也困难。

(5) 防火墙技术的发展。结合上述几种防火墙技术的优点，可以产生通用、高效和安全的防火墙。目前，除了基于以上三种技术的防火墙以外，又出现了许多新技术。如动态包过滤技术，网络地址翻译技术，加密路由器技术等。防火墙技术将不断向着高度安全性、高度透明化的方向发展。

(二) 电子商务交易安全技术

电子商务交易的安全技术包括加密技术、数字签名和认证技术等。

(1) 加密技术。加密技术是一种主动的信息安全防范措施，其原理是利用一定的加密算法，将明文转换成为无意义的密文，阻止非法用户理解原始数据，从而确保数据的保密性。明文变为密文的过程称为加密，由密文还原为明文的过程称为解密，加密和解密的规则称为密码算法。在加密和解密的过程中，由加密者和解密者使用的加解密可变参数叫做密钥。目前，获得广泛应用的两种加密技术是对称密钥加密和非对称密钥加密。它们的主要区别在于所使用的加密和解密的密码是否相同。

(2) 对称密钥加密。又称私钥加密，即信息的发送方和接收方用一个密钥去加密和解密数据。它的最大优势是加/解密速度快，适合于对大数据量进行加密，但密钥管理困难。使用对称加密技术将简化加密的处理，每个参与方都不必彼此研究和交换专用设备的加密算法，而是采用相同的加密算法，并只交换共享的专用密钥。如果进行通信的双方能够确保专用密钥在密钥交换阶段未曾泄露，那么机密性和报文完整性就可以通过对称加密方法对机密信息进行加密，以及通过随报文一起发送报文摘要或报文散列值来实现。

(3) 非对称密钥加密。又称公钥加密。它需要使用一对密钥来分别完成加密和解密操作，一个公开发布，即公开密钥，另一个由用户自己秘密保存，即私用密钥。信息发送者用公开密钥去加密，而信息接收者则用私用密钥去解密。公钥机制灵活，但加密和解密速度却比对称密钥加密慢得多。在非对称加密体系中，密钥被分解为一对。这对密钥中的任何一把都可作为公开密钥(加密密钥)通过非保密方式向他人公开，而另一把则作为私用密钥(解密密钥)加以保存。私用密钥只能由生成密钥的贸易方掌握，公开密钥可广泛发布。在 Internet 上，具体对物流信息传递和保证电子商务信息安全方面，使用更多的是公开密钥。

(4) 数字签名技术。传统的信件是根据亲笔签名或印章来证明其真实性的，但在计算机网络中传送的报文无法盖章，需要数字签名来确保发送方的身份。数字签名应保证：接收者能够核实发送者对报文的签名，并且发送者事后不能抵赖对报文的签名；接收者和第三者不能伪造对报文的签名。以下是数字签名的简要原理。

数字签名技术以公钥加密技术为基础，但与公钥加密技术相反的是，发送者用私钥对一段信息加密。而接收者则用其公钥解密，确认是对方的信件。签名的过程如下：

摘要：用户 1 使用单向散列算法对信件进行计算，得出一长串数字，这称为摘要。

加密：用户 1 用自己的私钥(对称密钥)对摘要和信件加密，这等于签了名字。然后将此对称密钥用接收方的公开密钥再来加密，这部分称数字信封。

发送：把加密后的信件发送给用户 2。如果用户 2 没有用户 1 的公钥，用户 1 还得发送一数字证书给对方，其中包含用户 1 的公钥。

接收和验证：用户 2 收到信件后，先用相应的私有密钥打开数字信封，得到用户 1 的公钥解密，然后使用对称密钥解开加密信息。

在上述的签名过程中，信息发送方采用对称密钥来加密信息内容，然后将此对称密钥用接收方的公开密钥再加密，即形成一个数字信封，然后发送给接收方。接收方先用相应的私有密钥打开数字信封，得到对称密钥，然后使用对称密钥解开加密信息。这种技术的安全性相当高。数字信封主要包括数字信封打包和数字信封拆解，数字信封打包是使用对方的公钥将加密密钥进行再加密的过程，只有对方的私钥才能将加密后的数据(通信密钥)还原；数字信封拆解是使用私钥将加密过的数据解密的过程。

(5) 认证技术。认证技术又分为数字认证、安全机构认证和安全认证协议三种。

① 数字证书。在交易支付过程中,参与各方必须利用认证中心签发的数字证书来证明各自的身份。所谓数字证书,就是用电子手段来证实一个用户的身份及用户对网络资源的访问权限。数字证书是用来唯一确认安全电子商务交易双方身份的工具。由于它由证书管理中心做了数字签名,因此任何第三方都无法修改证书的内容。任何信用卡持有人只有申请到相应的数字证书,才能参加安全电子商务的网上交易。数字证书可分为四级,一级证书是最高级的证书,由认证中心发放,一般用于付款网关证书、行业证书等。二级证书由业务受理点受理并审核,由认证中心进行二次审核后发放,如商家证书、服务器证书等。三级证书如个人用户证书,可通过业务受理点进行证书申请,审核由业务受理点完成。四级证书如测试证书或安全要求不高的个人用户证书,可采用浏览器方式直接通过网络向认证中心申请。

② 安全机构认证。电子商务授权机构(CA)也称为电子商务认证中心(certificate authority)。在电子交易中,无论是数字时间戳服务还是数字证书的发放,都不是靠交易双方自己能完成的,而需要有一个具有权威性和公正性的第三方来完成。认证中心(CA)就是承担网上安全交易认证服务,能签发数字证书,并能确认用户身份的服务机构。认证中心 CA 是一个可信的第三方实体,其主要职责是保证用户的真实性。本质上,CA 的作用同政府机关的护照颁发机构类似,用于证实公民是否是其所宣称的那样(正确身份),而信任这个国家政府机关护照颁发机构的其他国家,则信任该公民,认为其护照是可信的,这也是第三方信任的一个很好实例。

③ 安全认证协议。目前电子商务中有两种安全认证协议被广泛使用,即安全套接层 SSL(secure sockets layer)协议和安全电子交易 SET(secure electronic transaction)协议。安全套接层(SSL)协议,是由 Netscape 公司 1994 年设计开发的安全协议,主要用于提高应用程序之间的数据的安全系数。SSL 协议的概念可以被概括为:它是一个保证任何安装了安全套接层的客户和服务器间事务安全的协议,该协议向基于 TCP/IP 的客户/服务器应用程序提供了客户端和服务器的鉴别、数据完整性及信息机密性等安全措施。目的是为用户提供 Internet 和企业内联网的安全通信服务。安全电子交易(SET)协议,是一个通过开放网络进行安全资金支付的技术标准,由 VISA 和 Master Card 组织共同制定,于 1997 年联合推出。由于它得到了 IBM、HP、Microsoft 等很多大公司的支持,已成为事实上的工业标准,目前已获得 IETF 标准的认可。这是一个为 Internet 上进行在线交易而设立的一个开放的、以电子货币为基础的电子付款规范。SET 在保留对客户信用卡认证的前提下,又增加了对商家身份的认证,这对于需要支付货币的交易来讲是至关重要的。SET 将建立一种能在 Internet 上安全使用银行卡购物的标准。安全电子交易规范是一种为基于信用卡而进行的电子交易提供安全措施的规则,是一种能广泛应用于 Internet 上的安全电子付款协议,它能够将普遍应用的信用卡的使用场所从目前的商店

扩展到消费者家里，扩展到消费者个人计算机中。

 案例 10-1 中远集团的电子商务物流

中国远洋运输集团是以国际航运为中心，集船务代理、海上货运代理、航空货运代理、码头仓储、内陆拟综合物流网络运输、贸易、工业、金融、保险、房地产、旅游、劳务输出、院校教育等业务于一体的大型企业集团，也是国家确定的56家大型试点企业集团之一。中远集团是以中国对外贸易运输的主力、全球最大的船公司之一中国远洋运输（集团）总公司为核心组建起来的，其中包括中国最大的船务代理企业——中国外轮代理总公司、中国最大的汽车运输企业——中国汽车运输总公司和中国专门从事海上燃料供应业务的企业——中国船舶燃料供应总公司等一大批享誉海内外的大型企业。中远集团信息系统的建设历程实际上是一个对电子商务不断认知、探索、发展的过程。

1. 从EDI起步到"中远网"佳境

中远集团主要从事海洋运输，在货物运输的过程中，打交道的部门涉及银行、海关、港口、码头、商检、卫生检疫等各种各样的单位，货物的流转和信息传递息息相关。如果采用纸面文件形式进行信息传输，工作量之大是不可想象的。所以，从20世纪80年代初中远集团就开始了EDI方面的研究，当时研发出的EDI标准后来成为了中国海运界的通用标准，一直沿用至今。

中远集团EDI中心的建设起步于20世纪90年代初，当时主要是与国际著名的GEIS(通用电子信息服务)公司合作，由他们为中远集团提供报文传输服务。1995年，中远集团正式立项，1996年至1997年完成了中远集团EDI中心和EDI网络的建设，该EDI网络基本覆盖了国内50多家大小中货和外代网点，实现了对海关和港口的EDI报文交换，并通过北京EDI中心实现了与GEIS公司EDI中心的互联，连通了中远集团海外各区域公司。中远集团通过EDI实现了对舱单、船图、箱管等数据的EDI传送，在电子商务方面走在了国内运输行业的前列。

1997年，中远集团投入大量资金和人力，建成中远集团全球通信专网，并以该网络为基础，构建了中远集团Intranet网络平台，宣告"中远网"建设渐入佳境。1997年1月，中远集团总公司正式开通www.cosco.com.cn网站。北美、欧洲、中远集运、中远散运、广远等集团各所属单位的网站也相继建成。网站的建立在树立中远集团良好企业形象、扩大中远集团影响、为用户提供高效便捷服务等方面取得了一定的成效，同时也为中远集团开辟了一条通过Internet与外界沟通信息、加速中远信息流转的新途径。1998年9月，中远集运在网站上率先推出网上船期公告和订舱业务。这一业务的开展，突破了传统服务中速度慢、效率低、工作量大、差错率高的问题，将货运服务直接送到客户的办公桌上，使客户足不出户便可办理货物出口业务流程中的委托订舱、单证制作、信息查询等多种业

务手续。在网上订舱业务的基础上,中远集团又向全球客户推出了中转查询、信息公告、货物跟踪等多项业务,从而使全球互联网用户均可直接在网上与公司开展商务活动。目前,公司推出的整套网上营销系统,已初步具备虚拟网上运输的雏形,具有较强的双向互动功能和较高的服务效率。其中电子订舱系统可使每一位网上用户在任何地区和时间内,通过互联网与公司开展委托订舱业务,任何一位客户只要具备上网条件,都可足不出户地直接访问中远的电子订舱系统。货物运输及中转查询系统则体现出方便、快捷、准确的操作特色。这项功能可使客户对货物实行动态跟踪,在网上随时查询单证流转、海关申报、进出口及中转货物走向等相关信息。信息公告系统还可以在最短的时间内将中远有关船期调整、运价变化等情况在互联网上作出及时反映。中远集团电子商务应用的成功开展,极大地提高了市场营销的科技含量,新的客户群越来越多地从互联网上聚集而来。目前,"中远网"的建设初具规模,中远集团近二十个所属单位网站的建设也已完成,各站点间实现了链接,组成了"中远网"的电子商务框架,无论从企业形象还是业务功能上,都在向世界辐射着中远的影响。

2. 中远集团电子商务发展战略

中远发展电子商务的战略目标定位在从全球客户的需求变化出发,以全球一体化的营销体系为业务平台,以物流、信息流和业务流程重组为管理平台,以客户满意为文化理念平台构建基于 Internet 的、智能的、服务方式柔性的、运输方式综合多样并与环境协调发展的网上运输和综合物流系统。

动力平台——满足全球客户需求变化 随着电子商务的发展,客户的需求正由实体交易转向虚拟交易,客户最终关心的是以消费者为本的"供给链"、"供给链管理"以及"供给链一体化"在网上与现实之间的完美结合。因此,中远发展电子商务的根本出发点和唯一动力就是围绕全球客户的需求变化,为企业创造最佳的效益。

业务平台——全球一体化的市场营销体系 目前,包括中远在内的国际上各大航运企业的内部资源配置模式正在由航线型资源配置模式向全球承运的资源配置模式转变,将遍布于全球各地的人员、设备、信息、知识和网络等资源进行全方位、立体化的协调和整合,形成全球一体化的营销体系。中远电子商务是其全球营销体系的网上体现,中远全球营销体系则是中远全球性电子商务的基础平台。

管理平台——物流、信息流和业务流程的重组 中远电子商务的供应链管理平台实现了物流、信息流和业务流的"三流协同",创造了更科学、更合理、更节约的生产与消费的衔接。这一管理体系从构成上讲,不是单纯的硬、软件技术,而是从市场上收集各种物流提供者所提供的信息,包括服务内容、方式、费用、时间等,另一方面以客户需求为准提供包括服务水平、质量、成本等信息,并将两方面的信息进行集中、加工整理、分析和融会贯通,从而在供求关系上达到互动性交易。作为全球承运人,航运作为全球物流的主干环节,与客户和其他环节的物流提供商存在天然密切的联系,使得其发展电子物流具备先天优势,而这其中的关键是以互联网为基础，整合客户供应链各环节的物流提供者，构造面向客户的虚拟综合物流网络。

服务平台——"一站服务"和"绿色服务"中远独具特色的"一站服务"，现在是由其全球营销网络中的每一个服务窗口全部接受客户原先需在公司其他几个部门或窗口才能完成的托运操作手续。客户只要找一位业务员，进一道门，办理一次委托手续，就可以将极其繁复的出运操作流程交付处理。而将来中远网上的"一站服务"，将使客户操作更便捷，只点击一下鼠标，就可完成所有手续。中远现在推出的绿色服务，是业务人员进驻客户单位进行联合办公，客户只需提供委托书或订舱书，整个出运业务流程便全部由这些业务人员来完成。而将来"绿色服务"的功能将直接嵌入客户的内部网络中，参与客户的电子商务过程，给客户提供更优良的服务平台。

技术平台——Internet 和中远全球信息管理系统 完善的电子商务的前提和基础是完善的企业级计算机网络及金融、贸易和法律环境，中远集团正致力于从系统设计、数据标准、功能模块、网络技术上，将现有信息系统按照电子商务的更高要求进行完善和调整，致力于在国内外推广电子提单的应用，并在中国航运电子商务业内标准的建立上作出自己应有的贡献。

3. 电子商务之路怎么走——找准切入点

如果说企业过去建网、做信息系统多源于提高办公效率的目的，现在搞电子商务则更多了一重关乎企业生存发展的使命感。企业做电子商务，首先都是搭平台建网站，但这只是第一步，电子商务之路应该怎么走，还要看企业想用这个平台做什么。

产品制造型企业想建的可能是网上市场，通过它更好地卖东西；服务型企业可能更希望通过网站增强、延伸自己的服务内容和手段，使自己更具竞争力。但这也只是泛泛而谈，让电子商务真正成为促进企业发展的有效手段，最重要的还是应该从核心业务入手，切入企业的关键需求。

以中远集团为例，它的核心业务是物流运输，涉及的单位多，处理的信息量大，为用户提供服务最需要解决的就是方便用户的办事流程，进行高效、准确、安全的信息服务。多年来，他们一直围绕这个主题，在运输服务领域进行信息技术的探索应用，从 EDI 中心、企业内部网到现在的"中远网"建设，先实现了信息流转电子化，然后一步步地把自己的各种业务搬上网，现在又在筹划开拓新的服务内容。他们看清了物流运输中自己应该扮演的角色，走出了一条中远特色的电子商务发展之路。

每个企业，都有自己特色的业务需求，找准自己的应用点，信息技术贯穿其中，发展电子商务就目标明确、有的放矢。如果看到别人做好了，自己单纯地进行模仿，南橘北枳，很容易费力不讨好。

资料来源：根据深圳中技物流网 http://www.szair-express.com/html/xinwenzhongxin/wuliuanli/2008_11/27-5_2.html "乘风破浪 E 网远航——中远集团电子商务发展战略谈"及 Internet 其他资料整理。

本章小结

电子商务使商业贸易发生了巨大的变革，不仅时间缩短、交易速度加快，而且可以大大降低商业交易成本。电子商务又可分为狭义和广义两种，其基本要素（电子商务实体、电子市场、交易事务和信息流、商流、资金流、物流等）构成了电子商务活动的概念模型。电子商务经历了基于 EDI 到互联网的发展过程，电子商务交易的过程可分为交易前、交易中和交易后三个阶段，并有其特定的基本运作模型，呈现出五个突出的特点。

电子商务的发展改变了原有的物流、信息流、资金流的交互方式和实现手段，使得电子商务下的供应链呈现出电子网络化、管理机构虚拟化、数据信息型的集中一贯管理、优化精练的协同化管理等特点。基于所有合作者都实现了电子化运作而形成的供应链体系可称之为"电子供应链"（e-supply chain），或者电子网络化供应链。企业构建电子网络化的供应链需要从建设三个 E 开始，即：企业资源计划系统（ERP）、企业管理咨询系统（EIP）和电子供应链管理系统（ESCM）。其构建方法包括从企业原材料需求出发的地顺流构建和从市场需求出发的逆流构建两种方法。电子网络化的供应链实施中需要进行信息共享、同步计划编制、工作流程协调、业务模式四个方面的整合，它是保证电子网络化供应链得以实施的关键。电子化供应链管理的内容包括订单处理、生产组织、采购管理、配送与运输管理、库存管理、客户服务、支付管理等，这些内容与一般供应链管理的差异在于管理的手段、管理内容的要求和管理理念等有较大不同，而这正是 B2B 电子商务给供应链管理带来的变革，它促进企业降低交易成本、缩短订货周期、改善信息管理和提高决策水平。

电子商务的发展，对传统的物流配送提出了更高的要求。它首先从物流理念、物流系统结构、物流运作方式、物流经营形态、采购和运输、客户服务等方面影响着传统的物流运作模式。电子商务利用互联网技术，将供应商、企业、客户以及其他商业伙伴连接到现有的信息技术平台上，达到信息共享，极大地改变现有的流程作业方式，实现充分利用资源、提高效率、降低成本、提高服务水平的目的。其作业环节减少了，物流中心的作用变得越来越显著。电子商务给全球物流带来了新的发展，使现代物流呈现出信息化、网络化、自动化、智能化、柔性化和虚拟化等一系列新特点。电子商务下物流管理的内容包括物流系统管理、物流过程管理、物流技术管理和物流费用管理等。

电子商务的发展给人们的工作和生活带来了极大的便利，它使企业能通过网络面对整个世界，它所带来的商机是巨大而深远的。如何确保电子商务环境的安全和电子商务交易过程的安全，是电子商务健康全面发展重要的保障。电子商务的安全问题可以归结为环境安全和交易安全两大问题。环境安全技术所涉及的方面比较多，其中，防火墙是较为重要的一个方面。交易安全技术通常有加密技术、数字签名和认证技术等。

问 题 思 考

1. 电子商务概念模型的内涵。
2. 电子商务的分类及特点。
3. 电子商务的运作过程。
4. 电子商务下的供应链管理特点。
5. B2B 电子商务给供应链带来什么样的变革？
6. 电子商务给物流带来什么样的影响？
7. 电子商务下物流运作及管理最大的难点是什么？
8. 电子商务下物流流程有哪些不同于传统物流的特点？
9. 怎样理解电子商务的环境安全和交易安全？
10. 结合本章案例阐述物流管理的电子商务之路该怎么走，要做些什么。

第十一章 第三方物流

供应链环境下的物流管理过程与第三方物流有密切的联系，即使企业自营物流，也会在很多时候需要借用第三方物流资源，来协助完成企业的供应链物流作业活动，因为现代经济环境下的物流是一个物流供应链的大概念。现代物流已经成为社会经济发展的重要产业之一，而第三方物流的发展反映和体现了一个国家物流产业发展的整体水平，是现代物流社会化和专业化的先进形式。借助于电子商务的发展，第三方物流服务将在发展形式、速度和范围上有更大的突破；第四方物流将逐步成型和走入市场，并成为物流市场的管理者。本章就第三方物流概念、服务内容、运作模式、运作策略，以及第四方物流的运作模式、解决方案的层次及其发展等相关问题进行研究。

第一节 第三方物流概述

第三方物流(third-party logistics，TPL 或 3PL)企业，是 20 世纪 80 年代出现的专门从事物流服务的商业组织。20 世纪 70 年代末，美国对交通运输业实行了放松管制政策，这一改革促成了运输企业向全面物流服务提供商转变，尤其到了放松管制的后期，市场上存在的物流服务项目越来越多，第三方物流服务商以全方位物流服务提供者的面孔脱颖而出。3PL 产生以来发展很快，有从事综合性物流服务的公司，也有仅提供单一物流功能的服务提供商。第三方物流的发展程度反映和体现了一个国家物流产业发展的整体水平。

一、第三方物流的概念及界定

第三方物流一词于 20 世纪 80 年代中后期开始盛行，在 1988 年美国物流管理委员会的一项顾客服务调查中，首次提到“第三方服务提供者”，这种新思维被纳入到顾客服务职能中，它也被用来描述“与服务提供者的战略联盟”，尤其指“物流服务提供者”。3PL 的出现标志着物流开始向专业化方向发展，而今天物流业的蓬勃发展和对社会产生的巨大经济贡献，则标志着物流已成为社会经济发展的重要产业。

（一）第三方物流的概念

自第三方物流出现以来，其主要物流职能（运输、仓储、物料管理与辅助性管理）得到了快速发展，并不断在各产业领域向深度和广度拓展应用。这种倾向很大程度上是由于汽车运输业的发展、大量的仓库/运输供应者业务的不断熟练，以及用户和物流供应者之间的信息通信体系的建立和EDI的推广方便了外包协议的执行。随着物流实践的发展，人们对物流概念的理解也在不断的发生着变化。把目前的观点进行梳理，关于第三方物流的概念，主要有两种不同的理解。

其一，以物流运作的主体来划分，凡是买卖双方不承担的物流活动，都称作第三方物流。按照这种观点，第三方物流应该是由与货物有关的发货人和收货人之外的专业物流务公司提供的物流服务，即第三方来承担企业物流活动的一种物流形态。在有关的研究中，对这种第三方作了更进一步的分析，认为第三方物流供应者，是通过合同的方式确定回报，承担货主企业全部或一部分物流活动的企业。所提供的服务形态可以分为与运营相关的服务，与管理相关的服务以及两者兼而有之的服务三种类型。无论哪种形态都必须高于过去的一般运输业者（common carrier）和合同运输业者（contract carrier）所提供的服务。第三方物流在国外也称契约物流，是20世纪80年代中期在欧美发达国家出现的概念。

其二，从物流运作的方式和手段来划分，认为只有能够提供一体化服务的物流提供商才能被称作第三方物流。也有人从另外的视角对此作了更详细地解释，认为对外委托形态才是真正意义上的“第三方物流”，即由货主企业以外的专业企业代替其进行物流系统设计并对系统运营承担责任的物流形态。这种观念认为，第三方物流与传统的对外委托有着重要的不同之处。传统的对外委托形态只是将企业物流活动的一部分，主要是物流作业活动，如货物运输、货物保管交由外部的物流企业去做，而库存管理、物流系统设计等物流管理活动以及一部分企业内物流活动仍然保留在本企业。第三方物流则是站在货主的立场上，以货主企业的物流合理化为设计系统和系统运营管理的目标。而且，第三方物流企业不一定要保有物流作业能力，即可以没有物流设施和运输工具，不直接从事运输、保管等作业活动，只是负责物流系统设计并对物流系统运营承担责任。具体的作业活动可以采取对外委托的方式由专业的运输、仓储企业等去完成。

在上述两种不同的阐释中，实际上也是对现实中第三方物流形态多样性的一种反映。其实，即使在发达国家，货主企业物流对外委托的内容大多还只是停留在物流作业活动上，物流系统设计可以委托物流业咨询公司来做，系统的运营、管理仍然由货主企业自己承担。冠名为第三方物流的企业也有各种各样的经营方式，能够站在货主角度提供从系统设计、计划、管理，直到实施全面个性化物流服务的第三方物流企业并不太多。

（二）第三方物流企业

20 世纪 90 年代，第三方物流的概念和实践传到我国。20 世纪 90 年代中期开始，理论界和业界开始了对第三方物流的探索。就理论研究方面，诸多学者从不同角度，不同侧面做了大量的工作。其中，在对能提供一体化综合物流服务的第三方称之为第三方物流达成了一致意见，但就只提供单一物流服务功能（如运输、仓储、物流中心等）的企业是否为第三方物流存在最大争议。事实上，现代物流是一个更宽泛的概念，正如在第一章中对它的定义那样，它需要把物料流程流动过程中所需要的各项活动、各种功能有机整合在一起，才是一个完整意义上物流概念。也只有把物品在从供给者向需求者移动的过程中，可能需要的分拣、重新整合包装、临时的存储、搬运等等这种活动和功能进行重新整合，才能启动一个完整意义上的更有效的物流过程。而这些活动既不是物品供给方也不是需求方的业务活动，是除此之外的第三方完成的。由此可以认为，围绕狭义的物料流动过程所需的各种作业活动或者流程都应该被包容进物流的概念，而这些既不是物品的供给方和需求方的作业活动或者流程的承担者都应该统一划分在第三方物流企业的范畴。

可以给第三方物流企业作这样一个界定：指货物供需双方之外的专门从事相关物流服务的第三方企业。它又可以分为两种类型，第一种是能为企业提供综合性物流服务的第三方物流公司。如，可以站在货主企业的角度，为其提供物流方案策划、物流信息平台规划和/或运作管理（包括运输、仓库、装卸搬运、分拣、加工包装等）的综合性服务（如宝供物流集团）或者称一体化物流运作管理的公司。第二种是为企业提供专项物流功能的服务提供商，如提供物流一体化运作管理中的任何一项单一功能的物流服务商，包括仓储、运输、配送中心的分拣、加工、包装、装卸搬运等。从社会化分工和市场资源配置的角度看，一体化的综合性 3PL 服务商的数量相对较少，它们具有一定的运营规模和厚实的管理实力，能够在一定的范围内整合具有单项物流服务功能的其他第三方物流企业。而第二种 3PL 企业则以其独特的核心优势参与以综合性 3PL 为核心企业的物流供应链中。这两种 3PL 企业通过联盟并实现在资源上的有效整合，运作过程中的专业化分工与协作，构成了完整意义上的第三方物流的概念，并为社会提供集约化的物流服务。

（三）第三方物流界定

基于上述分析，可以认为，第三方物流与第三方物流企业在概念上是有差异的，如果仅仅把第三方物流企业称为第三方物流不是一个完整的概念，或者说只是狭义上的 3PL 的概念。完整意义上的 3PL 包含三个相互联系的要件：其一，3PL 企业之间是一个合作联盟体；其二，联盟体之间可以实现资源的有效整合（包括行为资源）；其三，专业化分工与协同的物流运作过程（协同运作实现整个物流功能）。这三个要件的有机结合才是一个完整意义的 3PL 的概念。由此，可以为 3PL 作这样的界定：第三方物流是具有综合物流服务功能及单一物流服务功的企业联盟体，以现代电子信息技术为支撑，通过整合及管理联盟体的资源与行为，实现专业化分工下的协同物流运作，为客户提供物流系统计划与设计，物流运作及管理等各种个性化的物流服务。

上述这样的界定也是从另外一个角度对现代物流发展新理念的反映。自20世纪90年代中期第三方物流企业在中国市场诞生至今，随着全球化背景下中国经济的长足发展，第三方物流也有了长足的发展。首先，在运作实践上，由最初的单个物流企业的独立运作发展到联盟运作，或者必须实现联盟运作。其次，在经营理念上，尤其强调供应链管理思想，因为现代的物流运作实质上已发展成了物流供应链的运作，整合联盟体的资源和行为，整个物流供应链的协同运作及管理，才能为客户提供个性化或定制化的物流服务，真正实现现代物流的价值和价值增值。最后，现在物流供应链运作是建立在现代电子信息技术基础上的，正如第十章中述及的，基于 Internet 的信息技术的快速发展和在各产业、行业的广泛渗透，电子商务物流是未来物流发展的趋势，提升第三方物流核心竞争力的基础。信息技术实现了物流供应链运作中数据的快速、准确传递，是联盟体实现资源及行为整合、协同运作的技术支撑平台，物流运作全过程的效率和效益、物流服务的价值和价值增值的实现等，都有赖于这样的信息技术平台。

二、第三方物流的服务内容

各种物流服务是第三方物流需求的内容。第三方物流所提供的服务内容范围很广：它可以简单到只是帮助客户安排一批货物的运输，也可以复杂到设计、实施和运作一个公司的整个分销和物流系统。第三方物流企业与传统运输、仓储企业的最大区别就在于，传统企业所能提供的仅是单一、脱节的物流要素而第三方物流企业则能够将各个物流要素有机整合起来，提供系统化、系列化的增值服务。从具体的服务内容来看，第三方物流服务可以分为常规服务和增值服务。

（一）物流常规服务

物流常规服务是满足客户对物流基本要求的服务，也即提供物流服务的几大基本功能要素，如提供仓储、运输、装卸搬运、包装、配送等服务，它们提供了空间、时间效用以及物品种类调配效用。对不同客户提供的常规服务，是在物流服务商的服务供给能力与客户物流需求相对称情况下，完成与货物交付有关的一些基本功能的服务。主要依靠现代物流设施、设备、技术工具以及各种人力资源的合理配置等来完成，是资产和劳动密集型的服务，具有标准化的特征。

（二）物流增值服务

第三方物流的增值服务是根据客户的需要，为客户提供的超出常规的服务，或者是采用超出常规的服务方法提供的服务。创新、超常规、增加客户满意度是增值性物流服务的本质特征。增值服务主要是借助完善的信息系统和网络,通过发挥专业物流管理人才的智能、经验和技能来实现的。依托的主要是第三方物流企业的软件基础,因此是技术和知识密集型的服务,它提供的是信息效用、诚信效用和抵御风险的效用等。这样的服务融入了更多的精神劳动,能够创造出新的价值,因而是增值的物流服务。从增值服务产生的情况来看,又可分为两部分。一是在物流常规服务的基础上延伸出来的相关服务,二是更高级的增值服务。

(1) 从仓储、运输等常规服务的基础上延伸出来的增值服务。这种增值服务主要是将物流的各项基本功能进行延伸。伴随着物流运作过程实施,将物流将各环节有机衔接起来,实现便利、高效的物流运作。如仓储的延伸服务有原料质检、库存查询、库存补充及各种形式的流通加工服务(如贴标签等)。运输的延伸服务如选择国际、国内运输方式、运输路线,安排货运计划,为客户选择承运人,确定配载方法,货物运输过程中的监控、跟踪,门到门综合运输、报关、保险、代垫运费、运费谈判、成本控制、货款回收与结算等。配送服务的延伸有集货、分拣包装、配套装配、条码生成、贴标签、更便利实惠以及将经营文化理念与客户美感结合作一起的包装、自动补货等。这些增值服务是站在客户需求的立场上,从客户的角度来安排完成的。诚然,从客户角度提供的这些增值服务需要支出更多的"精神成本",这需要企业的物流服务理念达到一定的层次,形成一种文化,还需要有协调和利用其他物流企业的资源的能力,以确保企业所承担的货物交付任务能以最合理的方式、尽可能小的成本来完成。

(2) 一体化物流和供应链集成的增值服务。前述的增值服务是第一个层次的增值服务,是对物流功能的延伸。而物流一体化的增值服务则是向客户端延伸的服务,通过参与、介入客户的供应链管理及物流系统来提供服务。这种服务能够帮助客户提高其物流管理水平和控制能力,优化客户自身的物流系统,加快客户供应链的响应速度,为企业提供制造、销售及决策等方面的支持,如库存管理与控制、采购与订单处理、市场调研与预测、产品回收、构建物流信息系统、物流系统的规划与设计、物流系统诊断与优化、物流咨询及教育培训等。这类服务往往是第三方物流企业发挥更大的主动性去挖掘客户的潜在需求而开发出来的,需要更多的专业技能及经验,具有更大的创新性和增值性,是高技术、高素质的服务。这种高层次的增值服务需要建立在双方充分合作信任的基础上。

此外,金融担保是一种新型的物流增值服务,它以第三方物流企业为担保机构,以企业正常贸易流转状态的货物为抵押,获得银行融资(见第一章相关链接:物流银行)。还有,可以根据服务所带来的效果,将增值服务分为给客户带来便利的服务,加快反应速度,使流通过程变快的服务;降低成本发掘第三利润源的服务以及将供应链集成在一起的服务四类。增值服务是物流核心竞争力的"软实力",已经被很多第三方物流企业所认识,并力争付诸物流服务实践。

三、第三方物流的经济学效应

我国的第三方物流企业包括从传统的国有运输、仓储业演变发展而来的大中型物流企业,从民营经济发展起来的物流企业集团,合资和外资物流企业,提供单一物流服务功能的专业物流机构(如仓储企业、运输企业、物流中心)等多种类型。它们以社会化的大生产和社会性的大物流为存在前提,以社会化分工和专业化服务为经济发展和及物流产业的发展创造经济价值。

(一)第三方物流的规模经济特征

第三方物流企业拥有专门的物流管理人才、先进的物流设施、设备,具备高度系统化、集成化和信息化的管理体系,能够在一定范围内对物流资源快速整合,具有规模经济的基本特点。主要表现在以下几个方面。

(1) 第三方物流是规模化的组织。第三方物流业务要使用专门的物流设施,快速反应的信息系统,一般需要较高的固定资金投入,固定成本在总成本中占有很大的比例。这种状况决定只有随着规模的扩大,物流平均成本才会呈现出下降的趋势。因此,第三方物流具有规模经济性。从市场竞争的要求来看,第三方物流也只有拥有一定的规模,才能确保价格高于其平均成本,才可能赢利。因而,一定的规模是它生存的必要条件。第三方物流由于规模较大,现代化水平较高,加之契约制度的完善,因而它能够有效地协调生产、流通和消费之间的物流活动,通过和企业的契约关系,利用信息化高科技手段、专业化的设备、人才等,把物流活动的各环节从点到面有机地连接起来,快速完成物流过程。而自营物流企业,物流资源整合和一体化仅仅局限在企业层面上,也许从局部来看,物流运作是高效的,但生产和流通产业之间以及产业内部之间缺乏有效的协作,较难进行物流的整合优化,因而从整个物流过程来看,是支离破碎,缺乏效率的。不可否认一些大型的企业,例如,美国的商业巨头沃尔玛,中国的家电大鳄海尔,能够建立自己的物流配送中心,实现了自营物流的规模经济。但前提条件是它们的市场规模巨大,资金雄厚,具备强大的物流整合能力。对于大多数中小企业来说,在竞争日益激烈,消费日益个性化、多元化的市场环境下,很难具备这样的能力,即使一些跨国企业也不是完全由自己来经营物流。

(2) 第三方物流是契约代理多个企业的组织。在现代的物流运作中,第三方物流企业与生产、销售企业的联系是通过契约或合同建立长期稳定、明确的合作关系实现的。由于较长期的契约把双方的费用和价格固定化、风险平均化,双方实际上结成了一个利益共同体。这就从利益机制上为物流业务的正常运作提供了保障。第三方物流企业作业效率的提高会加快物流的运作速度,降低单位物流成本,节约双方的交易费用;货主企业规模扩大,则有利于提高市场占有率,增加利润,同时也扩大了对第三方物流的需求规模,可以说规模对双方具有利益一致性。而传统的物流运作中,专业物流企业与货主企业的合作多是松散的，或者说并不是一种长期的互惠互利、共赢得合作伙伴关系，因而，在商品市场需求不稳定的情况下，双方都面临着极大的风险。需求增加，价格上涨，企业外包物流费用就会上升，反之，就会下降。在双方损失或收益不对称的情况下，传统物流企业和货主企业都存在着不断选择和机会主义，从而难免会加大交易费用，不利于物流费用的降低和物流规模的扩大，很难具有规模经济。

（3）第三方物流企业是专业化的组织。所谓专业化指随着规模的扩大，所投入资源专业化使用的可能性增大。当物流活动分散在不同企业和不同部门时，各种物流要素很难充分发挥其应有的作用。例如经常出现的仓储设施的闲置、运输设备闲置等。随着物流活动从生产和流通领域中分化出来，各种物流要素逐渐成为市场经济运行的重要资源。第三方物流企业利用其专业优势和系统最优化原理，就可以根据各种物流活动的要求在全社会范围对各种物流要素进行整体的优化组合和合理配置，迅速扩大物流规模，从而可以最大限度地发挥各种物流要素的作用，提高物流运作的整体效率和效益。

（二）第三方物流的创新价值

一般来说，传统物流企业的收益基本上来自储运业本身。但第三方物流已不再满足于此，而是积极主动地参与价值创新以求更大利润。由于第三方物流企业和货主企业之间存在着较长期的契约合作关系，具有利益的一致性，扩大规模降低成本是双方的共同目标，为争取足够的物流规模，第三方物流企业有着不断创造需求的内在冲动。创新包括新的思想观念、技术、产品、市场和组织形式等。对于第三方物流企业而言，创新物流就是要对物流活动进行创新整合、创新物流服务理念，创新物流服务功能等。显然，第三方物流不再是一个简单的成本因素，而是一个为生产、交易和消费提供服务的价值增值因素，它创新的重点就是创造新的追加价值。

（1）常规服务中的创新价值。常规服务多是与完成货物交付有关的服务，如提供基本的仓储和运输服务。就仓储和普通货运而言，它以资产密集和标准化服务为标志。这些功能通过对货主企业物流的优化整合，降低物流成本费用，增加商品价值，并提升客户的满意度。

（2）仓储和货运管理中的增值服务。为客户提供集货配送、分拣包装、配套装配、条码生成、挂标刷标等，可为客户选择承运、协议价格，安排货运计划、优化货运路线和货运监测。这些功能通过对物流过程中的追加劳动投入，增加了商品的价值，创造了第三方物流企业和货主企业新的利润来源。

（3）一体化物流和供应链管理服务。一体化物流是运用综合、系统的观点将从原材料供应到产品分发的整个过程作为一个整体流程（物流供应链），运用供应链管理的思想对整个流程的所有功能进行统一整合与管理。一体化物流和供应链管理服务还包括对客户物流运作进行总体设计和管理，为客户提供需求预测、自动订单处理、客户关系管理、存货控制和返回物流支持等。将这种创新型物流活动深入到货主企业供应链的内部，通过对客户的无形服务，不但创造了物流企业的需求，而且还巩固了货主企业和消费者的密切关系，扩大了商品的市场需求，创新了物流的服务价值。

（三）第三方物流的外部经济性

第三方物流的外部经济性可以从三方面来考察，即它对货主企业产生的收益、专业化分工产生的社会效益和对消费者福利产生的影响。

从生产经营企业角度来看，第三方物流的产生是生产经营企业为了集中搞好主业，把原来属于自己处理的物流活动，以合同的方式委托给专业物流服务企业，同时通过信息系统与物流服务企业保持密切联系，以达到对物流全程的管理和控制的一种物流运作与管理方式。生产经营企业选择物流外包的动机是出于节省物流成本和提高市场竞争力，生产经营企业和第三方物流企业是一种优势互补的战略联盟关系。第三方物流企业利用其规模优势和专业优势对物流系统进行整合，以达到整体最优和物流成本最低。生产经营企业一方面减小了物流成本，另一方面由于物流外包，由此节省的资金、人力和物力可以集中到企业核心竞争力的投入上。而核心竞争力的提高又能使生产经营企业扩大市场占有率、增强市场控制力，从而提高生产经营企业的利润。由于物流费用的节约或者核心竞争力的增强而增加的利润不需要货主企业付出额外的费用，因而，第三方物流对货主企业来说意味着较强的外部经济性。随着第三方物流企业的发展，物流能力的提高，货主企业将更多地使用物流外包，第三方物流带来的外部经济性也会更大。

从专业化分工的角度看，第三方物流有利于提高社会效益。在商品经济发展初期随着生产销售规模的扩大，为了提高物流效率，产生了商流和物流的分离，解决了企业内部运输费用和生产规模“二律背反”的矛盾，促进了运输、仓储业的发展，也使生产经营企业内部职能专门化，节省了企业的物流费用，提高了企业的生产效率。社会分工发展的规律表明，内部分工协作的发展必然会扩展到外部，形成新的社会分工。从发达国家物流产业的发展看，当第三方物流规模达到物流市场的一半时将形成物流产业。第三方物流的发展带来整个物流产业生产效率的提高，带来巨大的社会效益。

从消费者的角度看，第三方物流的发展会给消费者带来福利的增加。物流是连接生产、销售和消费的桥梁，物流服务要求在合适的时间、地点把合适的产品以合适的方式和合适的成本提供给消费者。它一方面要满足生产销售企业的需求，另一方面要满足消费者的需求。由于第三方物流降低了货主的物流成本，使商品总成本降低，货主企业就可以以较低的商品价格出售给消费者，从而提高了消费者的福利水平。再者，由于第三方物流能够提供及时高效的客户关系管理服务，加深了与消费者良好的沟通，因而能为消费者提供更多的便利，协助快速解决消费者商品需求的诸多相关问题，提高消费者的消费质量。

第二节 第三方物流的运作模式及策略

第三方物流已越来越成为物流市场的主体。在美国有60%以上的物流量是通过第三方物流业完成的,在日本第三方物流业从事的物流活动占整个物流市场的80%。随着现代物流在我国的发展,第三方物流的经济效用越来越突出。综合国内外物流发展的实际,可以凝练并勾勒出第三方物流运作的三种运作模式。

一、第三方物流的运作模式

综合第三方物流的主要执行者——运输业、仓储业、综合性物流服务机构的物流运作实践,可以归纳出三种主要的物流运作模式:一是传统外包模式,二是联盟模式,三是综合模式。各种模式各有其自身的优缺点以及相应的组织方式、职责分担等特点。

(一)传统外包型物流运作模式

简单普通的物流运作模式是第三方物流企业独立承包一家或多家生产商或经销商的部分或全部物流业务。企业外包物流业务,降低了库存,甚至达到"零库存",节约物流成本,同时可精简部门,集中资金、设备于核心业务,提高企业竞争力。第三方物流企业各自以契约形式与客户形成长期合作关系,保证了自已稳定的业务量,避免了设备闲置。这种模式以生产商或经销商为中心,第三方物流企业几乎不需专门添置设备和业务训练,管理过程简单。订单由产销双方完成,第三方物流只完成承包服务,不介入企业的生产和销售计划。

目前我国大多数物流业务就是这种模式,实际上这种方式比传统的运输、仓储业并没有走多远。这种方式以生产商或经销商为中心,第三方物流企业之间缺少协作,没有实现资源更大范围的优化。这种模式最大的缺陷是生产企业与销售企业以及与第三方物流企业之间缺少沟通的信息平台,会造成生产的盲目和运力的浪费或不足,以及库存结构的不合理,而且以分包为主,总代理比例较少,难以形成规模效应。

(二)战略联盟型物流运作模式

第三方物流把包括运输、仓储、信息业的经营者以契约形式结成战略联盟,实现内部信息共享和信息交流,相互间协作,形成第三方物流网络系统。联盟可包括多家同地和异地的各类运输企业、场站、仓储经营者。理论上联盟规模越大,可获得的总体效益越大。战略联盟的信息处理是共同租用某信息经营商的信息平台,由信息经营商负责收集处理信息,也可连接联盟内部各成员的共享数据库,实现信息共享和信息沟通。目前我国的一些电子商务网站普遍采用这种模式。

这种物流运作模式比外包型物流运作模式有两方面改善：首先系统中加入了信息平台，实现了信息共享和信息交流，各单项实体以信息为指导制定运营计划，在联盟内部优化资源。同时信息平台可作为交易系统，完成产销双方的订单和对第三方物流服务的预定购买。其次，联盟内部各实体实行协作，某些票据按照国际惯例在联盟内部通用，可减少中间手续，提高效率，使得供应链衔接更顺畅。例如，联盟内部各种不同经营方式的运输企业进行合作，实现多式联运，一票到底，大大节约运输成本。

这种方式联盟的成员是合作伙伴关系，实行独立核算，彼此间服务租用，因此有时较难协调彼此的利益，在彼此利益不一致的情况下，要实现资源更大范围的优化就存在一定的局限性。例如A地某运输企业运送一批货物到B地，而B地恰有一批货物运往A地，为减少空驶率，B地承包这项业务的某运输企业应转包这次运输，但A、B两家在利益协调上也许很难达成共识。

（三）集成物流运作模式

这种模式集成了物流的多种功能：仓储、运输、配送、信息处理和其他一些物流的辅助功能，例如包装、装卸、流通加工等，大大扩展了物流服务范围，对上游生产商可提供产品代理、管理服务和原材料供应，对下游经销商可全权代理为其配货送货业务，可同时完成商流、信息流、资金流、物流的传递。

集成物流项目必须进行整体网络设计，即确定每一种设施的数量、地理位置、各自承担的工作。其中信息中心的系统设计和功能设计以及配送中心的选址流程设计都是非常重要的问题。物流信息系统基本功能应包括信息采集、信息处理、调控和管理，物流系统的信息交换目前主要利用EDI、无线电和Internet，Internet因为其成本较低（相对于EDI技术），信息量大，已成为物流信息平台发展趋势。配送中心是综合物流的体现，地位非常重要，它衔接物流运输、仓储等各环节。

物流活动涉及行业面广，涉及地域范围更广，所以它必须形成一个网络才可能更好地发挥其效用。综合物流公司或集团必须根据自己的实际情况选择网络组织结构。目前主要有两种网络结构，一种是大物流中心加小配送网点的模式，另一种是连锁经营的模式。前者适合商家、用户比较集中的小地域，选取一合适地点建立综合物流中心，在各用户集中区建立若干小配送点或营业部，采取统一集货，逐层配送的方式。后者是在业务涉及的主要城市建立连锁机构，负责该城市和周围地区的物流业务，地区间各连锁店实行协作，该模式适合地域间或全国性物流，连锁模式还可以兼容前一模式。

（四）虚拟经营模式

第三方物流有以下两种虚拟经营模式：

(1) 第三方物流企业与生产企业的虚拟经营。第三方物流企业凭借自身的人才、技术等优势与大型制造企业进行合作,利用制造企业的现有资源,如车队、仓库和人力资源等,由制造企业提供大部分营运资金,按照各自的资本额商定好股份比例,双方组建虚拟企业。该企业由双方协同管理,除完成部分或全部该制造企业本身的物流工作外,主要从事社会化服务。制造企业也可以完全将自己的物流资源租赁给物流公司运营,而自己不参加管理,只按期收取租金。

(2) 第三方物流企业之间的虚拟经营。各成员企业放弃自己不擅长的业务把资源集中到自己的核心业务上来。虚拟企业通过整合各成员的核心能力和资源,在一定区域形成较完善的多功能物流网络,满足客户需求。成员企业通过分享市场和顾客,实现共赢目标。中国外运集团下属多家物流服务企业,联手在国内为摩托罗拉公司提供从提货、发运、进出口运输、国内海陆空运输、仓储、信息查询、反馈等全方位的物流服务,取得了骄人的业绩,就是很好的例证。

此外,在第一章中描述的基于 ASP 的物流联盟模式也是第三方物流的一种运作模式,且这种模式的交易成本更低,实践证明有更好的社会经济性。

二、第三方物流的运作风险及策略

中国的物流经营起步较晚,但不断地实践探索以及借鉴发达国家先进的经营管理模式,中国第三方物流实现了跨越式发展,尤其是民营第三方物流的跨越式发展更加突出。第三方物流的宗旨是为以客户为中心,通过物流服务为客户创造价值,从而实现企业赢利。但也由于种种原因,如过大的交易成本、物流企业的规模限制、物流运作监管成本等,使得第三方物流业在跨越式发展中并非一帆风顺。入世承诺兑现后,外资第三方物流企业已相继进入中国的物流市场,同时,中国第三方物流的供应链正在向全球范围延伸。这就意味着第三方物流的运作将面临着更多的风险,由此引致的重要问题是中国的第三方物流企业怎样搏击经济全球化的物流竞争市场。

(一) 第三方物流运作的全球化风险

在 2007 年 4 月在中国南京举行的中国物流百强企业高层论坛暨南京“重洽会”国际物流峰会上,首次来华的国际物流与运输学会常务副会长伯纳德·澳顿(Bernard Auton)先生提醒国内的物流从业者:全球化给物流业带来了极大机遇,但其中的风险不能小觑。这其中有两个至关重要的风险,即物流供应链的“长度风险”和“宽度风险”。

目前,物流供应链越来越长,逐渐延伸至世界各地。比如,美国最时尚的斐济品牌矿泉水,在到达市场之前需要经过 5 000 公里甚至 10 000 公里的航运过程。然而,客户对产品需要却是即刻、马上到达。因此供应链越长,就意味着流动越要讲究速度,这也就带来了更多的风险,这个风险就是“长度风险”。

还有一个风险叫做“宽度风险”。现在的顾客比起以往而言有更多的选择。在一些大型的连锁超市,一天就可以提供两万种不同的商品。而顾客可以通过直接去店、电话订单、网上订购、短信订货等各种不同的渠道来购买商品。供应商工作的复杂性大大增加。此外,产品的周期越来越短,比如,你从三星购买了一部手机,在三个月里就会有另一款新的手机来取代,所以,商家必须尽快在一个很短的期间就把这个产品销售给顾客。比比皆是的类似这样的产品,对物流速度和质量的要求是不言而喻的。面对越来越多的风险,一些大公司就会把这个风险分散给下属的一些物流甚至一些其他的公司。而事实上,这又带来了新的风险。因为,如果下面的一个公司失败了,那么商家的供应链也就失败了。比如几年前丰田公司下属的供应商出现了一次火灾事故,在大约 14 天里,丰田公司不得不暂时停产。此外,各国不同的政策、语言、习惯等也会产生更多的复杂性。近些年来中国已经逐渐成为一个新型的市场,中国一方面要把很多的货物运输出国,另一方面有更多的产品会涌向中国,这就会对中国的公路、铁路、航空、航海、河运的物流带来更大的挑战。

(二)第三方物流的运作策略

面对新的经济环境,第三方物流应结合自身实际采取相应的运作策略。从整个大环境视角看,深度整合社会资源,强化物流增值服务、增强物流服务创新能力、一体化物流差异化服务等,是目前第三方物流企业首要关注的运作策略。

(1) 深度整合社会资源。在我国的物流市场中,中小物流企业占据了绝大多数。尽管从整个物流市场看,物流固定资产投资方面的增长率比较高,但对于中小物流企业而言,它们不可能进行大规模的投资,也不可能全部满足物流需方的要求。面对一体化的国际物流市场,物流规模在现阶段成了首要考虑的问题,它首先是参与国际物流市场竞争的物质实力或者叫“硬实力”,其重要性是不言而喻的。随着物流供应链在全球范围内的不断加长和拓宽,增值服务内容的不断增加,即使是国际上规模最大的物流企业,也需要其他物流企业的加盟或合作。这就是现代物流典型的规模问题。要实现规模效应,就现阶段中国物流市场的状态看,整合社会资源是一种集约化的运作策略。一方面,通过整合将一些诸如仓储、运输等单一功能的第三方物流的资源更科学合理的利用,也使它们能更加专注于自身核心能力的发展;这些具有各自独特核心能力的物流资源的整合,将成为物流生产力不断提升的动力源。另一方面,经过整合的第三方物流集团需要将业务延伸到物流需求方内部,不仅仅是根据物流需求者的要求,提供其满意的物流服务,还应主动深入到物流需求方,为其提供诸如物流咨询、策划、整合、供应链运作等各种增值服务。这里所说的深度整合社会资源,一是指第三方物流企业资源的深度整合,包括(也是最重要的方面)需要建立各种体制、机制下的分工与协同合作关系、科学的利益分配机制;二是指与物流需求方的深入、长效的合作关系,在这方面,我国已经有一些第三方物流企业实践的典范,如宝供物流集团与物流需求方在网络平台对接、信息共享、利益和风险共担等方面的长期互惠合作实践。总之，深度整合社会资源，是现阶段提高物流资源利用率的需要，是物流大生产方式得以实现的需要，是提高物流产业集中度的需要，是转变物流产业增长方式的需要，更是经济全球化背景下中国第三方物流企业参与国际物流市场竞争和制胜的需要。

(2) 强化物流增值服务。第三方物流企业在提供基本物流服务的同时，需要根据物流市场需求，不断细分市场，拓展业务范围，以客户增效为己任，发展增值物流服务，广泛开展加工、配送、货代等业务，还提供包括物流策略和流程解决方案、搭建信息平台等服务，用专业化服务满足个性化需求，提高服务质量，以服务求效益。物流增值服务是物流企业核心竞争力的软实力，很多大型物流集团尤其是一些跨国物流集团尤为重视对客户的物流增值服务，把其视为物流市场竞争制胜的重要筹码之一，尽可能挖掘和实现物流增值服务，来提升客户的满意度和忠诚度，扩张对物流市场的占有率。当然，强化物流增值服务，优先需要发展第三方物流的战略同盟关系，建立可以对接共享的物流信息系统和数据资源数据库，实现第三方物流企业之间及其与客户信息资源的共享，在第三方物流之间形成相互依赖的市场共生关系。强化物流增值服务在内容上是具有可拓展性的，既包括一般意义上的增值服务，也包括更深层次的延伸服务。这里所指的更深层次的延伸服务，是第三方物流企业成功的关键，指的是三类独特的增值服务——客户增值体验、物流解决方案和 IT 服务。这三类增值服务相依相存，能为第三方物流企业产生区别于其他竞争对手的特色业务，能使企业根据客户需求和具体问题提供合适的解决方案，其实践意义表现在引导需求，以客户增值体验为中心，以物流解决方案和 IT 服务为实现手段，强化增值服务。所谓“引导需求”，其实也是一种客户增值体验。有时候往往连客户都不知道自己需要什么服务，这时第三方物流企业就应该对客户需求进行适当的引导，为客户分析环境，提供量体裁衣的物流解决方案。只有让客户看到确有成效的服务成果，体会到服务增值的感受，自然会提高对第三方物流企业的信任度、认可度和忠诚度，放心接受物流企业提供的其他增值服务，包括 IT 服务(系统应用服务和信息服务)。

(3) 增强物流服务创新能力。物流服务创新是第三方物流企业为提高服务质量和创造新的市场价值而在物流服务过程中应用新思想、新技术改善、变革现有服务流程和服务产品，提高现有服务质量和服务效率，扩大服务范围，更新服务内容，增加新服务项目，为客户创造新价值，最终形成企业竞争优势的过程。服务作为物流业的核心，也是物流企业向客户提供的物流服务产品。从服务的角度讲，第三方物流企业需要不断创新企业服务模式，提高服务水平与能力，增强服务竞争力。对源于传统仓储、运输等行业的第三方物流企业而言，增强服务创新意识和提高创新能力对企业发展和行业成长都具有重要意义。只有不断完善服务内容，提高服务水平，才能提升客户忠诚度，形成长期的合作关系，扩展企业持续成长空间。物流服务创新主要体现在提高服务质量，提供可信赖的、快速有效的服务，给客户带来新价值，并由此获得第三方物流企业自身的竞争优势。物流服务创新是第三方物流企业获取和维持竞争优势的重要手段。物流服务可以被竞争者轻易模仿和复制，因此，物流企业要想保持在市场中的位置并获得更高的客户忠诚度和市场份额，只有通过不断创新形成竞争者难以模仿的服务能力。服务创新对于物流企业的运作和服务传递具有重要影响，不仅可以改善物流服务的效率，还可以提高服务传递过程的质量。通过采用新的传递运作方法、新的组织形式或者新的客户接触方式等，都可以改善物流服务生产和提供的效率。物流服务创新也是第三方物流企业开拓市场，形成新竞争领域的有力武器。一项全新的物流服务的推出经常能给企业带来革命性变化，并开辟一个全新的市场。此外，物流服务创新对推动物流行业升级和国家创新系统的完善都有重要意义，它在整个国家的创新系统中起着知识传播和扩散的桥梁作用。

（4）一体化物流差异化服务。这里所说的一体化物流主要是指物流运作过程中涉及的各环节是一个整体化和系统化的供应链。一项物流运作过程涉及很多方面，它不是简单的物品从一个地方流动到另一个地方，有很多诸如分拣、再次包装、多次搬运，甚至需要临时储存等多项作业流程。一体化就是要使这些作业流程成为一个整体，整体是没有“缝隙”的，这就是顾名思义的“无缝对接”。尽管现实物流运作中与真正的“无缝对接”的境界还有一些距离，但物流运作追逐的正是这样一个“无缝对接”，“第三利润源泉”的“泉眼”也就在这里。毫无疑问，第三方物流企业要挖掘“第三利润源泉”，一体化物流是唯一的路径。一体化物流是20世纪末最有影响的商业趋势之一，它改变了以前把产品的流动视为一系列独立活动的思维模式，把从原材料直到消费者的商品流动作为整体系统进行计划与协调。它是物流管理系统化的具体体现，它充分考虑整个物流过程及影响此过程的各种环境因素，对商品的实物流动进行整体规划和运行。因此一体化物流管理的目标是将市场、分销网络、制造过程和采购活动联系起来，以实现顾客服务的高水平与低成本，赢得竞争优势。一体化有利于重构产销关系，促使所有的合作者从共同利益出发，发挥“蓄水池”作用，协调整个物流供应链的矛盾，平衡其物流市场的供给，成为社会生产链的协调者。目前，有很多第三方物流企业都意识到了这一点并在努力实现一体化的物流运作，但物流市场依然是一个激烈竞争的市场，那么，物流市场的竞争制胜点在哪里？或者说，当所有的第三方物流企业都尽力实现一体化物流服务时，物流市场的竞争制胜点在哪里？那就是一体化物流加差异化服务。一体化是一个比较容易模仿东西，而差异化则不同。物流服务需求在不同地区、不同时间、不同需求者中都存在差异化趋势。差异化的核心在于你所提供的一体化的物流服务是针对这些不同需求的一种定制化的服务，而不是对所有的物流需求客户都采用千篇一律的同一模式的一体化。这种为不同客户定制的一体化物流服务就是差异化，是任何竞争者无法模仿的东西，是占据物流服务市场制高点的关键筹码。一体化物流和差异化服务是物流运作中互为关联的一对要素。一体化物流实施过程中融入差异化服务，会提升一体化物流的程度，加速第三方物流企业形成一体化物流的经营文化，同时，差异化服务只有在一体化物流运作中才能使其达到最佳境界。

（三）第三方物流建设的五大趋势

随着物流运作的深化发展，第三方物流将成为21世纪经济领域的重要产业之一，对于推进经济的持续发展和提高整个国民经济素质都具有重要意义。然而，随着经济的持续发展，第三方物流面对的环境也更加复杂和多变，加强第三方物流建设也是一项长期持续的工作，在当前和今后一段时间将呈现五大趋势。

其一，物流经营目标将从提升客户满意度向提升满意度和忠诚度并重方面转变。

其二，物流服务管理的指导思想将由面向效率的流程运作管理，转为面向服务与面向效率并重的集约化管理，更关注实现个性化的大批量物流运作服务，创新物流服务的竞争手段。

其三，物流流程作业将是模块化作业基础上的集约化，包括流程作业工艺化，流程对接无缝化，信息传递网络化，全程监控实时化，总体管理集约化等。

其四，关键客户开发及业务拓展成为重要的业务增长点。对于第三方物流企业的关键客户，通常指对其物流业务相对比较重要的某些特定的目标客户，它们往往是具有较大(物流需求)规模，并在行业中有一定领导地位和影响力，可能是公司的现有客户或者潜在的新客户。对于企业现有的关键客户，为其提供全方位的增值服务，提升其忠诚度是企业关键客户开发及业务拓展的关键；对于市场潜在的新关键客户，是第三方物流企业在维护并形成了稳定的现有关键客户的基础上，需要投入精力的领域。维护现有的关键客户和开发新的关键客户，是第三方物流企业占领物流市场的关键。

其五，由物流运作的实际操作为主，向供应链管理和方案设计为主的方向转变，这一转变也是由物流市场的巨大变化引致的，正如在前面的章节中在很多地方都强调现代物流是一种物流供应链，其物流管理需要立足于供应链视角，而客户的需求也向着物流方案设计的方向变化。

三、第三方物流服务创新

现代第三方物流企业的一个重要标志，是企业能否为客户提供一体化物流服务，是否拥有结成合作伙伴关系的核心客户。物流运作中的一体化在于物流企业之间能够水平一体化，即结成联盟，为客户提供物流功能整合的纵向一体化服务，并于核心客户结成长期合作关系。换句话说，开发并维护核心客户，为客户提供一体化物流服务，已成为现代第三方物流企业的增长点。而形成这样的物流态势，既是与客户深度合作的过程，也是其经营修炼的过程。通过这个过程来提升物流服务水平，打造物流服务品牌。在这个过程中能使企业脱颖而出的在于不断的物流服务创新。从未来的发展看，第三方物流服务创新包括服务理念创新、服务内容创新和服务方式的创新。

（一）物流服务理念创新

创新物流服务理念首先要认清一体化物流与功能性物流在服务性质、服务目标和客户关系上的本质区别。

第一，一体化物流服务不是多个功能服务的简单组合，而是提供综合管理多个功能的解决方案。现代物流企业以一体化的物流服务为发展方向是物流市场经营需求的大势。一体化物流不是单纯提供运输、仓储、配送等多个功能性物流服务的组合，而是需要将多个物流功能进行整合，对客户物流运作进行总体设计和管理，扮演的物流责任人角色。由于物流功能之间存在成本的交替损益，因此，一体化物流服务不是简单地就功能服务进行报价（这是目前物流市场上常见的现象：通过比拼功能服务价格进行市场竞争），而是要以降低客户物流总成本为目标制定解决方案，并根据优化的方案进行整体服务报价。所以，一体化物流服务的市场竞争，实际上是物流解决方案合理性的竞争。第三方物流企业在开发一体化物流项目时，必须对目标客户的经营状况、物流运作及竞争对手的情况等有透明的了解，找出客户物流可以改进之处，为客户定制物流解决方案。而要做到这些，物流企业必须不断研究目标市场行业的物流特点和发展趋势，成为这些行业的物流服务专家。

第二，一体化物流服务的目标，不仅仅是降低客户物流成本，而是全面提升客户价值。实际上，货主企业的不同管理者对第三方物流价值的理解各不相同。运营总监做出将企业物流运作外包给第三方物流的决策，通常依据是第三方物流更具效率的服务价格与企业自营物流高成本之间的差别优势；市场总监则看重第三方物流在提升服务和兼而有之促进新增市场的能力，以便提高销售额，与客户建立更好的长期关系；财务总监愿意看到设施、设备甚至库存等资产从企业财务平衡表上消失，释放资金用于更具生产性的活动，以改进企业的资本活性；信息总监则常常因能够利用第三方物流的系统与技术资源，避免自建系统不断升级带来成本和麻烦而高兴。总之，物流外包可以使企业资源专注于核心竞争力，做更多自己擅长的，而将不擅长的交给第三方物流去做，使企业的物流总监可以不必拥有资源而能够控制物流动作的结果，并得到"一站式"物流服务。因此，物流企业在开发一体化物流项目时，一方面，不能简单地与客户或竞争对手比服务价格，而是要让客户全面了解物流服务所带来的价值；另一方面，要由企业高层管理人员与客户的物流总监或更高层管理人员商讨物流合作问题，以便于在物流价值方面达成共识。

第三，一体化物流服务的客户关系，不是此消彼长的价格博弈关系，而是双赢的合作伙伴关系。一体化物流服务是管理的服务，目标是全面提升客户价值。目前发达国家第三方物流服务多是采用成本加成定价方法进行收费，即第三方物流提供商与客户达成协议，按物流成本的一定比例加价收费或收取一定的管理费。这样做一则可以使第三方物流提供商减少对各功能服务分别报价的难度与风险，二则客户可以与第三方物流提供商一起来分析物流成本,从而对自己的物流成本的了解更加清楚。

为了与客户及其供应链伙伴形成长期联盟关系,第三方物流提供商越来越重视数据管理与基于活动的成本管理,以提供及时、准确、全面、可操作的物流活动数据,用于客户物流系统的计划、调度、绩效衡量、成本计算和报价。第三方物流提供商常常与客户达成利益共享协议,以合理分配物流活动带来的联盟效益。这一联盟还可以包括客户的供应链伙伴,即客户的上游供应商与下游客户可以参与对一项具体的、涉及各方的物流活动的改进,并分享由此带来的收益。事实上,客户因为物流合理化而发展壮大,物流外包规模自然会相应扩大,双方合作的深度与广度也会随之增加,物流服务的收益和规模效益必然会提高,这就是双赢的合作伙伴关系。

(二)物流服务内容创新

第三方物流企业要在一体化物流服务市场的激烈竞争中取得优势,就必须以客户为中心,充分发挥自身优势,在运输、仓储、配送等功能性服务基础上不断创新服务内容,为客户提供差异化和个性化物流服务。

(1) 由物流基本服务向增值服务延伸。在基本服务基础上延伸出增值服务,以个性化的服务内容表现出与市场竞争者的差异性。运输的延伸服务主要有运输方式与承运人选择,运输路线与计划安排、货物配载与货运招标等。仓储的延伸服务主要有集货、包装、配套装配、条码生成、贴标签、退货处理等。配送的增值服务主要有JIT工位配送、配送物品的安装、调试、维修等销售支持等。增值服务实际上是将企业物流外包的领域由非核心业务不断向核心业务延伸。一般来说,企业确定物流外包领域时,首先选择运输、仓储、配送等非核心业务,然后逐步延伸到订单处理、组配、采购等介于核心与非核心之间的业务,最后可能涉及售后支持等核心业务。随着与第三方物流合作关系的深入,企业会不断扩大外包范围,最终只专注于研究与开发、生产、销售等最核心的环节。

(2) 由物流功能服务向管理服务延伸。一体化物流服务不是在客户的管理下完成多个物流功能,而是通过参与客户的物流管理,将各个物流功能有机衔接起来,实现高效的物流系统运作,帮助客户提高物流管理水平和控制能力,为采购、生产和销售提供有效支撑。因此,在开发一体化物流项目时,要在物流管理层面的服务内容上做文章,包括客户物流系统优化、物流业务流程再造、订单管理、库存管理、供应商协调、最终用户服务等,从而为客户提供一体化物流解决方案,实现对客户的"一站式"服务。美国物流咨询公司Logistics Development 的研究发现,企业物流外包产生的成本节约取决于外包的一体化程度。如果企业只是简单地由第三方物流替代自营的物流功能,借助第三方物流的规模效应和运作专长,可预期取得0%～5%的成本节省;如果企业利用第三方物流的网络优势进行资源整合,部分改进原有的物流流程,可预期取得5%～10%的成本节省;如果企业通过第三方物流根据需要对物流流程进行重组,使第三方物流服务延伸至企业整个供应链,可预期取得10%～20%的成本节省。美智管理咨询公司副总裁大卫·波维特(David Bovet)指出,货主只有以更多的进取心和冒险精神看待物流外包,才能发现其真正的价值;货主预期从第三方物流得到的关键增值利益来自供应链创新,通过创新提高企业的竞争力和赢利性。而要做到这一点,货主与第三方物流提供商必须建立共同目标、共享利益与共担风险的战略合作伙伴关系。比如美国著名的CTI物流公司不仅为通用汽车(GM)管理零配件进厂物流,而且按GM的采购订单从选定的供应商处采购零配件,组配后JIT配送到GM生产工艺线,然后向GM收取包括采购费、物流运作费和一定利润的总体服务费用。这样就使CTI分担了GM零配件库存占用与损坏风险,激励CTI提高物流效率和服务质量。所以,第三方物流提高商由物流功能服务向管理服务延伸,不仅可以为客户带来更大的利益,而且可以密切与客户的合作关系。

(3) 由实物流服务向信息流、资金流服务延伸。物流管理的基础是物流信息,是用信息流来控制实物流,因而一体化物流服务必须在提供实物流服务的同时,提供信息流服务,否则只能是物流功能承担者,而不是物流管理者。物流信息服务包括预先发货通知、送达签收反馈、订单跟踪查询、库存状态查询、货物在途跟踪、运行绩效监测、管理报告等内容。近年来,一些领先的第三方物流提供商在客户的财务、库存、技术和数据管理方面承担越来越大的责任,从而在客户供应链管理中发挥战略性作用。APL物流公司总裁迪克·梅茨勒(Dick Metzler)认为,物流外包影响供应链管理的最大因素是数据管理,因为用企业及其供应链伙伴广泛接受的格式维护与提取数据以实现供应链的可视化是一个巨大的挑战,第三方物流提供商不仅需要在技术方面进行较大投入,而且还需要具备持续改进,例外管理和流程再造能力,所以对技术、人才和信息基础设施的投入已经成为第三方物流提供商区别竞争对手的重要手段。与此同时,第三方物流提供商还通过提供资金流服务,参与客户的供应链管理,如UPS并购美国第一国际银行,将其改造成UPS金融部门,为其物流服务的客户提供预付货款、信用担保、代收货款等增值服务,以加快客户的资金流转,释放客户的库存战胜资本,降低客户的进出口关税,从而实现了为客户提供实物流、信息流与资金流"三流合一"的完整的供应链解决方案。中邮物流在与世界著名化妆品企业雅芳的物流合作中,不仅提供了从产品库一直到专卖店的"端到端"物流服务,而且实现了中邮物流信息系统与雅芳信息系统的实时对接,还依托中国邮政绿卡系统和支付网关为雅芳提供网上代收货款服务,成为我国物流企业开创"三流合一"服务的成功案例。

(三) 物流服务方式创新

与传统物流单一的功能性交易服务方式相比,一体化物流在服务方式上更具灵活性、长期性和交互性。根据美国佐治亚理工大学的调查,美国第三方物流合作30%采用风险共担与利益共享方式,21%采用成本共担方式,要根据客户要求,结合物流企业发展战略,与客户共同寻求最佳服务方式,实现服务方式的创新。

(1) 从短期交易服务到长期合同服务。功能性物流服务通常采用与客户“一单一结”的交易服务方式,物流企业与客户之间是最短期的买卖关系。而一体化物流服务提供商与客户之间建立的是长期合作关系,需要与客户签订一定期限的服务合同,因而第三方物流又称为合同物流。第三方物流提供商寻求的是与客户长期合作,因而合同的签订只是合作的开始,要特别注意客户关系的维护,不断深化与客户的合作。USCO 总裁罗伯特·奥雷(Robert Auray)认为,第三方物流提供商与客户的合作要经历一个从战术配合到战略交互的发展过程,包括:①满足客户需求;②超出客户期望期:随着合作的深入,物流服务商要加强与客户的沟通,增强服务的主动性,特别要提高信息系统能力,努力使物流服务超出客户的期望值;③参与和满足客户需求:在熟悉客户物流运作后,物流服务商应主动了解客户新的物流需求,参与发掘客户物流改进机会,实现从战术配合向战略交互的转变;④赢得客户信任:物流服务商努力与客户共同创造价值,最终赢得客户信任,双方建立起长期战略合作伙伴关系。

(2) 从完成客户指令到实行协同运作。传统物流是作业层面的功能性服务,通常只需要单纯地按照客户指令完成服务功能。而一体化物流服务由于要参与客户的物流管理,运作与客户共同制定的物流解决方案,因而物流企业需要自始至终与客户建立有效的沟通渠道,按照项目管理模式协同完成物流运作。GEORGIA TECH 的调查显示,客户不满意第三方物流的主要原因是服务商不能兑现服务与技术承诺,不能实现成本降低目标和缺少战略改进;人们一般把这些不足归结于合作伙伴的选择过程,但实际上,更多情况下问题出在没有管理好项目的实施。因此,在签订合同后,双方在互信的基础上,协同完成项目的实施至关重要。双方要各自设立项目经理,并在相关功能上配备相应人员;物流企业要详细了解客户的销售、财务、IT、人力资源、制造和采购等各个部门的需求,与客户共同制定详细的实施方案;双方实施小组要共同拟定绩效衡量指标以及奖惩办法,关注项目运作细节,物流是对例外情况的处理。在项目正式运行前,还应进行试运行,以发现和解决存在的问题。为保障物流项目的顺利运行,物流企业应当建立与客户双方物流人员联合办公制度,或成立由双方物流人员联合组成的运作团队,以及时处理日常运作的问题。为了保证物流服务的质量,双方应共同商定绩效监测与评估制度,使合作关系透明化,通常应保持运作层每天的交流、管理层每月的绩效评估以及不定期的检查与年度评估。

(3) 从提供物流服务到进行物流合作。传统物流企业一般是基于自己的仓储设施、运输设备等资产向客户提供功能性服务,而第三方物流提供商主要是基于自己的专业技能、信息技术等为客户提供管理服务,因而常常会根据客户的需求和双方的战略意图,探讨在物流资产、资金技术方面与客户进行合作,以取得双赢的效果。包括三个方面的内容。

① 系统接管客户物流资产。如果客户在某地区已经有车辆、设施、员工等物流资产,

而物流企业在该地区又需要建立物流系统，则可以全盘买进客户的物流资产，接管并拥有客户的物流系统甚至接受客户的员工。接管后，物流系统可以在为该客户服务的同时为其他客户服务，通过资源共享以改进利用率并分担管理成本。如东方海外物流公司系统接管旺旺集团在杭州的仓库，将其改造为东方海外华东区域物流中心。

② 与客户签订物流管理合同。与希望自己拥有物流设施(资产)的客户签订物流管理合同，在为客户服务的同时，利用其物流系统为其他客户服务，以提高利用率并分担管理成本。这种方式在商业企业的物流服务中比较常见，如和黄天百物流为北京物美商城提供的物流管理服务。

③ 与客户合资成立物流公司。第三方物流提供商对具有战略意义的目标行业，常常会根据客户的需求，与客户建立合资物流公司。既使客户保留物流设施的部分产权，并在物流作业中保持参与，以加强对物流过程的有效控制；又注入了第三方物流的资本和专业技能，使第三方物流提供商在目标行业的物流服务市场竞争中处于有利地位。这种方式在汽车、电子等高附加值行业较为普通，如 TNT 物流与上海汽车工业公司合资成立上海安吉天地物流公司，再如案例 2-1 中的安泰达物流公司也是一个典型的案例。

第三节　第四方物流

3PL 作为一种新兴的物流方式活跃在社会经济各领域，为客户提供全部的或部分的供应链物流服务，极大地节约了物流成本，提高了物流效率。随着全球供应链的发展，人们对物流服务的要求越来越高。当供应链物流跨越更大区域范围乃至跨越国界时，物流瓶颈凸显出来。人们迫切希望能有这样一个物流供应链供应商：能从整个供应链的角度对企业物流提供整体战略规划服务，整合供应链流程的相关技术与专业经验，实现供应链运作效率最大化，整合更广泛的社会资源，解决供应链运作中的突出问题：更大范围乃至全球范围的物流瓶颈问题。于是，一种全新的物流理念——第四方物流在业界备受瞩目。

一、第四方物流概述

第四方物流(fourth-party logistics，FPL 或 4PL)被称之为供应链的集成者(Integrator)，通过整合和管理自身的以及其他服务提供商补充的资源、能力和技术，为客户提供全面的供应链解决方案。它远远超出 3PL 的外包领域，涉及预测与需求计划、库存管理、成套服务、采购与订单管理和客户服务管理，等等。4PL 具有区别于其他服务商的两大突出特点：一是 4PL 提供的是全面的供应链解决方案，二是 4PL 是通过影响整个供应链的能力来为客户提供最大化价值。

（一）第四方物流的概念

第四方物流的概念出现于20世纪90年代中期，最初是由美国埃森哲(Accenture)咨询公司提出的，并对4PL这个术语注册了商标。埃森哲公司认为，企业由20世纪70年代以自行营运(insourcing)各项物流功能，到20世纪80～90年代转变为把物流功能外包(outsourcing)给3PL提供者，这种趋势会继续发展为企业更加专注其核心事业，而把其在全球供应链上有关物流、金流、商流、信息流的管理与技术服务，统筹外包给一个可以提供一站式整合服务(single-point-of-contact integrated service)提供者。这种多元整合的服务不是单独一个3PL能力所及，必须联合3PL(一个或多个)与管理顾问及科技咨询甚至金融服务等公司，而整合这个服务联盟的主导者就是所谓的4PL。依据Accenture的定义：第四方物流提供者是一个整合组织自身的及它具有互补性服务提供商的资源、能力与技术，(为客户)设计、构建和管理综合的供应链解决方案的集成商(an integrator that assembles the resources, capabilities and technology of its own organization and other organizations to design, build and run comprehensive supply-chain solutions)。由此可知，4PL是一个提供全面供应链解决方案的供应链集成商，它是在3PL的基础上，将自身的资源与具有互补性服务供应商所拥有的不同资源、能力和技术进行整合与管理，为客户提供全面意义上的供应链物流解决方案的一种经营方式和服务业务。从概念上来看，第四方物流是有领导力量的物流提供商，它可以通过对整个供应链的影响力，提供综合的供应链解决方案，也为其顾客带来更大的价值。它不仅控制和管理特定的物流服务，而且对整个物流过程提出解决方案，并通过电子商务将这个过程集成起来。

在当今的供应链环境中，随着市场竞争的加剧，企业对降低物流成本的追求要求物流提供商有必要从更高的角度来看待物流服务，把提供物流服务从具体的运输管理协调和供应链管理上升到对整个物流供应链的整合优化和供应链方案的再造设计。现代技术的不断更替和电子商务影响力的迅速扩展使顾客期望越来越高，供应链上各节点企业对内要求整合资源和向外要求扩展的需求不断扩大。顾客未满足的期望推动企业重新评估他们的供应链战略。过去，企业试图通过改善物流各个业务过程，利用区域代理商和3PL方，来满足客户服务需求的增长，但现在随着社会经济的发展，它们希望得到更多、更好的服务。如全球化的电子商务运作、全球供应链上的前向洞察力、业务优化与决策、实时业务跟踪，与合作伙伴实现业务集成和信息共享等。所有这些服务需要综合的技能、集成技术和全球扩展等能力，这是3PL力所不及的。为此，一些3PL方开始采取措施，通过与领先的咨询公司、信息技术提供商联盟，来实现为客户提供从供应链设计、战略制定、业务运作到业绩评价等全方位的供应链集成方案。上述这些因素相互作用，共同推动了第四方物流的产生。

根据第四方物流的定义，也可以将其理解为虚拟物流，这种概念正日益成为一种帮助企业实现降低成本的持续运作，以及区别于传统外包业务的真正的资产转移的运作模式，第四方物流主要依靠业内最优秀的第三方物流供应商，技术供应商，管理咨询顾问和其他增值服务商，为客户提供独特的和广泛的供应链解决方案。

（二）第四方物流的运作模式

由第四方物流的概念可知，4PL 运行的内容不是由一个单一的企业可以完成的，它是依靠业内最优秀的第三方物流供应商、技术供应商、管理咨询顾问和其他增值服务商，共同为客户提供供应链解决方案。其运作模式主要有以下三种形式。

(1) 协同运作型。由 4PL 为 3PL 方提供缺少的资源、信息管理技术和战略技能，包括信息技术和管理技术，制定供应链策略、对供应链上需求变化的前向洞察力、进入市场的能力和项目管理的能力等，并与 3PL 方共同开发市场，而具体的物流业务实施则由 3PL 在 4PL 的指导下来完成。他们之间的关系一般是商业合同方式或战略联盟的合作方式。

(2) 方案集成型。由 4PL 为客户提供运作和管理整个供应链的解决方案，并对自身与其他方的以及 3PL 的资源、能力和技术进行整合和管理，借助 3PL 的物流运作能力为客户提供服务。在这种方式中，4PL 作为一个联盟的领导者和枢纽，集成多个服务供应商的能力和客户的能力。

(3) 行业创新型。4PL 通过与各个资源、技术和能力提供方进行协作与同步化运作，为多个行业供应链成员(包括客户)提供供应链解决方案。它以整合整个供应链的职能为重点，以各个行业的特殊性为特点，领导整个行业供应链实现创新。基于行业的解决方案，会给整个行业带来价值和价值增值。4PL 通过卓越的战略决策、技术和供应链运作实施来提高整个行业的效率。在这种方式下，4PL 是连接 3PL 和其他服务提供商集群、客户集群的业务与创新的纽带，因而具有非常重要的作用和地位。

这三种模式都突破了 3PL 的局限性，具有许多 3PL 所不及的功能，这些功能真正体现了供应链管理的功能，而不仅仅是物流处理的功能，可以实现高效益、低成本运作，实现更大范围的资源整合。

（三）第四方物流的功能

与 3PL 相比，4PL 的服务内容更多，覆盖的范围更广，其最大的优越性是超越了商务管理，能够在战略层上对供应链进行优化和决策。整合多方的有用资源，高度利用和共享信息，在超前的洞察力下快速反应市场需求的变动，为客户提供更多的增值服务，保证产品和服务能更快、更好、更廉地送到需求者手中。4PL 功能组成可用图 11-1 表示。

从图 11-1 中可以看出，4PL 具有 3PL 所缺乏的跨越整个供应链运作以及真正优化和整个供应链流程所需的战略功能。其基本功能表现在四个方面。

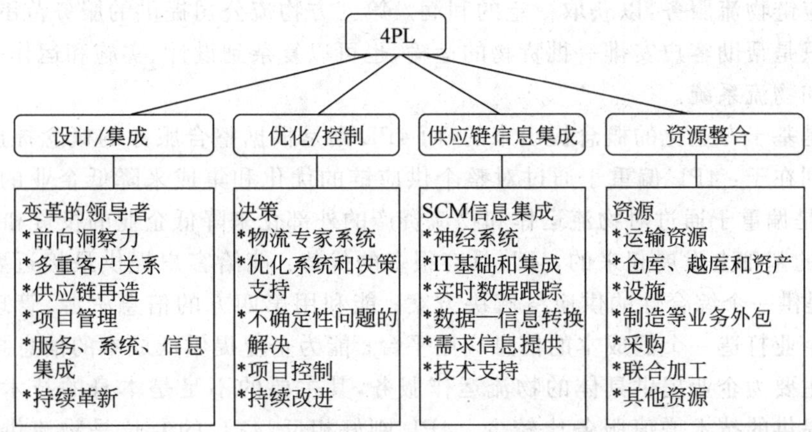

图 11-1　4PL 的功能

(1) 创新功能。它可以帮助客户对供应链进行设计和重组，是客户具有超前的洞察能力，根据客户在供应链战略上的要求，对供应链结构和流程进行重组，实际改变和调整战略战术，使其持续高效地运作。

(2) 对供应链的优化和决策功能。它能利用物流专家系统和其他工具，对网络结构和业务流程进行优化，解决确定性和不确定性的问题，使企业具有持续改进的能力。

(3) 利用先进的信息技术对供应链上的信息进行集成，通过因特网平台达到业务伙伴间信息的充分共享，实现信息传递的及时性、高效性和广泛性，减少信息的不对称。同时，减少了交易成本，实现了物流资源的最大组合。

(4) 资源的集成。它可以不受约束地将每一个领域中优秀的物流服务商和其他方组织起来，最大化地整合它们的资源、技术和能力，为客户提供全程的物流及其他供应链业务服务，实现社会资源的优化配置和利用。

二、第四方物流的运作基础和解决方案层次

第四方物流无论是在运作模式和功能方面都远远优于第三方物流，但前者是在后者基础上发展起来的，并且前者提供的供应链方案必须依托后者才能实现，两者之间有着“共生”的密切关系。第三方物流的支持以及其他的一些因素，构成了第四方物流运作的基础。第四方物流为客户提供的供应链解决方案可以包括四个层次。

(一) 第四方物流与第三方物流的关系

第三方物流是物流渠道中的专业化物流公司，以签订契约的方式，在一定期间内，为其客户提供所有的或某些方面的物流专业服务。第三方物流供应商为客户提供所有的或

一部分供应链物流服务，以获取一定的利润。第三方物流公司提供的服务范围很广，它可以简单到只是帮助客户安排一批货物的运输，也可以复杂到设计、实施和运作一个公司的整个分销和物流系统。

3PL 是基于专业化的概念提出来的，而 4PL 则是根据整合服务的概念提出的。两者的显著区别在于：4PL 偏重于通过对整个供应链的优化和集成来降低企业的运行成本，而 3PL 则是偏重于通过对物流运作和物流资产的外部化来降低企业的投资和成本。4PL 是在 3PL 的基础上发展起来的，4PL 具有很多的优势：能给客户提供最接近要求的完美服务；能提供一个综合性的供应链解决方案；能利用第四方的信息资源、管理资源和资本规模为企业打造一个低成本的信息应用平台；能为企业提供低成本的信息技术。

3PL 主要为企业提供具体的物流运作服务，其主要的不足是本身的技术水平不高，能为客户提供的技术增值服务比较少。4PL 刚好相反，4PL 的专长是物流供应链技术，它具有丰富的物流管理经验和供应链管理技术、信息技术等。它的不足在于自身不能提供实质的物流运输和仓储服务。4PL 提供的方案必须依靠 3PL 的实际运作来实现；3PL 可以从 4PL 那里得到优化供应链流程与方案方面的指导。因此，只有二者结合起来，才能更好的，全面的提供完善的物流运作和服务。3PL 与 4PL 联合成为一体以后，将 3PL 与 4PL 的外部协调转化为内部协调，使得两个相对独立的业务环节能够更和谐、更一致的运作，物流运作效率会得到明显地改善，进而增大物流成本降低的幅度，扩大物流服务供应商的获利空间。

（二）第四方物流的运作基础

第四方物流运作的前提条件是：具有世界水平的供应链策略制定、业务流程再造、技术集成和人力资源管理能力；在集成供应链技术和外包能力方面处于领先地位；在业务流程管理和外包的实施方面有一大批富有经验的供应链管理专业人员；能够同时管理多个不同的供应商，具有良好的关系管理和组织能力；全球化的地域覆盖能力和支持能力；对组织变革问题的深刻理解和管理能力。

第四方物流公司突破了单纯发展第三方物流的局限性，能够真正地低成本运作，实现最大范围的资源整合。因为第三方物流缺乏跨越整个供应链运作以及真正整合供应链流程所需的战略专业技术，而第四方物流可以不受约束地将每一个领域的最佳物流提供商组合起来，为客户提供最佳物流服务，进而形成最优物流方案或供应链管理方案。目前国内现有的第四方物流供应商，其独立生存的能力还不很强大，都分别以不同方式与第三方物流有着不同程度的结盟，这在很大程度上提高了其生存能力。面对共同的服务客户，第四方物流的运作计划还须依靠第三方物流的力量来实现；第三方物流也迫切希望能得到第四方物流在优化供应链流程与方案方面的指导。因此，"共生"成为其在供应链下的"脐带"，"协同服务"才能最终实现服务的增值。从另一方面看，由于我国经济发展过程中的一些独特机遇，加之目前第三方物流公司小而分散，全国范围内复杂的物流设施和各地迥异的交通状况、差异化极强的地区性物流等，都迫切需要第四方物流来有效整合社会物流资源。

（三）第四方物流解决方案的层次

第四方物流集成了管理咨询和第三方物流服务商的能力，不仅能够降低实时操作的成本，还可以通过优秀的第三方物流、信息技术公司和管理咨询公司之间的联盟，为客户提供最佳的供应链解决方案。这是一个前所未有的，使客户价值最大化的解决方案。而这种方案仅仅通过上述联盟中的任何一方都是难以解决的，必须通过上述联盟齐心协力才能实现。第四方物流的供应链解决方案共有四个层次，即：执行、实施、变革和再造。

(1) 执行。主要是指由第四方物流负责具体的多个供应链职能和流程的正常运作，其工作范围远远超过了传统的第三方物流的运输管理和仓库管理的运作。第四方物流承接多个供应链职能和流程的运作，具体包括制造、采购、库存管理、供应链信息技术、需求预测、网络管理、客户服务管理和行政管理等职能。一家公司可以把所有的供应链活动外包给第四方物流，而第四方物流通常把主要精力放在供应链功能和流程的一些关键部分。

(2) 实施。第四方物流的实施包括了流程的一体化、系统的集成和运作的衔接。一个第四方物流服务商可以帮助客户实施新的业务方案，包括业务流程的优化、客户公司和服务供应商之间的系统集成，以及将具体业务的运作转交给第四方物流的项目运作小组。在项目实施的过程中，要重视组织的变革，因为“人”的因素往往是第四方物流管理具体业务时成败的关键。避免优秀方案因人的因素而“失灵”，是第四方物流实施中需要高度关注的问题。

(3) 变革。新技术的使用能使供应链各流程的职能加强。变革主要是改善供应链某一具体流程的职能，包括销售和运作计划、分销管理、采购策略和客户支持等。在这一层次上，供应链管理技术对方案的成败显得至关重要，领先的供应链管理技术，加上先进的战略思维、流程再造和卓越的组织变革管理，共同组成第四方物流对供应链进行整合和改善的最佳方案。

(4) 再造。再造是指供应链运作过程的协同和供应链流程的再设计，这是第四方物流的最高境界。供应链流程的真正改善要通过供应链中各参与企业的协同运作，将各流程的计划和运作协调一致来实现。通过再造过程将公司的业务策略和供应链策略协调一致，而供应链管理技术在这一过程中又起到了催化剂的作用，整合和优化了供应链内部和与之交叉的供应链的运行。

三、第四方物流的发展

从宏观经济运作的角度看，第四方物流的发展可以满足整个社会物流供需系统的要求，最大程度地优化社会物流资源配置。从微观实体运作的角度看，第四方物流可以为客户创造最大化价值，这也是3PL所不及的。可见，4PL需要具备很强的能力，才能实现这个共同的愿景。第四方物流的发展还需要具备必要的宏微观环境，从整个社会系统来看，发展第四方物流也需要统筹规划，循序渐进。

（一）第四方物流企业必备的条件

要整合整个社会的物流资源，不是所有的物流企业都可以做到的。要进入第四方物流领域，企业必须在某些方面具有很强的核心竞争力，同时应具备以下条件。

(1) 技术过硬的供应链管理人才。发达国家物流发展的历史证明，4PL的发展离不开大量优秀的技术过硬的供应链管理人才，只有拥有了一支优秀的物流和供应链管理队伍，4PL才能够健康、快速的发展起来，才能够充分的开发、研究和利用市场资源，能够从宏观、中观、微观等多角度进行物流运作分析和物流运作管理，从而为客户提供有效的供应链整体解决方案。供应链和第四方物流的发展都需要大量的先进技术作支撑，只有那些掌握了先进技术的优秀的供应链管理人才，才能驾驭这些技术，熟练操控信息技术平台，支持4PL成功运作。

(2) 良好的信息共享平台。全国物流公共信息平台的建设是第四方物流运作的必要条件。第四方物流公司只有通过网络平台，才能实现信息共享，最有效的整合社会物流资源，并对供应链的各流程、各环节进行有效调控，实现与客户、第三方物流公司以及其他互补性服务商的无缝对接，实现供应链解决方案的最佳目标。信息技术的进步和由此形成的信息流能否更好地和物流保持同步，已成为检验物流服务水平的关键因素之一。要想成功的运作一个第四方物流，必须靠一个良好的信息平台来支撑，这样才能高效的利用整个供应链和各参与者的物流资源，并极大地降低物流运作的监管成本和因信息不对称带来的各种风险。

(3) 足够的供应链管理能力。作为一个第四方物流企业，它肩负着整合整个社会资源的重任，所以它必须拥有足够的供应链管理能力，包括必须具备世界水平的供应链策略制定，业务流程再造，技术集成和人力资源管理能力；在集成供应链技术方面处于领先地位；能够同时管理多个不同的供应商，具有良好的关系管理和组织能力；高水平的供应链规划、策略制定、业务流程再造、技术集成和人力资源管理能力；对组织变革的深刻理解和管理能力；对环境变迁的洞察能力；行业经营管理的专家，对所在的行业有深刻的理解和把握能力。

(4) 全球拓展的网络覆盖能力和资源支持能力。第四方物流企业要想在高手如云的物流界有所作为，必须全球拓展的网络覆盖能力和资源支持能力，能够为客户企业开拓国内外市场、降低物流成本提供强大的支撑平台。在全球经济一体化的冲击下，中国企业必须应对全球化挑战，制定全球化战略。然而生产制造企业一般缺乏全球化物流运作的能力，如果能够通过第四方物流进行全球采购、配送和服务，将是实现其物流全球化战略的捷径。

（二）第四方物流发展的必要环境

第四方物流的发展需要一个适宜的外部环境，包括市场需求环境、成熟的第三方物流市场、风险规避环境和信息技术环境。

(1) 市场需求环境。第四方物流的运行经济环境要求存在大量的企业外包业务和较高的物流市场化程度。只有企业深刻认识到改进物流管理对降低物流成本、提高市场竞争力的实质性作用，把大量的非核心竞争力业务推向市场，并形成相当的市场化程度，第四方物流才具有生存和发展的市场环境。

(2) 成熟的第三方物流市场。第四方物流的产生和发展要有高度发达的、具有强大竞争力的第三方物流作为土壤。只有当第三方物流发展到了一定的程度，才会满足第四方物流的客观需求。第三方物流企业长期从事物流供应链管理，具有熟练的物流运作知识和技能，积累了部分协调管理的经验。第四方物流的运作必须依托第三方物流，首先在整合第三方物流资源的基础上，对其他社会资源进行系统的再整合，才能以此为基础逐渐发展、成熟和壮大。

(3) 风险规避环境。第四方物流在运营过程中，参与者众多，协调机制复杂，无论第四方物流企业采用那种模式，第四方物流企业都要和第三方物流企业、管理咨询公司等合作伙伴共同来整合供应链。这无疑在经营过程中会滋生很多风险，这些风险及包括“人”的因素和不可抗拒的自然因素引起的诸多风险。风险规避环境是一个有诸多要件组成的环境系统，包括法律、产业政策、保险、完善的金融市场，以及第四方物流的运作政策、法规等。

(4) 信息技术环境。信息技术与电子商务的飞速发展是第四方物流发展的技术支撑。信息化是物流的灵魂，而强大的物流信息网络是第四方物流成功运作的前提条件。目前，产业信息化的进程正在飞速发展，物流在经济发展中占据的位置也越来越突出，把蓬勃发展的电子商务和现代化物流产业结合起来的最佳途径就是建立全国性的公共物流信息平台。通过基于互联网的公共物流信息平台，第四方物流可以高效地整合社会物流资源、信息资源，实现供应链解决方案实施过程中的信息共享，强化供应链流程的协同运作，更好地实现“执行、实施、变革和再造”，使第四方物流的经营和运作有质的提升。

此外，为保证第四方物流运行顺利运行，第四方物流公司本身也要营造适合的微观环境来保证动态联盟和最终客户的利益。这包括开发广泛的客户资源，建立风险预警系统和灵活的应急机制，完善激励与约束机制，保证 4PL 动态柔性的成员客户进入退出机制等。

第四方物流能解决整个社会物流的资源效率问题，且对物流服务有更深层次、更全面的要求。第四方物流的发展很大程度上解决了供应链一体化的难题，从而使供应链向稳定化、有序化方向发展。但第四方物流必须拥有物流市场专业知识和网络，拥有规模经济效益、拥有第三方物流的灵活性、拥有信息技术等内外条件的支撑。虽然我国第四方物流目前还处于探索、试验阶段，并且由美国次贷危机引发2008年的国际金融危机给全球物流也带来了极其罕见的冲击，但中国应对国际金融危机给中国物流业提供的前所未有的环境支持(见相关链接)，将更加有利于第四方物流的发展。第四方物流是解决整个社会物流资源配置问题的最佳的执行机构，随着全球一体化下的中国经济的高速度、高质量的发展，4PL必将有广阔的发展前景。第四方物流未来的卓越运作，将使我国物流产业在更大程度上得到质的提升。

案例11-1 民营第三方物流的典范——宝供集团

宝供物流企业集团有限公司，是20世纪90年代初从一个转运站发展起来的民营企业，今天它已经成为一个为宝洁、飞利浦、雀巢、沃尔玛、联想等40多个跨国公司和一批国内企业提供国际性物流服务的公司，在澳洲、泰国、中国香港及国内主要城市设有40多个分公司或办事处，构筑起覆盖中国并已跻身于国际市场的物流运作网络，成为中国第三方物流"新三国演义"中的"璀璨之星"。

1. 宝供的成长

1994年10月18日，广东宝供储运有限公司注册成立，以北京、上海、广州等城市为中心构建全国性的运作网络体系，开始规模化、网络化经营。1995—1996年，通过进一步加强GMP和SOP标准管理，全面提升物流质量和效率，提升了宝供的服务品牌和社会形象。1997年，在国内建立起第一套基于Internet/Intranet的物流网络信息系统，使总部、分公司及四十多个运作点实现了内部办公自动化、外部业务运作信息化，并实现了仓储、运输等关键物流信息的网上实时跟踪。1998—1999年，宝供加快扩张步伐，全面强化企业信息化建设，完成关键客户与宝供信息系统的对接工作，客户可以通过宝供信息系统管理和控制不同区域、不同仓库、不同类型、不同产品的库存，制定最佳的营销策略。同时，实现了"客户电子订单、一体化运作"的电子商务初步目标，简化了商务流程，提高了运作效率。大力拓展国内外物流市场，相继在中国香港、曼谷、北京、上海等国际国内各大城市设立了40多个分公司或办事处。1999年10月，经国家工商总局批准，宝供物流企业集团正式成立。2000年，建立电子数据交换平台，进一步提升与客户的电子数据交换水平，实现数据无缝交换与连接。同年8月，宝供独家发起并出资设立我国第一个由企业设立、面向物流领域的公益性"宝供物流奖励基金"，每年出资100万元用于无偿奖励科技界、企业界和新闻界对中国物流业做出重要贡献的团体和个人。2001年，实现供应链上物流、资金流、信息流"三流一体化"管理。在广州、苏州两地兴建大型现代化的物流基地。

2002—2003 年，建立了基于 B2B 电子商务，与客户结成供应链一体化合作伙伴。从 2003 年起，宝供已先后建起苏州宝供物流基地及广州南岗宝供物流基地。面对大型立体仓库，2002 年底，宝供通过招标买入了 IBM 公司承包的国际上先进的仓库管理系统 WMS 以及引入专门适合第三方物流企业使用的 WMS-Exceed 3.3。从而使宝供的物流信息系统更能符合现代化物流企业的需求。2004 年，宝供集团以其雄厚的实力及现代物流经营理念，取得当时国内唯一广州←→上海(现改为深圳←→上海)行邮特快专列的独家经营权，该专列全程按特快客车运行图运行，可为社会各企事业单位提供行李、包裹、邮件及其他大宗货物的铁路快速运输服务、区域接取送达服务以及包括储存、包装、装卸、配送、物流加工、信息咨询等一体化的综合物流服务。

宝供的发展可以归结为主要经历了四个发展阶段(如图 11-2 所示)：①1994—1997 年，初建规范管理的基础，进行了运作网络的基础构建，在行业中率先为客户提供门对门一体化服务；② 1997—2000 年，率先应用基于 Internet/Intranet 的物流信息网络并取得显著成绩，同时，加强全国运作网络的建设，为客户提供物流全过程的服务；③2000—2003 年，进行了组织机构的优化，推行价值管理，强调为客户创造价值，提供物流一体化、个性化服务；④2003 年以来，开始致力于为客户提供供应链一体化服务，建设物流基地，开展国际货代，构建干线与深度配送网络。

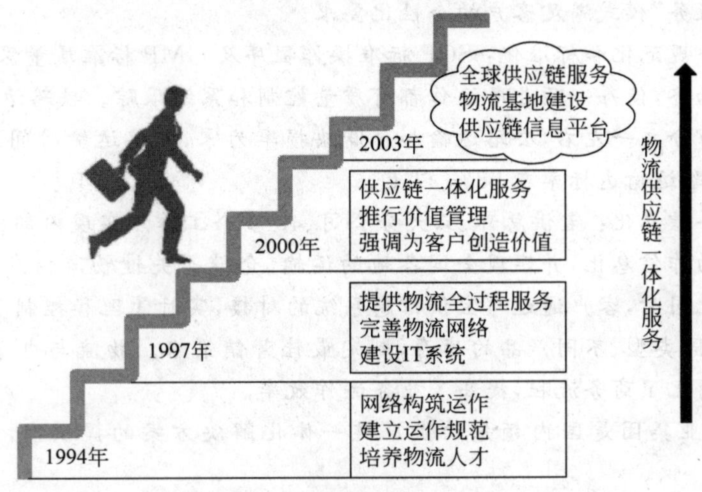

图 11-2　宝供发展的四个阶段

2. 宝供的物流服务

宝供集团是国内第一家将工业化管理标准应用于物流服务系统的企业，并全面推行 GMP 质量保证体系和 SOP 标准操作程序，宝供集团的整个物流运作自始至终处于严密的质量跟踪及控制之下，确保了物流服务的可靠性、稳定性和准确性。自 2004 年起，宝供集团的货物运作可靠性达到99%，运输残损率为万分之一，远远优于国家有关货物运输标准。

宝供得物流服务基于宝供的服务理念：宝供公司，就是宝供人为之奋斗、生存和发展，为客户创造价值的一个团体。公司与个人的利益休戚与共；诚实正直、开拓进取地为公司发展做正确的事情，将为公司和个人带来共同的利益和进步；真诚地为客户提供满意的服务会使公司不断发展壮大，更具有价值。基于以上的理念，产生了宝供的目标：创造世界一流的物流企业；使命：为客户提供优质高效的物流供应链服务的全面解决方案，以支持客户的发展，为推动行业发展和员工进步做出不懈的努力(作为回报，宝供得到了不断提高的市场占有率和合理的利润)；价值观：客户满意(宝供存在的基础，业务发展的根本保障)、主人翁精神(企业持续发展的原动力)、诚实正直(宝供人生存发展之根本)、开拓进取(适应市场环境、满足客户需要的法宝)，以及行动指南和工作原则。物流服务过程中具体体现在：

- 物流服务理念：控制运作成本，降低客户风险，全面提升物流服务质量，使客户集中精力发展主业，增强核心竞争力和可持续发展能力，成为客户最佳战略联盟伙伴，现代物流服务与客户的需求融为一体。
- 物流服务模式创新：优化业务流程，整合物流供应链，以“量身定做、一体化运作、个性化服务”模式满足客户的个性化要求。
- 物流服务规范化和标准化：SOP标准操作程序及GMP标准质量保证体系贯穿物流服务始终，使每一项业务运作都有质量控制和系统跟踪。铁路运输货物缺损率控制在万分之一左右，公路运输和仓储缺损率为零，铁路运输时间达标率在95%以上，公路运输达标率在98%以上。
- 物流服务信息化：宝供总部、六大分公司、40多个工作点实现内部办公网络化、外部业务动作信息化，并实现全国各地的运输、仓储等关键物流信息的实时网上跟踪。与此同时，客户通过与宝供信息系统的对接，实时管理和控制不同区域、不同仓库、不同类型、不同产品的库存，制定最佳营销策略。物流与电子商务的融合，极大地简化了商务流程，提高了业务运作效率。

宝供物流企业集团是国内领先的供应链一体化解决方案的提供商，其核心业务如图11-3所示。

3. 宝供的物流信息平台

宝供的长足发展得益于信息集成平台的建设和发展，它经历了一个坚韧的蝉变过程。宝供物流的信息化之路可以归结为图11-4所示。

宝供自行开发的第三方物流信息集成平台，具有高度适用性、集成性和扩展性，可根据需要不断地以自行开发或外购的方式添加各种功能和属性，其主要模块和功能如下。

TOM：覆盖全国的宝供全面订单信息管理系统(TOM系统)，运输模块跟踪管理客

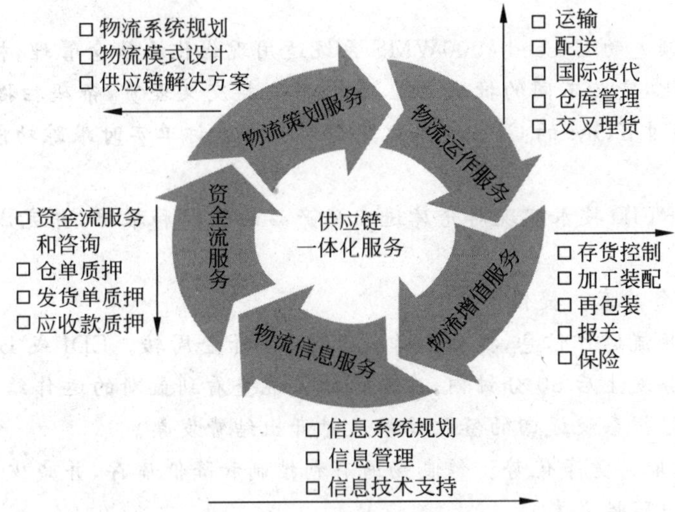

图 11-3　宝供供应链一体化解决方案的核心业务

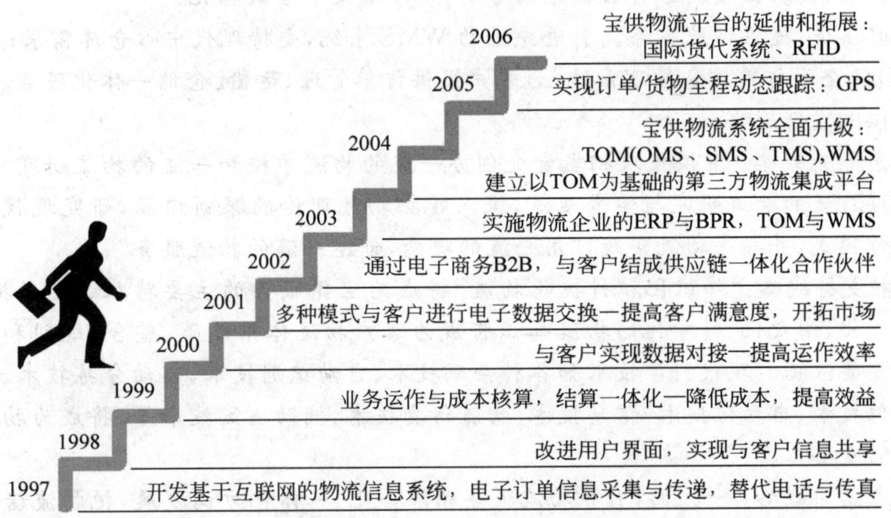

图 11-4　宝供物流的信息化之路

户全国运输业务；全程跟踪订单状态。

OMS：订单管理系统(order management system)开发客户下单系统，开放库存查询程序、电子数据收发查询程序、条码扫描检查程序等配套程序供仓库或客户使用。

SMS：库存管理系统(stock management system)实现对货物进出仓和在仓库中各种状态的完全管理，包括库位、批次、拣货、库龄管理和盘点等功能，具有完备的仓库管理功能。

WMS：全球领先的Exceed 4000WMS系统适用现代化立体仓管理，根据客户需求对EXCEED做客户化，定义不同的批次管理策略，并支持交叉理货，条码扫描跟踪。

货物定位：通过TOM的GPS和手机定位实现在途订单实时跟踪功能为客户提供运输动态跟踪服务。

RFID：通过RFID技术实现对仓库进出库产品的管理和跟踪，并完成贴标和标签回收的工作。

宝供的IT服务为客户提供价值：

- 实时把握物流运作信息，提升工作效率，加快资金周转。EDI或B2B对接使客户在实际业务发生后30分钟内，在自己的系统查看到最新的运作结果，客户财务部门也可以依据系统返回的签收结果及时开出结费发票。
- 降低成本，取得竞争优势。信息畅通有利控制和降低库存，并减少成本(包括人力成本及其他隐性成本)。
- 度身定做，适合客户需求。帮助重点客户规划、设计和实施物流管理系统，包括报表系统，提供强大的经营数据辅助分析，实现决策管理数据化。
- 与时俱进，提供增值服务。引进先进的WMS系统，支持现代中心仓库需求；开发TOM全面订单信息管理系统，为客户提供订单管理、运输、仓储一体化服务。

4. 宝供的发展战略

- 观念领先战略：宝供投入相当资金创办一流的物流学校和一流的物流研究中心，通过广泛的物流研究与学术交流，深入挖掘物流理论的深刻内涵，研究现代物流运作模式，并指导物流实践，“用一流的观念，创造一流的物流服务”。
- 科技支持战略：“知识化和科技化物流”将成为宝供服务的主要特征。宝供提出，专业化、细致化、科学化的物流知识将成为客户物流体系改革、整合、规划和设计的重要依据。现代科学技术如各种条码技术、自动识别技术、自动分拣技术、卫星定位技术、自动化技术、信息技术、物流仿真技术、辅助决策技术等，将成为物流运作的重要工具。
- 服务创新战略：一方面，引导物流服务朝综合化、一体化方向发展，把物流诸多环节、服务类型进行系统整合，将不同货运公司、仓储公司以及社会资源进行物流资源整合，为客户提供一种具有长期的、专业的、综合的高效物流服务。另一方面，适应21世纪个性化消费和个性化服务的需要，进一步强化宝供的物流服务特色，提高市场竞争力。人才效益战略。遵循“以人为本”的经营理念，充分发挥“人才效益”优势，广泛汇集和吸引高层次专业人才，通过不断完善激励制度，增强企业的凝聚力，建设一支灵活精干、协作高效的学习型人才队伍。
- 联盟发展战略：宝供强调在“供应链”的诸节点之间植入“优势互补、利益共享”的共生关系,实施企业联盟化战略。宝供将在其他第三方物流企业、客户服务群、相关行业企业之间广泛寻找战略合作伙伴,通过联盟的力量获得竞争优势。

资料来源:根据宝供物流网(http://www.pgl-world.cn/Home.asp)相关资料整理。

案例 11-2 国外成功第三方物流企业经验借鉴

一个成功的物流企业,需要具备较大的运营规模,建立有效的地区覆盖网络,具有强大的指挥和控制中心,兼备高水准的综合技术、财务资源和经营策略。世界物流企业前10强在业务结构、运作模式及赢利模式等方面的经验,值得我国物流企业借鉴。

1. 业务结构

(1) UPS

业务概况:UPS是全球最大的速递机构,全球最大的包裹递送公司,同时也是世界上一家主要的专业运输和物流服务提供商。每个工作日,该公司为180万家客户送邮包,收件人数目高达600万。该公司的主要业务是在美国国内并遍及其他200多个国家和地区。该公司已经建立规模庞大、可信度高的全球运输基础设施,开发出全面、富有竞争力并且有担保的服务组合,并不断利用先进技术支持这些服务。该公司提供物流服务,其中包括一体化的供应链管理。

业务分布:UPS的业务收入按照地区和运输方式来划分呈现出不同的分布特点。从地区来看,美国国内业务占总收入的89%,欧洲及亚洲业务占11%。从运输方式来看,国内陆上运输占54%,国内空运占19%,国内延迟运输占10%,对外运输占9%,非包裹业务占4%。

(2) FedEX

业务概况:FedEX公司的前身为FDX公司,是一家环球运输、物流、电子商务和供应链管理服务供应商。该公司通过各子公司的独立网络,向客户提供一体化的业务解决方案。其子公司包括FedEX Express(经营速递业务)、FedEX Ground(经营包装与地面送货服务)、FedEX Custom Critical(经营高速运输投递服务)、FedEX Global(经营综合性的物流、技术和运输服务)以及Viking Freight(美国西部的小型运输公司)。

业务分布:从地区来看,美国业务占总收入的76%,国际业务占24%。从运输方式来看,空运业务占总收入的83%,公路占11%,其他占6%。

(3) 德国邮政世界网(Deutsche Post World Net)

业务概况:德国邮政是德国的国家邮政局,是欧洲地区领先的物流公司,并着眼于成为世界第一。近期更换了品牌(改名为Dertsche Post World Net,简称DPWN)。一方面为挂牌买卖做准备,另一方面也是意识到了其业务的全球化特点以及电子商务日益重要的影响。DPWN划分为四个自主运营的部门,即邮政、物流、速递和金融服务。邮政部门由邮政、市场直销和出版物发放业务组成，建有最高水准的作业网络，由遍及德国的83家标准化分检中心组成，并越来越重视高成长的市场直销业务。速递部门通过Euro Express Germany和Euro Express Europe的全球邮政和国际邮政业务部门提供覆盖欧洲的快递业务；通过与DHL(德国邮政世界网拥有其25%的股权)的合作提供全球业务。通过几次收购Danzas品牌下的公司，于1999年成立了物流部门。该部门提供一站式的服务，并提供整个物流链各个环节的服务。服务内容包括全球航空、海运、欧洲陆运服务和客户定制的物流解决方案。同时，通过Postbank提供的金融服务于1999年1月成为一家全资的附属公司。在2000年1月收购了DSL银行(是一个精于私人和商业建筑贷款的银行)，向私人和商业客户提供多渠道银行业务。

业务构成及分布：从净收入来看，DPWN的四大业务邮政、快递、物流和金融分别占49%、21%、18%和12%。特别是对于物流业务在地域上的分布来说(从净收入看)，德国、法国、意大利和欧洲其他国家分别占23%、17%、8%和23%，斯堪的纳维亚、美洲、远东澳洲分别占12%、11%和6%。

(4) Maersk/A. P. Moeller

是世界上最大的航运公司，拥有250艘船舶，其中包括集装箱船舶、散货船舶、供给和特殊用途船舶、油轮等，该集团还拥有大量的装卸码头，并提供物流服务。Moeller的附属公司同时还在挪威、委内瑞拉和其他国家进行石油和天然气的钻探。另外，该集团还从事船舶和联运集装箱的制造，药品生产，并经营一家国内航空公司Maersk Air和提供信息服务。另外，该公司还拥有丹麦第二大连锁超级市场。

(5) Nippon Express(日通)

日本通运的业务主要分为汽车运输、空运、仓库及其他，分别占44%、16%、5%及25%。从地域上看，其经营收入有93%来自于日本。其客户主要分布在电子、化学、汽车、零售和科技行业。

(6) Ryder

Ryder公司是北美最大的第三方物流公司。2005年营业收入达到574.4亿元，在《财富》500强排名为340位，在美国有184个分拨中心，173 000辆卡车，在全球有900多个分公司或办事处，为14 000家客户提供物流服务。其公司股票为道琼斯交通指数成分股和标准普尔指数500个样本股之一。2006年公司在上海成立了中国区总部，据悉将会在中国有关城市设置分区总部。

业务概况：Ryder系统公司在全球范围内提供一系列的技术领先的物流、供应链和运输管理服务。该公司提供的产品范围包括全面服务租赁、商业租赁、机动车的维修以及一体化服务。此外还提供全面性的供应链方案、前沿的物流管理服务和电子商务解决方案，从输入原材料供应到产品的配送，致力于支援客户的整条供应链。

业务分布：从地区来看，美国业务占总收入的82%，国际业务占18%。从业务板块来看,运输服务占57%,物流占32%,其他占11%。

(7) TNT Post Group

业务概况:TPG全球领先的速递公司之一,在全球超过200个国家和地区提供邮递、速递及物流服务,并拥有Postkantoren(经营荷兰各邮局的机构)50%的股权。TPG利用TNT品牌提供速递发送及物流服务(TNT的物流业务主要集中在汽车、高科技以及泛欧洲领域),其物流领域现有137间仓库,共占地155万平方米。

业务划分及分布:按业务类型来看,TPG的三大业务邮递、速递和物流(净收入)分别占42%、41%及17%,而从地域表现来看(净收入),欧洲占85%,澳洲、北美、亚洲及其他地区分别占6%、4%、2%、3%。如果从运营利润来看,邮递、速递和物流分别占76%、15%和9%。

(8) Expeditors

业务概况:该公司注册地为美国,是一家提供全球物流服务的公司,向客户提供了一个无缝的国际性网络,以支持商品的运输及策略性安置。公司的服务内容包括空运、海运(拼货服务)及货代业务。在美国的每个办事处以及许多海外办事处都提供报关服务,另外还提供包括配送管理、拼货、货物保险、订单管理以及客户为中心的物流信息服务。

业务分布:从业务类型来看,主要集中在空运、海运和货代方面,按照收入划分分别占63%、25%和12%。而从地区分布来看,主要集中在远东,占56%,在美国、欧洲和中东、南美、澳大利亚的收入分别占25%、15%、2%、1%。

(9) Panalpina

业务概况:Panalpina是世界上最大的货运和物流集团之一,在65个国家地区拥有312个分支机构。Panalpina的核心业务是综合运输业务,所提供的服务是一体化、适合客户的解决方案。通过一体化货运服务,将自身定位于标准化运输解决方案和传统托运公司之间。除了处理传统货运以外,该集团还专长于提供物流服务予跨国公司,尤其是汽车、电子、电信、石油及能源、化学制品等领域的公司。Air Sea Broker是Panalpina集团的全球性货运"批发商",同时它也协调Panalpina集团的海运系统与世界各地的定期联系,同时还为联合运输提供新型服务。Air Sea Broker下分三个业务部门:海运处、西非处、租船和重型起重处。Swissglobalcargo是Panalpina和Sairlogistics于1999年7月建立的一家合资公司,这是世界上第一家提供完全一体化、门到门、有时限担保、无重量限制的航空货运公司。

业务划分及分布:从总利润来看,Panalpina的四大业务即空运、海运、物流及其他分别占44.9%、31.3%、20.3%及3.5%。而在地域上又分布为欧洲/非洲占52.7%,美洲占33.9%,亚太占13.4%。

(10) Exel

业务概况:2000年7月26日,Ocean Group与NFC公司合并后更名为"Exel"。

Exel 分为 5 大业务部门：(消费品/零售/医疗)欧洲部、(消费品/零售/医疗)美洲部、开发和自动化部、技术和全球管理部以及亚太部。该公司全球网点达到 1 300 个，50 000 多名员工。目前该公司三家主要运营子公司为 Exel(旧的 NFC)、Msas 全球物流公司和 Cory Environmental。Msas 是世界上规模最大的货代之一，在全球范围内提供多式联运、地区配送、库存控制、增值物流、信息技术和供应链解决方案等各项服务。Cory Environmental 是英国规模最大的废品处理公司之一。Exel 在地面运输供应链服务方面占有很强的市场地位，所提供的服务包括仓储和配送、运输管理服务、以客户为中心的服务、JIT 服务和全球售后市场物流服务。

业务分布：从业务种类来看，Exel 主要集中在配送、运输管理和环境服务三个方面，按照净收入划分分别占 58%、39%和 3%，如果按照运营利润划分分别占 62%、28%、10%。从地理分布来看，业务主要集中在英国与爱尔兰，同时遍及美洲、欧洲大陆和非洲以及亚太地区，按照净收入划分分别占 39%、30%、21%和 10%，如果按照运营利润划分则分别占 54%、27%、10%和 9%。

世界 10 大物流公司的业务特点：

① 美国物流企业占据主导地位。世界前 10 大物流企业中美国占有 5 家，其中包括两家最大的公司 UPS 和 FedEX，同时这 5 家的收益之和占前 10 大企业收益的 2/3，可见美国物流在世界上的地位举足轻重。在某种意义上来说，物流市场发达程度与经济发达程度成正比。

② 10 大成功物流企业中，以空运、快递、陆运等业务为主要背景的公司居多。如 UPS 的陆运和空运业务分别占 54%和 19%，FedEX 的空运和公路运输业务分别占 83%和 11%，日本通运的汽运和空运业务分别占 44%和 16%，TNT 的邮递和速递业务分别占 42%和 41%，Panalpina 的空运和海运业务分别占 45%和 31%

③ 业务的地区性集中化程度高(即本土化程度高)。如 UPS 的美国国内业务占其整个业务的 89%，FedEX 的美国国内业务占 76%，DPWN 的欧洲业务占其总业务的 70%以上，TNT 在欧洲的业务占它总业务的 85%，日本通运本土化达到 93%。

④ 10 大物流企业中绝大部分是资产密集型企业，大多拥有物流设施和网络。

因此从业务结构来看，在进军现代物流行业的诸路大军中，具备快递、空运等快运业务背景的综合企业将拥有巨大潜力。

2. 运作模式

目前世界大型物流公司大多采取总公司与分公司体制，采取总部集权式物流运作，实行业务垂直管理，实际上就是一体化经营管理模式(只有一个指挥中心，其他都是操作点)。从实践上讲，现代物流需要一个统一的指挥中心、多个操作中心的运作模式。因为有效控制是现代物流的保证。从物流业务的内容来看，每项内容并不复杂，但协调整个过程的服务必须建立一个高效而有权威的组织系统，能控制物流实施状态和未来运作情况，并能及时有效地处理衔接中出现的各种疑难问题和突发事件。也就是说需要有一个能力很强、指挥很灵的调控中心来对整个物流业务进行控制和协调。各种界面和各种决策必须联系在一起,才能创建一个作业系统。如果各部门都强调自己是利润中心,考虑问题总是将成本与最大利润联系起来,这样对外报价肯定无竞争性。所以从事物流业务、承担全程服务时,只能有一个利润中心,其他各个机构、各个部门都应该是成本中心,一切听从利润中心的指挥,一切为利润中心服务,一切以利润中心的最大利益为自己的利益。

可以说,没有一个坚强的指挥中心和内部有机连接的运行网络,是搞不出真正意义上的物流的。真正的现代物流必须是一个指挥中心、一个利润中心,企业的组织、框架、体制等形式都要与一个中心相符。一方面,要求分部坚决服从总部,总部对分部有高度的控制力,分部在作业上作到专业化、流程标准化。另一方面,总部必须具有强大的指挥、设计能力、对市场把握的高度准确性和控制风险的能力。要做到这一点,离不开对市场的迅速反应能力,必须以实现信息化、网络化作保证。在现代物流的管理与运作中,信息技术与信息网络扮演着一个十分重要的角色,甚至就是公司形象和核心竞争力的标志。因此,大型的专业物流企业通常都设有运作管理系统、质量保证系统、信息管理系统和客户管理系统。

3. 赢利模式

首先通过分析世界物流前 10 强可以发现,非资产型物流公司的赢利能力显然强于资产型物流公司,而且具有竞争力的业务核心是物流管理,也称供应链管理。其中物流设计、控制、组织、协调能力是其竞争基础。具有代表性的竞争手段有:高度重视物流解决方案设计;在服务操作上严格执行统一的服务标准;坚持严格的质量管理制度;以信息技术和信息网络贯穿物流整个服务过程。

其次,10 大成功物流企业中,以空运、快递、陆运等业务为主要背景的公司居多,而且规模大、赢利能力强,表明时间敏感性强的运输服务在物流行业的成长空间大,有前途。

最后,尽管非资产型物流公司赢利快,但在世界物流前 10 强中仍以资产型物流公司居多,特别是既拥有大量的物流设施、网络,又具有强大的全程物流设计能力的混合型公司发展空间最大。

近年来,各大型物流公司为了拓展业务,增加赢利,纷纷采取以下手段:

① 通过整合或并购,进军多种运输业务,提高利润。

综观世界物流 10 强企业,都是能提供运输方面的多项服务,并且在与物流相关的一些行业或者新领域里联合或者兼并,借以巩固或者占领新的市场,从而达到增加利润、赢得客户的目的。

UPS 在保住现有重要客户的基础上,继续通过和客户的合作来扩大业务范围,同时重点开发具有巨大潜力的市场。如拓展零配件物流服务领域,涉及从电脑组装到汽车制造等全球经济中几乎所有的行业。该公司几年前就与丰田、本田、克莱斯勒等公司建立了联系,近日又与福特汽车公司组成策略同盟,提供供应链重新策划、运输网络管理、零件服务物流，并替汽车制造商及供应商提供技术解决方案等服务。近来，UPS分别收购了法国一家零配件物流服务供应商Finon Sofecom以及位于亚洲和拉丁美洲的两家物流公司，开展零配件物流服务，未来还要在世界范围内建立零配件物流服务网络的基础设施。年初该公司与美国一家半导体公司联合在新加坡增设一家环球配送中心。目前该公司在美国境外拥有约140座仓库和仓储设施。仅此一项业务，在未来7年里，其收入将会超过10亿美元。

FedEX开拓中国市场，目前服务遍及中国190个城市，有航班服务于北京、上海及深圳机场，将在上海建设中国最大的快件处理中心。

德国邮政集团过去两年中以50亿美元收购了瑞士的货运代理公司丹莎以及北美的AEI货运代理公司，经过整合之后，营业额显著上升，达83亿欧元，比上年同期上升86%。该公司还将在敦豪国际快递公司中的股份由原来的25%提高到51%，并准备在未来两年中将这一份额再度提高至73%。

TNT与Smart Parcel公司达成协议，为德国客户提供全新的基于互联网的欧洲速递服务。

Exel与Amey铁路维修公司签署了一份价值2 000万英镑的合同，Amey公司将所有物流业务交给Exel来管理。Exel近日以3.31亿美元购买了美国的一家物流公司，该公司主要为汽车业提供物流和货代服务，此次收购将加强Exel在北美的业务。该公司去年在北美地区的营业额上升了53%，达15亿英镑，营业利润达5630万英镑，上升了43.3%。

② 重新整合业务流程，实现资源最优化配置

现代物流是一个更广泛的概念，它包括电子商务和一系列相关的服务项目，电话服务中心、网站、交易系统的建立，以及原料采购、订单履行、运输管理等操作。目前这10大公司都拥有“一流三网”，即订单信息流，全球供应链资源网络，全球用户资源网络，计算机信息网络。可以使仓储利用率提高2倍以上。

③ 提供优质及个性化服务。

TNT与Smart Parcel公司协议的最大优势在于“量身定制”。客户可以利用计算机或具有WAP功能的手机来决定包裹何时送达目的地，而包裹送到后，信息将自动反馈到客户指定的计算机或手机上。

总之，世界物流前10强在业务结构、运作模式、赢利模式上具有诸多优势，值得我们去认真研究、分析，值得我们中国物流企业或正在向物流转型升级的企业借鉴。特别是这些著名物流企业的成功之处，比如拥有较大的营运规模，建立有效的地区覆盖，具备指挥能力强、控制能力强的管理层，具备高水准的综合技术、财务资源和经营策略等，非常值得我国大型物流企业（或向大型物流企业进军的企业）学习。

资料来源：根据Internet相关资料整理。

相关链接：

政府重视物流业发展，政策环境进一步改善：2008年3月，国务院办公厅发出国办发〔2008〕11号《关于加快发展服务业若干政策措施的意见》。11月和12月，张德江和王岐山两位副总理分别召开座谈会，听取意见，陆江会长和何黎明先后做了当面汇报。在2008年国务院机构改革中，新组建了交通运输部，原交通部、民航总局和国家邮政局职能归并其中，设立工业和信息化部，以及国家发改委等部门机构和职能的变化，将对物流业发展产生积极影响。全国现代物流工作部际联席会议各成员单位积极开展工作，推进现代物流业发展。国家发改委主持制定的全国现代物流业发展规划纲要进入国务院审批阶段，正在研究关于推进制造业与物流业联动发展的指导意见。商务部出台《关于加快流通领域现代物流发展的指导意见》，正在拟定开展相关的试点工作。财政部设立专项资金，支持农村物流体系建设。国家税务总局批准184家企业纳入第四批物流企业税收改革试点。工业和信息化部提出了《全国性、区域性现代物流公共信息平台建设的指导意见》。交通运输部、铁道部加快物流通道建设。交通运输部发布了《快递市场管理办法》。国家邮政局制定相关的规划、政策、标准。各级地方政府制定规划、出台政策、加大资金投入，支持建立行业协会，物流业发展的政策环境进一步改善。

资料来源：中国物流与采购联合会网站（http://www.chinawuliu.com.cn/cflp/newss/content/200901/35_7248.html），“何黎明：2008年中国物流发展特点与2009年展望”。

本章小结

第三方物流企业是20世纪80年代出现的专门从事物流服务的商业组织，又称3PL或TPL。3PL产生以来发展很快，有从事综合性物流服务的公司，也有仅提供单一物流功能的服务提供商。第三方物流的发展程度反映和体现了一个国家物流产业发展的整体水平。3PL的服务内容除了依据自身的服务能力满足客户相应需求的常规服务外，还包括超出常规服务之外的增值服务。3PL以社会化大生产和社会性的大物流为存在前提，以社会化分工和专业化服务为经济发展和及物流产业的发展创造经济价值。

第三方物流企业的运作包括四种运作模式。在中国入世承诺兑现后，外资3PL企业相继进入中国物流市场，而中国3PL的供应链正在向全球范围延伸，这就意味着第三方物流的运作将面临着更多的风险。从整个大环境视角看，深度整合社会资源，强化物流增值服务、增强物流服务创新能力、一体化物流差异化服务等，是目前第三方物流企业搏击经济全球化物流竞争市场首要关注的运作策略。同时，着眼于未来的发展看，第三方物流企业需要在服务理念、服务内容和服务方式等方面进行不断的物流服务创新。

3PL作为一种新兴的物流方式活跃在社会经济各领域，为客户提供全部的或部分的供应链物流服务，极大地节约了物流成本，提高了物流效率。随着全球供应链的发展，人们对物流服务的要求越来越高。当供应链物流跨越更大区域范围乃至跨越国界时，对更大范围乃至全球范围整合社会物流资源，提供物流供应链解决方案成了一个突出的问题，呼之欲出的是一种更高层次的物流服务模式——第四方物流。第四方物流的概念出现于20世纪90年代中期由美国埃森哲咨询公司首先提出的，并注册了术语商标，给出了定义。4PL的运作模式包括协同运作型、方案集成型、行业创新型三种模式，其物流服务内容和功能远远超过了3PL，覆盖的范围更广，其最大的优越性是超越了商务管理，能够在战略层上对供应链进行优化和决策。4PL是在3PL的基础上发展起来的，4PL提供的供应链方案必须依托3PL才能实现，两者之间有着"共生"的密切关系。3PL的支持以及其他的一些因素，构成了4PL运作的基础。4PL为客户提供的供应链解决方案包括执行、实施、变革和再造四个层次。4PL的发展可以满足整个社会物流供需系统的要求，最大程度地优化社会物流资源配置，为客户创造最大化价值，因此，4PL需要具备很强的能力。同时，4PL的发展还需要一个适宜的外部环境，包括市场需求环境、成熟的第三方物流市场、风险规避环境和信息技术环境等。

问题思考

1. 第三方物流的内涵和经济价值。
2. 第三方物流的增值服务及其意义。
3. 第三方物流的集中运作模式各有什么特点。
4. 第三方物流运作中如何应对"长度"和"宽度"风险？
5. 第三方物流服务创新的价值何在？
6. 第四方物流的内涵及经济学意义。
7. 第四方物流与第三方物流的关系。
8. 你对第四方物流发展环境的认识。
9. 联系案例11-1，谈谈你对第三方物流运作和发展的理解。
10. 联系案例11-2，谈谈国外成功的物流运作对中国物流企业的启示。

第十二章　物流信息技术

信息技术正以其强大的渗透力深入到社会经济生活的各个方面。供应链物流管理过程中，信息技术的一体化对物流的高效率和高效益协同运作起到了极大的技术支撑作用。其中，电子数据交换系统解决了供应链物流运作和管理过程中所有单证高效、快速的无纸化处理问题，无线射频识别技术(RFID)、GIS和GPS等技术的应用，很好地实现了物料库存和在途的实时跟踪和可视化管理。本章就供应链物流管理中的这些关键技术进行详细讨论。

专栏 12-1　供应链管理中的信息技术支撑体系

在现代供应链物流运行和管理过程中，基于 Internet 的一系列信息技术支撑着物流高效率和高效益地协同运作，它们构成了供应链物流运行和管理的信息技术支撑体系，如图 12-1 所示。

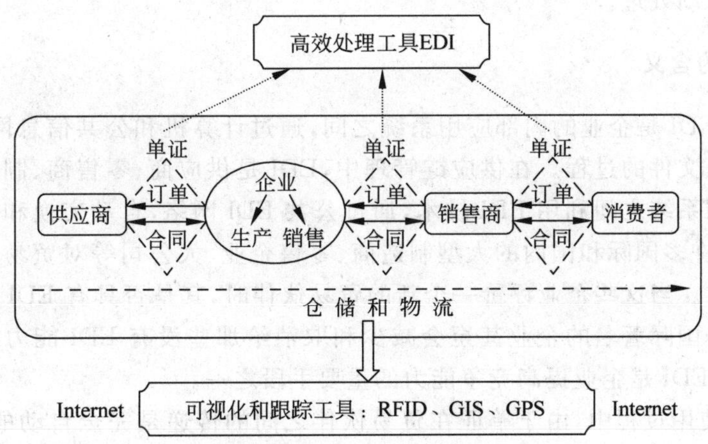

图 12-1　供应链管理中的信息技术支撑体系

第一节　电子数据交换及应用

在供应链物流管理中，电子数据交换（electronic data interchange，EDI）不仅是物流信息集成的一种重要工具，更是链接伙伴之间商业应用系统的媒介。EDI 被确认为是公司间交换商业文件的标准形式，它按照同一规定的标准格式，但合作伙伴之间的经济信息，通过通信网络传输，在贸易各方的计算机系统之间进行数据交换和自动处理。EDI 的使用消除了贸易过程中的纸质单证，从而避免了制作文件的费用，因而 EDI 被称为“无纸贸易”。以往世界每年花在制作文件的费用达 3 000 亿美元，所以“无纸化贸易”被誉为一场“结构性的商业革命”。此外，EDI 技术的应用极大地提高了贸易伙伴之间单证传输的效率，使交易信息瞬间送达，因而空前提高了商流和物流的速度。EDI 有自己独有的系统结构和工作方式，它可以广泛地应用在物流系统的各个流程。

一、EDI 的系统结构

EDI 最初来自于 EBDE（electronic business document exchange，电子商业单证交换），其最基本的商业意义在于由计算机自动生成商业单据，如订单、发票等，然后通过电信网络传输给商业伙伴。美国国家标准局 EDI 标准委员会对 EDI 的解释是：EDI 指的是在相互独立的组织机构之间所进行的标准格式的、非模糊的具有商业或战略意义的信息的传输。联合国 EDIFACT 培训指南认为：EDI 指的是在最少的人工干预下，在贸易伙伴的计算机应用系统之间标准格式数据的交换。可见，EDI 是参加商业运作的双方或多方按照协议，对具有一定结构的标准商业信息，通过数据通信网络在参与方计算机之间所进行传输和自动处理。

（一）EDI 的含义

简单地说，EDI 是企业的内部应用系统之间，通过计算机和公共信息网络，以电子化的方式传递商业文件的过程。在供应链管理中，EDI 是供应商、零售商、制造商和客户等在其各自的应用系统之间利用 EDI 技术，通过公共 EDI 网络，自动交换和处理商业单证的过程。目前，许多国际和国内的大型制造商、零售企业、大公司等对贸易伙伴都有使用 EDI 技术的需求。当这些企业评价一个新的贸易伙伴时，其是否具有 EDI 的能力是一个重要指标。某些国际著名的企业甚至会减少和取消给那些没有 EDI 能力的供应商的订单。因此，采用 EDI 是企业提高竞争能力的重要手段之一。

在 EDI 的使用过程中，由于单证在贸易伙伴之间的传递是完全自动的，所以不再需要重复输入、传真和电话通知等重复性的工作，从而可以极大地提高供应链管理的工作效率，降低运作成本，使沟通更快更准。在供应链管理过程中，将 EDI 技术与企业内部的仓储管理系统、自动补货系统、订单处理系统等企业信息系统集成使用之后，可以实现商业单证快速交换和自动处理，简化采购程序、减低营运资金及存货量、改善现金流动情况等，使企业可以更快地响应客户需求，提升供应链管理的质量和水平。

（二）EDI 的标准

目前国际间统一的 EDI 标准是联合国主持制定的 UN/EDIFACT。此前流行的 EDI 标准是由联合国欧洲经济委员会（UN/ECE）1986 年制定颁布的《行政、商业和运输用电子数据交换规则》（EDIFACT），以及美国国家标准化协会（ANSI）X．12 鉴定委员会（AXCS. 12）1985 年制定的 ANSI X. 12 标准。这两个标准都包括了 EDI 标准的三要素：数据元、数据段和标准报文格式。前者可用英语、法语、西班牙语和俄语等，后者主要使用英语。由于有两个标准的存在，在交易中需要进行一些技术上的转换才能达到目的，给使用者造成一些不便。之后，联合国欧洲经济委员会和美国国家标准化协会开始广泛接触与合作，全力研究发展 EDIFACT。1986 年底，UN/EDIFACT 标准被各国基本认同，成为国际范围的 EDI 标准。

目前国际间统一的 EDI 标准（UN/EDIFACT）是通过 ISO 接受的标准，又称为“联合国贸易数据交换指南”（UNEDID），包括 10 个部分：EDIFACT 语法规则（ISO9735）、报文设计指南、语法应用指南、EDIFACT 数据元目录（EDED）、EDIFACT 代码表（EDCL）、EDIFACT 复合数据元目录（EDCD）、EDIFACT 段目录（EDSD）、DIFACT 标准报文格式（EDMD）、贸易数据交换格式构成总览（UNCID）、有关说明解释等。

（三）EDI 功能模块

使用 EDI 交流的手段，包括硬件设备，通信设备以及软件，即 EDI 的技术实现。目前计算机设备，通信设备已比较普遍，支持 EDI 应用的硬件一般来说不需要特殊的开发。例如，通信线路可以使用已有的各种方式解决，从最简单的电话线到租用卫星专线。

在软件方面，EDI 软件要求具有将用户数据库系统中的信息译成 EDI 的标准格式以供传输交换的能力，包括转换软件、翻译软件、通信软件等。在 EDI 工作过程中，所交换的报文都是结构化的数据，整个过程都是由 EDI 系统完成的。EDI 软件系统按其所实现的功能可分为以下五个模块（也称其为系统结构）。

（1）用户接口模块。包括用户界面和查询统计，即运用该模块进行输入、查询、统计、中断、打印等，它可帮助企业及时了解市场变化，调整策略。

（2）内部接口模块。这是 EDI 系统和内部其他信息系统及数据库的接口。一份来自外部的 EDI 报文，经过 EDI 系统处理之后，大部分相关内容都需要经内部接口模块送往其他信息系统，或查询其他信息系统才能给对方 EDI 报文以确认的答复。

（3）报文生成及处理模块。生成各种 EDI 报文和单证，并自动处理由其他 EDI 系统发送过来的 EDI 报文。它包括两个功能：其一，接受来自用户接口模块和内部接口模块的命令和信息，按照 EDI 标准生成订单、发票等各种 EDI 报文和单证，经格式转换模块处理之后，由通信模块经 EDI 网络发给其他 EDI 用户。其二，自动处理由其他 EDI 系统发来的报文。在处理过程中要与本单位信息系统相联，获取必要信息并给其他 EDI 系统答复，同时将有关信息送给本单位其他信息系统。如因特殊情况不能满足对方的要求，经双方 EDI 系统多次交涉后不能妥善解决的，则把这一类事件提交用户接口模块，由人工干预决策。

(4) 格式转换模块。所有的 EDI 单证都必须转换成标准的交换格式，转换过程包括语法上的压缩、嵌套、代码的替换以及必要的 EDI 语法控制字符。在格式转换过程中要进行语法检查，对于语法出错的 EDI 报文应拒收并通知对方重发。同时，对来自外界的 EDI 报文进行相反过程的处理。

(5) 通信模块。是 EDI 系统与 EDI 通信网络的接口。包括执行呼叫、自动重发、合法性和完整性检查、出错报警、自动应答、通信记录、报文拼装和拆卸等功能。

此外，在上述的这五个模块中，都应包含有安全功能，分别执行不同的数据安全和加密/解密的工作，还可以具备身份验证和终端确认等功能。

二、EDI 系统的工作方式和实现条件

通过前面的分析，可以归结出 EDI 的工作方式和特点，也可以勾勒出 EDI 的操作过程以及 EDI 的实现条件。

（一）EDI 的工作方式及特点

EDI 的工作方式可以描述为：编辑处理原始单据、将原始单据转换成中间文件、将中间文件转换成标准文件、相反过程处理等。其基本的工作方式如图 12-2 所示。

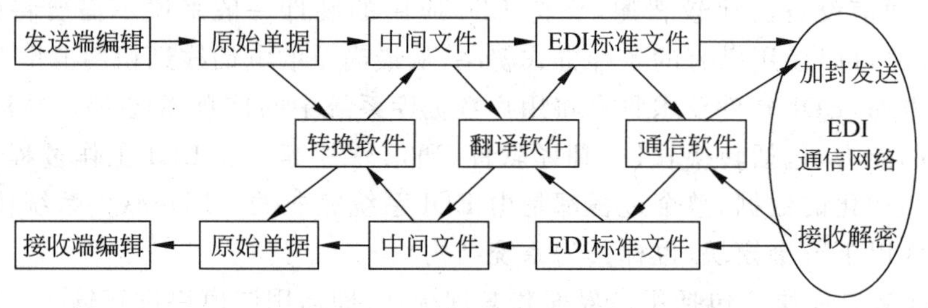

图 12-2 EDI 的工作方式

EDI 具有以下特点：

① 处理对象为物流业务资料报文（单证、发票等），传输的是格式化的标准文件，并具有格式校验功能；

② 技术特征为数据通过互联网直接传送，能实现计算机到计算机的自动传输和自动处理，不需要人工处理与干预；

③ 通信网络使用增值网或者专用网；

④ 已传输的文件具有跟踪、确认、防篡改、防冒领、电子签名等一系列安全保密功能；

⑤ 文本具有法律效力；

⑥ 具有存储转发功能。

（二）EDI 的应用过程

在 EDI 中，EDI 参与者所交换的信息客体称为邮包。在交换过程中，如果接收者从发送者处所得到的全部信息包括在所交换的邮包中，则认为语义完整，并称该邮包为完整语义单元（CSU）。CSU 的生产者和消费者统称为 EDI 的终端用户。目前 EDI 的通信网络是使用专用网或者增值网（value added network，VAN），其通信机制是信箱间信息的存储和转发。具体实现方法是在数据通信网上加挂大容量信息处理计算机，在计算机上建立信箱系统，通信双方需申请各自的信箱，其通信过程就是把文件传到对方的信箱中。文件交换由计算机自动完成，在发送文件时，用户只需进入自己的信箱系统。其应用过程如图 12-3 所示。

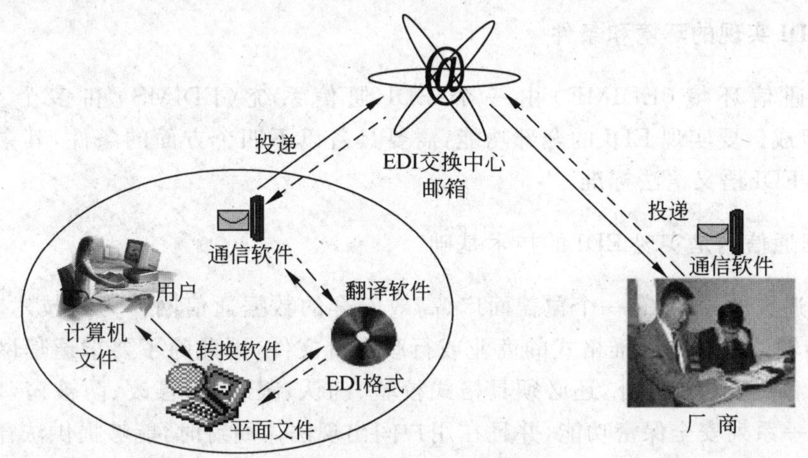

图 12-3　EDI 的应用过程

通信流程中各功能模块说明如下。

(1) 转换。生成 EDI 平面文件。EDI 平面文件（flat file）是通过应用系统（转换软件）将用户的转换文件（如单证、票据）或数据库中的数据，映射成的一种标准的中间文件。这一过程称为映射（mapping）。平面文件是用户通过应用系统直接编辑、修改和操作的单证和票据文件，它可直接阅读、显示和打印输出。

(2) 翻译。生成 EDI 标准格式文件 其功能是将平面文件通过翻译软件(translation software)生成 EDI 标准格式文件。EDI 标准格式文件,就是所谓的 EDI 电子单证,或称电子票据。它是 EDI 用户之间进行贸易和业务往来的依据。EDI 标准格式文件是一种只有计算机才能阅读的 ASCII 文件。它是按照 EDI 数据交换标准(即 EDI 标准)的要求,将单证文件(平面文件)中的目录项,加上特定的分割符、控制符和其他信息,生成的一种包括控制符、代码和单证信息在内的 ASCII 码文件。

(3) 通信。生成自动投递过程。这一步由计算机通信软件完成。用户通过通信网络,接入 EDI 信箱系统,将 EDI 电子单证投递到对方的信箱中。EDI 信箱系统则自动完成投递和转接,并按照通信协议的要求,为电子单证加上信封、信头、信尾、投送地址、安全要求及其他辅助信息。

(4) EDI 文件的接收和处理。接收和处理过程是发送过程的逆过程。用户首先需要通过通信网络接入 EDI 信箱系统,打开自己的信箱,将来函接收到自己的计算机中,经格式校验、翻译、映射还原成应用文件。最后对应用文件进行编辑、处理和回复。

在实际操作过程中,EDI 系统为用户提供的 EDI 应用软件包,包括了应用系统、映射、翻译、格式校验和通信连接等全部功能。其处理过程,用户可看作是一个"黑匣子",完全不必关心里面具体的过程。

(三) EDI 实现的环境和条件

EDI 的通信环境(EDIME)由一个 EDI 通信系统(EDIMS)和多个 EDI 用户(EDIMG)组成。要实现 EDI 的全部功能,需要具备以下四个方面的条件,其中包括 EDI 通信标准和 EDI 语义语法标准。

1. 数据通信网是实现 EDI 的技术基础

为了传递文件,必须有一个覆盖面广、高效安全的数据通信网作为其技术支撑环境。由于 EDI 传输的是具有标准格式的商业或行政有价文件,因此除了要求通信网具有一般的数据传输和交换功能之外,还必须具格式校验、确认、跟踪、防篡改、防被窃,电子签名、文件归档等一系列安全保密功能,并且在用户间出现法律纠纷时,能够提供法律证据。

消息处理系统(message handling system, MHS)又称电子邮件系统,为实现 EDI 提供了最理想的通信环境。为了在 MHS 中实现 EDI,国际电信联盟电信标准化部门(ITU－T)根据 EDI 国际标准 EDIFACT 的要求,于 1990 年提出了 EDI 的通信标准 X.435,使 EDI 成为 MHS 通信平台的一项业务。

2. 计算机应用是实现 EDI 的内部条件

EDI 不是简单地通过计算机网络传送标准数据文件,它还要求对接收和发送的文件进行自动识别和处理。因此，EDI 的用户必须具有完善的计算机处理系统。

从 EDI 的角度看，一个用户的计算机系统可以划分两大部分：一部分是与 EDI 密切相关的 EDI 子系统，包括报文处理、通信接口等功能；另一部分则是企业内部的计算机信息处理系统，一般称之为 EDP(electronic data processing)。一个企业的 EDP 越好，使用 EDI 的效益就越高。同样，只有在广泛使用 EDI 之后，各单位内部的 EDP 的功能才能充分发挥。因此，只有将 EDI 和 EDP 全面有效地结合起来，才能得到最大的经济效益。

3. 标准化是实现 EDI 的关键

EDI 标准是整个 EDI 最关键的部分，由于 EDI 是以事先商定的报文格式形式进行数据传输和信息交换的，因此，制定统一的 EDI 标准至关重要。

EDI 标准是由各企业组织共同讨论、制定的电子数据交换共同标准，可以使各组织之间的不同文件格式，通过共同的标准获得彼此之间文件交换。世界各国开发 EDI 得出一条重要经验，就是必须把 EDI 标准放在首要位置。EDI 标准主要分为以下几个方面：基础标准，代码标准，报文标准，单证标准，管理标准，应用标准，通信标准，安全保密标准。

4. EDI 立法是保障 EDI 顺利运行的社会环境

EDI 的使用必然引起贸易方式和行政方式的变革，也必将产生一系列的法律问题。例如，电子单证和电子签名的法律效力问题，发生纠纷时的法律证据和仲裁问题等等。因此，为了全面推行 EDI，必须制定相关的法律、法规，只有这样才能为 EDI 的全面使用创造良好的社会环境和法律保障。然而，制定法律常常是一个漫长的过程。通常，国际组织颁布的关于国际贸易中 EDI 的相关规则、示范法等，可以作为 EDI 实施中处理法律纠纷的相关参照。发达国家一般的做法是，在使用 EDI 之前，EDI 贸易伙伴各方共同签订一个协议，以保证 EDI 的使用，如美国律师协会的"贸易伙伴 EDI 协议"等。

三、EDI 在供应链管理中的应用

1990 年，EDI 开始引入中国，我国在 1991 年成立"EDI"小组，并以"中国 EDI 理事会"的名义，参加了"亚洲 EDIFACT 理事会"，成为该组织的正式会员。1995 年 1 月 EDI 开始在海关应用。1996 年我国成立"国际贸易 EDI 服务中心"，组建了中国国际电子商务网，同时，部分城市的 EDI 中心开始营运。

商贸 EDI 业务特别适用于那些具有一定规模的、具有良好计算机管理基础的制造商、采用商业 POS 系统的批发商和零售商、为国际著名厂商提供产品的供应商。可见，EDI 是信息技术向商贸领域渗透并与国际商贸实务相结合的产物。相对于目前通用的电子商务，EDI 又是一种大企业专有的"特权电子商务"。我国已有不少大企业实施了 EDI，如神龙公司这样的国内大型汽车制造厂商等。再如，中远集团，于 1996—1997 年间完成了对中远集团 EDI 中心和 EDI 网络的建设，该 EDI 网络基本覆盖国内 50 多家大小中货物外代网点，实现了对海关和港口的 EDI 报文交换，并通过北京 EDI 中心实现了对舱单、船图、箱管等数据的 EDI 传送，在电子设备方面走在国内运输行业的前列。

在供应链管理领域，通过采用 EDI 技术，可将不同制造商、供应商、批发商和零售商等商业贸易伙伴之间各自的生产管理、物料需求、销售管理、仓库管理、商业 POS 系统有机的结合起来，从而使这些伙伴企业大幅提高其经营效率，创造出更高的利润。

例如，EDI 在供应链采购过程中的应用，可以分解为如下步骤：

① 当制造商通过数据库监测采购物料的库存状态或根据 MRP-II 系统生成的采购请求需要采购某一物料时，应用程序则会通知翻译软件，创建一个 EDI 采购订单。根据事先协商好的某些商务条款填写采购订单，并转送给供应商。

② 供应商立刻会收到该采购订单，并自动生成和发送收单回执。随后，供应商一方将创建订单状态回信，发送至制造商。

③ 制造商公司确认订单被接纳时，计算机会自动记录采购订单状态，生成反馈信息通知并传递给供应商。随后，根据公司的需要可随时产生订单状态查询请求传给供应商，供应商的计算机自动地翻译状态查询请求信息，检查或修订订单的状态，并创建状态回信反向传送。

④ 供应商准备好物料后，产生运输通知单和接收货物通知单传递给承运人和制造商公司。

⑤ “两单”同时进入制造商接受系统，在货物收到后，产生接受通知单并自动传递至供应商系统，以及制造商内部的应付款系统。

⑥ 供应商的发票系统自动生成并输出发票传递给制造商。

⑦ 制造商公司的计算机收到发票后，将其转换成公司文件的格式，并把它和接受通知单、采购订单自动区配(取消会计审计这一步)。一旦匹配成功则自动产生付款授权并传递到应付款系统，并同时通知供应商的应收款系统。接下来的工作就是制造商公司通过他们的银行系统，将应付款自动转账到供应商的银行账户，这时，一份自动汇款通知单也同时传给了供应商。

在供应链的运输过程中，通过采用集装箱运输电子数据交换业务，可以将船运、空运、陆路运输、外轮代理公司、港口码头、仓库、保险公司等企业之间各自的应用系统联系在一起，有效解决传统单证传输过程中的处理时间长、效率低下等问题，提高货物运输能力，实现物流控制电子化。

在供应链管理的其他辅助环节，如通关、税务、银行、保险等等多个环节中，通过采用 EDI 技术，可以将海关、商检、卫检等口岸监管部门与外贸公司、来料加工企业、报关公司等相关部门和企业紧密地联系起来大大简化进出口贸易程序，提高货物通关的速度；可以实现电子报税、电子资金划拨(EFT)等多种功能。

第二节　无线射频识别技术及应用

无线射频识别技术(radio frequency identification,RFID)是一种无接触的自动识别技术的一种高级形式,是利用射频信号及其空间耦合、传输特性,实现对静止的、移动的待识别物品的自动识别,已被广泛应用于工业自动化、商业自动化、交通运输控制管理等众多领域。德勤(Deloitte)研究中心曾分析和预测,从2006年开始,供应链将成为推动RFID的主要产业,而且每年都在高速成长,推动RFID产业前进,并且,到2009年,约70%的RFID应用都在供应链产业中。这充分说明RFID技术在供应链产业有着巨大的应用前景。事实上,供应链的每一个环节加入RFID之后,不仅会变得更加顺畅,更主要的是全面提升了供应链的效率和绩效。

一、RFID概述

无线射频识别技术是射频技术(RF)中比较热门也比较成熟的一种非接触的自动识别技术,20世纪80年代中期开始投入商业应用,在过去的20多年里得到了快速发展。随着技术的不断进步,RFID产品的种类越来越多,应用也越来越广泛。20世纪末,RFID产品在国外很多领域得以应用,如生产制造和装配、航空行李处理、邮件/快运包裹处理、文档追踪/图书馆管理、身份标识、运动计时、门禁控制/电子门票、道路自动收费等领域。在北美,大部分物流公司已应用了RFID技术,甚至发展到了光导、声导选货(pick-to-light,pick-to-voice)等更高效率的技术手段。正如德勤研究中心预测的,RFID技术在供应链产业领域应用的比重极大提升。例如,德国的BMW公司将射频识别系统应用在汽车生产流水线的生产过程控制中;摩托罗拉公司在超净车间里利用RFID系统来控制流水线的零件流向;惠普公司在几年前就走上了RFID之旅,并由此获得了巨大收益。此外,在发达国家的零售行业,如沃尔玛和美国国防部要求供应商最迟在2005年使用RFID技术,英国零售商特易购(TESCO)要求供应商在2006年9月前使用RFID技术。尽管过了这个期限,沃尔玛和特易购尚不能用对“违反者”发动制裁,但这一“忠告”反映出了零售行业导入RFID技术的决心和意志。再有,业界巨头厂商如IBM、Intel、Microsoft等也纷纷宣布发展RFID技术;国际上的许多相关组织机构以及各国政府也在积极制定相关标准和政策。这些似乎一致表明,RFID技术的商业应用已经进入了实用化和快速发展的阶段。

我国的RFID技术应用也已经开始并快速发展,主要用于交通领域,成功的案例有:全国铁路车号识别系统、上海城铁明珠线控制系统、大连港集装箱管理、深圳图书馆管理,等等。此外,在门禁、车场管理及高速公路收费管理等方面的应用也初具规模。2005年3月4日,深圳招商迪辰软件系统有限公司通过系统集成,成功地将RFID技术运用到了深圳白沙物流平台中，用于收货、拣货、盘点、调整、出货等仓储管理环节，实现了RFID在物流领域应用技术上的突破，率先在国内开辟了一条将RFID技术用于物流的切实可行的路子。同时，也有些物流公司正在尝试使用RFID技术为客户提供解决方案，如上海的欧麟物流公司、宝供集团等。再有，在制造行业已有不少企业开始使用RFID技术，如半导体制造商在高级晶圆厂工艺过程控制中运用了射频鉴别标签技术、烟草行业中的一些企业开始使用RFID技术等。

目前，我国RFID技术正在向各产业快速渗透，RFID产业的发展也非常之快。例如，我国第二代身份证项目被称为全球最大规模的RFID项目。2007年的特奥会就成功使用了RFID技术。2008北京奥运会同样使用基于RFID芯片技术的电子门票，用于快捷检票/验票；而在2008奥运会期间启动北京首都国际机场RFID行李处理系统也于2007年底顺利完工。RFID技术在奥运会的运用生动体现"科技奥运"和"人文奥运"的深刻内涵。2007年，国务院办公厅印发的国家食品药品安全"十一五"规划中，强调在国家食品药品安全领域实施电子标签管理制度。2007年，香港科技园公司与香港货品编码协会携手共同成立供应链创科中心(supply chain innovation center,SCIC)，以帮助各个领域的企业快速获得RFID技术在供应链管理中应用的实践经验，广泛推进以产品电子码(EPC)为基础的RFID技术在行业供应链管理中的应用步伐。2007年4月，广深线全部使用RFID电子车票。2006年7月深圳图书馆成功实现了RFID技术的应用。此外，已有一些汇聚各方科技优势的RFID产业基地正在启动，如广东、沈阳的RFID基地等。由RFID世界网(www.rfidworld.com.cn)出版的《2008中国RFID行业企业大全暨产品采购指南大全》，收集了国内RFID行业整个产业链数千家相关的RFID芯片、电子标签、RFID读写器、RFID中间件等生产厂家和经销商以及各领域系统集成商的详细资料，汇聚了中国RFID行业数年来最有创新性的产品信息，不仅是一部中国RFID行业的宝典，更是全面展示了我国RFID产业发展的实力。

二、RFID的组成和工作原理

RFID技术是利用无线电波对记录媒体进行读写的一种自动识别技术。它易于操控，简单、灵活、实用，既支持只读工作模式也支持读写工作模式，可自由工作在各种恶劣环境下，能穿透障碍物(雨雪、气体、涂料、尘垢等)来阅读标签，进行高度的数据集成。另外，由于该技术很难被仿冒、侵入，使RFID具备了极高的安全防护能力。对于需要频繁改变数据内容的场合尤为适用。

(一) RFID系统的组成

RFID技术的基本原理是电磁理论，利用无线电波对记录媒体进行读写，识读距离可从几厘米到上百米。典型的RFID应用系统包括：RFID识别系统、应用程序接口软件

(application programming interface，API)和应用系统软件(application software system，ASS)三大部分。对于 RFID 厂商来讲，所要提供的是 RFID 硬件系统和 API。系统集成商则根据 RFID 厂商提供的 API，以及客户的不同需要开发出不同功能的应用软件。最基本的 RFID 识别系统包括电子标签(tag)、读写器(reader)和天线(antenna)，这几个部分协同工作，完成 RFID 对被识别物体的自动识别过程。

1. 电子标签

电子标签又称射频卡，是一种放置在货物上的电子微芯片。它由存储和发射两部分模块组成，可将被识别与跟踪物品或目标的有关信息存储于存储模块中，通过装有内置天线的发射模块与射频天线间进行通信，将信息发送给阅读器，从而完成信息交换功能。结构相同的标签可以制作成不同的大小和形状，实际使用中要用其他材质和特殊工艺把标签密封起来，以保护标签和数据不被损坏，便于标签改写和重复使用。不同形状的标签和密封如图 12-4 所示。

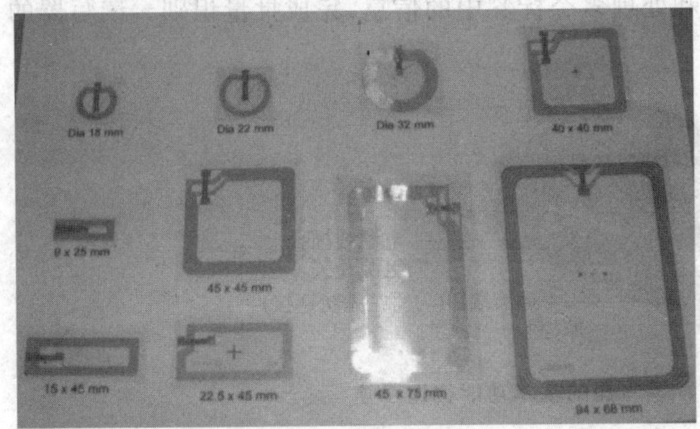

(a) 形状、大小各异的RFID标签

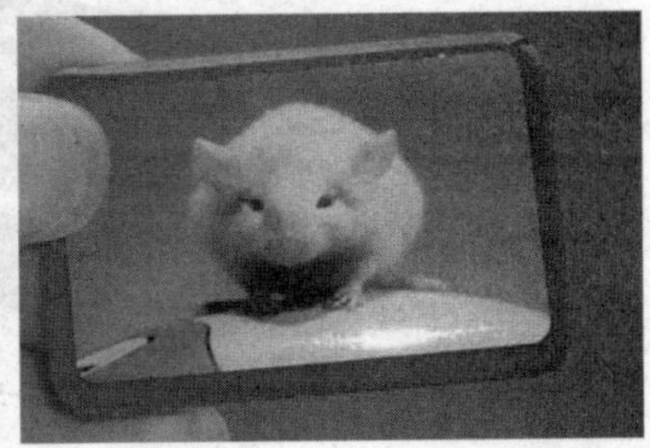

(b) 被密封的FRID标签

图 12-4　标签和密封

标签按供电方式分为有源和无源两种。有源标签是指标签内装有电池提供电源，其作用距离较远，但体积较大，寿命有限，而且成本十分昂贵，这就大大限制了 RFID 系统的应用范围。无源 RFID 系统无须电池供电，它利用波束供电技术将接收到的射频能量转化为直流电源为卡内电路供电，因而标签体积非常小，也可以按照用户的要求进行个性化封装，适合在恶劣环境下工作。无源标签寿命很长，价格低廉，只是识别距离比有源系统要短。但随着超高频 RFID 技术的发展，无源标签的识别距离问题会得到很好的解决，无源 RFID 将会得到更加广泛的应用。

按调制方式的不同，电子标签又可分为主动式标签和被动式标签两种。主动式标签利用自身的射频能量主动发送数据给读写器，适于有障碍物的环境中；被动式标签则要利用读写器的载波来调制自己的信号，以调制散射方式向读写器发送数据，穿透力相对较弱，适于在门禁或交通收费处应用。

电子标签的最大优点是存储容量大，可以重复使用，可以在非常恶劣的环境中使用，穿透力较强，无须接触既可以被读写装置识别。如果电子标签广泛渗透到电子供应链中，将对供应链产业带来革命性变化，很有可能在几年内取代条形码扫描技术。

2. 读写器

又称读出装置或解读器、读头等，是RFID系统的主要构成部分。通常，电子标签通过计算机应用软件被写入其所携带的大量相关信息，由于其非接触性，则需借助读写器来无接触地读取电子标签中所存储的大信息量的电子数据，达到自动识别目标的目的。它可进一步通过计算机系统及计算机网络实现对目标信息的采集、处理及远程传送等管理功能。标签和读写器之间利用感应、无线电波或微波进行数据信讯。当电子标签进入磁场后，阅读器可以在瞬间同时读取和处理多个标签中的信息，完成批量识别。读写器的基本功能构造如图12-5所示。

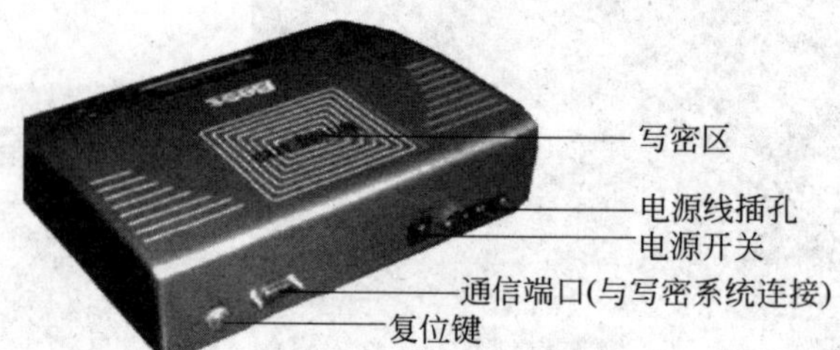

图12-5 读写器的基本功能构造示意

读写器主要完成以下功能：

- 读写器与标签之间的通信功能：在规定的技术条件下，读写器与标签之间可以进行通信。
- 读写器与计算机之间可以通过标准接口进行通信。读写器可以通过标准接口与计算机网络连接，并提供读写器的识别码、读写器读出标签的实时时间、读出的标签信息等，实现多个读写器在系统网络中的运行。
- 能够在读写区内实现多标签同时识读，具备防冲撞功能。
- 适用于固定和移动标签的识读。
- 能够校验读写过程中的错误信息。
- 对有源标签，能够标识电池相关信息，如电量等。

读写器和标签的所有行为均由应用软件来控制完成。在系统结构中，应用系统软件对读写器发出读写指令，读写器对应用软件指令做出的回应就是对电子标签做出的相应的动作，即与电子标签建立通信关系，使标签响应读写器的指令，传送读写器所需求的信息。

3. 天线

天线在标签和读写器之间传递射频信号，是发射和接收电磁波的重要的无线电设备。当贴有标签的物品进入读写器的射频场后，标签的芯片通过在天线与读写器形成的电磁场中获得能量启动工作电路，并完成读写器指令的工作，然后通过天线把物品标签中的信息发送给读写器。RFID 技术实际应用中，尤其是在射频距离较远，市场容量较大，要求 RFID 能够实现全方向的无线数据通信时，天线起着关键的作用。天线决定了标签与读写器之间的通信信道和通信方式。目前研究开发的超高频天线用于 RFID，可有效地扩大通信范围，提高 RFID 产品的性能。

（二）RFID 的工作原理

RFID 的工作原理并不复杂：标签进入磁场后，接收读写器发出的射频信号，凭借感应电流所获得的能量，发送存储在芯片中的产品信息（无源标签或被动标签），或者主动发送某一频率的信号（有源标签或主动标签）；读写器读取信息并解码后，送至与其相连的计算机系统；计算机应用软件系统对这些信息进行处理后，通过网络送入中央信息系统。

所以，RFID 技术是在具体的“场”环境下工作的，贴有 RFID 标签的“物”只有在进入工作“场”后，才能触发 RFID 技术启动工作程序。这里以出库（出厂）或入库（进厂）为例，用图示表明 RFID 技术的工作原理（见图 12-6）。

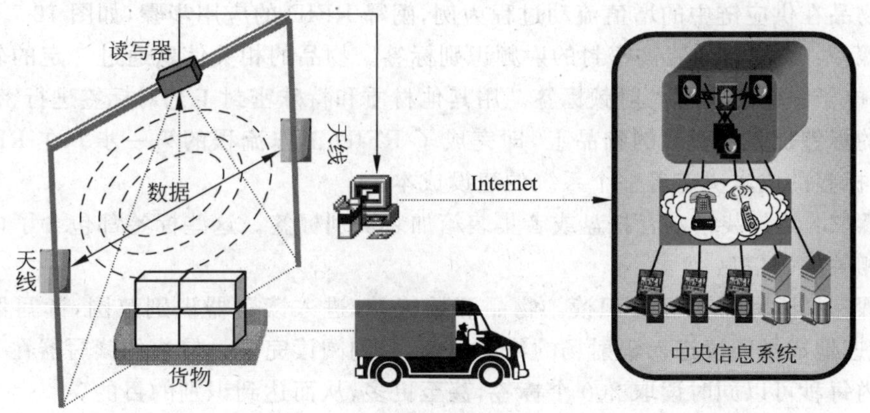

图 12-6　RFID 技术的工作原理

麻省理工学院(MIT)的自动识别实验室提出,要在计算机互联网的基础上,利用RFID、无线数据通信等技术,构造一个覆盖世界上万事万物的“物联网”(Internet of Things)。在“物联网”的构想中,RFID标签中存储着规范而具有互用性的信息,通过无线数据通信网络把它们自动采集到中央信息系统,实现物品(商品)的识别,进而通过开放性的计算机网络实现信息交换和共享,实现对物品的“透明化”管理。

RFID电子标签的数据可以通过写入或编程的方式动态修改,一般修改的时间比条码的打印要少,更安全,读取数据也更方便快捷。它可以在无光源的情况下读取数据,并能穿透某些阻挡物或障碍物,例如可以透过外包装对内部货物进行识别。随着RFID技术的不断进步,其有效识别距离将更大,识别速度会更快,标签的存储量也将更大,使用寿命将更长。RFID技术实现了动态实时通信,管理者在中央信息系统中心可即时了解到远途目标的位置和状态,对目标进行动态跟踪和监控。因此,RFID技术被认为是物品跟踪标识的最有效方式,将会被越来越广泛地运用于供应链管理中。

三、RFID在供应链物流中的应用

虽然RFID技术的应用在中国起步不久,但已经逐步开始在各领域广泛应用,出现了很多引人注目的成功案例。人们也已经意识到,供应链物流管理领域是RFID技术应用的最大舞台,它非常适用于生产装配线上的作业控制、运输工具出入场管理、仓储管理、物料跟踪,以及其他目标的识别等要求非接触数据采集和交换的场合。如果在供应链的各环节都能使用RFID技术,供应链产业领域将会产生革命性变革。

(一) RFID的应用步骤

以物品在供应链中的增值流动过程为例,阐释RFID的应用步骤,如图12-7所示。

步骤一:给物品加装被密封的射频识别标签。物品的相关信息通过一定的软件应用程序,以电子编码形式写入射频标签。用其他材质和特殊密封工艺对标签进行密封,再把被密封的标签加装在对应的物品上,即完成了RFID工作流程的第一步。在RFID应用系统中,标签的成本决定着整个系统的建设成本。

步骤二:给包装箱或者托盘或者集装箱加装识别标签。这些标签都包含了内部所有物品的相关编码信息。

步骤三:读写器对标签识读。物品开始流动,进入读写器识别范围,读写器开始工作,它快速地成批阅读进入辐射场的信息标签,直到阅读完毕。较快的读写器在3平方米的范围内每秒可以同时读取200个标签,甚至更多,从而达到识别的目的。

步骤四:传递信息给中央信息系统。读写器与现场运行解析软件的电脑系统相连接,读写器将读到的物品电子编码信息传递给现场电脑系统的解析软件,随后解析软件进入解析工作状态,并通过计算机网络将相应的物品信息传递给向中央信息系统。

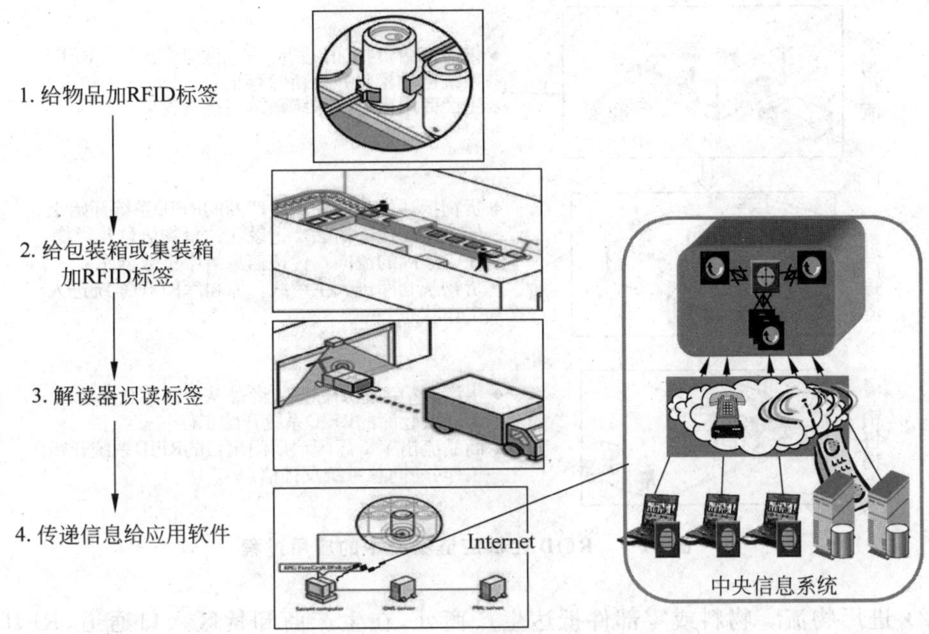

图 12-7　RFID 的应用步骤

（二）RFID 的应用过程

在供应链管理中，无论哪个环节应用 RFID 技术都可以获得更佳的管理效果，提高供应链的透明度和管理效率。可以说，供应管理需要 RFID 来提供全方位的技术支持，以达到更完善的系统管理。下面将从制造企业供应链物流以及商业企业物流这两个大流程来阐释 RFID 的应用过程。

1. RFID 在供应链物流中的应用过程

RFID 在供应链物流中的主要应用模式是物流跟踪和货物识别，技术实现模式是把 RFID 标签贴在托盘、包装箱或物品上，进行物品规格、序列号等信息的自动存储和传递，实现商品从原材料的采购，半成品与产成品的生产、运输、仓储、配送，一直到销售甚至退货处理和售后服务等所有环节的实时监控，大幅度提高工作效率，并实现各环节间的有效沟通。一个简化的供应链物流 RFID 应用过程如图 12-8 所示。

（1）采购物流。供应商给物料或零部件加装识别标签，然后出货。RFID 系统在出货口自动检验并更新库存记录。所有这些信息自动传递到供应商中央信息系统。生产商用自己的系统跟踪这批货物，货物的在途位置和状况通过射频技术以及 GIS、GPS 技术的配合，传递至生产商中央信息系统的屏幕上。

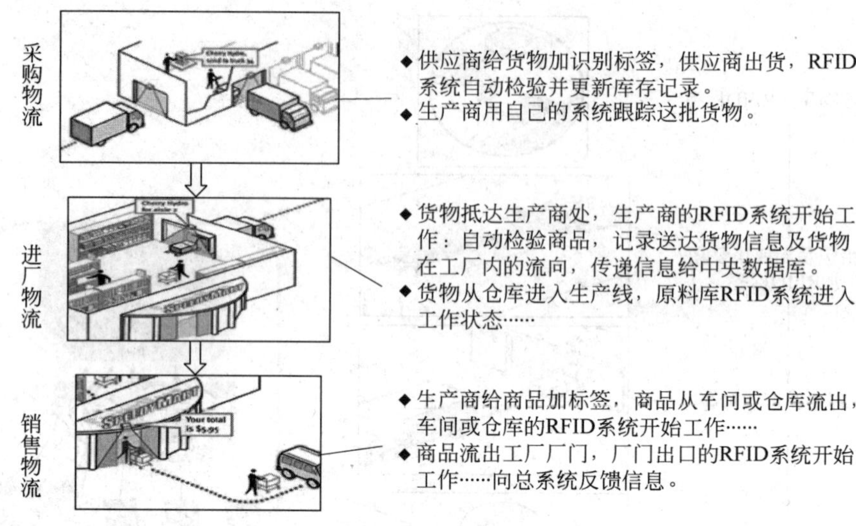

图 12-8 RFID 在供应链物流中的应用过程

(2) 进厂物流。物料或零部件抵达生产商处，在生产商卸货区入口通道，RFID 系统开始工作：读写器自动检验箱内物品，记录送达货物信息，向中央信息系统传递入库和进入生产线的物料或零部件的种类和数量。在原材料仓库的入口处，RFID 系统进入工作状态，读写器自动检验入库的物料或零部件状态，并变更库存纪录。

(3) 销售物流。生产商给最终商品加装识别标签，商品从车间或仓库流出。同样，在车间或仓库的出口处，RFID 系统进行相应的工作，向中央信息系统传递全部信息。

如果生产商和物料供应商是长期合作伙伴关系，双方的信息系统对接，供应商可即时得到生产商物料库存信息，当该物料在供应商的库存中下降到一定程度后，供应商可提供自动补货。

2. RFID 在商业物流中的应用过程

假定厂家的货物是通过分销系统到达零售系统，再到消费者，并由第三方物流公司来完成的物流过程，则 RFID 技术在商业物流中的应用可用图 12-9 表示。

(1) 分销系统。厂家或物流公司将加装了 RFID 识别标签的货物运抵物流公司的集散中心。货物在集散中心的卸货区通过装有 RFID 读写器的通道，读写器自动识别货物而不需开包检查。与读写器连接的电脑系统通过配套的应用软件解析接收到的货物信息，并显示在电脑屏幕上。由于货物要去向的零售系统及其要求不同，同时要考虑装载率问题，货车可能装载同一线路多家零售商的货物，所以在集散中心可能还会经过分拣、加工、再包装和贴标签的过程，然后才能装车运出，进入配送流动过程。货物在物流公司集

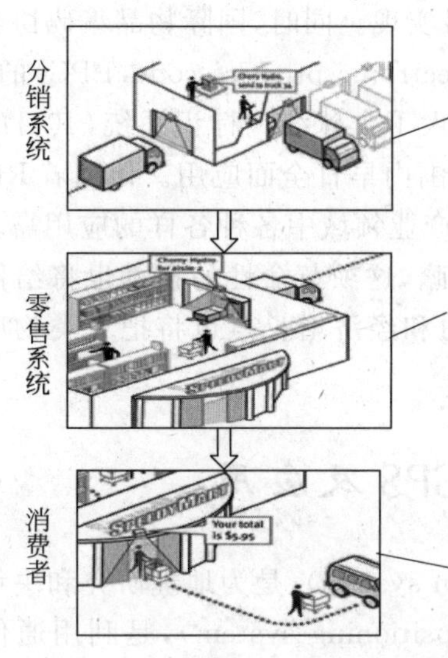

- 厂家货物抵达装运公司的集散中心，卸货区有RFID系统，不需开包，RFID系统自动验货，并传递信息给中央数据库。
- 货物在集散中心分拣、加工、包装、贴标签后装车运出。RFID系统自动识别读取信息并传递信息给集散中心和零售商信息系统。

- 商场运用自己的系统跟踪这批货物。
- 货物抵达商场，商场的RFID系统开始工作：自动记录送到的每一商品，自动更新确认存货量(仓库、货架)。

- 消费者从某货架取走商品，货柜片区RFID系统自动识别，并向自动补货系统发出信息。
- 消费者购物完毕后可随意经过任一闸口离开购物区，闸口处的RFID系统自动识别货物并计算费用，消费者只需到闸口前方收银处刷卡即可。

图 12-9　RFID 在商业物流中的应用过程

散中心的这个工作过程的结果，在货车出发经过集散中心的闸口时被 RFID 系统自动记录并传递信息给集散中心管理系统。集散中心信息系统的应用程序对这些信息进行系统分析和自动处理后，形成更新了的系统数据库，并将各零售商的货物信息传递给相应的零售商系统。至此，货物从厂家到物流公司集散中心的工作流程圆满结束。

(2) 零售系统。商场在收到集散中心的发货信息后，运用自己的信息系统跟踪这批货物。货物抵达商场后，通过装有 RFID 读写器的入口，商场的 RFID 系统开始工作：自动记录送到的每一商品，自动确认更新存货量(仓库、货架)。如果商场与厂家和第三方物流公司是长期合作伙伴关系，商场的信息系统与厂家和第三方物流公司的系统对接，厂家可即时得到商场的存货变化信息，在一定的存货量下提供自动补货。同时，厂家还可以从商场存货量的变化中，洞察产品的市场销售状况，甚至据此调整产品生产结构或销售结构。第三方物流公司则根据这种即时的动态信息，安排物流能力，实现物流能力的均衡及物流过程的无缝对接。

(3) 消费者。当消费者从某货架取走商品时，货柜片区的 RFID 系统会自动识别，并向自动补货系统发送实时信息。商场中央信息系统的应用程序自动处理信息，实时动态更新数据库记录，并向有关各方发出补货预警指令，以保证商品的及时供应。消费者购物完毕可随意经过任一闸口离开购物区，闸口处的 RFID 系统瞬间自动识别商品并完成清算记账任务，消费者只需在闸口前方收银处直接刷卡即可离开商场，完成购物过程。

RFID 技术在人类生活的各个领域有着极其广泛的应用前景，为了促进这项技术的快速发展，世界各国都在根据目前 RFID 技术的应用现状和未来发展趋势积极制定相应的技术标准，这些工作将促使国际统一标准的早日实现。同时，国际物品编码协会和美国统一代码委员会联合主导，提出了产品电子码(electronic product code，EPC)的概念，并开发了 EPC 的应用标准、技术和产品，将 EPC 纳入了全球统一标识系统，其目的在于提供低成本的 RFID 标签，推动 RFID 技术在全球范围内早日全面应用。伴随着 RFID 技术的日臻成熟、完善和应用推广过程的演进，供应链产业领域中各种各样的应用需求将被发现，RFID 技术的发展将会以这些应用需求马首是瞻，这项革命性的技术也将给供应链产业带来前所未有的巨大的生产力变革，新的生产力和经济增长点也将把人类物质和精神文明推向更高的新平台。

第三节　GIS 和 GPS 及应用

GIS：地理信息系统(geographical information system)，是为地理研究和决策服务的计算机技术系统。GPS：全球定位系统(global positioning system)，是利用通信卫星和地面接收与控制系统对地面或接近地面的目标进行定位和导航的系统。这两种信息技术可通过专用平台用于专门的服务领域。在供应链产业中，供应链管理信息系统正快速地向着一体化方向发展，以往意义上的 MIS、ERP、SCM 等概念的边界变得日益模糊，供应链管理信息平台通常会把企业的 ERP 与 EDI、RFID、GIS、GPS 集成起来，通过使用增值网(VAN)，形成供应链运行与管理的信息技术支撑体系。如我国的宝供集团、中远集团、海尔集团等，都是一体化信息系统应用的成功典范。

一、地理信息系统(GIS)

地理信息系统(GIS)是一种特定的十分重要的空间信息系统。它是在计算机硬、软件系统支持下，对整个或部分地球表层(包括大气层)空间中的有关地理分布数据进行采集、储存、管理、运算、分析、显示和描述的技术系统。近年来，GIS 得到了广泛关注和迅猛发展，被广泛应用于社会经济的各领域。在供应链管理领域，越来越多的企业开始 GIS，以支持供应链的高效运作。

(一) GIS 概述

地理信息系统(GIS)是 20 世纪 60 年代开始发展起来的地理学研究新成果，它以地理空间数据为基础，采用地理模型分析方法，适时地提供多种空间的和动态的地理信息，对在地球上存在的东西和发生的事件进行成图和分析。所以，地理信息系统处理、管理的对象是多种地理空间实体数据及其关系，包括空间定位数据、图形数据、遥感图像数据、属性数据等，用于分析和处理在一定地理区域内分布的各种现象和过程，解决复杂的规划、决策和管理问题。GIS 技术把地图这种独特的视觉化效果和地理分析功能与一般的数据库操作(例如查询和统计分析等)集成在一起。其基本功能是将表格型数据(无论它来自数据库、电子表格文件或直接在程序中输入)转换为地理图形显示,然后对显示结果浏览、操作和分析。其显示范围可以从洲际地图到非常详细的街区地图,显示对象包括人口、销售情况、运输线路以及其他内容。

(二) GIS 的组成

从应用的角度,GIS 由硬件、软件、数据、人员和方法五部分组成。硬件和软件是 GIS 的环境；数据是 GIS 的重要内容；方法是 GIS 为需求者提供解决方案的综合分析方法；人员是 GIS 系统建设和应用中的关键和能动性因素,直接影响和协调其他几个组成部分。GIS 的组成可以抽象成图 12-10 所示。

图 12-10　GIS 的五个组成部分

(1) 硬件部分。主要包括计算机和网络设备,存储设备,数据输入,显示和输出的外围设备等。

(2) 软件部分。主要指 GIS 运行所必需的各种程序。包括以下几类：输入和处理地理信息的操作系统软件,数据库管理系统(DBMS),支持地理查询、分析和视觉化的应用系统软件,以及容易使用这些工具的图形化界面(GUI)等。

(3) 数据部分。这是 GIS 应用系统最基础也是很重要的组成部分,其来源包括室内数字化和野外采集以及其他数据的转换。数据包括空间数据和属性数据,空间数据的表达可以采用栅格和矢量两种形式。空间数据表现了地理空间实体的位置、大小、形状、方向以及几何拓扑关系。数据库规范了图形的比例尺度、数据的精确度、数据的格式、数据集成和处理的方法,以及数据库更新和维护的方法。

(4) 方法部分。主要是指空间信息的综合分析方法,即系统需要采用何种技术路线,采用何种解决方案来实现系统目标,也称应用模型。GIS 应用就是利用这些模型对大量空间数据进行分析综合来解决实际问题的。如基于 GIS 的矿产资源评价模型、灾害评价模型等。

(5) 有关人员。人是 GIS 系统的能动部分。包括从事设计、开发和维护 GIS 系统的技术专家,也包括那些使用该系统来解决专业问题的领域专家。一个 GIS 系统的运行成员应有项目经理、信息技术专家、应用专业领域技术专家、若干程序员和操作员。

(三) GIS 的工作原理

GIS 采用两种不同的数据组织方式——矢量模型和栅格模型。在矢量模型中,用点、线、面来表达世界；在栅格模型中,用空间单元或像元来表达世界。这两种方法分别对应着地理现象和地理实体这两种不同的记录存储方式：地理现象在空间上是连续分布的，如温度、降水等；地理实体是不连续分布的，如城市、交通路线等。为了使 GIS 能够对空间信息进行分析处理，首先必须管理空间信息，而这就需要对现实世界进行空间建模以及数字化，然后才能被信息系统所管理，图 12-11 描述了 GIS 对现实世界模拟的工作过程。

图 12-11　GIS 对现实世界建模过程

空间建模是 GIS 将现实世界抽象为相互联结特征不同的层面(layer)集合(如图 12-12 所示)，这一简单实用的概念对解决真实世界的诸多问题(诸如追踪传输工具、记录详细资料、模拟大气循环等)提供了捷径。空间数据包含有明确的地理参照系统，如经度和纬度坐标，或者是国家网格坐标。也可以包含间接的地理参照系统，例如地址、邮政编码、人口普查区名、森林位置识别、路名等。地理坐标系可有效帮助用户在地球表面任意空间定位一些特征，如商业活动、森林位置，也可以定位一些事件，如地震，用于做地表分析。

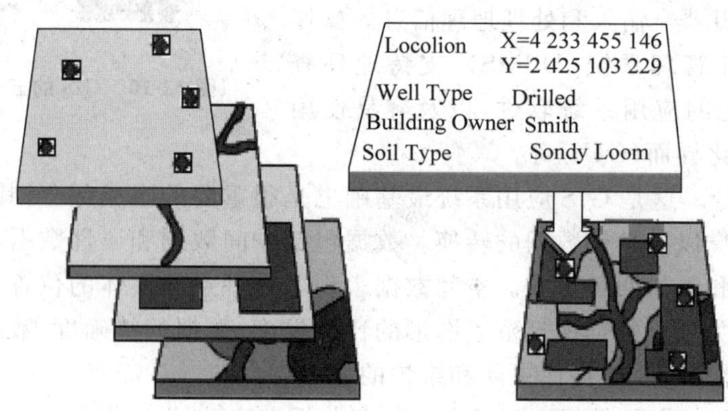

图 12-12　现实世界抽象：地理关系连接的不同特征的层面集合

空间建模形成两种模拟地理信息的模式，即矢量模式和栅格模式。在矢量模式中，关于点、线和多边形的信息被编码并以 X、Y 坐标形式储存。一个点特征的定位，例如一个钻孔，可以被一个单一的 X、Y 坐标所描述。线特征，如公路和河流，可以被存储于一系列的点坐标中。多边形特征，例如销售地域或河流聚集区域，可以被存储于一个闭合循环的一系列坐标中(起点坐标和终点坐标相同)。矢量模式非常有利于描述一些离散特征。栅格模式是表现连续特征的模式。栅格图像包含有网格单元，有点像扫描的地图或照片。矢量结构“位置明显，属性隐含”，而栅格结构“属性明显，位置隐含”。栅格数据结构十分有利于空间分析，但输出的专题地图不够精美；相反矢量数据结构存储量小，能输出精美的地图，但空间分析较困难，更有利于网络分析(如交通运输网等)和制图应用。这两种模式如图 12-13(a)和图 12-13(b)所示。不管是矢量模式还是栅格模式,用来存储地理数据,都有优点和缺陷。现代的 GIS 都可以处理这两种模式。矢量和栅格模式的形成,提供了可视化输出的数据信息。人们可以根据需要输入基本的需求数据资料,GIS系统则通过数字化处理过程,输出人们所需要的空间数据文件。

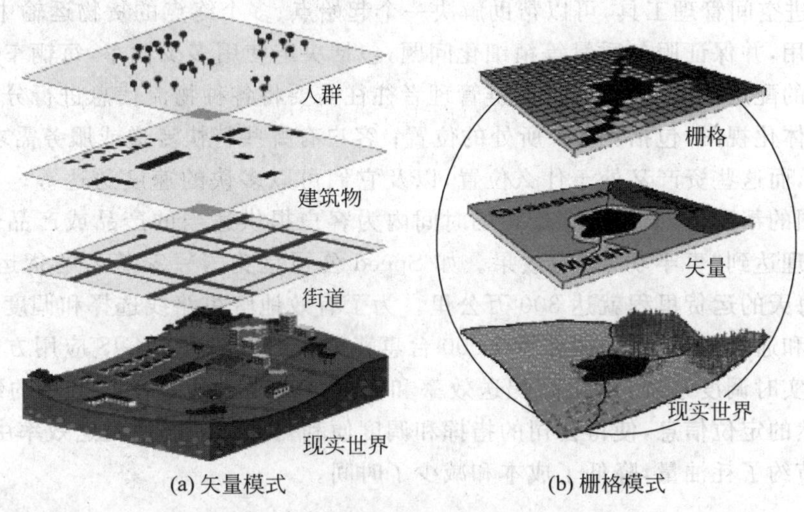

图 12-13　模拟地理信息的两种模式

(四) GIS 在供应链物流管理中的应用

GIS 在近年来已被广泛应用于资源调查、环境评估、灾害预测、国土管理、城市规划、邮电通信、交通运输、军事公安、水利电力、公共设施管理、农林牧业、统计、商业金融等几乎所有领域。在供应链物流管理中,目前已有专门分析的工具软件,支持以下几个方面的管理功能。

(1) 物流设施网络布局。物流设施网络的建立需要根据区域地理环境的特点,综合考虑资源配置、市场潜力、交通条件、地形特征、环境影响等因素,在区域范围内确定设施的数量和选择最佳位置,包括设施的规模,以及设施之间的物流关系等。GIS 的空间分析功能,可以为设施布局提供有效的决策分析支持,得到科学的设施布局方案。

(2) 营销网络的最优配置。在供应链管理中经常会遇到关于科学、合理地布局营销网络的问题,如某一公司要设立 X 个分销点,要求这些分销点要覆盖某一地区,而且要使每个分销点的顾客数目大致相等。利用 GIS 的分析模型,可以把需要覆盖某一地区的信息要素如街道、建筑、人群等提取出来,根据各个要素的相似点把同一层上的所有或部分要素分为几个组,用以解决确定服务范围和销售市场范围等问题。

(3) 配送网络优化利用。在市场营销过程中,通常又会遇到配送网络优化利用的问题。如将货物从 N 个仓库运往到 M 个商店。而每个商店都有固定的需求量,因此需要确定由哪个仓库提货送给哪个商店,所耗的运输代价最小。GIS 在这方面的优势,可以用来有效解决寻求最有效的分配货物路径问题,即配送网络优化利用问题。

(4) 配送路线确定。随着社会的发展,交通线路不断增多、交通网络不断扩大,应用 GIS 这一先进空间管理工具,可以帮助解决一个起始点、多个终点的货物运输中如何降低物流作业费用,并保证服务质量等精细化问题,包括决定使用多少辆车,每辆车的路线等。要实现有效的配送线路的管理,供应链管理者往往需要将各种物流信息进行分析处理后,形成一个一体化视图,包括:客户所处的位置;客户有哪些特快专递或服务需求;需要调度哪些资产,而这些资产又处于什么位置,以及它们可以多快的速度送达等。在这个"一览无余"视图的帮助下,公司能在最短的时间内为客户提供适当的产品或产品修复服务,使公司的管理达到"事半功倍"的效果。如 Speed 公司是美国一家著名的货运和配送公司,它平均每天的运货里程就达 300 万公里。为了有效地解决路线选择和调度等问题,进行就近存货和通信分析,该公司在近 1 000 台惠普工作站上部署了 GIS 应用方案,管理其路线分析和实时调度系统,以提高配送效率和高效地满足进货请求。清晰的线路图,准确、一目了然的定位信息,使得公司的指挥和调度便利自如。公司的配送效率由此提高了 10%,大大节约了耗油量,降低了成本和减少了时间。

二、全球定位系统(GPS)

全球定位系统(GPS)是美国从 20 世纪 70 年代开始研制,历时 20 年,耗资 200 亿美元,于 1994 年全面建成的。GPS 是美国第二代卫星导航系统,是在子午仪卫星导航系统的基础上发展起来的,它采纳了子午仪系统的成功经验。GPS,是利用通信卫星、地面控制部分和信号接收机,对地面或接近地面的目标进行定位(包括移动速度和方向)和导航的系统,具备全天候、全球覆盖、高精度的特征,能够实时、全天候为全球范围内的陆地、海上、空中的各类目标提供持续实时的三维定位、三维速度及精确时间信息。经我国测绘等部门的使用表明,GPS 以其显著特点,赢得广大测绘工作者的信赖,并成功地应用于土地测量、工程测量、航空摄影测量、运载工具导航和管制、地壳运动监测、工程变形监测、资源勘察、地球动力学等多种学科,从而给测绘领域带来一场深刻的技术革命。随着全球定位系统的不断改进,硬、软件的不断完善,其应用领域正在不断地开拓,目前已遍及国民经济各种部门,并逐步深入人们的日常生活。

(一) GPS 的系统组成

GPS 系统包括三部分:空间部分(GPS 卫星星座)、地面控制部分(地面监控系统)和用户设备部分(GPS 信号接收机)。

(1) GPS 空间部分。GPS 卫星共有 24 颗,分布在 6 个等间隔轨道上(每轨道面四颗),离地面高度约 2 万公里,运行周期 12 小时。卫星的这种空间分布可以保证全球的任何一个地区每时每刻都处于四颗卫星的覆盖之下,这四颗卫星被称为定位星座。定位卫星能保持良好定位解算精度的几何图形(DOP),这就提供了在时间上连续的全球导航能力。

GPS 卫星的核心部件是高精度的时钟、导航电文存储器、双频发射和接收机以及微处理机。高精确的时钟所提供的高稳定度的频率标准是 GPS 定位成功的关键。卫星钟由地面站检验,其钟差、钟速及其他信息由地面站传送给卫星后,再转发给用户设备。在 GPS 系统中,GPS 卫星的作用可归纳为如下几个方面。

① 用 L 波段的两个无线载波(19cm 和 24cm)向广大用户连续不断地发送导航定位信号。每个载波用导航信息和伪随机码(PRN)测距信号进行双相调制。由导航电文可以知道该卫星当前的位置和卫星的工作情况。

② 在卫星飞越地面站上空时,接收由地面站用 S 波段(10cm 波段)发送到卫星的导航电文和其他有关信息,并通过 GPS 信号电路,适时发送给广大用户。

③ 接收地面主控站发送给卫星的高度命令,适时地改正运行偏差或启用备用时钟等。

(2) GPS 地面监控部分。地面监控部分由分布在全球的若干个跟踪站所组成的监控系统构成。根据作用的不同,这些跟踪站又被分为主控站、监控站和注入站。主控站 1 个,位于美国科罗拉多的联合空间执行中心(CSOC)。其任务是根据各监控站对 GPS 的观测数据,计算出卫星的各种参数,并将这些数据通过注入站发送给卫星。主控站还对卫星的工作状态进行调度,避免因故障而使 GPS 瘫痪。此外,主控站还负责监测整个地面监测系统的工作,检验发送给卫星的导航电文,监测卫星是否将导航电文发送给用户。注入站有 3 个,分别设在大西洋、印度洋和太平洋的 3 个美国军事基地上。注入站的任务是将主控站计算出的卫星参数发送给卫星,同时向主控站发射信号,每分钟报告一次自己的工作状态。监控站有 5 个,分设在主控站和 3 个注入站点以及夏威夷岛。监控站的任务是接收卫星信号,监测卫星的工作状态。

(3) GPS 用户设备部分。用户部分的中心设备是 GPS 接收机,另外还包括其他一些设备。GPS 接收机是一种特制的无线电接收机,用来接收导航卫星发射的信号,并以此计算出定位数据。GPS 接收机主要由 GPS 接收机天线单元、GPS 接收机主机单元和电源三部分组成。天线单元由接收天线和前置放大器组成。接收机主机由变频器、信号通道、微处理器、存储器及显示器等组成。GPS 接收机有多种分类方法:

① 按接收机的用途可分为导航型接收机、测地型接收机和授时型接收机。

② 按接收机的载波频率可分为单频接收机和双频接收机。

③ 按接收机的通道种类可分为多能道接收机、序贯通道接收机、多路多用通道接收机。

④ 按接收机工作原理可分为码相关型接收机、平方型接收机、混合型接收机和干涉型接收机。

（二）GPS 的定位方式

GPS 接收器利用卫星发送的信号确定卫星在太空中的位置，并根据无线电波传送的时间来计算它们之间的距离。每个 GPS 卫星都带有四个高精度的原子钟，同时还有一个实时更新的数据库，记载着其他卫星的现在位置和运行轨道。当 GPS 接收器确定了一个卫星的位置时，它可以下载其他所有卫星的位置信息，这有助于它更快地得到所需要的其他卫星的信息。计算出至少 3 颗卫星的相对位置后，GPS 接收器可利用几何学原理来确定自己的位置，即设想有三个圆球体，球心分别是三个卫星，半径分别是卫星到 GPS 接收器的距离，由这三个圆球体的共同交点就可以确定出 GPS 接收器的具体位置。GPS 的定位方式包括两种类型。

（1）根据定位的模式不同可以分为绝对定位和相对定位两种方式。绝对定位也叫单点定位，通常是指在协议地球坐标系中，以 GPS 卫星和用户接收机天线之间的距离观测量为基础，直接确定观测站相对于坐标系原点（地球质心）绝对坐标的一种定位方法，其特点是作业方式简单，可以单机作业，一般用于导航和精度要求不高的应用中；相对定位是在两个或若干个测量站上，设置 GPS 接收机，同步跟踪观测相同的 GPS 卫星，测定它们之间的相对位置，称为相对定位，这种方法是高精度定位的基本方法，广泛应用于高精度大地控制网、精密工程测量、地球动力学、地震监测网和导弹火箭等外弹道测量方面。

（2）根据定位时接收机的运动状态可以分为静态定位和动态定位两种方式。静态定位是指 GPS 接收机在捕获和跟踪 GPS 卫星的过程中固定不变，接收机高精度地测量 GPS 信号的传播时间，利用 GPS 卫星在轨的已知位置，解算出接收机天线所在位置的三维坐标；动态定位是指 GPS 接收机在进行 GPS 定位时，其天线在整个观测过程中的位置是变化的，是 GPS 接收机对物体运动轨迹的测定。

（三）GPS 在供应链物流管理中的应用

GPS 技术已经广泛渗透在人类经济活动的各个领域。在供应链管理中，基于 GPS 独特的个性化功能，主要被用于供应链物流管理过程中，包括陆路货物追踪管理、铁路货物运输管理、海河货物运输管理、空中货物运输管理、紧急援救等。

（1）陆路货物追踪管理。货物在陆路运输过程中，通常由于道路、天气等许多不可控因素，经常会造成货物的延迟交货。GPS 能够实现对陆路货物运输的追踪管理，只需在货车的车顶上装一个通信盒，便能实现驾驶员和公司总部之间的实时通信。总部能够通过卫星信道了解货物的实时位置，可随时与被跟踪目标通话，实行远程管理，并将这一信息更新到数据库中去，使顾客能够随时通过网络了解到货物目前所处的实际位置，提高了顾客的服务水平。同时，利用GPS能够对货物需求和车辆拥挤状况作出积极的反应。

(2) 铁路货物运输管理。我国铁路开发的基于GPS的计算机管理信息系统，可通过GPS和计算机网络实时收集全路列车、机车、车辆、集装箱及所运货物的动态信息，实现列车货物追踪管理。只要知道货车的车种、车型、车号，就可以立即从近10万公里铁路网上流动着的几十万辆货车中找到该货车，并能得知这辆货车现在何处运行或停在何处，以及所有的车载货物发货信息。铁路部门运用这项技术大大提高了路网及其运营的透明度，为货主提供更高质量的货运物流服务。

(3) 海河货物运输管理。远洋运输的船舶利用GPS来导航，可以实现对船队最佳航程和安全航线的测定，航向的实施调度、监测等，提高远洋运输的能力和效率。在内河运输中可利用GPS来改善航运条件，如三峡工程就规划利用GPS来对船队进行导航。

(4) 空中货物运输管理。国际民航组织提出，在21世纪将用未来导航系统FANS (future air navigation system)取代现行航行系统，它是一个以卫星技术为基础的航空通信、导航、监视和空中交通管理系统，它利用全球导航卫星系统实现飞机的导航。不言而喻，GPS是用于包括空中货物运输在内的空中交通管理、精密进场着陆、航路导航和监视的更有效的工具。

(5) 紧急救援服务。管理指挥中心在电子地图上根据需要进行查询，被查询目标在电子地图上显示其位置，指挥中心可利用监测控制台对区域内任何目标的所在位置进行查询，车辆信息以数字形式在控制中心的电子地图上显示。通过GPS定位和监控管理系统对遇有险情或发生事故的配送车辆进行紧急援助，监控台的电子地图可显示求助信息和报警目标，规划出最优援助方案，通过声、光警示值班员实施紧急处理。

供应链管理从业务范围上覆盖了从供应商到客户的一体化业务流程，从管理角度上，它是对供应链中的信息流、物流、资金流、增值流、业务流以及合作伙伴关系等进行设计、规划和运作控制的过程，最终实现供应链网络的智能化、柔性化、集约化和高度协同化。这其中，信息技术一体化起着关键性的支撑作用。在企业的供应链管理信息平台上，企业内部的ERP与客户服务系统、EDI、RFID、GIS、GPS等有效集成在一起，ERP支撑着基于供应链协同决策下企业目标实现的内部资源优化配置运行体系，并通过客户服务系统实现与外部对接和有效的供应链关系管理；EDI技术支撑着整个供应链系统流程/合作伙伴之间所有单证业务的无纸化高效处理过程；RFID和GIS、GPS技术的联合应用，实现了供应链运行过程中的动态跟踪和实时的可视化管理。供应链信息技术的一体化是供应链管理领域信息技术运用的发展方向，它将支撑企业的供应链管理实现预期的经济和社会目标。

 案例 12-1 新奥燃的供应链管理信息化

中国燃气行业市场巨大、前景可观。近年来，天然气资源的开发、建设和利用使国内城市燃气的发展进入了一个新的发展时期。随着各种股权背景下的燃气公司在全国市场竞争的日趋激烈，燃气分销领域的竞争格局将逐渐由垄断转向激烈的市场竞争，品牌竞争今后将逐渐受到重视。未来几年内，城市燃气行业服务和管理将会越来越完善，并将逐步达到发达国家的水平。

1. 新奥燃企业背景

作为国内最具竞争力的民营燃气运营企业之一的新奥燃气发展有限公司（简称新奥燃）组建于 1993 年，主要从事城市管道燃气的投资、建设和运行服务，分销管道燃气、燃气器具，并提供售后服务。新奥燃充分利用了 1998 年中国政府大力推广使用天然气，鼓励民营企业投资城市基础设施的契机，除了为廊坊经济技术开发区及廊坊市供应管道天然气外，还开始积极拓展外埠市场，并取得廊坊以外五十多个城市的燃气经营权，成为我国最大也是最重要的民营城市燃气营运商。

目前，公司的核心业务为天然气生产、采购、销售与燃气配送物流，为全国 50 多个城市提供燃气供应和发展服务，其中非管道供气城市近 30 个，产品主要采用公路运输方式予以配送，罐装方式分为 CNG（压缩天然气）和 LNG（液化天然气）两种。各成员企业统一于公司总部向上游采购和结算，终端用户的城市主要分布在华北地区、华东地区和华南地区。

未来，新奥燃发展的业务将扩展到管道运输和非天然气的能源采购与分销业务方面；服务对象将由新奥集团内部成员企业扩展到市场客户；服务模式将逐渐由第三方扩展到第四方物流供应商的功能。

2. 新奥燃的信息化要求

为了在激烈的市场竞争中争得先机，努力将自身打造成为具备国际竞争力的能源分销商，新奥燃确立了新的发展规划：以建立基于供应链的气源分销、物流服务、数据采集与分析一体化的信息系统平台，实现与上游供应商、下游用户紧密的供需协同，最大程度地确保用户用气需求，进一步提升企业在快速发展的燃气营运市场中的核心竞争力。2005 年，新奥燃通过实地考察、访谈和竞标的方式，选择了博科资讯公司，与其联合开发支持公司运营的信息技术平台。

博科通过与新奥燃的全方位接触发现，新奥燃仍采用人工方式或简单的信息传递方式来协调供应链各环节的衔接，已经无法满足总部对分散在全国各地几十个城市，十几家供应商，几十万用户燃气供需的协调与保障的需求。如果出现严重的供需矛盾或能源危机，对于缺少信息系统支撑的庞大企业来说就将会是雪上加霜。同时，新奥燃的决策层也

深刻认识到了信息系统的必要性。

双方通过深入交流和沟通后，新奥燃对企业信息系统的开发提出了以下几点关键需求：

(1) 供应链上下游的业务流程协同。企业需要一个能够连接下游客户、上游供应商以及承运商等多方业务实体的信息交换平台，能够快速准确的将各业务实体间的信息分发与共享。

(2) 科学的需求预测。企业需要综合各种因素，如长短期天气因素、用户组成结构(如工业用户和居民用户的类型等)、终端用户的发展规划、宏观政策影响等，建立科学的预测模型，可以对下游用户的需求进行主动预测，进而进行主动补货。以防止需求供给不足而发生的危机和过量需求扰乱市场的现象。

(3) 预警功能。由于行业的特殊性要求，企业在业务流程运作的多个环节需要设置预警功能，如异常库存容量预警、订单执行延迟预警、车辆在途状态预警等，帮助管理者提前预见可能发生的危机事项，做好应对准备。

(4) 应对危机的处置预案。预警功能并不能完全杜绝危机的出现，一旦发生紧急情况，企业应该在事先制定好的应急处置预案的指导下执行相应的操作，在最大程度上降低危机所带来的影响。

(5) 运输过程的安全监控。借助 GPS 系统监控运输的全过程，加强运输保障力度。

(6) 优化调度管理。综合调度系统的优化涉及多方面的资源平衡，包括要气需求、气源供给能力、运力资源的约束、线路的选择等。企业应在总结人工调度经验的基础上，结合相关的数学方法建立优化调度模型，逐步实现科学调度管理。

总之，新系统要成为新奥燃调度中心、加气母站、运输车队、下游客户、承运商、上游供应商等多个业务实体的协同集成信息平台。新奥燃信息化的要求和功能设想如图 12-14 所示。

3. 新奥燃的平台解决方案

博科咨询根据新奥燃对信息平台的要求，以及对新奥燃的深入调查研究，给出了新奥燃业务模式的基本假设，并结合博科多年的供应链及物流的项目规划经验，对新奥燃气源调度平台系统进行了总体规划。新系统的总体规划解决方案如图 12-15 所示。

(1) 平台内部系统。平台内部系统主要围绕企业的核心业务——集中采购和物流配送，系统规划了包括订单管理、协同计划、采购管理、运输管理等 11 个主要系统模块。其中系统管理是辅助模块，是支撑整个系统运行的基础；决策支持系统(BI)模块独立于其他模块，是从业务平台的规划中抽取有用数据，形成数据仓库，采用一定的分析模型，满足管理者对数据的深层次分析需求。

(2) 企业内部需要与平台集成的系统。OA 系统、EHR 系统、GPS-GIS 系统、财务系统、门户网站是新奥燃现有的、平台之外的系统，平台在设计过程中，将采用相应的技术，针对新奥燃的业务需求与现有系统作接口。

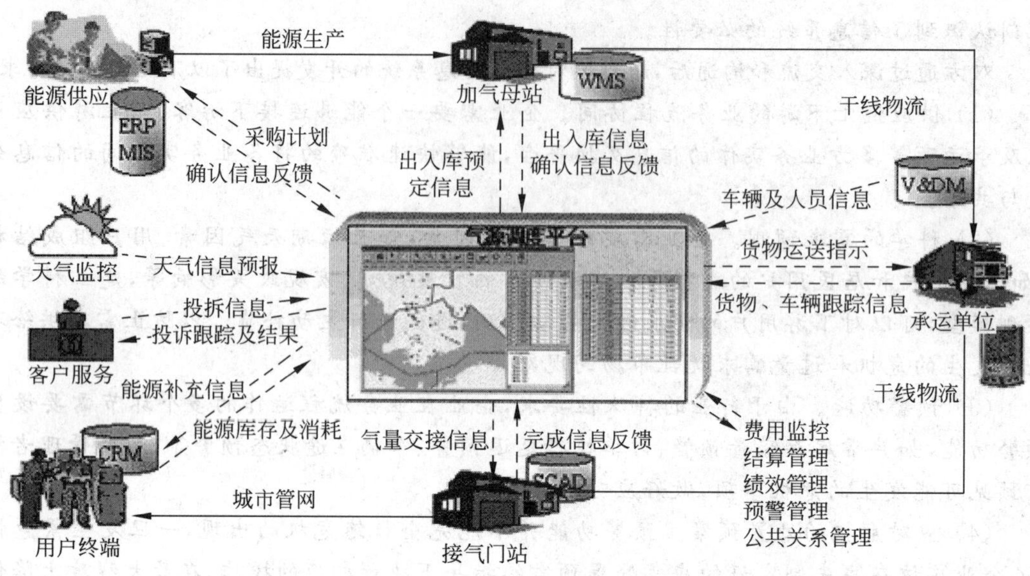

图 12-14 新奥燃信息化要求和功能设想示意

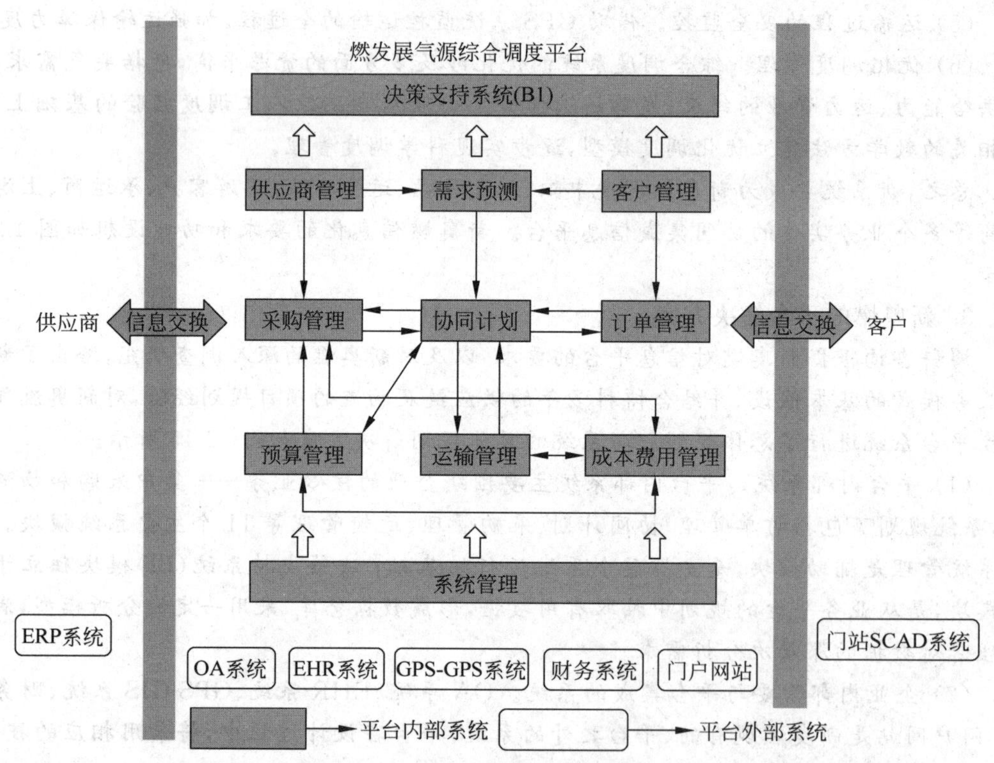

图 12-15 新奥燃平台总体规划解决方案

(3) 企业外部需要的接口系统。目前新奥燃客户的 SCAD(遥测、遥讯、遥控、遥调)系统、供应商的 ERP 系统、WMS 系统等属于企业外部的系统。由于新系统平台采用开放式标准,外部接口与企业内部的系统接口方式相同,故而技术实现上难度不大。考虑到外部接口涉及企业之间的信息安全等问题,协调难度较大,因此,系统将在这些接口的处理上,保留人工录入的方式,并预留接口功能。

(4) 新系统的目标。总之,通过新奥燃发展的气源综合调度平台,实现对公司气源分销与物流业务进行综合管理,终端客户管理及需求预测,下游库存实时监控与预警,订单管理及状态预警,客户库存的 VMI 管理、上游供应商公共关系管理,合同管理、结算管理、途中监控与预警、运力调配、项目化智能排程、路径优化等业务功能的一体化管理;同时新系统将实现新奥燃的目标要求:成为新奥燃调度中心、加气母站、运输车队、下游客户、承运商、上游供应商等多个业务实体的协同集成信息平台。

4. 新奥燃信息平台的实施

2006 年,新奥燃信息平台投入运行。新奥燃凭借与博科资讯全力打造的企业供应链一体化的气源分销与物流服务信息平台,从容应对市场用气高峰和低谷的需求波动。通过总部对数据的集中分析和业务的集中管控,有效实现了对气源需求的科学的削峰填谷,以更加有利的措施和手段保障气源的供给,树立用户对新奥燃品牌的绝对信心,赢取企业在激烈市场竞争中的优势地位。

资料来源:根据比特网(http://solution.chinabyte.com/407/2156907_1.shtml),新奥燃发展供应链及物流管理信息化案例资料整理。

本章小结

供应链物流管理过程中,信息技术的一体化对物流的高效率和高效益协同运作起到了极大的技术支撑作用。在企业的信息技术平台上,ERP 支撑着企业内部资源优化配置的实现;EDI 技术支撑着整个供应链系统流程/合作伙伴之间所有单证业务的无纸化高效处理过程;RFID 和 GIS、GPS 技术的联合应用,实现了供应链物流运作过程中的动态跟踪和实时的可视化管理。

EDI 系统独有的功能模块(用户接口模块、内部接口模块、报文生成及处理模块、格式转换模块、通信模块)和工作方式,为供应链合作伙伴提供了标准化、非模糊的具有商业或战略意义的便捷的信息传输模式。用户无须关心 EDI 这个“黑匣子”里面的具体过程,只需在自己的平台上执行操作即可完成供应链流程各环节高效率的无纸化单证处理过程。数据通信网、计算机应用、标准化和立法是保证 EDI 功能实现的环境条件。EDI 技术正在供应链产业领域得到广泛应用。

RFID 技术是 20 世纪 80 年代中期开始投入商业应用的无接触的自动识别新技术,

目前已经进入了实用化和快速发展的阶段。最基本的 RFID 识别系统包括电子标签(tag)、读写器(reader)和天线(antenna),这几个部分协同工作,完成 RFID 对被识别物体的自动识别过程。RFID 技术是在具体的"场"环境下工作的,贴有 RFID 标签的"物"只有在进入工作"场"后,才能触发 RFID 技术启动工作程序。在我国,RFID 技术已成功地运用在公共管理、铁路运输、图书馆管理等领域。在供应链管理领域已受到人们的高度关注,正在向采购、生产、销售、消费者使用等环节广泛渗透,它将全面提升供应链物流绩效。RFID 技术有着广阔的应用前景,它在未来社会经济生活中的广泛应用,将带来人类社会经济的产生革命性变革。

GIS 是为地理研究和决策服务的计算机技术系统。GPS 是利用通信卫星和地面接收与控制系统对地面或接近地面的目标进行定位和导航的系统。这两种信息技术都可以通过增值网应用于物流产业中,如物流网络设施布局、营销网络的最优配置、配送网络优化利用、配送路线确定、物料动静态追踪可视化管理等。

在信息技术快速发展、各种社会需求日益增长的环境中,以往企业应用信息系统的边界已变得日益模糊,企业信息系统日趋走向一体化,注重将各种应用信息技术有机集成起来,以支撑供应链及物流的高效协同运作。企业信息技术的一体化是供应链物流管理领域信息技术运用的发展方向,它将支撑企业实现物流管理预期的经济和社会目标。

问题思考

1. 供应链物流运行和管理的信息技术支撑系统的构成要素及其关系。
2. 你对 EDI 实现的环境和条件有什么设想?
3. 谈谈你对 RFID 技术应用过程的理解。
4. 从发展的视角进一步展望 RFID 的应用前景。
5. GIS、GPS 在供应链物流管理中的应用。
6. 企业信息技术一体化的内涵和意义。

第十三章　全 球 物 流

随着企业经营范围的不断扩大和跨国企业的大量涌现，全球供应链管理活动日趋频繁和复杂，高效的现代物流服务成为企业成功的全球化经营的关键要素之一。经济全球化、企业外包扩大和信息技术的迅速发展必然要求企业物流状态和运作的全球化，从而，在世界范围内实现物流资源的优化配置成了无国界物流的新概念，跨越国界的全球物流，或者说大物流是现代物流发展的总趋势。本章就物流全球化和全球物流的相关概念及问题进行概述，重点讨论全球物流中有关运输的规划、运输的对象及代理、全球物流运输的结构等问题。最后将展开研究全球物流管理中的一些关键问题：全球物流管理战略、全球物流联盟及外包的管理。

第一节　物流全球化与全球物流

经济全球化带来了企业经营的变革，由此也激活了全球的物流市场，并引致这样两个概念：物流全球化和全球物流。物流全球化是一个更大范围的概念，它既包含了现代物流的大物流理念，也包含了大物流的状态和过程。全球物流是指在国际贸易中发生的物流过程，即在国际贸易活动中，实现货物从一国向另一国空间转移的物理流动过程。它是出口物资离开国境后，到进入进口国国境这样一个长距离的物流过程，是物流全球化在操作层面的一个具体过程。全球物流早在 20 世纪 50 年代就已经出现，经历了不同的发展阶段，并表现出一些固有的特征。随着全球经济一体化的加剧，全球物流也呈现出未来的发展趋势。

一、物流全球化

随着经济技术的发展和国际经济往来的日益扩大，物流全球化已开始成为世界性的趋势。各国政府和跨国企业已普遍接受国际物流的概念，认识到它的重要性，并致力于开展国际物流方面的理论与实践的探索。

（一）物流全球化的内涵

物流全球化既是一个过程，又是一种状态。就状态而言，表现为各国间各种形式的差别待遇的消失，物料流动的疆界日渐模糊，跨越不同国家和地区、包含多种流程的大物流过程越来越成为一个整体，经营文化和价值取向走向融合，经营模式和规则趋同于国际惯例。就过程而言，表现为全球化国际贸易中，各国不同的经济单位之间的各种不同形式的物流，在全球范围内的经营战略和运作模式、设施的规划和布局、各种物流技术的开发和运用、信息技术的应用和信息全球范围内共享的方式，还包括全球物流过程中诸如分拣、包装、搬运等各种常规物流活动。全球物流主要是指物流全球化概念下的这种具体的物流运作过程。

经济全球化使得整个世界越来越成为一个整体，大型公司特别是跨国公司日益从全球的角度来构建生产和营销网络，原材料、零部件的采购和产品销售的全球化相应地带来了物流活动的全球化。与此同时，全球化经济的外部性使得一些国际性大型物流企业抢先在全球范围内加速集中，引领国际兼并与联盟的浪潮，形成愈来愈多的跨国物流巨头。例如，1998 年，欧洲天地邮政（TNT）以 3.6 亿美元兼并法国第一大国内快递服务公司(Jef Sericeo)。1999 年，英国邮政以 5 亿美元兼并德国第三大私人运输公司（German Parcel)。2000 年 3 月，马士基有利物流与海陆物流公司合并，成立后的新公司已成为全球最大的物流管理公司之一。2000 年 9 月天地公司宣布以 6.5 亿美元收购 CTI 物流公司，同月德国邮政又宣布增持著名的敦豪(DHL)公司 51%的股份，从而实现了对其控股。再如，2000 年 10 月，TPG(TNT Post Group)与上海汽车实业共同建立第三方物流合资公司。这个价值 3 000 万美元的合资企业为 TPG 打开了中国汽车物流市场的大门。这些国际性的“大腕”兼并活动，从形态层次丰富了物流国际化的内涵，其后的国际物流活动探索并描绘了国际物流的基本模式，它们的前导实践为全球物流活动提供了有价值的参考和借鉴。

（二）物流全球化的目标及物流活动

物流全球化的实质是按国际分工协作的原则，依照国际惯例，利用国际化的物流网络、物流设施和物流技术，实现商品和服务全球流动与交换，以促进区域经济的发展和世界资源的优化配置。物流全球化就是以此为基础，通过组织货物在国籍间的合理流动，来满足全球消费者的需求。具体而言就是在全球范围内，把商品的采购、运输、仓储、加工、整理、配送、销售和信息等活动有机结合起来，选择最佳的流动方式与路径，以最低的费用和最小的风险，保质、保量、适时地将货物从某国的供应方送达另一国的需求方，为消费者提供柔性、便捷多功能、一体化的综合性服务。

物流全球化观念是一种无国界观念，从事全球物流的跨国企业需要以全球的视点来考虑面对消费者及其需求，从全球的角度进行物流决策和组织物流活动。具体而言，在物流全球化的趋势下，跨国企业的物流活动主要包括三个方面。

(1) 全球物流战略规划。在全球范围内识别与评价原材料采购方案，选择物流服务供应商、制造与仓储地点以及构建战略联盟。估计全球物流活动需要投入的人力、物力、财力以及时间，并识别、评价与防范全球物流活动可能出现的有关的风险。

(2) 信息收集。收集国际目标市场上与物流活动相关的物流单证、包装、港口、定价、作业程序等方面的信息，分析其与本国的差异；收集各目标市场上的物流需求信息，预测未来需求和物流信息化趋势；收集目标市场物流资源、设施设备、交通环境、环保、人力资源状况，以及相关的习俗、文化等方面的信息。所有这些信息将支持全球物流战略规划的制定和实施，支持全球物流战略目标的实现。

(3) 物流系统化管理。是为了实现既定的全球物流战略目标，提供高水平的物流服务，提升企业在国际物流市场的竞争能力，而对物流项目进行的系统化的计划、组织、指挥、实施和控制的各种活动。系统化管理要求把全球市场看成"一盘棋"，把全球范围的营销、物流、信息系统有机结合起来，并由一个决策中心根据实际市场情况权衡利弊进行最优化决策。同时，有效整合国际目标市场的各种资源(吸纳目标市场高水平的管理人才，合理利用目标市场的设施、设备，兼并、收购目标企业，联盟经营等)，实现物流资源的国际化配置和物流运作的系统化管理。

(三) 物流全球化的推动力

物流全球化之所以能够成为当今世界物流业发展的一个趋势，其本身存在着巨大的现实推动力，主要表现在四个方面。

(1) 信息革命。信息技术的不断更新和发展，其实质也是一种内在的经济活动。全球化的物流系统需要更多的企业和各国政府、国际组织的广泛合作才能建立，而这种合作离不开信息技术的发展与应用。条形码技术、EDI、射频及电子扫描与传输、传真等通信工具的广泛使用，提高了信息的快速获得性。卫星通信的实时跟踪信息的能力，解决了诸如物流在途的实时监控、实时信息传递、快速应对危机事件等诸多问题。这些技术还在不断地变革并被广泛应用，使得人们可以这种迅速可靠的信息交换为基础来进行物流作业的安排，为物流向全球范围拓展以及全球物流战略的选择提供了更大空间。这已在许多全球化企业的准时制战略(JIT)、快速反应战略(QR)、连续补充战略(CR)和自动化补充战略(AR)等经济活动实践中得到了证实。信息革命全面提升了各种经营活动的速度，如加快了订货需求的传输速度、生产速度、装运速度、清关速度等，缩短了全球物流的时间，降低了全球物流的成本。如此奥妙的信息技术的威力，可以用作战略性地调整物流运行系统的有效手段。因此，一个国家信息技术基础设施的建设及普及应用程度，在很大程度上也反映了该国的物流业竞争能力。比如，从一个国家的智能化运输系统(一种安全、高效、对环境无污染且聚集了许多高新技术及众多功能的运输系统)及信息高速公路的应用程度,就可以判断该国的国际物流竞争力。

(2) 经济全球化。20世纪90年代以来,在WTO的良好环境下跨国公司迅速发展,国际经济合作的日益密切,商品与生产要素国际流动的加速,使各国经济依赖性加强,推动了企业之间的商流、物流、信息流的交流与合作。WTO的《服务贸易总协定》(GATS)的服务部门参考清单中,与物流全球化相关的部门有交通运输服务、销售服务、金融与保险服务等。其中,交通运输服务与物流业最为密切,它包括海运、铁路运输、航空运输、公路运输等货运服务,以及报关、仓储、港口等附属交通运输服务。WTO原则要求各国撤销壁垒,加快经济贸易自由化进程。这使得许多长期封闭的流通市场逐步并加快对外开放,为物流业的全球发展带来了前所未有的机遇。

(3) 区域经济一体化。区域经济一体化是位于不同空间的经济主体,为获取更大的市场利润,基于双方认可的规则,采用各种方式联合组成的合作经营组织,或叫做利益共同体。它是状态与过程、手段与目的统一。区域经济一体化,不仅加速了生产要素在更大范围内的流动,各个区域通过降低进口关税、减少海关程序、统一货运单证以及支持公共运输等措施,便利利益共同体在这些区域内贸易。这将极大地降低物流费用,同时也促进了物流业的跨国界发展。

(4) 国际供应链一体化。20世纪90年代以来,随着全球制造、敏捷制造、虚拟制造等先进制造模式的出现和市场竞争环境的快速变化,以动态联盟为特征的新的企业组织形式的出现,使原有的企业生产组织和资源配置方式发生了质的变化。企业的生存必须更多地外用资源(outsourcing),供应链一体化从企业内部的采购获取、制造支持和实物配送,向后延伸到顾客,向前延伸到供应商。越来越多的企业认识到与顾客和供应商合作的重要性,有效地实现了供应链的整合,并通过自愿互利的安排,取得市场竞争力。在这些合作生产的过程中,大量的物资和信息在很广泛的地域间转移、储存和交换,因此有必要对企业整个原材料、零部件和最终产品的供应、储存和销售系统进行总体规划、重组、协调、控制和优化,加快物料的流动,减少库存,加速信息传递,时刻了解并有效满足顾客需求。这种环境使得全球物流的发展成为当务之急。

(5) 全球经济的可持续发展要求。当今全球经济发展强调的是"可持续发展",即经济的发展必须建立在维护地球环境的基础上,全球环保意识日益加强。而物流活动过程却会对环境产生很多不利的影响,如运输带来的噪音和废气污染环境,货物包装物、衬垫物等会影响卫生及存在火灾隐患等。因此,为了使经济发展全球化与有益于环保的全球物流发展之间达到宏观平衡,人们需要从环境的角度对物流体系进行改进,致力于建设更先进的硬件基础设施以及研发更好的物流营运系统。但实现全球高效的物流系统对环境损害的最小化,需要各公司、各国政府及国际组织在这一领域开展更为广泛的合作,形成一个环境共生型的全球化物流管理系统。这里的环境共生型物流管理就是要改变原来经济发展与物流、消费生活与物流的单向作用关系，在抑制物流对环境造成危害的同时，形成一种能促进经济和消费生活同时健康发展的物流系统，即向环保型、循环型物流转变。

二、全球物流

全球物流的概念虽然最近几年才被提出的，但事实上全球物流的运作自20世纪50年代就已经开始，并伴随着全球经济一体化的加剧受到企业的高度重视和快速发展。全球物流有着明显的时代性特征，并呈现出服务于未来经济走势的发展趋势。

（一）全球化物流发展阶段

全球物流活动始终随着国际贸易和跨国经营活动而不断的发展。从物流概念形成的视角，可以认为全球物流活动的发展经历了三个阶段。

第一阶段，20世纪50年代至80年代初。这一阶段物流设施和物流技术得到了极大的发展，出现了配送中心、立体仓库等，并广泛运用电子计算机进行管理，一些国家建立了本国的物流标准化体系等等。物流活动已经超出了一国范围，物流系统促进了国际贸易的发展，但在人们的认识上，物流全球化的趋势还没有引起重视。

第二阶段，20世纪80年代初至90年代初。随着经济技术的发展和国际经济往来的日益扩大，物流全球化趋势开始成为世界性的共同问题。美国密歇根州立大学教授波索克认为，进入20世纪80年代，美国经济已经失去了兴旺发展的势头，陷入长期倒退的危机中，因此，必须强调改善全球性物流管理，降低产品成本，并改善服务、扩大销售，在激烈的国际竞争中获得胜利。与此同时，日本正处在成熟的经济发展期，以贸易立国，要实现与其对外贸易相适应的物流全球化，并采取了建立物流信息网络，加强物流全面质量管理等一系列措施，提升物流全球化的效率。这一阶段物流全球化的趋势局限在美、日和欧洲一些发达国家。

第三阶段，20世纪90年代初至今。这一阶段全球物流的概念和重要性已为各国政府和外贸部门所普遍接受。贸易伙伴遍布全球，必然要求物流设施、物流技术、物流服务和货物运输的全球化、包装全球化和流通加工全球化等等。世界各国广泛开展全球物流方面的理论研究并在实践方面进行大胆探索，使之形成了共识：只有广泛开展全球物流合作，才能促进世界经济繁荣。物流无国界成为业界追求的目标。

（二）全球物流的特征

全球物流的基本特征可以归纳为以下几个方面。

(1) 全球物流研究范围更加广泛。企业物流是将企业作为一个系统，研究原材料从进厂到通过加工，将产品输送到市场上的物流过程；区域流研究的对象是一个区域的物流系统，它是一个庞大的社会系统；而全球物流研究的对象，大大地超过了企业物流和区域物流，其研究的对象是国际贸易中的物流现象及其规律。

(2) 物流环境的差异性。这里的物流环境主要指物流软环境。不同国家有不同的与物流相适应的法律体系，使国际物流复杂性增强；不同国家不同的经济和科技发展水平，使全球物流处于不同科技条件的支撑下；不同国家的不同标准，使国际物流系统的建立存在一定难度；不同国家的人文习俗，也使全球物流的运作受到一定的局限。

(3) 全球物流流量结构的可变性。全球物流的流量结构是同国际产业结构调整相联系的。世界产业结构演变的共同趋势是：劳动密集型→资本密集型→技术知识密集型。产业结构的这种演变规律，使得各国进出口商品的结构呈现可变性，由此，全球物流的流量结构也会随之发生调整与转移。

(4) 海运是全球物流的主要输送方式。国内物流，无论是企业物流，还是区域物流，其输送方式主要是以公路运输、铁路运输、内河运输为主。国际间的物流流动，由于其距离远、运量大，同时考虑运输成本，所以主要以海上运输为主。

(5) 全球物流对基础设施、设备有特殊要求。由于全球物流眼于全球范围配置资源和对全球客户灵敏反应，以使物流运作柔性化，并力求做到全球物流总成本最低。这在客观上要求具有大交通、大物流网络，实现国与国之间、线路和结点之间、各种运输方式之间的协调。因此，对发达便捷的海陆空交通网络，机场、港口设施，诸如国际统一标准的集装箱、装卸搬运技术和工具等，都有特别的要求。

(6) 全球物流要求有高效率的信息系统。在前面的章节里多次提到物流运作要有高效率的信息系统，它是全球物流最基础的支撑平台，也是全球物流能否达到预期目标的核心的要件。面对快速多变的国际物流市，如果没有高效率的信息传送渠道，再好的战略规划、再好的运作方案、再好的管理人才，其综合效应都会大打折扣，其最终的效果是可想而知的。

综合上述全球物流的基本特征，又可将其抽象概括为“七化”，即信息化、自动化、网络化、智能化、柔性化、标准化、社会化。

（三）全球物流的发展趋势

纵观全球物流的实践及其发展，可以把未来的发展趋势归纳为以下方面。

(1) 全球物流管理更加网络化。在未来的发展中，全球物流将会更加强化资源整合和优化物流过程，为客户提供标准化、柔性化、低成本、高水准的物流服务。这一目标的实现，依赖于全球化的大物流网络，这个网络包括全球性的各种物流设施、仓储和运输系统、配送中心、集成化的信息系统，是一个具有拓展性的纵横交错、四通八达的物流网络，具有明显的规模经济效应。只有在这样的大网络上，才可能为客户提供具有价值增值的物流服务，提升企业全球物流的竞争能力。这里的一个前提是，信息化与标准化这两大关键技术对当前全球物流的整合与优化有着关键性的影响。标准化的推行，支持了信息化的进一步普及，减少了全球际物流跨国界、跨区域信息共享的障碍，物流信息的传递更加方便、快捷、准确，加强了整个物流系统的信息链接，极大地提升了全球化物流网络的可拓展性。

（2）全球物流标准更加统一化。全球物流的标准化是以全球物流为一个大系统，来制定物流系统设施、机械装备、专用工具等各个分系统的技术标准；制定各系统内分领域的包装、装卸、运输、配送等方面的工作标准；以系统为出发点，研究各分系统与分领域中技术标准与工作标准的协调性；按协调性要求，统一整个全球物流系统的标准；最后研究全球物流系统与其他相关系统的协调问题，谋求全球物流大系统标准的统一。随着经济全球化的不断深入，世界各国都很重视本国物流与全球物流的相互衔接问题，努力使本国物流在发展的初期，其标准力求与全球物流的标准体系相一致。目前，跨国公司的全球化经营，正在极大地影响物流全球性标准化的建立。一些全球物流行业和协会，在国际集装箱和 EDI 技术发展的基础上，开始进一步对物流的交易条件、技术装备规格，特别是单证、法律条件、管理手段等方面推行统一的国际标准，使物流的国际标准更加深入地影响到国内标准，促使国内物流日益与全球物流融为一体。

（3）全球物流配送更加精细化。随着现代经济的发展，各产业、部门、企业之间的交换关系和依赖程度也愈来愈错综复杂，物流是联系这些复杂关系的交换纽带，它使经济社会的各部分有机地连接起来。在市场需求瞬息万变和竞争环境日益激烈的情况下，要求物流在企业和整个系统必须具有更快的响应速度和协同运作能力。全球物流为了达到“零阻力、无时差”的协同，需要做到与合作伙伴间业务流程的紧密集成，加强预测、规划和供应，共同分享业务数据、联合进行管理执行以及完成绩效评估等。只有这样，才能使物流作业更好地满足客户的需要。由于现代经济专业化分工越来越细，相当一些企业除了自己生产一部分主要部件外，大部分部件需要外购。全球物流企业正是伴随着国际贸易的分工布局应运而生并不断发展。为了适应各制造厂商的生产需求，以及多品种、小批量的生产方式，全球物流的高频度、小批量的配送也随之产生。同时，全球性地整合物流资源以及越来越先进的信息技术，将使全球物流配送向着更加精细化的方向发展。

（4）全球物流设施更加便利化。为了适应国际贸易的急剧扩大，许多发达国家都致力于港口、机场、铁路、高速公路、立体仓库的建设，一些全球性物流园区也因此应运而生。这些园区一般选择靠近大型港口和机场兴建，依托重要港口和机场，形成处理国际贸易的物流中心，并根据国际贸易的发展和要求，提供更多的物流服务。如日本，为了提高中心港口和机场的全球物流功能，重点在京滨港、名古屋港、大阪港、神户港进行超级中枢港口项目建设，对成田机场、关西机场、羽田机场进行扩建，并在这些国际中心港口和空港附近设立物流中心，提高国际货物的运输和处理能力。这些国际物流中心，一般都具有保税区的功能。此外，港口还实现 24 小时作业，国际空运货物实现 24 小时运营。在通关和其他办证方面，也提供许多便利。再如，我国的很多大城市、港口城市，都根据国际贸易的需求建立了具有国际水平甚至领先水平的国际物流园区或物流中心，以其规模化的集散能力和在物流网络中的重要节点位置，成为现代综合物流产业的核心，在物流经济中发挥着强大的聚集与辐射作用。全球物流和国内物流，实际上是货物在两个关税区的转接和跨国界的流动，要实现国内流通体系和国际流通体系的无障碍连接，必须减轻全球物流企业的负担、简化行政手续、提高通关的便利化程度。因此，国际物流园区的便利化发展，不仅有赖于物流企业本身的努力，而且特别倚重于政府的支持。而如何围绕机场、港口建立保税区、保税仓库，提供"点到点"服务、"一站式"服务，则是国际物流中心规划必须深入考虑的问题。

(5) 全球物流向供应链全面转型。2005 年 1 月 1 日，美国物流管理协会更名为美国供应链管理专业协会(Council of Supply Chain Management Professionals，CSCMP)，媒体报道称：具有里程碑意义。它标志着 21 世纪世界物流发展的主流趋势：供应链管理。全球物流进入供应链时代之后，物流被放大到供应链的范畴来讨论。2006 美国供应链管理专业协会年会，体现了全球物流向供应链全面转型、供应链管理框架体系已经成熟的现实，国际物流发展的全球视角凸显。本届年会由来自全球 83 个圆桌分会约 3 200 名代表参加，25 个并行分会的主题分布，不仅体现了供应链管理流程的完整框架，各并行分会的主题，出现了更多的以"全球(global)"、"国际(international)"开头的标题。这不是一种表象，而是真正的内容。比如，运输与以往年会主题内容不同的是，从"运输的全球视角分析"，较多涉及国际运输、跨境运输、不同区域、不同国家的运输问题。以往年会对物流和供应链管理的讨论，较多集中在美国本土的范畴，本届年会，则有专门的分会或分节，来讨论美国本土之外的物流问题，增加了各个区域物流分析的比重，并设有专题讨论全球外包与全球供应链问题，讨论跨国界的供应链管理。全球物流向供应链管理转型的另外一个体现，就是将物流环节、物流问题的研究，纳入到供应链的框架之内，作为供应链的一部分来讨论，比如对零售、仓储、运输等传统物流环节的讨论，已经从零售在供应链中的角色、仓储与供应链相关问题、运输在供应链中的角色等角度进行研究分析。事实上，一些大型跨国物流企业已经开始了全球物流供应链管理的尝试，本次年会的内容之一也包括了对这些实践尝试的经验和教训的总结与交流。2006 年年会上，涉及中国物流的主题有"中国的第三方物流战略"、"物流协作——中国与各国的联系"、"全球物流外包——链接中国"、"全球供应链协作"等，有更多的中国演讲人登上了美国供应链管理专业协会的讲台，主流的物流企业、专家，对中国物流问题予以高度重视。

(6) 跨国物流公司引领全球物流市场。国际上一些有实力的大型跨国公司正在全力构建基于互联网技术、智能的、服务方式柔性、运输方式综合多样，并与环境协调发展的国际性物流系统，以提供快速、安全、高效、通达和便利的现代综合物流服务，满足客户现在和未来多样化、高要求的物流需求，并保证最有效地利用和保护各种资源。跨国物流公司以其整合全球资源的高强能力、规模经营优势、先进的管理理念，其实践探索的物流服务和经营模式成为众多全球物流企业借鉴的范式。它们规范化运作而形成的一些"国际惯例”，极大地影响着物流全球性标准的建立，有些“惯例”已经成为国际标准，被全球物流运作的企业广泛采用。可以认为，全球物流中很多被称为“先进的物流模式”、“增值物流服务模式”等，就是来自于这些大型跨国物流公司的实践探索。在未来的发展中，它们仍然是全球物流市场的引领者。

第二节 全球物流运输

全球物流活动的内容非常丰富，由于物流需要跨越疆界，从而运输成了其中的主要问题。由于全球物流的复杂性，全球物流运输需要有高效率的运输规划，并且明晰全球运输的对象及代理人类型。全球物流运输的主要方式可分为水上运输、陆上运输、航空运输、邮政运输、集装箱运输、国际多式联运和管道运输等。组织全球物流通常要综合考虑运输成本、货物对运行速度的要求、货物的特点、性质和数量、货物到达国的物流基础设施条件等，以此来选择正确的运输方式和管理组织方式。

一、全球物流运输规划

运输是物流领域主要且最重要的部分。在国际物流活动中，长运距使得运输过程中遇到的问题变得复杂，这使得运输规划显得尤为重要。运输规划要考虑的因素中，部分属于战略性质，部分则属于战术及实际操作层面。

（一）运输规划相关问题

在国际物流过程中，运输提供物体位移以及存储两大功能。其中，物体位移是显而易见的，存储是指运输过程中货物需要在运输载体上保存的时间。在实际中，常常通过运输时间来延长货物在运输工具上的存储时间，这在远洋散货运输中很常见。提前到达就意味着货物必须要占用港口的仓库。所以，在制定运输规划时，需要关于一些相关问题。

(1) 三个关键因素。运输可以被视为物流业的一个重要组成部分，而其自身也是一项重要的产业。在全球物流中，制定运输规划把握三个关键因素：时效性、一致性和可控性。实现性是指货物从出发地运到目的地的速度；一致性指每次都能稳定地将货物按要求的时间送达，良好的一致性有助于降低对库存的需求；可控性是指在运输前或运输过程中进行调节的能力。信息技术的发展给运输业带来了重大变革，使企业能够在运输过程中与运输人保持实时联系，甚至可以变更运输线路。

(2) 成本与服务时间的取舍。在运输过程中，必须考虑在成本和服务时间之间进行恰当的取舍。全球物流运输的总成本不仅仅是会计科目账面上运费，还必须考虑从运输中获利。在某些情况下，将货物运往世界各地比较经济，而在某些情况下货物则应由当地自行供应或部分由当地供应更为划算。Emery 航空公司（Emery Air Freight）曾委托斯坦福研究中心作了一项研究，其内容是航空公司如何发掘潜在的客户。报告中提出了“最低总成本”和“企业总收益”两个概念，说明托运商队运输方式的选择不仅仅考虑运输成本。如果仅根据运输成本来选择运输方式，那么，可能没有企业会选择航空运输。而事实上，托运商会同时考虑成本和效益。航空运输较其他运输方式而言费用较高，但对于某些货物而言，利用空运所得的整体效益会比较高。其原因是对于高物品价值、高保额、高时间价值的货物，一个快速的运输服务会更具有成本效益。

(3) 相对成本。运输如何影响企业在市场上的竞争力，只看单个企业的成本无法看出其重要性，重要的是与竞争者比较的相对成本。在一个区域内，运输成本低的企业肯定要更有竞争优势。虽然在其他地区企业还是有利可图的，但当竞争者有用成本优势时，它们就拥有更多的边际利润，从而可以轻而易举地进行降价、促销等活动，来获取更多的市场物流份额。当然这有几个前提条件，其中最重要的一项是服务产品不存在差异，或者说具有相同物流服务水平(诚然，企业竞争力还体现在其他许多方面)。此外，对于长大笨重的货物而言，运输成本占据了相当大的比重；而对以一些商店常见的轻薄小巧的快速消费品而言，产品特性等因素会比运输成本更为重要。

(4) 规模经济和距离经济。这是两个非常重要的运输原则。规模经济指单位产品运输成本随运输规模的扩大而降低，小规模运输的单位成本要高于大规模运输。距离经济则是单位产品运输成本随运输距离的增加而降低，即随着运输里程的增加，每公里的运费会降低，它遵循拉德纳法则。这一原理如图 13-1 所示。

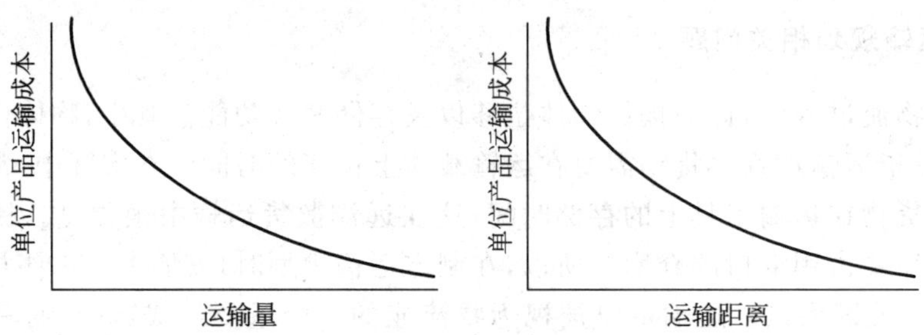

图 13-1 规模经济和距离经济

专栏 13-1 拉德纳(Lardner)法则

拉德纳法则也被称作运输和贸易范围准则。即运输成本减半，其运送货物的市场趋于增加 4 倍。如果一个工厂的配送距离只有 10 公里，其配送区域是一个半径 10 公里的圆。而如果其运输成本减半，则配送距离加倍，配送区域是原来的 4 倍，如图 13-2 所示。这里原理也适用于时间、运输速度增加 1 倍相同时间可达到的区域范围是原来的 4 倍。

拉德纳法则的重要意义在于它体现了运输成本的差异对企业市场区域的重大影响。

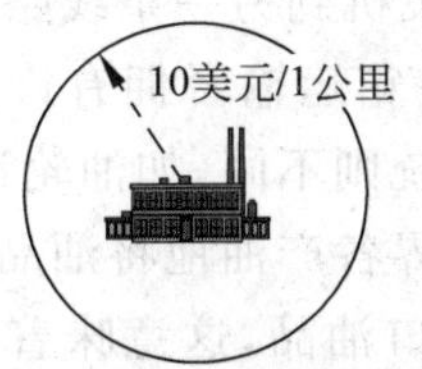

注：一种产品的运输成本达到10美元的销售市场(范围)是以工厂为中心，半径为1公里的圆形，市场范围为3.14平方公里。

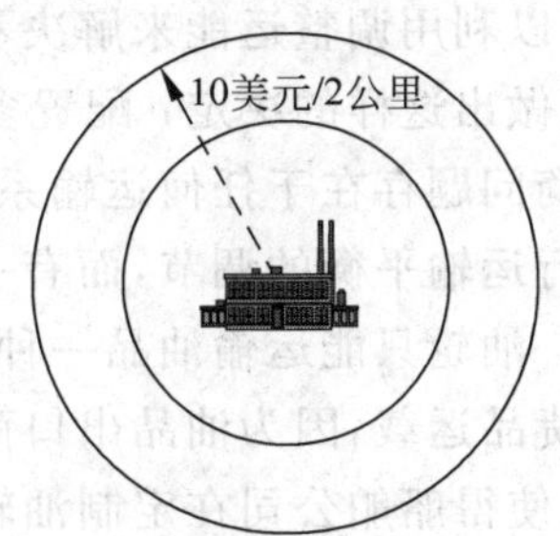

注：若运输成本减半，10美元能将产品运送至半径2公里内的任何地方，根据πr^2计算，它的销售面积可以扩大到12.56平方公里。

图 13-2 拉德纳法则的例子

拉德纳法则所指出的经济现象的根本原因在于运输费用包括了固定成本和可变成本两个部分。驾驶员工资、燃料费等可变成本存在差异，并且随着运距和运输量的增加而升高。但固定成本是保持不变的，所以固定成本在总成本中的比例将随着运距和运输量的增加而降低。以货车运输为例，与整辆货车只装一件货物相比，货车满载时，由于规模经济，其单位成本(无论是按距离还是按件数计算)都会下降。与短途运输相比，长途运输的装卸、搬运等作业的固定成本受距离效应的影响都会相对降低。

(二) 贸易与运输平衡

贸易和运输平衡对于提高物流服务的效率有着相当大的影响。运输平衡指同一贸易路线上往返的货运量或(运输)设备数量大致相同。如果从欧洲到亚洲的货运量与从亚洲到欧洲的货运量大致相同，即可称为达到运输平衡。从远洋运输公司的角度看，若往来亚洲双向的货运量大致相当，则认为达到贸易平衡。贸易平衡的重要性在于提高运输资源的利用率。贸易平衡使港口的进货量与出货量大致相同，保证了港口运输工具的充分利用(假定每个方向的运输工具均为满载)，贸易不平衡会导致一个方向运力过剩，而另一个方向则运力紧张，降低了运输效率，这是以成本的增加为代价的。

在一个特定的运输系统中，运输平衡必须保持输入与输出平衡，并且在此过程中不发生损耗。对于货车而言，由于成本较低，因而设备利用率低带来的影响相对而言并不特别突出，但对船只和飞机而言，需要尽可能提高其利用率。对于集装箱多式联运来说，不平衡运输带来的影响就很明显。集装箱的不平衡运输表现为运输过程中一个方向集装箱盈余，而另一个方向则不足。为了弥补不足，盈余的空箱必须被运到不足的地方，称为回空。回空的集装箱经过港口时的装卸费用是很昂贵的，因此，集装箱多式联运回空的代价是高昂的。当然，在港口出现不平衡运输时，可以通过调整港口进出运输价格来调整盈亏平衡。此外，也可以利用调整运能来解决不平衡运输问题，这属于战略决策层面的问题，比如，决策层可以做出这样的决定：配置多艘船只或飞机到另一条线路上。

运量不平衡问题存在于任何运输系统中。集装箱运输者拥有许多客户，他们可以利用多种方法进行运输平衡的调节，而有一些运输系统则不同，如油轮运输就是一个极度失衡的典型例子。油轮只能运输油品一种货物，从世界各产油地将油品运送到消费地，而返程则完全没有货品运载，因为油品出口商绝不会进口油品，这意味着油轮往程是满载，返程却是空载，这使得船舶公司在定制油轮的费率时，不得不在其单程运价中计算包括回空在内的全程往返成本。这正是贸易失衡引起的成本激增。此外，贸易不平衡也存在季节性变化特征。比如在夏季，即使调整价格也难以增加运输量，因为夏季运输需求下跌是一个全球性的问题，因此运能转移的效果也并不明显。

在全球物流中，一般来说，除了油品运输商外，其他运输业者很少有能力单独影响运输不平衡的情况，这正是价格调节所有客户的原因。通常，有三种常用的调解失衡的方法：其一，托运商通过寻找那些运能过程的港口或去往无货可运的“赤字”港口的航线来获得商机，这些航线的运费会比较便宜。一般全球性的商品贸易都可以看到边际利润所在，也会寻找这种不平衡运输所带来的潜在利润。其二，是托运商协会向承运商提供双向航程合约。托运商协会是由托运商组成的团体，致力于向承运商争取更低的运价，他们与承运商达成协议，保证进出口货物量相同，避免不均衡给承运商带来的消极影响。亚洲金融危机时，在亚太贸易严重失衡的情况下就是采用了这一措施。其三，采用集装箱和底盘联营(当然也有其他设备联营)。在一个港口有很多承运商，一些互为伙伴的承运商之间达成设备共享的协议。伙伴承运商的集装箱或底盘出现盈余时会堆叠起来，当其他伙伴承运商的设备出现不足时，“联营”便发挥了重要的调节作用，用一承运商的过剩来弥补另一承运商的不足。设备共享协议一部分是企业间直接共享，另一部分是凭借信用租用，在一定时间段内(如一个月或一个季度)，企业根据其租用情况支付费用。

(三) 运输方式选择

在物流过程中，运输是运用多种设备和工具，将物品从不同地域范围间进行运送的活动，以改变“物”的空间位置，内容包括集货、分配、搬运、中转、装入、卸下、分散等一系列操作。运输方式的选择与诸多因素有关，比如承运商和托运商的一些因素、货物的特性、距离、费用、货物目的地的宏微观环境等。在承运商和托运商、货物目的地环境不占主导因素时，货物的特性和距离是影响运输方式选择的主导因素。以下一些项目通常是运输方式选择中首要考虑的因素。

(1) 货物尺寸、体积、重量、密度等。它们影响货物的可装载性。体积大、笨重的货物较难装载，需要使用一些设施及大型的自动化和机械化的装在工具；体积小、轻巧的货物相对容易装载,但处理作业会更复杂。

(2) 搬运。一些货物会装上把手或采用其他方式便于搬运,另一些货物搬运起来就相对困难些。鲜活货物的搬运相对麻烦,而适合集装箱装运的货物处理起来就比较简单。近年来国际贸易中增长较快的冷藏货物的搬运也需要特殊处理。

(3) 可靠性。指货物在运输过程中发生损坏或丢失的可能。一些货物容易被盗,如电子产品;一些货物容易损坏,如新鲜水果。而像废纸一类的货物则不存在这样的问题。

(4) 危险货物。美国运输部对危险的界定是:在商业运输中可能对健康、安全、财产造成过分伤害的一切货物。危险货物按其对健康的危害性、易燃性和反应性分为三大类。此外危险货物被划分为0~5共六个等级,其中,0级危险程度最低,5级为极度危险。危险货物必须遵循相应的运输规则,在国际运输中也有关于危险货物运输的特殊规则,如对包装的特殊要求、对操作人员定期的培训认证要求、对装在工具的特别要求等。有时候许多商品并无危害性,但在运输状态下却可能产生危险。

(5) 特殊服务要求。一些货物需要特殊服务,如牛皮必须浸泡在有毒性熔剂中;对牲畜的长距离运输,途中需要定时喂食。

对运输方式的选择不仅意味着承运商之间的竞争,也意味着不同运输方式之间的竞争。通常,洲际运输可以选择海运,也可以选择空运;而陆际运输可以在公路、铁路与航空之间进行选择。比如,从中东到欧洲的油品运输采用海运最为经济,而对于价值较高的电脑芯片的越洋运输采用空运更为实惠,当然也可以选择其他的运输方式。图13-3给出了各种运输方式选择的示意,其中,体积大、价值低的货物一般由海运或铁路承运;价值高、质量轻的货物一般由航空承运。

二、全球运输的对象及代理

全球货物运输是指在国家与国家、国家与地区之间的货物运输。全球货物运输包括全球贸易物资运输和全球非贸易物资(如展览品、援外物资、个人行李、办公用品等)运输。由于全球货物运输主要是全球贸易物资运输,非贸易物资的运输往往只是贸易物资运输部门的附带业务,所以全球货物运输通常又被称为全球贸易运输,对国家来说就是对外贸易运输,简称外贸运输。了解全球货物运输队相继运输代理人类型也是全球物流运输必不可少的内容。

(一) 全球货物运输对象

全球货物运输对象可以从三个不同角度来划分。

(1) 从货物装运方式分。包括:

① 散装货物,简称散货。以重量承运,是无标志、无包装、不易计算件数的货物,以散装方式进行运输。一般批量较大,种类较少。

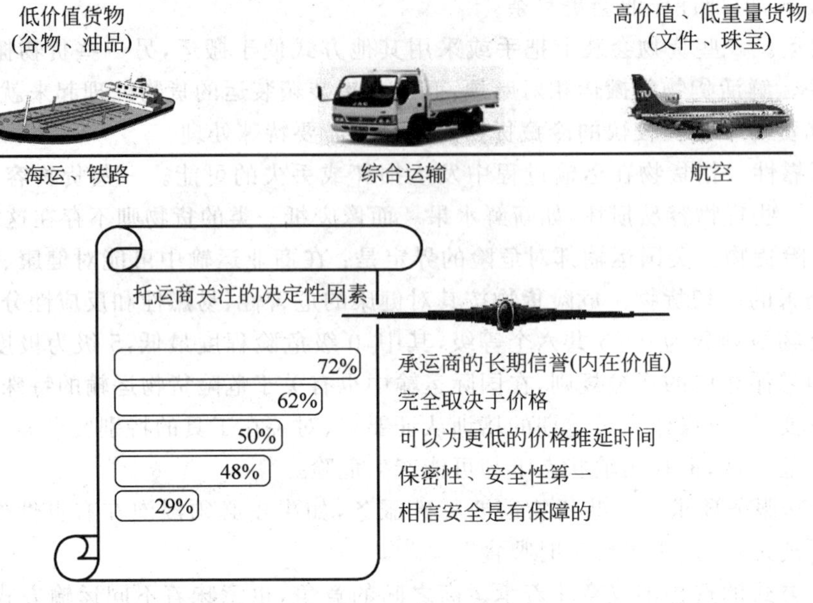

图 13-3　运输方式的选择

② 件装货物。简称件货。以件数和质量承运，一般批量较少，件数较多，称为件杂货或件货。有标志，包装形式不一，性质各异。

③ 成组装货物。是指用托盘、网袋、集装袋和集装箱等，将件杂货或散货组成一个大单元进行运输的货物。

(2) 从货物形态的角度分。包括：

① 包装货物。为了保证货物在装卸、运输中的安全和便利，必须使用一些材料对它们进行适当的包装，这种货物就叫做包装货物。按货物包装的形式和材料，通常可分为：箱装货物，桶装货物，货装货物，捆装货物和其他形态的包装货物。

② 裸装货物。不加包装而成件的货物成为裸装货物。如钢材、生铁、有色金属和车辆及一些设备等。它们在运输过程中需要采取防止水湿锈损的安全措施。

③ 散装货物。指某些大批的低值货物，不加任何包装，采取散装方式，以利于使用机械装卸作业，进行大规模运输，把运费降到最低的限度。这种货物称为散装货物，包括干质散装货物和液体散装货物。

(3) 从货物重量的角度分。包括：按照货物的重量和体积比例的大小来分，可分为重量货物和体积货物两种。如海运货物根据国际上统一的划分标准，凡 1 吨重量的货物，体积小于 40 立方英尺或 1 立方米则称重量货物；凡 1 吨重量的货物，体积大于 40 立方英尺或 1 立方米，这种货物就是体积货物，也称为轻泡货物。

（二）运输代理人类型

全球货物运输的业务范围遍布国内外广大地区，涉及面广，头绪多，而且情况复杂，任何一个运输承运人或货主都不可能亲自处理每一项业务，有些工作需要委托代理人代为办理，为了适应这种需要，在国际货物运输领域里就产生了从事代理业务的国际货运代理行或代理人。按照代理业务的性质和范围的不同，可将运输代理分为租船代理、船务代理、货运代理和咨询代理四大类。

(1) 租船代理。租船代理又称租船经纪人。它是以船舶为商业活动对象而进行船舶租赁业务的机构。它的业务活动是在市场上为租船人寻找合适运输船舶，或为船东寻找货运对象，他以中间人身份使船租双方达成租赁交易，从中赚取佣金。因此，根据他所代表的委托人身份的不同又分为船东代理人和租船代理人。

(2) 船务代理。船务代理是指接受承运人的委托，代办与船舶有关的一切业务的机构。船务代理业务范围很广，主要包括船舶进出港业务，货运业务，船舶供应和船舶方面等业务以及其他性业务等。

(3) 货运代理。货运代理是指接受货主的委托代表货主办理有关货物报关、交接、仓储、调拨、检验、包装、转运和订船业务的机构。他与货主的关系是委托和被委托关系，在办理代理业务中，他是以货主的代理人身份对货主负责并按代理业务项目和提供的劳务向货主收取代理费。

(4) 咨询代理。咨询代理是专门从事咨询工作，按委托人的需要，以提供有关咨询情况、情报、资料、信息而收取一定报酬的机构。鉴于咨询代理公司的性质，它对国际贸易及全球物流的有关政策、法规及其他信息有较透彻的了解，可以为委托人和承运人提供很多难以收集到的有用信息。

三、全球物流的运输结构

全球物流的运输方式包括海、陆、空及管道和邮政运输等，这其中集装箱及多式联运有其突出的特点，也是业界很关注的问题，它们构成了全球物流的运输结构。

（一）全球海上货物运输

海上货物运输是采用船舶工具将货物由装运港运到目的港的一种运输方式。在国际贸易总量中约有 2/3 的货物是通过海上运输的。海上运输有两种方式，即班轮运输和租船运输，以适应不同的运输要求。

(1) 班轮运输。指运输公司安排货船或客船在固定航线上、固定时间、固定港口间运输货物，并公布船期时间表，按班轮运价收取运费。班轮运输使用最广，在海运中占有十分重要的地位。班轮运输的主要特点在于，第一，计划性强，客户可按船期时间表从容安排计划，有利于客户安排工作。第二，固定收费率，便于客户核算运费和对运输方式进行选择。第三，班轮运输在装运时间、数量、卸货地点等方面都很灵活，非常有利于包装杂货和小批量、零星货物运输。第四，手续简便，便于采用且风险较小。采用班轮运输，必须具备以下几个条件：

① 必须具有海上运输提单。提单是采用班轮运输方式的海运合同（班轮运输也可称为提单运输）。它是承运人在接管货物或把货物装船后签发给托运人，证明双方已订立运输合同，并保证在目的港按照提单所载明的条件交付货物的一种书面凭证。提单在班轮运输中有以下几方面的作用，第一，提单是承运人对货物出具的收据。提单是承运人收到货物后，根据托运人提供的货运资料，填写提单并签发给托运人的，这就表明承运人已按提单所记载的内容收到了托运货物。第二，提单是货物的物权凭证。提单作为货物的物权凭证表示在占有提单时就等于占有了货物，提单的合法转让或抵押等于货物的合法转让或抵押，提单还可作为向银行押汇的担保品。第三，提单是海上货物运输合同的依据。提单中规定了承运人和托运人，收货人之间的权利和义务，以书面形式证明运输合同的成立。提单一般由各运输公司制定，通常有正、反两面，正面主要记载内容为：船名和船舶的国籍；承运人名称；装货地和目的地或运输航线；托运人名称；收货人名称；货物的名称、标志、包装、件数、重量或体积；运费和应当付给承运人的其他费用。除最后一项由承运人填写，其他的款项都由托运人根据实际情况填写。提单背面规定承运人与托运人的权利和义务的详细条款，通常一式三份。

② 托运人必须按约定提供货物、支付运费和在目的港接受货物。托运人应当及时把约定的货物送到承运人指定的地点，并按规定办妥货物出境的一切手续，向承运人交付有关单据文件，避免造成延期装船，使承运人遭受损失。托运人支付运费的方法有以下几种，第一，预付运费，即在装货时或在开航前，托运人支付运费。第二，到付运费，即在目的港交货时，收货人支付运费。第三，比例运费，即按货物运送的实际里程与全程之间的比例计付的运费。这种方式通常只适用于船舶中途遇难，放弃原定航线的情况。以上三种支付运费的方法，可由双方当事人协商决定，并在运输合同中进行记载。托运人交运货物后，应当在目的港接受货物。实际上，在目的港接受货物的人通常是收货人。收货人可能是托运人的代理人，也可能是货物的买方。如果不及时接货或拒绝接货，一切额外费用均由收货人或货主承担。

③ 承运人提供适航的船舶，把货物运达目的港和在目的港交货。承运人在开航前应选择具备航行条件的船舶，船舶的构造和设备能在海上一般风险下安全航行，应配备足够数量的合格人员，包括船长、船员和其他工作人员，并根据航程远近和航经地区情况，储备足够的燃料和其他物资。承运人的主要义务是把货物运达目的港。货物装船后，船舶应按规定日期开航，并在货物运达目的港后，通知收货人提货，在收货人交出合同单据并交清运杂费用以后向收货人交货。

(2) 租船运输。租船运输方式是指租用船舶全部、部分或指定舱位进行运输。租用的船舶只按租船合同规定的航线航行,只负责运输租船人根据租船合同提供的货物。在无法采用班轮运输的情况下,例如特殊货物、大量货物、紧急货物、无班轮停靠港等,一般都采用租船方式。租船方式适用于运输粮食、矿砂、石油、水泥、煤炭、木材等,可根据货物种类及数量选择不同类型及吨位的船,以充分利用专用船和大吨船的优势。如果选择得当,租船方式的成本比班轮运输成本会低很多。因此,租船方式也使用于运费承担能力不高的低值货物。现在外贸物资中约有 30%是租用外轮运输。

租船方式有定程租船和定期租船两种类型。

① 定程租船。即出租人(一般是承运人)将船舶租给租船人(一般是托运人),按航程计费租赁,货主(租船人)按协议提送货物和交纳运费,承运人负责按协议运送。定期租船又有单航次租船、往返程租船、连续单航次租船、连续往返程租船等多种形式,并且不同形式下运货费用水平有较大差别。

② 定期租船。即出租人将船舶租给承运人,在约定期限内,按约定用途使用船舶进行运输,在租赁期内,船由租船人负责经营管理,船方除收取租金外,还负责保证船舶的适航性。定程租船可租全船,也可只租某些舱位;而定期租船则属"包租",是全船租赁的形式。

租船运输必须具备两种最基本的条件。

① 必须具备租船合同。租船合同是在采用租船运输方式下,托运人和承运人就租赁船舶而签订的海上运输合同,出租人是船舶所有人,承租人是租船人。租船合同只起运输合同的作用,它既不是货物收据,也不是物权凭证,这与班轮运输的运输合同——提单是有区别的。因为租船有定程租船和定期租船两种,所以租船合同也相应地分为定程租船合同和定期租船合同。定程租船合同的条款很多,主要内容有:其一,出租人提供特定化的船舶;其二,规定船舶到达装货港的"受载日期";其三,规定装货港和目的港;其四,规定装卸条件;其五,规定装卸时间、滞期费与速遣费;其六,规定货物损失责任;其七,规定运费计算和支付方法等。

② 对承运方与托运方的要求。定程租船方式对承运方与托运方的要求,与班轮运输方式基本相同。

(二) 全球陆上货物运输

全球陆上货物运输包括一般的铁路运输和联运,全球公路运输等。

(1) 全球铁路货物运输。全球铁路货物运输是指经由地上、地下及架空铁路实现货物从一地到另一地的位移。它是现代运输业主要运输方式之一。包括冷冻货物的运输、大量液体或气体的运输、集装箱货物运输、邮包运输和其他货物运输等。与其他运输方式相比较,铁路运输具有以下显著的特点。

① 运输量较大、安全可靠。铁路的一列货物列车一般能运送3 000～5 000吨货物，远比航空运输和汽车运输的运输量大的多。在货物运输的安全性方面也较海上运输为高。

② 运输速度较快。磁悬浮列车时速已达600公里左右。与此同时，普通列车也开始提速。据专家预测，21世纪常规铁路行车时速将超过480公里，远远超过汽车和船只。

③ 运输成本较低。仅为汽车运输的几分之一甚至十几分之一。

④ 具有较高的连续性和准确性。受气候条件的影响较小，一年四季可以不分昼夜地进行运输。

(2) 全球铁路货物联运。全球铁路货物联运是指在两个或两个以上国家铁路运送中，使用一份运送单据，并以连带责任办理货物的全程运送。在由一国铁路向另一国铁路移交货物时，无须发、收货人参加。具有简化手续，方便收、发货人，便于在国际贸易中充分利用铁路运输的优势，及早结汇，促进铁路沿线外向型经济及铁路运输企业的发展等优点。

① 全球铁路联运出口货物运输。全球铁路联运出口货物运输组织工作，主要包括计划的编制、货物的托运、承运车、运送和交付。货物的托运与承运的过程即为承运方(铁路)与托运方(发货人)缔结运输合同的过程。托运是发货人向铁路提出委托运输的行为，承运则是铁路接受发货人所提出的货物运输委托的行为。发货人按车站指定日期将货物搬入车站或指定货位，经车站根据运单的记载事项查对核实货物，确认符合全球联运的有关规定后即予以接收。在发货人付清一切应付运送费用后，车站在所提交的运单上加盖车站的日期戳。运单在加盖车站日期戳后，即标志承、托双方以运单为凭证的运输合同开始生效，参加联运国铁路对货物负有从始运地运送至运单上指定的目的地的一切责任。

② 全球铁路联运进口货物运输。进口货物全球铁路联运，均需办理报关、报验、铁路货物单证的交接等工作。具体包括：第一，进口合同资料工作。合同资料是国境站核放货物的重要依据，也是向各有关部门报关、报验的凭证。各进出口公司在对外合同签字后，要及时将一份合同中文抄本寄给货物进口口岸的分支机构。对于由外运公司分支机构接受的分拨小额订货，必须在抄寄合同的同时，按合同内容填附货物分类表。合同资料包括：合同的中文抄本和它的附件、补充书、协议书、变更申请书和有关确认函电等。第二，进口货物的现场核放工作。进口货物的交接首先是票据的交接，对方交换所将进口货物票据交中方交接后，我现场工作人员主动到中方铁路办公处索取我方公司所代理单位的进口货物票据。然后抄制进口货物明细单，查验合同所附带有关进货的材料是否齐全。接着按海关要求填报进口货物报关单，并连同合同及有关证明批件向海关申报放行货物。第三，进口货物的交货。联运进口货物到达到站后，铁路根据运单或随附运单的进口货物通知单所记载的实际收人，发出货物到达通知，通知收货人提取货物。收货人接到通知后，必须向车站领取货物并付运送费用。在收货人付清一切应付运送费用后，铁路必须将货物连同运单一起交付收货人。

(3) 全球公路运输。全球公路货物运输是指全球货物借助一定的运载工具,沿着公路作跨及两个或两个以上国家或地区的移动过程。它既是一个独立的运输体系,也是车站、港口和机场集散物资的重要手段。它是沟通生产和消费的桥梁和纽带。没有公路运输的衔接,铁路、水路、航空运输就不能正常运行。由于公路运输具有机动灵活、适应性强的优点,因此在运输体系中体现了"时差效益"、"远距离效益"和"运输质量效益"三个特点。但与其他运输方式相比,公路运输同时又具有一定的局限性,如载重量小,不适宜装载重件、大件货物,不适宜长途运输,车辆运行中振动较大,易造成货损或货差事故。同时,运价通常也较水运和铁路运输为高。

(三) 全球航空货物运输

全球航空运输是一种新兴的运输方式,是一国的提供者向他国消费者提供航空飞行器运输货物并获取收入的活动。现代国际航空货物运输具有运送速度快,安全、准确、货物灭失与破损率低,简化、节省货运包装,缩短存货周期,加快商品流通,减少企业备用资金存量、加快资金周转、提高资金使用效率和效益等优点。

(1) 全球航空货物运输方式。包括:

① 班机运输方式。指在固定的航线上定期航行的航班,其始发港、目的港和途径站都是固定的。

② 包机运输方式。当货物批量较大,而班机又不能满足要求需要时,可以采用包机运输方式。包机运输又分整舱包运和部分舱包运两种。

③ 集中托运方式。指航空货运代理公司把若干小批量单独发运的货物组成一整票向航空公司办理一次性托运手续,采用一份总运单集中发货运至统一到港,再由货运代理公司在当地的代理人收货、报关、分拨和放货给持有起运港代理人签发的运单的各实际收货人的运输方式。

④ 航空快件传递。又称航空速递,是国际航空运输中最快捷的运输方式。是由专门经营该项业务的公司与航空公司合作,设专人以最快的速度在货主、机场和用户之间转送急件。

⑤ 送交业务。在国际贸易往来中,出口商为了推销其产品,往往要向客户赠送样品、宣传资料等。这些业务一般由送交业务完成。

⑥ 货到付款。它是承运人在货物到达目的地交给收货人时,根据其与发货人之间的协议,代向收货人收取航空运单上所记载的货款,并汇寄给发货人的一项业务。

(2) 全球航空货物运输业务。包括出口和进口量大类业务:

① 出口业务。包括从发货人手中接货到将货物交付给航空公司承运,以及运输过程的单证作业、业务管理和信息服务。具体包括以下七个方面内容:第一,接受货运委托。托运单的填开和审核。审核内容主要是航班日期、价格等。第二,预配舱和预订舱。汇总

所有货运委托单及货物情况，根据各航空公司不同机型定制预配舱方案，确定每票货物的运单号；根据预配舱方案向航空公司预订舱；如果是航空公司的代理人，接单后有关资料输入电脑，并制作航空货运单。当一份总运单下有几份分运单时，还需要制作航空货物清单及空运出口业务日报表等。第三，接货和标签。接货一般与接单同时进行，即将发运的货物从发货人手中承接后运送到自己的仓库。接货时需对货物进行查验和办理交接手续；标签，即对承运货物的标识。第四，配舱和订舱。即出运货物入库后根据实际情况安排航班和舱位，得到航空公司签发的舱位确认书；同时，编制出仓单和申请提板箱等。第五，交单交货。交单包括随即单据和承运人留存单据，交货是指航空公司审单验收。第六，航班跟踪和信息服务。第七，费用结算。

② 进口业务。包括从入境货物的提取和交付，或转达运过程的各项服务。具体包括：接单和接货；理货和仓储；理单和到货通知；制单和报关；收费和发货。根据货物的运输合同、条件，以及客户的要求，为货主代办进口报关、垫税、垫付费用，提货后送货上门等服务；或安排货物转运事宜。代办货物损害或货物延误的索赔事宜。

（四）全球集装箱运输

集装箱是一种容器，是具有一定规格强度的专为周转使用的货箱，也称货柜。这种容器和货物的外包装不同，它是进行货物运输，便于机械装卸的一种成组工具。以集装箱作为运输单位进行货物运输是一种现代化运输方式，它适用于海洋运输、铁路运输及国际多式联运等。目前，国际标准化组织共规定了 5 个系列，13 种规格的集装箱。我们现在海运和陆运普遍使用的 20 英尺和 40 英尺集装箱，是第一系列中的 IC 和 IA 型，关于集装箱船舶的集装箱装载能力，通常是以能装多少个 TEU（即 20 英尺标准集装箱——twenty-foot equivalent unit），其宽、高、长（8 英尺×8 英尺×20 英尺）为衡量标准。海上集装箱运输开始于 1965 年 4 月，美国海陆运输公司（Sea-land）将一艘 T-2 型油轮在航线上首次试航。迄今已形成了一个世界性的集装箱运输体系。目前，集装箱海运已经成为国际主要班轮航线上占有支配地位的运输方式。集装箱运输之所以如此迅速发展，是因为同传统海运相比，它具有一系列优点：

① 提高装卸效率，提高港口的吞吐能力，加速船舶的周转和港口的疏港；

② 减少货物装卸次数，有利于提高运输质量，减少货损货差；

③ 节省包装费、作业费等各项费用，降低货运成本；

④ 简化货运手续，便于货物运输；

⑤ 把传统单一运输串联成连贯的成组运输，从而促进国际多式联运的发展。

（1）集装箱运输方式。集装箱运输方式根据货物装箱数量和方式分为整箱和拼箱两种。整箱是指货主将货物装满整箱后，以箱为单位托运的集装箱。一般做法是由承运人将空箱运到工厂或仓库后，在海关人员监督下，货主把货装入箱内、加封、铅封后交承运人并取得站场收据，最后凭站场收据换取提单。拼箱是指承运人或代理人接受货主托运的数量不足整箱的小件货物后，根据货类性质和目的地进行的分类、整理、集中、装箱、交货等均在承运人码头集装箱货运站或内陆集装箱运转站进行的工作。集装箱交接方式大致有四类：整箱/整箱、分箱/分箱、整箱/分箱、分箱/整箱，其中以整箱/整箱交接效果最好，也最能发挥集装箱的优越性。集装箱的交接地点可归纳为四种方式：门到门、门到站场、站场到门、站场到站场。

(2) 集装箱运输的主要货运单证。集装箱运输货运单证与传统运输的货运单证不同，主要有两种。

① 出口：站场收据、装箱单、集装箱提单和设备交接单。

② 进口：收(交)货记录，即承运人把货物交给收货人或其代理时，双方共同签署的，证明货已交付，以及该批货物交付时的情况的单证。

(五) 国际多式联运

国际多式联运是指按照多式联运合同，以至少两种以上不同运输方式，由多式联运经营人负责将货物从一国境内接受货物地点，运到另一国境内指定地点交付货物的一种国际运输方式。是由多式联运经营人对托运人签订运输合同，实行运输全程一次托运、一单到底、一次收费、全程负责以及统一理赔的一种国际货运组织形式。我国《海商法》第 102 条关于多式联运合同的特点规定：是指多式联运经营人以两种以上的不同运输方式，其中一种是海上运输方式，负责将货物从接受地运至目的地交付收货人，并收取全程运费的合同。

(1) 多式联运枢纽与网络点。国际多式联运，是一票货物通过两种以上运载工具完成从出口地到进口地全程运输的货运活动。因此，必须十分重视连接不同运输方式的枢纽和网络点的协调和配合。所谓“枢纽”，是指能够承接来自各个方向、不同运输方式和不同目的地的货物，具有整理、分类、保管、经过重新组合对货物进行联运及其业务处理，以实现保证联运货物完好交接和换装转运等综合功能的陆上场所。主要包括：承接和转运来自海上货物的登陆港、转运港，承接空运货物的着陆港，以及铁路编组站与公路集散地。所谓“网络点”，这里是指配合货物多式联运，并能接受和处理联运货物和相关业务事宜的公共点。具体包括：码头、货运集散、货箱调度与拼、拆箱的场站、货物交接点等。

(2) 国际多式联运业务。从多式联运经营人角度看，多式联运业务主要包括：与发货人订立多式联运合同，组织全程运输，完成从接货到交货过程的合同事项等基本内容。由于多式联运是在跨国跨地区间依托不同运输方式进行的，把多式联运从货物接收到最后交付这一过程进行分解，则具体业务主要包括：

① 出运地货物交接，即托运人根据合同的约定把货物交至指定地点。

② 多式联运路线和方式的确定，与分包方签订货物联运合同。

③ 货物出口安排,对货物全程运输投保货物责任险和集装箱保险。

④ 通知转运地代理人,与分包承运人联系,及时做好货物过境、或进口换装、转运等手续的申办和业务安排。

⑤ 货物运输过程的跟踪监管,定期向发货人或收货人发布货物位置等信息。

⑥ 通知货物抵达目的地时间,并要求目的地代理人办理货物进口手续。此外,还有估算费用,集装箱跟踪管理,租箱与归还业务,以及货物索赔和理赔业务等。

(3) 多式联运业务关系。国际多式联运业务的参与方比较复杂,主要的相关关系方有以下几种。

① 多式联运经营人。他是与托运人进行签约,负责履行或组织履行联运合同,并对全程运输负责的企业法人和独立经营人。实务中,以船舶运输公司为多式联运经营人,和货运代理人以无船承运人的身份从事多式联运经营活动者居多。他们在国际多式联运业务活动中,以本人或委托他人以本人的名义,与有关承运人订立分合同,安排相关联运,与枢纽港和网络点如码头、仓储、场站和内陆货站等订立分合同,安排相关货物交接、装卸、存放与保管等相关业务。

② 货物托运人和收货人。在国际货物多式联运公约中已有清楚定义。但这里所述的托运人和收货人,是指货物实际托运人和实际收货人。在与多式联运经营人的关系,前者是多式联运的业务委托关系和合同当事方;后者是多式联运合同涉及的第三方,和在目的地享受货物提运权的关系人。

③ 分合同方。包括区段承运人,如船舶所有人或经营人,铁路、公路、航空和江河运输经营人,以及非运载工具经营人,如集装箱场站、仓储经营人和转运代理人等。与多式联运经营人签订分合同的当事人应承担合同中所约定的责任部分。

④ 其他有关方。主要指那些与货物和国际多式联运业务相关的其他关系方包括与货物进出口业务相关的货物保险与货物检验,以及其他责任保险方,进出口贸易监管、外汇控制机构、海关和理赔行等。

(六) 全球管道运输和全球邮政物流

全球管道运输主要适于液体"物品"的运输,是一种很特殊的物品,也是一种很特殊的运输方式。近年来,全球邮政业务发展很快,触角延伸的界面越来越大。

(1) 全球管道运输。全球管道运输是随着石油的生产而产生、发展的。它是借助高压气泵的压力将管道内货物输往目的地的一种特殊运输方式,是运输通道和运输工具合而为一的一种专门运输方式。管道运输分为架空管道、地面管道和地下管道,其中以地下管道最为普遍。视地形情况,一条管道也可能三者兼而有之。运输管道从地理范围上划分为:从油矿到聚油塔或炼油厂的运输管道称为原油管道;从炼油厂至海港或集散中心,称为成品油管道。从海港到海上浮筒称为系泊管道。管道运输就其运输对象又可以分为流体管道、气体管道、水浆管道。管道运输是一种节省能耗、灵便、先进的运输方式。

(2) 全球邮政物流。全球邮政物流是指通过各国邮政运输办理的包裹、函件等。每年全世界通过国际邮政所完成的包裹、函件、特快专递等数量相当庞大,因此它成为全球物流的一个重要组成部分。邮政运输是一种较简单的运输方式。世界各国的邮政包裹业务均由国家办理,我国邮政业务由邮政部门负责办理。国际上,各国邮政之间订有协议和公约,通过这些协议和公约使邮政包裹的传递畅通无阻,四通八达,形成全球性的邮政运输网,从而使全球邮政运输成为全球物流中普遍采用的运输方式之一。全球邮政运输具有以下特点:

① 广泛的国际性。全球邮政是在国与国之间进行的,在大多数情况下,国际邮件需要经转一个或几个国家。各国相互经转对方的国际邮件,是在平等互利、相互协作配合的基础上,遵照国际邮政公约和协定的规定进行的。为确保邮件安全、迅速、准确地传送,在办理邮政运输时,必须熟悉并严格遵守本国和国际间的各项邮政规定和制度。

② 国际多式联运性。全球邮政运输过程一般需要经过两个或两个以上国家的邮政局,通过两种或两种以上不同的运输方式的联合作业才能完成。但从邮政托运人角度来说,它只要向邮政局照章办理一次托运,一次付清足额邮资,并取得一张邮政包裹收据,全部手续即告完备。至于邮件运送、交接、保管、传递一切事宜均由各国邮政局负责办理。邮件运抵目的地,收件人即可凭邮政局到件通知收据向邮政局提取邮件,手续非常简便。因此,可以认为全球邮政运输是国际多式联运的一种方式。

③ "门到门"的运输性。各国邮政机构遍及于世界各地,邮件一般可在当地就近向邮政局办理,邮件到达目的地后,收件人也可在当地就近邮政局提取邮件。所以,邮政运输基本上可以说是"门到门"运输。

④ 货物小件性。全球邮政运输不可能运送国际贸易中的大量货物,只能运送包裹之类的小件货物,而且对包裹的重量和体积均有严格的限制。所以通常只适宜运送精密仪器、机器零件、金银首饰、贸易样品、工程图纸、合同契约、私人包裹等量轻体小的零星物品。

第三节 全球物流管理

参与全球物流市场竞争需要把战略和战术两个层面很好地黏和起来。全球物流战略需要基于企业实际,从全球的视角透视企业全球物流的基本流程,制定切实可行的战略。有一些基本的原则可以作为开发全球物流战略的指导,同时要结合全球物流的目标市场,把一些关联因素考虑进来。全球物流管理中有两方面的因素极为重要,这就是对全球物流联盟和外包的管理。

一、全球物流管理战略

20 世纪出现的一种最重要的现象之一是商业组织扩展到了世界的各个地方。今天,许多公司在国外都有大片而且不断扩大的市场,从而,全球化的物流战略和规划成了一个需要高度关注的重要课题。

(一)全球物流管理的基本流程

管理全球化的供应链要比管理纯粹的国内网络复杂的多。如何组织全球物流活动,规划企业全球化的物流系统,并开发合适的控制流程,监管它的成功或失败,需要回答这样几个问题:环境、目标和计划、组织结构、计划实施、绩效控制及衡量等。这几个问题是相互关联的,可以作为构成全球物流管理的流程,如图 13-4 所示。

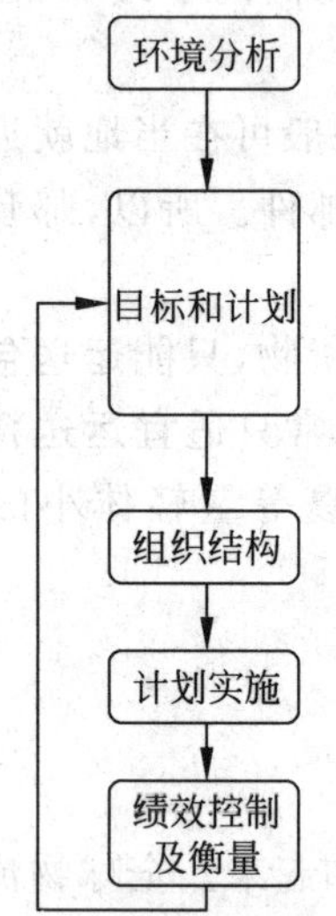

分析、计划和控制的关键问题

环境分析

1. 物流运作所涉及到的国家或地区的市场特点,每一个市场与其他国家市场的共同点。
2. 公司如何应对国际市场环境,或者应当集中国内市场?

目标和计划

3. 由谁来作出物流决策。
4. 物流市场的主要假定是什么,是否有效。
5. 目标市场的客户服务需求是什么。
6. 公司对每一个目标市场提供的物流系统的特征是什么。
7. 相对于每一个目标市场现有的和潜在的竞争,公司主要的优势和劣势在哪里。
8. 在已有的各种物流方案和对市场机会、风险及公司能力评价的基础上,公司的物流目标什么。
9. 目标市场的损益状况和资金状况如何,对公司的实物分销系统会有什么样的影响。

组织结构

10. 为了以最优的途径达到物流目标,在公司现有技能和资源情况下,如何组建物流组织。

计划实施

11. 在已有的全球化物流的目标、结构和对市场环境评价的情况下,如何制定有效的物流运作计划,尤其是针对每一个目标市场,公司应采取什么样的运输、库存、包装、仓库运作和客户服务战略。

绩效控制及衡量

12. 如何监控和衡量计划的绩效,应采取什么样的措施将实际的和预期的效果结合起来。

图 13-4 全球物流管理流程

实施全球物流战略首先要对国际市场环境进行分析，尤其是公司全球化物流运作涉及的国家和地区的市场特点进行分析和比较，以便进一步分析公司是否适应或者如何应对国际市场环境。接下来要制定全球化物流的目标和计划，这涉及分析每一个市场的不同特征，开发一套能够实现组织目标的物流方案或战略。在有了一套目标或战略的情况下，管理者确定恰当的组织结构和供应链结构。当这些建立起来后，管理者将推行最优的物流网络或系统。最后一个步骤是衡量和评价系统的绩效，以调整和改进系统以及向战略计划过程提供反馈。

与国内物流管理一样，成本/服务权衡分析是全球物流管理战略中不可或缺的一个部分，能正确识别、评估和应用最优成本/服务组合对组织及客户来说，无论运作局限于国内还是国际性的，都是非常重要的。两者之间主要的差别仅仅在于每一种成本和服务因素的重要性不同。

一些非常重要的成本和服务因素与响应时间、订单完整性、运输准确性和运输条件有关。

(1) 响应时间。使响应时间变得更长、更不稳定的因素包括距离更长，速度较慢，因为大量的国际货运是通过海上进行的，单证和手续更多，如信用证和领事签货证，这可能会花费大量的时间。

(2) 订单完整性。与国内物流相比，由于高得多的缺货成本和加急运输费用，订单完整性在全球物流中显得更为重要。在提高订单完整性时，必须权衡订单处理和运输费用。

(二) 制定全球化物流战略的基本原则

与国内物流管理相比，由于诸多的因素，如由于距离引起的响应时间，是否缺货或加急运输带来的订单的完整性问题，运输的准确性和运输条件等，使得国际物流管理变得更为复杂，从而制定全球化的物流管理战略必须慎之又慎。詹姆士·R.斯托克(James R. Stock)认为，全球物流为公司提供了寻找全球市场的令人兴奋的机会和挑战，使用一些指导原则来制定全球物流战略，将有助于企业参与到全球物流中去，也便于管理。他提出了四项开发全球物流战略的基本指导原则。

(1) 全球物流规划的制定必须结合到公司的战略规划过程中。例如，杜邦这个价值400亿美元的化学品巨人，在100多个国家运营的30个主要业务中推行了"全面供应链管理"。这项工作的目的是让公司更多地着眼于市场和消费者，包括化学产品以及产品制造中所需物料的及时供货。为了达到这样的目标，物流人员被分派到各个业务单位，帮助组织从设施选址到向消费者交付货物的一系列活动。

(2) 物流部门必须有一个远景目标作为指导，必须定期衡量运作产出。巴克斯特保健公司(Baxter Healthcare Corporation)，是一个价值80亿美元的全球企业。在20世纪

80 年代末，该公司开始改进它的物流运作，公司的目标是将原料和产品的处理空间从 650 万平方英尺提高到 900 万平方英尺。不仅如此，巴克斯特还希望将拥有运作设施的城市总数从 50 个降低到 40 个，将运作设施从 91 处减少到 49 处。巴克斯特以减少成本 1 500 万美元为目标，与一家房地产企业签订了一个为期 7 年的独特协议：这项系统工程由两家公司的员工组成的正式指导委员会专门实施，监控运作绩效和预期的改进。其结果是巴克斯特在物流运作上劳动时间降低、土地使用成本降低、租赁费用降低，实现了巴克斯特公司的目标。

(3) 进出口管理必须有物流供应链从开始到结束对各个环节进行集成管理的保证。在全球主要供应链结构和法规变化的情况下，这一点很重要。运输法规的松动，使得在欧美、日本等一些国家和地区，可以采用“门到门”服务和承运商一揽子价格方案，这让货主可以设计和管理他们的供应渠道，在可以接受的成本范围内按照顾客的特别需要交付货物。

(4) 必须抓住整合国内和国际物流运作的机会，使公司可以通过运量获得全球承运商的服务。这通常需要公司改变思维方式，朝着这个方向努力，才能抓住这样的机会。

(三) 全球物流管理应考虑的因素

无论是国际还是国内物流，对物流功能的正确组织和管理同样重要。在企业以出口或许可证方式进入国际市场后，随着国际运作在销售量、利润上以及随后而来的重要性的增长，企业的全球组成部分将在企业决策制定中获得更大的关注。许多在全球市场上运作的公司将大量的物流活动集中起来，而其他则分散。例如，客户服务的控制和管理放在国外市场本地化运作，通常的效果最好。另一方面，进入公司的物资通常采用集中管理，主要是因为在技术上能够克服距离的困难。此外，大多数的信息系统都是集中型的，使公司能够跨越国界，进行集成物流决策。尽管有很多大公司全球物流管理成功的经验可以借鉴(如中国的海尔集团)，但影响全球物流战略的诸多因素仍然值得高度关注，如快速的产品导入、以市场需求为中心(用定制化的设计、包装、服务满足消费者的需求)、快速反应交付、创新的渠道等。因此，在实施全球物流管理时，还应考虑如下一些因素。

(1) 成本/服务组合因素。当一个公司涉及全球运作时，管理者必须考虑到各种因素，将成本降到最低限度，为客户提供可接收的服务水平。然而，一个公司的成本/服务组合在国际市场上千差万别，管理层必须认识到国内外物流活动管理的不同，尤其是在不同国家、不同地区的市场的差别。在尽可能的把所有的因素都考虑之后，还要继续关注成本问题。诸如运输距离的增加、单证成本、更高的库存水平、更长的订货周期，以及其他因素共同增加了国际物流成本。

(2) 客户服务因素。大多数情况下，公司无法在国际运作中提供与在国内一样稳定的物流服务。例如，由于国际运输时间更长，通常需要跨国多个国家的边界，需要集中不同的运输工具，涉及多次运输和产品搬运，一票货运与另一票货运的运输时间通常相差很大，结果，公司需要更多的库存来满足安全和库存周转的需要。在一些情况下，在国际市场上的客户服务水平要求更高，比如在有些国家可能要求所订货物能够在24小时或更短的时间里送达。由于这个原因，许多跨国公司在国外市场上都直接投资建立自己的设施（如海尔集团在海外十三个工厂全线运营，采用设计、生产、销售"三位一体"的本土化经营策略），以保证有效地完成订单，快速反应客户需求，提升客户服务水平，获得国际竞争优势。由于海外市场的情况各有不同，为每一个市场区域定制合适的库存策略和控制流程，对公司物流管理小的尤为重要。

(3) 运输因素。在国际环境下，运输方式的选择和运输管理比在国内复杂的多。在国家或地区之间运输的最基本的方式是空运或水运。在一个特定的国外市场，这些模式和联运基本上是相同的，但可能会有不同的特点。同时，各国运输的基础设施、运输资源、运输设备的可得性、运输的成本和服务等也有很大差异。此外，如果使用国际货运代理服务，在选择国际货运代理时，专业性、服务可靠性、提供相关信息的能力、公司信誉、价格及代理商的财务状况等都是最重要的因素。所以，在进行运输决策时，物流决策者需要考虑国内与国际运输之间的许多差异，可获得的运输方式、承运商的费率和运输组合以及其他方面等，在不同市场可能是不同的。

(4) 仓储因素。尽管仓储的基本活动在全世界都是相似的，但仍然存在很多差异国内和国际仓库管理的主要区别在于：所服务的市场大小、存储的产品种类以及手工运作和自动化系统运作的不同。就物流网络所涉及的市场区域大小来说，人口密集的地区，市场就比较小而且相隔紧密，而人口聚集中心相隔比较远，其服务的市场地理范围就较大。仓库和配送中心存储产品的数量和种类在不同地区也是不同的。有些地区拥有更多的产品专用存储设施，有的地区仓储通常存储有数量更大、种类更多的产品。在劳动力成本较高的工业化的国家和地区，自动仓库设施使用比较多，同时，自动化系统的成本差异，以及支持计算机和信息系统的可获得性的差异也影响了自动化系统的使用。

(5) 其他活动因素。如包装。全球货运比国内货运要求对产品进行更多的保护。长距离运输以及多次搬运增加了货损、迟滞、被盗发生的可能性，从而，国际运输中的货物损失和/或损坏比国内运输要多。因此，全球化的货运必须更加注重包装的安全性。再如，集装箱的使用。为了方便产品的运输和在运输存储过程中保护产品，许多公司转向使用适合国际货物运输的标准化的集装箱。集装箱有很多优点，比如，具有自然保护作用，可以极大限度的减少货损；由于需要使用自动物料搬运设备，货物搬运的劳动力成本极大降低；集装箱比其他容器更加容易存放和运输，使得仓储和运输成本下降；可以在港口和仓储空间有限的地方作为暂存设施。但集装箱也有其缺点，其主要问题在于世界的一些地方没有集装箱港口或终端。即便有这些设施，也可能因为大量的进出货而超负荷运转。所以，在没有集装箱港口或终端的国家和地区，长时间的迟滞是很普遍的。而建立一个基于集装箱的运输网络需要大量的资金投入。所以，在公司能够进行集装箱化运作之前，必须在港口和终端设备、物料搬运设备、专用运输设备以及集装箱本身的使用等方面进行慎重权衡。还有，与包装相关的贴标签问题。标签的内容主要是反映运输货物的基本属性：货物内容、规格、特殊要求、去向等。成本角度看，贴标签占全球物流成本的比重相对较小，然而，标签与货物尤其是与集装箱的准确对应对于及时高效的运行跨国货物运输是非常重要的，即便是今后普遍使用RFID技术，这仍然是一个极其重要的问题。

二、全球物流联盟和外包管理

前面勾勒的全球物流管理的基本流程(图13-4)既涉及战略层面也涉及战术层面。由于全球物流相对于国内物流要复杂的多，即使一个完美的全球物流战略，在实际运作中还需要对一些关键方面特别关注。这里就联盟和外包两个关键方面进行讨论。

（一）全球物流的联盟管理

先进的跨国物流公司的实践表明，通过发展联盟来提高效率的趋势越来越强烈。现代物流本质上就是一个协同多个合作伙伴高效完成整个物流作业流程的过程，无论是全球物流还是国内物流都是如此。然而，建立联盟或者战略合作伙伴关系通常需要克服一系列障碍。就联盟关系而言，所有参与联盟的任何一方都有一种担心，恐怕受困于复杂的关系之中。就协同运作过程来看，其最基本的前提首先是各方的关系协调得当，若协调不当，协同运作则是一句空话或者管理者的梦想，从而许多商业功能都将受到影响。联盟是一种双方或多方之间的约定，联盟体需要关注的是未来的共同发展，需要行为的是协同竞争，而不是仅从个体目标出发的明争暗斗或者"零和博弈"。再就是联盟运作的基准问题，因为每个公司对成功的定义是不同的，因此联盟的成员需要就如何评定合作者的表现达成一致。最后就是信息共享问题，这也是联盟非常关注的问题。任何公司都将保守商业秘密看成是最重要的事情之一，这是无可厚非的。但就联盟运作过程中双方或多方都必须相互共同了解方能有效配合、协同运作的一些信息，是必须要共享的。比如，了解对方的即时库存信息，供应商可以为其即时补货等。然而，信息共享又可能存在法律问题，比如隐私法，在每个国家是不同的。在一国合法的客户信息数据库，在另一个国家由于隐私原因则可能是非法的。总之，在全球物流的联盟管理中，信息共享具有一定的风险性。

全球物流的联盟管理问题还在进一步的实践探索和研究中，上述的提到的一些障碍，是制定全球物流战略和实施全球物流联盟管理中值得高度关注的问题。哈佛大学教授罗莎贝丝·摩丝·坎特(Rosabeth Moss Kanter)在他的《联盟的艺术》一书中提出了他对联盟的看法。他认为公司建立有效的联盟并不是完全合理和商业化的,就像一个家庭的关系一样,公司之间的关系也是相当错综复杂并且是人性化的。以下是他提出的对联盟的一些观点,有助于我们进行全球物流联盟管理时参考。

(1) 个体优点。每个联盟的成员都有自身的优点,它们加入组织的动机就在于得到更多的机会,而不是避免问题的发生。

(2) 重要性。联盟对每个成员都是非常重要的。

(3) 相互依赖。合作伙伴之间相关依赖,它们之间是互补的关系,每个企业都会向其他成员提供它们需要却不拥有的东西。

(4) 投资。成员都愿意在联盟中投资。

(5) 信息。交流是自由的,并且交流的双方在提供信息方面都是诚实友好的。

(6) 整合。成员之间都有非常多的联系并且在不同层面上共享才作程序。

(7) 诚信。信任是无形的,但在联盟中是至关重要的,所以成员不愿去做任何破坏诚信的事情。

(二) 全球物流的外包管理

外包是全球物流中普遍存在的事情,因为在全球物流中,任何一个即使具有规模实力的企业,也都不可能完成全部的物流作业活动,而这其中涉及最为广泛的事 3PL。有关资料显示,在全球物流中,至少有 1/3 的 3PL 服务使用者都终止过一份以上的合同,甚至还有专门的仲裁机构对外包合同进行仲裁服务。曾经有一位专家专门讨论过一则 3PL 公司失败的案例,他建议:一个没有从前在客户方获得足够的第一手信息的物流服务供应商,应该拒绝这项业务。他同时建议物流服务提供者在与潜在客户谈判时应该提出这一问题,并找出新的关系发展过程中可能存在的问题。作为一名 3PL 公司的销售人员,不仅仅要具备开发新客户的能力,而且也应具备与客户保持长期友好关系的能力。这就意味着 3PL 的员工应该在合同生效之后继续与客户保持紧密地联系。

国际航空货运业协会(TIACA)指出,专业化的内部交流是非常值得关注的,因为它可以提高整体效率。每个产业以及产业内的专门领域都有不同的培训、技术、事物和优先权。不同的专业人士解决同样的问题可以达到不同的目标。他们建议,专业间的交互关系,尤其是涉及传统的货运服务,需要重新定义以表明谁为谁做了什么以及做了多少。美国的 BDP 国际公司(主要从事货代业务)在对全球近 250 家承运商调查的基础上,提出了选择运输提供商应考虑的因素(如图 13-5 所示),可为全球物流运输外包提供参考。

将物流业务外包如同公司其他业务外包一样是要承担风险的。所以,当公司选择了 3PL 公司之后,并不意味着公司内部的物流部门就可以完全撤销,即使物流业务完全外包,公司内部也一样需要有一定的管理人员协调物流工作。一家咨询公司建议,物流主管

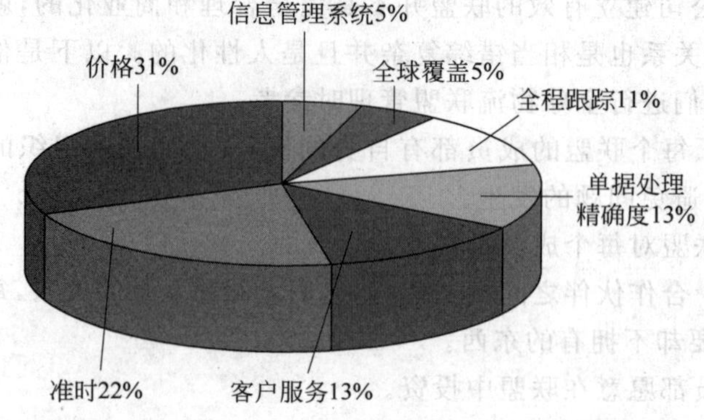

图 13-5　全球物流中选择运输商应考虑的因素

需要在选择潜在的 3PL 公司之前,就将物流外包的可行性建议提供给公司高层,以便于高层进行相关的决策。表 13-1 勾勒了全球物流中选择 3PL 公司的基本标准,而表 13-2 则归纳了一些最普遍的外包服务。

表 13-1　全球物流中选择 3PL 的基本标准

• 财务稳定性 • 设施设备 • 战略方向 • 发展潜力	• 服务质量 • 管理深度和广度 • 信息技术 • 其他客户的评价	• 商业经验 • 信誉 • 物流运作 • 成本

表 13-2　全球物流中最普遍的外包服务

• 出境运输 • 运输管理/车队作业 • 境内运输 • 库存管理 • 专项制造工序 • 订单输入/订单程序	• 退货和维修 • 仓储 • 产品装配/安装 • 直拨 • 客户服务	• 货运提单审核/支付 • 信誉 • 物流运作 • 成本

本章小结

经济全球化、企业外包扩大、信息技术的迅速发展,激活了全球的物流市场。在世界范围内实现物流资源的优化配置成了无国界物流的新概念,跨越国界的全球物流,或者说大物流是现代物流发展的总趋势。全球物流市场的出现引致了这样两个概念：物流全球化和全球物流。物流全球化是一个更大范围的概念,它既包含了现代物流的大物流理念,也包含了大物流的状态和过程。全球物流是在国际贸易活动中，货物从一国向另一国空间转移的物理流动过程，是物流全球化的在操作层面的具体过程。物流全球化的实现过程包括一些具体物流活动，这些活动起始于20世纪50年代，表现出一些具体的特征，并伴随着全球经济一体化的深化，呈现出未来的发展趋势。

全球物流活动的内容非常丰富，由于物流需要跨越疆界，从而运输成了其中的主要问题。全球物流运输需要有高效率的运输规划，明晰全球运输的对象及代理人类型。全球物流运输的主要方式可分为水上运输、陆上运输、航空运输、管道运输、邮政运输等。全球物流由于距离较远，集装箱是最常用的工具，由此也出现了对集装箱运输的镇门研究。此外，在这些运输方式中由于多种原因，也会出现多种运输方式相结合的国际多式联运。组织全球物流需要综合考虑运诸多因素，以此来选择正确的运输方式和管理组织方式。

全球物流管理需要从全球的视角透视企业进行全球物流管理的基本流程，制定切实可行的战略，并把一些关联因素考虑进来。全球物流管理中有两方面的因素极为重要，这就是对全球物流联盟和外包的管理。

问题思考

1. 物流全球化与全球物流的内涵，它们两者的关系。
2. 物流全球化的目标及其推动力。
3. 全球物流的不同发展阶段各有什么特点？
4. 你怎样理解全球物流的特征及其发展趋势？
5. 全球物流中海路运输有什么样的特点？它在全球物流中的地位。
6. 什么是多式联运？它在什么情况下被使用？
7. 试分析全球物流管理的内涵及其首要关注的焦点。
8. 全球物流管理中应考虑些什么因素？为什么？
9. 用你的观点论述全球物流管理战略。
10. 全球物流运作和管理中最值得关注哪些方面？为什么？

参考文献

1. (美)唐纳德·J. 鲍尔索科斯(Donald J. Bowersox)等. 供应链物流管理[M]. 原书第 2 版. 马士华等,译. 北京：机械工业出版社,2008.
2. (美)森尼尔·乔普拉(Sunil Chopra),(美)彼得·梅因德尔(Peter Meind). 供应链管理：战略、规划与运作[M]. 第 3 版. 北京：清华大学出版社,2008.
3. (美)詹姆士·R. 斯托克,道格拉斯·M. 兰伯特. 战略物流管理[M]. 邵晓峰等,译. 北京：中国财政经济出版社,2003.
4. (美)詹姆斯·C. 约翰逊(James C. Johnson)等. 现代物流学[M]. 张敏,译. 北京：社会科学文献出版社,2003.
5. (美)罗纳德·H. 巴罗(Ronald H. Ballou). 王晓东,企业物流管理——供应链的规划、组织和控制[M]. 胡瑞娟等,译. 北京：机械工业出版社,2003.
6. (美)肖尚纳·柯恩(Shoshanah Cohen),(美)约瑟夫·罗塞尔(Joseph Roussel). 战略供应链管理——供应链最佳绩效管理原则[M]. 汪蓉等,译. 北京：人民邮电出版社,2006.
7. (德)斯蒂芬·苏瑞(Stefan Seuring),(德)玛丽亚·骨德巴赫(Maria Goldbach). 供应链成本管理[M]. 郭晓飞,译. 北京：清华大学出版社,2004.
8. 马士华. 供应链管理[M]. 北京：机械工业出版社,2005.
9. 邹辉霞. 供应链协同管理理论与方法[M]. 北京：北京大学出版社,2007.
10. 邹辉霞. 供应链管理[M]. 北京：清华大学出版社,2008.
11. http://www. cscmp. org.
12. http://www. supply-chain. org.
13. http://www. clml. org.
14. http://www. rockfordconsultion. com.
15. http://www. vccassociates. com.
16. http://www. retaisystems. com.
17. http://www. chinawuliu. com. cn.
18. http://www. worldscm. com.
19. http://www. all56. com/index. html.